(전정판)

신부동산등기법 단문집

법무사 오 경 조

법률&출판

머 리 말

2011년 10월 13일부터 전면개정되어 시행되는 부동산등기법 및 규칙에 맞추어 부동산등기법 단문집 전정판을 새로이 발간하게 되었습니다.

금번 전정판의 특징은 첫째, 2012년 2월까지 개정 및 제정된 등기예규를 전면적으로 반영하여 시대에 맞는 내용을 숙지하여 법무사 시험에 대비할 수 있도록 하였으며, 또한 합격 후에도 참고할 수 있도록 근거예구를 명시하였습니다.

둘째로, 법원공무원교육원(2012년 발간) 부동산등기실무 내용 중 법무사 시험에 적합한 내용을 참고하여 서술함으로써 시험적합성을 도모하였고, 등기법의 전면 개정으로 포괄수증자 명의로 소유권보존등기를 신청할 수 있다는 등 변경된 견해를 제시하였는 바, 이를 반영하였습니다.

셋째로, 사법연수원 부동산등기법 교재의 내용도 참고하여 반영함으로써 사소한 쟁점이라도 서술하려고 노력하였습니다.

넷째로는 전산정보처리조직에 따른 등기신청의 원칙화에 따라 종이등기부를 전제로 한 용어의 사용을 지양하고, 전면 개정된 용어 및 근거 법규를 쉽게 찾아 숙지할 수 있도록 이를 반영하였습니다.

이 교재를 보시는 분들께 항상 만족을 드리고자 하오나, 저의 무능함에 항상 만족을 드리지 못하는 것 같아 죄송한 마음 금할 길 없으나, 그래도 법무사 시험 및 그 밖의 참고로 보시는 모든 분들의 성취한 목적을 이루는데 조그마한 보탬이라도 되어 주었으면 하는 것 또한 저의 바램입니다. 항상 여러분의 가정에 행복과 건강이 함께 하시길 바랍니다. 감사합니다.

마지막으로 바쁘신 와중에도 조판을 도와주신 법률&출판 양갑수 대표님에게 감사의 말씀을 전합니다.

2012. 3. 16.

법무사 오 경 조

[제목 차례]

1.【 우리 부동산등기제도의 특색 】

Ⅰ. 서　　설
1. 부동산등기제도의 의의 및 기능
2. 부동산등기제도의 필요성
Ⅱ. 부동산등기의 의의
1. 부동산등기의 대상
(1) 부동산
(2) 물권의 변동
(3) 부동산의 표시 등
2. 부동산등기사무의 담당주체
3. 부동산등기의 절차
(1) 법정절차에 따른 등기일 것
(2) 등기부에 등기사항을 기록 또는 기록 그 자체
(3) 넓은 의미의 등기기록
(4) 관련문제
4. 부동산등기의 목적
Ⅲ. 우리 부동산등기제도의 특색
1. 법원의 등기사무 관장
2. 물적 편성주의 및 토지·건물등기기록의 이원화
3. 등기부와 대장의 이원화
4. 신청주의 원칙
(1) 공동신청주의
(2) 서면신청주의
(3) 방문신청과 전자신청
5. 형식적 심사주의
(1) 우리나라의 태도
(2) 판례
6. 성립요건주의
7. 공신력의 불인정
8. 등기원인증서의 사서증서성
Ⅳ. 결　　어

1. 【 우리 부동산등기제도의 특색 】

Ⅰ. 서 설

1. 부동산등기제도의 의의 및 기능

부동산등기제도란 물권은 특정한 물건을 직접 지배할 수 있는 지배권이자 모든 사람에게 주장할 수 있는 절대권으로서, 배타성을 갖는다. 물권의 배타성이란 하나의 물건 위에 서로 양립할 수 없는 내용의 물권이 동시에 두 개 이상 성립할 수는 없다는 성질이다. 이러한 물권의 배타성 때문에 어떤 사람이 어떤 물건에 대하여 물권을 취득하면 다른 사람은 그것과 양립할 수 없는 내용의 물권을 취득할 수 없게 된다. 따라서, 물권거래를 하고자 하는 자는 물권의 대상인 물건의 현황이나 권리의 내용, 권리자 등을 일일이 조사하여야만 한다. 이러한 조사는 매우 어렵고 많은 시간과 비용을 필요로 하므로 물권거래의 안전과 신속을 위하여 물권의 귀속과 그 내용을 외부에서 쉽게 알 수 있도록 하는 공시제도이다.

2. 부동산등기제도의 필요성

물권 중 동산물권은 불완전하지만 간편한 공시방법인 사실적 지배, 즉 점유에 의하여 공시된다. 그러나 부동산물권은 점유만으로 복잡한 거래관계를 공시하는 것이 불가능하고, 특히 근대법에서 부동산의 소유권과 저당권을 현실적 점유와는 무관한 관념적 권리로 인식하게 됨에 따라, 점유를 대신할 수 있는 공시방법이 필요하게 되었다. 이러한 사정 하에 부동산등기제도가 고안되었다. 요컨대, 부동산등기제도는 국가기관이 부동산에 관한 일정한 사항(부동산의 현상과 권리에 관한 사항)을 등기부라는 공적 정보에 기록하여 외부에 공시함으로써 거래의 안전과 신속을 도모하는 제도이다.

Ⅱ. 부동산등기의 의의

부동산등기란, ① 부동산에 관한 물권의 변동을 ② 등기관이라는 국가기관이 ③ 등기부[1]라는 공적인 기록에 ④ 법정절차에 따라 기록[2]하는 것 또는 그러한 기록 자체를 말한다.

1. 부동산등기의 대상

(1) 부동산

우리 민법상 부동산은 토지 및 그 정착물을 말하고(**민법 제99조 1항**), 부동산이 아닌 물건은 모두 동산이다(**동조 2항**). 부동산 중에서도 등기의 대상이 되는 것은 토지와 건물뿐이고(**부동산등기법 제14조 제1항 참조;이하 '법'이라 함**), 건물 이외의 토지의 정착물은 「입목에 관한 법률」과 같은 특별법에서 정한 경우를 제외하고는 독립하여 등기의 대상이 되지 아니한다.

(2) 물권의 변동

등기는 부동산에 관한 물권과 그 물권의 변동을 대상으로 한다. 다만. 부동산에 관한 모든 물권이 등기의 대상이 되는 것은 아니고, 부동산물권은 아니지만 등기의 대상이 되는 권리도 있다.[3] 부동산등기법은 제3조에서 등기할 수 있는 권리로, 소유권, 지상권, 지역권, 전세권, 저당권, 권리질권, 채권담보권, 임차권의 8가지를 열거하고, 그 권리의 "설정, 보존, 이전, 변경, 처분의 제한 또는 소멸"을 등기할 수 있는 사항이라고 한다. 등기와 물권변동의 관계를 보면, 등기에 의하여 물권변동이 일어나는 경우(**민법 제186조**)와 이미 일어난 물권변동의 과정을 공시하기 위하여 사후적으로 등기하는 경우(**민법 제187조**)가 있다.

(3) 부동산의 표시 등

등기의 목적은 부동산물권의 공시이므로 등기기록에는 물권변동에 관한 사항만을 기록하는 것이 원칙이지만, 부동산의 표시(위치, 면적 등)와 같이 물권변동과 무관한 사항도 등기한다. 여기서 부동산 물권변동에 관한 기록을 "권리의 등기"라고 하고, 부동산의 표시에 관한 기록을 "사실의 등기"라고 한다. 등기명의인 표시의 경우 권리의 등기로 볼 것이지 사실의 등기로 볼 것인지가 문제되나, 사실의 등기로 보는 것이 보통이다. 권리의 등기와 사실의 등기를 합하여

---

1) "등기부" 란 전산정보처리조직에 의하여 입력 · 처리된 등기정보자료를 대법원규칙으로 정하는 바에 따라 편성한 것을 말한다.

2) "등기기록" 이란 1필의 토지 또는 1개의 건물에 관한 등기정보자료를 말한다.

3) 예컨대, 유치권, 점유권은 부동산의 점유 자체를 공시방법으로 하므로 등기할 수 없고, 임차권이나 환매권은 물권이 아니지만 등기능력이 인정된다.

"절차법적 의미의 등기"라고 한다. 따라서 절차법적 의미의 등기는 등기기록에 기록하는 모든 사항을 의미한다.

2. 부동산등기사무의 담당주체

등기사무를 담당하는 관공서를 등기소라고 하며, 등기소에 소속되어 지방법원장의 지정에 의하여 등기사무를 담당하는 국가공무원을 등기관이라고 한다(법 제11조제1항제2항). 등기관은 자기의 권한과 책임 하에 자기 명의로 등기사무를 처리하는 단독제 국가기관이다.

3. 부동산등기의 절차

(1) 법정절차에 따른 등기일 것

부동산등기는 부동산등기법 및 기타 제반 법령이 정하는 절차에 따라서 하여야 한다. 개별 법령에서 등기절차에 관하여 규정하거나 대법원규칙에 위임한 경우 그 법령이나 규칙도 광의의 부동산등기법에 해당한다.

등기는 신청에 의하여 이루어지는 것이 원칙이므로 등기절차는 등기신청절차, 등기실행절차(신청에 대한 접수·조사·기입, 등기완료 후의 절차)로 나눌 수 있다. 또 등기관의 처분에 대하여 신청인 등은 이의할 수 있는데 이러한 이의절차도 등기절차에 포함시킬 수 있다.

(2) 등기부에 등기사항을 기록 또는 기록 그 자체

"등기부"란 전산정보처리조직에 의하여 입력·처리된 등기정보자료를 대법원규칙으로 정하는 바에 따라 편성한 것을 말한다(법 제2조제1호). 즉 등기사항이 기록된 보조기억장치(자기디스크, 자기테이프 기타 이와 유사한 방법에 의하여 일정한 등기사항을 확실하게 기록, 보관할 수 있는 전자적 정보저장매체를 포함한다)를 등기부로 보며, 이 경우 부동산등기란 등기관이 위 보조기억장치에 기록하는 것 또는 그러한 기록 자체를 의미한다.

(3) 넓은 의미의 등기기록

신탁원부, 5개 이상의 부동산에 대하여 저당권(전세권)을 설정하는 경우의 공동담보(전세)목록, 구분건물에 대하여 소유권보존등기를 하거나 부동산의 물리적 일부에 대하여 용익물권을 설정하는 경우의 도면 및 매매목록은 보조기억장치에 저장하여 보존하여야 하며, 이는 모두 등기기록의 일부로 본다(법 제81조 제2항, 제72조 제1항 제6호 등).

(4) 관련문제

등기는 등기부에 등기사항이 기록되는 것을 의미하므로, 등기의 신청이 수리되거나 등기필정보까지 통지되었다 하더라도 등기관의 과실 등으로 등기기록에 기록되지 않았다면 등기가 있다고 할 수 없다. 등기기록에 기록되어야만 등기의 공시적 기능을 발휘할 수 있기 때문이다.

4. 부동산등기의 목적

등기제도의 목적은 부동산에 관한 권리관계를 공시하는 데에 있으므로 등기기록의 공시가 매우 중요하다. 등기기록의 공시방법으로는 등기사항증명서의 발급 및 등기부에 기록되어 있는 사항의 열람, 등기기록의 부속서류의 열람 등이 있다.

Ⅲ. 우리 부동산등기제도의 특색

1. 법원의 등기사무 관장

등기사무의 관장을 사법부가 하느냐 행정부가 하느냐는 나라마다 다르다. 우리나라는 법원이 등기사무를 관장하고 있다(법원조직법 제2조제3항).

2. 물적 편성주의 및 토지 · 건물등기부의 이원화

현행 등기제도는 물적 편성주의 원칙에 따라 1개의 부동산마다 1개의 등기기록을 개설하여 등기사무를 처리한다(법 제15조제1항본문). 이를 "1부동산 1등기기록"원칙이라고 한다. 근대적 부동산등기제도를 가진 대부분의 나라는 토지만을 독립한 부동산으로 하여 등기부를 개설하는 데에 비하여, 우리나라와 일본은 토지 외에 건물도 독립한 부동산으로 보아 토지등기기록과 별도로 건물등기기록도 두고 있다(법 제14조제1항).

3. 등기부와 대장의 이원화

① 등기와 대장(지적공부)은 둘다 국가기관이 관리하는 공적 장부이지만 그 제도와 목적은 다르다. 즉 등기는 부동산에 관한 권리관계를 공시하여 거래안전을 도모하는 제도임에 반하여, 대장은 부동산 자체의 사실적상태 내지 현황을 파악하여 과세 기타 행정목적에 제공하기 위한 것이다.

② 일본의 경우에는 등기와 대장을 등기부로 일원화하여 법무성에서 관리하고 있으나, 우리나라는 등기부는 법원에서, 대장은 대장소관청(시·군·구)이 관리하는 이원체계를 취하고 있다. 부동산의 표시는 대장을 기준으로 하고, 권리관계는 등기기록을 기준으로 정한다.

4. 신청주의 원칙

(1) 공동신청주의

부동산등기법은 "등기는 법률에 다른 규정이 있는 경우를 제외하고는 당사자의 신청 또는 관공서의 촉탁에 따라 한다"(법 제22조제1항). "등기는 법률에 다른 규정이 없는 경우에는 등기권리자와 등기의무자가 공동으로 신청한다"(법 제23조).고 하여 공동신청주의를 채택하고 있다. 공동신청주의는 실체관계에 대한 공증 대신 양 당사자가 공동으로 등기신청을 하게 함으로써 부실등기를 방지하고 등기의 진정을 확보하고자 하는 입장이다.

(2) 서면신청주의

등기의 신청은 등기신청서와 부동산등기법 소정의 첨부정보(규칙 제46조)를 등기소에 제공하는 방법으로 하며, 구술신청은 허용되지 않는다. 등기관의 처분에 대한 이의도 마찬가지로 이의신청인의 성명과 주소, 이의신청의 대상인 등기관의 결정 또는 처분, 이의신청의 취지와 이유 등을 적은 이의신청서라는 일정한 서면을 제출하여야 한다(법 제101조, 규칙 제158조).

(3) 방문신청과 전자신청

1) 방문신청

방문신청이란 신청인 또는 그 대리인이 등기소에 직접 출석하여 신청정보 및 첨부정보를 적은 서면을 등기소에 제공하는 방법으로 등기신청을 하는 것을 말하며(법 제24조제1항제1호), 이를 출석주의라고도 한다. 방문신청을 하기 위해서는 등기당사자나 그 대리인이 직접 등기소에 출석하여야 한다. 다만, 대리인이 변호사 또는 법무사 등 자격자대리인인 때에는 예외적으로 대법원규칙 제58조에서 정하는 바에 따라 자격자대리인의 사무원이 등기소에 출석하여 등기신청서를 제출할 수 있다. 이와 같은 사무원을 '제출사무원'이라 부른다.

2) 전자신청

전자신청이란 등기소를 방문하지 않고 대법원규칙으로 정하는 바에 따라 전산정보처리조직을 이용하여 신청정보 및 첨부정보를 보내는 방법으로 등기신청을 하는 것을 말한다(법 제24조제1항제2호). 전자신청은 등기소에 출석하지 않고 등기신청을 하는 것이기 때문에 등기신청의 진정성 확보가 최우선적으로 고려되어야 한다. 따라서 등기관이 대면하지 않고도 당사자임을 확인할 수 있는 각종 장치들이 필요하다.

5. 형식적 심사주의

(1) 우리나라의 태도

등기신청을 심사하는 등기관의 심사범위에 관하여, 등기절차상의 적법성 여부만 심사토록 하는 형식적 심사주의와 등기신청의 실질적인 이유 내지 원인의 존부, 효력 유무까지 심사할 수 있도록 실질적 심사주의가 있다. ① 부동산등기법에 명문의 규정은 없으나, ② 부동산등기법 제29조에서 각하사유를 한정적으로 열거하고 있을 뿐 심사권한에 관한 일반적인 규정이 없는 점, ③ 등기관의 심사방법에 있어서는 서면심리에 의존하고 있고, 그 서면심리도 주로 절차상 요구되는 서면이 갖추어져 있는지를 심사하는 것 등을 고려할 때 형식적 심사주의를 채택하고 있다고 할 수 있다.

(2) 판례

판례도 "등기관은 등기신청에 대하여 부동산등기법상 그 등기신청에 필요한 서면이 제출되었는지 여부 및 제출된 서면이 형식적으로 진정한 것인지 여부를 심사할 권한을 갖고 있으나 그 등기신청이 실체법상의 권리관계와 일치하는지 여부를 심사할 실질적인 심사권한은 없으므로, 등기관으로서는 오직 제출된 서면 자체를 검토하거나 이를 등기부와 대조하는 등의 방법으로 등기신청의 적법

여부를 심사하여야 한다."고 함으로써 우리 부동산등기법은 형식적 심사주의를 채택하고 있음을 명백히 하고 있다(대법원 2005. 5. 25. 선고 2003다13045 판결).

6. 성립요건주의

① 민법은 등기의 효력과 관련하여 제186조에서 "부동산에 관한 법률행위로 인한 물권의 득실변경은 등기하여야 그 효력이 생긴다."고 규정함으로써 부동산물권변동에 관하여 성립요건주의를 채택하였다. 성립요건주의 하에서는 법률행위에 의한 물권변동을 목적으로 한 의사표시(물권행위)와 등기의 두 요건을 필요로 한다.

② 한편, 민법 제187조에서는 상속, 공용징수, 판결, 경매 기타 법률의 규정에 의한 부동산물권의 변동은 등기 없이도 그 효력이 생긴다는 규정을 두고 있다. 이는 성질상 등기가 불가능하거나(상속의 경우), 법정책적 고려(판결, 공용징수의 경우)등의 이유로 등기 없이도 물권변동이 발생한다는 특칙을 둔 것이다. 다만, 등기 없이 부동산물권을 취득하였더라도 다시 법률행위에 의하여 처분을 하기 위해서는 반드시 등기를 하도록 함으로써 물권변동의 과정을 공시하고 있다(민법 제187조단서).

7. 공신력의 불인정

명문의 규정은 없지만 우리 부동산등기제도는 공신의 원칙을 채택하지 않고 있다는 것이 통설·판례(대법원 1980. 3. 11. 선고 80다49 판결 등)이다. 따라서 등기부의 기록을 믿고 거래하였더라도 그 상대방이 진정한 권리자가 아닌 경우에는 그 물권을 취득하지 못하게 된다. 다만, 민법은 거래의 안전을 위하여 제107조 내지 제110조와 제548조에서 원인행위가 무효, 취소, 해제 등으로 실효된 경우에는 선의의 제3자를 보호하는 규정을 두고 있다. 또 절차법인 부동산등기법에서도 등기의 말소를 신청하는 경우에 "그 말소에 관하여 등기상 이해관계 있는 제3자가 있는 때에는 그 제3자의 승낙이 있어야 한다"(법 제57조)고 함으로써 말소대상인 등기를 믿고 거래한 자의 등기상 권리를 보장하고 있다.

8. 등기원인증명정보의 사서증서성

등기원인증서에 공증을 요하는 입법례(독일, 프랑스 등)와는 달리 우리나라의 부동산등기법에서는 등기원인을 증명하는 정보에 공증을 요하지 않는 입장이다.

Ⅳ. 결　　어

① 최근 모든 등기부가 전산화되고 전산정보처리조직에 의해 등기사무가 처리됨으로써 국민에 대한 등기서비스의 질이 혁신적으로 제고되었고, 이와 같은 등기업무환경의 변화를 반영하고 기존에 일부 미비했던 부동산등기제도를 보완하기 위하여 부동산등기법 및 부동산등기규칙이 전부개정되었는바,

② 2011. 10. 13.부터 시행된 개정 부동산등기법에서는 전산정보처리조직에 의한 등기사무처리방식을 원칙으로 하면서 종이등기부를 전제로 한 규정을 삭제하였고, 등기업무의 탄력적인 운용을 위하여 법률에 직접 규정하기에 적합하지 아니한 사항을 대법원규칙에 위임하였으며, 악용의 소지가 있는 예고등기제도를 폐지하는 것 등을 주요내용으로 하고 있다.

③ 개정 부동산등기규칙은 개정 부동산등기법이 등기사항 위주로 개편되고 신청서에 관련된 사항은 대법원규칙에 위임함에 따라 신청정보 및 첨부정보에 관하여 구체적으로 규정하고, 구법에 규정되었다가 삭제된 구체적인 등기실행방법에 관한 규정을 신설하는 것을 주요내용으로 하고 있다.

2. 【등기사항 】

Ⅰ. 서　설
Ⅱ.　등기의 대상인 물건
　1. 토　지
　(1) 의　의
　(2) 토지의 개수
　2. 건　물
　(1) 등기할 수 있는 건물의 의의
　(2) 건물의 요건
　(3) 건축중인 공작물을 건물로 인정할 수 있는 시기
　(4) 건물 개수의 문제
　(5) 건물의 동일성
　(6) 집합건물의 공용부분의 등기능력
　(7) 건물의 등기능력에 관한 구체적 사례
Ⅲ. 등기할 사항인 권리
　1. 등기할 사항인 권리
Ⅳ. 등기할 사항인 권리변동
　1. 권리변동과 관계있는 등기사항
　(1) 설 정
　(2) 보 존
　(3) 이 전
　(4) 변 경
　(5) 처분의 제한
　(6) 소 멸
　(7) 가등기
　(8) 등기능력 있는 특약 또는 제한사항
　2. 권리변동과 관계없는 등기사항
　(1) 부동산 표시변경등기
　(2) 등기명의인의 표시변경등기
　(3) 구분건물의 표시등기
Ⅴ. 결　어

2. 【등기사항】

Ⅰ. 서 설

① 등기사항이란 부동산등기법과 기타 법률에 의하여 등기하는 것이 허용되는 사항을 말한다. 등기사항을 등기능력이 있는 사항이라고도 한다. 등기부는 물권변동의 공시를 목적으로 하므로 등기부에 기록할 필요가 있다고 해서 무조건 등기할 수 있는 것이 아니고, 법률에 의하여 등기할 수 있는 사항으로 규정된 사항만 등기를 할 수 있다. 이러한 원칙을 "등기사항법정주의"라고 한다. 여기서 법률이란 형식적 의미의 부동산등기법에 한정되지 않고 등기절차를 규정한 모든 법률 즉, 실질적 의미의 부동산등기법을 의미한다.

② 부동산등기는 부동산의 물권변동을 공시하기 위한 제도이므로 원칙적으로 부동산 물권의 발생, 변경, 소멸에 관한 사항이 등기사항이 되나 반드시 이에 한정되는 것은 아니다. 즉, 부동산의 표시에 관한 사항과 등기명의인의 표시에 관한 사항은 물권변동과 무관하지만 물권의 현황을 정확하게 공시하기 위하여 등기능력이 인정된다. 또한, 환매권, 임차권과 같이 물권은 아니지만 실체법에서 등기능력을 인정하고 있어(민법 제592조, 제621조), 등기사항이 되는 경우도 있다. 그밖에 거래가액과 같이 물권변동과 전혀 무관한 사항이 공익적 필요에 의하여 등기사항이 되는 경우도 있다.

Ⅱ. 등기의 대상인 물건

민법상 부동산은 토지 및 그 정착물을 말하지만(민법 제99조), 건물 이외의 토지의 정착물은 특별법에서 등기할 수 있다고 규정한 것을 제외하고는 등기의 대상이 되지 않는다. 따라서 부동산등기법상 등기의 대상이 되는 부동산은 토지와 건물뿐이다(법 제14조제1항). 사권의 목적이 되는 부동산이면 도로의 부지와 같이 공용제한을 받고 있다 하더라도 등기의 대상이 되고, 그 부동산에 관한 물권변동에는 등기를 필요로 한다.

1. 토 지

(1) 의 의

토지란 일정 범위의 지면과 정당한 이익이 있는 범위 내에서 그 공중과 지하를 의미한다(민법 제212조). 그런데 실제의 토지는 연속하고 있어서 물리적으로 구분할 수 없으므로, 인위적으로 지표에 경계선을 그어서 경계를 삼고 구획하여, 이를 1필의 토지로 하여 등기를 한다. 다만, 그 단위를 이루는 토지는 지적공부에 등록된 1필의 토지이어야 한다.

일반적으로 우리나라 영토내의 육지부분은 모두 등기능력이 있는 토지라고 할 수 있다. 따라서 대한민국의 행정력이 미치지 않는 군사분계선 이북지역의 토지, 대한민국의 영해가 아닌 공해상에 위치한 수중암초나 구조물, 육지가 아닌 공유수면, 공유수면 아래의 토지 등은 등기능력이 인정되지 않는다.

개정 하천법(2008.4.6.시행)[4]에서는 하천의 국유제를 폐지하는 대신 하천을 구성하는 사유 토지에 대하여는 소유권 이전 및 저당권 설정 외에는 사권행사를 금지하였다. 그리고 국가하천으로 지정된 사유토지에 대하여는 매수청구제를 도입하였다. 따라서 사인 소유의 토지가 하천구역에 편입되어도 사권이 소멸하지 않으므로 그 등기기록을 폐쇄하지 않게 될 것이다.

(2) 토지의 개수

---

4) 등기예규 제1387호
2. 대상 토지
하천법상의 하천으로서, 등기부상의 지목이 하천 또는 제방으로 등기된 토지(소유권보존등기의 경우에는 토지대장상의 지목이 하천 또는 제방)를 대상으로 한다.
3. 등기를 할 수 있는 경우
가. 하천법상의 하천에 대한 등기는 다음 각 호의 1에 해당하는 권리의 설정, 보존, 이전, 변경, 처분의 제한 또는 소멸에 대하여 이를 할 수 있다.
1) 소유권　2) 저당권　3) 권리질권
나. 가등기는 위 가.의 각 호의 1에 해당하는 권리의 설정, 이전, 변경 또는 소멸의 청구권을 보전하려 할 때에 이를 할 수 있다.
다. 예고등기 삭 제(2011.10.11 제1387호)
라. 신탁등기　마. 부동산 표시변경등기 바. 등기명의인의 표시변경등기
사. 부동산등기법, 민법 또는 특별법에 따른 특약 또는 제한 사항의 등기
4. 등기를 할 수 없는 경우
지상권·지역권·전세권 또는 임차권에 대한 권리의 설정, 이전 또는 변경의 등기는 하천법상의 하천에 대하여는 이를 할 수 없다.

① 지적소관청은 토지의 필지마다 소재·지번·지목·면적·경계 또는 좌표 등을 조사·측량하여 지적공부에 등록하고, 등록된 각 필지는 독립성이 인정되어 1필지마다 1개의 토지가 된다. 1필의 토지를 수필로 분할하거나 수필의 토지를 1필의 토지로 합병하려면 먼저 측량·수로조사및지적에관한법률에 따른 분할·합병의 절차를 거쳐 분필·합필의 등기를 하여야 한다.

② 1물1권주의의 원칙을 취하는 현행 민법 하에서는 분필등기를 하지 않고는 1필의 토지의 물리적 일부에 대한 등기를 할 수 없다. 다만, 지상권, 지역권, 전세권과 임차권과 같이 1필의 토지의 일부 위에 성립할 수 있는 용익권은 예외이다. 이 경우 용익권이 성립한 토지의 범위를 도면으로 표시하여 등기기록의 일부로서 공시한다(법 제69조, 제70조, 제71조).

2. 건 물

(1) 등기할 수 있는 건물의 의의

① 우리 법제상 건물은 그 대지인 토지와는 별개의 독립한 부동산으로 취급하고 있으나(민법 제99조 제1항, 제14조, 제131조), 구체적으로 무엇을 등기할 수 있는 건물로 볼 것인가에 대하여는 명문의 규정이 없다. 다만, 건축법상 건축물이란 토지에 정착된 공작물 중 지붕과 기둥 또는 벽이 있는 것과 이에 부수되는 시설물, 지하 또는 고가의 공작물에 설치하는 사무소, 공연장, 점포 등을 말한다. 건축법상의 건축물은 등기능력이 있는 건물보다 넓은 개념으로서 건축물대장에 등재되었다고 해서 모두 등기능력이 있는 것은 아니다.

② 판례는 등기능력 있는 건물에 대하여 "독립된 건물로 보기 위해서는 그 설치된 장소에서 손쉽게 이동시킬 수 있는 구조물이 아니고 그 토지에 견고하게 부착시켜 그 상태로 계속 사용할 목적으로 축조된 것으로 비바람 등 자연력으로부터 보호하기 위하여 벽면과 지붕을 갖추고 있어야 한다."는 기준을 제시하였다.

(2) 건물의 요건

1) 정착성

건물은 토지의 정착물이어야 한다. 정착이라고 하기 위하서는 어느 정도 계속해서 토지에 부착되어 이용되지 않으면 안 된다. 예컨대, 건축공사현장의 사무소 또는 전시용 모델하우스 같은 가설건조물은 토지의 정착물이라고 할 수 없으므로, 그것은 상식적인 의미에서는 건물이라고 할 수 있어도 등기능력이 있는 건물이라고는 할 수 없다. 또한, 가스탱크나 석유탱크, 급수탱크 등의 탱크류나 용이하게 운반이 가능한 승차권 판매소 같은 것들은 단순히 지상에 설치되어 있는 것에 불과하기 때문에 특별한 기초공사에 의해서 지상에 부착되어 있지 않는 이상 등기할 수 있는 건물이 아니다.

2) 외기분단성

건물은 지붕 및 주벽 또는 그에 유사한 설비를 갖추고 있어야 한다. 즉 지붕과 주벽 등에 의해 외부와 구획되어 있을 것이 필요하다. 따라서 지붕과 기둥만으로는 건물로 인정될 수 없다. 예컨대, 지붕과 기둥만으로 된 주유소 캐노피, 벽면과 지붕이 갖추어져 있지 아니한 옥외 풀장, 지붕이 없이 철제파이프로 연결만 시켜놓은 수조(양어장)등의 건조물은 건물로서 취급될 수 없다.

3) 용도성

건물은 그 목적으로 하는 용도에 제공될 수 있는 상태에 있어야 한다. 따라서 건물로서 어느 정도로 완성되어야 하는지는 건물의 용도에 따라 달라진다. 예컨대, 창고로 이용하는 경우에는 지붕 및 주벽을 갖추고 토지에 정착되어 있다면 마루나 천장이 없어도 완성된 건물로 취급될 수 있지만, 여관으로 사용할 경우에는 마루나 천장이 없다면 그 목적하는 영업의 용도에 제공할 수 있는 단계에 이르렀다고 할 수 없다.

(3) 건축중인 공작물을 건물로 인정할 수 있는 시기

① 건물의 등기능력과 관련된 문제로서, 짓고 있는 건축물은 건축과정 중 어느 단계에 이르렀을 때 건물 즉, 독립한 부동산이 되며, 헐고 있는 건물이나 무너져 가는 건물은 그것이 어느 정도에 이르렀을 때 건물이 아닌 것이 되느냐가 문제된다. 이에 관하여도 특별히 정하여진 기준은 없으며 역시 사회통념에 의하여 결정하는 수 밖에 없다.

② 판례는 원래 지상 7층 건물로 설계되어 있으나 지상1층만으로도 구분소유권의 대상이 될 수 있는 구조임이 분명한 경우, 이는 독립한 부동산으로서 토지에 부합하지 않는다고 하였다. 그러나 위 건물이 토지에 부합하지 않는다고 해서 곧바로 등기능력이 인정되는 것은 아니다.

(4) 건물 개수의 문제

1) 문제점

① 건물은 그 자체가 물리적 구분성이 있는 인공적인 구조물이기 때문에 토지와 달리 미리 공권적으로 구획할 필요는 없다. 그렇지만 건물의 개수는 단순히 물리적 구조만으로 정하는 것이 아니라, 거래 또는 이용의 목적물로서의 건물의 상태(객관적 사정)와 함께 건축자의 의사(주관적 사정)도 고려하여야 한다. 여기서 건축자(소유자)의 주관적 의사란 당해 건물을 건축물대장에 어떻게 등재신청을 할 것인가의 의사를 말한다.

② 예를 들어, 1동의 건물에 여러 가구가 거주할 수 있도록 물리적으로 독립된 구조를 가진 건물을 집합건물인 다세대주택으로 등록하느냐 일반건물인 다가구주택으로 등록하느냐는 소유자의 의사에 달려있다. 또 물리적으로 떨어져 있는 창고나 별채건물을 이를 본채건물과 별개의 건물로 할지, 묶어서 하나의 건물로 할지도 소유자가 대장에 어떻게 등록하느냐에 따라 달라진다.

2) 등기예규

이와 관련하여 등기예규는 다음과 같이 규정하고 있다. ① 건물의 소유권보존등기 신청시 첨부하는 건축물대장은 1동의 건물을 단위로 하여 각 건축물마다 작성된 것이어야 한다. 주된 건물의 사용에 제공되는 부속건물은 주된 건물의 건축물대장에 부속건물로 등재하여 1개의 건물로 소유권보존등기를 함이 원칙이다. 그러나 소유자가 주된 건물과 분리하여 별도의 독립건물로 소유권보존등기를 신청하려면 부속건물에 대하여 별도의 건축물대장이 작성되어야 한다. ② 기존건물과 별개로 신축된 건물이 기존 건축물대장에 증축으로 함께 등재되어 있는 경우에는 그 신축건물을 별개의 독립건물로 소유권보존등기를 할 수 없고 기존건물의 표시변경등기를 신청하여야 한다. 만약 그 신축건물을 별도로 등기하기 위해서는 기존 건축물대장에서 신축건물을 분리하여 별도로 건축물대장을 작성한 다음 그 대장등본을 첨부하여야 한다(예규 제902호).

3) 판례

판례도 "건물의 개수를 판단함에 있어서는 물리적인 구조뿐만 아니라 거래 또는 이용의 목적물로서 관찰한 건물의 상태도 그 개수 판단기준의 중요한 자료가 될 것이고, 이러한 상태를 판별하기 위하여서는 건물 접근의 정도, 주위의 상황 등 객관적 사정은 물론 건축한 자의 의사와 같은 주관적 사정도 고려하여야 할 것이며 단순히 건물의 물리적 구조로서만 그 개수를 판단할 수는 없다."고 하였다(대법원 1961.11.23.선고 4293 민상623,624판결). 토지의 경우와 마찬가지로, 일단 하나의 건물로 등기된 후에는 건물의 구분등기를 하지 않고서는 그 건물의 일부에 대하여 등기를 할 수 없다. 다만, 건물의 일부에 대하여 전세권 및 임차권설정등기는 가능하다.

(5) 건물의 동일성

건물의 수선이나 증·개축 등으로 건물에 물리적 변경이 생긴 경우 변경 전·후의 건물의 동일성이 문제된다. 동일성이 인정된다면 기존 등기에 대하여 표시변경등기를 할 것이고, 아니라면 새로운 보존등기를 하여야 한다. 동일성 판단의 기준으로는 수선이나 증·개축에 의하여 부가된 것이 종전의 건물에 부합한다고 할 정도인가, 아니면 그 정도를 넘어 별개의 건물이 건축된 것으로 보아야 할 것인가 하는 점을 들 수 있다. 또한 물리적 변경의 과정에서 기존 건물이 사회통념상 일단 부동산이 아닌 것으로 된 시기가 있었다면(예:종전 건물은 철거하고 그 재료를 써서 같은 곳에 새로운 건물을 건축하는 재축의 경우) 신·구 건물 사이에는 동일성이 유지되지 않는다.

(6) 집합건물의 공용부분의 등기능력

구분건물에 관한 등기의 경우 전유부분의 면적만 등기할 수 있고, 구조상 공용부분(복도·계단 등)은 등기능력이 없으므로 건축물대장에 등재되어 있어도 이 부분을 독립하여 등기할 수 없다. 구조상 공용부분은 그 면적을 1동 건물의 표제부에 일괄하여 기재할 뿐이다.

이에 반하여 규약상 공용부분은 원래 구분건물 또는 독립건물로서의 등기능력을 갖는 건물(예:아파트 단지의 관리사무소, 노인정)을 규약에 의하여 1동의 건물의 소유자 전부 또는 일부의 공용부분으로 등기한 것이다(법 제47조, 규칙 제104조).

(7) 건물의 등기능력에 관한 구체적 사례[5]

5) 예규 제1086호 참조.

1) 등기능력이 인정되는 건물

① 건축물대장에 조적조 및 컨테이너구조 슬레이트 지붕 주택으로 등재된 건축물이 토지에 견고하게 부착되어 있고 내구성 있는 재료를 사용한 벽면과 지붕을 갖추고 있는 경우, ② 농업용 고정식유리온실이 철근콘크리트 기초 위에 설치됨으로써 토지에 견고하게 부착되어 있고 철골조의 조립식 구조와 내구성 있는 유리에 의한 벽면과 지붕을 갖추고 존치기간이 20년인 반영구적 시설인 경우, ③ 유류저장탱크가 손쉽게 이동시킬 수 있는 구조물이 아니고, 그 토지에 견고하게 부착시켜 그 상태로 계속 사용할 목적으로 축조된 것이며, 거기에 저장하려고 하는 유류를 자연으로부터 보호하기 위하여 벽면과 지붕을 갖춘 경우, ④ 개방형축사, ⑤ 개개의 사일로가 구조상으로 각각 독립된 것으로서 독립하여 이용할 수 있는 경우 등이 있다.

2) 등기능력이 없다고 본 경우

① 일시 사용을 위하여 축조된 가설건축물, ② 건축물대장의 구조란에 "경량 철골조 혹은 조립식 패널"로만 등재되어 있고, 지붕의 표시가 없으며 또 토지에 정착하여 쉽게 해체 이동할 수 없는 것이라고 인정하기 어려운 건축물의 경우, 다만 건축물의 구조가 경량철골조 혹은 조립식 판넬이라고 해서 모두 등기능력이 없는 것은 아니다. ③ 건물의 승강기, 발전시설, 브일러시설, 냉난방시설, 부착된 금고, 교환 및 방송시설과 옥내변전, 배전시설 등 부대설비 자체, ④ 건축물대장에 구조가 컨테이너이고 지붕 또한 컨테이너로 등재되어 있는 건축물, ⑤ 철구조물에 비닐을 덮어씌워 제작된 비닐 하우스, ⑥ 건축물대장에 철골조 건축물로 등재된 주유소캐노피, ⑦ 벽면과 지붕이 갖추어져 있지 아니한 옥외풀장, ⑧ 방수문, 잠관등과 같은 농지개량시설의 공작물, ⑨ 방조제의 부대시설물인 배수갑문, 권양기, 양수기 등, ⑩ 시장건물의 복도, 계단, 등이 있다.

Ⅲ. 등기할 사항인 권리

1. 등기할 사항인 권리

부동산등기법은 제3조에서 소유권, 지상권, 지역권, 전세권, 저당권과 같은 부동산물권을 등기할 수 있는 권리로 규정하고 있다. 부동산물권은 아니지만 권리질권은 저당권에 의하여 담보된 채권을 질권의 목적으로 하는 경우에 그 질권의 효력이 저당권에도 미친다는 것을 공시하기 위하여 등기능력을 인정하고, 최근에 제정된 동산·채권 등의 담보에 관한 법률에서 규정된 '채권담보권'을 등기할 수 있는 권리로 추가하였다.

또한, 물권은 아니지만 제3자에 대한 대항력을 공시하기 위하여 등기능력을 인정하고 있는 권리로는 부동산임차권과 부동산환매권이 있으며, 신탁도 등기를 함으로써 제3자에게 대항할 수 있으므로 등기능력을 인정하고 있다.

2. 문제되는 경우

현행법상 등기할 수 있는 권리는 원칙적으로 토지 및 건물에 대한 물권, 즉 부동산물권이다. 그러나 실체법상 인정되는 부동산물권이라도 절차법에 등기할 수 있다는 규정이 없으면 등기를 할 수 없다. 예컨대, 민법에 따라 인정되는 부동산물권 중 점유권, 유치권, 민법 제302조의 특수지역권이나 관습법상의 물권인 분묘기지권은 절차법상 근거 규정이 없으므로 등기능력이 없다. 또 주위토지통행권의 확인판결을 받았다 하더라도 그 토지통행권은 물권도 아니고 부동산등기법이나 다른 법률에서 등기할 사항이라고 규정하지 않았으므로 등기할 수 없다.

Ⅳ. 등기할 사항인 권리변동

등기할 사항인 권리변동은 부동산물권의 득실변경을 의미한다. 즉, 부동산물권의 설정, 보존, 이전, 변경, 처분의 제한, 그리고 소멸(**법 제3조**)에 관한 사항이 등기사항이다.

1. 권리변동과 관계있는 등기사항

등기는 부동산에 관한 권리의 설정, 보존, 이전, 변경, 처분의 제한 또는 소멸에 대하여 이를 한다(**법 제3조**). 이 규정은 등기할 수 있는 물권변동의 내용을 포괄적으로 나타낸 것이다.

(1) 설 정

설정이란 현재 유효한 물권위에 소유권 이외의 물권(제한물권) 또는 임차권을 창설하는 것을 말한다. 설정등기를 할 수 있는 권리는 제한물권(지상권, 지역권, 저당권, 권리질권)과 임차권이다. 설정등기의 원인은 법률행위가 대부분이나 법정지상권과 같이 법률의 규정에 의하는 경우도 있다. 설정의 목적이 되는 권리는 소유권인 경우가 일반적이지만, 지상권이나 전세권도 저당권설정등기의 목적이 된다(민법 제371조).

(2) 보 존

보존이란 미등기 부동산에 관하여 이미 가지고 있는 소유권의 존재를 확인하고 공시하기 위하여 최초로 하는 등기이다. 보존등기를 할 수 있는 권리는 소유권뿐이다. 소유권보존등기를 하는 경우로는, 건물의 신축과 같이 부동산을 원시취득한 경우, 미등기 부동산에 대한 처분제한등기의 촉탁이 있는 경우에 등기관이 직권으로 보존등기를 하는 경우(법 제66조), 규약상 공용부분인 뜻의 등기를 말소하는 경우(법 제47조제2항)등이 있다. 소유권보존등기는 소유권의 취득요건은 아니다. 예컨대, 건물을 신축한 자는 건물의 완성으로 그 건물의 소유권을 취득하는 것이고 보존등기시에 취득하는 것은 아니다.

(3) 이 전

이전이란 어떤 사람에게 귀속되어 있던 권리가 다른 사람에게 옮겨가는 것을 의미한다. 이전은 소유권뿐만 아니라 소유권 이외의 권리에도 인정된다. 권리의 이전은 법률행위 또는 법률의 규정에 의하여 이루어진다. 등기방법으로, 소유권이전등기는 주등기에 의하고, 소유권 이외의 권리의 이전등기는 부기등기에 의한다.

권리의 승계취득(특정·포괄)의 경우에는 이전등기를, 권리(소유권)의 원시취득의 경우에는 보존등기를 하는 것이 원칙이다. 그러나 부동산의 시효취득, 수용은 그 법적 성질이 원시취득이지만 이전등기의 방법에 의한다. 또 등기상 이해관계인의 승낙을 얻지 못하여 소유권이전등기의 말소등기 대신(등기원인을 해제로 하여) 소유권이전등기를 신청하는 경우는 승계취득은 아니지만 이전등기를 하는 경우이다.

(4) 변 경

변경이란 협의의 변경등기와 경정등기를 포함하는 개념이다. 협의의 변경등기란 등기 후에 기존의 등기된 사항의 일부가 후발적으로 변경된 경우 이를 실체관계에 부합되게 하는 등기이다. 경정등기는 등기신청인의 신청착오 또는 등기관의 착오·유루로 인하여 등기사항의 일부가 등기 당시부터 실체관계에 부합하지 않는 경우에 바로 잡는 등기이다. 변경(경정)의 대상에는 권리의 내용(권리의 존속기간, 채권최고액, 전세금액 등)뿐만 아니라 부동산 표시의 변경(지목, 면적, 멸실, 분·합필 등)이나 등기명의인의 표시변경(성명, 주소, 주민등록번호 등)도 포함한다.

(5) 처분의 제한

처분의 제한이란 소유권 기타의 권리자가 가지는 처분권능을 제한하는 것을 말한다. 이러한 제한은 반드시 법률에 근거하여야 한다. 헌법상 재산권은 법률에 의하지 아니하고는 제한할 수 없기 때문이다. 예를 들면, 공유물의 분할금지(민법 제268조 제1항), 경매개시결정(민집 제94조)·압류·가압류(민집 제293조)·가처분(민집 제305조)에 의한 처분제한의 등기 등이 여기에 해당한다. 한편, 당사자 사이에 처분제한 기타의 특약이 있다고 하더라도 법률에 그러한 사항을 등기하도록 하는 규정이 없으면 등기할 수 없다. 예를 들어, 시유지에 시설물을 건설한 자가 50년간 사용한 후 시에 기부체납하기로 하는 약정, 저당권자의 승낙 없이는 당해 부동산을 처분할 수 없다는 특약, 행정청의 허가처분시에 붙인 특약조건 등은 등기할 수 없다.

(6) 소 멸

소멸이란 어떠한 부동산에 대한 권리가 등기원인의 무효·취소·해제, 권리의 포기, 변제, 혼동, 목적물의 멸실과 같은 원시적 또는 후발적 사유로 인하여 없어지는 것을 말한다.

(7) 가등기

가등기는 ① 소유권, 지상권, 지역권, 전세권, 저당권, 권리질권, 임차권의 설정·이전·변경 또는 소멸의 청구권을 보전하려 할 때, ② 그 청구권이 시기부 또는 정지조건부인 때, ③ 기타 장래에 있어서 확정될 것인때에 할 수 있다. 또 가등기담보 등에 관한 법률에 따른 담보가등기도 가능하다.

(8) 등기능력 있는 특약 또는 제한사항

1) 부동산등기법 및 민법에 의한 특약사항의 등기

① 환매특약(법 제53조)

② 권리소멸의 약정(법 제54조)

③ 공유물 분할금지의 약정(법 제67조제1항 단서, 민법 제268조 제1항)
④ 구분지상권 등기에서 토지사용의 제한(법 제69조 민법 제289조의2 제1항 후단)
⑤ 전세권의 양도 또는 담보제공의 금지(법 제72조, 민법 제306조 단서)
⑥ 저당권의 효력이 부합물 및 종물에 미치지 않는다는 약정(법 제75조, 민법 제358조 단서) 등

2) 특별법에 의한 특약 또는 제한 사항의 등기

① 국유재산 매각시 계약해제에 관한 사항(국유재산법시행령 제53조제3항)
② 매립지에 대한 매립목적변경의 제한(공유수면관리및매립에관한법률 제46조제3항)
③ 주택건설사업에 의하여 건설된 주택 및 대지에 대한 저당권 설정 등 처분행위의 금지(주택법 제40조제3항)
④ 임대주택에 관한 저당권설정 등의 제한(임대주택법 제18조)

2. 권리변동과 관계없는 등기사항

(1) 부동산 표시변경등기

① 등기의 대상인 부동산을 특정하기 위한 등기를 부동산표시의 등기라고 한다. 부동산표시의 등기는 소유권보존등기를 할 때 등기기록의 표제부에 기록되며 부동산의 현황을 공시하게 된다. 그 후 부동산표시에 변경사유가 있으면 등기하여야 하는데 이를 부동산표시변경등기라고 한다.

② 부동산 표시변경등기는 다시 "부동산의 변경의 등기"와 "부동산의 표시의 변경등기"로 나눌 수 있다. 전자는 등기된 부동산 자체의 물리적 변경이 있는 경우(토지의 경우 면적의 증감·지목변경, 건물의 경우 건물의 종류·구조의 변경 등)이고, 후자는 부동산의 동일성을 나타내는 표시에 변경이 있는 경우(행정구역 명칭변경, 지번변경 등)이다. 이와 같은 부동산표시변경등기 그 자체는 부동산물권변동과 무관하지만 부동산의 현황의 공시를 위하여 등기사항으로 규정되어 있다(법 제35조, 41조).

(2) 등기명의인의 표시변경등기

등기명의인이란 권리에 관한 등기의 현재의 명의인, 즉 권리자를 말하고,

등기명의인의 표시란 등기명의인의 성명(명칭), 주소(사무소소재지), 주민등록번호(부동산등기용등록번호)를 말한다. 등기명의인의 표시에 변경사유가 있으면 변경등기를 할 수 있다(법 제23조제6항).

(3) 구분건물의 표시등기

① 부동산의 표시에 관한 등기는 권리의 객체인 부동산의 현황을 명확히 하기 위하여 등기부의 표제부에 기록하는 것에 불과하다. 따라서 당사자가 소유권보존등기의 신청은 하지 않고서 부동산의 표시에 관한 등기만 신청할 수는 없음이 원칙이다.

② 다만, 1984년 개정 부동산등기법은 “구분건물의 표시”에 관한 등기를 등기할 사항으로 규정하고(구법 제2조), 1동의 건물에 속하는 구분건물 중의 일부만에 관하여 소유권보존등기를 신청하는 경우에 나머지 구분건물에 관하여는 표시에 관한 등기를 동시에 신청하도록 하였다(구법 제131조의2). 이는 1동의 건물에 속하고 있는 다른 구분건물과의 관계를 명확히 하고 집합건물의 공시방법의 혼란을 피하기 위한 것이다.

③ 다만, 2011년 개정법에서는 부동산의 표시에 관한 등기가 반드시 소유권등기와 무관하게 독립적으로 이루어지는 등기만을 의미하는 것이 아니라, 이미 등기되어 있는 부동산의 표시에 관한 사항을 변경하는 것도 부동산의 표시에 관한 등기에 해당한다고 보고, 구법에서의 “구분건물의 표시”를 “부동산의 표시”(법 제3조)로 바꾸었다.

V. 결 어

3. 【등기의 효력】

Ⅰ. 등기의 효력발생 시기

Ⅱ. 등기의 구체적 효력

1. 물권변동의 효력
2. 순위확정의 효력
3. 대항력
4. 공신력 불인정
5. 점유적 효력
6. 후등기 저지력
7. 추정력

Ⅲ. 가등기의 효력

1. 본등기 순위보전의 효력
2. 본등기전의 가등기의 효력
3. 담보가등기의 특수한 효력

3. 【등기의 효력】

Ⅰ. 등기의 효력발생 시기

수작업으로 등기사무를 처리한 때에는 등기가 이루어지면 실제 등기관이 등기를 완료한 시점이 언제인지에 관해서 아무도 알 수 없었으므로 등기의 효력발생시기를 등기부에 기록되어 있는 등기신청서의 접수연월일로 보는 것이 당연하였다.

하지만 등기전산화로 인하여 등기관이 등기를 완료한 시점, 즉 자기가 부여받은 식별부호를 등기기록에 기록한 시점에 관한 정보가 전산정보처리조직에 그대로 저장됨에 따라 등기의 효력발생시기에 관하여 다툼의 여지가 있게 되었다.

이에 따라 개정법에서는 등기의 효력발생시기에 관한 분쟁을 미리 방지하기 위하여 등기관이 등기를 마치면 그 등기의 효력은 등기신청이 접수된 때로부터 효력을 발생하는 것으로 하였다(법 제6조제2항).

Ⅱ. 등기의 구체적 효력

1. 물권변동의 효력

물권변동에 관한 형식주의를 채택하고 있는 현행법 하에서는 물권행위가 있고 그에 부합하는 등기가 마쳐져야만 부동산에 관한 물권변동의 효력이 발생한다. 등기의 가장 중요한 효력이다.

2. 순위확정의 효력

동일한 부동산에 관하여 등기한 권리의 순위는 법률에 다른 규정이 없는 때에는 등기한 순서에 의하여 결정되는데(법 제4조제1항), 이를 순위확정의 효력이라 한다. 등기의 순서는 등기기록 중 같은 구에서 한 등기 상호간에는 순위번호에 따르고, 다른 구에서 한 등기상호간에는 접수번호에 의하여 결정된다(법 제4조제2항). 부기등기의 순위는 주등기의 순위에 따르지만 부기등기 상호간의 순위는 그 등기 순서에 따른다(법 제5조).

3. 대항력

어떤 사항은 등기하지 않으면 당사자 사이에서 채권적 효력이 있을 뿐이지만 등기한 때에는 제3자에 대하여 그 등기된 사항을 가지고 대항할 수 있게 되는데, 이러한 효력을 대항력이라고 한다. 예컨대, 부동산임차권(**법 제74조**), 환매특약(**법 제53조**), 신탁등기(**신탁법 제3조제1항**), 지상권 또는 전세권의 지료·존속기간 등에 관한 약정(**법 제69조,제72조**), 저당권의 변제기·이자 등에 관한 약정(**법 제75조제1항**)에 관한 사항은 등기하여야 제3자에게도 주장할 수 있다.

4. 공신력 불인정

명문의 규정은 없지만 우리 부동산등기제도는 공신의 원칙을 채택하지 않고 있다는 것이 통설·판례이다. 따라서 등기부의 기록을 믿고 거래하였더라도 그 상대방이 진정한 권리자가 아닌 경우에는 그 물권을 취득하지 못하게 된다. 다만, 민법은 거래의 안전을 위하여 제107조 내지 제110조와 제548조에서 원인행위가 무효, 취소, 해제 등으로 실효된 경우에도 선의의 제3자를 보호하는 규정을 두고 있다. 또 절차법인 부동산등기법에서도 등기의 말소를 신청하는 경우에 그 말소에 관하여 등기상 이해관계 있는 제3자가 있는 때에는 그 제3자의 승낙이 있어야 한다(**법 제57조**)고 함으로써 말소대상인 등기를 믿고 거래한 자의 등기상 권리를 보장하고 있다.

5. 점유적 효력

부동산의 소유자로 등기되어 있는 자가 10년 동안 소유의 의사로 평온·공연하게 선의이고 과실 없이 그 부동산을 점유한 때에는 소유권을 취득한다(**민법 제245조 제2항**). 그리고 이 조항은 소유권이외의 다른 재산권에도 준용된다(**민법 제248조**). 이를 등기부취득시효라고 한다. 이 때의 등기는 마치 동산의 점유취득시효에서 점유와 같은 효력을 갖게 되는데 이를 등기의 점유적 효력이라 한다.

점유로 인한 부동산의 시효취득기간은 20년이지만 등기부에 소유자로 등기된 자는 10년간 자주점유를 한 때에 소유권을 취득한다. 따라서 등기는 부동산에 대한 취득시효기간을 단축하는 효력을 가진다고도 할 수 있다.

6. 후등기 저지력

어떤 등기가 존재하고 있는 이상 비록 실체법상의 효력이 없는 등기라 하더라도 일정한 형식상의 효력을 가진다. 즉 법정의 요건과 절차에 따라 그 등기를 말소하지 않고서는 그것과 양립할 수 없는 등기는 할 수 없는데, 이를 후등기 저지력이라고 한다. 예컨대, 일정한 토지에 대한 소유권보존등기가 경료되어 있으면 진정한 소유자라 하더라도 1부동산 1등기기록주의의 원칙상 그 토지에 대한 기존의 소유권보존등기를 말소하지 않고서는 자기 명의의 소유권보존등기를 할 수 없고, 먼저 설정된 지상권의 존속기간이 만료된 경우에도 그 등기를 말소하지 않는 한 다시 제3자를 위한 지상권설정등기를 할 수 없다.

7. 추정력

① 어떠한 등기가 있으면 그에 대응하는 실체적 권리관계가 존재하는 것으로 추정되는 효력을 등기의 추정력이라 한다. 현행법상 명문의 규정은 없으나 학설·판례는 일치하여 등기의 추정력을 인정하고 있다. 등기절차는 국가기관에 의하여 관리될 뿐만 아니라 공동신청주의, 서면신청주의, 요건에 맞지 않는 신청의 각하 등 등기의 진정성을 담보할 수 있는 여러 가지 제도를 갖추고 있기 때문이다. 어떤 권리가 등기된 때에는 등기된 내용의 권리가 존재하는 것으로 추정되므로 그러한 실체관계가 존재하지 않는다고 주장하거나 또는 실제와 다르다고 주장하는 자가 그에 관한 입증책임을 지게 된다.

② 등기의 내용은 일응 유효한 것으로 추정되므로 이로부터 다시 다음과 같은 추정이 인정된다. (ⅰ) 등기의 내용을 신뢰한 자는 선의 무과실로 추정된다. 예컨대, 등기기록상의 명의인을 소유자로 믿고서 그 부동산을 매수하여 점유하는 자는 특별한 사정이 없는 한 선의이고 과실없는 점유자에 해당한다. (ⅱ)부동산물권을 취득하려는 자는 등기기록을 조사하는 것이 보통이므로 반증이 없는 한 등기 내용을 알고 있었던 것으로(즉, 악의로) 추정된다.

Ⅲ. 가등기의 효력

1. 본등기 순위보전의 효력

가등기에 기하여 본등기를 한 때에는 본등기의 순위는 가등기의 순위에 의한다(법 제91조). 본등기에 의한 물권변동의 효력은 가등기를 한 때로 소급하는 것이 아니라 본등기를 한 때로부터 발생하지만, 그 순위를 결정하는 기준은 가등기를 한 때이다. 그 결과 가등기 이후에 경료된 제3자의 권리에 관한 등기 즉, 중간처분의 등기는 본등기의 내용과 저촉되는 범위 내에서 실효되거나 후순위로 된다. 이를 가등기의 순위보전적 효력이라 한다. 가등기에 기한 본등기가 경료되면 순위보전의 효력이 생기지만 가등기 자체만으로는 물권변동을 일으키는 효력이 없다는 점이 종국등기와 다르다.

2. 본등기전의 가등기의 효력

가등기만으로는 가등기설정자의 처분행위를 저지하거나 제3취득자에게 대항하는 등의 실체법상 효력은 없다는 것이 일반적인 견해이다. 판례도 이와 같다. 즉, 소유권이전청구권보전을 위한 가등기가 있다 하여 소유권이전등기를 청구할 어떤 법률관계가 있다고 추정되지 아니하며, 가등기권리자는 중복된 소유권보존등기의 말소를 청구할 권리가 없다.

이에 대하여 명문의 규정은 없지만 가등기에 기해서 본등기를 청구할 수 있고 그 본등기에 저촉되는 제3자의 등기를 말소시킬 수 있는 등 가등기 자체의 효력(청구권보전의 효력)이 인정된다는 견해가 있다.

3. 담보가등기의 특수한 효력

가등기담보등에 관한 법률에 의한 담보가등기가 경료된 경우, 담보가등기의 목적물이 다른 채권자의 신청에 의하여 경매에 붙여진 경우에 가등기담보권자는 가등기인 채로 그 가등기의 순위를 가지고 우선변제청구권을 행사할 수 있고(동법 제13조), 담보가등기의 목적물에 대하여 경매를 청구(동법 제12조)할 수 있는 등 일정한 실체법적인 효력이 인정된다.

4. 【등기의 유효요건】

I. 서 설

II. 등기의 실체적 유효요건

1. 등기에 부합하는 실체관계의 존재
2. 등기와 실체관계와의 부합의 정도
(1) 부동산의 표시에 관한 부합의 정도
(2) 권리변동 내지 물권행위와의 부합의 정도
(3) 권리변동의 과정, 태양이 실체관계와 부합하지 아니한 경우

III. 등기의 형식적 유효요건
1. 등기할 사항에 대하여 적법한 절차에 따른 등기신청이 있을 것
(1) 관할위반의 등기가 아닐 것(법 제29조 제1호)
(2) 등기능력이 있는 사항에 대한 등기일 것(법 제29조 제2호)
(3) 등기신청절차에 흠결이 없을 것(법 제29조 제3호 이하의 경우)
2. 등기의 존재
(1) 등기사항의 기록
(2) 등기부의 손상
(3) 등기의 불법말소
(4) 수작업 등기부의 교합인의 누락
3. 중복등기가 아닐 것

IV. 결 어

4.【등기의 유효요건】

I. 서 설

등기가 유효하기 위해서는 등기에 부합하는 실체법상의 권리관계가 존재하여야 하고(**실질적 유효요건 또는 실체적 유효요건**), 또 법이 정하는 절차에 따라 적법하게 행하여져야 한다(**형식적 유효요건 또는 절차적 유효요건**).

II. 등기의 실체적 유효요건

1. 등기에 부합하는 실체관계의 존재

등기와 실체관계가 부합하기 위하여는 ① 등기에 부합하는 부동산이 존재하여야 하고, ② 진정한 등기명의인이 존재하여야 하며, ③ 등기에 부합하는 실체적 권리변동 내지는 물권행위가 존재 하여야 한다. 실체관계에 부합하지 않는 등기는 효력이 없다. 문제는 등기와 실체관계가 어느 정도 부합하여야 유효한 등기가 될 수 있느냐에 있다.

2. 등기와 실체관계와의 부합의 정도

(1) 부동산의 표시에 관한 부합의 정도

1) 판단기준

실제의 부동산과 등기기록에 기록된 표시의 내용이 다소 불일치하더라도 그 등기가 당해 부동산을 공시하고 있는 것이라고 할 정도의 사회통념상 동일성 또는 유사성이 인정되면 그 등기는 유효하며,[6] 그 불일치는 경정등기나 변경등기에 의하여 시정할 수 있다.

2) 토지의 경우

토지의 경우에는 소재, 지번이 동일성을 인정할 수 있는 가장 중요한 요소가 된다. 따라서 소재, 지번이 다르면 그 등기는 원칙적으로 무효이지만, 소재,

---

6) 대법원 1981. 12. 8. 선고 80다163판결

지번만 일치하면 면적 또는 지목이 다소 불일치하더라도 동일성을 인정할 수 있다는 것이 등기실무이다.

3) 건물의 경우

건물의 경우에는 건물에 관한 보존등기상의 표시와 실제건물과의 사이에 건물의 건축시기, 건물 각 부분의 구조, 평수, 소재, 지번등에 관하여 다소의 차이가 있다 할지라도 사회통념상 동일성 혹은 유사성이 인식될 수 있으면 그 등기는 당해 건물에 관한 등기로서 유효한 것으로 보고 있다[7].

(2) 권리변동 내지 물권행위와의 부합의 정도

1) 질적 불일치

물권행위상의 권리의 객체(**갑 토지에 하여야 할 등기를 을 토지로 등기한 경우**), 권리의 주체(**권리자인 갑을 을로 등기한 경우**), 권리의 종류(**전세권설정계약을 했는데 저당권등기가 된 경우**)가 잘못된 경우에 그 등기는 무효이다.

2) 양적 불일치

권리의 주체, 객체, 종류에 관하여는 합치하고 있으나 그 등기된 권리내용의 양에 불일치가 있는 경우에는 그 불일치의 정도에 따라 등기의 유효여부가 결정된다. 등기된 양이 물권행위의 양보다 클 때에는 물권행위의 한도에서 효력이 있고, 반대로, 물권행위의 양이 등기된 양보다 클 때에는 법률행위의 일부무효에 관한 민법 제137조에 의하여 판단하여야 한다. 다만, 위와 같은 불일치가 등기기록에 의하여 착오임이 명백히 인정될 수 있는 경우에는 경정등기에 의하여 고칠 수 있을 것이다.

(3) 권리변동의 과정, 태양이 실체관계와 부합하지 아니한 경우

등기는 현재의 정적인 권리관계만 공시하는 것이 아니고 그 변동과정도 공시하는 기능을 수행하는 것이므로 권리의 변동과정 내지 태양도 실제와 일치하여야 한다. 그런데 판례는 등기기록이 실제의 권리변동의 과정 내지 태양과 일치하지 않더라도 등기된 결과가 현재의 진실한 권리상태를 공시하면 그 등기는 유효한 것으로 보고 있다.[8]

---

7) 대법원 1981. 12. 8. 선고 80다163판결
8) 대법원 2000. 3. 10. 선고 99다65462판결

1) 중간생략등기

① 의의

중간생략등기란 물권변동의 중간 과정을 생략하여 소유권이전등기 등을 하는 것을 말한다.

② 부동산등기특별조치법에 의한 규제

ⅰ) 부동산의 소유권이전을 내용으로 하는 계약을 체결한 자는 계약의 당사자가 서로 대가적인 채무를 부담하는 경우에는 반대급부의 이행이 완료된 날, 계약당사자의 일방만이 채무를 부담하는 경우에는 그 계약의 효력이 발생한 날부터 60일 이내에 소유권이전등기를 신청하여야 한다(부동산등기특별조치법 제2조제1항제2항).

ⅱ) 부동산등기특별조치법상 조세포탈과 부동산 투기등을 방지하기 위하여 위법률 제2조제2항 및 제8조제1호에서 등기하지 아니하고 제3자에게 전매하는 행위를 일정목적 범위내에서 형사처벌 하도록 되어 있으나 이로써 순차매도한 당사자사이의 중간생략등기 합의에 관한 사법상의 효력까지 무효로 한다는 취지는 아니라는 것이 판례[9]의 입장이다.

③ 중간생략등기의 유효성

ⅰ) 판례의 입장

중간생략등기는 최초매도인·중간자·최종매수인의 3자 합의가 있으면 유효하고, 더 나아가서 3자의 합의 없이 마쳐진 중간생략등기인 경우에드 양도계약 당사자들 사이에 양도계약이 적법하게 성립되어 이행되었다면 그 등기도 무효라고 할 수 없다고 한다.[10]

ⅱ) 토지거래허가지역의 경우

국토의계획및이용에 관한 법률상 토지거래허가 지역내에서의 토지매매의 중간생략등기는 유효로 인정하지 않는다. 따라서 최초의 매도인으로부터 최종매수인 앞으로 직접 소유권이전등기를 하기로 하는 중간생략등기의 합의가 있었다 하더라도 최종매수인이 자신과 최초 매도인을 매매당사자로 하는 토지거래허가를 받아 최종 매수인 앞으로 경료한 소유권이전등기는 적법한 토지거래허가없이 경료된 등기로서 무효로 보는 것이 판례[11]의 입장이다.

④ 계약당사자의 지위를 이전하는 계약과 소유권 이전등기

부동산 등기특별조치법 제2조 제3항 참조

---

9) 대법원 1993. 1. 26. 선고 92다39112판결

10) 대법원 1969. 7. 8. 선고 69다648판결

11) 대법원 1997. 11. 11. 선고 97다33218판결

⑤ **대지사용권의 이전등기와 중간생략등기의 허용**

구분건물을 신축한 A가 대지권등기를 하지 아니하고 구분건물에 대하여서만 B에게 이전등기를 하였는데 건물소유권이 다시 B에서 C에게로 순차적으로 이전된 경우에, 추후C가 대지권등기를 하기 위하여서는 먼저 대지사용권의 이전등기를 신청하여야 하는바, 이 대지사용권의 이전등기는 중간자 B에로의 등기를 생략하고 구분건물을 신축한 A에서 바로 구분건물의 현재소유자인 C에게 할 수 있다. 중간생략등기는 원칙적으로 금지되지만 이와 같이 예외적으로 허용되는 경우도 있다(부동산등기법 제60조).

2) 실제와 다른 등기원인에 의한 등기

소유권보존등기를 제외하고는 등기기록에는 반드시 등기원인을 기록하게 되어 있는바 이러한 등기도 당사자 사이의 실체관계에는 부합하기 때문에 이를 무효로 할 것은 아니다. 예컨대, 증여에 의하여 부동산을 취득하였음에도 등기원인이 매매로 등기기록에 기록된 경우 판례는 그 등기가 당사자 사이의 실체적 권리관계에 부합하는 한 유효하다고 한다.[12] 다만 부동산등기특별조치법에서는 등기신청서에 허위의 등기원인을 기재하거나 실제로는 소유권을 이전하면서 소유권이전등기가 아닌 다른 등기를 신청하는 등의 행위를 금지하고 있고(같은법 제6조), 이를 위반한 경우에는 3년 이하의 징역이나 1억원 이하의 벌금에 처하고 있다(같은법 제11조).

3) 모두생략등기

미등기의 부동산에 대하여 양도인이 직접 보존등기를 하고 양수인에게 이전등기를 하여야 하나 양수인 명의로 직접 소유권보존등기를 하는 등기를 말하며 민법상 형식주의원칙(민법 제186조)에 위반하나 실체관계에 합치하는 한 그 등기는 유효한 등기로 보는 것이 판례의 입장이다[13]. 한편 부동산등기특별조치법은 소유권보존등기가 되어 있지 아니한 부동산에 대하여 소유권이전을 내용으로 하는 계약을 체결한 자는 일정한 기간 내에 먼저 소유권보존등기를 완료하고 이어서 양수인에게 이전등기를 하도록 규정하고 있으며, 이를 위반한 경우에는 과태료의 처분을 받게 된다(같은법 제11조).

4) 무효등기의 유용

---

12) 대법원 1980. 7. 22. 선고 80다791판결
13) 대법원 1984. 1. 24. 선고 83다카1152판결

① 의의

실체적 유효요건에 흠결이 있는 등기에 관하여 후일 그 등기에 부합하는 실체관계가 있게 된 때에 그 등기를 유효하다고 볼 것인지의 문제이다.

② 유형

i) 실체적 유효요건의 추완

등기원인 없이 갑으로부터 을로 소유권이전등기가 된 후에 갑과 을 사이에 그 등기에 부합하는 적법한 매매를 한 경우 그 등기의 유용을 허용하여도 부당한 결과를 초래하지 않으므로 그 등기는 유효한 것으로 판례는 보고 있다.14)

ii) 좁은 의미의 무효등기의 유용

처음에는 유효하였던 등기가 후에 실체관계를 잃게 되어 무효로 되었으나 다시 그 후 처음의 등기와 내용이 유사한 실체관계가 생긴 경우에 그 등기를 후의 실체관계의 공시방법으로서 이용할 수 있느냐의 문제인데, 저당권이나 가등기의 유용에 관하여는 이해관계인이 없는 한 유효한 것으로 보는 것이 판례이다.15) 그러나 멸실건물의 보존등기를 멸실 후에 신축한 건물의 소유권 보존등기로 유용하지는 못한다고 한다는 것이 판례의 태도이다.16)

Ⅲ. 등기의 형식적 유효요건

1. 등기할 사항에 대하여 적법한 절차에 따른 등기신청이 있을 것

(1) 관할위반의 등기가 아닐 것(법 제29조 제1호)

등기는 관할 등기소에서 하여야 한다. 이에 위반하여 이루어진 등기는 그것이 실체관계에 부합하는 경우라도 당연무효이고, 등기관은 그 등기를 법 제58조의 절차를 밟아 직권으로 말소하여야 한다. 등기상 이해관계인은 실행된 등기에 대하여 이의를 제기할 수 있다.

(2) 등기능력이 있는 사항에 대한 등기일 것(법 제29조 제2호)

등기는 실체법, 특별법, 부동산등기법상 등기할 수 있는 것으로 허용된 것만에 대해서만 가능하다. 따라서 사건이 등기할 것이 아닌 것에 해당하는 등기

14) 대법원 1977. 4. 12. 선고 76다2516판결
15) 대법원 1994. 1. 28. 선고 93다31702판결
16) 대법원 1976. 10. 26. 선고 75다2211판결

신청이 있는 경우에는 등기관을 이를 각하하여야 한다. 이에 위반하여 이루어진 등기는 그것이 실체관계에 부합하는 경우라도 당연무효이고, 등기관은 그 등기를 법 제58조의 절차를 밟아 직권으로 말소하여야 한다.

(3) 등기신청절차에 흠결이 없을 것(법 제29조 제3호 이하의 경우)

등기는 법 제29조 제3호 내지 제11호의 절차에 따라 실행되어야 한다. 다만 이에 위배한 등기라도 실체적 권리관계에 부합하는 경우에는 당연무효라고 할 수는 없다. 판례도 법 제29조 제3호 이하의 각하사유에 해당하여 형식적 요건이 구비되지 않은 경우에도 등기의 신청이 일단 수리되어 등기가 완료된 때에는 그 등기가 실질적 유효요건을 구비하였으면 유효하다고 한다.[17)]

2. 등기의 존재

(1) 등기사항의 기록

적법한 등기신청이 있었고 그 신청에 따른 등기필정보의 통지가 있었다고 하더라도 신청서에 표시된 등기사항이 등기기록에 전혀 기록되어 있지 아니하다면 등기가 존재한다고 할 수는 없다.

(2) 등기부의 손상

등기부가 손상된 경우 전산운영책임관은 등기부부본자료에 의하여 등기부를 복구하여야 한다(**규칙 제17조제2항**). 멸실회복등기 신청기간중에 멸실회복등기신청이 없는 경우에 그 권리는 소멸하는지에 관하여 판례는 "회복등기 기간내에 회복등기를 하지못한 등기멸실당시의 소유자는 부동산에 대한 소유권을 상실하는 취지로 판단한 원판결에는 재산권을 보장하는 헌법상의 규정을 간과하고 부동산등기(구)법 제24조를 잘못 해석한 위법이 있다"[18)] 라고 하여 그 권리가 소멸하는 것은 아닌 것으로 보고 있다

(3) 등기의 불법말소

등기가 부적법하게 말소된 경우에 그 말소등기는 실체관계에 부합하지 않는 것이어서 무효라고 보는 것이 판례의 태도이다.[19)] 즉 등기에는 공신력이 없을

---

17) 대법원 1968. 8. 23.자 68마823결정
18) 대법원 1968. 2. 20. 선고 67다1797판결
19) 대법원 1982. 9. 14. 선고 81다카923판결

뿐만 아니라, 등기는 물권의 효력발생요건이지 그 존속요건은 아니므로 물권에 관한 등기가 원인없이 말소된 경우에도 그 물권의 효력에는 아무런 변동이 없는 것으로 보고 있다.

(4) 수작업 등기부의 교합인의 누락

수작업등기부의 경우 등기관의 교합인이 누락되었다고 하여 그 자체로 그 등기가 부존재한다고 할 수 없다는 것이 판례의 입장이다.[20]

3. 중복등기가 아닐 것

Ⅳ. 결 어

20) 대법원 1977. 10. 31. 자 77마262결정

5. 【등기소의 관할】

Ⅰ. 등기소의 의의

Ⅱ. 등기소의 관할

1. 원 칙

2. 관할의 지정

(1) 의 의

(2) 관할지정의 업무절차

3. 관할의 위임

4. 관할의 변경

(1) 의 의

(2) 관할변경의 절차(행정구역의 변경등에 따른 등기업무처리)

Ⅲ. 등기소의 관리

Ⅳ. 등기사무의 정지

5. 【등기소의 관할】

Ⅰ. 등기소의 의의

등기사무를 담당하는 국가기관을 "등기소"라고 한다. 등기사무는 법원이 관장하며, 구체적으로는 지방법원과 소속 지원이 관할구역 내의 등기사무를 관장한다. 그리고 지방법원(지원)은 사무의 일부를 처리하게 하기 위하여 그 관할구역 안에 등기소를 둘 수 있다. 따라서 등기소라는 명칭을 가진 관서뿐만 아니라 등기사무를 담당하는 지방법원의 등기과와 동 지원의 등기과(계)도 하나의 "등기소"가 된다(**법 제7조**).

Ⅱ. 등기소의 관할

1. 원 칙

구체적인 등기신청사건에 관하여 현실적으로 어느 등기소가 그 등기사무를 처리할 것이냐 하는 것이 관할의 문제이다. 등기사무는 등기할 권리의 목적인 부동산의 소재지를 관할하는 지방법원, 동 지원, 또는 등기소에서 처리한다(**법 제7조**). 지방법원, 동 지원의 관할구역은 각급 법원의 설치와 관할구역에 관한 법률에 따르고, 지방법원 관내에 설치할 등기소와 그 관할구역은 등기소의 설치와 관할구역에 관한 규칙에서 정하고 있다. 등기소의 관할은 대체로 행정구역인 시·군·구를 기준으로 정해져 있다.

2. 관할의 지정

(1) 의 의

1개의 부동산(건물)이 수개의 등기소의 관할구역에 걸쳐 있는 때에는 신청에 의하여 그 각 등기소를 관할하는 상급법원의 장으로부터 관할의 지정을 받은 등기소만이 관할권을 갖는다(**법 제7조 제2항**). 이 때 상급법원의 장이라 함은 수개의 등기소가 동일 지방법원 관내일 때에는 그 지방법원의 장, 동일 고등법원 관내일 때에는 그 고등법원의 장, 고등법원의 관할구역을 달리할 때에는 대법원장을 말한다. 1개의 부동산이 수개의 등기소의 관할구역에 걸쳐있는 때라 함은,

주로 ① 건물의 보존등기시에 그 소재 토지가 수개 등기소의 관할에 걸치는 경우, ② 구분건물에 있어서 단지를 구성하는 수동의 건물 중 일부 동의 건물의 대지가 다른 등기소의 관할에 속하는 경우를 말한다.

(2) 관할지정의 업무절차

1) 관할지정의 기준

관할등기소의 지정은 등기를 하고자 하는 이해관계인의 신청에 의하여 상급법원의 장이 하게 된다. 이 경우 교통과 업무처리의 편의 등을 고려하여 관할등기소를 지정하여야 한다. 이때 건물의 보존등기와 합병등기의 경우에는 건축물대장을 관리하는 소관청의 소재지 등기소를 관할등기소로 지정하는 것이 신청인의 편의와 등기소의 업무처리상 적정할 것이다.

2) 관할등기소의 지정에 따른 업무절차[21)]

① 관할등기소의 지정신청 절차

ⅰ) 건물이 수개의 등기소의 관할구역에 걸쳐 있는 경우(**법 제7조 제2항**) 또는 단지를 구성하는 수동의 건물 중 일부 건물의 대지가 다른 등기소의 관할에 속하는 경우(**규칙 제5조 제7항**)에 그 건물에 대한 최초의 등기를 신청하고자 하는 자는 상급법원의 장에게 관할등기소의 지정을 신청하여야 한다.

ⅱ) 관할등기소의 지정 신청은 신청서를 작성하여 그 신청서에 건축물대장등본(**규칙 제5조 제7항의 경우에는 건축물대장총괄표제부등본**)과 수신인란이 기재된 관할등기소 지정서 송부용봉투(등기취급 우편요금에 상응하는 우표 첩부)를 첨부하여 당해 부동산의 소재지를 관할하는 등기소 중 어느 한 곳에 제출하여야 한다.

② 등기소의 조치

ⅰ) 관할등기소의 지정신청서를 제출받은 접수담당공무원은 신청서의 여백에 접수인을 찍고 기타 문서접수장에 등재한 후 등기과(소)장에게 이를 인계하여야 한다.

ⅱ) 관할등기소의 지정신청서를 인계받은 등기과(소)장은 지체없이 신청서 및 첨부서면의 적정여부를 심사한 후 즉시 상급법원의 장에게 신청서 및 첨부서면을 송부하여야 한다.

---

21) 예규 제1381호

iii) 등기과(소)장은 신청서 및 첨부서면에 불비한 점을 발견한 때에는 이를 보정케 한 후 송부한다.

③ 상급법원의 장의 조치

i) 관할등기소의 지정신청서를 송부받은 상급법원의 장은 지체없이 건축물대장 소관청 등 제반사정을 고려하여 그 부동산의 등기사무를 처리하기에 적정하다고 인정되는 등기소를 관할등기소로 지정하여야 한다.

ii) 상급법원의 장은 관할등기소를 지정한 즉시 관할등기소 지정서를 신청인에게 우편으로 송부하여야 한다.

④ 관할등기소의 지정에 따른 등기신청

i) 관할등기소 지정서를 송부받은 신청인은 신청하고자 하는 부동산에 관한 등기를 지정된 관할등기소에 신청하여야 한다.

ii) 등기신청서에는 송부받은 관할등기소 지정서를 첨부하여야 한다(규칙 제5조 제4항).

3. 관할의 위임

교통사정 등 등기사무 처리의 편의를 고려하여 대법원장은 어느 등기소의 관할에 속하는 사무를 다른 등기소에 위임하게 할 수 있다(제8조). 관할의 위임이 있게 되면 등기사무는 위임받은 등기소만이 관할권을 갖게 된다.

4. 관할의 변경

(1) 의 의

관할의 변경이라 함은 행정구역의 변경 또는 등기소의 신설·폐지등으로 인하여 어느 부동산 소재지의 관할이 갑 등기소에서 을 등기소의 관할로 변경되는 것을 말한다. 관할의 변경이 있는 등기소에서는 관할변경일 2주일 전부터 4주간 등기소 창구에 관할변경사실을 고지하는 안내문을 게시하여야 한다.

(2) 관할변경의 절차[22](행정구역의 변경등에 따른 등기업무처리)

22) 예규 제1433호

1) **관할 변경의 경우**

① **구관할 등기소**

i) 등기기록의 이관조치 등

㉠ 부동산의 소재지가 다른 등기소의 관할로 변경된 경우에는 관할이 변경된 부동산의 등기기록에 대하여 전산정보처리조직을 이용하여 신관할 등기소로 처리권한을 넘겨주는 조치를 하여야 한다.

㉡ 위 조치가 완료된 경우에는 등기관은 전산정보처리조직을 이용하여 인수인계서를 작성하여야 한다.

ii) 건물대지 일부의 관할 변경으로 인하여 1개의 건물이 2개 이상의 등기소의 관할에 걸치게 된 때

종전 관할 등기소에서 관할하되 관할의 지정을 받아 등기하려는 경우에 준하여 건물대지의 일부가 변경된 등기소에 그 취지를 통지하여야 한다.

iii) 안내사항

관할의 변경이 있는 등기소에서는 관할변경일 2주일 전부터 4주간 등기소 창구에 관할변경사실을 고지하는 안내문을 게시하여 신청인들의 편의를 도모토록 조치한다.

iv) 보고사항

인수인계가 완료된 때에는 위 인수인계서의 부본 1부를 첨부한 보고서를 작성하여 소속지방법원장에게 보고하고 지방법원장은 대법원장에게 그 결과를 보고하여야 한다.

② **신관할 등기소**

i) 구관할 등기소로부터 관할변경된 부동산에 대한 등기기록의 처리권한을 넘겨주는 조치가 완료된 때에는 등기기록의 표제부 등기원인 및 기타사항란에 관할변경의 사유와 그 연월일을 기록하고 등기관이 「부동산등기규칙」제7조의 식별부호를 기록하여야 한다.

ii) 등기관은「부동산등기법」제31조(행정구역의 변경)의 규정에 불구하고 표제부에 기록되어 있는 행정구역의 명칭을 변경하여야 한다.

③ **등기소의 신설**

1개소 또는 수개소의 등기소 관할구역을 분리하여 새로 등기소를 신설한 경우에도 위의 요령에 준하여 처리한다.

2) 관할 내의 행정구역 또는 그 명칭이 변경된 경우

행정구역 또는 그 명칭이 변경된 경우에 등기관은 직권으르 그 변경에 따른 부동산의 표시변경등기를 하여야 한다. 이 부동산의 표시변경등기는 등기소의 업무사정을 고려하여 해당 부동산 모두에 대하여 순차로 하여야 하며, 그 표시변경등기가 완료되기 전에 그 부동산에 관한 다른 등기의 신청이 있는 때에는 즉시 그 등기에 부수하여 표시변경등기를 하여야 한다.

Ⅲ. 등기소의 관리

등기소에는 등기소를 방문하는 민원인의 편의를 위하여 등기신청과 관련된 신청서 및 안내문 등을 비치하여야 한다. 또한, 등기소에 비치하는 각종 장부의 보존 및 등기소 장비의 관리를 철저히 하여야 한다.

그리고, 등기소의 직원을 제외한 일반인은 다음의 경우를 제외하고는 일체 등기소 사무실을 출입하여서는 아니된다.[23]

① 당사자 또는 그 대리인이 등기소에 출석하여 등기를 신청하거나, 등기신청서의 흠결사항을 보정할 경우, ② 「부동산등기법」 제51조에 의하여 등기의무자 또는 그 법정대리인이 등기소에 출석할 경우, ③ 등기기록 또는 신청서나 그 밖의 부속서류의 열람을 신청한 자가 열람을 위하여 열람석에 들어 올 경우, ④ 「부동산등기규칙」 제58조에 의하여 허가받은 자격자대리인의 사무원이 등기소에 출석하여 등기신청서를 제출하는 경우, ⑤ 특히 필요하다고 인정하여 등기과·소장이 출입을 허가한 경우

Ⅳ. 등기사무의 정지

등기소에서 등기사무를 정지하여야 하는 사유가 발생하면 대법원장은 기간을 정하여 그 정지를 명령할 수 있다(법 제10조). 즉 등기소가 화재나 수해를 입었거나 또는 사변 등으로 실제 등기사무의 처리가 불가능하게 되었을 경우에 등기사무의 정지를 명할 수 있는 것이다. 정지기간중에 한 등기는 무효이며, 이는 부동산등기법 제29조 제2호의 사건이 등기할 것이 아닌 경우에 해당하므로 직권말소의 대상이 된다.

---

23) 등기소 사무실내의 출입통제 예규 제1361호

6. 【 등 기 관 】

Ⅰ. 의 의

Ⅱ. 등기관의 지정

1. 지방법원장의 등기관 지정
2. 등기관의 지정기준

Ⅲ. 등기관의 업무분장

Ⅳ. 등기관의 권한과 책임

1. 등기관의 권한
2. 등기관의 책임
3. 등기관에 대한 보험

Ⅴ. 등기관의 업무처리의 제한

6. 【 등 기 관 】

Ⅰ. 의 의

등기관은 등기소에 근무하는 법원서기관·등기사무관·등기주사 또는 등기주사보중에서 지방법원장(**등기소의 사무를 지원장이 관장하는 경우에는 지원장을 말한다**)의 지정을 받아 지방법원, 동 지원과 등기소에서 등기사무를 처리하는 자를 말한다(**법 제11조**). 등기소에는 등기관 이외에 접수사무 등기사항증명서 발급 등을 담당하는 직원이 있으나, 이들은 등기관의 사무를 보조하는 자이다.

Ⅱ. 등기관의 지정

1. 지방법원장의 등기관 지정

등기관은 지방법원, 동 지원과 등기소에 근무하는 법원서기관·등기사무관·등기주사 또는 등기주사보 중에서 지방법원장(지원장)이 지정한다. 위와 같이 등기관은 지방법원장의 지정을 받아야 하므로 법원서기관 등이 등기소 발령을 받았다고 하여 당연히 등기관이 되는 것은 아니다. 그러나 실무상 등기소장은 별도로 등기관으로 지정을 받지 않더라도 등기소장 임명과 동시에 등기관으로 지정된 것으로 본다. 한편, 등기관으로 지정되었던 자가 전임, 퇴직 등의 사유로 당해 관직을 이탈한 때 또는 휴직, 정직의 경우에는 등기관 지정이 취소된 것으로 본다.

2. 등기관의 지정기준

① 부동산 등기사건이 1일 평균 70~80건을 초과하여 처리되는 등기과 또는 등기소는 등기과장 또는 등기소장(등기관 포함) 외에 매 70~80건 마다 1인의 등기관을 지정할 수 있다. ② 법인등기 신청이 1일 평균 40건을 초과하거나 등기사항증명서 및 제증명이 1일 평균 1,000통을 초과하여 처리되는 등기과 또는 등기소도 같다(**등기예규 제1364호**).

Ⅲ. 등기관의 업무분장

① 등기소장 아닌 등기관의 사무는 등기소장이 리·동 단위로 구역을 정하여 분장시키고, 등기사건 처리에 있어서 등기관 사이에 사건 분장 구역이 경합된 경우에는 등기소장이 그 처리자를 정한다.

② 한편, 등기소장은 등기소의 사무를 관장하고, 그 소속직원을 지휘·감독하는 한편, 구역을 정하여 등기사건의 일부를 관장 처리할 수 있다. 그러나 등기소장 외에 등기관이 별도로 지정되어 근무하는 경우에는 등기신청서 조사 및 등기관의 식별부호의 기록업무의 직접 처리를 가급적 자제하고, 일반 대민 업무와 등기업무의 개선 및 등기관 상호간의 업무통일 등 등기소 업무의 전반적인 지휘·감독에 전념한다. 특히, 등기관이 3인 이상 지정(등기소장 제외)되어 근무하는 등기과·소의 경우에는 특별한 경우(**등기관의 휴가·병가 등으로 결원이 발생한 경우 또는 신청사건의 폭주로 등기관의 업무처리가 불가능하다고 판단되는 경우**)를 제외하고는 등기소장은 등기신청서 조사 및 등기관의 식별부호의 기록업무를 처리하지 아니한다.

Ⅳ. 등기관의 권한과 책임

1. 등기관의 권한

등기관은 구체적인 등기사무 처리에 관한 한 독립적인 직무권한을 갖는다. 즉, 상사의 지휘·명령에 의하여 등기사무를 처리하는 것이 아니고 자기 판단과 책임하에 등기사무를 처리하게 된다. 다만, 등기관의 독립성은 등기사무를 처리하는 것에 한정되며, 등기업무의 개선 및 등기관 상호간의 업무통일 등 등기소 업무에 관하여는 등기소장의 행정지시를 따라야 한다.

2. 등기관의 책임

등기관이 직무를 집행함에 있어 고의 또는 과실로 법령에 위반하여 타인에게 손해를 가한 경우에는 국가가 사용자로서 손해배상책임을 지고, 등기관에게 고의 또는 중대한 과실이 있는 때에는 국가는 등기관에게 구상할 수 있다(**국가배상법 제2조**). 등기관의 책임과 관련하여 등기관이 가지는 주의의무는 등기신청정보와 등기부에 의하여 등기요건에 합당하는지 여부를 심사할 형식적 심사권에 따른 통상의 주의의무이다. 판례에서 등기관의 주의의무 위반으로 인정된 몇가지 사안을 살펴보면 다음과 같다.

① 위조된 등기권리증에 기재된 접수번호가 등기부에 기록되어 있는 소유권이전등기 접수번호와 다르고, 등기접수일자는 1983. 1. 10.인데도 이례적으로 접수번호는 벌써 28524호까지 나간 것으로 되어 있고, 등기권리증상 등기소장 직인의 인영이 평소 사용하던 인장의 인영과 달랐던 점 등 통상의 주의를 기울이면 제출된 등기권리증 등이 진정하게 작성된 것이 아님을 식별할 수 있음에도 간과한 경우

② 부동산소유권이전등기용 인감증명의 경우에는 그 유효기간을 1월(개정 전)로 하여 발급하도록 되어 있는데도 위조하여 제출한 인감증명의 경우 소유권이전등기용으로 기재되어 있으면서도 유효기간이 3월로 기재되어 있고, 위조하여 제출한 등기권리증상 목적 부동산의 면적이 등기부상의 기록과 상이한 점 등을 간과한 경우

③ 등기관이 건물에 대한 소유권보존등기사무를 처리함에 있어 등기부상 동일 지번 위에 제1호 보존등기가 이미 경료되어 있는 사실을 알았던 이상, 통상의 주의를 기울여 등기신청정보에 첨부된 건축물관리대장을 살펴보았더라면 동일 지번 위에 그와 같은 건물이 1동뿐이고 달리 제2호 건물이 별도로 존재하지 아니한 사실을 쉽게 발견할 수 있었음에도 간과한 경우

④ 2건의 부동산에 대하여 가압류기입등기촉탁이 있었으나 그 중 1건에 대해서는 가압류기입등기가 누락된 경우

⑤ 집합건물 등기부 표제부에 대지권의 목적인 토지에 별도등기가 있다는 뜻의 기록을 누락한 경우

⑥ 등기관이 소유권이전등기신청 사건을 처리함에 있어 등기의무자를 등기권리자로 잘못 기록하여 등기를 한 경우

3. 등기관에 대한 보험

부동산등기법 제13조에서 "법원행정처장은 등기관의 재정보증에 관한 사항을 정하여 운용할 수 있다."고 규정하고 있다.

V. 등기관의 업무처리의 제한

등기사무는 사권관계에 중대한 영향을 가지므로 등기관은 등기사무를 처리함에 있어 공정하게 처리하여야 한다. 부동산등기법은 이러한 등기관의 직무집행의 공정을 보장하기 위하여 업무처리의 제한규정을 두고 있다. 즉, 등기관은 자기, 배우자 또는 4촌 이내의 친족(이하 "배우자등"이라 한다)이 등기신청인인 때에는 그 등기소에서 소유권등기를 한 성년자로서 등기관의 배우자등이 아닌 자 2인 이상의 참여가 없으면 등기를 할 수 없다. 배우자등의 관계가 끝난 후에도 같다(법 제12조 제1항). 이 경우에 등기관은 조서를 작성하여 참여인과 같이 기명날인 또는 서명을 하여야 한다(법 제12조 제2항). 등기관이 참여인을 붙인때에 작성하는 조서에는 신청인의 성명, 주소, 업무처리가 제한되는 사유, 등기할 부동산의 표시 및 등기의 목적, 신청정보의 접수연월일과 접수번호, 참여인의 성명, 주소와 주민등록번호, 참여인이 그 등기소에서 등기를 한 부동산의 표시 등을 적어야 한다(규칙 제8조).

7. 【중복등기기록의 효력과 그 정리절차】

Ⅰ. 서 설
1. 중복등기기록의 의의
2. 문제의 소재
Ⅱ. 중복등기기록의 효력
1. 학 설
2. 판 례
Ⅲ. 동일부동산에 관하여 등기명의인을 달리하여 멸실회복에 의한 소유권이전등기가 중복하여 등기된 경우, 각 회복등기간의 우열기준
1. 원 칙
2. 멸실회복등기의 중복등기
3. 하나의 등기에 대한 중복멸실회복등기가 경료된 경우
Ⅳ. 부동산등기법규에 의한 토지 중복등기기록의 정리
1. 중복등기기록의 정리에 관한 규정의 특색
2. 중복등기기록 여부의 판정
(1) 직권정리의 대상인 중복등기
(2) 토지의 동일성에 대한 판단
(3) 토지대장상 분할된 일부에 대한 중복등기
(4) 외관상의 중복등기
(5) 등기관의 사실조회 및 주의사항
3. 부동산등기규칙에 의한 중복등기정리절차
(1) 최종소유권의 등기명의인이 동일한 경우(규칙 제34조)
(2) 최종 소유권의 등기명의인이 다른 경우
(3) 당사자의 신청에 의한 정리(규칙 제39조)
(4) 중복등기의 정리결과에 대한 이의
4. 기타 관련 사항
(1) 중복등기임의 표시와 등기사항증명서 발급
(2) 중복등기의 해소를 위한 직권분필 등(규칙 제40조)
(3) 정리취지의 등기기록에의 표시
(4) 폐쇄된 등기기록의 부활(법 제21조제2항, 규칙 제41조)
Ⅴ. 건물의 중복등기
1. 의 의
2. 중복등기기록 여부의 판단
(1) 판단기준
(2) 외관상 중복
(3) 정리방법(등기예규 제1374호)
Ⅵ. 중복등기가 존속하고 있는 동안에 새로운 등기신청이 있는 경우
1. 토지에 관한 중복등기
2. 건물에 관한 중복등기

7. 【중복등기기록의 효력과 그 정리절차】

I. 서 설

1. 중복등기기록의 의의

중복등기라 함은 동일한 부동산에 관하여 둘 이상의 등기기록이 개설되어 있는 것을 말한다. 둘 이상의 등기기록이 개설된 사유는 소유권보존등기나 복구등기(구법의 멸실회복등기)이든 묻지 않는다.

2. 문제의 소재

이미 등기된 부동산에 대해서 또다른 소유권보존등기신청이 있으면 이를 법 제29조 제2호의 사건이 등기할 것이 아닌 경우에 해당하여 각하하면 문제될 것이 없으나 이경우에 착오로 새로이 등기기록이 개설되고 이중으로 소유권보존등기가 경료된 경우에 어느 소유권보존등기를 폐쇄하고, 존치시켜야 하는 중복등기정리의 문제가 발생한다.

II. 중복등기기록의 효력

1. 학 설

① 절차법설은 1부동산 1등기기록주의의 원칙을 중시하여 두에 이루어진 소유권보존등기는 실체관계와 부합여부를 가릴 것 없이 위법한 것으로서 무효이므로 말소되어야 한다는 견해이고, ② 실체법설은 양등기의 실질관계를 따져서 실체적 권리관계에 부합하는 등기를 유효한 것으로, 부합하지 아니한 등기를 무효한 것으로 처리하자는 견해이고, ③ 절충적 입장은 기본적으로 절차법설을 취하지만 선등기는 전혀 권리 없는 자에 의하여 행해진 반면 후등기는 실체적 권리자에 의하여 행해진 경우에는 예외적으로 선등기를 무효로 하고 후등기를 유효로 한다는 견해이다.

2. 판 례

판례는 ① 소유권보존등기 등기명의인이 동일한 경우에는 1부동산 1등기기록주의를 채택하고 있는 우리의 부동산등기법제 아래서는 뒤에 된 중복등기는 그것이 실체적 권리관계에 부합하는지 여부에 관계없이 무효(대법원 1983. 12. 13. 선고 83다카743 판결)로 보고, ② 소유권보존등기 등기명의인이 다른 경우에는 먼저 이루어진 등기가 원인무효가 아닌 한 뒤에 된 등기는 비록 그 부동산의 매수인에 의하여 이루어지거나(대법원 1990. 11. 27. 선고 88다카2961판결), 그 명의인이 당해 부동산의 소유권을 원시적으로 취득한 경우라도 1부동산 1등기기록주의를 채택하고 있는 부동산등기법 아래에서는 무효라고 함이 상당하다(대법원 1999. 9. 21. 선고 99다29084판결)보아 절차법설에 가까운 절충설의 입장을 취하고 있는 것으로 보인다.

Ⅲ. 동일부동산에 관하여 등기명의인을 달리하여 멸실회복에 의한 소유권이전등기가 중복하여 등기된 경우, 각 회복등기간의 우열기준

1. 원 칙

동일 부동산에 관하여 중복된 소유권보존등기에 터잡아 등기명의인을 달리하는 각 소유권이전등기가 경료된 경우에 등기의 효력은 소유권이전등기의 선후가 아니 각 소유권이전등기의 바탕이 된 소유권보존등기의 선후를 기준으로 판단하여야 하며, 이는 그 이전등기가 멸실회복으로 인한 것인 때에도 같다.

2. 멸실회복등기의 중복등기

동일 부동산에 대하여 등기명의인을 달리하여 멸실회복에 의한 각 소유권이전등기가 중복등재되고 각 그 바탕이 된 소유권보존등기가 동일등기인지 중복등기인지, 중복등기라면 각 소유권보존등기가 언제 이루어졌는지가 불명인 경우에는 법리로는 중복등기의 해소가 불가능하므로 이러한 경우에는 적법하게 경료된 것으로 추정되는 각 회복등기 상호간에는 각 회복등기 일자의 선후를 기준으로 우열을 가려야 한다는 것이 대법원 전원합의체의 결론이다.

3. 하나의 등기에 대한 중복멸실회복등기가 경료된 경우

동일 부동산에 관하여 하나의 소유권보존등기가 경료된 후 이를 바탕으로 순차로 소유권이전등기가 경료되었다가 그 등기부가 결실된 후 위 순차 이루어진 소유권이전등기의 회복등기가 각 중복하여 이루어진 경우라면, 중복등기의 문제는 생겨나지 않고 후차의 소유권이전등기의 회복등기가 무효로 될리는 없을 것이고 오히려 멸실 전 선차였던 소유권이전등기의 회복등기가 원인을 결여한 등기로서 말소되어야 할 것이다는 것이 판례의 입장이다.

Ⅳ. 부동산등기법규에 의한 토지 중복등기기록의 정리

1. 중복등기기록의 정리에 관한 규정의 특색

① 중복등기기록의 정리에 관한 규칙은 토지등기기록에만 적용되고 건물등기기록에는 적용되지 않는다. 따라서 건물에 대한 중복등기의 해소는 판결에 의할 수밖에 없다.

② 등기관이 중복등기기록을 발견한 경우 직권으로 정리하도록 하였다.

③ 중복등기기록의 정리는 중복등기기록 중 1등기기록을 존치하고 나머지 등기기록을 폐쇄하는 방법에 의한다(**법 제21조제1항**). 등기관의 직권정리는 중복등기기록 중 실체관계에 부합하는 것을 존치하고 나머지를 폐쇄시키는 것을 이상으로 하지만 등기관으로서는 실체관계를 조사할 방법이 없으므로, 규칙은 실체관계에 부합할 가능성이 큰 등기의 유형을 일응의 기준으로 규정하여 등기관이 이에 따라 존치 및 폐쇄대상인 등기기록을 판정하도록 하였다. 이 점에서 부동산등기규칙은 실체법적 관점을 반영한 것이라고 할 수 있다.

④ 부동산등기규칙에 의한 중복등기기록의 정리는 잠정적인 조치이다. 즉, 규칙에 의하여 정리된 등기가 반드시 실체관계에 부합하는 것은 아니므로, 중복등기기록의 정리는 실체의 권리관계에 영향을 미치지 아니한다(**규칙 제33조제2항**). 진정한 권리자는 장차 소송 등에 의하여 등기명의를 회복할 수 있다.

⑤ 부동산등기규칙에 의한 중복등기기록의 정리를 판결에 의한 것과 비교할 때, 판결에 의한 말소등기신청이 있는 경우에는 중복등기기록의 모든 등기를 말소하고 그 등기기록을 폐쇄하므로 중복등기가 영구적으로 해소되지만, 규칙에 따른 등기기록 폐쇄는 잠정적인 중복등기의 해소라는 차이가 있다.

2. 중복등기기록 여부의 판정

(1) 직권정리의 대상인 중복등기

부동산등기법규에 의한 직권정리의 대상인 중복등기는 동일한 토지에 관하여 중복하여 마쳐진 등기를 말한다(**법 제21조**). 즉, 이미 등기가 존재하는 동일 토지의 전부나 대장상 분할된 일부에 대하여 다시 소유권보존등기나 멸실회복등기가 마쳐짐으로써 생긴 등기를 말한다. 따라서 동일한 건물에 관하여 2 이상의 등기기록이 존재하는 경우나, 토지등기기록이라도 하나의 등기기록에 중복하여 마쳐진 등기에는 위 규칙이 적용되지 않는다. 두 경우 모두 등기관이 직권으로 정리할 수 없고 판결에 의하여 정리하는 것이 원칙이다.

(2) 토지의 동일성에 대한 판단

토지의 동일성은 지번, 지목, 지적을 종합하여 실질적으로 판단하여야 한다. 따라서 지번이 일치되더라도 지목과 지적이 전혀 상이한 경우에는 동일한 토지로 볼 수 없다. 지목이 일치하지 않더라도 지번과 지적이 일치하는 경우와 지적이 근소하게 불일치하는 등의 사정으로 동일토지로 봄이 상당하다고 인정되는 경우에는 동일토지로 보아야 한다.

(3) 토지대장상 분할된 일부에 대한 중복등기[24)]

토지대장상으로는 분할되었으나 분필등기가 되지 않은 상태에서 그 분필된 일부 토지에 관하여 별도의 소유권보존등기나 멸실회복등기가 경료된 경우는 그 일부 토지부분에 관하여 중복등기에 해당한다. 이 경우에는 부동산등기규칙 제40조에 의한 직권분필을 통하여 지번·지적을 일치시킨 후 중복등기를 정리하여야 한다.

(4) 외관상의 중복등기

외관상 중복등기는 지번이 같은 2 이상의 등기기록이 존재하기는 하지만 그것이 동일한 토지를 표창하는 것이 아니라, 서로 다른 토지를 표창하거나 또는 존재하지 않는 토지에 관한 것인데 우연히 지번만 일치하는 경우이다. 이는

---

24) A 소유의 갑 토지(전 100㎡)가 토지대장상 갑 토지(전 60㎡)와 을 토지(10㎡) 및 병 토지(전 30㎡)로 분할되었으나 분필등기를 하지 않은 상태에서 위 병 토지와 같은 지번 및 지적으로 B 명의의 보존등기가 이루어졌다면(정 토지), 분할 전의 갑 토지의 일부와 위 정 토지는 중복등기에 해당한다. 이 경우 분할 전의 갑 토지를 부동산등기규칙 제40조에 의하여 직권분필등기를 한 후, 병 토지와 정 토지에 대하여 부동산등기규칙 제37조 또는 39조에 의하여 중복등기를 정리하면 된다(선례 4-562).

동일한 토지를 표창하는 등기기록이 2이상 존재하는 중복등기(규칙에 의한 정리대상인 것)와 구별된다. 외관상 중복등기가 발생하는 이유는 분·합필과정에서 등기기록의 착오, 환지등기과정에서의 착오, 존재하지 않는 토지에 대한 소유권보존등기나 멸실회복등기가 마쳐진 경우 등이다. 이처럼 외관상 지번이 동일한 등기기록이 존재하는 때에는 규칙에 따른 중복등기로 처리할 수 없고, 그 발생원인인 착오를 바로 잡는 방법으로 그 상태를 해소하여야 한다. 즉, 직권경정등기가 가능한 것은 등기관이 경정등기를 하고, 직권경정이 불가능한 것은 당사자에게 경정등기신청을 하도록 유도하여 경정등기를 함으로써 외관상의 중복등기를 해소할 수 있다.

(5) 등기관의 사실조회 및 주의사항

지번이 중복되는 등기가 존재하는 경우 그 등기가 실제로 중복등기인지 아니면 외관상 중복등기인지 여부를 판단하는 것은 용이한 것이 아니므로 등기관은 필요한 경우에 지적공부 소관청에 지적공부의 내용이나 토지의 분할·합병 과정에 대한 사실조회를 하거나 등기명의인에게 해당 토지에 대한 지적공부등본 등을 제출하게 할 수 있다.

3. 부동산등기규칙에 의한 중복등기정리절차[25)]

(1) 최종소유권의 등기명의인이 동일한 경우(규칙 제34조)

1) 정리절차

중복등기기록의 최종 소유권의 등기명의인이 같은 경우에는 원칙적으로 나중에 개설된 등기기록(이하 "후등기기록"이라 한다)을 폐쇄한다. 후등기기록은 1부동산 1등기기록 원칙에 반하기 때문이다.

그러나 후등기기록에 소유권 이외의 권리에 관한 등기가 있고 먼저 개설된 등기기록(이하 "선등기기록"이라 한다)에 그와 같은 등기가 없는 경우에는 현재 효력이 있는 소유권 이외의 권리에 대한 등기가 있는 후등기기록을 존치시킨다. 후등기기록이라고 하여 무조건 폐쇄하면 그 토지에 관하여 소유권 이외의 권리를 가진 자의 권리가 침해될 우려가 있기 때문이다. 만약 양 등기기록 모두에 소유권 이외의 권리에 관한 등기가 있는 경우에는 일단 후등기기록을 폐쇄하여야 한다. 후등기기록상의 소유권의 등기명의인 또는 등기상 이해관계인은 부동산등기규칙 제41조의 절차에 따라 권리구제를 받을 수밖에 없다.

---

25) 예규 제1431호

2) 동일인의 범위

최종소유권의 등기명의인이 동일하다는 것은 반드시 동일한 사람만을 의미하는 것이 아니고, 해석상 동일인으로 인정할 수 있는 경우인 국과 1945.8.9. 이전에 등기된 일본인, 피상속인과 상속인은 동일인으로 취급한다. 그러나 제적부 등이 멸실되어 제적부 등에 의하여는 상속관계를 밝힐 수 없는 경우에는 이들을 동일인으로 볼 수 없다. 국유재산의 경우에는 관리청이 다른 경우에도 동일인으로 보아야 할 것이다.

3) 3개 이상의 중복등기의 경우

3개 이상의 중복등기기록이 개설된 경우, 2개 이상의 중복등기의 소유권의 등기명의인이 동일한 경우에는 일단 본조에 의하여 등기명의인이 동일한 등기기록을 해소한 후 남은 등기기록과 등기명의인이 다른 등기기록과는 부동산등기규칙 제35조 내지 제37조에 의하여 정리한다.

(2) 최종 소유권의 등기명의인이 다른 경우

1) 한 등기기록의 최종 소유권의 등기명의인이 다른 최종 소유권의 등기명의인의 승계인인 경우(규칙 제35조)

중복등기기록 중 1등기기록의 최종 소유권의 등기명의인이 다른 등기기록의 최종 소유권의 등기명의인으로부터 직접 또는 전전하여 소유권을 이전받은 경우로서, 다른 등기기록이 후등기기록이거나 소유권 이외의 권리 등에 관한 등기가 없는 선등기기록인 때에는 그 다른 등기기록을 폐쇄한다.

2) 어느 등기기록에 원시취득 등을 원인으로 하여 소유권취득 등기가 있는 경우(규칙 제36조)

① 소유권이전등기의 경우 토지수용, 농지개혁법에 의한 농지취득, 귀속재산 취득 등 원시취득의 원인과 분배농지의 상환완료가 등기원인으로 기재된 경우에만 규칙 제36조가 적용되고 등기부취득시효 완성의 경우는 적용되지 않는다. ② 2개 이상의 등기기록에 원시취득 또는 분배농지의 상환완료를 원인으로 한 등기가 있는 경우에는 후의 원시취득 또는 분배농지의 상환완료를 원인으로 한 등기가 있는 등기기록을 존치한다. 후의 등기라 함은 점유취득시효 완성으로 인한 경우에는 후에 경료된 등기를, 그 이외의 경우에는 등기원인일자가 후인 등기를 의미한다. ③ 규칙 제36조 제2항에 의한 소명은 원칙적으로 판결정본,

상환증서, 수용재결서 등 공문서에 의하여야 하고, 사문서에 의한 소명이 있는 경우는 특별히 그 적용에 신중을 기하여야 한다. ④ 부동산등기규칙 제35조와 제36조가 모두 적용될 수 있는 경우에는 제35조를 우선 적용한다. 이는 제35조에 따른 정리가 더욱 실체관계에 부합되는 등기기록을 존치시킬 개연성이 크고, 정리절차도 제35조가 제36조보다 간단하기 때문이다.

3) 부동산등기규칙 제35조 및 제36조에 해당하지 아니하는 경우(규칙 제37조)

① 부동산등기규칙 제37조제2항에 의한 정리

중복등기기록의 각 최종 소유권의 등기명의인과 등기상의 이해관계인 전원에게 통지가 된 경우로서 어느 일방의 등기기록의 최종소유권의 등기명의인 또는 등기상의 이해관계인 중 1인은 이의를 하나 다른 등기기록의 최종 소유권의 등기명의인 및 등기상의 이해관계인은 아무도 이의를 진술하지 아니한 때에는 그 등기기록을 폐쇄한다. 그러나 모든 중복등기기록의 최종 소유권의 등기명의인과 등기상의 이해관계인이 이의를 진술하지 아니한 때에는 그러하지 아니하다(규칙 제37조제2항).

② 부동산등기규칙 제37조제3항에 의한 정리

이의 여부를 기준으로 하여 등기기록을 정리할 수 없는 경우에는 등기관은 최종수단으로서 대장과의 일치여부를 판단하여 대장과 부합하는 등기기록을 존치하고 일치하지 않는 등기기록을 폐쇄한다.

(3) 당사자의 신청에 의한 정리(규칙 제39조)

중복등기기록 중 1등기기록의 최종 소유권의 등기명의인은 자기 명의의 등기기록을 폐쇄하여 중복등기기록을 정리하도록 신청할 수 있다. 등기기록상 최종 소유권의 등기명의인이 스스로 자기 명의의 등기기록이 잘못 편제되었거나 효력이 없음을 인정하여 정리하도록 신청을 하는 경우에는 그에 따라 정리를 하는 것이 가장 실체관계에 부합하는 결과가 된다고 볼 수 있기 때문이다. 따라서 당사자의 중복등기기록정리 신청이 있는 경우에는 규칙 제34조 내지 제37조의 규정에도 불구하고 우선적으로 그 신청에 의하여 등기기록을 폐쇄하도록 하였다

(4) 중복등기의 정리결과에 대한 이의

등기관이 부동산등기규칙에 의하여 중복등기기록을 정리한 것은 등기관의 처분이라고 볼 수 있으므로 이를 부당하다고 하는 자는 관할지방법원에 이의신청을 할 수 있다. 따라서 폐쇄된 등기기록의 소유권의 등기명의인이나 등기상의

이해관계인은 관할 지방법원에 이의신청을 할 수 있고, 이에 대한 법원의 판단 범위는 등기기록의 폐쇄가 부동산등기규칙 및 등기예규에 따른 정당한 처분이었는지 여부에 한정될 것이다.

4. 기타 관련 사항

(1) 중복등기임의 표시와 등기사항증명서 발급

중복등기된 토지의 등기기록에는 중복등기라는 뜻을 부전하고 그 토지에 관한 등기사항증명서의 발급신청이 있는 경우에는 중복등기기록 전부를 복사하여 보존등기 순서대로 합철한 후 그 말미에 인증문을 부기하여 이를 교부한다.[26]

(2) 중복등기의 해소를 위한 직권분필 등(규칙 제40조)

등기된 토지의 일부에 관하여 별개의 등기기록이 개설되어 있는 경우에는 등기관은 직권으로 분필등기를 한 후 중복등기를 정리하여야 한다. 분필등기를 하기 위하여 필요한 경우에는 등기관은 지적공부 소관청에 지적공부의 내용이나 토지의 분할, 합병과정에 대한 사실조회를 하거나 등기명의인에게 해당 토지에 대한 지적공부등본 등을 제출하게 할 수 있다.

(3) 정리취지의 등기기록에의 표시

부동산등기규칙 및 등기예규에 의하여 중복등기를 정리한 경우 등기관은 그 취지를 존치하는 등기기록과 폐쇄되는 등기기록의 표제부에 표시하여야 한다.

(4) 폐쇄된 등기기록의 부활(법 제21조제2항, 규칙 제41조)

1) 중복등기 정리의 효과

부동산등기규칙 규정에 의한 등기관의 직권에 의한 중복등기의 정리는 실체의 권리관계에 아무런 영향을 미치지 아니한다(규칙 33조 2항). 등기가 원인 없이 말소되면 그 말소등기는 원인무효이므로 말소된 등기상의 권리의 실체관계에는 아무런 영향이 없는 것과 마찬가지로, 부동산등기규칙에 따른 중복등기의 정리도 등기의 공시제도의 기능을 확보하기 위한 것으로 실체관계에 영향을 미칠 수는 없기 때문이다. 따라서 진정한 권리자가 언제든지 폐쇄된 등기기록을 부활할 수 있는 절차를 마련하여 놓고 있다(규칙 41조).

---

26) 예규 제1431호

2) 폐쇄된 등기기록의 부활신청

① 폐쇄된 등기기록의 소유권의 등기명의인 또는 등기상의 이해관계인은 폐쇄되지 아니한 등기기록의 최종 소유권의 등기명의인과 등기상의 이해관계인을 상대로 하여 그 토지가 폐쇄된 등기기록의 소유권의 등기명의인의 소유임을 확정하는 판결(**판결과 동일한 효력이 있는 조서를 포함한다**)을 첨부하여 폐쇄된 등기기록의 부활을 신청할 수 있다. ② 이때 판결의 주문(**소유권의확인판결**) 또는 이유(**소유권이전등기말소 판결**)에 위와 같은 취지가 기재되어 있으면 된다. ③ 폐쇄된 등기기록의 소유권의 등기명의인에는 최종 소유권의 등기명의인 이전의 등기명의인도 포함되며, 부활신청은 부활될 등기기록의 소유권의 등기명의인이나 등기상의 이해관계인 중의 1인이 할 수 있다.

Ⅴ. 건물의 중복등기[27)]

1. 의 의

건물의 중복등기란 하나의 건물에 대하여 2이상의 등기기록이 존재하는 것을 말한다. 1필의 토지 위에는 여러 개의 건물이 존재할 스 있으므로, 1필의 토지 위에 서로 다른 2이상의 건물등기기록이 있는 경우는 건둘의 중복등기가 아니다.

2. 중복등기기록 여부의 판단

(1) 판단기준

건물의 동일성은 지번 및 도로명주소, 종류, 구조, 면적과 도면에 나타난 건물의 길이, 위치등을 종합하여 판단하여야 한다. 따라서 지번이 일치되더라도 도로명주소와 종류, 구조, 면적 또는 도면에 나타난 건물의 길이, 위치 등이 다른 경우에는 동일한 건물로 볼 수 없다. 다만 각 등기기록에 기록된 건물의 도로명주소와종류, 구조, 면적 중의 일부가 일치하지 않더라도 건축물대장의 변동사항 등에 의하여 동일건물로 봄이 상당하다고 인정되는 경우에는 동일건물로 보아야 한다. 예컨대, 선행 보존등기는 변경 후의 부동산표시로 된 경우에도 양 건물의 동일성이 인정되는 한 두 등기는 중복등기에 해당한다. 그리고 각각 일반건물과

27) 예규 제1374호

집합건물로 보존등기가 경료되어 있는 경우라도 그 지번 및 도로명주소, 종류, 구조, 면적이 동일하고 도면에 나타난 건물의 길이, 위치 등이 동일하다면 동일 건물로 볼 수 있다.

(2) 외관상 중복

만약 어느 한 등기기록상의 건물의 표시가 건축물대장 및 다른 등기기록과 현저히 차이가 있다면 그 등기기록은 존재하지 않는 건물에 대한 것으로 보아야 하고, 따라서 중복등기가 아니라 외관상 중복등기에 불과하다. 이 경우 토지등기기록의 외관상 중복에 준하여 처리한다. 즉, 존재하는 건물의 등기명의인은 존재하지 않는 건물의 등기명의인을 대위하여 멸실등기에 준하는 등기신청을 함으로써 그 등기기록을 폐쇄시킬 수 있다.

(3) 정리방법(등기예규 제1374호)

1) 건물의 보존등기명의인이 동일한 경우

① 후행보존등기를 기초로 한 새로운 등기가 없는 경우

등기관은 법 제58조의 절차에 의하여 후행 보존등기를 직권으로 말소한다.

② 선행보존등기를 기초로 한 새로운 등기는 없으나 후행보존등기를 기초로 한 새로운 등기가 있는 경우

등기관은 법 제58조의 절차에 따라 후행등기기록에 등기된 일체의 등기를 직권말소하여 등기기록을 폐쇄함과 동시에 그 등기기록에 기재된 소유권보존등기외의 다른 등기를 선행등기기록에 이기(미처리된 등기의 실행방법의 의미로서)하여야 한다. 다만 일반건물과 구분건물로 그 종류를 달리하는 경우에는 등기관은 이를 직권으로 정리할 수 없다.

③ 선행보존등기 및 후행보존등기를 기초로 한 새로운 등기가 모두 있는 경우

등기관은 이를 직권으로 정리할 수 없다.

2) 건물의 보존등기명의인이 서로 다른 경우

① 실질적 심사권이 없는 등기관으로서는 이를 직권으로 정리할 수 없다.

② 어느 한 쪽의 등기명의인이 스스로 그 소유권보존등기의 말소등기를 신청할 수 있다.

③ 다른 일방 보존등기명의인을 상대로 그 소유권보존등기의 말소등기절차

이행을 구하는 소를 제기하여 그 승소의 확정판결에 의해 다른 일방 보존등기에 대한 말소등기를 신청할 수 있으며, 말소되는 등기에 대해 이해관계 있는 제3자가 있는 경우에는 신청정보에 그 승낙정보 또는 이에 대항할 수 있는 재판의 등본정보를 첨부하여야 한다.

Ⅵ. 중복등기가 존속하고 있는 동안에 새로운 등기신청이 있는 경우

1. 토지에 관한 중복등기

① 그 중복등기가 규칙 제34조와 제35조의 규정에 의하여 정리되어야 할 경우에는 규칙에 따라 정리한 다음 등기신청의 수리여부를 결정하여야 한다.

② 그 중복등기가 규칙 제36조와 제37조에 의하여 정리되어야 할 등기인 경우에는 어느 일방의 등기를 기초로 하는 새로운 등기신청도 이를 수리하여 기록한다. 이 경우 규칙에 의한 중복등기 정리절차를 진행 중이었다면 다시 정리절차를 밟아야 한다.

2. 건물에 관한 중복등기

① 보존등기명의인이 동일한 경우

중복등기 존속중에 새로운 등기신청이 있는 경우에는 선행등기기록상의 등기를 기초로 한 새로운 등기신청은 이를 수리하고, 후행 등기기록상의 등기를 기초로 한 새로운 등기신청은 이를 각하한다.

② 보존등기명의인이 서로 다른 경우

중복등기의 존속중에 어느 일방의 등기기록상의 등기를 기초로 하는 새로운 등기신청은 이를 수리 한다.

Ⅶ. 결　　어

8. 【공동신청주의】

Ⅰ. 신청주의

1. 등기절차 개시의 모습
2. 신청주의의 의의

Ⅱ. 공동신청주의

1. 의 의
2. 등기권리자와 등기의무자

(1) 실체법상 등기권리자·등기의무자
(2) 절차상 등기권리자·등기의무자
(3) 양자의 관계

Ⅲ. 신청주의 및 공동신청주의의 예외

1. 신청주의의 예외

(1) 등기관의 직권에 의한 등기
(2) 법원의 명령에 의한 경우

2. 공동신청주의의 예외 : 예외적 단독신청

(1) 등기의 진정을 해할 염려가 없는 경우
(2) 등기의 성질상 공동신청이 불가능한 경우

8. 【공동신청주의】

Ⅰ. 신청주의

1. 등기절차 개시의 모습

부동산등기법 제22조 제1항은 "등기는 법률에 다른 규정이 있는 경우를 제외하고 당사자의 신청 또는 관공서의 촉탁에 따라 한다."고 규정하여, 등기절차의 개시원인으로 당사자의 신청과 관공서의 촉탁을 들고 있다. 그런데 관공서의 촉탁도 실질적으로는 신청의 한 모습에 지나지 않고, 법률에 다른 규정이 있는 경우를 제외하고는 신청절차에 관한 규정을 준용하고 있다(법 제22조제2항). 따라서 부동산등기법은 당사자의 신청을 등기절차 개시의 원칙으로 하고 있으며, 이때의 신청이란 당사자에 의한 신청과 관공서의 신청인 촉탁을 모두 포함하고 있는 개념이라고 할 수 있다.

2. 신청주의의 의의

신청주의란 당사자의 신청이 있을 때에 비로소 등기절차가 개시되는 것을 말한다(법 제22조 제1항). 이는 당사자의 신청에 의할 때 가장 효율적으로 실체관계에 부합하는 등기를 할 수 있기 때문이다. 등기는 부동산에 관한 권리관계를 정확하게 공시해서 거래의 안전을 보호하는 것을 그 목적으로 하지만, 등기의 신청 자체는 당사자의 의사에 맡겨져 있으므로, 이 점에서 사적 자치의 원칙이 적용되고 있다. 다만, 부동산물권의 공시라는 등기제도의 목적을 위하여 등기를 하지 않으면 등기의 효력을 주장할 수 없게 함으로써(성립요건주의, 대항요건주의) 등기의 신청이 간접적으로 강제되는 것이다.

Ⅱ. 공동신청주의

1. 의 의

부동산등기법은 제23조에서 "등기는 법률에 다른 규정이 없는 경우에는 등기권리자와 등기의무자가 공동으로 신청한다."고 규정하여 공동신청주의 원칙을 선언하고 있다. 입법례를 보면, 등기원인증서의 공증을 전제로 등기권리자 또는 등기의무자의 단독신청주의를 취하는 국가가 많다(독일, 스위스, 프랑스 등). 우리 법제는 등기원인증서의 공증을 요하지 않는 대신 어떤 등기로 인하여 등기기록상 권리를 상실하는 자와 권리를 취득하는 자가 공동으로 등기를 신청하도록 함으로써 부실등기를 방지하고 등기의 진정을 확보하고자 하는 입장이다. 다만, 공동신청주의는 모든 등기신청에 적용되는 것은 아니고 권리의 등기에 관한 원칙이며, 부동산 표시변경등기와 등기명의인 표시변경등기에는 단독신청이 원칙적 형태이다.

2. 등기권리자와 등기의무자

공동신청주의란 등기권리자와 등기의무자가 공동으로 등기를 신청하여야 한다는 원칙이므로 공동신청주의를 이해하기 위해서는 등기권리자와 등기의무자의 개념을 먼저 알아야 한다. 이에는 등기절차상의 개념과 실체법상의 개념이 있다.

(1) 실체법상 등기권리자·등기의무자

1) 의 의

① 등기신청에 관하여 공동신청주의를 채택한 결과, 물권변동에 관련된 당사자가 공동으로 등기신청을 하여야 한다. 따라서 등기를 원하는 일방 당사자는 타방당사자가 등기신청에 협력하지 않을 경우 상대방의 협력(등기신청의 의사표시)을 청구할 수 있어야 하는데, 이를 위한 권리가 등기청구권이다. 즉, 등기청구권은 실체법상의 권리로서 권리자가 의무자에게 등기신청의 의사표시를 갈음하는 이행판결을 구할 수 있는 권리이다. 이러한 등기청구권을 갖는 자가 실체법상 등기권리자이고 그 상대방이 실체법상 등기의무자이다.

② 등기청구권과 구별하여야 할 개념으로 등기신청권이 있는데, 이는 다른 등기권리자 또는 등기의무자와 공동으로 권리의 등기를 신청하거나, 단독으로 사실의 등기를 신청할 수 있는 공법상의 권리를 말한다.

2) 등기청구권의 발생원인과 법적성질

① 법률행위에 의한 물권변동의 경우

물권변동을 목적으로 하는 계약 등의 법률행위를 한 당사자는 공동으로 그에 관한 등기를 신청하는 것이 보통이지만 어느 일방이 공동신청에 협력하지 않을 경우 등기청구권이 문제됨은 위에서 본 바와 같다. 이 경우 등기청구권의 발생원인과 그 성질에 관하여 학설은 크게, 등기청구권은 원인행위인 채권계약에서 발생하고 그 성질은 채권적 청구권이라는 견해와 등기청구권은 물권적 합의 또는 이에 따른 물권적 기대권으로부터 발생하며 그 성질은 물권적 청구권이라는 견해로 나뉘고 있다. 판례는 법률행위에 의한 등기청구권은 원인행위인 채권행위로부터 나오고 그 성질은 채권적 청구권이라고(대법원 1992. 9. 1. 선고 92다24851판결) 보고 있다.

② 실체관계와 등기가 일치하지 않는 경우

등기가 경료되었으나 그 원인행위에 부존재, 무효, 취소, 해제 등의 사유가 있어서 그 등기와 실체관계가 일치하지 않는 경우에 그 불일치를 제거하기 위하여 물권자에게 인정되는 등기청구권은, 물권의 효력으로서 발생하는 물권적 청구권(방해배제청구권)이라는 것이 일반적 견해이다. 등기청구권의 성질을 구별하는 실익은 주로 등기청구권을 재판상 행사하였을 경우 당사자의 승계인에 대해서도 그 효력을 주장할 수 있는지의 여부에 있다. 예컨대, 소유권에 기한 말소등기청구권과 같은 물권적 청구권의 경우에는 변론종결 후의 승계인에 대해서 승계집행문을 부여받아 그 판결의 효력을 주장할 수 있으나, 매매를 원인으로 한 이전등기청구권과 같은 채권적 청구권인 경우에는 변론종결 후의 승계인에 대하여 그 효력을 주장하지 못한다. 또 물권적 청구권을 보전하기 위한 가등기를 할 수 있는지가 문제되는데, 판례는 물권적 청구권을 보전하기 위해서는 가등기를 할 수 없다(대법원 1982. 11. 23. 선고 81다카1110판결)고 한다.

③ 시효취득의 경우 등

부동산의 시효취득은 이론상 법률행위에 의한 물권변동이 아니지만, 민법 제245조 제1항은 등기를 하여야 그 효력이 생긴다고 규정하고 있다. 따라서 취득시효기간의 만료만으로는 소유권취득의 효력이 생기지 않고, 이를 원인으로 하여 소유권이전등기청구권을 얻는 데 그친다. 판례는 이 권리를 채권적 청구권으로 보고 있다(대법원 1995. 12. 5. 선고 95다24241판결). 그 밖에 임차권설정등기청구권(민법 제621조)이나 부동산환매권의 등기청구권(민법 제592조)도 채권적 청구권으로 본다.

(2) 절차상 등기권리자·등기의무자

1) 의 의

① 절차상 등기권리자란 신청된 등기가 실행되면 등기기록의 기록 형식상 권리를 취득하거나 기타의 이익을 받는 자로 표시되는 자를 말한다. 반대로 등기가 실행되면 등기기록의 기록 형식상 권리를 상실하거나 기타의 불이익을 받는 것으로 표시되는 자를 절차상 등기의무자라고 한다. 전자는 등기신청시를 기준으로 등기명의인일 수도 있고(말소등기) 아닐 수도 있지만(이전등기), 후자의 경우 반드시 등기기록상 권리에 관한 등기의 명의인이어야 하고, 만약 신청정보에 기록된 등기의무자의 표시가 등기기록과 일치하지 아니한 경우에는 신청의 각하사유가 된다(법 제29조제7호).

② 예를 들면, 갑 명의의 근저당권등기를 을에게 이전하는 신청을 할 경우 그 등기가 실행됨으로써 갑은 등기기록상 근저당권을 상실하므로 절차상 등기의무자이고, 새로이 근저당권을 취득하는 을이 절차상 등기권리자이다. 또 채권최고액을 증액하는 근저당권변경등기를 신청하는 경우에는, 변경등기로 인하여 이익을 얻는 자인 근저당권자가 등기권리자이고, 불이익을 받는 근저당권설정자가 등기의무자가 된다.

③ 절차상 등기권리자 및 등기의무자에 해당하는지 여부는 반드시 등기기록상 형식적으로 판단하여야 하고 실체법상 권리 유무를 고려하여서는 아니 된다. 예컨대, 갑(채무자)에서 을(수익자)에게 소유권이전등기가 마쳐졌으나 채권자 병이 등기원인이 사해행위임을 이유로 위 소유권이전등기의 말소판결을 받은 경우, 병은 실체법상 등기권리자이고 을이 실체법상 등기의무자이지만, (을 명의의 소유권이전등기에 대한 말소등기의) 절차상으로는 갑이 등기권리자, 을이 등기의무자가 된다. 이 경우 갑은 을에 대하여 아무런 실체법상 권리가 없지만 을 명의의 등기가 말소됨으로써 자신이 소유명의인이 되므로 절차상 등기권리자가 된다. 따라서 등기신청정보의 등기권리자란에는 “갑 대위신청인 병”과 같이 기록하고, 등기의무자란에는 “을”을 기록한다.

2) 문제되는 경우

① 소유권보존등기 관련

i) 소유권보존등기는 부동산등기법 제65조에 규정된 신청권자가 단독으로

만 신청할 수 있으므로 공동신청을 전제로 하는 절차상 등기권리자·등기의무자가 문제되지 않는다. 예컨대, 미등기 건물의 소유자 갑이 건물을 을에게 매도하였으나 갑이 소유권보존등기신청을 하지 않아 을이 소유권이전을 받을 수 없는 경우에도 그 건물의 소유권보존등기신청은 갑만이 할 수 있고 갑과 을이 공동으로 신청하거나, 을이 갑의 등기신청 의사표시를 갈음하는 판결을 구할 수도 없다. 이 경우 을은 갑을 상대로 소유권이전등기절차를 명하는 이행판결을 얻은 후, 갑에 대한 소유권이전등기청구권을 보전하기 위하여, 갑을 대위하여 갑 명의의 소유권보존등기를 한 다음에 위 이행판결에 기하여 자기 명의의 이전등기신청을 단독으로 할 수 있다.

ii) 소유권보존등기의 말소신청 역시 등기명의인이 단독으로 신청하는 등기이므로 절차법상 등기권리자·등기의무자의 개념이 개입할 여지가 없다. 예컨대, 갑이 을 소유의 부동산에 관하여 무효인 소유권보존등기를 한 경우, 진정한 소유자인 을은 실체법상 등기청구권자이고 갑은 실체법상 등기의무자이다. 그러나, 갑 명의의 소유권보존등기의 말소신청은 갑이 단독으로만 할 수 있고, 갑 명의의 등기가 말소된다고 해서 바로 을이 소유권을 취득하는 것이 아니므로 을이 절차상 등기권리자가 되는 것이 아니다. 이 경우 갑이 임의로 소유권보존등기를 말소하지 않는다면 을은 갑을 상대로 소유권보존등기의 말소를 명하는 판결을 얻어 갑 명의의 등기를 말소할 수 있는데, 이 때에도 을은 자신의 소유권보존등기신청권을 보전하기 위하여 갑을 대위하여 말소등기신청을 하는 것이다.

② 제한물권의 말소등기 관련

i) 근저당권이 설정된 후에 그 부동산의 소유권이 제3자에게 이전된 경우 그 근저당권말소등기의 등기권리자는 현재 소유명의인임이 원칙이지만 근저당권 설정 당시의 소유명의인도 등기권리자로 볼 수 있는지가 문제된다.

ii) 판례는 근저당권설정자인 종전의 소유자도 근저당권설정계약의 당사자로서 근저당권소멸에 따른 원상회복으로 근저당권자에게 근저당권설정등기의 말소를 구할 수 있는 계약상 권리가 있다는 이유로 실체법상의 말소등기청구권을 인정하고 있다. 따라서 종전 소유자가 근저당권설정등기의 말소등기절차를 명하는 판결을 얻은 경우에는 절차상 등기권리자에 해당한다고 볼 수 있다. 이에 따라 등기예규(제554호)는 판결에 의한 말소의 경우뿐만 아니라 공동신청의 경우에도 저당권설정자(종전 소유자)와 제3취득자(현재 소유명의인)를 모두 절차상 등기권리자로 보고 있다. 이러한 내용은 저당권뿐만 아니라 다른 제한물권의 말소등기에도 유추적용이 가능할 것이다. 또 가등기의 말소의 경우에도 가등기 후 소유권을 취득한 제3취득자와 가등기의무자 모두 등기권리자가 될 수 있다.[28]

(3) 양자의 관계

① 실체법상의 등기권리자 및 등기의무자는 절차상의 등기권리자 및 등기의무자와 일치하는 경우가 대부분이지만, 반드시 일치하는 것은 아니다.

② 예컨대, 갑-을-병의 순서로 차례로 소유권이전등기가 경료되었으나 갑-을 사이의 소유권이전등기가 원인무효인 경우, 갑이 을 및 병을 상대로 소유권에 기한 물권적 청구권(방해배제청구권)을 행사하여 각 소유권이전등기말소절차를 이행하라는 확정판결을 받았다면, 갑은 실체법상 등기권리자이고 을 및 병은 그 상대방인 실체법상 등기의무자에 해당한다. 그런데 절차법적으로 보면, 먼저 병 명의의 소유권이전등기의 말소등기를 신청함에 있어서 등기의무자는 병이지만 등기권리자는 갑이 아니라 을이 된다. 왜냐하면 병 명의의 등기가 말소되면 등기기록의 기록 형식상 소유명의인은 을이 되기 때문이다. 또 사해행위취소판결에 의한 등기신청의 경우에도 실체법상의 등기권리자 및 등기의무자와 절차상의 그것이 일치하지 않는다.

Ⅲ. 신청주의 및 공동신청주의의 예외

1. 신청주의의 예외

(1) 등기관의 직권에 의한 등기

등기관이 직권으로 등기를 할 수 있는 경우는 당사자의 신청을 기다려 그 등기를 실행하는 것이 적절하지 않거나 당사자의 신청에 따른 등기에 부수하는 기술적인 등기를 하는 경우이다. 등기관의 직권에 의한 등기는 법령에 근거규정이 있을 경우에만 허용된다.

1) 소유권보존등기

미등기 부동산에 대하여 법원의 소유권의 처분제한의 등기촉탁이 있는 경우 등기관은 직권으로 소유권보존등기를 한 다음 처분제한의 등기를 한다(법 제66조).

---

28) 예규 제1057호

2) 변경등기

등기관이 직권으로 부동산의 표시변경등기 또는 등기명의인의 표시변경등기를 하는 경우를 예시하면 다음과 같다.

① 대장소관청의 불부합통지에 의한 부동산의 표시변경등기(법 제36조제1항)

② 분필등기시 직권에 의한 면적단위 환산등기(등기예규 제1426호)

③ 소유권이전등기를 하기 위한 등기명의인의 표시변경등기(규칙 제122조)

④ 행정구역 또는 그 명칭변경에 따른 부동산 및 등기명의인 표시변경등기(규칙 제54조)

3) 경정등기

등기관의 잘못으로 인하여 등기의 착오 또는 빠진부분이 있는 때에는 등기관이 직권으로 경정등기를 하여야 한다. 다만, 등기상 이해관계 있는 제3자가 있는 경우에는 제3자의 승낙이 있어야 한다(법 제32조제2항).

4) 말소등기

① 환매에 따른 권리취득의 등기를 한 때 환매특약등기의 말소등기(규칙 제114조제1항)

② 권리소멸의 약정에 의한 권리소멸의 등기를 한 때 권리소멸약정 등기의 말소등기(규칙 제114조제2항)

③ 말소할 권리를 목적으로 하는 제3자의 권리에 관한 등기의 말소(법 제57조제2항). 이 경우 제3자의 승낙정보 또는 그에 대항할 수 있는 재판의 등본정보가 첨부되어야 한다.

④ 토지수용으로 인한 소유권이전등기를 할 때 소유권 또는 소유권 이외의 권리에 관한 등기의 말소등기(법 제99조제4항)

⑤ 관할위반 및 사건이 등기할 것이 아닌 경우(법 제29조제1호, 제2호)의 말소등기(법 제58조)

⑥ 1980.12.31. 이전에 등기된 저당권등기 등에 관하여 부동산등기법 시행일(2006.6.1.)부터 90일 이내에 권리존속신고가 없는 경우 저당권 등기 등의 말소등기(부칙 제2조)

⑦ 가등기에 기한 본등기를 하는 경우의 중간처분등기의 말소등기(법 제29조제2호, 예규 제1408호)

5) 구분건물의 대지권등기

① 대지권의 등기를 하는 때의 대지권인 뜻의 등기(법 제40조제4항)
② 대지권의 변경·경정등기를 하는 때의 대지권인 뜻의 등기 또는 대지권인 뜻의 등기의 말소(규칙 제91조제2, 3항)
③ 대지권의 변경·경정등기를 하는 때의 건물만에 관한 뜻의 기록의 부기등기(규칙 제92조 제1항)
④ 대지권의 변경으로 인하여 대지권의 등기를 할 때 건물에 대한 저당권등기에 건물만에 관한 뜻을 기록하지 아니하는 경우의 저당권등기말소(규칙 제92조제2항)
⑤ 대지권인 권리가 대지권이 아닌 것으로 변경됨에 따른 대지권에 대하여 동일한 등기로서의 효력이 있는 등기의 전사, 신등기기록에의 전사(규칙 제93조제2,3항)
⑥ 대지권의 경정등기를 하는 때의 대지권인 뜻의 등기말소와 대지권에 대하여 동일한 등기로서의 효력이 있는 등기의 전사, 신등기기록에의 전사(규칙 제94조제1항)
⑦ 공용부분인 뜻을 정한 규약을 폐지하여 소유권보존등기를 하는때의 공용부분인 뜻의 말소등기(법 제47조, 규칙 제104조제5항)

(2) 법원의 명령에 의한 경우

등기관의 결정 또는 처분을 부당하다고 주장하는 자는 관할지방법원에 이의신청을 할 수 있다(법 제100조). 특히 등기신청을 각하한 결정에 대하여 이의를 한 경우 관할지방법원이 그 이의가 이유 있다고 인정하는 때에는 등기관에게 상당한 처분을 명할 수 있고, 등기관은 그 명령에 따른 등기를 하여야 한다(법 제107조). 이때의 등기는 당사자의 신청에 의한 등기가 아니라 법원의 기록명령에 따른 등기라서 신청주의의 예외가 되는 것이다. 관할지방법원은 이의에 대하여 결정하기 전에 등기관에게 가등기를 명할 수 있는데(법 제106조), 이 경우에도 마찬가지이다.

2. 공동신청주의의 예외 : 예외적 단독신청

공동신청에 의하지 않더라도 등기의 진정을 보장할 수 있는 특별한 사정이 있는 경우 또는 등기의 성질상 공동신청이 불가능한 경우에는 단독신청이 허용된다.

(1) 등기의 진정을 해할 염려가 없는 경우

1) 판결에 의한 등기(법 제23조제4항)

판결에 의한 등기는 승소한 등기권리자 또는 등기의무자가 단독으로 신청할 수 있다. 이 규정의 취지에 대하여는 판결절차에서 등기청구권의 존재 여부가 확정되므로 등기의 진정성이 확보되고, 또 타방 당사자의 협력을 기대할 수 없어서 판결을 얻은 것이므로 당연히 단독신청이 가능하다는 견해와 판결의 확정으로 어느 한쪽의 등기신청의사 표시가 있는 것으로 간주되므로 결국 공동신청주의 원칙이 관철되고 있다고 설명하는 견해가 있다.

2) 촉탁으로 인한 등기(법 제96, 97, 98조)

관공서가 권리관계의 일방당사자가 되는 경우에는 타방당사자인 사인과 공동으로 등기신청을 할 수도 있지만, 일정한 요건 아래 관공서가 등기의 촉탁을 할 수도 있다. 관공서는 허위의 촉탁을 할 염려가 없다고 보기 때문이다. 촉탁도 광의의 신청에 포함되므로 관공서의 단독신청권을 인정한 것으로 볼 수 있다.

3) 가등기(법 제89조)

가등기는 가등기권리자가 가등기의무자의 승낙서 또는 가등기가처분명령정본을 첨부하여 단독으로 신청할 수 있다. 가등기는 그 자체만으로는 권리변동을 종국적으로 발생시키지 않고 순위보전의 효력만 있는 등기이기 때문에 인정되는 특칙이다. 물론 가등기권리자와 가등기의무자가 공동으로 신청할 수도 있다. 가등기의 말소는 가등기명의인이 권리에 관한 등기필정보(가등기필정보)를 제공하여 단독으로 신청할 수 있고, 가등기의무자 또는 가등기에 관하여 등기상 이해관계인도 가등기명의인의 승낙정보 또는 이에 대항할 수 있는 재판의 등본정보를 첨부하여 신청할 수 있다(법 제93조 제2항). 이 규정은 가등기말소의 등기권리자도 등기의무자도 아닌 이해관계인에게 등기신청권을 인정한 점에서 특이하다.

4) 등기한 권리가 어떤 사람의 사망으로 인하여 소멸한 때의 말소등기(법 제55조)

등기명의인인 사람의 사망 또는 법인의 해산으로 권리가 소멸한다는 약정이 등기되어 있는 경우에 사람의 사망 또는 법인의 해산으로 그 권리가 소멸하였을 때에는 등기권리자는 그 사실을 증명하여 단독으로 해당 등기의 말소를 신청할 수 있다. 예를 들면, 지상권의 존속기간이 "지상권자의 생존기간 동안"으로 등기되었는데 지상권자가 사망한 경우, 소유권의 등기명의인은 지상권자의 사망을 증명하는 정보를 첨부하여 당해 지상권등기의 말소를 단독으로 신청할 수 있다.

이 경우 단독신청이 인정되는 것은 가족관계등록사항별증명서 및 제적등·초본 등으로 사망사실을 증명할 수 있기 때문이다.

5) 토지수용으로 인한 소유권이전등기(법 제99조제1항)

수용으로 인한 소유권이전등기는 등기권리자가 단독으로 신청할 수 있다. 이는 법이 정한 엄격한 절차를 거쳤기 때문에 진정성이 보장되고, 그 필요성도 인정되기 때문이다.

6) 혼동으로 인한 말소등기

① 가등기권자가 가등기에 기한 본등기를 하지 않고 다른 원인으로 소유권 이전등기를 하였을 경우 그 부동산의 소유권이 제3자에게 이전되기 전에는 가등기권자의 단독신청으로 혼동을 등기원인으로 하여 가등기를 말소할 수 있다. 어느 부동산에 대한 소유권이전청구권보전가등기권리자와 근저당권자가 동일인이었다가 그 가등기에 기한 소유권 이전의 본등기가 경료됨으로써 소유권과 근저당권이 동일인에게 귀속되는 경우에는 그 근저당권은 혼동으로 소멸하므로 근저당권자의 단독신청에 의하여 근저당권을 말소할 수 있다.

② 그러나 가등기 또는 그 근저당권설정등기가 말소되지 아니한 채 제3자 앞으로 다시 소유권이전등기가 경료된 경우에는 혼동에 의하여 소멸하지 않으므로(**공동신청주의 원칙에 따라**) 현 소유자(**설정당시의 소유자도 가능**)와 가등기 또는 근저당권등기의 명의인이 공동으로 말소신청을 하여야 한다. 등기예규는 가등기에 관하여만 규정하고 있지만 소유권의 등기명의인과 제한물권의 등기명의인이 동일한 경우에도 같은 원리가 적용될 수 있다.

(2) 등기의 성질상 공동신청이 불가능한 경우

1) 상속으로 인한 등기(법 제23조제3항)

상속을 등기원인으로 하는 권리이전의 등기는 등기권리자(**상속인**)가 단독으로 신청할 수 있다. 상속등기를 신청하는 시점에는 등기의무자인 피상속인이 이미 사망하여 공동신청이 불가능하고, 상속개시사실과 상속인의 범위는 가족관계등록사항별증명서 및 제적등·초본에 의하여 용이하게 확인할 수 있기 때문이다. 부동산등기법 제23조의 상속으로 인한 등기, 즉 상속등기의 신청과 부동산등기법 제27조의 포괄승계인에 의한 등기신청은 구별하여야 한다. 후자는 피상속인이 원인행위를 하고 나서 사망한 경우에 상속등기를 하지 않고도 등기권리자 또는 등기의무자의 상속인등 포괄승계인과 그 상대방의 공동신청에 의하여 등기를 할 수 있는 특례규정으로서, 공동신청주의 원칙이 적용되는 경우이다.

2) 미등기 부동산의 소유권보존등기(법 제65조)

토지·건물 등 미등기 부동산의 소유권보존등기는 등기의무자가 존재하지 아니하고, 또한 이미 소유권을 취득한 자가 등기부에 공시하는 행위에 불과하기 때문에 단독으로 등기신청을 할 수 있다. 소유권보존등기의 말소신청도 그 등기명의인이 단독으로 신청한다.

3) 부동산의 표시변경등기(법 제23조제5항)

부동산의 분합, 멸실, 면적증감 등에 따른 표시변경등기는 그 성질상 등기의무자가 존재하지 아니하고, 이미 대장상 부동산의 표시에 관한 사항이 변경되었으므로 소유권의 등기명의인은 대장등본을 첨부하여 단독으로 신청할 수 있다.

4) 등기명의인의 표시변경 또는 경정등기(법 제23조제6항)

등기명의인의 표시변경 또는 경정의 등기는 등기명의인이 단독으로 신청할 수 있다. 이 경우도 성질상 등기의무자가 존재하지 않기 때문이다.

5) 공동신청이 불가능하다고 인정된 경우(법 제56조)

등기권리자가 등기의무자의 소재불명으로 인하여 공동으로 등기의 말소를 신청할 수 없는 때에는 민사소송법의 규정에 의하여 공시최고의 신청을 하여 제권판결을 받은 후 그 판결등본을 첨부하여 단독으로 등기의 말소를 신청할 수 있다.

9. 【외국인 및 재외국민의 등기신청】

Ⅰ. 서 설
1. 의 의
2. 등기당사자능력
(1) 의 의
(2) 등기당사자능력이 문제되는 경우
3. 등기신청능력
4. 등기당사자적격

Ⅱ. 외국인의 등기신청
1. 서 설
2. 외국인이 국내 부동산을 처분하는 경우
(1) 입국하지 않고 국내 부동산을 처분하는 경우
(2) 입국하여 국내 부동산을 처분하는 경우
3. 외국인이 국내 부동산을 취득하는 경우
(1) 부동산등기용등록번호 증명정보
(2) 주소를 증명하는 정보
(3) 취득신고
(4) 허가정보를 첨부하여야 하는 경우
(5) 허가대상토지에 대해 허가를 받지 않고 경료된 등기의 직권말소 가부

Ⅲ. 재외국민의 등기신청
1. 서 설
2. 재외국민이 부동산을 처분하는 경우
(1) 재외국민이 귀국하지 않고 국내 부동산을 처분하는 경우
(2) 재외국민이 귀국하여 처분하는 경우
3. 재외국민이 권리를 취득하는 경우의 첨부정보
(1) 주소를 증명하는 정보
(2) 부동산등기용등록번호를 증명하는 정보
(3) 상속에 있어서의 특례

9. 【외국인 및 재외국민의 등기신청】

Ⅰ. 서 설

1. 의 의

유효한 등기신청을 하기 위해서는 신청인에게 등기당사자능력, 등기신청능력, 등기신청적격이 있어야 한다. 등기당사자능력과 구별해야 할 개념으로 등기신청능력과 등기당사자적격이 있다. 등기신청능력이란 자기 명의로 단독으로 등기를 신청하기 위한 능력인데 여기에는 의사능력과 민법상 행위능력이 요구된다는 것이 현행 등기실무이다. 등기당사자적격이란 특정한 등기신청에 있어서 정당한 등기신청인(등기권리자 또는 등기의무자)이 될 수 있는 자, 즉 특정한 등기신청에 있어서 신청권이 있는 자를 의미한다.

2. 등기당사자능력

(1) 의 의

등기당사자능력이란 등기명의인이 될 수 있는 일반적인 능력으로 민법상의 권리능력에 해당하지만 그보다 범위가 넓고, 민사소송법상의 당사자능력에 대응하는 개념이다.

(2) 등기당사자능력이 문제되는 경우

1) 태 아

① 사람은 생존한 동안 권리와 의무의 주체가 되므로 자연인은 의사능력이나 행위능력의 유무와 관계없이 누구나 등기당사자능력이 있고, 그 명의로 등기권리자나 등기의무자가 될 수 있다. 그런데 민법은 일정한 경우에는 태아는 이미 출생한 것으로 보므로 태아에게 등기당사자능력을 인정할 것인지가 문제된다.

② 구체적으로, 태아가 부동산의 상속인 또는 수증자인 경우 당해 부동산에 관하여 태아 명의의 등기를 할 수 있느냐가 문제가 된다. 이 문제는 태아의 법률상의 지위를 어떻게 이해하느냐에 따라 결론이 달라진다. 태아인 동안에는 권리능력을 인정하지 않고 살아서 출생한 때에 상속 등이 발생한 시점에 소급하여

권리능력을 인정하는 정지조건설에 의하면, 태아인 동안에는 등기당사자능력도 당연히 인정되지 않는다.

반면 태아인 동안에도 권리능력을 인정하는 해제조건설에 의하면 이미 출생한 것으로 보는 범위에서 제한적인 권리능력이 있으므로 태아의 등기당사자능력을 긍정할 수 있게 된다.

③ 판례는 태아의 권리능력에 관하여 정지조건설을 취하고 있다. 따라서 상속등기를 하는 경우 태아는 상속인이 될 수 없고, 태아가 살아서 출생한 때에 법정대리인이 이미 경료된 상속등기를 출생자의 상속분에 맞게 경정하는 등기를 신청할 수 있을 뿐이다. 또한, 등기실무상 등기권리자의 성명과 주민등록번호는 필수적 등기사항인데 태아의 경우에는 그러한 것이 없으므로 등기를 할 수 있는 방법이 없다.

2) 외국인

외국인도 법령이나 조약에 의한 제한이 없는 한 우리나라 국민과 동일한 권리능력을 가지므로, 자기 명의로 등기신청을 하고 등기명의인이 될 수 있음이 원칙이다. 다만, 법률에 의하여 외국인의 부동산 물권취득을 제한하는 경우가 있다.

3) 조 합

민법상 조합이란 2인 이상이 서로 출자하여 공동의 사업을 경영할 것을 약정하는 조합계약에 의하여 조합원 사이에 생기는 법률관계를 말한다. 조합은 그 구성원과 독립된 단체로서의 실질을 갖지 않으므로 민법상 조합원의 출자재산이나 기타 조합재산에 관하여 조합자체의 명의로는 등기를 할 수 없고 그 조합원 전원의 합유로 등기하게 된다. 조합은 권리능력이 없으므로 조합을 채무자로 표시하여 근저당권설정등기를 할 수도 없다. 다만 특별법에 의해 설립된 농업협동조합, 수산업협동조합이나 각종의 신용협동조합 등은 조합이라는 명칭을 사용하고 있을 뿐 그 실체는 민법상의 조합이 아닌 법인의 실체를 가지고 있는 법인이므로 그 명의로 등기할 수 있다.

4) 학 교

학교는 하나의 시설물에 불과하므로 학교 명의로 등기를 할 수 없고, 그 설립자(**사립학교는 학교법인, 국·공립학교는 국가 또는 지방자치단체**)의 명의로 등기를 신청하여야 한다. 설령 학교 명의로 등기되어 있더라도(예:소유자 ○○초등학교 대표자 교장), 학교가 등기의무자로서 소유권이전등기를 신청할 수 없다.

5) 지방자치단체

① 지방자치단체는 법인으로 보므로 당연히 등기당사자능력이 있다. 지방자치단체의 종류에는 특별시, 광역시, 도, 특별자치도, 시, 군, 구(특별시·광역시 내의 자치구에 한함)가 있다. 읍, 면이나 자치구가 아닌 구는 등기당사자능력이 없다. 지방자치단체 명의의 등기에는 대표자 표시를 하지 않는 것이 원칙이지만, 교육비특별회계 소관의 공유재산인 경우에는 일반회계와 구별하기 위하여 "교육감(장)"으로 그 소관청의 명칭을 첨기한다.

② 한편, 동, 리와 같은 자연마을은 지방자치단체는 아니지만, 그 주민을 구성원으로 하여 의사결정기관인 마을총회와 집행기관으로서 마을 대표자를 두고 독자적인 활동을 하는 사회조직체로 볼 수 있는 경우, 비법인사단으로서 등기당사자능력을 갖는 경우도 있다.

3. 등기신청능력

① 등기신청행위는 국가기관인 등기소에 대하여 특정한 등기를 해 줄 것을 요구하는 절차법상의 의사표시이자 공법상의 신청이므로 등기신청인에게 의사능력이 있어야 함은 당연하다. 신청인 또는 그 대리인이 의사능력이 없는 것으로 인정되는 경우 그 신청은 부동산등기법 제29조 제3호의 각하사유에 해당한다.

② 등기신청인에게 의사능력 외에 민법상 행위능력이 있어야 하는가, 또 등기신청행위에 관하여 민법 제5조 이하의 능력에 관한 규정이 적용 내지 준용되는지가 문제된다. 등기신청행위는 공법상의 행위라는 이유로 민법의 무능력자에 관한 규정은 준용되지 않는다는 견해도 있다. 그러나, 등기신청행위는 통상 채권계약의 이행으로서 행해지고 그 목적이 사법상의 재산권의 변동이라는 효과의 발생에 있으므로, 민법의 행위능력에 관한 규정이 준용된다고 함이 일반적이다.

③ 따라서 행위무능력자는 원칙적으로는 법정대리인의 동의 없이 단독으로 등기신청행위를 할 수 없지만, 다음과 같은 예외가 있다. ⅰ) 권리만을 얻거나 의무만을 면하는 행위(민법 제5조 제1항 단서), 예를 들면 무능력자가 등기권리자로서 등기신청을 하거나 소유권보존등기, 등기명의인 표시변경등기를 신청하는 경우이다. ⅱ) 처분이 허락된 재산의 처분행위(민법 제6조), 이 경우에는 해당 부동산이 처분이 허락된 재산이라는 취지가 기재된 법정대리인이 작성한 서면과 그의

인감증명이 첨부되어야 할 것이다. iii) 영업의 허락을 받은 경우의 그 영업에 관한 행위(민법 제8조 제1항), 이때에는 무능력자 등기사항증명서를 첨부하여야 한다. 다만, 현재 등기실무상 무능력자가 법정대리인의 동의서 등을 첨부하여 직접 신청하는 경우는 거의 없고 법정대리인의 신청에 의하는 경우가 대부분이다.

행위무능력자가 법정대리인의 동의 없이 등기의무자로서 신청한 경우에도 등기관은 각하하여야 한다.

4. 등기당사자적격

① 등기당사자적격이란 특정한 등기신청에 있어서 정당한 등기신청인이 될 수 있는 자격을 의미한다. 등기당사자능력과 등기신청능력이 있다는 것은 등기신청을 하기 위한 일반적인 자격이 인정되는 것에 불과하고, 특정한 등기를 신청하려면 등기신청권이 있어야 한다. 이러한 구체적 등기신청권이 있는 자를 등기당사자적격이 있는 자 또는 정당한 등기신청인이라고 한다.

② 등기신청권이 없는 자의 신청은 부적법한 신청으로서 부동산등기법 제29조 제3호에 의하여 각하되어야 한다. 구체적 등기신청권의 유무, 즉 등기당사자적격의 유무는 공동신청주의 하에서의 등기권리자 및 등기의무자 개념과, 공동신청의 예외로서 단독신청이 인정되는 경우에는 누가 등기신청권을 갖는지 하는 문제와 밀접한 관련이 있다. 먼저, 공동신청에 의하는 권리등기의 경우를 보면, 등기권리자와 등기의무자 아닌 자는 등기신청권이 없다.

③ 예컨대 채무자 변경으로 인한 근저당권변경등기는 등기권리자인 근저당권자와 등기의무자인 근저당권설정자가 공동신청하여야 하는데 만약 신채무자와 근저당권자가 신청하였다면 이러한 신청은 각하되어야 한다. 또 단독신청의 경우, 소유권보존등기는 대장상 최초 소유자로 등록된 자만이 할 수 있으므로 그 자를 상대로 소유권이전판결을 받은 자는 그 자를 대위하여 소유권보존등기를 할 수 있지만 자기 명의로는 신청을 할 수 없다.

Ⅱ. 외국인의 등기신청

1. 서 설

외국인이란 대한민국의 국적을 보유하고 있지 아니한 자를 말한다. 대한민국의 국적을 보유하고 있지 아니한 개인에는 외국 국적만을 보유한 자는 물론 무국적자, 외국국적을 취득함으로써 대한민국 국적을 상실하였으나 아직 가족관계등록부가 폐쇄되지 않은 자, 이중국적을 가지고 있다가 한국국적의 이탈신고를 한 자 등도 포함되며, 가족관계등록사항별증명서 중 기본증명서에 국적상실이 기록되어 있는지 여부를 불문한다.

2. 외국인이 국내 부동산을 처분하는 경우

(1) 입국하지 않고 국내 부동산을 처분하는 경우

외국인이 입국하지 않고 국내 부동산을 처분하는 경우에는 통상 국내에 거주하는 사람에게 부동산의 처분위임을 하고 위임을 받은 대리인이 처분계약 및 등기신청행위를 대리인 자격에서 하게 된다.

1) 처분위임장

① 의 의

외국인이 그 처분권한을 제3자에게 위임하는 때에는 처분위임장을 작성하여 첨부하여야 한다. 위임장의 양식은 특별히 규정된 바 없으나 처분대상인 부동산과 수임인이 구체적으로 특정되도록 기재하여야 하며, 위임하고자 하는 법률행위의 종류와 위임취지(특정 부동산에 관하여 처분권한 일체를 수여한다는 등)가 기재되어야 한다.

② 수임인이 신청하는 경우

이러한 부동산 처분의 위임은 등기신청의 위임을 포함하는 것으로 본다. 따라서 처분위임을 받은 수임인은 처분행위(매매 등)를 한 후 본인의 대리인임을 표시하고 대리인 자격으로 스스로 등기신청을 하거나, 법무사 등에게 그 신청을 위임할 수 있다. 이러한 처분위임을 받은 자가 등기신청을 하는 경우, 신청정보의 등기의무자란에는 등기명의인(위임한 외국인)을 표시하고 등기신청인란에는 "○○○(등기의무자)의 대리인 □□□" 이라고 표시한다. 처분권한을 위임받은 대리인이 등기신청을 법무사 등에게 위임한 경우에는 대리인이 위임장에 날인하고 그 인감증명을 첨부하여야 한다. 또 원인증명정보도 본인을 위한 것임을 표시하고 대리인 자격으로 작성한다.

③ 등기필정보가 없는 경우

등기필정보가 없는 경우에는 위 처분위임장에 등기필정보가 없다는 뜻을 기재하여 공증인의 공증을 받고 등기필정보 대신 그 위임장부본 1통을 제공하여야 한다.

2) 서명의 공증 또는 인감증명

인감증명의 날인제도가 없는 외국인은 위 처분위임장에 한 서명에 관하여 본인이 직접 작성하였다는 취지의 본국 관공서의 증명이나 이에 관한 공증이 있어야 한다. 위 증명이나 공증은 위임장 자체에 증명이나 공증을 받아야 한다는 취지이지 별도로 서명공증을 받아야 한다는 것은 아니다. 한편, 인감증명의 날인제도가 있는 외국인(**일본인, 대만인**)은 처분위임장에 날인한 인감과 동일한 인감에 관하여 그 관공서가 발행한 인감증명이 있어야 하고 서명 및 공증에 의할 수 없다. 외국인이 매매를 원인으로 하여 부동산을 처분하는 경우에도 부동산매도용 인감을 제출할 필요는 없다.

3) 주소를 증명하는 정보

부동산등기규칙 제46조제1항제6호에 의하여 주소를 증명하는 정보를 제공하여야 할 경우 본국 관공서의 주소증명서 또는 거주사실증명서(**예를 들어, 일본, 독일, 프랑스, 대만등의 경우**)를 첨부하여야 하나, 본국에 주소증명서 또는 거주사실증명서를 발급하는 기관이 없는 경우(**예를 들어, 미국, 영국 등의 경우**)에는 주소를 공증한 서면을 첨부정보로 제공하여야 한다. 다만, 이 경우에도 주소증명서에 대신할 수 있는 증명서(**예컨대, 운전면허증 또는 신분증 등**)를 본국 관공서에서 발급하는 경우에는 관할등기소의 등기관에게 그 증명서 및 원본과 동일하다는 취지를 기재한 사본을 제출하여 원본과 동일함을 확인받은 때 또는 그 증명서의 사본에 원본과 동일하다는 취지를 기재하고 그에 대하여 본국 관공서의 증명이나 공증인의 공증 또는 외국주재 한국대사관이나 영사관의 확인을 받은 때에는 그 증명서의 사본으로 주소를 증명하는 서면을 갈음할 수 있다.

4) 외국국적 취득으로 성명이 변경된 경우

변경 전의 성명(**등기기록상 성명**)과 변경 후의 성명이 동일인이라는 본국 관공서의 증명 또는 공증이 있어야 한다.

5) 번역문

등기신청정보에 첨부된 정보가 외국어로 된 경우에는 번역문을 첨부하여야 한다. 번역문에는 그 번역의 정확성을 보장하기 위하여 번역인의 성명 및 주소를 기재하고, 번역인이 서명 또는 기명날인하여야 하나, 등기신청인의 서명 또는 기명날인은 필요 없다. 이러한 번역문을 작성함에 있어 번역인의 자격에는 그 제한이 없으며, 공증인의 공증을 받을 필요도 없다.

(2) 입국하여 국내 부동산을 처분하는 경우

외국인이 입국하여 부동산을 처분하는 경우에도 신청서의 신청정보 및 첨부정보는 위 (1)과 유사하다. 다만, 국내에 체류중이라도 제3자에게 부동산의 처분위임을 할 수 있으므로 그 경우에는 처분위임장을 신청서에 첨부하여야 하지만 그렇지 않을 경우에는 처분위임장의 제출은 필요 없다. 첨부정보 중 외국인이 입국하지 않고 처분하는 경우와 다른 점만 설명하면 다음과 같다.

1) 인감증명 또는 서명의 공증

인감증명의 날인제도가 없는 외국인은 신청서 또는 위임장 등에 한 서명이 본인의 것임을 증명하기 위해서는 주한 본국 대사관이나 영사관의 확인서면을 첨부하거나, 공증을 받아야 한다. 공증의 경우에는 외국인의 본국 공증인의 공증뿐만 아니라 국내 공증인의 공증을 받아도 좋다. 다만, 대한민국 재외공관에서 증명을 받은 경우에는 이를 첨부하여 등기신청을 할 수 없음을 주의하여야 한다. 이는 대한민국 국적을 상실하였으나 가족관계등록사항별증명서 중 기본증명서에 국적상실이 기록되어 있지 아니한 경우에도 같다. 한편, (i) 외국인으로서 출입국관리법에 의하여 외국인등록을 한 자, (ii) 재외동포의 출입국과 법적 지위에 관한 법률에 따라 국내거소신고를 한 자(외국국적동포)는 인감증명법에 의한 인감증명을 발급받아 제출할 수도 있다. 이 경우 날인제도가 없는 나라의 국민이라도 상관없다.

2) 주소를 증명하는 정보

외국인이 국내에 입국하여 장기체류(90일 이상)하는 경우에는 그 체류지를 관할하는 출입국관리사무소에 외국인등록을 하여야 하므로, 이 경우에는 외국인등록사실증명이 주소증명이 될 것이다. 다만, 외국국적동포는 위와 같은 외국인등록사실증명 외에 재외동포의출입국과법적지위에관한법률 제7조 제1항에 의한 국내거소신고사실증명을 주소증명정보로 갈음할 수 있다.

3. 외국인이 국내 부동산을 취득하는 경우

외국인이 국내 부동산을 취득하는 경우의 첨부정보 중 특이한 것은 다음과 같다.

(1) 부동산등기용등록번호 증명정보

① 등기신청정보에는 등기권리자의 성명, 명칭과 함께 주민등록번호를 병기하고 주민등록번호가 없는 경우에는 부동산등기용등록번호를 병기하여야 하며, 그를 증명하는 정보를 첨부하여야 한다(**규칙 제46조제1항제6호**). 따라서 외국인이 등기명의인이 되기 위해서는 출입국관리사무소로부터 부동산등기용등록번호를 부여 받아야 하고, 그를 증명하는 정보를 제공하여야 한다.

② 외국인의 등록번호부여신청은 체류지 출입국관리사무소장 또는 출입국관리사무소출장소장에게 한다. 다만 국내에 체류지가 없는 경우에는 대법원 소재지 출입국관리사무소장 또는 출입국관리사무소출장소장에게 이를 한다(**법 제49조제1항제4호**). 한편, 국내거소신고를 한 외국국적동포의 경우에는 국내거소신고번호로 갈음할 수 있다. 위와 같은 등록번호를 증명하는 정보는 외국인을 대위하여 등기신청을 하는 경우에도 마찬가지로 첨부하여야 한다.

③ 상속등기를 신청할 때에 공동상속인 중 국적을 상실한 자가 있으면 그 자에 대하여도 부동산등기용등록번호를 부여받아야 하지만 그 상속인이 행방불명이 되어 부여 받을 수 없는 경우에는 이를 소명하여 부동산등기용등록번호를 병기하지 않고서도 다른 상속인 등이 상속등기를 신청할 수 있다.[29]

(2) 주소를 증명하는 정보

외국인이 부동산을 처분하는 경우와 동일하다.

(3) 취득신고

외국인 등이 대한민국 안의 토지를 취득하는 계약을 체결한 경우에는 계약체결일부터 60일 이내에, 상속·경매 기타 대통령령이 정하는 계약외의 원인으로 인하여 취득한 경우에는 토지를 취득한 날부터 6월 이내에 대통령령이 정하는 바에 따라 시장·군수 또는 구청장(자치구청장을 말한다)에게 신고하여야 한다. 다만,「공인중개사의 업무 및 부동산 거래신고에 관한 법률」제27조에 따라 부동산거래의 신고를 한 경우 또는「주택법」제80조의2에 따라 주택거래의 신고를 한 경우에는 그러하지 아니하다.

---

29) 선례 7-80

이러한 신고는 등기와는 관련이 없으므로 등기신청시 신고사실을 증명하는 서면을 첨부할 필요는 없다.

(4) 허가정보를 첨부하여야 하는 경우

외국인 등이 취득하고자 하는 토지가 다음에 해당하는 구역·지역 등의 토지인 경우에는 토지취득계약을 체결하기 전에 대통령령이 정하는 바에 따라 시장·군수 또는 구청장의 허가를 받아야 한다. 다만, 「국토의 계획 및 이용에 관한 법률」 제118조에 따라 토지거래계약에 관한 허가를 받은 경우에는 그러하지 아니하다. 취득하고자 하는 토지가 이와 같은 구역·지역에 해당하지 않을 때에는 이를 소명하기 위하여 토지이용계획확인서를 첨부하여야 한다.

1) 「군사기지 및 군사시설 보호법」 제2조제6호에 따른 군사기지 및 군사시설 보호구역, 그 밖에 국방목적을 위하여 외국인등의 토지취득을 특별히 제한할 필요가 있는 지역으로서 대통령령으로 정하는 지역

2) 「문화재보호법」 제2조제2항에 따른 지정문화재와 이를 위한 보호물 또는 보호구역

3) 「자연환경보전법」 제2조제12호에 따른 생태·경관보전지역

4) 「야생동·식물보호법」 제27조에 따른 야생동·식물특별보호구역

다만, 국내거소신고를 한 외국국적동포에 대하여는 위 1)에 해당하는 경우에만 허가서를 제출하고, 나머지의 경우에는 취득신고만 하면 된다. 한편, 외국인·외국정부 또는 국제기구가 토지취득의 신고를 하거나 허가를 받은 경우에는 토지거래계약의 허가제에 관한 규정을 적용하지 않으므로 토지거래허가서는 첨부할 필요가 없다.

(5) 허가대상토지에 대해 허가를 받지 않고 경료된 등기의 직권말소 가부

허가 대상토지에 대하여 사전에 허가를 받지 아니하고 체결한 토지취득계약은 무효이나, 허가를 받지 아니한 채 소유권취득등기가 경료되었다 하더라도 그러한 등기는 법 제29조 제2호의 "사건이 등기할 것이 아닌 경우"에 해당되는 것은 아니므로, 등기관은 법 제58에 따라 이를 직권으로 말소할 수는 없다.

(6) 허가정보를 제공할 필요가 없는 경우

외국인토지법 제4조의 허가를 요하는 경우는 외국인이 계약을 등기원인으

로 하여 등기권리자로서 토지에 대한 소유권이전등기를 신청하는 경우에 한한다. 따라서 외국인이 건물에 대한 권리를 취득하거나 토지에 관한 소유권 이외의 권리를 취득하는 경우, 토지를 취득하더라도 등기원인이 계약이 아닌 경우(상속 등)에는 허가정보를 첨부할 필요가 없다.

Ⅲ. 재외국민의 등기신청

1. 서 설

등기절차에서 재외국민이란, 대한민국 국민이지만 대한민국에 현재하지 아니한 자로서 국외로 이주를 하여 주민등록이 말소되거나 처음부터 없는 자를 말한다. 일시적 해외여행자는 재외국민에 포함되지 않는다. 또한 국외이주신고만 하고 아직 국내에 거주하고 있는 자는 재외국민이라고 볼 수 없다.[30] 재외국민의 등기신청절차는 외국인의 경우와 유사하나 인감증명과 주소증명에서 차이가 있다.

2. 재외국민이 부동산을 처분하는 경우

(1) 재외국민이 귀국하지 않고 국내 부동산을 처분하는 경우

1) 처분위임장

재외국민이 국내에 있는 자에게 부동산의 처분권한 일체를 위임하는 경우 처분위임장의 작성에 관한 사항은 외국인과 같다. 다만, 재외국민의 경우에는 처분위임장에 인감도장을 날인하고 인감증명을 첨부하여야 한다. 따라서 외국인이 부동산을 처분하는 경우와 같이 공증으로 인감증명을 대신할 수는 없다. 재외국민이 등기필정보가 없는 경우에는 외국인과 마찬가지로 위임장에 "등기필정보가 없다"는 등의 취지를 기재하여, 그 위임장에 공증인의 공증 또는 재외공관의 공증을 받고 등기필정보 대신 그 위임장 부본 1통을 제공하면 된다.

2) 인감증명

① 재외국민은 위임장에 찍힌 인영이 본인의 것임을 증명하기 위하여 본인의 인감증명(우리나라의 인감증명)을 제출하여야 한다. 재외국민으로서 국내에 주소

---

30) 선례 5-118

를 가지지 아니한 자가 인감증명을 받고자 할 때에는 국내 최종 주소지 등록기준지를 관할하는 증명청에 인감신고를 할 수 있다. 또한 본인이 직접 증명청에 출석하지 않고 거주지 관할 재외공관의 확인을 받은 위임장을 첨부하여 대리신청을 할 수도 있다.

② 실무에서 재일동포가 일본국 발행의 인감증명을 첨부하여 등기신청을 하는 경우가 간혹 있는데 이러한 등기신청은 수리할 수 없다(**귀화하여 일본국적을 취득한 경우에는 당연히 가능함**)는 점을 주의하여야 한다. 그리고, 국외이주신고만 하고 국내에 거주하고 있는 자는 재외국민이라고 볼 수 없으므로 부동산매도시에 사용할 인감증명서에 세무서장을 경유할 필요 없다.

3) 주소를 증명하는 정보

① 재외국민은 주소를 증명하는 서면으로, 외국주재 한국 대사관이나 영사관 또는 우리나라의 외교통상부에서 발행하는 재외국민 거주사실증명 또는 재외국민등록부등본을 첨부해야 한다. 다만, 주재국에 본국 대사관 등이 없어 그와 같은 증명을 발급받을 수 없을 때에는 그 나라 관공서의 주소증명 또는 거주사실증명을 제출할 수 있고 만약 그와 같은 증명을 발급하는 기관도 없는 경우에는 주소를 공증한 공정증서를 제출하여도 무방하다. 또 신청인이 재일동포인 경우 일본의 관청이 발행한 거주지가 기재된 외국인등록증명서를 그 번역문과 함께 제출하는 것도 가능하다.

② 등기신청정보에 첨부하는 재외국민거주사실증명 또는 재외국민등록부등본의 유효기간에 대한 규정은 따로 없으므로 발행일로부터 3개월이 경과하였더라도 첨부가 가능하다. 다만, 경과일수가 오래되어 그 증명력이 의심스러울 때에는 등기관은 최근에 발행된 재외국민거주사실증명 또는 재외국민등록부등본의 제출을 요구할 수 있을 것이다.

(2) 재외국민이 귀국하여 처분하는 경우

첨부정보는 위 (1)과 같다. 다만, 재외국민이 대리인에게 처분을 위임하지 않고 본인이 직접 매매계약 등 처분행위를 한 때에는 처분위임장이 필요 없다. 또한, 주소를 증명하는 정보로 재외국민 거주사실증명 등외에 국내거소신고사실증명을 제공할 수도 있다.

3. 재외국민이 권리를 취득하는 경우의 첨부정보

(1) 주소를 증명하는 정보

위 처분에 관하여 설명한 바와 같다. 다만, 상속등기를 신청할 경우 상속인 중의 1인인 재외국민의 소재불명으로 현주소를 알 수 없어 재외국민거주사실증명 또는 재외국민등록부등본 등을 첨부할 수 없는 때에는 그러한 사유를 소명하는 자료(재외국민의 현주소를 알 수 없다는 사실은 이 소명자료에 의하여 당해 등기관이 판단함)와 국외 이주로 말소된 재외국민의 주민등록표등(초)본을 주소를 증명하는 정보로 대신 제공할 수 있다. 대위에 의한 상속등기를 신청하는 경우에도 마찬가지이다. 또 재외국민이 재외국민거주사실증명 또는 재외국민등록부등본의 교부신청에 협력하지 아니하는 경우에는 재외국민의 국외주소를 증명하는 그 밖의 다른 정보를 제공할 수 있으나 실제로 제공된 정보가 주소를 증명하는 정보에 해당된다고 볼 것인지 여부는 당해 등기관이 판단할 사항이다.

(2) 부동산등기용등록번호를 증명하는 정보

① 재외국민이 등기권리자(취득, 상속 등)로서 등기를 신청하는 경우, 우리나라에서 주민등록번호를 부여받은 적이 있는 재외국민은 그 주민등록번호를 부동산등기용등록번호로서 사용하여야 한다. 국외이주로 인하여 주민등록이 말소된 경우에도 종전의 주민등록번호를 사용하여야 한다. 만일 재외국민이 주민등록번호가 없는 경우에는 대법원 소재지 관할등기소(현재 서울중앙지방법원 등기국)에서 부동산등기용등록번호를 부여받아야 한다. 재외국민은 서울중앙지방법원 등기국 외에 서울특별시 이외의 지역에 소재하는 등기과·소에도 등록번호 부여신청을 할 수 있다. 이 경우 등록번호 부여신청을 받은 각 등기과·소에서는 모사전송의 방법으로 등록번호 부여업무를 처리하게 된다.

② 재외국민은 국내거소신고를 한 외국국적동포와 달리 국내거소신고번호를 부여받았더라도 그 거소신고번호를 부동산등기용등록번호로 사용할 수는 없다. 만일 등기기록상에 국내거소신고번호가 부동산등기용등록번호로 사실상 등기되어 있다면 말소된 주민등록표등·초본을 첨부하고 동일인임을 소명하여 국내거소신고번호를 주민등록번호로 경정할 수 있다. 등기권리자인 재외국민을 대위하여 등기를 신청하는 자도 대위원인을 증명하는 정보 및 재외국민등록부등본(재외국민이 재외국민등록이 되어 있지 아니하여 그 등본을 발급 받을 수 없는 경우에는 미등록 거주증명서)을 첨부하여 주민등록번호가 없는 재외국민에 대한 부동산등기용등록번호 부여신청을 할 수 있다.

(3) 상속에 있어서의 특례

재외국민이 상속재산의 협의분할을 하고 그에 따른 상속등기를 신청함에 있어서는 상속재산분할협의서상의 날인이 본인의 것임을 증명하는 인감증명을 제공하여야 함이 원칙이나, 인감증명을 갈음하여 상속재산분할협의서상의 서명 또는 날인이 본인의 것임을 증명하는 재외공관의 확인서 또는 이에 관한 공정증서를 제공할 수 있다. 여기에서의 공정증서는 재외국민의 거주국의 공정증서는 물론, 재외국민이 귀국하여 국내에서 협의서를 작성하고 공증을 받은 공정증서라도 무방하다.

10. 【관공서의 촉탁에 의한 경우】

Ⅰ. 서 설
  1. 의 의
  2. 촉탁등기의 유형
  3. 촉탁등기를 인정하는 취지
Ⅱ. 전산정보처리조직에 의한 등기촉탁
  1. 전자촉탁할 수 있는 등기유형
  2. 전자촉탁의 방법
  3. 보정사유가 있는 경우
  4. 취하
  5. 각하결정의 고지
Ⅲ. 촉탁등기의 유형
  1. 관공서가 권리관계의 당사자로서 등기촉탁하는 경우
  2. 관공서가 공권력의 주체로서 등기촉탁하는 경우
  3. 관공서로 의제되는 자가 등기촉탁하는 경우
  (1) 등기촉탁을 할 수 있는 경우의 예시
  (2) 등기촉탁을 할 수 없는 경우의 예시
Ⅳ. 관공서가 권리관계의 당사자로서 하는 등기촉탁
  1. 의 의
  2. 촉탁등기의 특칙
  (1) 공통사항
  (2) 등기권리자로 촉탁하는 경우
  (3) 등기의무자로 촉탁하는 경우
Ⅴ. 매각으로 인한 소유권이전등기 등 촉탁(이하에서 '이전촉탁'이라 칭함)의 특칙
  1. 등기필정보통지서 우편송부 신청의 경우
  2. 등기필정보통지서 우편송부 신청 이외의 경우
  3. 매수인이 여러 사람인 경우
Ⅵ. 기 타
  1. 관공서 소유 부동산에 대한 소유권등기
  (1) 소유권보존등기 등
  (2) 소유권이전등기

10. 【관공서의 촉탁에 의한 경우】

Ⅰ. 서 설

1. 의 의

등기는 당사자의 신청에 의해 이루어지는 것이 원칙이지만 관공서의 촉탁에 의하여서도 이루어진다(법 제22조제2항). 어떠한 경우에 관공서의 촉탁으로 등기절차를 개시하느냐는 부동산등기법, 민사집행법, 국세징수법, 주택임대차보호법, 측량·수로조사및지적에관한법률 등의 법령에서 규정하고 있다.

2. 촉탁등기의 유형

관공서의 촉탁에 의한 등기는, (ⅰ) 관공서가 권리관계의 당사자로서 촉탁하는 경우, (ⅱ) 관공서가 공권력행사의 주체로서 촉탁하는 경우, (ⅲ) 관공서로 의제되는 자가 촉탁하는 경우로 나눌 수 있다.

3. 촉탁등기를 인정하는 취지

(ⅰ)의 경우는 관공서가 지닌 높은 신용도를 배경으로 당사자의 신청을 갈음하여 촉탁이라는 방법을 인정하는 것으로 실질적으로 당사자의 신청과 다를 바가 없다. (ⅱ)의 경우는 관공서가 공권력 행사의 주체로서 촉탁한다는 점에서 명령적 요소가 강하지만, 국가의 행정목적 등을 위하여 또는 후견적 지위에서 사인간의 권리관계에 개입하여 당사자를 위하여 등기를 신청(촉탁)하는 것이므로 실질적으로는 당사자에 의한 신청에 준하는 것이라고 할 수 있다. 반면, (ⅲ)의 경우는 관공서는 아니지만 부동산등기와 관련하여 법령에 의해 관공서로 의제되거나, 관공서의 업무를 대행하는 공기업 등이 관공서에 준하여 관련 법령에서 정한 등기의 촉탁을 하는 경우이다.

요컨대, 촉탁에 의한 등기절차는 관공서의 일방적 행위에 의한다는 특색이 있을 뿐 그 실질에 있어서는 당사자의 신청과 다름이 없다. 그렇기 때문에 부동산등기법은 촉탁에 의한 등기절차에 대하여 법률상 다른 규정이 있는 경우를 제외하고는, 원칙적으로 신청에 의한 등기에 관한 규정을 준용하고 있다(법 제22조제2항).

Ⅱ. 전산정보처리조직에 의한 등기촉탁

1. 전자촉탁할 수 있는 등기유형

(1) 관공서가 전산정보처리조직을 이용하여 등기촉탁(이하 "전자촉탁"이라 한다)을 할 수 있는 등기유형은 다음 각 호로 한정한다.

1) 토지표시의 변경등기

2) 토지분필등기

3) 토지합필등기

4) 토지멸실등기

5) 행정구역·지번·도로명주소·면적단위의 변경을 원인으로 한 건물표시의 변경등기

6) 체납처분에 의한 압류등기 및 그 등기의 말소등기

7) 공매공고 등기 및 그 등기의 말소등기

(2) 위 (1)에도 불구하고 아래 각 호의 구분에 따른 첨부정보 외에 다른 첨부정보가 필요한 경우에는 전자촉탁을 할 수 없다.

1) 토지표시의 변경등기, 토지분필등기, 토지합필등기, 토지멸실등기 : 토지(임야)대장 정보

2) 행정구역·지번·도로명주소·면적단위의 변경을 원인으로 한 건물표시의 변경등기 : 건축물대장 정보

3) 체납처분에 의한 압류등기 : 압류조서 정보

4) 압류등기의 말소등기 : 압류해제조서 정보

5) 공매공고 등기 : 공매공고를 증명하는 정보

6) 공매공고 등기의 말소등기 : 「국세징수법」 제71조의2 각호에 해당함을 증명하는 정보

2. 전자촉탁의 방법

(1) 전자촉탁을 하고자 하는 관공서의 담당자는 등기촉탁정보와 그 첨부정보를 행정정보공유센터를 통하여 전송하여야 한다. 다만, 위 1.(1)의 5)의 등기유형에 대하여는 인터넷등기소에 접속하여 등기촉탁정보와 그 첨부정보를 전송할 수 있다.

(2) 위 (1)의 촉탁정보와 그 첨부정보를 전송할 때에는 촉탁담당자에게 부여된 전자서명정보를 함께 전송하여야 한다.

(3) 다량의 부동산에 관한 등기촉탁으로서 전산정보처리조직에 의한 송부가 불가능한 경우이거나 전산정보처리조직에 장애가 발생하여 전자촉탁을 할 수 없는 경우에는 우편 등의 방법으로 촉탁하여야 한다.

3. 보정사유가 있는 경우

(1) 관공서의 전자촉탁에 대하여 보정사유가 있는 경우 등기관은 보정사유를 등록한 후 전자우편, 구두, 전화 그 밖의 방법으로 그 사유를 촉탁관서에 통지하여야 한다. 다만, 위 1.(1)의 1)부터 5)까지의 등기유형에 대하여는 보정사유가 있더라도 등기관은 보정명령 없이 그 촉탁을 각하한다.

(2) 전자촉탁의 보정은 전산정보처리조직을 이용하여 보정정보를 등기소에 송부하는 방법으로 하여야 한다.

4. 취하

전자촉탁한 등기사건에 대하여 취하를 하고자 하는 경우에는 전산정보처리조직을 이용하여 취하정보를 등기소에 송부하여야 한다.

5. 각하결정의 고지

전자촉탁에 대한 각하결정의 고지는 전산정보처리조직을 이용하여 각하결정정보를 촉탁관서에 송부하는 방법으로 한다. 다만, 위 2.(1) 단서의 경우에는 서면촉탁과 동일한 방법으로 한다.

Ⅲ. 촉탁등기의 유형

1. 관공서가 권리관계의 당사자로서 등기촉탁하는 경우

관공서가 부동산을 취득하거나 반대로 타인에게 처분하는 등 국가나 지방자치단체가 등기의 목적이 되는 부동산의 권리관계의 당사자로서 등기를 촉탁하는 경우이다. 그 중요한 예는 다음과 같다.

① 국가 또는 지방자치단체가 등기권리자인 경우의 등기촉탁(**법 제98조제1항**)

② 국가 또는 지방자치단체가 등기의무자인 경우의 등기촉탁(**법 제98조제2항**)

2. 관공서가 공권력의 주체로서 등기촉탁하는 경우

관공서가 등기의 목적인 부동산의 권리관계에 대하여 국가의 행정목적 또는 재판의 집행을 위하여 사인인 당사자의 권리관계에 개입하여 당사자를 위하여 등기를 촉탁하는 경우이다. 이러한 촉탁은 부동산등기법, 민사집행법 및 기타 법률에서 규정하고 있다. 그 중요한 예는 다음과 같다.

① 관공서가 기업자인 토지수용의 등기(법 제99조제3항)
② 강제경매에 관한 등기(민집 제94조, 제141조)
③ 강제관리에 관한 등기(민집 제163조)
④ 임의경매에 관한 등기(민집 제268조)
⑤ 가처분, 가압류에 관한 등기(민집 제293조, 동법 제305조)
⑥ 체납처분의 등기(국세징수법 제45조)
⑦ 공매처분으로 인한 권리이전등기(국세징수법 제701조)
⑧ 환지처분의 등기(도시개발법 제42조, 농어촌정비법 제55조)

3. 관공서로 의제되는 자가 등기촉탁하는 경우

부동산등기법 제97조 및 제98조의 규정에 의하여 등기촉탁을 할 수 있는 관공서는 원칙적으로 국가 및 지방자치단체를 말하고, 국가 또는 지방자치단체가 아닌 공사 등은 등기촉탁에 관한 특별규정이 있는 경우에 한하여 등기촉탁을 할 수 있다.

(1) 등기촉탁을 할 수 있는 경우의 예시

1) 한국토지주택공사는 「한국토지주택공사법」 제19조 제1항 각 호의 어느 하나에 해당하는 사업을 행하는 경우에 그에 따른 부동산등기는 이를 촉탁할 수 있다.

2) 한국자산관리공사는 「국세징수법」 제79조의 규정에 의하여 세무서장을 대행한 경우에는 등기를 촉탁 할 수 있다.

3) 한국농어촌공사는 「한국농어촌공사 및 농지관리기금법」 제10조 제1항 제13호에 의하여 국가 또는 지방자치단체로부터 위탁받은 사업과 관련하여 국가 또는 지방자치단체가 취득한 부동산에 관한 권리의 등기를 대위하여 촉탁할

수 있다.

4) 한국도로공사는 고속국도의 신설·개축 및 수선에 관한 공사와 그 유지에 관하여는 고속국도의 관리청인 국토해양부장관을 대행할 수 있고, 그 업무대행의 범위 내에서는 당해 고속국도의 관리청으로 보게 되므로(「고속국도법」제5조, 제6조, 같은 법 시행령 제2조 제1항, 「도로법」제23조, 「한국도로공사법」 제13조 참조), 한국도로공사가 그 대행업무의 일환으로 고속국도의 건설에 필요한 부지를 「공익사업을 위한 토지 등의 취득 및 보상에 관한 법률」이 정한 절차에 따라 국(관리청 : 국토해양부)명의로 취득하는 경우 한국도로공사는 그 부동산의 취득에 따른 소유권이전등기를 직접 등기소에 촉탁할 수 있다.

5) 삭제(2009.10.01 제1300호)

6) 한국수자원공사는 「한국수자원공사법」제9조의 사업과 관련하여 국가 또는 지방자치단체가 취득한 부동산에 관한 권리의 등기를 대위하여 촉탁할 수 있다.(같은 법 제24조의2 참조)

(2) 등기촉탁을 할 수 없는 경우의 예시

1) 한국농어촌공사는, 위 (1)의 3)의 경우를 제외하고는 사업시행에 따른 등기를 촉탁할 수 없다(같은 법 제41조 참조).

2) 「지방공기업법」제49조의 규정에 따른 지방자치단체의 조례에 의해 설립된 지방공사는 지방자치단체와는 별개의 법인이므로, 지방공사는 그 사업과 관련된 등기를 촉탁할 수 없다.

Ⅳ. 관공서가 권리관계의 당사자로서 하는 등기촉탁

1. 의 의

관공서가 잡종재산을 매각하거나 매매에 의하여 부동산을 취득하는 경우와 같이 사법상의 계약에 의하여 부동산에 관한 권리관계의 주체가 되는 경우가 있다. 이와 같은 경우 관공서는 사인과 같은 자격에서 등기제도를 이용하는 데 지나지 않으므로 등기의 신청은 부동산등기법의 일반원칙에 따라 공동신청하여야 할 것이다.

그러나, 관공서가 권리관계의 당사자인 경우에는 (ⅰ) 등기신청에 제공된 정보가 적법한 권한 있는 자에 의하여 진정하게 작성되었음이 담보되고, (ii) 그 등기원인이 되는 사실이 진실하다는 개연성이 현저하게 높으며, (iii) 행정의 편의와 신속을 도모하여야 할 필요성이 있다. 따라서, 부동산등기법은 관공서의 이러한 특징을 고려하여 일반의 등기신청절차보다 간이한 절차에 의하여 등기를 할 수 있도록 촉탁절차를 규정하였다(제97조, 제98조).

2. 촉탁등기의 특칙

(1) 공통사항

① 부동산등기에 있어 공동신청원칙의 예외로서 관공서가 권리관계의 당사자인 경우 관공서는 단독으로 등기를 촉탁할 수 있다. 그러나 관공서가 부동산에 관한 거래의 주체로서 등기를 촉탁할 수 있는 경우라 하더라도 촉탁은 신청과 실질적으로 아무런 차이가 없으므로, 촉탁에 의하지 아니하고 등기권리자와 등기의무자가 공동으로 등기를 신청할 수 있는 것은 당연하다. 또한, 관공서가 등기를 등기권리자를 위하여 등기를 촉탁하는 경우에는 본인이나 대리인의 출석을 요하지 아니하므로 등기촉탁서에 우표를 첩부한 등기필정보통지서 송부용 우편봉투를 첨부하여 우편에 의한 촉탁도 할 수 있다(규칙 제107조제1항). 등기관은 우편 촉탁에 의한 등기를 완료한 때에는 위 제출된 우편봉투에 의하여 등기필정보통지서를 촉탁관서에 우송하여야 한다.

② 한편, 부동산등기법 제29조제11호는 등기명의인이 등기신청을 하는 경우에 적용되는 규정이므로, 관공서가 등기촉탁을 하는 경우에는 등기기록과 대장상의 부동산의 표시가 부합하지 아니하더라도 그 등기촉탁을 수리하여야 한다.

(2) 등기권리자로 촉탁하는 경우

관공서가 부동산에 관한 권리를 취득하였을 때에는 관공서는 지체없이 등기촉탁서에 매매계약서 등 등기원인을 증명하는 정보와 등기의무자의 승낙정보를 제공하여 등기소에 촉탁하여야 한다(법 제98조제1항). 위 승낙정보에는 등기의무자의 인감증명정보를 제공하는 것이 등기실무이다. 또한, 관공서가 등기권리자로서 등기를 촉탁하는 경우 뿐만 아니라 등기의무자로서 등기를 촉탁하는 경우에도 등기의무자의 권리에 관한 등기필정보를 제공할 필요가 없다(이는 관공서가 촉탁에 의하지 아니하고 법무사 또는 변호사에게 위임하여 등기를 신청하는 경우에도 같다).

(3) 등기의무자로 촉탁하는 경우

① 국유의 잡종재산의 매각에 따른 국가 또는 지방자치단체의 소유부동산에 관한 등기는 등기권리자의 청구에 의하여 관공서가 지체없이 매매계약서 등 등기원인을 증명하는 정보를 제공하여 촉탁하여야 한다(법 제98조제2항). 촉탁서에는 등기권리자의 주소를 증명하는 서면과 부동산등기용등록번호를 증명하는 정보를 제공하고 등록면허세를 납부하여야 한다. 다만 등기의무자의 주소를 증명하는 정보를 제공할 필요는 없다[31].

② 관공서가 근저당권자로서 등기를 경료한 후 채권최고액을 감액하는 등 관공서가 취득한 부동산에 대한 권리의 소멸·변경·경정·처분의 제한에 대한 등기로서 관공서가 등기의무자인 때에도 동일하다(법 제98조제2항). 예컨대, 관공서가 납세담보를 위하여 저당권설정등기를 경료한 후 납세의무자가 세금을 납부함에 따라 저당권이 소멸될 경우에는 저당권설정자의 청구에 의하여 그 관공서는 촉탁서에 등기원인을 증명하는 정보를 제공하여 촉탁한다.

V. 매각으로 인한 소유권이전등기 등 촉탁(이하에서 '이전촉탁'이라 칭함)의 특칙

1. 등기필정보통지서 우편송부 신청의 경우

(1) 집행법원으로부터 '등기필정보통지서 우편송부 신청'이 기재된 이전촉탁 사건이 접수되어 교합이 완료된 때에는 등기필정보통지서 교부담당자는 즉시 등기필정보통지서 송부용 우편봉투를 이용하여(우편송달통지서가 적절히 처리될 수 있도록 주의할 것) 매수인에게 등기필정보통지서를 송부하여야 한다.

(2) 이 경우 부동산등기접수장의 수령인 난에 "대수인 우송"이라고 기재하고, 특수우편물수령증은 '우편물수령증철'에 첨부하여 보관하여야 한다.

(3) 매수인에게 등기필정보통지서를 송부하기 이전에 매수인이 등기국·과·소(이하에서 등기소라 칭함)에 출석하여 등기필정보통지서의 교부를 신청한 경우 부동산등기접수장의 수령인 난 및 영수증에 서명 또는 날인하게 한 후 이를 교부하고, 그 영수증은 이를 즉시 집행법원에 송부하여야 한다.

---

31) 예규 제1440호

(4) 대리인이 등기소에 출석하여 등기필정보통지서의 교부를 신청하는 경우 본인의 위임장(**변호사나 법무사를 제외한 대리인인 경우에는 본인의 인감증명이 첨부된 위임장 필요**)을 제출하여야 하며, 등기필정보통지서 교부담당자는 이를 즉시 집행법원에 송부하여야 한다.

2. 등기필정보통지서 우편송부 신청 이외의 경우

(1) 등기필정보통지서 교부담당자는 이전촉탁서 접수일로부터 5일간 등기필정보통지서를 보관하여야 한다.

(2) 위 기간 내에 매수인이 등기소에 출석하여 등기필정보통지서의 교부를 신청한 경우 전항 1.(3) 및 (4)의 절차에 의한다.

(3) 위 기간이 지나도 매수인이 등기소에 출석하여 등기필정보통지서의 교부를 신청하지 아니한 경우에는 집행법원에 등기필정보통지서를 송부하여야 한다. 이 경우 부동산등기접수장의 수령인 난에 "집행법원 우송"이라고 기재하고, 특수우편물수령증은 전항 1.(2)의 절차에 의한다.

3. 매수인이 여러 사람인 경우

매수인이 여러 사람인 경우 등기필정보통지서의 우편송부 또는 교부는 등기필정보통지서를 송부 또는 교부받을 자로 촉탁서에 지정되어 있는 자(이하에서 '지정매수인'이라 칭함)에게 하여야 한다. 다만, 다른 매수인이 등기소에 출석하여 지정매수인의 인감이 첨부된 위임장을 제출하며 교부를 청구한 경우에는 그 매수인에게 교부한다. 등기소는 위 영수증과 위임장을 집행법원에 송부하여야 한다.

Ⅵ. 기 타

1. 관공서 소유 부동산에 대한 소유권등기

(1) 소유권보존등기 등

관공서가 소유하고 있는 부동산에 대한 소유권보존등기나 부동산표시변경등기 등과 같이 등기명의인이 단독으로 신청할 수 있는 등기는 국가나 지방자치단체가 촉탁할 수 있다.

국유재산법에 의거하여 무주부동산을 국가가 취득하는 경우에도 그 소유권 보존등기를 하기 위하여는 토지대장에 국가명의로 소유자등록을 한 후 그 대장 등본을 첨부하여 소유권보존등기촉탁을 하여야 한다. 소유권보존등기는 부동산 등기법 제65조가 규정하는 요건을 갖춘 자만이 신청할 수 있다. 따라서 어항법 제25조에 근거한 "국가귀속결정서"와 같은 것은 부동산등기법 제65조의 요건을 갖춘 서면이라고 할 수 없으므로 이를 첨부하여 미등기건축물의 소유권보존등기를 신청할 수 없다.

(2) 소유권이전등기

① 관리청이 없거나 분명하지 않은 국유재산은 총괄청인 재정경제부장관이 국유재산관리청을 지정하여 소유권이전등기를 촉탁한다. 이 때 등기부의 소유자가 "일본인", "일본법인", "육군성"명의로 등기된 부동산은 "1948.9.11. 권리귀속"을 원인으로, "이왕직", "창덕궁", "이왕직장관" 소유명의로 등기된 부동산은 "1963.2.9. 승계"를 원인으로 하여 "국, 관리청○○부"로 소유권이전등기를 촉탁한다.

② 또한, 교육비특별회계 소관의 공유재산에 관하여 소유명의인이 시·군 또는 자치구로 되어있는 경우에는 지방교육자치에관한법률 부칙 9조의 규정에 의하여 "1991.3.26. 승계"를 원인으로, 소유명의인을 "○○시" 또는 "○○도"로 하고, 소관청을 "교육감"으로 첨기하여 소유권이전등기촉탁을 할 수 있다.

11. 【대리인에 의한 등기신청】

Ⅰ. 서　설
1. 의의
2. 대리인의 허용범위
Ⅱ. 대리인에 의한 등기신청의 요건
1. 대리인의 능력
2. 대리인의 자격
(1) 법정대리인의 자격
(2) 임의대리인의 자격
3. 자기계약·쌍방대리의 허용여부
4. 대리권의 존속시기
(1) 존속시기
(2) 법인의 대표이사가 교체된 경우의 대리권 소멸여부
5. 이해상반행위
(1) 이해상반행위의 의미
(3) 법인과 이사의 이해상반행위
6. 지배인의 대리권 허용범위
Ⅲ. 등기신청절차
1. 신청인
(1) 대리인의 등기신청
(2) 친권자의 등기신청 대리 특칙
(3) 공동대표이사의 경우
2. 신청정보의 특칙
3. 첨부정보의 특칙
(1) 임의대리인의 자격증명정보
(2) 법정대리인의 자격증명정보
(3) 자격증명정보의 제공이 생략되는 경우
4. 등기실행상의 특칙
Ⅳ. 대리권이 흠결된 경우
1. 대리권이 흠결된 등기 신청
2. 대리권의 흠결을 간과한 등기의 효력

11. 【대리인에 의한 등기신청】

I. 서 설

1. 의의

등기는 등기권리자와 등기의무자가 공동으로 등기소에 신청하는 것이 원칙이나 대리인에 의해서도 신청할 수 있는바(법 제24조제1항), 이 경우에 대리인의 자격에서 등기를 신청하는 것이 대리인에 의한 등기신청이다. 여기의 대리인에는 임의대리인, 법정대리인을 포함한다.

2. 대리인의 허용범위

대리인에 의한 등기신청은 공동신청의 경우뿐만 아니라, 단독신청, 대위신청의 경우에도 각자를 대리하여 등기신청을 할 수 있다. 예컨대 대위채권자도 등기신청을 대리인에게 위임할 수 있다.

II. 대리인에 의한 등기신청의 요건

1. 대리인의 능력

대리인의 행위능력을 요하는지에 관하여 행위능력 필요설도 있으나 등기신청의 대리행위는 이미 이루어진 법률행위의 이행행위로서 준법률행위이고 등기절차를 이행하는데 불과하므로 의사능력만 있으면 될 것이고 행위능력까지 있을 필요는 없을 것이다.

2. 대리인의 자격

(1) 법정대리인의 자격

법정대리인의 경우에는 그 근거법률에서 자격요건도 규정하고 있기 때문에 별로 문제될 것이 없다. 민법은 본인을 보호하기 위해서 미성년자는 친권자가 되지 못하며(민법 제910조), 무능력자는 후견인이 될 수 없다(민법 제937조)고 규정하고 있다.

(2) 임의대리인의 자격

1) 의의

① 임의대리인의 자격에 관하여는 특별한 제한이 없으므로 누구나 등기신청의 임의대리인이 될 수 있으나, 법무사 또는 변호사 아닌 자는 다른 사람을 대리하여 부동산등기신청행위를 업으로 하지 못한다. 다만 자기가 등기당사자중 일방인 경우에는 타방을 대리하여 등기신청을 할 수 있다.

② 여기서 '업으로 한다'는 것은 금전을 받고 등기신청을 대리하거나 금전을 받지 않더라도 계속적·반복적으로 등기신청을 대리하는 행위를 말한다.

③ 전자신청대리의 경우에는 누구나 할 수 있는 것은 아니고 변호사나 법무사(법인포함)가 아닌 자는 다른 사람을 대리해서 등기신청을 할 수 없다.

2) 선례의 입장

① 법인의 직원이 법인의 위임을 받아 수회에 걸쳐 반복적으로 등기신청을 대리하는 행위, ② 공인중개사가 당사자로부터 위임을 받아 등기신청을 대리하는 행위 ③ 행정기관에서 민원서비스 개선의 일환으로 등기신청에 필요한 서류의 작성을 대행한 경우 ④ 법무사가 위임받은 사건을 보조자인 사무원에게 다시 위임하여 사무원 자신의 이름으로 등기신청행위 등을 대리하였을 경우에는 업으로 하는 것으로 볼 수 있으므로 법무사법 제3조에 위반된다는 입장이다.

3) 대리인이 업으로 하는지 의심이 있는 경우

등기관은 위임인과의 관계를 밝히는 서면의 제출(**주민등록표 등·초본, 가족관계 증명서 등**)을 요구할 수 있고 이 요구에 불응하는 경우에는 수사기관에 고발 조치할 수 있다.

3. 자기계약 · 쌍방대리의 허용여부

① 자기계약이라 함은 등기권리자나 등기의무자가 상대방의 대리인의 지위도 겸유한 상태에서 단독으로 등기신청을 하는 것을 의미하며,

② 쌍방대리는 한 사람이 등기권리자 및 등기의무자의 대리인으로서 단독으로 당해 등기를 신청하는 것을 말하며, 원칙적으로 이는 허용되지 아니하나(**민법 제124조**), 등기신청행위는 법률행위의 대리도 아니고 채무의 이행에 준하는 것으

로 해석하고 있으므로 동조 단서의 행위에 해당하기 때문에 자기계약·쌍방대리가 허용된다고 본다.

4. 대리권의 존속시기

(1) 존속시기

등기신청의 대리권은 그 신청행위의 종료시까지 있으면 족하고, 등기가 완료될 때까지 있을 필요는 없다. 따라서 등기신청 후 등기완료전에 본인이나 대리인이 사망하더라도 그 등기는 유효하다.

(2) 법인의 대표이사가 교체된 경우의 대리권 소멸여부

등기실무에 의하면 소유권 이전등기의 등기의무자인 회사의 대표이사 갑이 그 등기신청을 법무사에게 위임한 후 그 등기신청 이전에 대표이사가 을로 변경된 경우에도, 법무사의 등기신청에 관한 대리권한은 소멸하지 않는다고 보아야 할 것이므로, 등기신청을 위임한 대표이사 갑이 위임 당시에 당해회사의 대표이사임을 증명하는 법인등기사항 전부증명서(발행일로부터 3월 이내의 것)와 그의 인감증명을 첨부하였다면, 위임장을 당해회사의 새로운 대표이사 을 명의로 다시 작성 하거나 그 을 명의로 된 법인등기사항 전부 증명서와 인감증명을 새로 발급받아 등기신청정보로 제공할 필요는 없다는 것이 선례의 입장이다.

5. 이해상반행위

(1) 이해상반행위의 의미

이해상반 행위의 의미에 관하여(민법 제921조) 그 경제적 효과까지 고려하는 실질적 판단설도 있으나, 형식적으로 친권자에게는 이익이 되고, 미성년자에게는 불이익이 되는 경우로 보는 형식적 판단설이 법률관계의 명확한 확정과 신분행위에 대한 불간섭주의에 부합하므로 타당하다.

(2) 구체적인 경우에 있어서의 판단

1) 이해상반행위에 해당하는 경우

① 공유물분할의 합의

미성년자 갑·을 명의의 공유토지를 그들의 친권자가 공유물 분할등기를 신청할 경우에는 그러한 공유물분할 계약은 그 친권에 복종하는 갑·을 사이에 이해상반 행위에 해당하므로 갑 또는 을 일방의 특별대리인 선임 심판청구를 하여야 한다는 것이 예규이다.

② 미성년자인 자가 그 소유부동산을 친권자에게 매매 또는 증여하는 경우에는 친권자와 자 사이에 이해상반 행위에 해당하므로 특별대리인을 선임하여 그 특별대리인과 친권자가 공동으로 등기신청을 하여야 한다.

③ 상속재산분할 협의

상속인중 미성년자가 있는 경우에는 미성년자의 특별 대리인을 선임하여야 한다.

④ 부·모·미성년자인 자 등의 공유인 부동산을 친권자인 부의 채무에 대한 담보로 제공하고 근저당권 설정등기를 신청함은 부와 자 사이에 이해상반행위로서 특별대리인을 선임하여 그 특별대리인과 다른 일방의 친권자인 모가 공동하여 미성년자를 대리하여야 한다.

2) 이해상반행위가 아닌 경우

① 친권자의 상속포기시

피상속인의 처와 그 친권에 복종하는 미성년자를 포함한 수인의 상속인이 협의분할에 의한 상속등기를 신청하는 경우에 그 처인 친권자가 가정법원에 상속포기를 한 경우에는 그 미성년자를 위한 특별대리인을 선임할 필요가 없다.

② 이혼한 모의 상속재산 분할 협의시

공동상속인 중에 성년인 자와 미성년인 자가 있는 경우 피상속인과 이혼한 전처가 공동상속인의 친권자로서 미성년인 자를 위한 법정대리인으로서 상속재산 분할 협의를 할 때는 특별대리인을 선임할 필요가 없다.

③ 친권자가 미성년인 자의 부동산을 제3자에게 증여하는 경우는 이해상반행위에 해당하는 것은 아니므로 법정대리인인 친권자는 특별대리인을 선임할 필요가 없다.

④ 친권자인 모가 자기 오빠의 제3자에 대한 채무의 담보로 미성년인 자 소유의 부동산에 근저당권설정등기신청을 대리하는 것은 이해상반 행위가 아니다.

(3) 법인과 이사의 이해상반행위

① 민법상 법인의 경우에 법인과 이사의 이익이 상반되는 사항에 관하여는 이사의 대표권이 제한되므로 법인을 대리할 특별 대리인을 선임하여야 한다(**민법**

제64조).

② 상법상 주식회사의 경우에는 회사와 이사의 거래가 이해상반하는 경우에는 이사회의 승인이 있으면 족하므로 특별대리인을 선임 할 필요는 없다(**상법 제398조).**

6. 지배인의 대리권 허용범위

지배인은 영업주에 갈음하여 그 영업에 관한 재판상 또는 재판외의 모든 행위를 할 수 있는 포괄적 대리권을 갖고 있으므로(**상법 제11조**) 지배인은 영업에 관한 한 등기신청의 대리권을 갖는다. 다만 지배인이 등기의무자들로부터 위임을 받아 계속적·반복적으로 등기신청을 하는 것은 법무사법 제3조에 위배된다.

7. 등기신청 위임의 해지

등기신청에 대한 단독위임계약은 등기신청 전에는 각 당사자가 언제든지 해지할 수 있다. 다만 등기권리자, 등기의무자 쌍방으로부터 위임을 받은 경우에는 등기의무자 일방에 의한 해제는 할 수 없다고 보아야 할 것이므로 등기의무자 일방으로부터 등기신청을 중지해 달라는 요청을 받았다고 할지라도 그 요청을 거부해야 할 위임계약상의 의무가 있다는 것이 등기 선례이다.

Ⅲ. 등기신청절차

1. 신청인

(1) 대리인의 등기신청

임의대리나 법정대리를 불문하고 대리인이 등기신청 할 수 있다. 또한 보정도 당사자나 그 대리인 본인 또는 규칙 제58조에 의하여 허가받은 사무원이 등기소에 출석하여 이행하여야 한다. 다만 자격자대리인이 전자신청을 하기 위해서는 사용자등록번호 및 공인인증서 정보를 입력하여 사용자 인증을 받아야 한다.

(2) 친권자의 등기신청 대리 특칙

① 미성년자인 자의 부모가 공동친권자인 경우로서 친권자가 그 미성년자를

대리하여 등기신청을 할 때에는 부모가 공동으로 하여야 한다.

② 친권행사자로 지정된 자가 사망, 실종선고 등으로 친권을 행사할 수 없는 경우에 다른 부 또는 모가 있는 때에는 그 부 또는 모가 미성년자인 자를 대리하여 등기신청을 할 수 있다.

③ 친권자중 1인만이 미성년자와 이해상반행위에 해당하는 경우에는 특별대리인을 선임하여 그 특별대리인과 다른 일방의 친권자가 공동하여 미성년자를 대리하여야 한다.

(3) 공동대표이사의 경우

법인의 대표이사가 수인이고 대표권을 공동으로 행사하여야 하는 대표권제한에 관한 규정이 있는 경우에 회사명의의 등기신청은 대표이사가 공동으로 신청하여야 한다.

2. 신청정보의 특칙

① 일반적 신청정보(규칙 제43조) 이외에 신청서에는 대리인의 성명과 주소를 표시하여야 한다. 다만 법인 아닌 사단·재단의 대표자나 관리인의 경우에는 주민등록번호까지 표시하여야 한다.

② 임의대리인이 등기를 신청하는 경우에는 등기신청정보에 임의대리인의 성명과 주소를 표시하며, 법정대리인이 신청하는 경우에는 법정대리인의 성명과 주소를 표시하여야 한다.

3. 첨부정보의 특칙

(1) 임의대리인의 자격증명정보

일반적인 첨부정보(규칙 제46조) 이외에 대리권한을 증명하는 정보로 위임장을 제공하며, 외국인 또는 재외국민이 입국하지 않고 국내 부동산을 처분하는 경우에는 처분 위임장을 제공해야 한다. 또한 쌍방대리인이 전자신청을 하는 경우에는 대리인이 위임에 관한 정보를 입력하고 위임인인 당사자가 공인인증서정보를 제공하여 승인하여야 한다.

(2) 법정대리인의 자격증명정보

1) 일반적인 경우

친권자는 가족관계 증명서, 후견인은 후견인 선임 심판서, 특별대리인은 특별대리인 선임 심판서, 법인은 법인등기사항전부(일부)증명서, 법인 아닌 사단·재단은 정관이나 규약 또는 의사록을 제출하여야 하는바, 법인 아닌 사단의 경우에는 그 사실을 확인하는데 상당하다고 인정되는 2인 이상의 성년자가 사실과 상위 없다는 취지와 성명을 기재하고 인감을 날인하여야 하며 인감증명을 제공하여야 한다.

2) 청산법인의 경우

① 청산법인의 등기기록이 폐쇄되지 아니한 경우

청산인 등기가 경료 된 법인등기사항 증명서를 청산인의 자격을 증명하는 정보로 제공한다.

② 청산법인의 등기기록이 폐쇄된 경우

i) 청산법인이 등기권리자인 경우에는 폐쇄된 청산법인 등기기록을 부활하여 청산인 등기가 경료된 청산법인 등기사항전부증명서를 제공 하여야 한다.

ii) 청산법인이 등기의무자인 경우에는, 청산인 등기가 경료 된 경우에는 그 폐쇄된 청산법인 등기사항전부증명서를 제공하고 청산인등기가 경료되지 아니한 경우에는 폐쇄된 법인 등기사항증명서를 부활하여 청산인 등기를 마친 다음 그 법인 등기사항증명서를 제공한다.

(3) 자격증명정보의 제공이 생략되는 경우

법인 또는 외국회사의 대표자가 등기를 신청하는 경우에 그 법인 또는 외국회사의 등기가 있는 등기소와 부동산의 소재지를 관할하는 등기소가 동일한 때에는 대리권한을 증명하는 정보를 제공할 필요가 없다(**규칙 제46조제5항**).

4. 등기실행상의 특칙

등기기록에는 본인의 성명 등만 기록하고 대리인의 성명과 주소는 기록하지 않는다. 다만 법인 아닌 사단·재단의 경우에는 그 대표자나 관리인의 성명, 주소, 주민등록번호 등도 기록하여야 한다.

Ⅳ. 대리권이 흠결된 경우

1. 대리권이 흠결된 등기 신청

대리권이 없는 자가 대리에 의하여 등기신청을 한 경우에는 무권대리로서 각하 할 수 있고(법 제29조제3호), 대리인의 자격을 증명하는 정보의 제공이 없는 경우에는 법 제29조제9호로 각하 할 수 있다.

2. 대리권의 흠결을 간과한 등기의 효력

대리권 흠결을 간과하고 등기가 실행된 경우에는 절차법상 당연무효의 등기는 아니므로 등기관이 직권으로 말소할 수는 없다. 따라서 유·무효는 소송으로 해결해야 할 것이지만, 판례에 따르면 본인이 추인하면 유효하고, 또한 그것이 실체관계와 부합하면 본인의 추인이 없더라도 유효하다는 입장이다.

12. 【대위등기신청】

Ⅰ. 서 설
　1. 의 의
　2. 유 형
Ⅱ. 채권자대위권에 의한 대위등기(법 제28조에 의한 대위등기
　1. 의 의
　2. 유 형
　3. 대위신청의 대상이 되는 등기
　(1) 분필등기
　(2) 보존등기
　(3) 소유권이전등기
　(4) 말소등기
　(5) 멸실등기
　(6) 등기명의인표시변경(경정)등기
　4. 대위신청의 요건
　(1) 채무자에게 등기신청권이 있을 것
　(2) 채무자에게 불리한 등기가 아닐 것
　(3) 대위의 기초가 되는 채권(피보전채권)이 있을 것
　5. 대위신청의 절차
　(2) 신청정보
　(3) 대위원인을 증명하는 정보
　6. 대위등기의 실행
　(1) 채권자가 채무자를 대위하여 등기를 신청하는 경우
　(2) 대위등기신청에 따른 등기를 실행하는 경우
　7. 말소등기의 특수문제
Ⅲ. 부동산등기법이 인정하고 있는 대위등기
　1. 구분건물의 표시에 관한 등기의 대위신청
　(1) 소유권보존등기를 하는 경우
　(2) 건물의 신축으로 구분건물이 아닌 건물이 구분건물로 된 경우
　(3) 대지권의 변경이나 소멸의 경우
　2. 건물의 멸실 또는 부존재의 경우 대위
　(1) 건물멸실의 경우
　(2) 건물 부존재의 경우
　3. 신탁등기의 대위신청
　4. 체납처분에 의한 압류와 대위등기
　5. 토지수용과 대위등기
Ⅳ. 특별법에 의한 대위신청
　Ⅴ. 기타 대위등기가 인정되는 경우
　1. 가압류 기타 처분제한등기를 촉탁하는 경우
　2. 근저당권자의 대위에 의한 상속등기
　3. 대지권 변경(경정) 또는 소멸등기의 대위신청
　4. 상속의 대위등기
　5. 취득시효완성과 대위등기
　6. 판결과 대위등기
Ⅵ. 결 어

12. 【대위등기신청】

I. 서 설

1. 의 의

등기는 등기권리자와 등기의무자 또는 그 대리인간이 신청할 수 있는 것이 원칙이다. 다만, 예외적으로 등기신청권자나 그 대리인이 아니면서, 법률에 의하여 등기신청권자를 대위하여 자기 이름으로 피대위자 명의의 등기를 신청할 수 있는 경우가 있다. 이를 대위등기신청이라고 한다.

2. 유 형

이러한 대위등기신청은 민법상 채권자대위권에 기한 대위등기(법 제28조)와 채권자대위와 무관하게 법률에 의하여 일정한 경우에 대위신청권이 인정되는 경우로 나눌 수 있다.

II. 채권자대위권에 의한 대위등기(법 제28조에 의한 대위등기)

1. 의 의

채권자대위권이란 채권자가 자기 채권의 보전을 위하여 채무자에게 속하는 권리를 자기명의로 행사할 수 있는 권리를 말한다(민법제404조). 등기신청권도 채권자대위의 목적이 될 수 있으므로, 채권자는 자기 채권을 자기의 이름으로 행사하여 채무자명의의 등기를 신청할 수 있다.

2. 유 형

① 채무자가 단독으로 신청할 수 있는 등기를 대위신청하는 경우, ② 채권자가 채무자를 대위하여 등기의무자인 제3채무자와 공동신청하는 경우, ③ 등기의무자의 협력을 얻지 못할 때 채권자가 채무자의 등기청구권을 대위행사하여 등기의무자인 제3채무자의 등기신청의사를 갈음하는 판결을 얻은 후 절차상 등

기권리자인 채무자를 대위하여 단독으로 등기신청을 하는 경우이다.

3. 대위신청의 대상이 되는 등기

대위등기할 수 있는 등기의 종류에는 특별한 제한이 없다. 갑구 내지 을구에 기록되는 등기뿐만 아니라 표제부에 기록되는 등기도 대위신청이 가능하다.

(1) 분필등기

타인 소유의 토지 일부에 대하여 시효취득을 원인으로 소유권이전등기를 명하는 승소판결을 받은 자가 위 판결의 집행을 하기 위해서는 먼저 측량에 의하여 시효취득한 토지부분에 대한 분필등기를 대위신청하여야 한다.

(2) 보존등기

타인소유의 미등기부동산을 양수한 자, 또는 미등기부동산에 대한 저당권설정등기청구권을 가진 자 등이 자기를 위하여 등기를 하기 위한 전제로 그 부동산의 보존등기를 대위신청할 수 있다.

(3) 소유권이전등기

부동산 양수인의 일반채권자가 부동산 압류 또는 가압류를 하기 위한 전제로 양수인 앞으로의 이전등기를 대위신청하는 경우, 상속인의 채권자가 압류 또는 가압류를 하기 위하여 상속등기를 대위신청하는 경우가 대표적인 예이다.

(4) 말소등기

을에 대하여 소유권이전등기청구권을 가지는 갑이 그 청구권 실현의 전제로서 을로부터 무효인 소유권이전등기를 받은 병에 대하여 을이 가지는 등기말소청구권을 대위행사하여 을에게 병 명의의 소유권이전등기의 말소등기절차를 이행하라는 판결을 얻은 경우, 대위신청에 의하여 병 명의의 등기를 말소할 수 있다.

(5) 멸실등기

건물이 멸실한 경우에 등기기록상 소유명의인의 채권자는 대위원인을 증명하는 정보와 건축물대장등본 기타 멸실을 증명할 수 있는 정보를 제공하여 건물멸실등기를 대위신청할 수 있다.

(6) 등기명의인표시변경(경정)등기

등기기록상 등기명의인의 성명이 착오로 잘못 기록되어 있는 경우에 당해 부동산 소유명의인의 채권자는 대위원인을 증명하는 정보와 시·구·읍·면장의 서면 등 등기명의인의 동일성을 증명하는 정보를 제공하여 등기명의인 표시경정등기를 대위신청 할 수 있을 것이다.

4. 대위신청의 요건

(1) 채무자에게 등기신청권이 있을 것

① 대위에 의한 등기는 채권자가 채무자의 등기신청권을 대위행사하는 것이므로, 그 전제로 채무자의 등기신청권이 있어야 한다. 예컨대, 갑이 을에 대하여 금전채권을 갖고 있고, 을은 병에 대하여 부동산 소유권이전등기청구권을 갖고 있는데 그 등기를 하지 않고 있는 경우, 갑은 을을 대위하여 병과 공동으로 을 명의의 소유권이전등기를 신청할 수 있다. 만약 병이 등기에 협력하지 않는다면 갑은 을의 등기청구권을 대위행사하여 병의 등기신청의사를 갈음하는 판결을 얻은 다음, 을의 등기신청권을 대위하여 단독으로 소유권이전등기를 신청할 수 있다.

② 채무자에게 등기신청권이 없으면 대위등기를 할 수 없다. 예컨대, 채무자인 상속인이 이미 상속포기를 한 경우에는 채무자의 등기신청권이 없으므로 채권자는 상속인을 대위하여 상속등기를 신청할 수 없다. 상속인이 상속의 한정승인 또는 포기를 할 수 있는 기간 내에도 채권자의 대위신청에 의하여 상속등기를 할 수 있다. 그러나 이러한 상속등기가 되었다고 해서 상속인의 한정승인 또는 상속포기의 권한에는 영향이 없다는 것이 판례의 입장이다.

(2) 채무자에게 불리한 등기가 아닐 것

채권자대위권은 채무자의 책임재산을 보전하기 위하여 채무자의 관여없이 행해지는 것이므로, 대위로 신청할 수 있는 등기는 채무자의 권리에 이익을 가져오는 등기와 최소한 채무자에게 불리하지 않은 등기에 한정된다. 따라서 채권자는 채무자가 등기권리자의 지위에 있는 경우에만 그 등기신청권을 대위할 수 있고, 채무자가 등기의무자의 지위에 있는 경우에는 대위할 수 없다

(3) 대위의 기초가 되는 채권(피보전채권)이 있을 것

대위신청을 하기 위해서는 대위자가 피대위자에 대하여 채권을 가져야 한다. 피보전채권은 채권적 청구권이건 물권적 청구권이건 묻지 않는다.

1) 금전채권

피보전채권이 금전채권인 경우에는 채무자의 무자력이 요구된다. 종전선례에서는 판결에 의하지 않는 이상 대위신청을 할 수 없다고 하였으나 금전채권자에 의한 대위등기를 인정한다고 하여 채무자에게 불이익이 없고, 이를 인정하지 않을 경우 오히려 채권자의 권리행사를 사실상 막아버리는 결과가 되어 채권자에게 가혹한 결과가 된다는 이유로 예규로서 피보전채권이 금전채권인 경우에도 당해 금전채권증서 등 대위원인을 증명하는 정보를 제공하면, 등기관은 무자력 여부를 심사하지 않고 등기신청을 수리하도록 하였다. 즉 채무자의 무자력을 증명하는 정보를 제공할 필요는 없는 것이다.

2) 특정채권(등기청구권)

피보전채권이 소유권이전등기청구권과 같은 특정 채권인 경우에는 채무자의 무자력은 그 요건이 아니다.

3) 대위원인이 없는 경우

채권자에게 채무자에 대한 채권(**대위원인**)이 없는 경우에는 대위신청이 불가능하다. 공유물분할판결이 확정되면 공유자는 각자 분할된 부분에 대해 소유권을 취득하여 단독으로 공유물분할을 원인으로 이전등기를 신청할 수 있지만 공유자가 다른 공유자를 대위하여 공유물분할에 따른 공유지분이전등기신청을 하기 위해서는 공유물분할외의 별도의 대위원인이 있어야 할 것이다.

5. 대위신청의 절차

(1) 신청인

대위채권자는 채무자의 신청대리인으로서가 아니라, 자기의 채권보전을 위하여 채무자가 가지는 등기신청권을 자기의 이름으로 행사하여 채무자명의의 등기를 신청한다. 따라서 대위채권자가 신청인이 된다.

1) 등기의무자가 협력하지 않는 경우

채권자는 채무자의 등기의무자에 대한 등기청구권을 대위행사하여 승소판결을 받은 후, 채무자를 대위하여 단독으로 등기신청을 할 수 있다.

2) 중복대위가 허용되는지 여부

채권자가 대위할 수 있는 것은 채무자의 채권자대위권까지 포함하므로 대위등기신청부분을 제3자가 다시 대위하여 등기신청을 하는 것도 가능하다 할 것이다.

3) 채권자 앞으로의 등기신청과 채권자대위등기신청의 관계

채권자가 채권자대위권에 기하여 채무자 앞으로의 등기신청을 하는 것과 채권자 자기자신 앞으로의 등기신청을 하는 것은 별개의 문제이다. 따라서 채권자가 채무자를 대위하여 등기를 신청하는 경우 채무자로부터 채권자 자신으로의 등기를 동시에 신청하지 않더라도 이를 수리하여야 한다.

4) 채권자가 얻은 판결에 기하여 채무자가 스스로 등기신청을 할 수 있는지 여부

그 소송이 제기된 사실을 채무자가 알았던 경우에는 채무자는 채권자가 얻은 판결에 기하여 제3자로부터 채무자 앞으로의 등기신청을 할 수 있다.

5) 채권자대위소송의 판결에 기하여 제3의 채권자가 채무자를 대위하여 등기신청을 할 수 있는지 여부

채무자가 어떠한 사유로 인하였던 간에 위 소송이 제기된 사실을 알았을 때에는 동 판결의 효력은 채무자에게 미치고, 채무자의 다른 채권자는 위 확정판결의 기판력에 의하여 채무자를 대위하여 제3채무자를 상대로 동일한 소송을 제기할 수 없으므로, 채무자가 위 판결에 기한 등기신청을 하지 않을 때에는 제3의 채권자는 채무자를 대위하여 그 판결의 정본을 첨부하여 소유권이전등기신청을 할 수 있다.

(2) 신청정보

① 일반적인 신청정보(**규칙 제43조**)이외에 채권자와 채무자의 성명, 명칭, 주소 또는 사무소와 대위원인을 표시하여야 한다(**규칙 제50조**). 채권자의 주민등록번호는 등기신청정보로 제공할 필요는 없다. 다만 채무자의 주민등록번호는 등기신청정보로 제공하여야 하는데, 채무자는 등기권리자이고 등기권리자의 주민등록번호는 등기신청정보로 제공하여야 하기 때문이다(**규칙 제43조제1항제2호**).

② 대위원인은 등기신청인의 대위권 발생원인 즉, 피보전채권을 말한다. 대

위원인이 매매인 경우에는 "○년○월○일 매매에 의한 소유권이전등기청구권", 대여금채권인 경우에는 "○년○월○일 소비대차의 대여금반환청구권"등으로 기재한다.

(3) 대위원인을 증명하는 정보

신청서에는 대위원인을 증명하는 정보를 제공하여야 한다. 대위원인을 증명하는 정보로는 금전채권증서, 매매계약서등의 사서증서이거나 가압류결정서, 압류조서등의 공문서이거나 불문한다. 그러나 단순한 소제기증명서는 대위원인을 증명하는 정보에 해당하지 않는다.

① 피보전채권이 금전채권일 때에는 원칙적으로 당해 금전채권증서가 대위원인증명정보이다. 다만, 대위의 기초인 채권이 손해배상청구권과 같이 원래 증서를 수반하지 않을 때에는 채권자로서는 가압류결정을 받아 대위신청을 할 수 있다. 채권자가 채무자소유의 다른 부동산에 대한 가압류결정을 받은 경우에도 그 결정정본을 대위원인증명정보로 하여 대위등기를 신청할 수 있다.

② 대위의 기초인 권리가 특정채권인 경우에는 당해 권리의 발생원인인 법률관계의 존재를 증명하는 정보 예컨대, 매매계약서, 재결서등본등이 대위원인증명정보가 된다.

6. 대위등기의 실행

(1) 채권자가 채무자를 대위하여 등기를 신청하는 경우

등기관은 채무자로부터 채권자 자신으로의 등기를 동시에 신청하지 않더라도 이를 수리하여야 한다. 비록 채권자대위권에 의한 등기의 목적이 채권자 자신의 권리실행을 위한 전제일지라도 채권자대위권에 의한 등기신청과 채무자로부터 채권자 자신의 등기신청은 전혀 별개의 등기신청이기 때문이다.

(2) 대위등기신청에 따른 등기를 실행하는 경우

표제부 또는 권리자 및 기타 사항란에 대위자의 성명 또는 명칭, 주소 또는 사무소 소재지 및 대위원인을 기록하여야 한다(**법 제28조제2항**). 대위등기를 한 경우 등기필정보는 발행하지 않으므로 대위신청인 및 피대위자에게 등기완료통지를 하여야 한다(**규칙 제53조제1항**).

7. 말소등기의 특수문제

① 갑소유의 부동산에 관하여 원인없이 을에게 소유권이전등기가 경료되고 다시 을에서 병으로 소유권이전등기가 된 경우, 갑은 자신의 등기명의를 회복하기 위해서 병 및 을을 상대로 소유권이전등기말소청구소송을 제기할 수 있다. 이 경우 등기신청방법이 문제된다.

② 먼저 갑은 절차상 등기권리자인 을을 대위하여 단독으로 병명의의 등기의 말소를 신청할 수 있다. 병명의의 등기의 말소에 있어서 절차상 등기권리자는 을이므로 갑은 을을 대위할 수 밖에 없다는 것이다. 이경우의 피보전권리는 갑이 을에 대하여 가지는 말소등기청구권이 된다. 현재 실무의 입장이다.

III. 부동산등기법이 인정하고 있는 대위등기

1. 구분건물의 표시에 관한 등기의 대위신청

(1) 소유권보존등기를 하는 경우

구분소유자 중 일부가 최초로 소유권보존등기를 신청하는 때에는 미등기인 나머지 구분건물의 표시의 등기 및 구분건물들이 속하는 1동의 건물의 표시의 등기를 동시에 신청하여야 한다(법 제46조제1항). 즉, 소유권보존등기를 신청하는 구분소유자는 나머지 구분소유자를 대위하여 미등기 구분건물에 관한 표시등기를 신청할 수 있다(동조제2항).

(2) 건물의 신축으로 구분건물이 아닌 건물이 구분건물로 된 경우

그 신축건물의 소유권보존등기는 기존의 비구분건물의 표시변경등기와 동시에 신청하여야 한다(법 제46조제3항). 이때 신축건물 소유자는 기존건물 소유자를 대위하여 구분건물이 아닌 건물을 구분건물로 변경하는 건물의 표시변경등기를 신청하여야 한다(동조 제3항후단).

(3) 대지권의 변경이나 소멸의 경우

구분건물로서 그 대지권의 변경이나 소멸이 있는 경우에는 구분건물의 소유권의 등기명의인은 1동의 건물에 속하는 다른 구분건물의 소유권의 등기명의인을 대위하여 그 등기를 신청할 수 있다(법 제41조제3항).

2. 건물의 멸실 또는 부존재의 경우 대위

(1) 건물멸실의 경우

그 소유권의 등기명의인이 1월이내에 그 등기를 신청하지 아니한 때에는 그 건물대지의 소유자가 대위하여 그 등기를 신청할 수 있다(법 제43조제2항).

(2) 건물 부존재의 경우

그 소유권의 등기명의인은 지체없이 그 건물의 멸실등기를 신청하여야 한다. 소유권의 등기명의인이 1개월 이내에 그 등기를 신청하지 아니한 때에는 그 건물대지의 소유자가 대위하여 그 등기를 신청할 수 있다(법 제44조제2항).

3. 신탁등기의 대위신청

신탁재산의 처분 및 회복으로 인한 신탁등기는 수탁자가 단독으로 신청할 수 있으며(법 제82조제3항), 수탁자가 이를 게을리하는 경우 위탁자 또는 수익자가 수탁자를 대위하여 신청할 수 있다(동조제4항). 이러한 대위등기는 대위원인은 "부동산등기법 제82조제4항"으로 기록한다. 대위원인을 증명하는 정보로는 당해 부동산에 관하여 신탁행위가 있었음을 증명하는 신탁계약서나 신탁증서를 제공하면 되고, 또 판결정본이나 화해조서정본등에 의하여 신청의 목적인 부동산이 신탁재산임을 증명할 수 있다면 이를 제공해도 될 것이다.

4. 체납처분에 의한 압류와 대위등기

체납처분에 의한 압류의 등기를 촉탁하는 경우에는 관공서는 등기명의인 또는 상속인 그 밖에 포괄승계인을 갈음하여 부동산의 표시, 등기명의인의 표시변경, 경정, 또는 상속, 그밖의 포괄승계로 인한 소유권이전의 등기를 신청할 수 있다(법 제99조제2항). 이때 채권자는 대위등기를 촉탁하는 관공서이고 대위원인과 그 연월일은 체납처분에 의한 압류와 그 연월일이다.

5. 토지수용과 대위등기

① 토지수용으로 인한 소유권이전등기는 등기권리자인 사업시행자가 단독으로 신청할 수 있다(법 제99조제1항). 이때 신청정보로 제공된 부동산의 표시 또는 등기명의인의 표시가 등기기록과 일치하지 아니할 때에는 그 등기신청은 각하되므로, 사업시행자는 등기명의인 또는 상속인을 갈음하여 토지의 표시 또는 등기명의인이 표시변경, 경정 또는 상속으로 인한 소유권이전의 등기를 신청할 수 있다(법 제99조제2항). 국가 또는 지방자치단체가 등기권리자인 경우에는 지체없이 위 등기와 수용으로 인한 소유권이전등기를 촉탁하여야 한다(동조 제3항).

② 대위원인은 "○년○월○일 토지수용으로 인한 소유권이전등기청구권"으로 기록하고, 대위원인을 증명하는 정보로 재결서등본 등을 제공한다. 다만, 소유권이전등기신청과 동시에 대위신청하는 경우에는 이를 원용하면 된다.

③ 수용으로 인한 경우에도 대위신청인인 사업시행자의 등록면허세납부의무 또는 국민주택채권의 매입의무는 면제되지 않는다.

Ⅳ. 특별법에 의한 대위신청

특별법에 의한 공공사업시행자는 해당 법률에 근거규정이 있는 경우에는 그 사업시행지역 내의 부동산에 관한 변경등기 등을 대위신청할 수 있다. 이러한 예로는 농어촌정비법 및 도시개발법에 의한 대위등기, 도시 및 주거환경정비법에 의한 대위등기등이 있다.

Ⅴ. 기타 대위등기가 인정되는 경우

1. 가압류 기타 처분제한등기를 촉탁하는 경우

현행실무는 가압류결정상의 부동산 또는 등기명의인의 표시가 등기기록과 다른 경우 가압류권자 등의 권리자로 하여금 그것을 일치시키는 등기를 대위신청하도록 하여 그 등기 후에 처분제한의 등기를 촉탁하고 있다.

2. 근저당권자의 대위에 의한 상속등기[32]

32) 등기선례5-671 근저당권설정자가 사망한 경우 근저당권자가 근저당권의 목적인 부동산에 관한 담보권실행을 위하여 대위에 의한 상속등기를 신청할 수 있는지 여부 등

근저당권설정자가 사망한 경우에 근저당권자가 임의경매신청을 하는 경우, 근저당권설정자의 상속인을 채무자 겸 소유자로 표시하고 상속을 증명하는 서면을 첨부하여 경매신청을 하거나, 근저당권설정자의 상속인을 대위하여 상속등기를 먼저 한 후에 그 상속인을 소유자로 표시하여 경매신청을 할 수 있다.

3. 대지권 변경(경정) 또는 소멸등기의 대위신청

대지권설정규약에 의하여 대지권이 아닌 것이 대지권으로 되거나, 분리처분가능규약의 설정 또는 규약상 대지로 정한 규약의 폐지에 의하여 대지권이 대지권이 아닌 것으로 된 경우에 대지권의 표시에 관한 건물의 표시변경등기는 당해 구분소유자 전원이 신청하거나 일부가 다른 구분소유자를 대위하여 일괄신청하여야 한다.

갑 소유의 부동산에 대하여 을을 근저당권자, 갑을 채무자로 하는 근저당권설정등기를 한 후 경매신청을 하기 전에 갑이 사망하였으나 그 상속인 앞으로의 상속등기가 경료되지 아니한 상태에서, 을이 그 부동산에 대한 임의경매신청을 하여 경매개시결정기입등기를 하기 위하여는,

가. 을은 경매신청서에 갑의 상속인을 채무자겸 소유자로 표시하고 상속을 증명하는 서류를 첨부하여 경매신청을 먼저 하거나, 갑의 상속인을 대위하여 상속등기를 먼저 한 후에 그 상속인을 소유자로 표시하여 경매신청을 할 수 있을 것이다.

나. 경매법원이 갑의 상속인 앞으로 상속등기가 경료되기 전에 갑의 상속인을 소유자겸 채무자로 표시하여 경매개시결정을 한 경우, 경매법원이 경매개시결정의 기입등기촉탁과 함께 갑의 상속인 앞으로의 상속등기를 촉탁할 수 있다는 민사소송법상의 규정이나 등기관이 직권으로 그 상속등기를 한 후에 경매개시결정 기입등기를 하여야 한다는 부동산등기법상의 근거규정은 없으므로, 경매법원이 상속으로 인한 소유권이전등기를 촉탁하거나, 경매기입등기의 촉탁시 등기관이 직권으로 상속으로 인한 소유권이전등기를 경료할 수는 없다. 따라서, 이러한 경우에는 을이 갑의 상속인을 대위하여 상속등기를 먼저 한 후에 경매기입등기의 촉탁을 하여야 할 것이다

다. 을이 갑의 상속인 앞으로 대위 상속등기를 하는 경우, 그 대위원인은 '○년 ○월 ○일 설정된 근저당권 실행을 위한 경매에 필요함'이라 기재하고, 대위원인을 증명하는 서면으로는 경매신청을 대위 상속등기보다 먼저 한 경우에는 그 경매개시결정정본 또는 경매신청의 수리증명서를, 대위 상속등기를 경매신청보다 먼저 신청하는 경우에는 당해 부동산의 등기부등본(다만, 등기신청서 첨부서류란에 「대위원인을 증명하는 서면은 ○년 ○월 ○일 접수번호 제○○호로 본 부동산에 근저당권설정등기가 경료되었기에 생략」이라 기재하고 첨부하지 않아도 될 것임)을 첨부하면 족할 것이다.

라. 이 경우, 근저당권에 기한 경매신청을 하기 위한 전제로 채무자를 상속을 원인으로 채무자의 상속인으로 변경하기 위한 근저당권변경등기는 할 필요가 없을 것이다. (1998. 12. 11. 등기 3402-1232 질의회답)

4. 상속의 대위등기

상속인의 채권자는 대위원인을 증명하는 정보를 제공하여 상속인을 대위하여 상속등기신청을 할 수 있는데 이러한 대위상속등기는 상속권의 포기기간 내에도 가능하다

5. 취득시효완성과 대위등기

갑이 부동산점유로 인한 취득시효완성에 의한 등기를 하기 전에 먼저 제3자 병이 소유권이전등기를 경료하였다고 하더라도 그 제3자 병 명의의 등기가 원인무효라면 갑은 소유자 을을 대위하여 병 앞으로 경료된 원인무효인 등기의 말소를 구함과 아울러 을에게 취득시효완성을 원인으로 한 소유권이전등기를 할 수 있다.

6. 판결과 대위등기

소유권이전등기절차의 이행을 명하는 판결에 의하여 등기를 신청하는 경우 그 판결주문에 표시된 토지가 소제기 전에 이미 분할, 지목변경, 등록정정 등으로 토지대장의 등록사항이 변경되어 토지대장과 일치하지 아니할 때에는 먼저 판결경정에 의하여 판결상의 토지의 표시를 대장상의 표시와 일치시킨 다음, 이에 따른 분필 및 부동산표시변경등기를 경료한 후 소유권이전등기를 신청하여야 한다. 원고는 등기명의인(피고)을 대위하여 이러한 분필등의 등기를 신청할 수 있다.

Ⅵ. 결 어

13. 【등기원인을 증명하는 정보】

Ⅰ. 서 설

1. 의 의
2. 제공취지

Ⅱ. 등기원인증명정보의 적격성 요부

1. 구법의 태도
2. 개정법의 태도

Ⅲ. 개정법에 따른 등기원인을 증명하는 정보

1. 일반적인 등기신청의 경우
2. 판결에 의한 등기신청의 경우
3. 촉탁에 의한 등기신청의 경우

Ⅳ. 계약서의 검인

1. 의 의

(1) 검인을 받아야 하는 경우
(2) 검인을 받지 않아도 되는 경우
(3) 계약서 등의 검인절차

Ⅴ. 등기원인을 증명하는 정보가 없는 경우

13. 【등기원인을 증명하는 정보】

Ⅰ. 서 설

1. 의 의

등기원인을 증명하는 서면이란 권리변동의 원인인 법률행위 또는 법률사실의 성립을 증명하는 정보를 말한다. 법률행위의 성립을 증명하는 정보로는 매매계약서, 근저당권설정계약서, 해지증서 등이 있고, 법률사실을 증명하는 서면으로는 수용에 있어서 협의성립확인서 또는 재결서, 판결에 의한 등기신청의 경우 판결정본 등을 들 수 있다.

2. 제공취지

등기관으로 하여금 등기원인의 성립을 심사하도록 하여 진실에 반하는 부실등기가 이루어지는 것을 방지하여 등기의 진정을 보장하기 위한 것이다.

Ⅱ. 등기원인증명정보의 적격성 요부

1. 구법의 태도

구법에서는 등기관이 등기원인증명서를 이용하여 등기필증을 만들었다. 즉 등기관이 등기를 마치면 그 등기원인증서에 신청서의 접수연월일, 접수번호, 순위번호와 등기완료의 뜻을 적고 등기소인을 찍어서 등기권리자에게 내어 주었던 것이다(구법 제67조제1항).

이에 따라 과거의 실무에서는 등기원인을 성립시키는 서면이라 하더라도 그 서면에 부동산의 표시가 없거나 등기원인일자가 나타나 있지 않은 경우에는 그 서면을 등기원인증서에 해당하지 않는 것으로 보았다.

2. 개정법의 태도

하지만 이러한 견해는 등기필정보 제도의 도입과 더불어 변경되어야 할 필요가 있다. 등기필정보 제도 도입이후에는 더 이상 등기원인증서를 이용하여 등기필증을 만들 필요가 없게 되었기 때문이다. 이제 등기원인증서를 가지고 등기필증을 만들지 않으므로 등기원인증서는 등기원인의 성립을 인정하게 하는 서면은 모두 등기원인증서로 보는 것이 타당할 것이다.

임의적 신청정보도 등기원인증서에 기재된 이상 반드시 신청서에 표시되어야 하고, 또 양자가 부합하여야 한다. 따라서 등기원인증서에 저당채권의 이자약정과 같은 임의적 신청정보가 표시되어 있음에도 신청서에 표시하지 않은 때에는 이를 보정케 하여 수리하여야 할 것이고, 만약 보정하지 않을 때에는 부동산등기법 제29조 제5호(**신청정보의 제공이 대법원규칙으로 정한 방식에 적합하지 아니한 경우**)에 의하여 각하하여야 한다. 반대로 등기원인증서에 없는 임의적 등기사항을 신청서에 표시하면 부동산등기법 제29조 제8호(**신청정보가 등기원인을 증명하는 정보와 일치하지 아니한 경우**)의 각하사유에 해당한다.

Ⅲ. 개정법에 따른 등기원인을 증명하는 정보

1. 일반적인 등기신청의 경우

① 종전에는 가족관계등록사항별 증명서 또는 제적 등·초본 등은 부동산의 표시가 없으므로 등기원인증서가 될 수 없다고 하였으나 지금은 상속을 증명하는 등기원인증서에 해당한다고 보아야 할 것이다.

② 종전에는 상속재산의 협의분할서나 유언증서, 사인증여증서 등은 등기원인일자(**피상속인 또는 증여자의 사망일자**)가 기재되어 있지 않을 뿐만 아니라 사망사실도 증명되지 않으므로 등기원인증서가 될 수 없다고 보았으나, 이러한 서면은 가족관계 증명서 등과 더불어 등기원인증서가 될 것이다. 즉 협의분할에 의한 상속의 경우 협의분할서와 가족관계증명서 모두가 등기원인증서가 된다고 할 것이다.

2. 판결에 의한 등기신청의 경우

등기원인은 물권변동이 판결에 의하여 발생하는 형성판결의 경우는 그 판결이 등기원인증서가 되지만, 기존의 법률관계가 판결 등에 의하여 확인되고 이를 기초로 그 등기절차 이행을 명하는 이행판결에 있어서는 판결에서 인정된 법률행위 등이 그 등기원인이 되므로 이행판결에 의한 등기신청의 경우 판결정본 이외에 법률행위의 원인증서를 첨부해야 하는지가 문제된다. 이에 관하여 실무는 판결에 의한 등기신청의 경우에는 다른 계약서 등으로 등기원인증서인 판결서에 갈음할 수 없는 것으로 보고 있다. 판결과 동일한 효력이 있는 조정조서나 화해조서 또는 인낙조서의 경우에는 그 조서가 등기원인증서가 된다.

3. 촉탁에 의한 등기신청의 경우

① 수용에 의한 소유권이전등기를 함에 있어서 협의가 성립된 경우에는 협의성립 확인서가, 협의가 성립되지 않아 재결을 거친 때에는 재결서가 등기원인증서가 될 것이다.
② 경매개시결정등기의 등기원인증서는 경매개시결정정본이고, 매각으로 인한 권리의 이전등기에 있어서는 매각허가결정등본이 등기원인증서라고 하여야 할 것이다.
③ 가압류, 가처분의 기입등기의 경우에는 가압류, 가처분의 결정서 정본이 등기원인증서가 된다.
④ 관리청의 장이 변경된 경우 후임 관리청의 장이 전임 관리청의 장의 명의로 작성된 등기원인증서를 첨부하여 신청한 등기는 적법하다.

Ⅳ. 계약서의 검인

1. 의 의

계약을 원인으로 한 소유권이전등기를 신청할 때에는 계약의 종류 및 일자를 불문하고 계약서에 시장·군수 또는 그 권한의 위임을 받은 자의 검인을 받아 관할등기소에 제출하여야 한다. 등기원인을 증명하는 정보가 집행력 있는 판결서 또는 판결과 같은 효력을 갖는 조서인 때에는 판결서 등에 검인을 받아 제출하여야 한다(부동산등기특별조치법 제3조제1항,제2항). 이와 같은 계약서의 검인 제도는 부동산거래에 대한 실체적 권리관계에 부합하는 등기를 신청하게 함으로써 건전한 부동산 거래질서를 확립하기 위한 것이다.

2. 계약서의 검인

(1) 검인을 받아야 하는 경우

1) 원칙

계약을 등기원인으로 하여 부동산등기특별조치법의 시행일인 1990.9.2. 이후 소유권이전등기를 신청할 때에는 계약의 일자 및 종류를 불문하고 검인을 받은 계약서의 원본 또는 판결서(**화해·인낙·조정조서를 포함한다**)의 정본을 등기원인증명정보로 제출하여야 한다. 검인을 받은 후 계약당사자가 그 계약내용을 변경하여 새로운 매매계약서를 작성하였다면 새로운 매매계약서를 검인 받으면 된다. 계약을 원인으로 한 소유권이전등기이면 검인 대상이 되므로, 등기원인이 매매, 교환과 같은 유상계약이든 증여와 같은 무상계약이든 묻지 않는다. 무허가 건물이나 아직 건물이 완성되지 아니한 미등기건물에 대한 아파트분양계약서도 검인대상이다.

2) 지위이전계약

① 부동산의 소유권을 이전받을 것을 내용으로 하는 계약을 체결한 자가 반대급부의 이행이 완료된 날(**예컨대, 매매계약에 따른 잔금 지급이 완료된 날**) 이전에 다시 제3자에게 계약당사자의 지위를 이전하는 계약을 체결한 경우, 먼저 체결된 계약의 매도인으로부터 지위이전계약의 양수인 앞으로 직접 소유권이전등기를 신청할 수 있다. 이때에는 먼저 체결된 계약서와 지위이전계약서(**지위이전계약이 순차로 이루어진 경우에는 그 지위이전계약서 전부**)에 각각 검인을 받아[33] 함께 등기원인증명정보로 제출하여야 한다.

② 예컨대, 주택분양계약을 체결하여 분양권을 취득한 자가 당해 주택에 대한 계약당사자의 지위(**수분양자로서의 지위**)를 제3자에게 이전하는 계약을 체결한 경우, 그 지위이전계약의 체결일이 반대급부의 이행일 이전(**잔금 지급일 이전**)인 때에는 먼저 체결된 계약의 매도인 즉, 주택분양자로부터 이전계약의 양수인 앞으로 직접 소유권이전등기를 신청할 수 있으며, 이 때 등기원인을 증명하는 정보로 제출하는 주택분양계약서와 지위이전계약서에는 각각 검인을 받아야 한다.

3) 가등기 및 가등기에 기한 본등기

소유권이전등기청구권 보전의 가등기는 계약을 원인으로 소유권이전등기를 신청하는 것이 아니므로 검인을 요하지 아니하나, 그 가등기에 터잡은 본등기를 신청할 때 제출하는 원인증명정보에는 검인이 되어 있어야 한다. 다만, 소유권이전등기청구권 보전을 위한 매매예약의 가등기에 기한 본등기를 신청함에 있어

---

33) 예규 제1419호

서, 당해 매매예약서상에 일정한 시기에 매매예약완결권 행사의 의사표시 간주 약정이 있는 때에는 그 예약서는 그대로 다시 가등기에 기한 본등기의 원인증명정보로 될 수 있는 것이므로 그 예약서에 검인을 받아 제출하면 된다.

4) 신탁 및 신탁해지

신탁행위에 의한 신탁등기의 경우에는 등기원인을 증명하는 서면으로 당해 부동산에 관하여 신탁행위가 있었음을 증명하는 서면(신탁계약서 등)을 첨부하여야 하는데, 그 등기원인을 증명하는 서면에는 검인을 받아야 한다. 신탁해지약정서를 원인서면으로 첨부하여 소유권이전등기를 신청하는 경우에도 마찬가지이다.

적법한 명의신탁의 해지를 원인으로 한 소유권이전등기를 신청하는 경우 명의신탁해지약정서가 등기원인증서가 되므로 여기에 검인을 받아야 한다.

5) 기 타

① 부동산등기특별조치법에 의하여 검인을 받아야 하는 계약은 부동산 소유권이전등기를 목적으로 하기만 하면 되고 그 종류에는 제한이 없다. 따라서 민법 기타 특별법에 유형화되어 있지 않는 비전형계약을 원인으르 소우권이전등기를 신청하는 경우에도 그 계약서에 동법 제3조 제1항 소정의 사항을 모두 기재하고 검인신청인을 표시하여 부동산소재지를 관할하는 시장등에게 검인을 신청할 수 있다.

② 예를 들어 공유물분할로 인한 소유권이전등기신청의 경우에는 공유물분할계약서에 검인을 받아야 하고, 양도담보계약에 의하여 소유권이전등기를 신청하는 경우, 현물출자로 인한 소유권이전등기를 신청하는 경우, 사법상 매매의 성질을 갖는 공공용지협의취득을 원인으로 한 소유권이전등기를 신청하는 경우에도 마찬가지이다. 또 촉탁의 경우에도 신청에 관한 규정이 준용되드로 대한주택공사가 토지매매계약을 체결하고 그 소유권이전등기를 촉탁하는 경우에는 검인계약서를 제출하여야 한다.

(2) 검인을 받지 않아도 되는 경우

1) 등기원인이 계약이 아닌 경우

계약을 등기원인으로 하는 경우가 아닌 소유권이전등기에 있어서는 검인을 받을 필요가 없다. 따라서 ① 매각(강제·임의경매) 또는 공매를 원인으로 한 소유권이전등기의 경우에는 검인을 받을 필요가 없으며, ② 수용을 등기원인으로 하여 소유권이전등기를 신청하는 경우에도 계약을 원인으로 하는 소유권이전등기가 아니므로 등기원인증명정보인 재결서 또는 협의성립확인서에 검인을 받을 필요가 없다. ③ 또, 유증을 원인으로 하는 소유권이전등기의 경우에도 유증은 계약이 아닌 상대방 없는 단독행위이므로 검인을 받을 필요가 없다. ④ 매매계약해제로 인한 소유권이전등기말소등기신청은 등기목적이 소유권이전등기가 아니므로 그 등기원인증명정보인 매매계약해제증서에 검인을 받을 필요가 없다.

2) 계약의 일방 당사자가 국가 또는 지방자치단체인 경우

① 계약의 일방 당사자가 국가 또는 지방자치단체인 경우의 소유권이전등기에는 등기원인증명정보에 검인을 받지 않는다. 여기에서의 국가 또는 지방자치단체의 의미는 좁은 의미로 해석된다. 따라서 대한주택공사가 국가나 지방자치단체가 아닌 당사자와 부동산 소유권이전에 관한 계약을 체결하고 소유권이전등기를 촉탁하는 경우에는 검인계약서를 제출하여야 한다.

② 한편, 계약의 일방 당사자가 국가 또는 지방자치단체인 경우에도 검인을 받는 것이 금지되는 것은 아니다. 등기선례는 국가 또는 지방자치단체와 등기명의인 간에 협의가 성립되어 그에 따른 소유권이전등기를 신청하는 경우에 등기원인증명정보인 공공용지협의취득서에 검인을 받아 제출할 수 있다고 한다.

3) 토지거래허가 등과 검인

① 국토의 계획 및 이용에 관한 법률 제126조제2항에 의하여 토지거래허가증을 교부받은 경우에는 검인을 받은 것으로 보며, 주택법에 의하여 주택거래신고필증을 교부받은 때와 공인중개사의 업무 및 부동산거래신고에 관한 법률에 의한 신고필증을 교부받은 때에도 마찬가지이다.

② 토지거래허가구역 안의 토지 및 건물에 대한 소유권이전등기 신청시 토지에 대하여 허가증을 받은 경우에는 건물에 대하여 별도로 검인을 받지 않아도 된다.[34]

4) 부동산등기 이외의 등기의 경우

선박·입목·재단등기의 경우에는 부동산등기특별조치법 제3조의 규정을 적용하지 아니한다.

(3) 계약서 등의 검인절차

---

34) 선례 5-49

1) 검인의 시기

계약서의 검인은 계약의 체결 후 등기신청 전이면 언제든지 임의로 신청할 수 있는 것이므로, 아파트 및 연립주택 등의 분양계약서 검인은 그 건물이 준공 또는 소유권보존등기가 이루어지기 전이라도 계약서의 검인신청을 할 수 있다.[35]

2) 검인신청권자

검인은 계약을 체결한 당사자 중 1인이나 그 위임을 받은 자, 계약서를 작성한 변호사와 법무사 및 중개업자가 신청할 수 있고, 채권자도 계약당사자를 대위하여 계약서의 검인을 신청할 수 있다. 검인신청을 할 때에는 계약당사자중 1인이 소지하고 있는 계약서원본과 그 사본 2통을 제출하면 되고, 계약의 쌍방 당사자가 각기 검인을 받는 것도 가능하다.

3) 계약서의 작성 등

① 검인받을 계약서에는 부동산등기특별조치법 제3조 제1항에서 정한 사항이 기재되고 검인신청인이 표시되어야 한다. 다만, 검인계약서(판결서 등은 제외)의 부동산표시가 신청서의 그것과 엄격히 일치하지 아니하더라도 양자 사이에 동일성을 인정할 수 있으면 된다. 검인계약서에는 계약서상의 계약금액을 기준으로 인지세법의 규정에 따른 인지를 첩부하여야 한다. ② 계약서 등에 대한 검인신청을 할 때에는 계약서의 원본 또는 판결서 등의 정본과 그 사본 2통을 제출하여야 하는데, 그러한 사본은 원본을 전자복사한 것도 포함되며, 사본에 계약당사자의 날인이 있어야 하는 것은 아니다. 검인권자는 계약서에 검인을 한 후 그 계약서의 원본만을 검인신청인에게 교부하며 신청인이 제출한 계약서의 사본 2통은 보관용 및 세무서 송부용으로 각 사용하게 된다.

4) 검인권자

계약서의 검인권자는 부동산의 소재지를 관할하는 시장·군수·구청장 또는 시장 등으로부터 권한의 위임을 받은 읍·면·동장이다.

5) 검인권자의 검인절차

① 계약서의 검인신청을 받은 경우 시장 등은 계약서 또는 판결서 등의 형식적 요건의 구비 여부만을 확인하고 그 기재에 흠결이 없다고 인정한 때에는 지체없이 검인을 하여 검인신청인에게 교부하여야 한다. 따라서 시장 등은 등기원인에 대하여 행정관청의 허가 등을 필요로 하는 경우에도 그 확인을 위한 서류의 제시를 요구하거나 또는 그 서류가 없음을 이유로 검인을 거부할 수 없다.

---

35) 선례 4-90

또한 계약서 등의 부동산표시가 지적공부 등과 일치하는지 여부, 계약서상의 대금이 토지거래허가서상의 거래예정가격과 차이가 있는지 여부, 등기원인이 실제와 다른지 및 동일한 부동산에 대하여 중복하여 검인을 신청하고 있는지 여부, 판결서에 대한 검인신청을 받은 경우에 그 판결확정증명의 첨부 여부등을 심사하거나 확인할 필요가 없다.

② 또한, 등기하고자 하는 토지가 허가구역으로 지정·고시되기 전에 작성된 계약서라도 검인을 할 때 계약일을 입증할 수 있는 서류의 제시를 요구하거나 또는 그러한 서류가 없음을 이유로 검인을 거부할 수 없다. 계약의 목적물이 무허가 건물이거나 불법 용도변경으로 고발된 상태라는 점도 검인을 거부할 사유가 되지 않는다.

Ⅴ. 등기원인을 증명하는 정보가 없는 경우

① 등기원인증명정보를 분실하였다든가 또는 구두로 계약을 체결하였음을 이유로 등기원인증명정보 없이 등기신청을 할 수 있다고 보아야 할 것인지 문제된다. 논리적으로 등기원인증명정보가 있을 수 없는 경우(시효취득을 원인으로 하여 공동으로 소유권이전등기를 신청하는 경우 등)를 제외하고는 어떤 형태가 되었건 등기원인증명정보는 제출되어야 할 것이다. 부동산등기법은 신청정보와 등기원인을 증명하는 정보가 일치하지 아니한 경우를 각하사유로 들고 있기 때문이다(법 제29조제8호).

② 한편 선례는 계약을 원인으로 한 소유권이전등기를 신청할 때에는 등기원인증명정보(검인계약서)를 제출할 수 없다는 이유로 신청서의 부본을 제출하여 등기할 수는 없다고 하고 있다. 따라서 매매계약서를 분실한 경우 신청서부본이나 분양자 명의의 분양계약사실증명원 등을 제출하여 소유권이전등기를 신청할 수는 없다.[36] 다만 분양계약의 쌍방 당사자가 분양계약서 사본에 원본의 분실 및 사본이 원본과 상위 없다는 취지의 기재를 하고 날인(등기의무자의 경우에는 인감날인)하였다면 그 사본에 의한 등기신청은 수리할 수 있다.[37]고 한다.

36) 선례 3-53
37) 선례 6-962

14. 【등기필정보】

I. 서 설

1. 의 의

2. 등기필정보의 제공을 요하는 이유

II. 등기필정보의 적격성(요건)

1. 등기권리자로서 교부받은 것일 것

2. 권리취득에 관한 것일 것

3. 등기명의인이 된 신청인에게 발행되어 소지하는 것이어야 한다.

III. 등기필정보의 제공을 요하는 경우

1. 구분건물의 경우

2. 근저당권의 경우

(1) 근저당권이 이전된 후에 말소하는 경우

(2) 채무자변경으로 인한 근저당권변경등기의 경우

(3) 건물에 대하여 추가근저당권설정등기를 신청하는 경우

3. 가등기의 경우

(1) 가등기신청의 경우

(2) 가등기말소등기의 경우

(3) 가등기에 기한 본등기의 경우

4. 촉탁에 의하여 경료된 등기의 경우

5. 환지된 토지의 경우

7. 공유물분할된 부동산에 대한 처분행위의 경우

8. 분필등기된 부동산에 대한 처분행위의 경우

IV. 등기필정보의 제공을 요하지 않는 경우

1. 등기신청의 진정성이 담보되는 경우

(1) 승소한 등기권리자가 판결에 의하여 단독으로 등기를 신청하는 경우

(2) 상속등기의 경우

(3) 가등기가처분에 기한 가등기의 경우 혹은 관공서가 등기를 촉탁하는 경우

(4) 관공서가 등기를 촉탁하거나 신청하는 경우

2. 처음부터 등기필정보가 존재하지 않는 경우

3. 등기의무자가 존재하지 않는 경우

V. 등기필정보가 멸실된 경우

1. 의 의

2. 등기필정보 멸실의 경우

(1) 등기의무자 또는 법정대리인의 출석(법 제51조 본문)

(2) 대리인에 의한 확인서면의 작성·제공(법 제51조 단서)

(3) 공증서면부본의 제공(법 제51조 단서)

3. 외국인 또는 재외국민의 경우

4. 등기완료후의 조치

VI. 등기필정보를 제공하지 아니한 경우

1. 등기필정보를 제공하지 아니한 경우

2. 간과하고 경료한 등기의 효력

14. 【등기필정보】

I. 서 설

1. 의 의

등기필정보라 함은 등기의무자가 종전에 등기권리자로서 권리를 취득할 당시에 등기소로부터 통지 및 전송받은 것을 말한다(법 제40조 제1항 제3호). 등기의무자가 권리를 취득할 당시 등기필증을 교부받은 경우에는 신청서에 등기의무자의 등기필증을 첨부하고, 등기필정보를 통지받은 경우에는 그 정보를 등기소에 제공하여야 하는데 등기필정보는 신청서의 신청정보로 그 성격이 변경되었다.

2. 등기필정보의 제공을 요하는 이유

등기의무자로 하여금 등기필정보를 제공하게 하는 취지는 신청인이 진정한 등기의무자인지의 여부를 등기관이 확인할 수 있게 함으로써 허위의 등기를 예방하고 등기의 진정을 확보하기 위함이다. 등기필정보는 특별한 사정이 없는 한 등기의무자가 보관하는 것이고, 분실 기타 어떠한 사유로도 재작성하지 않기 때문에 당해 등기필정보가 제공되어 있으면 그 등기신청이 등기의무자의 진의에 의한 것으로 볼 수 있기 때문이다.

II. 등기필정보의 적격성(요건)

1. 등기권리자로서 교부받은 것일 것

등기의무자(현재의 등기명의인)가 전에 등기권리자로서 권리취득의 등기를 하고 등기소 또는 촉탁관서로부터 교부받은 것을 말한다.

2. 권리취득에 관한 것일 것

등기필정보는 등기부에 새로운 권리자가 기록되는 경우에 그 권리자를 확인하기 위하여 등기관이 작성한 정보를 말하므로 권리취득에 관한 것이어야 한다. 따라서 부동산표시나 등기명의인 표시의 변경·경정등기 후에는 등기필정보는 작성되지 아니한다.

3. 등기명의인이 된 신청인에게 발행되어 소지하는 것이어야 한다.

따라서, ① 승소한 등기의무자에 의한 등기신청의 경우, ② 대위채권자에 의한 등기신청의 경우, ③ 미등기부동산에 대하여 처분제한의 촉탁이 있는 경우에 등기관이 등기를 완료한 때에는 등기필정보는 작성하지 아니하고 등기권리자 및 신청인에게 등기필완료통지를 한다.

Ⅲ. 등기필정보의 제공을 요하는 경우

1. 구분건물의 경우

① 구분건물의 보존등기에 관한 등기필정보에 대지권의 표시가 기재되어 있다면 구분소유자가 등기신청하는 경우 위 등기필정보를 제공하면 되고 별도로 토지에 관한 등기필정보는 제공하지 아니하여도 무방하다. ② 구분건물소유권에 대한 등기필정보와 대지권등기필정보를 가지고 있는 구분건물의 현재소유자가 스스로 등기의무자가 되어 등기신청을 하는 경우에는 구분건물등기필정보뿐만 아니라 대지권등기필정보를 제공하여야 한다.

2. 근저당권의 경우

(1) 근저당권이 이전된 후에 말소하는 경우

근저당권등기필정보는 제공할 필요가 없고, 등기의무자인 근저당권의 양수인이 지니고 있는 근저당권이전등기필정보를 제공하여야 한다.

(2) 채무자변경으로 인한 근저당권변경등기의 경우

이 경우 등기권리자는 근저당권자, 등기의무자는 근저당권설정자인바, 근저당권설정자가 소유자인 경우 소유권을 취득할 당시 등기소로부터 통지받은 등기필정보를 제공하여야 한다.

(3) 건물에 대하여 추가근저당권설정등기를 신청하는 경우

토지에 대하여 근저당설정등기가 경료되고 동일채권의 담보를 위하여 건물에 대한 추가설정계약에 의하여 추가근저당권설정등기를 신청할 경우 신청정보로 제공하여야 할 등기필정보는 건물소유권에 관한 등기필정브만 제공하면 된다.

3. 가등기의 경우

(1) 가등기신청의 경우

가등기신청시에는 가등기의무자의 등기필정보를 제공할 필요가 없다는 것이 일반적인 견해이나, 실무상으로는 가등기신청시에 가등기의무자의 등기필정보를 제공하는 것이 일반적인 관행이다.

(2) 가등기말소등기의 경우

가등기명의인이 가등기말소신청을 하는 경우에는 가등기필정보를 제공하여야 한다.

(3) 가등기에 기한 본등기의 경우

소유권이전청구권가등기에 기하여 본등기를 하는 경우에는 가등기의무자가 본등기의무자가 되므로, 등기의무자의 등기필정보로는 본등기의무자가 가지고 있는 등기필정보를 제공하여야 하는 것이지, 가등기필정보를 제공하는 것으로 이에 갈음할 수 없다.

4. 촉탁에 의하여 경료된 등기의 경우

관공서로부터 권리를 취득하거나 공매처분 또는 경매에 의하여 권리를 취득하는 경우에 관공서는 그 등기촉탁을 하여 통지받은 등기필정보를 등기권리자에게 통지하여야 한다(규칙 제108조제1항). 이렇게 통지받은 등기필정보도 등기의무자의 등기필정보에 해당한다.

5. 환지된 토지의 경우

농어촌정비법 혹은 도시개발법 등에 의한 환지를 교부받은 자가 등기의무자로서 등기신청을 할 때에는 종전 토지에 관하여 소유자로서 등기한 등기필정보(환지전 토지에 대한 등기필정보)를 신청정보로 제공하여야 하지 환지등기필정보를 제공하는 것은 아니다. 다만, 창설환지나 체비지 등 환지등기절차에 의하여 소유권보존등기가 이루어진 경우에는 그 등기에 관한 등기필정보를 제공한다.

7. 공유물분할된 부동산에 대한 처분행위의 경우

자기가 종전에 공유자로서 권리를 취득할 당시에 통지받았던 최초의 등기필정보 및 금번 공유물분할등기를 하면서 통지받은 등기필정보를 모두 제공하여야 한다.

8. 분필등기된 부동산에 대한 처분행위의 경우

분필전의 토지에 관한 권리에 관한 등기필정보가 멸실된 경우에는 법 제51조의 규정에 의한 확인정보 등을 제공하여야 한다. 마찬가지로 공유토지분할에 관한 특례법 시행에 따른 분할등기가 완료된 후 다른 등기를 신청함에 있어서 제공하여야 할 등기필정보는 분할전 공유지분을 취득할 당시에 통지받은 등기필정보를 제공하여야 한다.

Ⅳ. 등기필정보의 제공을 요하지 않는 경우

1. 등기신청의 진정성이 담보되는 경우

(1) 승소한 등기권리자가 판결에 의하여 단독으로 등기를 신청하는 경우

등기권리자가 판결에 의하여 단독으로 권리에 관한 등기를 신청할 때에는 등기필정보를 제공할 필요가 없다. 그러나 승소한 등기의무자가 단독으로 신청하는 경우에는 등기필정보를 제공하여야 한다.

(2) 상속등기의 경우

상속으로 인한 이전등기(**소유권, 저당권등**)의 경우에는 피상속인의 사망에 의하여 상속이 개시되고 등기신청의 진정성은 상속을 증명하는 정보 등에 의하여 담보가 되는 것이므로 별도로 피상속인의 등기필정보는 제공할 필요가 없다. 다만, 유증으로 인한 소유권이전등기의 경우에는 등기의무자가 존재하므로 등기의무자의 권리에 관한 등기필정보를 제공할 것을 요구하고 있다.

(3) 가등기가처분에 기한 가등기의 경우 혹은 관공서가 등기를 촉탁하는 경우

가등기가처분명령은 판결이 아닌 결정이지만 이에 기하여 가등기권리자가 단독으로 신청할 수 있으므로 등기필정보의 제공을 요하지 않는다.

(4) 관공서가 등기를 촉탁하거나 신청하는 경우

관공서가 등기의무자로서 등기권리자를 위하여 등기를 촉탁하거나, 부동산에 관한 권리를 취득하여 등기권리자로서 등기를 촉탁하는 경우에는 등기필정보를 제공할 필요가 없다. 관공서가 촉탁에 의하지 아니하고 법무사 등에게 위임하여 등기를 신청하는 경우에도 같다.

2. 처음부터 등기필정보가 존재하지 않는 경우

미등기부동산에 대한 소유권보존등기와 같이 처음부터 등기필정보가 존재하지 않는 경우에는 등기의무자의 권리에 관한 등기필정보를 제공하지 아니한다.

3. 등기의무자가 존재하지 않는 경우

등기명의인표시변경등기에서 그 등기원인은 주민등록등본이나 법인등기사항증명서에 의하여, 부동산표시변경등기에서는 그 등기원인은 대장등본에 의하여 증명되는 것이고, 또한 등기필정보가 발행되지 아니하므로 등기필정보를 제공할 필요가 없다.

V. 등기필정보가 멸실된 경우

1. 의 의

등기의무자의 등기필정보가 멸실 내지 분실된 경우에는 어떠한 사유로든 재교부되지 않는다. 따라서 등기의무자의 등기필정보를 제공하여야 하는 등기신청에 있어서 그 등기필정보를 멸실한 경우에 등기신청의 진정성을 확보하기 위하여 등기의무자 본인 확인이 필요하게 된다. 부동산등기법 제51조의 규정에 의하여 확인조서나 확인서면 또는 공정증서를 작성함에 있어서 등기의무자가 법인인 경우에는 그 지배인을 확인하거나 지배인의 작성부분에 관한 공증으로 대표권을 가진 임원 또는 사원의 본인확인 또는 그 작성부분에 관한 공증에 갈음할 수 있다.[38]

2. 등기필정보 멸실의 경우

(1) 등기의무자 또는 법정대리인의 출석(법 제51조 본문)

이 경우 등기관은 출석한 등기의무자 또는 그 법정대리인에 관하여 주민등록증·여권·운전면허증·외국인등록증·국내거소신고증에 의하여 본인 여부를 확인하고 그 증명서의 사본을 첨부한 확인조서를 작성하여 이에 기명날인 후 제공한다(규칙 제111조제1항).

(2) 대리인에 의한 확인서면의 작성·제공(법 제51조 단서)

당해 부동산등기신청을 위임받은 변호사 또는 법무사가 등기의무자로부터 위임받았음을 확인한 경우에는 그 확인한 사실을 증명하는 정보를 첨부정보로서 등기소에 제공하여야 한다.

(3) 공증서면부본의 제공(법 제51조 단서)

신청서 또는 위임장 중 등기의무자등의 작성부분에 관하여 공증을 받은 경우에는 그 확인한 사실을 증명하는 정보를 첨부정보로서 등기소에 제공하여야 한다.

3. 외국인 또는 재외국민의 경우

외국인이나 재외국민이 입국하지 않고 국내부동산을 처분하는 경우에는 처분위임장을 첨부하여야 하는데 등기필정보가 멸실된 때에는 그 처분위임장(재외국민의 경우에는 그 위임장에 인감도 찍어야 한다)에는 '등기필정보를 분실하였다'는 등의 등기필정보멸실의 뜻도 기재하여 공증인의 공증을 받고 처분위임장을 제공하고 등기필정보 대신 그 위임장 부본 1통을 추가로 제공하여야 한다.

4. 등기완료후의 조치

① 등기필정보가 없는 경우(법 제51조)에 확인조서 등에 기하여 등기관이 등기를 마쳤을 때에는 부동산의 표시, 등기원인과 그 연월일, 등기권리자의 성명 또는 명칭, 주소 또는 사무소, 등기의 목적과 등기완료의 뜻을 등기의무자에게 알려야 한다(규칙 제53조).

---

38) 예규 제1355호

Ⅵ. 등기필정보를 제공하지 아니한 경우

1. 등기필정보를 제공하지 아니한 경우

등기관은 법 제29조 제5호 사유인 '신청정보의 제공이 대법원규칙으로 정한 방식에 맞지 아니한 경우'로 각하하여야 할 것으로 생각된다.

2. 간과하고 경료한 등기의 효력

등기필정보의 미제공을 간과하고 등기를 실행하였다 하여 그 등기가 당연무효의 등기는 아니므로 실체법적인 유, 무효는 소송절차를 통하여 허결하여야 한다.

15. 【주소를 증명하는 정보】

I. 제공하여야 하는 경우
  1. 소유권의 보존등기 또는 이전등기를 신청하는 경우
  2. 소유권보존등기 및 이전등기 이외의 등기의 경우

II. 주소를 증명하는 정보의 예
  1. 대한민국 국민의 경우
  2. 외국인의 경우
  (1) 입국하지 않고 국내 부동산을 처분하는 경우
  (2) 입국하여 국내 부동산을 처분하는 경우
  (3) 외국인이 국내 부동산을 취득하는 경우
  (4) 외국국적 취득으로 성명이 변경된 경우
  3. 재외국민의 경우
  (1) 입국하지 않고 국내부동산을 처분하는 경우
  (2) 입국하여 처분하는 경우
  (3) 재외국민이 권리를 취득하는 경우
  4. 법인의 경우
  5. 법인아닌 사단·재단

III. 판결등에 의한 경우
  1. 판결등에 의하여 소유권이전등기 신청을 하는 경우
  2. 판결에 의한 대위보존등기를 신청하는 경우
  3. 판결에 의하여 소유권이전등기를 순차로 대위신청하는 경우

IV. 상속등에 의한 등기신청시 주소증명정보
  1. 피상속인의 주소증명정보
  2. 상속인의 주소증명정보
  3. 포괄승계인에 의한 등기신청의 경우(법 제27조)

V. 주소불명의 경우

VI. 주소증명정보를 제공할 필요가 없는 경우(부제공의 경우)

15. 【주소를 증명하는 정보】

I. 제공하여야 하는 경우

1. 소유권의 보존등기 또는 이전등기를 신청하는 경우

① 등기권리자(새로 등기명의인이 되는 경우로 한정한다)의 주소를 증명하는 정보를 제공하여야 한다(규칙 제46조제1항제6호). 다만, 소유권이전등기를 신청하는 경우에는 등기의무자의 주소 또는 사무소 소재지를 증명하는 정보도 제공하여야 한다. 이는 등기신청의 부실방지 및 과세자료를 위한 것뿐만 아니라 등기의무자의 동일성 여부를 판단하기 위한 것을 주목적으로 한다.

② 즉 소유권보존등기인 경우에는 등기명의인의, 소유권이전등기인 경우에는 그 등기원인을 불문하고 등기의무자 및 등기권리자의 주소를 증명하는 정보를 제공하여야 한다.

③ 등기관이 미등기건물에 대하여 집행법원의 처분제한의 등기촉탁에 따라 직권으로 소유권보존등기를 하는 경우, 그 등기촉탁서에는 소유자의 주소 및 주민등록번호(부동산등기용등록번호)를 증명하는 정보가 제공되어 있어야 한다(예규 제1128호).

2. 소유권보존등기 및 이전등기 이외의 등기의 경우

신청인의 주소를 증명하는 정보를 제공하지 아니하고 등기권리자의 주민등록번호 혹은 부동산등기용등록번호를 증명하는 정보를 제공한다(구칙 제46조1항제6호). 소유권이전가등기의 경우에도 주소를 증명하는 정보를 제공하지 아니한다. 소유권이전등기의 말소등기신청을 하는 경우에도 주소증명정보를 제공할 필요가 없다.

II. 주소를 증명하는 정보의 예

1. 대한민국 국민의 경우

등기권리자의 주소를 증명하는 정보로 그의 주민등록표등·초본을 제공한다. 따라서 소유권이전등기신청에 제공된 인감증명서에 주민등록표 초본의 내용과 동일한 인적사항이 기재되어 있는 경우라도 주소증명정보의 제공을 생략할 수 없고, 매수인의 주민등록증 대조로써 주소증명정보의 제공을 갈음할 수 없다(선례 2-91). 등기신청서에 첨부하는 주민등록표등·초본은 발행일부터 3개월 이내의 것이어야 한다(규칙 제62조).

2. 외국인의 경우

(1) 입국하지 않고 국내 부동산을 처분하는 경우

1) 발급하는 기관이 있는 경우

본국 관공서의 주소증명서 또는 거주사실증명서를 첨부정보로 제공하여야 한다.

2) 발급하는 기관이 없는 경우

① 주소를 공증한 서면을 첨부하여야 하며, ② 주소증명서에 대신할 수 있는 증명서를 본국 관공서에서 발급하는 경우에는 그 증명서의 사본에 원본과 동일하다는 취지를 기재하고 그에 대하여 본국관공서의 증명이나, 공증인의 공증 또는 외국주재 한국대사관이나 영사관의 확인을 받은 때에는 그 증명서의 사본으로 주소를 증명하는 정보로 갈음할 수 있다.

(2) 입국하여 국내 부동산을 처분하는 경우

1) 발급하는 기관이 있는 경우

본국 관공서의 주소증명서 또는 거주사실증명서를 첨부정보로 제공하여야 한다.

2) 발급하는 기관이 없는 경우

① 주소를 공증한 서면을 첨부하여야 하며, ② 주소증명서에 대신할 수 있는 증명서를 본국 관공서에서 발급하는 경우에는 그 증명서의 사본에 원본과 동일하다는 취지를 기재하고 그에 대하여 본국관공서의 증명이나, 공증인의 공증 또는 외국주재 한국대사관이나 영사관의 확인을 받은 때에는 그 증명서의 사본으로 주소를 증명하는 정보로 갈음할 수 있다. ③ 외국인이 국내에 입국하여 장기체류(90일 이상)하는 경우에는 그 체류지를 관할하는 출입국관리사무소에 외국

인등록을 하여야 하므로, 이 경우에는 외국인등록사실증명을 주소증명으로 제공하여도 된다. ④ 외국국적동포는 재외동포의출입국과법적지위에관한법률 제7조 제1항에 의한 국내거소신고사실증명을 주소증명정보로 갈음할 수 있다.

(3) 외국인이 국내 부동산을 취득하는 경우

외국인이 부동산을 처분하는 경우와 동일하다.

(4) 외국국적 취득으로 성명이 변경된 경우

① 변경 전의 성명과 변경 후의 성명이 동일인이라는 본국 관공서의 증명 또는 공증이 있어야 하며, 위 증명을 대한민국 재외공관에서 발행받은 경우에는 이를 첨부하여 등기신청을 할 수 없다. ② 등기신청에 제공된 첨부정보가 외국어로 작성된 경우에는 그 번역문을 붙여야 한다. 그 번역의 정확성을 보장하기 위하여 번역인의 성명 및 주소를 기재하고 번역인이 서명 또는 기명날인하여야 하나, 등기신청인의 서명 또는 기명날인은 필요없다.

3. 재외국민의 경우

(1) 입국하지 않고 국내부동산을 처분하는 경우

1) 재외국민 거주국에 본국대사관등이 있는 경우

주소를 증명하는 정보로 외국주재 한국 대사관이나 영사관 또는 우리 나라의 외교통상부에서 발행하는 재외국민 거주사실증명 또는 재외국민등록부등본을 첨부정보로 제공해야 한다.

2) 재외국민 거주국에 본국대사관등이 없는 경우

주소를 공증한 서면을 제공할 수 있다. 등기선례에 의하면 그 나라 관공서의 주소증명 또는 거주사실증명을 제공하는 것도 가능하고 만약 그와 같은 증명을 발급하는 기관도 없는 경우에는 주소를 공증한 공정증서를 제공하여도 무방하다고 한다.

(2) 입국하여 처분하는 경우

재외국민이 입국하지 않고 국내부동산을 처분하는 경우와 동일하고, 재외국민은 국내거소신고사실증명을 제출함으로써 주소증명서면의 제공에 갈음할 수 있다.

(3) 재외국민이 권리를 취득하는 경우

① 부동산을 처분하는 경우와 동일하고, ② 상속등기를 신청할 경우 상속인 중의 1인인 재외국민의 소재불명으로 현주소를 알 수 없어 재외국민거주사실증명 또는 재외국민등록부등본 등을 첨부할 수 없는 때에는 그러한 사유를 소명하는 자료와 국외 이주로 말소된 재외국민의 주민등록표등(초)본을 주소를 증명하는 정보로 대신 제공할 수 있다. 대위에 의한 상속등기를 신청하는 경우에도 마찬가지이다.

4. 법인의 경우

주소를 증명하는 정보로 법인등기사항증명서를 제공한다. 등기신청시에 제공하는 법인등기사항증명서는 발행일부터 3개월 이내의 것이어야 한다(규칙 제62조).

5. 법인아닌 사단 · 재단

정관 기타의 규약이나 결의서 등이 주소를 증명하는 서면이 된다. 등기선례에서는 부동산등기용등록번호증명서가 주소를 증명하는 정보도 아니고 대표자를 증명하는 정보도 될 수 없다고 한다. 따라서 위 부동산등기용등록번호증명서상의 주소가 변경되었다 하여 이를 먼저 변경등록하여야 등기신청을 할 수 있는 것은 아니다.

III. 판결등에 의한 경우

1. 판결등에 의하여 소유권이전등기 신청을 하는 경우

판결등을 제공하여 등기권리자가 단독으로 소유권이전등기를 신청하는 경우에는 등기권리자의 주소증명정보만 제공하면 된다. 다만 판결등에 기재된 피고의 주소가 등기기록에 기록된 등기의무자의 주소와 다른 경우에는 판결등에 기재된 피고와 등기기록에 기록된 등기의무자가 동일인임을 증명할 수 있는 자료로써 등기의무자의 주소에 관한 정보를 제공하여야 하며, 이는 판결등에 등기의무자의 등기기록상의 주소가 병기된 경우에도 마찬가지이다. 그러나 판결문상 기재된 피고의 주민등록번호가 등기기록상 등기의무자의 주민등록번호와 동일하다면 등기의무자의 주소에 관한 정보는 제공할 필요가 없다.

2. 판결에 의한 대위보존등기를 신청하는 경우

원고가 미등기부동산에 관하여 그 소유자를 피고로 하여 소유권이전등기절차의 이행을 명하는 판결을 받은 후 피고를 대위하여 소유권보존등기를 신청하는 경우에는 그 보존등기명의인인 피고의 주소를 증명하는 정보를 제공하여야 한다. 피고에 대한 소송서류의 송달이 공시송달에 의하여 이루어진 경우에도 같다. 이 경우 피고의 주민등록이 말소된 때에는 말소된 주민등록표등본을 제공하고 그 최후 주소를 주소지로 하여 피고 명의의 소유권보존등기를 신청할 수 있다.

3. 판결에 의하여 소유권이전등기를 순차로 대위신청하는 경우

갑은 을에게, 을은 병에게 각 소유권이전등기절차를 순차르 이행하라는 판결에 의하여 병이 을을 대위하여 갑으로부터 을로의 소유권이전등기를 신청할 때에는 을의 주소를 증명하는 정보를 제공하여야 하고, 이 경우 을에 대한 소송서류의 송달이 공시송달에 의하여 이루어진 때에는 그 판결에 기재된 을의 최후주소를 증명하는 정보를 제공하여야 한다.

Ⅳ. 상속등에 의한 등기신청시 주소증명정보

1. 피상속인의 주소증명정보

피상속인의 주소증명정보는 법령이 정한 첨부정보는 아니나 상속을 증명하는 정보(가족관계등록사항별증명서 및 제적 등·초본등)에 나타난 피상속인과 등기기록상의 등기명의인이 동일인인지 여부를 증명하기 위하여 피상속인의 주민등록표등·초본(말소자등·초본)을 제공하는 것이 현행 실무이다.

2. 상속인의 주소증명정보

상속인중 등기권리자가 되는 자만 주소증명정보를 제공하면 된다. 따라서 협의분할에 의한 상속등기를 신청하는 경우에 상속을 받지 않는 나머지 상속인들이나 상속포기자의 주소증명정보는 제공하지 않아도 된다. 다만 상속재산분할협의서에 기재한 상속인의 주소와 인감증명서의 주소가 일치하지 않는 경우에 양자의 동일성을 증명하는 정보로 주민등록표 등·초본을 제공하여야 한다.

3. 포괄승계인에 의한 등기신청의 경우(법 제27조)

피상속인으로부터 부동산을 매수한 자가 그 상속인들과 공동으로 상속등기를 거침이 없이 피상속인 명의로부터 바로 매수인 명의로 등기를 신청하는 경우에도 피상속인의 주소증명정보로 말소자 등·초본을 제공하여야 한다.

V. 주소불명의 경우

① 공동상속인중 일부가 행방불명되어 주민등록이 말소된 경우에는 주민등록표등본을 첨부하여 그 최후 주소를 주소지로 하고, 위 주민등록표등본을 제공할 수 없을 때에는 이를 소명하여 기본증명서 및 제적 등·초본상 등록기준지를 그 주소지로 하여 상속등기의 신청을 할 수 있고(예규 제507호, 선례 4-265), ② 공유자 중 1인이 행방불명되어 주소를 증명하는 정보를 발급받을 수 없는 경우, 그 자의 주소가 토지대장에 기재된 경우에는 주소를 증명하는 정보를 제공할 수 없는 사유를 소명하고 그 대장상의 주소를 행방불명된 자의 주소지로 하여 소유권보존등기를 신청할 수 있다(선례 4-795).

VI. 주소증명정보를 제공할 필요가 없는 경우(부제공의 경우)

집합건물법 제1조 또는 제1조의2에 규정된 건물을 건축한 자가 대지사용권을 가지고 있는 경우에 대지권에 관한 등기를 하지 아니하고 구분건물에 관하여서만 소유권이전등기를 마쳤을 때에는 현재의 구분소유자와 공동으로 대지사용권에 관한 이전등기를 신청할 수 있는데 이 경우 신청인의 주소증명정보는 제공할 필요가 없다(규칙 제46조제4항).

16. 【인감증명】

Ⅰ. 서 설

Ⅱ. 인감증명을 제출하여야 하는 경우

1. 소유권의 등기명의인이 등기의무자로서 등기를 신청하는 경우 등 기의무자의 인감증명 (규칙 제60조제1항제1호)
   (1) 의 의
   (2) 소유권의 등기명의인이 등기의무자로서 등기를 신청하는 예
   (3) 인감증명을 제출하지 않아도 되는 경우
2. 소유권에 관한 가등기명의인이 가등기말소를 신청하는 경우 가등기명의인의 인감증명 (규칙 제60조제1항제2호)
3. 소유권 이외의 권리의 등기명의인이 등기의무자로서 부동산등기법 제51조 단서의 규정에 의한 정보(등기필정보 멸실로 인한 확인서면 또는 공증서면)를 제공하여 등기를 신청하는 경우 등기의무자의 인감증명 (규칙 제60조제1항제3호)
4. 규칙 제81조제1항에 따라 토지소유자들의 확인서를 첨부하여 토지합필등기를 신청하는 경우 그 토지소유자들의 인감증명(규칙 제60조제1항제4호)
5. 부동산등기규칙 제74조에 따라 권리자의 확인서를 첨부하여 토지분필등기를 신청하는 경우 권리자의 인감증명(규칙 제60조제1항제5호)
6. 협의분할에 의한 상속등기를 신청하는 경우 분할협의서에 날인한 상속인 전원의 인감증명(규칙 제60조제1항제6호)
7. 등기신청서에 제3자의 동의 또는 승낙을 증명하는 서면을 첨부하는 경우 그 제3자의 인감증명(규칙 제60조제1항제7호)
8. 그 밖에 실무상 인감증명서의 첨부를 요구하는 경우

Ⅲ. 인감증명을 제출할 필요가 없는 경우

1. 관공서
2. 공정증서를 제출하는 경우

Ⅳ. 제출하여야 할 인감증명

1. 인감증명의 발급관서
2. 인감증명의 제출자
3. 인감증명서의 인영, 기재사항, 유효기간 등
4. 용 도

16. 【인감증명】

Ⅰ. 서 설

① 등기를 방문신청하는 경우에는 등기신청서에 규칙 제43조 및 그 밖의 법령에 따라 신청정보의 내용으로 등기소에 제공하여야 하는 정보를 적고 신청인 또는 그 대리인이 기명날인하거나 서명을 하여야 하는데(규칙 제56조제1항), 일정한 경우에는 위 신청서 등에 인감을 날인하고 그 날인한 인감이 진정한 것이라는 증명을 위하여 인감증명을 제출하여야 한다.

② 이러한 인감증명은 항상 제출하여야 하는 것이 아니고, 부동산등기규칙이 정하는 일정한 경우에만 제출한다. 대리인에 의하여 등기신청을 하는 경우에는, 직접 신청하였다면 인감증명을 제출하여야 할 경우에 한하여 진정한 위임의사의 유무를 확인하기 위하여 인감증명의 제출이 요구된다. 따라서 인감증명을 제출할 필요가 없는 경우에는 신청서나 위임장에 날인 대신 서명을 할 수 있다. 그 밖에 이해관계인 등에게 인감증명의 제출이 요구되기도 한다. 이와 같이 인감증명의 제출을 요하는 것은 등기관이 등기의무자 또는 제3자인 이해관계인 등의 진정한 의사를 확인할 수 있게 함으로써 부실등기를 방지하기 위한 것이다.

Ⅱ. 인감증명을 제출하여야 하는 경우

부동산등기규칙 제60조에서는 인감증명을 제출하여야 하는 등기신청의 유형을 제한적으로 열거하고 있다. 따라서 부동산등기규칙 제60조 각호의 경우에 해당되지 않는 등기신청서에는 등기의무자를 대리하여 등기를 신청하는 경우에도 등기의무자가 위임장에 인감을 날인할 필요도 없고 인감증명을 첨부할 필요도 없다. 또 날인 대신 서명을 할 수도 있다. 다만, 부동산등기규칙에서 정한 경우 외에 등기실무상 인감증명의 제출이 요구되는 경우도 있다. 인감증명을 제출하여야 하는 경우를 구체적으로 살펴본다.

1. 소유권의 등기명의인이 등기의무자로서 등기를 신청하는 경우 등기의무자의 인감증명 (규칙 제60조제1항제1호)

(1) 의 의

소유권의 등기명의인이 등기의무자로서 등기권리자와 공동으로 등기를 신청하는 경우에만 인감증명의 제출이 필요하고, 부동산표시변경등기 또는 등기명의인 표시변경등기와 같이 소유권의 등기명의인이 단독으로 신청하는 경우는 이에 해당하지 않는다.

(2) 소유권의 등기명의인이 등기의무자로서 등기를 신청하는 예

① 소유권이전등기, 소유권에 대한 저당권설정등기, 소유권이전가등기, 지상권설정등기, 소유권이전등기의 말소등기 등이 있다. 채무자를 변경하는 근저당권변경등기의 경우도 등기의무자가 소유권의 등기명의인이라면(**전세권자나 지상권자가 등기의무자인 경우는 제외**) 인감증명을 첨부하여야 한다. 매매를 원인으로 한 소유권이전등기신청의 경우에는 매수인의 인적 사항이 기재된 부동산매도용인감증명서를 첨부하여야 한다. 등기원인이 매매가 아닌 경우(**증여, 교환, 현물출자 등**)에는 일반 인감증명서를 첨부하면 된다.

② 관공서인 사업시행자와 등기명의인간의 협의가 성립된 경우, 협의취득은 사법상 매매의 성질을 가지므로 공동신청이 원칙이지만, 사업시행자가 부동산등기법 제98조의 규정에 의하여 등기의무자의 승낙서를 첨부하여 촉탁할 수도 있으며, 이 경우에 등기의무자의 인감증명을 첨부하여야 한다.

(3) 인감증명을 제출하지 않아도 되는 경우

그러나 소유권의 등기명의인이 등기의무자인 경우라도 판결, 수용(**사업시행자가 관공서가 아닌 경우**) 등에 의한 등기권리자의 단독신청의 경우 인감증명을 제출할 필요가 없다. 또 수용에 의한 소유권이전등기의 촉탁, 환지처분에 의하여 지방자치단체에게 귀속된 도로에 대한 소유권이전등기의 촉탁(**선례 7-449**)과 같은 관공서의 촉탁에도 인감증명의 첨부를 요하지 않는다. 소유권의 등기명의인이 등기의무자가 아닌 근저당권이전, 근저당권의 채권액 감액으로 인한 근저당권변경, 근저당권말소, 전세권을 목적으로 한 저당권설정, 건물의 멸실등기 등에 있어서는 등기의무자의 인감증명은 첨부할 필요가 없다. 소유권이전등기신청과 동시에 하는 환매특약등기의 신청의 경우에도 등기의무자인 매수인의 인감증명을 첨부하지 않는다.

2. 소유권에 관한 가등기명의인이 가등기말소를 신청하는 경우 가등

기명의인의 인감증명 (규칙 제60조제1항제2호)

소유권에 관한 가등기는 소유권이전청구권가등기와 소유권이전 담보가등기를 말하고, 말소신청을 가등기명의인이 단독으로 신청하거나, 가등기명의인이 등기의무자로서 공동으로 신청하거나를 불문한다. 다만, 소유권에 관한 가등기가 아닌 근저당권이전청구권가등기의 말소와 같은 경우에는 등기의무자가 소유권에 관한 가등기명의인인 경우가 아니므로 인감증명서를 첨부할 필요가 없다.

3. 소유권 이외의 권리의 등기명의인이 등기의무자로서 부동산등기법 제51조 단서의 규정에 의한 정보(등기필정보 멸실로 인한 확인서면 또는 공증서면)를 제공하여 등기를 신청하는 경우 등기의무자의 인감증명(규칙 제60조제1항제3호)

소유권 이외의 권리의 등기명의인이 등기의무자로서 등기를 신청할 때(예를 들어 근저당권이전등기, 전세권말소등기의 신청)에 등기필 정보를 제공한 경우에는 등기의무자의 인감증명을 첨부할 필요가 없다. 위와 같은 등기신청을 대리인에게 위임할 경우에도 마찬가지이다. 법인의 지배인이 등기필정보를 멸실하여 확인서면에 의하여 법인 명의의 근저당권에 대한 말소등기를 신청하는 경우, 등기신청인인 지배인의 인감증명을 제출하여야 하고, 다른 지배인이나 대표자의 인감증명을 제출할 수는 없다.

4. 규칙 제81조제1항에 따라 토지소유자들의 확인서를 첨부하여 토지합필등기를 신청하는 경우 그 토지소유자들의 인감증명(규칙 제60조제1항제4호)

토지합필의 특례(법 제38조)에 따른 합필등기를 신청하는 경우에는 종전 토지의 소유권이 합병후의 토지에서 차지하는 지분을 신청정보의 내용으로 등기소에 제공하고, 이에 관한 토지소유자들의 확인이 있음을 증명하는 정보를 첨부정보로서 등기소에 제공하여야 한다(규칙 제81조제1항) 이 경우 토지소유자들의 인감증명을 제출하여야 한다.

5. 부동산등기규칙 제74조에 따라 권리자의 확인서를 첨부하여 토지분필등기를 신청하는 경우 권리자의 인감증명(규칙 제60조제1항제5호)

1필의 토지의 일부에 지상권·전세권·임차권이나 승역지의 일부에 관하여 하는 지역권의 등기가 있는 경우에 그 토지의 분필등기를 신청할 때에는 권리(지상권, 전세권 등)가 존속할 토지의 표시에 관한 정보를 신청정보의 내용으로 등기소에 제공하고, 이에 관한 권리자의 확인이 있음을 증명하는 정보를 첨부정보로서 등기소에 제공하여야 는데(규칙 제74조), 이를 증명하는 권리자(지상권자, 전세권자)의 인감증명을 첨부하여야 한다. 또 분필등기를 신청함에 있어서, 분필 전 토지에 대한 소유권 이외의 권리의 등기명의인이 분필 후의 어느 한쪽 토지에 대하여 그 권리의 소멸을 승낙한 것을 증명하는 정보를 첨부정보로서 등기소에 제공하는 경우(규칙 제76조제3항,제4항)에도 그의 인감증명을 첨부하여야 한다.

6. 협의분할에 의한 상속등기를 신청하는 경우 분할협의서에 날인한 상속인 전원의 인감증명(규칙 제60조제1항제6호)

상속재산의 협의분할은 공동상속인 전원의 합의에 의하여 하여야 하고 상속인 중 1인이라도 누락되거나 반대하면 협의분할은 무효이다. 따라서 협의분할에 참여한 자의 진의를 확인하기 위하여 인감증명의 첨부를 필요로 한다.

7. 등기신청서에 제3자의 동의 또는 승낙을 증명하는 서면을 첨부하는 경우 그 제3자의 인감증명(규칙 제60조제1항제7호)

등기신청서에 제3자의 동의 또는 승낙을 증명하는 서면이라 함은, 등기원인에 대하여 제3자의 허가· 동의 또는 승낙을 요할 때 그 제3자의 승낙서 등 뿐만 아니라, 권리변경의 등기에 관하여 등기상 이해관계 있는 제3자가 있는 때 부기등기로 등기를 실행하는 경우 및 등기의 말소를 신청하거나 말소된 등기의 회복을 신청하는 경우에 등기상 이해관계가 있는 제3자가 있는 경우 그 제3자의 승낙서 등도 포함되는 개념이다. 동의자나 승낙자의 인감증명을 첨부하도록 하는 이유는 동의자나 승낙자의 진정한 의사를 확인함으로써 등기의 진정을 확보하기 위함이다.

8. 그 밖에 실무상 인감증명서의 첨부를 요구하는 경우

위에서 본 부동산등기규칙 제60조, 제61조의 경우 외에도 실무상 당사자의 진정한 의사확인과 장래의 분쟁방지를 위하여 인감증명을 제출받는 경우가 있다.

① 판결에 기재된 피고의 주소가 등기기록에 기록된 등기의무자의 주소와 다른 때에는 판결에 기재된 피고와 등기기록에 기록된 등기의무자가 동일인임을 증명할 수 있는 정보로서 등기의무자의 주소에 관한 서면 등을 제공하여야 한다. 이때 등기권리자가 등기의무자의 협력을 받지 않고는 주소에 관한 서면을 제출할 수 없는 경우, 그 판결에 기재된 피고와 등기기록에 기록된 등기의무자가 동일인임을 확인하는데 상당하다고 인정되는 자의 보증서면과 보증인의 인감증명 및 보증인의 자격을 인정할 만한 서면(공무원재직증명서, 변호사등록증서사본, 법무사자격증사본 등)을 제공할 수 있다(선례 7-75).

② 등기명의인표시경정등기의 신청을 위해서는 등기명의인의 표시의 경정을 증명하는 시·구·읍·면의 장의 서면 또는 이를 증명함에 족한 서면을 신청서에 첨부하여야 하고, 후단에 속하는 서면으로 동일인보증서를 첨부할 경우에는 동일인임을 보증하는 자의 인감증명 및 기타 보증인의 자격을 인정할 만한 서면(공무원 재직증명, 법무사 인가증 사본 등)을 함께 제출하여야 한다(예규 제1421호).

③ 실제로는 수인이 균등하지 아니한 지분비율로 공유하는 건물에 관하여 대장상 공유지분의 기재가 없는 경우, 공유자 전원사이에 작성된 실제의 지분비율을 증명하는 서면을 첨부하여 실제 지분에 따라 소유권보존등기신청을 하기 위해서는 실제의 지분이 균등하게 산정한 지분보다 적은 자의 인감증명을 제출하여야 한다(예규 제724호).

④ 10인 공유의 1필지 부동산에 대한 공유물분할소송에서 A부분은 갑소유로, B부분은 을소유로, C부분은 병을 포함한 8인이 공유(공유자의 지분 표시가 없음)하는 것으로 분할한다는 강제조정이 확정된 경우에는, 그 소송의 당사자는 원·피고에 관계없이 조정에 갈음하는 결정조서를 첨부하여 등기권리자 단독으로 공유물분할을 원인으로 한 지분이전등기를 신청할 수 있고, C부분의 공유자 8인의 지분이 실제로 균등하지 아니한 경우에는 공유자 전원이 작성한 확인서와 인감증명서를 첨부하여 실제의 지분대로 공유물분할에 의한 소유권이전등기를 신청할 수 있다(선례 7-234).

Ⅲ. 인감증명을 제출할 필요가 없는 경우

1. 관공서

부동산등기규칙 제60조의 규정은 관공서에는 적용되지 않으므로(규칙 제60조 제2항) 관공서가 등기의무자이거나 동의 또는 승낙권자 등일 경우에도 관공서의 인감증명은 제출하지 않는다. 다만, 관공서가 등기권리자인 경우에 그 상대방인 등기의무자의 인감증명의 제출이 면제되는 것은 아니다. 따라서 관공서가 부동산에 관한 권리를 취득하여 촉탁서에 등기원인을 증명하는 서면과 등기의무자의 승낙서를 첨부하여 등기촉탁을 하는 경우에 등기의무자의 인감증명을 첨부하여야 한다.

2. 공정증서를 제출하는 경우

부동산등기규칙 제60조제1항제4호 부터 제7호까지의 서면이 공정증서인 경우에는 인감증명을 제출할 필요가 없다. 즉, 토지합필의 특례에 따른 등기신청시 토지소유자의 확인서(규칙 제81조제1항) 및 토지의 분필등기신청서에 첨부하는 권리자의 서면(규칙 제74조), 상속재산협의분할서, 제3자의 동의 또는 승낙을 증명하는 서면이 공정증서인 경우에는 인감증명의 제출을 요하지 아니한다.

Ⅳ. 제출하여야 할 인감증명

1. 인감증명의 발급관서

인감증명에 관한 사무는 시장(특별시장·광역시장 제외)·군수 및 자치구의 구청장이 관장한다. 인감증명을 받고자 하는 자는 미리 그 주소를 관할하는 증명청에 인감을 신고하여야 하며, 인감증명의 발급은 시장·군수·구청장이나 읍장·면장·동장 또는 출장소장이 한다.

2. 인감증명의 제출자

① 인감증명은 등기의무자 등 부동산등기규칙 제60조에서 정하는 본인의 것을 제출하여야 한다. 다만 법인 또는 외국회사인 때에는 대표자의 인감증명(법인인감)을, 법인아닌사단 또는 재단인 때에는 그 대표자 또는 관리인의 인감증명(개인인감)을 제출한다. 청산중인 회사의 경우에는 등기소에서 발행한 청산인의 인감증명을 제출하여야 할 것이나, 휴면간주 등으로 청산종결된 회사가 등기의무자가 되는 경우에는 청산인의 개인 인감증명을 제출하여야 한다.

② 법정대리인에 의하여 부동산등기규칙 제60조제1항제1호 부터 제3호에 해당하는 등기신청을 하거나 동조 제4호 부터 제7호의 서류를 작성한 경우에는 법정대리인의 인감증명을 제출하여야 한다.

③ 부동산등기규칙 제60조의 규정에 의하여 인감증명을 제출해야 하는 자가 외국인인 경우에는 인감증명법에 의한 인감증명 또는 본국의 관공서가 발행한 인감증명을 제출하여야 한다. 다만, 본국에 인감증경 제도가 없고 또한 인감증명법에 의한 인감증명을 받을 수 없는 자는 위임장이나 서면에 한 서명에 관하여 본인이 직접 작성하였다는 취지의 본국 관공서의 증명이나 이에 관한 공정증서를 제공하여야 한다.

3. 인감증명서의 인영, 기재사항, 유효기간 등

① 인감증명법에 의한 인감의 신고는 호적부(가족관계등록사항별증명서) 또는 주민등록표상의 성명에 의하여야 한다. 그러나 위 규정에 위반하여 착오로 인감을 수리하였더라도 그 효력을 부인할 수 없다. 따라서 인감증명서의 인영이 등기신청서 또는 위임장에 날인한 인영과 동일하다면, 신청서의 성명(金寅童)과 인감증명서의 인영(金仁童)의 성명이 다르더라도 무방하고[39], 가족관계등록사항별증명서나 주민등록표상에는 성명이 한자로 표기되어 있으나 인감증명서상의 인영의 문자가 한글로 되어 있다 하더라도 상관없다(선례 1-128).

② 등기신청에 첨부되는 인감증명서상의 등기의므자의 주소가 종전 주소지로 기재되어 있는 등 현주소와 일치하지 아니하더라도 주민등록표등·초본의 주소 이동 내역에 인감증명서상의 주소가 종전 주소로서 표시되어 있거나, 성명과 주민등록번호 등에 의하여 동일인임이 인정되는 경우에는 그 인감증명서가 첨부된 등기신청은 수리하여야 한다.

③ 인감증명법에는 인감증명의 유효기간에 관한 규정이 없으나, 부동산등기규칙에서 부동산등기를 신청하는 경우에 제출하는 인감증명은 발행일로부터 3개월 이내의 것으로 제한하고 있다(규칙 제62조).

---

39) 소유권의 등기명의인이 등기의무자로서 등기를 신청할 때에 제출하는 인감증명서의 인영이 등기신청서 또는 위임장에 날인한 인영과 동일하다면, 신청서 등의 성명과 인감증명서의 인영의 성명이 다르더라도 무방하다.
선례 2-111 87. 5. 30 등기 제324호
질의요지 : 등기부상 소유명의인이 호적 및 주민등록표등본상에는 그 성명이 "김인동"으로 기재되어 있으나 인감은 "김인동"으로 조각하여 신고한 후 이에 의한 인감증명서를 발급받은 경우 소유권이전등기신청서에 그 인감증명서를 첨부하여도 무방한지 알려주시기 바랍니다.

4. 용 도

① 매매를 원인으로 소유권이전등기를 신청하는 경우에는 반드시 부동산 매도용 인감증명을 첨부하여야 하지만 매매 이외의 경우에는 등기신청서에 첨부된 인감증명서상의 사용용도와 그 등기의 목적이 달라도 무방하다. 따라서 사용용도란에 가등기용으로 기재된 인감증명서를 근저당권설정등기신청서에 첨부하거나 부동산매도용 인감증명서를 지상권설정등기신청서에 첨부하여도 그 등기신청을 각하하여서는 아니된다. 부동산매도용으로 인감증명을 발급받고자 하는 때에는 부동산매수자란에 매수인의 성명(법인은 법인명)·주소(법인인 경우에는 주된 사무소 소재지)·주민등록번호를 기재하여야 한다. 증여, 교환 등 매매 이외의 원인으로 인한 소유권이전등기신청의 경우에는 부동산매도용 인감증명서를 첨부할 필요가 없다.

② 부동산매도용 인감증명서에 기재된 매수자와 매매를 원인으로 한 소유권이전등기신청서에 기재된 등기권리자의 인적 사항이 일치되지 아니하여 동일성이 인정되지 않으면 그 등기신청은 수리하여서는 안 된다. 다만 매수인의 주소를 기재함에 있어서 공동주택의 번지의 기재만 누락되었을 뿐 나머지 기재 부분(아파트 및 동, 호수 표시 등)은 주민등록표등본상 현주소와 일치하는 경우에는, 성명과 주민등록번호 등을 대조하여 동일인으로 인정된다면 그 인감증명의 첨부도 가능하다. 한편, 지방자치단체가 매수인인 경우 부동산매도용 인감증명에 매수인의 주소 및 부동산등기용 등록번호를 기재 하지 않아도 무방하다.

③ 부동산의 매수인이 2명인 경우에 인감증명서상의 매수자란 중 성명, 주민등록번호 및 주소란을 각 2칸으로 구분한 후 매수자의 인적 사항을 기재하여 매수자를 특정하였다던지, 또는 부동산의 매수인이 다수인 경우 인감증명서상의 매수자란 중 성명란에 “○○○외 ○명”으로 기재하고, 주민등록번호 및 주소란에 첫번째 매수인 1인의 주소와 주민등록번호를 기재한 다음 나머지 매수인들의 인적사항을 별지에 기재하고 증명청의 직인으로 간인한 부동산매도용 인감증명서를 첨부한 경우 그 등기신청은 이를 수리한다. 위의 경우 나머지 매수인들의 인적사항이 별지에 기재되지 아니한 채 성명란에 “ ○○○외 ○명”으로만 기재된 부동산매도용 인감증명서가 첨부된 때에는 그 등기신청을 수리하여서는 아니된다.

17. 【등기신청의 방법 - 전자신청】

Ⅰ. 서 설
1. 의의
2. 등기신청의 방법
3. 전자신청의 취지
Ⅱ. 방문신청(법 제24조제1항제1호)
1. 서면주의(규칙 제56조)
(1) 신청정보와 첨부정보의 제공
(2) 전자표준양식에 의한 신청
(3) 첨부서면의 원본 환부의 청구
(4) 등기원인증서의 반환
(5) 도면 등의 제공방법
2. 출석주의
Ⅲ. 전자신청(법 제24조제1항제2호)
1. 의 의
2. 전자신청을 할 수 있는 자
(1) 당사자 본인에 의한 신청의 경우
(2) 대리에 의한 신청의 경우
Ⅳ. 전자등기신청시스템의 주요 특징
1. 사용자등록의 선행
2. 공인인증서의 사용
3. 신청서 및 모든 첨부문서의 전자문서화
Ⅴ. 사용자등록 절차
1. 사용자등록이 필요한 사람
2. 사용자등록의 유효기간 등
Ⅵ. 전자등기신청의 절차
1. 의 의
2. 전자신청의 방법
(1) 대법원 인터넷등기소(이하 '인터넷등기소'라 한다) 접속
(2) 사용자 인증
(3) 신청정보의 입력
(4) 필수정보의 첨부 등
(5) 승인
(6) 등기신청수수료의 납부 등
(7) 송신
(8) 인감증명서정보의 송신 불요
3. 전자신청의 보정 및 취하
(1) 보정
(2) 전자신청의 취하
4. 교합완료 후의 조치

17. 【등기신청의 방법 - 전자신청】

Ⅰ. 서 설

1. 의의

등기는 법률에 다른 규정이 있는 경우를 제외하고는 당사자의 신청이나 관공서의 촉탁에 따라 한다(법 제22조). 이와 같이 법은 신청주의를 원칙으로 하고 있으나, 절차상 필요에 의해 예외적으로 등기관이 직권으로 하는 경우(법 제32조, 제66조)와 법원의 명령으로 하는 경우(법 제106조, 제107조)가 있다. 또한 당사자에게 신청의무가 부과되는 경우가 있기도 하다.

2. 등기신청의 방법

등기신청의 방법에는 방문신청과 전자신청이 있다(법 제24조제1항).

3. 전자신청의 취지

전자신청에 의하여 관할 등기소에 출석하지 않고 신청이 가능하게 됨에 따라 등기신청에 소요되는 국민의 시간과 비용을 절감할 수 있게 되고, 또한 신청과 동시에 접수와 기입이 완료되기 때문에 등기업무처리의 효율성을 제고할 수 있게 되었다.

Ⅱ. 방문신청(법 제24조제1항제1호)

1. 서면주의(규칙 제56조)

(1) 신청정보와 첨부정보의 제공

방문신청을 하기 위해서는 소정의 사항이 기재되어 있는 신청서(신청정보를 담고있는 서면)와 첨부서면(첨부정보를 담고 있는 서면)을 등기소에 제공하여야 하고, 신청서에는 신청인 또는 그 대리인이 기명날인하거나 서명하여야 한다. 구술에 의한 신청은 인정되지 않는다.

신청서가 여러 장일 때에는 신청인 또는 그 대리인이 간인을 하여야 하고, 등기권리자 또는 등기의무자가 여러 명일 때에는 그 중 1명이 간인하는 방법으로 한다. 신청서에 서명을 하였을 때에는 각 장마다 연결되는 서명을 함으로써 간인을 대신한다.

(2) 전자표준양식에 의한 신청

서면신청의 경우에는 신청서를 제출하기 전에 신청정보를 전산정보처리조직에 저장할 수 있고, 이 경우 신청인은 전산정보처리조직에 저장한 등기신청정보를 출력하여 그 출력물로써 등기신청을 하여야 한다. 이를 전자표준양식에 의한 신청이라고 한다. 전자표준양식에 의한 신청은 전자신청과 유사하지만, 다시 그 신청서를 종이로 출력하고 신청에 필요한 서면을 첨부하여 등기신청을 하여야 하므로 전자신청이 아니라 서면신청의 한 형태이다(규칙 제64조).

(3) 첨부서면의 원본 환부의 청구

신청서에 첨부한 서류의 원본의 환부를 청구하는 경우에 신청인은 그 원본과 같다는 뜻을 적은 사본을 첨부하여야 하고, 등기관이 서류의 원본을 환부할 때에는 그 사본에 원본 환부의 뜻을 적고 기명날인하여야 한다. 다만, 등기필정보를 제공할 수가 없어 자격자대리인이 작성한 확인정보를 담고 있는 서면이나 인감증명서, 법인등기사항증명서, 주민등록표등·초본 등과 같이 별도의 방법으로 신청인이 다시 취득할 수 있는 첨부서면은 환부청구를 할 수 없다(규칙 제59조).

(4) 등기원인증서의 반환[40)]

등기를 완료한 후 등기관은 등기원인증서를 등기필정보통지서와 함께 신청인에게 돌려주어야 하는데(규칙 제66조), 신청인이 등기를 마친 때부터 3개월 이내에 등기원인증서를 수령하지 않을 때에는 그 증서를 폐기할 수 있다.

(5) 도면 등의 제공방법

방문신청을 하는 경우라도 등기소에 제공하여야 하는 도면, 신탁원부 작성에 필요한 사항을 담고 있는 서면은 전자문서로 작성하여야 하고, 그 제공은 전산정보처리조직을 이용하여 등기소에 송신하는 방법으로 하여야 한다. 이 경우 신청인 또는 대리인의 전자서명정보를 도면 등과 함께 송신하여야 한다. 다만 자연인 또는 법인 아닌 사단이나 재단이 직접 등기신청을 하는 경우나 자연인 또는 법인 아닌 사단이나 재단이 자격자대리인이 아닌 사람에게 위임하여 등기신청을 하는 경우에는 전자문서로 제공하지 않아도 된다(규칙 제63조, 제139조제4항).

---

40) 예규 제1405호

2. 출석주의

등기는 신청인 또는 대리인이 등기소에 출석하여 신청하여야 하고(법 제24조), 우편에 의한 신청은 인정되지 않는다. 그러나 관공서가 등기를 촉탁하는 경우에는 출석을 요하지 아니하므로 우편에 의한 등기촉탁도 할 수 있다. 등기촉탁을 할 수 있는 자는 원칙적으로 국가 및 지방자치단체에 한정되며, 공사 등은 등기촉탁에 관한 특별규정이 있는 경우에 한하여 촉탁의 방법에 의할 수 있다.41)

Ⅲ. 전자신청(법 제24조제1항제2호)

1. 의 의

전자신청은 신청정보와 첨부정보를 전자문서로 등기소에 송신하는 방법으로 하여야 한다(규칙 제67조제2항). 그러므로 전자신청에는 서면주의와 출석주의가 적용되지 않는다.

2. 전자신청을 할 수 있는 자42)

(1) 당사자 본인에 의한 신청의 경우

1) 「부동산등기규칙」 제68조 후단에 따른 사용자등록을 한 자연인(외국인 포함)과 「상업등기법」 제12조에 따른 전자증명서(이하 "전자증명서"다 한다)를 발급받은 법인은 전자신청을 할 수 있다. 다만, 외국인의 경우에는 ①「출입국관리법」 제31조에 따른 외국인등록이나

②「재외동포의 출입국과 법적 지위에 관한 법률」 제6조, 제7조에 따른 국내거소신고 중 어느 하나에 해당하는 요건을 갖추어야 한다.

2) 법인 아닌 사단이나 재단은 전자신청을 할 수 없다.

(2) 대리에 의한 신청의 경우

1) 변호사나 법무사[법무법인·법무법인(유한)·법무사합동법인을 포함한다. 이하 "자격자대리인"이라 한다]는 다른 사람을 대리하여 전자신청을 할 수 있고, 자격자대리인이

41) 예규 제1440호
42) 예규 제1422호

아닌 사람은 다른 사람을 대리하여 전자신청을 할 수 없다.

Ⅳ. 전자등기신청시스템의 주요 특징

1. 사용자등록의 선행

전자등기신청을 하고자 하는 당사자 또는 자격자대리인은 미리 사용자등록을 하여야 하는데(규칙 第68조), 사용자등록이란 전자신청을 하고자 하는 당사자 또는 자격자대리인이 등기소에 직접 출석하여 본인여부에 대한 확인을 거친 후에 인터넷등기소의 전자신청시스템에 공인인증서정보 및 사용자등록번호를 등록하는 일련의 절차를 말한다.

2. 공인인증서의 사용

공인인증서는 정부가 지정한 국가공인인증기관에서 발행한 인증서로서, 인터넷을 이용한 전자상거래시 거래당사자의 신원확인 및 해킹을 방지하기 위한 수단으로 사용된다. 공인인증서의 유효기간은 1년 단위이며 매년 갱신발급을 받아야 한다.

3. 신청서 및 모든 첨부문서의 전자문서화

전자신청을 하기 위해서는 신청서는 물론 첨부서면도 전자문서로 작성하여 전자신청시스템에 송신하여야 한다. 전자문서에는 작성자가 공인인증서를 이용하여 전자서명을 하여야 하고, 등록면허세·등기신청수수료 등 등기신청과 관련된 의무사항의 이행 여부도 전자적으로 확인할 수 있어야 한다.

Ⅴ. 사용자등록 절차[43]

1. 사용자등록이 필요한 사람

전자신청을 하고자 하는 당사자 또는 변호사나 법무사는 개인공인인증서(이하"공인인증서"라 한다)를 발급받아 최초의 전자신청 전에 등기소(주소지나 사무소 소재지 관할 이외의 등기소에서도 할 수 있다)에 직접 출석하여 미리 사용자등록을 하여

---

43) 예규 제1391호

야 한다(규칙 제68조제1항). 사용자등록 신청서에는 「인감증명법」에 따라 발급된 신청인의 인감증명과 주소를 증명하는 서면(발행일부터 3개월 이내의 것이어야 한다)을 첨부하여야 한다.

신청인이 자격자대리인인 경우에는 그 자격을 증명하는 서면(법무사등록증 등)의 사본을 함께 첨부하여야 한다.

2. 사용자등록의 유효기간 등

사용자등록의 유효기간은 3년이고, 그 유효기간이 지난 경우에는 사용자등록을 다시 하여야 한다. 단 유효기간 만료일 3개월 전부터 만료일까지는 그 유효기간의 연장을 신청할 수 있으며, 이 경우 그 연장기간은 3년으로 한다(규칙 제69조). 사용자등록을 한 사람은 사용자등록의 효력정지, 효력회복 또는 해지를 신청할 수 있다(규칙 제70조). 사용자등록 후 등록정보가 변경된 경우에는 그 변경된 사항을 등록하여야 한다(규칙 제71조제1항).

Ⅵ. 전자등기신청의 절차[44)]

1. 의 의

전자등기신청이란 신청인이 종이신청서를 작성하여 등기소에 출석·제출할 필요 없이 가상등기소인 인터넷등기소를 통하여 신청서와 모든 첨부문서를 전자적으로 부동산등기시스템에 송신함으로써 등기신청, 접수 및 처리가 이루어지는 절차이다.

2. 전자신청의 방법

(1) 대법원 인터넷등기소(이하 '인터넷등기소'라 한다) 접속

전자신청을 하고자 하는 당사자 또는 자격자대리인은 인터넷등기소(http://www.iros.go.kr/)에 접속한 후 "인터넷등기전자신청"을 선택하여 모든 문서를 전자문서로 작성하여야 한다. 다만, 신청인이 자격자대리인인 경우 다음 각 호의 서면에 대하여는 이를 전자적 이미지 정보로 변환(스캐닝)하여 원본과 상위 없다는 취지의 부가정보와 자격자대리인의 개인공인인증서(이하 "공인인증

---

44) 예규 제1422호

서”라 한다)정보를 덧붙여 등기소에 송신하는 것으로 이를 갈음할 수 있다.

1) 대리권한을 증명하는 서면(**등기원인증서가 존재하지 아니하는 등기유형에 한한다**) 및 행정정보 또는 취득세 또는 등록면허세 납부확인정보를 담고 있는 서면

2) 다음 ①부터 ③까지의 경우에 그 첨부정보를 담고 있는 모든 서면. 다만, 인감증명서와 그 인감을 날인한 서면(**예 : 등기의무자의 위임장, 제3자의 승낙서 등**)은 제외한다.

① 국가, 지방자치단체 또는 특별법에 의하여 설립된 공법인(「지방공기업법」에 의하여 설립된 지방공사를 포함한다)이 등기권리자로서 「공익사업을 위한 토지 등의 취득 및 보상에 관한 법률」에 의하여 토지 등을 협의취득 또는 수용하여 이를 원인으로 소유권이전등기를 신청하는 경우

② 법원행정처장이 지정하는 금융기관이 (근)저당권자로서 (근)저당권 설정등기, (근)저당권 이전등기, (근)저당권 변경(경정)등기 또는 (근)저당권 말소등기를 신청하는 경우

③ 국가, 지방자치단체, 특별법에 의하여 설립된 공법인(「지방공기업법」에 의하여 설립된 지방공사를 포함한다) 또는 위 (나)호에 의하여 지정된 금융기관이 지상권자로서 지상권설정등기 또는 지상권말소등기를 신청하는 경우

(2) 사용자 인증

인터넷등기소에 접속한 당사자 또는 자격자대리인이 전자신청을 하기 위해서는 ① 당사자가 개인인 경우에는 공인인증서정보 및 사용자등록번호, ② 당사자가 법인인 경우에는 전자증명서정보, ③ 자격자대리인의 경우에는 공인인증서정보 및 사용자등록번호정보를 입력하여 사용자 인증을 받아야 한다.

(3) 신청정보의 입력

신청정보는 "인터넷등기전자신청" 시스템이 안내하는 순서에 따라 입력하여야 한다.

(4) 필수정보의 첨부 등

1) 법원행정처장이 지정하는 등기유형에 해당하는 사건을 등기권리자와 등기의무자가 공동으로 전자신청을 하기 위해서는 해당 필수정보를 반드시 전자적으로 첨부하여야 하며, 그 정보가 첨부되지 아니한 때에는 신청정보를 송신할

수 없다.

2) 첨부하여야 할 정보 중 법인등기부정보 및 부동산등기부정보와 같이 등기소에서 직접 확인할 수 있는 정보는 그 표시만 하고 첨부를 생략하며, 행정정보 공동이용의 대상이 되는 다음 각 호의 정보는 행정정보공유센터에 연계요청을 하여 수신한 정보를 첨부한다.

① 주민등록정보, ② 토지대장정보, ③ 건축물대장정보, ④ 거래계약신고필정보, ⑤ 취득세 또는 등록면허세납부확인정보(**전자신청을 하기 위해서는 취득세 또는 등록면허세를 지방세 인터넷 납부시스템에 의하여 전자적으로 납부하여야 함**), ⑥ 토지거래계약허가정보

3) 작성명의인이 있는 전자문서를 첨부할 경우 그 전자문서는 PDF 파일 형식의 전자문서이어야 하며, 다음 각 호의 정보를 함께 첨부하여야 한다.

① 작성명의인이 개인인 경우 : 공인인증서정보

② 작성명의인이 관공서인 경우 : 행정전자서명정보

③ 작성명의인이 법인인 경우 : 전자증명서정보

4) 등기필증을 전자적 이미지 정보로 변환하여 등기소에 송신하는 경우에는 원본과 상위 없다는 취지의 부가정보와 자격자대리인의 공인인증서정보를 덧붙여야 한다.

(5) 승인

1) 공동신청의 경우

공동신청을 하여야 할 등기신청에 있어서 당사자가 대리인에게 위임하지 않고 직접 신청하는 경우 또는 위임을 서로 다른 대리인에게 한 경우에는 어느 일방이 신청정보와 첨부정보를 입력한 후 승인대상자를 지정하여야 하고, 승인대상자로 지정된 자는 사용자 인증을 받은 후 공인인증서정보(**승인대상자로 지정된 자가 당사자로서 법인인 경우에는 '전자증명서정보'를 말한다**)를 첨부하여 승인을 하여야 한다.

2) 대리인에 의한 신청의 경우

대리인에 의한 신청인 경우에는 대리인이 위임에 관한 정보를 입력하고 당사자가 공인인증서정보(**당사자가 법인인 경우에는 '전자증명서정보'를 말한다**)를 첨부하여 승인하여야 한다.

3) 승인이 불필요한 경우

공동신청이 아닌 단독신청 사건(부동산표시변경, 등기명의인표시변경 사건 등)에서 사용자등록을 한 자가 대리인을 통하지 않고 스스로 전자신청을 하는 경우에는 승인절차를 거치지 아니한다.

(6) 등기신청수수료의 납부 등

당사자 또는 대리인이 신청정보를 모두 입력하고 승인을 받은 경우(승인대상이 아닌 경우 제외)에는 신청수수료를 전자적인 방법(신용카드, 계좌이체, 전자화폐)으로 납부하여야 한다.

(7) 송신

등기신청수수료를 납부한 당사자 또는 대리인은 납부 후 7일 이내에 신청정보를 등기소에 송신하여야 한다.

(8) 인감증명서정보의 송신 불요

규칙 제60조, 제61조 및 기타 규정에 의하여 인감증명을 제출하여야 하는 자가 공인인증서정보(인감증명을 제출하여야 하는 자가 법인인 경우에는 '전자증명서정보'를 말한다)를 송신한 때에는 인감증명서정보의 송신을 요하지 않는다.

3. 전자신청의 보정 및 취하

(1) 보정

1) 보정 통지의 방법

보정사항이 있는 경우 등기관은 보정사유를 등록한 후 전자우편, 구두, 전화 기타 모사전송의 방법에 의하여 그 사유를 신청인에게 통지하여야 한다.

2) 보정의 방법

전자신청의 보정은 전산정보처리조직에 의하여 하여야 한다. 다만, 행정정보 공동이용의 대상이 되는 첨부정보에 관하여 해당 행정기관의 시스템 장애, 행정정보공동이용망의 장애 등으로 이를 첨부할 수 없는 경우 또는 등기소의 전산정보처리조직의 장애 등으로 인하여 등기관이 이를 확인할 수 없어 보정을 명한 경우에는 그 정보를 담고 있는 서면(주민등록등본, 건축물대장등본 등)을 등기소에 직접 제출하거나, 신청인이 자격자대리인인 경우에는 그 서면을 전자적 이미지 정보로 변환하여 원본과 상위 없다는 취지의 부가정보와 자격자대리인의 공인인증서정보를 덧붙여 등기소에 송신할 수 있다.

3) 신청정보의 출력

신청인이 위 2) 단서에 의하여 등기소에 직접 제출하는 방식으로 보정을 한 경우 등기관은 신청정보를 담고 있는 서면을 출력하여 그 출력물과 보정 서면을 편철한 후 신청서 기타 부속서류 편철장에 편철한다.

(2) 전자신청의 취하

① 전자신청의 취하는 전산정보처리조직을 이용해서 하여야 한다. 이 경우 전자신청과 동일한 방법으로 사용자인증을 받아야 한다. 다만 전자신청에 대한 각하 결정의 방식 및 고지방법은 서면신청과 동일한 방법으로 처리한다. ② 전자신청 사건에 관하여 이의신청이 있어 그 사건을 관할지방법원에 송부하여야 할 경우 등기관은 전자문서로 보존되어 있는 신청정보와 첨부정보를 출력하여 인증을 한 후 그 출력물을 송부하여야 한다.

4. 교합완료 후의 조치

등기관이 등기를 완료한 때에는 전산정보처리조직에 의하여 등기필정보의 송신 및 등기완료사실의 통지를 하여야 한다.

18. 【판결 등 집행권원에 의한 등기신청】

Ⅰ. 서　설
1. 의 의
2. 단독신청을 인정하는 취지
3. 판결에 의한 등기신청의 성질
Ⅱ. 법 제23조제4항 판결의 요건
1. 이행판결
(3) 등기신청할 수 없는 판결의 예시
2. 확정판결
3. 법 제23조제4항의 판결에 준하는 집행권원
4. 판결의 확정시기
Ⅲ. 등기신청절차
1. 신청인
(1) 승소한 등기권리자 또는 승소한 등기의무자
(2) 승소한 등기권리자의 상속인
(3) 공유물분할판결에 의한 경우
(4) 채권자대위소송에 의한 경우
(5) 채권자취소소송의 경우
2. 등기원인과 그 연월일
(1) 이행판결
(2) 형성판결
(3) 화해조서 등
3. 첨부정보
(1) 판결정본 및 확정증명서와 송달증명서
(2) 집행문
(3) 승계집행문
(4) 주소를 증명하는 정보
(5) 제3자의 허가정보
(6) 등기필정보
Ⅳ. 관련문제
1. 승소한 등기의무자의 단독신청
2. 당사자 표시의 불일치
(1) 등기권리자의 불일치
(2) 등기의무자의 불일치
3. 부동산 표시의 불일치
(1) 변론종결 이전인 경우
(2) 변론종결 이후인 경우
4. 판결이유에 대한 등기관의 심사범위
(1) 원　칙
(2) 예외
5. 확정판결의 소멸시효와 등기신청
6. 1필지의 토지 중 특정 일부에 대하여 소유권이전등기를 명하거ㄴ 소유권이전 등기의 말소를 명하는 판결이 확정된 후
7. 판결문의 기재가 현재의 소유관계와 일치하지 않는 경우
8. 승소판결의 내용 중 일부만에 대한 등기신청
9. 부동산의 일부 지분에 대하여 말소를 명하는 판결이 확정된 경우
10. 판결에 의한 등기와 집행정지
Ⅴ. 결　어

18. 【판결 등 집행권원에 의한 등기신청】45)

Ⅰ. 서 설

1. 의 의

부동산등기법 제23조는 "등기는 법률에 다른 규정이 없는 경우에는 등기권리자와 등기의무자가 공동으로 신청한다."고 규정하여 공동신청의 원칙을 채택하고 있다. 따라서 등기의무자가 등기신청에 협력하지 않는다면 등기권리자는 물권변동을 일어나게 할 수 없고 나아가서 등기제도의 원활한 운영을 꾀할 수 없게 된다. 여기서 등기를 원하는 일방당사자가 타방당사자에 대하여 등기신청에 협력할 것을 요구할 수 있는 실체법상의 권리, 즉 등기청구권이 인정된다. 이러한 등기청구권은 공동신청에 의하여 권리에 관한 등기를 신청함에 있어서, 등기의무자의 등기신청의사의 진술을 갈음하는 판결(민법 제389조2항 참조)을 소구할 수 있는 권리이다. 등기청구권에 기하여 등기권리자가 등기의무자를 상대로 한 소송에서 일정한 내용의 등기절차를 이행할 것을 명하는 판결이 확정되면 그것으로써 등기의무자가 등기신청을 한 것으로 간주되므로(민집 263조), 승소한 등기권리자는 그 확정판결에 기하여 단독으로 등기신청을 할 수 있는 것이다.

2. 단독신청을 인정하는 취지

위와 같이 판결에 의한 등기신청의 경우에 등기권리자의 단독신청을 인정한 이유는 한편으로는 판결에 의하여 등기의 진정성이 보장되고, 다른 한편으로는 판결에 의하여 공동신청주의 원칙이 유지되기 때문이라고 할 수 있다.

3. 판결에 의한 등기신청의 성질

원고가 승소하여 피고의(등기신청의 의사표시를 갈음하는) 의사의 진술을 명하는 판결이 선고된 때에는 그 판결이 확정됨으로써 피고가 특정한 등기신청의사의 진술을 한 것으로 간주되므로(민집 263조), 판결확정과 동시에 협의의 집행은 완료된다. 그런데 판결이 확정되었다고 해서 등기의무자의 등기신청의사가 등기소에 도달된 것은 아니므로, 등기권리자가 판결을 첨부하여 그 판결에서 명한 특정한 등기신청의 의사를 등기소에 도달시키는 행위를 법 제23조라고 할 수 있다. 이에 따르면 판결을 등기소에 제시하는 행위는 광의의 집행 내지 판결의 이용행위

45) 예규 제1383호

로서의 성질을 갖는다.

Ⅱ. 법 제23조제4항 판결의 요건

1. 이행판결

(1) 법 제23조제4항의 판결은 등기신청절차의 이행을 명하는 이행판결이어야 하며, 주문의 형태는 "○○○등기절차를 이행하라"와 같이 등기신청 의사를 진술하는 것이어야 한다. 다만 공유물분할판결의 경우에는 예외로 한다.

(2) 위 판결에는 등기권리자와 등기의무자가 나타나야 하며, 신청의 대상인 등기의 내용, 즉 등기의 종류, 등기원인과 그 연월일 등 신청서에 기재하여야 할 사항이 명시되어 있어야 한다.

(3) 등기신청할 수 없는 판결의 예시

1) 등기신청절차의 이행을 명하는 판결이 아닌 경우

① "○○재건축조합의 조합원 지위를 양도하라"와 같은 판결

② "소유권지분 10분의 3을 양도한다"라고 한 화해조서

③ "소유권이전등기절차에 필요한 서류를 교부한다"라고 한 화해조서

2) 이행판결이 아닌 경우

① 매매계약이 무효라는 확인판결에 의한 소유권이전등기의 말소등기신청

② 소유권확인판결에 의한 소유권이전등기의 신청

③ 통행권 확인판결에 의한 지역권설정등기의 신청

④ 재심의 소에 의하여 재심대상 판결이 취소된 경우 그 재심판결로 취소된 판결에 의하여 경료된 소유권이전등기의 말소등기 신청

⑤ 피고의 주소를 허위로 기재하여 소송서류 및 판결정본을 그 곳으로 송달하게 한 사위판결에 의하여 소유권이전등기가 경료된 후 상소심절차에서 그 사위판결이 취소·기각된 경우 그 취소·기각판결에 의한 소유권이전등기의 말소등기 신청

3) 신청서에 표시하여야 할 필요적 신청정보가 판결주문에 명시되지 아니한 경우

① 근저당권설정등기를 명하는 판결주문에 필수적 기재사항인 채권최고액이나 채무자가 명시되지 아니한 경우

② 전세권설정등기를 명하는 판결주문에 필수적 기재사항인 전세금이나 전세권의 목적인 범위가 명시되지 아니한 경우

2. 확정판결

법 제23조제4항의 판결은 확정판결이어야 한다. 따라서 확정되지 아니한 가집행선고가 붙은 판결에 의하여 등기를 신청한 경우 등기관은 그 신청을 각하하여야 한다.

3. 법 제23조제4항의 판결에 준하는 집행권원

(1) 화해조서·인낙조서, 화해권고결정, 민사조정조서·조정에 갈음하는 결정, 가사조정조서·조정에 갈음하는 결정 등도 그 내용에 등기의무자의 등기신청에 관한 의사표시의 기재가 있는 경우에는 등기권리자가 단독으로 등기를 신청할 수 있다.

(2) 중재판정 또는 외국판결에 의한 등기신청은 집행판결을 첨부하여야만 단독으로 등기를 신청할 수 있다.

(3) 공증인 작성의 공정증서는 설령 부동산에 관한 등기신청의무를 이행하기로 하는 조항이 기재되어 있더라도 등기권리자는 이 공정증서에 의하여 단독으로 등기를 신청할 수 없다.

(4) 가처분결정(판결)에 등기절차의 이행을 명하는 조항이 기재되어 있어도 등기권리자는 이 가처분결정 등에 의하여 단독으로 등기를 신청할 수 없다. 다만, 가등기권자는 법 제89조의 가등기가처분명령을 등기원인증서로 하여 단독으로 가등기를 신청할 수 있다.

4. 판결의 확정시기

등기절차의 이행을 명하는 확정판결을 받았다면 그 확정시기에 관계없이, 즉 확정 후 10년이 경과하였다 하더라도 그 판결에 의한 등기신청을 할 수 있다.

Ⅲ. 등기신청절차

1. 신청인

(1) 승소한 등기권리자 또는 승소한 등기의무자

1) 승소한 등기권리자 또는 승소한 등기의무자는 단독으로 판결에 의한 등기신청을 할 수 있다.

2) 패소한 등기의무자는 그 판결에 기하여 직접 등기권리자 명의의 등기신청을 하거나 승소한 등기권리자를 대위하여 등기신청을 할 수 없다.

3) 승소한 등기권리자에는 적극적 당사자인 원고뿐만 아니라 피고나 당사자 참가인도 포함된다.

(2) 승소한 등기권리자의 상속인

승소한 등기권리자가 승소판결의 변론종결 후 사망하였다면, 상속인이 상속을 증명하는 서면을 첨부하여 직접 자기 명의로 등기를 신청할 수 있다.

(3) 공유물분할판결에 의한 경우

공유물분할판결이 확정되면 그 소송 당사자는 원·피고인지 여부에 관계없이 그 확정판결을 첨부하여 등기권리자 단독으로 공유물분할을 원인으로 한 지분이전등기를 신청할 수 있다.

(4) 채권자대위소송에 의한 경우

1) 채권자가 제3채무자를 상대로 채무자를 대위하여 등기절차의 이행을 명하는 판결을 얻은 경우 채권자는 법 제28조에 의하여 채무자의 대위 신청인으로서 그 판결에 의하여 단독으로 등기를 신청할 수 있다.

2) 채권자 대위소송에서 채무자가 채권자대위소송이 제기된 사실을 알았을 경우에는 채무자 또는 제3채권자도 채권자가 얻은 승소판결에 의하여 단독으로 등기를 신청할 수 있다.

(5) 채권자취소소송의 경우

수익자(갑)를 상대로 사해행위취소판결을 받은 채권자(을)는 채무자(병)를 대위하여 단독으로 등기를 신청할 수 있다. 이 경우 등기신청서의 등기권리자란에는 "병 대위신청인 을"과 같이 표시하고, 등기의무자란에는 "갑"을 표시한다.

2. 등기원인과 그 연월일

(1) 이행판결

1) 원칙

등기절차의 이행을 명하는 판결에 의하여 등기를 신청하는 경우에는 그 판결주문에 명시된 등기원인과 그 연월일을 등기신청서에 표시한다.

2) 예외

등기절차의 이행을 명하는 판결주문에 등기원인과 그 연월일이 명시되어 있지 아니한 경우 등기신청서에는 등기원인은 "확정판결"로, 그 연월일은 "판결선고일"을 표시한다.

① 기존등기의 등기원인이 부존재 내지 무효이거나 취소·해제에 의하여 소멸하였음을 이유로 말소등기 또는 회복등기를 명하는 판결

② 가등기상 권리가 매매예약에 의한 소유권이전등기청구권으로써 그 가등기에 기한 본등기를 명한 판결의 주문에 등기원인과 그 연월일의 기재가 없는 경우

(2) 형성판결

1) 권리변경의 원인이 판결 자체, 즉 형성판결인 경우 등기신청서에는 등기원인은 "판결에서 행한 형성처분"을 표시하고, 그 연월일은 "판결확정일"을 표시한다.

2) 예시

① 공유물분할판결의 경우 등기원인은 "공유물분할"로, 그 연월일은 "판결확정일"을 표시한다.

② 사해행위취소판결의 경우 등기원인은 "사해행위취소"로, 그 연월일은 "판결확정일"을 표시한다.

③ 재산분할심판의 경우 등기원인은 "재산분할"로, 그 연월일은 "심판확정일"을 표시한다.

(3) 화해조서 등

1) 화해조서·인낙조서, 화해권고결정, 민사조정조서·조정에 갈음하는 결정,

가사조정조서·조정에 갈음하는 결정 등(이하 “화해조서 등”이라 한다)에 등기신청에 관한 의사표시의 기재가 있고 그 내용에 등기원인과 그 연월일의 기재가 있는 경우 등기신청서에는 그 등기원인과 그 연월일을 표시한다.

2) 화해조서 등에 등기신청에 관한 의사표시의 기재가 있으나 그 내용에 등기원인과 그 연월일의 기재가 없는 경우 등기신청서에는 등기원인은 “화해”, “인낙”, “화해권고결정”, “조정” 또는 “조정에 갈음하는 결정” 등으로, 그 연월일은 “조서기재일” 또는 “결정확정일”을 표시한다.

3. 첨부정보

(1) 판결정본 및 확정증명서와 송달증명서

1) 판결에 의한 등기를 신청함에 있어 등기원인증서로써 판결정본과 그 판결이 확정되었음을 증명하는 확정증명서를 첨부하여야 한다.

2) 조정조서, 화해조서 또는 인낙조서를 등기원인증서로써 첨부하는 경우에는 확정증명서를 첨부할 필요가 없다.

3) 조정에 갈음하는 결정정본 또는 화해권고결정정본을 등기원인증서로써 첨부하는 경우에는 확정증명서를 첨부하여야 한다.

4) 위 1)부터 3)까지의 경우에 송달증명서의 첨부는 요하지 않는다.

(2) 집행문

1) 판결에 의한 등기를 신청하는 경우 원칙적으로 집행문의 첨부를 요하지 않는다.

2) 등기절차의 이행을 명하는 판결이 선이행판결, 상환이행판결, 조건부이행판결인 경우에는 집행문을 첨부하여야 한다. 다만 등기절차의 이행과 반대급부의 이행이 각각 독립적으로 기재되어 있다면 그러하지 아니하다.

(3) 승계집행문

1) 이행판결

① 등기절차의 이행을 명하는 확정판결의 변론종결 후 그 판결에 따른 등기신청 전에 등기의무자인 피고 명의의 등기를 기초로 한 제3자 명의의 새로운 등기가 경료된 경우(단, 아래 ②의 경우를 제외한다)로서 제3자가 「민사소송법」 제218조 제1항의 변론을 종결한 뒤의 승계인에 해당하여 위 판결의 기판력이

그에게 미친다는 이유로 원고가 위 제3자에 대한 승계집행문을 부여받은 경우에는, 원고는 그 제3자 명의의 등기의 말소등기와 판결에서 명한 등기를 단독으로 신청할 수 있으며, 위 각 등기는 동시에 신청하여야 한다.

② 권리이전등기(예 : 진정명의회복을 원인으로 하는 소유권이전등기)절차를 이행하라는 확정판결의 변론종결 후 그 판결에 따른 등기신청 전에 그 권리에 대한 제3자 명의의 이전등기가 경료된 경우로서 제3자가 「민사소송법」 제218조 제1항의 변론을 종결한 뒤의 승계인에 해당하여 위 판결의 기판력이 그에게 미친다는 이유로 원고가 위 제3자에 대한 승계집행문을 부여받은 경우에는, 원고는 그 제3자를 등기의무자로 하여 곧바로 판결에 따른 권리이전등기를 단독으로 신청할 수 있다.

2) 공유물분할판결

① 일부 공유자의 지분을 기초로 한 제3자 명의의 새로운 등기(단, 공유지분이전등기를 제외한다)가 경료된 경우

공유물분할판결의 변론종결 후 그 판결에 따른 등기신청 전에 일부 공유자의 지분을 기초로 한 제3자 명의의 새로운 등기가 경료된 경우(**단, 아래 ②ⓐ의 경우를 제외한다**)로서 제3자가 「민사소송법」 제218조 제1항의 변론을 종결한 뒤의 승계인에 해당하여 위 판결의 기판력이 그에게 미친다는 이유로 다른 공유자가 자신이 취득한 분할부분에 관하여 위 제3자에 대한 승계집행문을 부여받은 경우에는, 그 공유자는 제3자 명의의 등기의 말소등기와 판결에 따른 지분이전등기를 단독으로 신청할 수 있으며, 위 각 등기는 동시에 신청하여야 한다.

② 일부 공유자의 지분이 제3자에게 이전된 경우

ⓐ 등기의무자의 승계

공유물분할판결의 변론종결 후 그 판결에 따른 등기신청 전에 일부 공유자의 지분이 제3자에게 이전된 경우로서 제3자가 「민사소송법」 제218조 제1항의 변론을 종결한 뒤의 승계인에 해당하여 위 판결의 기판력이 그에게 미친다는 이유로 다른 공유자가 자신이 취득한 분할부분에 관하여 위 제3자에 대한 승계집행문을 부여받은 경우에는, 그 공유자는 제3자 명의의 지분에 대하여 그 제3자를 등기의무자로 하여 곧바로 판결에 따른 이전등기를 단독으로 신청할 수 있다.

ⓑ 등기권리자의 승계

공유물분할판결의 변론종결 후 그 판결의 확정 전에 일부 공유자의 지분이 제3자에게 이전된 경우로서 위 제3자가 「민사소송법」 제218조 제1항의 변론을 종결한 뒤의 승계인에 해당하여 위 판결의 기판력이 그에게 미친다는 이유로 종전 공유자가 취득한 분할부분에 관하여 자신을 위한 승계집행문을 부여받은 경우에는, 그 제3자는 다른 공유자 명의의 지분에 대하여 곧바로 자신 앞으로 판결에 따른 이전등기를 단독으로 신청할 수 있다.

(4) 주소를 증명하는 정보

1) 판결에 의하여 소유권이전등기신청을 하는 경우

① 판결에 의하여 등기권리자가 단독으로 소유권이전등기를 신청할 때는 등기권리자의 주소를 증명하는 서면만을 제출하면 된다.

② 판결문상의 피고의 주소가 등기부상의 등기의무자의 주소와 다른 경우 (등기기록상 주소가 판결에 병기된 경우 포함)에는 동일인임을 증명할 수 있는 자료로서 주소에 관한 서면을 제출하여야 한다. 다만 판결문상에 기재된 피고의 주민등록번호와 등기기록상에 기록된 등기의무자의 주민등록번호가 동일하여 동일인임을 인정할 수 있는 경우에는 그러하지 아니하다.

2) 판결에 의한 대위보존등기를 신청하는 경우 보존등기명의인의 주소를 증명하는 정보

원고가 미등기 부동산에 관하여 그 소유자를 피고로 하여 소유권이전등기절차의 이행을 명하는 판결을 받은 후 피고를 대위하여 소유권보존등기를 신청하는 경우에는 그 보존등기명의인인 피고의 주소를 증명하는 정보를 제공하여야 한다. 피고에 대한 소송서류의 송달이 공시송달에 의하여 이루어진 경우에도 같다.

이 경우 피고의 주민등록이 「주민등록법」 제20조제5항에 의하여 말소된 때에는 말소된 주민등록표등본을 첨부하고 그 최후 주소를 주소지로 하여 피고명의의 소유권보존등기를 신청할 수 있다.

3) 판결에 의하여 소유권이전등기를 순차로 대위신청하는 경우

갑은 을에게, 을은 병에게 각 소유권이전등기절차를 순차로 이행하라는 판결에 의하여 병이 을을 대위하여 갑으로부터 을로의 소유권이전등기를 신청할 때에는 을의 주소를 증명하는 정보를 첨부하여야 하고, 이 경우 을에 대한 소송서류의 송달이 공시송달에 의하여 이루어진 때에는 그 판결에 기재된 을의 최후 주소를 증명하는 정보를 첨부하여야 한다.

(5) 제3자의 허가정보

1) 신청대상인 등기에 제3자의 허가정보 등이 필요한 경우에도 그러한 정보의 제공은 요하지 않는다(「부동산등기법」 제50조제2항 및 「부동산등기규칙」 제46조제3항 참조).

2) 다만, 등기원인에 대하여 행정관청의 허가, 동의 또는 승낙 등을 받을 것이 요구되는 때에는 해당 허가서 등의 현존사실이 그 판결서에 기재되어 있는 경우에 한하여 허가서 등의 제출의무가 면제된다. 그러나 소유권이전등기를 신청할 때에는 해당 허가서 등의 현존사실이 판결서 등에 기재되어 있다 하더라도 행정관청의 허가 등을 증명하는 정보는 반드시 제공하여야 한다(「부동산등기특별조치법」 제5조 제1항 참조).

(6) 등기필정보

승소한 등기권리자가 단독으로 판결에 의하여 등기를 신청하는 경우에는 등기의무자의 권리에 관한 등기필정보를 제공할 필요가 없다.

다만 승소한 등기의무자가 단독으로 등기를 신청할 때에는 그의 권리에 관한 등기필정보를 제공하여야 한다.

Ⅳ. 관련문제

1. 승소한 등기의무자의 단독신청

판결에 의한 등기는 승소한 등기의무자가 단독으로 신청할 수도 있는데(법 제23조), 판례(대법원 2001. 2. 9. 선고 2000다60780 판결)는 승소한 등기의무자가 단독으로 판결에 의한 등기신청을 할 수 있게 한 이유를 "등기의무자가 자기 명의로 있어서는 안 될 등기가 자기 명의로 있음을 인하여 사회생활상 또는 법상 불이익을 입을 우려가 있는 경우에는 소의 방법으로 등기권리자를 상대로 등기를 인수받아 갈 것을 구하고 그 판결을 받아 등기를 강제로 실현할 수 있도록 한 것"이라고 한다.

2. 당사자 표시의 불일치

판결문상의 당사자 표시(성명, 주소, 주민등록번호)는 신청서 및 등기기록상 기록과 일치하여야 함이 원칙이나, 서로 다를 경우 다음과 같이 처리하면 된다.

(1) 등기권리자의 불일치

판결문상 등기권리자인 원고의 주소가 제출된 주소증명서면의 현주소와 부합하지 않고 또 양 주소가 연결되지 않은 경우에는 주소증명서면 외에 동일인임을 소명하는 자료를 첨부하여야 하고, 이 경우 동일성의 인정 여부는 등기관의 심사권에 속하는 사항이다(선례 1-219). 다만, 가등기에 기한 본등기절차이행의 확정판결을 받은 가등기권리자의 등기부상 주소가 주소를 증명하는 서면에 기재된 가등기 당시의 주소와 연결되지 않는다 하더라도, 그 등기부상 주소가 판결에 기재되어 있다면 그 등기신청은 수리할 수 있다(선례 6-125).

(2) 등기의무자의 불일치

판결문상 피고의 주소가 등기부상 등기의무자의 주소와 다른 경우에는 동일인임을 증명할 수 있는 자료로서 주소에 관한 서면을 제출하여야 한다.

3. 부동산 표시의 불일치

판결문에 기재된 부동산의 표시가 등기기록과 다른 경우에는 부동산등기법 29조 6호의 각하사유에 해당하여 그 등기신청을 각하하여야 한다. 그러나 전혀 다른 부동산이 아니라 부동산표시에 변경이 생긴 경우라면 그 사유가 발생한 시점에 따라 다음과 같이 처리한다.

(1) 변론종결 이전인 경우

사실심 변론종결 전에 분할, 지목 변경 등으로 그 부동산의 표시에 변경이 있었던 경우에는 먼저 판결경정에 의하여 부동산의 표시를 대장상의 표시와 일치시킨 다음 분필등기 등을 거쳐(원고의 대위신청도 가능) 판결에 의한 등기를 신청할 수 있다(선례 4-229). 판결에 기재된 토지의 면적이 등기기록상 면적과는 일치하나 토지대장상 지적과 일치하지 아니하는 경우에는, 먼저 등기기록상 토지의 면적을 토지대장상 토지의 면적으로 변경(경정)하는 토지표시변경(경정)등기를 한 후 판결경정을 하고 소유권이전등기를 신청하여야 한다(선례 5-176).

(2) 변론종결 이후인 경우

변론종결 후 부동산의 표시에 변경이 발생한 경우에는 판결경정 절차없이 변경 전후의 부동산이 동일한 것이라는 소명자료(토지대장등본, 건축물대장등본 등)를 첨부하여 판결에 의한 등기신청을 할 수 있다. 예컨대, 근저당권설정등기말소의 확정판결을 받은 후 그 등기 전에 환지등기가 경료되어 판결서와 등기기록의 부동산표시가 서로 부합하지 않게 된 경우 환지계획 등으로 보아 등기기록상 환지

전 부동산표시가 판결서의 기재와 동일하다고 인정할 수 있을 때에는, 현재의 환지된 부동산표시에 의한 신청으로 그 판결에 따른 말소등기신청을 할 수 있다 (선례 6-371).

4. 판결이유에 대한 등기관의 심사범위

(1) 원 칙

판결에 의한 등기를 하는 경우 등기관은 원칙적으로 판결 주문에 나타난 등기권리자와 등기의무자 및 이행의 대상인 등기의 내용이 등기신청서와 부합하는지를 심사하면 된다. 다시 말해서 등기관은 판결주문만을 보면 되고 판결이유를 살펴볼 권한도, 필요도 없는 것이 원칙이다.

(2) 예외

다음과 같은 경우에는 판결이유를 고려하여 신청에 대한 심사를 하여야 한다. ① 소유권이전등기가 가등기에 기한 본등기인지를 가리지 위하여 판결이유를 보는 경우(예규 1057호 바. 참조), ② 소유권보존등기말소를 명하는 판결을 첨부하여 소유권보존등기를 신청하는 경우에는 그 판결이유에서 원고의 소유임을 인정하였는가를 확인하기 위한 경우, ③ 명의신탁해지를 원인으로 소유권이전등기절차를 명한 판결의 경우 그 명의신탁이 「부동산 실권자명의 등기에 관한 법률」에서 예외적으로 유효하다고 보는 상호명의신탁, 배우자 또는 종중에 의한 명의신탁인지 여부를 가리지 위한 경우, ④ 상속인이 등기권리자로서 확정판결에 의하여 소유권이전등기신청을 하는 경우 그 판결의 이유에 상속관계에 관한 설시가 있는지 여부를 확인하기 위한 경우(선례 7-179 참조) 등이 그러하다.

5. 확정판결의 소멸시효와 등기신청

판결이 확정된 후 10년이 경과하여 소멸시효 완성의 의심이 있다 하더라도 형식적 심사권만 있는 등기관으로서 시효의 중단 여부 등을 알 수 없으므로 판결에 의한 등기를 수리하여 등기하여야 한다. 따라서 소유권이전등기절차의 이행을 명하는 확정판결을 받았다면 그 확정시기가 인제인가에 관계없이 그 판결에 의한 소유권이전등기신청을 할 수 있다(예규 628호).

6. 1필지의 토지 중 특정 일부에 대하여 소유권이전등기를 명하거나 소유권이전등기의 말소를 명하는 판결이 확정된 후

1필지의 토지 중 특정 일부에 대하여 소유권이전등기를 명하거나 소유권이전등기의 말소를 명하는 판결(화해조서)이 확정(성립)된 경우에는 먼저 그 특정부분을 분할하여 분필등기를 마친 다음 그 분할된 토지에 관하여 이전등기 또는 말소등기를 신청하여야 하고. 1필지의 특정부분의 면적을 지분으로 표시하여 이전등기 또는 말소등기를 신청할 수는 없다(예규 639호, 선례 4-219).

7. 판결문의 기재가 현재의 소유관계와 일치하지 않는 경우

소송계속 중에 공유물분할등기, 협의분할에 의한 상속등기 등으로 소유권에 변동이 있는 경우 또는 판결문에 기재된 상속인이나 상속지분이 실제와 다른 경우에는 판결서의 기재와 현재의 소유관계가 부합하는 범위 내에서만 등기신청이 가능하다.

예컨대, 판결문상에 상속인들 중 일부는 누락되어 있고 일부는 상속인이 아님에도 포함되어 있을 경우, 원고는 상속인들 중 판결문상에 기재되어 있는 정당한 상속인들의 지분에 한하여 판결에 의한 등기를 단독으로 신청할 수 있고, 판결문상에 누락되거나 상속지분이 적게 기재된 진정한 상속인의 지분에 관하여는 위 판결만으로는 직접 등기를 신청할 수는 없고, 그들과 공동으로 등기신청을 하거나 별도의 판결을 얻어야 한다(선례 5-205).

8. 승소판결의 내용 중 일부만에 대한 등기신청

판결의 내용 중 일부만에 대한 등기의 신청도 원칙적으로 가능하다. 따라서 1필지의 토지 전부에 대하여 소유권이전등기를 명하는 확정판결을 원인서면으로 첨부하여 그 토지의 일부지분에 대한 이전등기를 신청할 수도 있고(선례 6-113), 수개의 부동산에 대하여 소유권이전등기절차의 이행을 명하는 판결을 얻었거나 그 중 일부에 관하여만 소유권이전등기를 신청할 수도 있다(선례 3-263).

9. 부동산의 일부 지분에 대하여 말소를 명하는 판결이 확정된 경우

부동산의 일부 지분에 대하여 말소를 명하는 판결이 확정되어 그에 따른 등기신청이 있는 경우에는 일부말소 의미의 경정등기를 실행하여야 한다. 예컨대, 갑 단독명의의 소유권보존등기에 이어 을, 병 명의로 소유권이전등기가 순차로 경료된 토지에 관하여 정이 갑, 을, 병의 소유권 중 일부 지분에 관하여 각 말소등기의 이행을 명하는 판결을 받은 경우, 정은 위 판결에 의하여 지분 일부말소의 의미로서 갑 단독 명의의 소유권보존등기를 정을 공유자로 하는 경정등기와 을, 병, 갑 단독 명의의 소유권이전등기를 지분이전등기로 하는 경정등기를 신청할 수 있다(선례 3-276).

10. 판결에 의한 등기와 집행정지

의사의 진술을 명하는 판결은 그 확정으로 의사를 진술한 것으로 간주되므로 집행기관이 관여하는 강제집행절차는 존재하지 않는다. 조건부의사의 진술을 명하는 재판의 경우도 그 조건이 성취되어 집행문이 부여 되었을 때 의사를 진술한 것과 동일한 효력이 발생하므로, 집행기관이 관여하는 현실적인 강제집행절차가 존재할 수 없다. 따라서 강제집행의 정지도 인정될 여지가 없으므로, 등기관으로서는 강제집행정지결정이 있었다 하더라도 이에 구애됨이 없이 등기신청을 받아들여 등기의 기입을 할 수 있다(대법원 1979. 5. 22.자 77마427 결정). 등기절차를 명하는 판결 등의 집행권원에 의하여 채권자가 등기신청을 하는 것은 판결의 이용행위이지 협의의 집행절차는 아니기 때문이다.

V. 결 어

19. 【등기신청의무의 해태와 벌칙】

Ⅰ. 부동산등기법상의 등기신청의무

1. 신청의무

(1) 토지의 경우

(2) 건물의 경우

2. 신청의무위반의 경우

Ⅱ. 부동산등기특별조치법상의 등기신청의무

1. 등기신청의무

(1) 부동산소유권이전을 내용으로 하는 계약을 체결한 경우(동법 제2조 제1항)

(2) 부동산의 소유권을 이전받을 것을 내용으로 하는 계약을 체결한 자가 반대급부의 이행이 완료된 날(또는 계약의 효력이 발생한 날) 이후에 그 부동산에 대하여 다시 제3자와 소유권이전을 내용으로 하는 계약이나 제3자에게 계약당사자 지위를 이전하는 계약을 체결하고자 하는 경우(동법 제2조 제2항)

(3) 부동산의 소유권을 이전받을 것을 내용으로 하는 계약을 체결한 자가 반대급부의 이행이 완료된 날(또는 계약의 효력이 발생한 날) 이전에 다시 제3자와 소유권이전을 내용으로 하는 계약을 체결한 경우(동법 제2조 제3항)

(4) 부동산의 소유권을 이전받을 것을 내용으로 하는 계약을 체결한 자가 반대급부의 이행이 완료된 날(또는 계약의 효력이 발생한 날) 이전에 제3자에게 계약당사자의 지위를 이전하는 계약을 체결한 경우

(5) 미등기부동산에 대하여 소유권이전을 내용으로 하는 계약을 체결한 경우

2. 부동산등기특별조치법에 의한 등기절차

(1) 계약을 등기원인으로 하는 소유권이전등기신청시어 제출하여야 할 검인계약서 등

(2) 등기원인증서와 인지세의 납부

(3) 등기원인증서의 부동산표시

(4) 등기원인증서의 당사자표시

(5) 가등기 및 이에 터잡은 본등기의 경우에 제출하는 등기원인증서와 검인

(6) 계약당사자의 지위를 이전하는 계약과 소유권이전등기

3. 등기신청의무 위반에 대한 제재

Ⅲ. 부동산 실권리자 명의 등기에 관한 법률상의 등기신청 의무

19. 【등기신청의무의 해태와 벌칙】

신청주의 하에서 등기신청을 할 것인지의 여부는 당사자에게 맡겨져 있지만 일정한 경우에는 공익상의 이유로 법률에 의하여 등기신청의무가 부과되기도 한다.

Ⅰ. 부동산등기법상의 등기신청의무

1. 신청의무

부동산의 표시에 변경이 있는 경우 그 소유권의 등기명의인은 1개월 이내에 표시변경등기를 신청하여야 한다. 이는 부동산에 관한 공적 장부가 등기부와 대장으로 이원화되어 있는 현행 제도 하에서 부동산의 표시를 일치시키기 위하여 소유명의인에게 등기신청의무를 부과한 것이다.

(1) 토지의 경우

토지의 분할, 합병, 멸실, 면적의 증감 또는 지목의 변경이 있는 때에는 그 토지의 소유권의 등기명의인은 그 사실이 있는 때부터 1개월 이내에 그 등기를 신청하여야 한다(법 제35조).

(2) 건물의 경우

건물의 분할, 구분, 합병, 번호·종류 또는 구조의 변경, 멸실, 그 면적의 증감 또는 부속건물의 신축이 있는 때와 건물대지의 지번변경 또는 대지권의 변경이나 소멸이 있는 때에는 그 건물의 소유권의 등기명의인은 역시 그 사실이 있는 때부터 1개월 이내에 등기를 신청하여야 한다(법 제41조). 다만 건물의 멸실의 경우에 그 소유권의 등기명의인이 1개월 이내에 멸실등기를 신청하지 않아서 건물대지의 소유자가 대위하여 그 등기를 신청하는 경우에는 대지의 소유자는 과태료 부과대상이 아니다. 위 토지 및 건물의 표시변경등기의 신청의무기간은 토지대장 또는 건축물관리대장의 표시변경등록일부터 기산하며 초일은 산입하지 않는다. 다만 신소유자가 그 표시변경등기를 신청하는 경우에는 소유권이전등기일로부터 기산하여야 한다(예규 제1349호).

2. 신청의무위반의 경우

토지의 표시변경의 등기를 게을리 한 경우에 대하여 종전에는 과태료 규정이 있었으나 삭제되었다. 이는 토지표시의 변경등기를 할 필요가 있을 경우에는 소관청이 지체없이 관할등기소에 그 등기를 촉탁하여야 하므로 굳이 토지 소유자에게 과태료를 부과할 필요가 없기 때문이다. 그러나 건물의 표시변경의 등기를 게을리한 경우 등기관의 통지에 따라 과태료 부과 대상자의 주소지 관할법원이 50만원 이하의 과태료에 처하게 된다(**법 제112조**).

Ⅱ. 부동산등기특별조치법상의 등기신청의무

부동산등기특별조치법은 주로 미등기전매를 통한 부동산 투기, 조세포탈을 방지하기 위하여 소유권이전을 내용으로 하는 계약을 체결한 당사자에게 일정한 기간 내에 등기를 신청하여야 할 의무를 부과하고, 미이행시에는 과태료와 형사벌을 부과하는 규정을 두고 있다.

1. 등기신청의무

(1) 부동산소유권이전을 내용으로 하는 계약을 체결한 경우(동법 제2조 제1항)

① 부동산소유권이전을 내용으로 하는 계약을 체결한 자는, (ⅰ)계약의 당사자가 서로 대가적인 채무를 부담하는 경우에는 반대급부의 이행이 완료된 날로부터, (ⅱ)계약당사자의 일방만이 채무를 부담하는 경우에는 그 계약의 효력이 발생한 날로부터, 60일 이내에 소유권이전등기를 신청하여야 한다. 여기에서 "반대급부의 이행이 완료된 날"이란 부동산소유권이전의 대가로서의 급부가 완전히 이행되고 소유권이전등기를 신청하는데 장애가 없는 시점을 말한다. 따라서 매매계약상의 잔금지급기일이 아니라 실제로 잔금이 수수된 날이 반대급부의 이행이 완료된 날이 되며, 회사설립시 부동산을 현물 출자한 경우에는 설립등기가 경료된 날로부터 60일을 기산하여야 하고, 소유권보존등기가 되어 있지 아니한 부동산에 대하여 소유권이전을 내용으로 하는 계약을 체결한 자는 잔금완납일 이전에 소유권보존등기가 경료된 경우에는 잔금완납일로부터, 잔금완납일 이후에 소유권보존등기가 경료된 경우에는 소유권보존등기가 경료된 날로부터 각 60일 이내에 소유권이전등기를 신청하여야 한다. 다만 소유권보존등기를 할 수 있음에도 이를 하지 아니한 채 계약을 체결한 경우에는 그 계약을 체결한 날로

부터 기산한다(동법 제2조5항 1호). 또 등기의무자가 정당한 사유없이 등기신청에 필요한 서면을 등기권리자에게 교부하지 아니한 경우에는 그 기간은 등기신청기간에 산입하지 아니한다.

② 위 법률에 의하여 등기신청의무가 부과되는 것은 부동산소유권이전을 내용으로 하는 계약을 체결한 경우이므로 공유물분할계약을 원인으로 소유권이전등기를 신청하는 경우에도 적용된다. 그러나 계약이 아닌 진정명의회복, 회사의 분할, 합병, 경락등을 원인으로 하여 소유권이전등기신청을 할 때에는 이에 해당하지 않는다.

③ 한편, 집합건물법 1조 또는 1조의2에 규정된 건물을 건축한 자가 대지권에 관한 등기를 하지 않고 구분건물에 관하여만 소유권이전등기를 마친 경우 현재의 구분건물 소유자와 공동으로 대지사용권에 관한 이전등기(토지 지분이전등기)를 할 수 있는데, 이 경우 분양계약서에 건물과 함께 토지지분까지 분양한 것으로 되어 있다면 위 법률상의 소유권이전등기신청 해태에 따른 과태료 규정은 적용되지 않는다.

(2) 부동산의 소유권을 이전받을 것을 내용으로 하는 계약을 체결한 자가 반대급부의 이행이 완료된 날(또는 계약의 효력이 발생한 날) 이후에 그 부동산에 대하여 다시 제3자와 소유권이전을 내용으로 하는 계약이나 제3자에게 계약당사자 지위를 이전하는 계약을 체결하고자 하는 경우(동법 제2조 제2항)

예컨대, 갑과 매매계약을 체결한 을이 잔금 지급완료일 이후에 제3자 병과 다시 매매 기타 소유권이전을 내용으로 하는 계약을 체결하거나 병에게 매수인 지위를 양도하는 계약을 체결하려면, 그에 앞서 먼저 갑으로부터 소유권이전등기를 넘겨받아야 한다. 즉, 종전 계약에 따른 소유권이전등기를 먼저 하여야만 다시 제3자와 소유권이전계약이나 계약당사자 지위이전계약을 체결할 수 있으므로, 갑에서 병으로 바로 소유권이전등기신청을 할 수 없다. 이 규정은 중간생략등기를 금지하기 위하여 종전 계약에 따른 소유권이전등기를 하기 전에는 전매계약자체를 못하게 하는데 그 의의가 있다.

(3) 부동산의 소유권을 이전받을 것을 내용으로 하는 계약을 체결한 자가 반대급부의 이행이 완료된 날(또는 계약의 효력이 발생한 날) 이전에 다시 제3자와

소유권이전을 내용으로 하는 계약을 체결한 경우(동법 제2조 제3항)

위 예에서 갑이 반대급부 이행완료일(무상계약인 경우 계약의 효력발생일) 전에 다시 제3자 병과 매매 기타 소유권이전계약을 체결하였다면, 갑은 먼저 체결한 계약의 반대급부 이행완료일로부터 60일 이내에 소유권이전등기를 신청하도록 하였다. 이 규정 역시 중간생략등기를 금지하기 위한 것이다.

(4) 부동산의 소유권을 이전받을 것을 내용으로 하는 계약을 체결한 자가 반대급부의 이행이 완료된 날(또는 계약의 효력이 발생한 날) 이전에 제3자에게 계약당사자의 지위를 이전하는 계약을 체결한 경우

예컨대, 갑과 부동산 매매계약을 체결한 을이 반대급부 이행완료일 전에 병에게 매수인 지위를 이전한 경우 매도인 갑으로부터 양수인 병에게로 바로 소유권이전등기신청을 할 수 있다. 이 경우에는 동법 제2조3항의 반대해석으로, 종전 계약에 따른 소유권이전등기를 신청하지 않고 매도인으로부터 계약당사자 지위의 양수인에게 바로 소유권이전등기를 할 수 있다. 아파트 분양권 전매계약에 의하여 아파트 건설회사(매도인)로부터 분양권 양수인에게 바로 소유권이전등기를 할 수 있는 것은 이 규정에 따른 것이다. 다만 잔금 지급 후에는 갑으로부터 을로의 소유권이전등기를 먼저 하여야 한다(동법 제2조2항).

이와 같은 등기신청을 받은 등기관은 지위 이전계약의 체결일이 ①먼저 체결된 계약서상에 표시된 반대급부 이행일 전이거나 ②먼저 체결된 계약에 따른 실제의 반대급부 이행일 전임을 서면에 의하여 소명한 경우(예컨대, 영수증 또는 당사자의 진술서 등)에는 그 등기신청을 수리하여야 한다. 지위이전계약에 따른 소유권이전등기를 신청할 경우 등기원인을 증명하는 서면으로 먼저 체결된 계약서와 지위 이전계약서(지위 이전계약이 순차로 이루어진 경우에는 그 지위 이전계약서 전부)를 각각 검인을 받아야 하며, 등기필증은 먼저 체결된 계약서에 지위 이전계약서를 합철하여 작성한다.

(5) 미등기부동산에 대하여 소유권이전을 내용으로 하는 계약을 체결한 경우

① 소유권보존등기를 신청할 수 있음에도 이를 하지 아니한 채 계약을 체결한 경우에는 그 계약을 체결한 날로부터, 계약을 체결한 후에 소유권보존등기를

신청할 수 있게 된 경우에는 소유권보존등기를 신청할 수 있게 된 날로부터 60일 이내에 소유권보존등기신청을 하여야 한다(동법 제2조5항). 소유권보존등기의 신청 여부는 소유자의 의사에 맡겨져 있으나 미등기부동산에 대하여 소유권이전을 내용으로 하는 계약을 체결한 경우에는 이 조항에 의하여 소유권보존등기신청의무가 발생한다.

② 다만, 도시 및 주거환경정비법에 의한 정비사업시행으로 축조된 건축시설과 조성된 대지에 관한 소유권보존등기는 정비사업시행자가 이전고시가 있은 후 지체없이 신청하도록 되어 있는데, 이 경우의 등기신청의무는 부동산등기특별조치법의 적용을 받지 않는다.

2. 부동산등기특별조치법에 의한 등기절차[46)]

(1) 계약을 등기원인으로 하는 소유권이전등기신청시에 제출하여야 할 검인계약서 등

1) 검인계약서 등을 제출하여야 할 경우

① 계약을 등기원인으로 하여 1990. 9. 2. 이후 소유권이전등기를 신청할 때에는 계약의 일자 및 종류를 불문하고 검인을 받은 계약서 원본(이하 "검인계약서"라 한다) 또는 검인을 받은 판결서(화해·인낙·조정조서를 포함한다) 정본을 등기원인증서로 제출하여야 한다.

② 매각(강제경매, 임의경매) 또는 공매를 원인으로 한 소유권이전등기 및 계약의 일방 당사자가 국가 또는 지방자치단체인 경우의 소유권이전등기에는 법 제3조의 규정을 적용하지 아니한다.

③ 선박·입목·재단등기의 경우에는 법 제3조의 규정을 적용하지 아니한다.

(2) 등기원인증서와 인지세의 납부

등기원인증서로서 제출하는 검인계약서에는 계약서상의 계약금액에 대하여 「인지세법」 제3조 제1항 제1호의 규정에 따른 인지를 첩부하여야 한다.

(3) 등기원인증서의 부동산표시

1) 검인계약서의 부동산표시가 신청서의 그것과 엄격히 일치하지 아니하더라도 양자 사이에 동일성을 인정할 수 있으면 그 등기신청을 수리하여도 무방하다.

---

46) 예규 제1419호

2) 구분건물과 대지권이 함께 등기신청의 목적인 경우에는 그 검인계약서에 대지권의 구체적인 표시가 없더라도 대지권이 포함된 취지의 표시는 되어 있어야 한다.

(4) 등기원인증서의 당사자표시

검인계약서의 계약당사자의 표시가 신청서의 그것과 엄격히 일치하지 아니하더라도(주소가 변동된 경우 포함) 다른 제출서면에 의하여 양자 사이의 동일성을 인정할 수 있으면 그 등기신청을 수리하여도 무방하다.

(5) 가등기 및 이에 터잡은 본등기의 경우에 제출하는 등기원인증서와 검인

소유권이전을 내용으로 한 예약(계약)을 원인으로 하여 소유권이전등기청구권 보전의 가등기를 신청할 때 제출하는 등기원인증서에는 법 제3조 제1항, 제2항의 규정에 의한 검인이 되어 있지 않아도 무방하나, 그 가등기에 터잡은 본등기를 신청할 때 제출하는 등기원인증서에는 검인이 되어 있어야 한다.

(6) 계약당사자의 지위를 이전하는 계약과 소유권이전등기

1) 부동산의 소유권을 이전받을 것을 내용으로 하는 계약을 체결한 자가 다시 제3자에게 계약당사자의 지위를 이전하는 계약을 체결한 경우, 그 지위 이전계약의 체결일이 법 제2조 제1항 제1호에 정하여진 날(**쌍무계약의 경우 반대급부의 이행이 완료된 날**) 전인 때에는 먼저 체결된 계약의 매도인으로부터 지위 이전계약의 양수인 앞으로 직접 소유권이전등기를 신청할 수 있는 것이므로(**법 제2조 제3항 참조**), 이와 같은 등기신청을 받은 등기관은 위 지위 이전계약의 체결일이 ① 먼저 체결된 계약서상에 표시된 반대급부 이행일 전이거나 ② 먼저 체결된 계약에 따른 실제의 반대급부 이행일 전임을 서면에 의하여 소명한 경우(**예컨대, 영수증 또는 당사자의 진술서 등**)에는 그 등기신청을 수리하여야 한다.

2) 위 1)의 소유권이전등기를 신청함에 있어 등기원인증서로 제출하는 먼저 체결된 계약서와 지위 이전계약서(**지위 이전계약이 순차로 이루어진 경우에는 그 지위 이전계약서 전부**)는 각각 검인을 받은 것이어야 한다.

3. 등기신청의무 위반에 대한 제재

등기권리자가 상당한 사유 없이 위 등기신청을 해태한 때에는 그 해태한 날

당시의 그 부동산에 대한 등록세액의 5배 이하에 상당하는 금액의 과태료를 부과하고(동법 11조), 특히 탈세·투기·탈법을 목적으로 위 1. (2), (3)의 등기신청의무를 위반한 때에는 3년 이하의 징역이나 1억원 이하의 벌금에 처하게 된다(동법 8조). 위 과태료는 목적부동산 소재지를 관할하는 시장·군수·구청장 등이 부과·징수한다(동법 12조1항). 등기관은 부동산등기특별조치법에 의하여 과태료 부과사유가 있다고 인정된 때에는 지체없이 관할 시장 등에게 이를 통지하여야 한다(동법 제12조7항).

Ⅲ. 부동산 실권리자 명의 등기에 관한 법률상의 등기신청 의무

부동산등기 특별조치법에서 일정한 경우 등기신청의무를 부과하고 이에 위반한 경우에 과태료를 부과하는 것과 별개로, 부동산 실권리자 명의등기에 관한 법률에서도 부동산의 소유권이전을 목적으로 하는 계약을 체결하고 반대급부의 이행이 사실상 완료된 날 또는 계약의 효력이 발생한 날로부터 3년 이내에 소유권이전등기를 신청하지 아니한 등기권리자(장기미등기자)에 대하여 부동산평가액의 100분의 30에 해당하는 금액 범위 내에서 과징금을 부과(부실법 제10조제1항)하고, 과징금을 부과 받고도 소유권이전등기를 신청하지 아니하면 다시 이행강제금(부실법 제10조제4항)을 부과하며, 나아가서 형사벌(부실법 제10조제5항)도 규정하고 있다. 또한 위 법률 시행 전에 명의신탁약정에 의하여 부동산에 관한 물권을 명의수탁자의 명의로 등기한 경우에는 동법 시행일로부터 1년 이내에 실명등기를 하여야 하는바(부실법 제11조제1항), 이러한 의무를 위반한 자에 대하여도 과징금과 이행강제금이 부과된다(부실법 제10조). 등기관이 그 직무를 행함에 있어 위의 위반 사실을 알게 된 경우에는 국세청장과 당해 부동산의 소재지를 관할하는 시장·군수 또는 구청장에게 그 사실을 통보하여야 한다(부실법 제9조제3항).

20. 【등기관의 심사권-신청서의 조사】

Ⅰ. 서 설
Ⅱ. 등기관의 심사권한
1. 심사권의 범위
2. 형식적 심사의 범위
(1) 서면심사의 원칙
(2) 실체관계 심사의 배제
(3) 등기심사의 소극성
Ⅲ. 심사의 기준시 및 등기관의 주의의무 등
1. 심사의 기준시
2. 등기관의 주의의무
(1) 의 의
(2) 판례에 나타난 구체적 사례
3. 등기부위조관련 업무처리
(1) 등기부 위조 여부 확인
(2) 위조등기부를 발견한 경우 처리
(3) 첨부서면을 위조한 등기신청이 있는 경우
(4) 첨부서면을 위조하여 등기가 이루어진 경우
Ⅳ. 신청서 및 첨부정보의 조사방법
1. 신청서와 등기기록의 대조
(1) 부동산표시의 부합 여부의 대조
(2) 등기의 목적인 권리표시의 부합 여부 대조
(3) 등기의무자표시의 부합 여부 대조
(4) 등기권리자의 표시와 부합 여부의 대조
2. 첨부정보와 등기기록의 대조
(1) 등기필증에 기재된 등기의무자 등과 등기기록상의 등기의무자 등의 대조
(2) 등기상 이해관계인의 승낙정보 등과 등기기록의 대조
(3) 대장과 등기기록의 부동산표시와 소유자표시의 대조
3. 신청서와 첨부정보의 대조
Ⅴ. 조사·교합업무
1. 조사·교합업무의 원칙
2. 지연처리
3. 보정사무의 처리
4. 동일 부동산에 대한 교합

20. 【등기관의 심사권-신청서의 조사】

Ⅰ. 서 설

등기의 목적은 부동산에 관한 물권변동을 공시하는 것이므로 등기는 실체적 권리관계와 부합하여야 한다. 이를 위하여 부동산등기법은 등기관에게 등기신청에 대한 심사권을 부여하고 있다(법 제29조). 등기관이 신청서를 받은 때에는 지체 없이 신청에 관한 모든 사항을 조사하여야 하고, 조사결과 신청에 따른 등기를 할 것인가, 보정을 명할 것인가 또는 신청을 각하할 것인가를 결정해야 한다. 등기사무처리에 있어서 이와 같은 결정을 하는 과정을 등기신청의 심사 또는 신청서의 조사라고 한다.

Ⅱ. 등기관의 심사권한

1. 심사권의 범위

등기관의 심사권이란 등기부에 허위의 등기가 행하여지는 것을 막고 실체관계와 부합하는 등기가 이루어지도록 등기관이 신청의 적법 여부를 심사할 수 있는 권한을 말한다. 등기관의 심사권한의 범위에 관한 입법주의에는 형식적 심사주의와 실질적 심사주의가 있으며, 부동산등기법은 형식적 심사주의를 채택하고 있다. 따라서 등기관은 아래에서 보는 바와 같은 범위의 형식적 심사만을 하여 신청에 대하여 수리여부를 결정하여야 한다.

2. 형식적 심사의 범위

(1) 서면심사의 원칙

서면심사의 원칙이란 신청인이 등기소에 제공한 첨부정보에 의하여만 등기의 수리 여부를 판단하여야 한다는 원칙이다. 여기서 첨부정보란 법 소정의 신청서와 첨부정보만을 의미하므로 그 외의 정보의 제공을 요구할 수 없다.

그러므로 등기관은 실체사항을 확인하기 위하여 당사자 또는 대리인에 대하여 증명을 요구하거나 심문을 할 수 없고, 현장확인이나 사실조회 등을 할 수도 없다. 요컨대, 등기관은 등기기록과 신청서 및 그 첨부정보만에 의하여 그 신청이 부동산등기법 제29조 각호에 한정적으로 열거된 각하사유에 해당하는 것인가의 여부를 심사하여 그에 해당하지 않으면 신청을 수리하여야 한다.

(2) 실체관계 심사의 배제

1) 원　칙

등기관은 신청서와 첨부정보 및 등기기록에 의하여 그 신청이 형식적으로 적법한지 여부를 심사할 수 있고, 그 신청이 실체법상의 권리관계와 일치하는지를 조사할 권한이나 의무가 없다. 따라서 신청서 및 첨부정보가 작성자의 진의에 의하여 작성된 것인지, 실제 그러한 법률관계가 존재하는지, 실체법상 유효한지 여부는 심사의 대상이 아니다.

2) 예　외

그러나 형식적 심사주의 하에서도 등기관은 그 등기가 실체법상 허용되는가에 대하여는 심사하여야 한다. 공유지분에 하는 지상권이나 전세권의 설정등기, 지상권이 설정된 토지에 다시 지상권을 설정하는 등기등과 같이 실체법상 허용되지 않는 권리등기신청에 대하여는 이를 각하하여야 한다. 또한, 신청서의 기재 자체로부터 무효의 등기신청임이 명백하거나(**예:소유권이전등기와 동시에 신청하지 않은 신탁등기의 신청**), 제공된 정보 상호간에 모순이 있는 경우(**예:신청정보와 등기원인증명정보의 불일치**)는 실체관계의 심사가 아니라 부동산등기법 제29조의 각하사유에 해당하는지 여부에 관한 것이므로 형식적 심사권의 범위 내에 해당한다.

3) 판결에 의한 등기신청의 경우

① 등기관이 어느 정도까지 판결이유중의 실체관계를 심사하여야 하는지가 문제되는데, 등기관은 원칙적으로 판결주문에 나타난 등기권리자와 등기의무자 및 이행의 대상인 등기의 내용이 등기신청서와 부합하는지를 심사하면 된다. 다시 말해서 등기관은 판결주문만을 보면 되고 판결이유를 살펴볼 권한도, 필요도 없는 것이 원칙이다. 무변론판결, 의제자백판결, 화해 등의 경우 판결이유와 주문(화해조항)의 내용이 논리적으로 연결되지 않거나 모순이 있어 보이더라도 그 주문(화해조항)대로 등기를 실행하면 될 것이고, 판결이유의 기재를 원인으로 그 신청을 각하하거나 반려할 수 없다. 만약 판결주문과 이유의 모순 등을 원인으로 등기신청을 각하할 수 있다고 한다면 등기관이 판결의 당부를 심사하는 결과가 되어 형식적 심사주의에 반하기 때문이다.

② 그러나 다음과 같은 경우에는 예외적으로 등기관이 판결이유를 고려하여 신청에 대한 심사를 하여야 한다. ⓐ 소유권이전등기가 가등기에 기한 본등기인지를 가리기 위하여 판결이유를 보는 경우, ⓑ 소유권보존등기말소를 명하는 판결을 첨부하여 소유권보존등기를 신청하는 경우에는 그 판결이유에서 원고의 소유임을 인정하였는가를 확인하기 위한 경우, ⓒ 명의신탁해지를 원인으로 소유권이전등기절차를 명한 판결의 경우 그 명의신탁이 부동산실권리자명의등기에 관한 법률에서 예외적으로 유효하다고 보는 상호명의신탁, 배우자 또는 종중에 의한 명의신탁인지 여부를 가리기 위한 경우, ⓓ 상속인이 등기권리자로서 확정판결에 의하여 소유권이전등기신청을 하는 경우 그 판결의 이유에 상속관계에 관한 설시가 있는지 여부를 확인하기 위한 경우 등이 그러하다.

(3) 등기심사의 소극성

형식적 심사주의는 등기관에게 등기신청내용과 실체권리관계가 일치한다는 적극적 확신을 요하는 것이 아니라, 신청서와 첨부정보 및 등기기록에 의하여 그 신청의 형식적 적법성만 인정되면 그에 따른 등기를 하여야 한다는 심사의 소극성을 의미한다. 이는 등기관이 실체관계에 관하여 적극적 심사권을 갖지 않는다는 원칙의 다른 표현이기도 하다.

Ⅲ. 심사의 기준시 및 등기관의 주의의무 등

1. 심사의 기준시

판례는, 등기관이 부동산등기법 제29조에 의하여 등기신청의 적법여부를 결정하는 심사의 기준시를 등기신청정보의 제공시가 아니라 등기부에 기록(**등기의 실행**)하려고 하는 때라고 한다. 그러므로 신청 당시에는 부적법하더라도 보정명령을 받고 즉일 보정을 하여 적법하게 된 신청은 수리하여야 하고, 반대로 신청 당시에는 등기부상 적법하였지만 선순위로 접수된 다른 사건을 처리한 결과 등기의무자가 달라진 경우에는 부적법한 신청으로 각하대상이 된다.

2. 등기관의 주의의무

(1) 의 의

등기관은 신청서와 첨부정보에 의하여 신청의 적법 여부를 심사함에 있어서 그 신청이 부동산등기법 제29조 각호의 각하사유에 해당하는지, 첨부정보 등이 위·변조되지는 않았는지 등을 살펴 그와 같은 잘못이 있는 경우 등기신청을 각하하여야 할 직무상의 주의의무가 있다. 그 주의의무의 정도는 형식적 심사권한의 범위 내에서의 평균적 등기관의 통상의 주의의무라고 이해된다. 즉, 형식적 심사 과정에서 등기업무를 담당하는 평균적 등기관이 보통 갖추어야 할 통상의 주의의무만 기울였어도 당해 신청이 수리될 수 없다는 것을 쉽게 알 수 있었음에도 이를 간과한 채 적법한 것으로 심사하여 등기신청을 각하하지 못한 경우에는 당해 등기관의 과실을 인정할 수 있다.

(2) 판례에 나타난 구체적 사례

1) 등기관이 주의의무를 위반한 경우

① 등기관으로서의 통상의 주의를 기울이면 제출된 등기권리증 등이 진정하게 작성된 것이 아님을 식별할 수 있음에도 불구하고 이를 간과한 경우, ② 소유권보존등기신청서에 첨부된 가옥대장등본의 지번이 일견하여 변조된 것으로 식별할 수 있음에도 불구하고 이를 간과한 경우, ③ 이미 경료된 동일 지번상의 건물에 대한 등기부의 기재와 대조하고 제출된 건축물관리대장 등을 검토하였다면 보존등기를 신청하는 건물이 이미 등기된 건물과 동일한 경우임을 식별할 수 있는데도 불구하고 이를 간과하여 중복 보존등기를 경료케 한 경우 등에 있어서 모두 등기관이 그 형식적 심사권한을 행사함에 있어 지켜야 할 주의의무를 위반한 것이라고 한다. ④ 등기신청인이 제출한 등기의무자 명의의 등기권리증상에 매도인의 주소와 목적부동산의 면적이 등기부상의 기재와 다르고 인감증명의 유효기간도 3월로 기재되어 인감증명법에 어긋나며 주민등록등본과 인감증명에 계인이 전혀 없는 사실 등 그 서류 자체의 기재의 형식에 의하여 또는 그 기재를 등기부의 기재와 대조하여서 등기관이라면 통상의 주의의무만 기울였어도 쉽게 발견하여 그 서류들이 위조되었다는 것을 알 수 있었음에도 이를 간과한 채 모두 적법한 것으로 심사하여 등기신청을 각하하지 못한 것은 등기관으로서의 통상의 주의의무를 해태하여 형식적 심사의무를 위반한 것이라고 한다.

2) 등기관의 주의의무 위반의 정도

다만, 등기관에게 과실이 있었는지를 판단함에 있어서는 위조되어 제공된 정보들 중 어떠한 부분이 어떻게 위조되었는지, 또 그 위조된 부분이 등기관으로서의 통상의 주의의무만 기울였어도 쉽게 발견할 수 있는 정도인지의 여부 등 과실의 내용이 되는 사실이 구체적으로 밝혀져야 하고, 단순히 위조된 서류들에 의하여 등기가 이루어진 후 그 위조사실이 밝혀지면 곧바로 등기관에게 과실이 있는 것으로 되는 것은 아니다. 또한, 등기관은 대량의 등기신청사건을 신속하고 적정하게 처리할 것을 요구받기도 하므로 첨부정보로 제공된 정보가 위조된 것임을 간과하고 등기신청을 수리한 모든 경우에 등기관의 과실이 있다고는 할 수 없다. 따라서 등기신청의 첨부정보로 제공한 판결서가 위조된 경우에 그 기재사항 및 기재형식이 일반적인 판결서의 작성방식과 다르다는 점만을 근거로 판결서의 진정성립에 관하여 자세한 확인절차를 하지 않은 등기관의 직무상의 주의의무위반이 있다고 할 수 없다고 한다.

3. 등기부위조관련 업무처리[47)]

(1) 등기부 위조 여부 확인

등기관은 등기부의 위조방법이 다양하고 상당히 정교하다는 점을 감안하여 해당등기부의 기재방식이 다음 각 호에 해당하는 경우 등 기존 등기부와 다른 점이 있는지 여부를 주의 깊게 살펴 위조 등기부에 의한 등기가 경료되는 일이 없도록 한다.

1) 고무인 압날 등 통상의 기재문자와 다르게 기재된 경우

2) 당해 등기소의 등기관 또는 종전 등기관의 교합인인지 여부가 불분명하거나 판독이 불가한 경우

3) 접수번호 또는 순위번호의 현저한 차이가 있는 경우

(2) 위조등기부를 발견한 경우 처리

1) 위조등기부를 발견한 등기과·소장은 동일 부동산에 대한 등기업무 일체를 중단하도록 조치 한 후 등기부등본을 첨부하여 지체없이 법원행정처장에게 보고하여야 한다.

2) 1)의 경우 등기과·소장은 관련 수사기관에 고발조치하고, 소유권에 대한 등기의 위조가 있는 경우에는 그 취지를 대장 소관청에도 통지하여 대장에 등록되지 않도록 하고 이미 등록되었다면 위 위조등기의 말소 통지가 있을 때까지 대장등본 발급을 중단하도록 협조요청한다.

---

47) 예규 제1377호

3) 등기관은 1)의 등기가 위조인 것이 명백한 때에는 등기상 이해관계인이 없으면 위조등기 명의인에게 통지할 필요 없이 직권말소하고, 등기상 이해관계인이 있는 경우에는 그 제3자에게만 통지하고, 이의가 있는 때에는 이를 각하하고 직권 말소한다(「부동산등기법」 제29조제2호, 제58조)

4) 3)과 같이 위조등기를 말소한 경우 등기과·소장은 말소한 등기사항증명서를 첨부하여 지체없이 법원행정처장에게 보고한다. 이 경우 소유권에 관한 위조등기를 말소한 경우에는 대장 소관청에 이를 통지하여 대장을 정리하도록 한다.

5) 수사기관에 고발조치 및 이에 대한 처분의 통보가 있는 때에는 이를 법원행정처장에게 보고한다.

(3) 첨부서면을 위조한 등기신청이 있는 경우

1) 등기관은 등기신청서를 조사함에 있어 등기관의 심사권 범위내에서 첨부서면의 진위 여부를 신중히 판단하여 위조문서 등에 터잡은 등기가 경료되는 일이 없도록 한다. 특히 토지에 대하여 등기필정보 또는 등기필증을 제공하지 아니하고 소유권이전, 권리의 경정, 근저당권설정등기를 신청하는 경우 등 특별한 사정이 있는 때에는 위조 여부에 대한 강한 의심을 가지고 다음 각 호를 참고하여 등기신청서 및 첨부서면을 철저히 조사하여 위와 같은 등기가 발생하지 않도록 세심한 주의와 노력을 한다.

① 인감증명서의 정상발급 및 위임장에 날인한 인영과 동일한지 여부
② 각종 등·초본·제증명·제3자의 허가·동의서의 정상발급 여부
③ 등기필증의 접수인 및 청인의 동일성 여부
④ 종중 등 비법인 사(재)단의 정관 및 의사록의 정상 작성 유무

2) 등기신청서의 조사시 첨부서면이 위조 문서로 의심이 가는 경우에는 신청인 또는 대리인에 알려 그 진위 여부를 확인하여 처리하고 위조문서임이 확실한 경우에는 수사기관에 고발조치하고 (2), 5)의 예에 의하여 보고한다.

(4) 첨부서면을 위조하여 등기가 이루어진 경우

1) 등기된 사항이 위조된 첨부문서(공문서에 한함)에 의하여 이루어진 사실이 발급기관에의 조회 등을 통하여 확인된 경우 등기관은 등기기록 표제부의 좌

측 상단에 위조된 문서에 의하여 등기된 사항이 있다는 취지를 부전할 수 있다. 부전된 내용은 판결에 의한 위조된 등기의 말소신청이 있거나 이해관계인이 소명하는 자료를 제출하여 삭제를 요청한 경우 등기관은 이를 삭제할 수 있다.

2) 1)의 경우 등기관은 이와 같은 사실을 등기기록상 전 소유명의인(소유권이전의 등기가 된 경우) 또는 현 소유명의인(소유권이외의 권리가 등기된 경우) 등 기타 이해관계인에게 별지 양식에 의하여 통지하여야 한다. 통지를 받을 자의 주소가 불명인 경우(소재불명으로 반송된 경우도 포함)에는 통지를 하지 않을 수 있고, 통지하여야 할 자가 다수인 경우에는 그 중 1인에게 통지할 수 있다.

3) 1)의 경우 등기과·소장은 수사기관에 수사를 의뢰하고 사건의 경위를 법원행정처장에게 보고하여야 한다.

Ⅳ. 신청서 및 첨부정보의 조사방법

① 기입공무원이 기입을 완료한 신청사건은 교합대기 상태가 되어 등기관의 조사를 기다리게 된다. 등기관은 등기기록조사 화면에서 등기목적, 등기원인, 등기권리자 및 등기의무자 등의 등기사항이 정상적으로 입력되었는지를 신청서와 대조하여 확인하고, 오류가 있을 경우 기입수정을 한다.

② 그런다음 신청서와 첨부정보를 중심으로 당해 신청에 부동산등기법 제29조 각호에 해당하는 각하사유가 없는지를 조사하게 된다. 이러한 조사는 형식적 심사권의 범위 내에서 이루어진다. 즉, 등기관은 부동산등기법상 그 등기신청에 필요한 첨부정보가 제공되었는지 여부 및 제공된 정보가 형식적으로 진정한 것인지 여부에 관하여 제공된 첨부정보 자체를 검토하거나 이를 신청서 및 등기기록과 대조하는 등의 방법으로 심사하게 된다.

1. 신청서와 등기기록의 대조

(1) 부동산표시의 부합 여부의 대조

신청서에 기재된 부동산의 표시와 등기기록에 기록된 사항을 대조한다. 신청서에 기재된 부동산의 표시가 등기기록과 형식적으로 부합하지 아니하는 경우에는 설령 신청서의 기재가 대장에 부합하더라도 그 신청은 각하된다(법 제29조제

6호). 이러한 경우에는 등기기록의 부동산표시를 대장과 합치시키기 위하여 먼저 부동산표시의 변경 또는 경정의 등기를 한 후에 다른 등기를 신청하여야 한다. 다만, 관공서가 등기촉탁을 하는 경우에는 부동산의 표시가 일부 부합하지 않더라도 전체적으로 동일성이 인정된다면 그 등기촉탁을 수리하여야 한다.

등기관이 대조하는 부동산의 표시에 관한 사항은 다음과 같다.

① 토지인 경우 : 소재, 지번, 지목, 면적

② 건물인 경우 : 소재, 지번, 종류, 구조, 면적, 건물의 번호가 있는 때에는 그 번호, 부속건물이 있는 때에는 그 종류, 구조와 면적

③ 구분건물인 경우 : (1동의 건물의 표시)소재, 지번, 종류, 구조, 면적, 번호가 있는 때에는 그 번호, 대지권이 있는 때에는 대지권의 목적인 토지의 소재 지번, 지목, 면적. (구분건물의 표시)건물의 번호, 구조, 면적, 대지권이 있는 때에는 그 권리의 종류와 비율

(2) 등기의 목적인 권리표시의 부합 여부 대조

권리의 말소 또는 변경(경정)의 등기신청서에는 말소 또는 변경하는 권리를 특정하기 위하여 그 등기의 접수연월일 및 접수번호 또는 순위번호를 기재하며, 소유권 이외의 권리를 목적으로 하는 권리의 설정, 이전, 처분제한의 등기신청서에도 목적인 권리를 특정하기 위하여 그 등기의 목적인 권리의 종류, 접수연월일 및 접수번호 또는 순위번호를 기재한다.

또, 소유권의 일부이전의 등기를 신청하는 경우에는 그 지분을 기재한다. 신청서에 기재한 이러한 권리의 목적인 권리의 표시가 등기기록의 기록과 형식적으로 일치하지 아니하는 때에는 각하사유(**법 제29조제6호**)가 된다.

(3) 등기의무자표시의 부합 여부 대조

1) 원 칙

등기기록에 기록되어 있는 등기의무자의 표시(**개인인 경우에는 성명·주소, 회사 기타 법인인 경우에는 그 명칭·주된 사무소 또는 상호·본점**)와 신청서에 기재한 등기의무자의 표시가 일치하지 아니할 경우에는 각하사유(**법 제29조제7호**)가 된다. 따라서 먼저 등기명의인표시변경 또는 경정의 등기를 신청하여 등기의무자의 등기기록상의 표시를 현재의 표시에 일치시킨 후에 다른 등기를 신청하여야 한다.

2) 예 외

① 저당권이나 가등기 등 소유권 이외의 권리에 관한 말소를 신청하는 경우에는 등기기록상의 등기의무자의 표시에 변경 또는 경정의 사유가 있는 때라 하더라도 그 변경 또는 경정의 사유를 증명하는 정보의 첨부로써 등기명의인의 표시의 변경 또는 경정의 등기를 생략할 수 있다. 따라서 이때는 신청서에 기재된 등기의무자의 표시가 등기기록과 일치할 필요는 없으나 그 변경 또는 경정의 사유를 증명하는 정보와 일치하여야 하므로 이를 대조한다.

② 매매로 인한 소유권이전등기절차이행 전에 매도인이 사망한 경우와 같이 피상속인이 원인행위를 완료하고 등기 전에 사망한 경우, 그 상속인은 등기의무자의 상속인임을 증명하는 정보를 첨부하여 그 등기를 신청할 수 있다(법 제27조). 이 경우에는 신청서에 기재한 등기의무자의 표시가 등기기록상 등기의무자의 표시와 일치할 필요는 없으나, 신청서에는 피상속인도 표시하는 것이 등기실무이다. 이 때에는 등기원인증명정보의 당사자, 상속을 증명하는 정보의 피상속인과 등기기록상의 등기명의인을 대조하여, 동일인 여부를 판단하여야 한다. 회사의 합병이나 분할의 경우도 마찬가지이다.

③ 소유권이전등기를 신청하는 경우에 한하여 등기명의인의 주소변경으로 신청서상 등기의무자의 표시가 등기기록과 일치하지 아니하는 경우에도, 등기신청시에 제공한 주소를 증명하는 정보에 등기의무자의 등기기록상 주소가 신청서상의 주소로 변경된 사실이 명백히 나타나는 때에는 등기관이 직권으로 등기명의인표시변경등기를 하여야 하므로 이러한 사항을 면밀히 검토하여야 한다.

(4) 등기권리자의 표시와 부합 여부의 대조

기존의 등기를 변경 또는 말소하거나 가등기에 기한 본등기를 하는 경우에는 기존 등기명의인이 등기권리자가 되는 경우가 있다. 근저당권의 채권최고액을 증액변경하는 경우의 근저당권자, 소유권이전등기를 말소하는 경우의 전소유자, 본등기를 하는 경우의 가등기명의인 등이 그러하다. 이러한 등기신청에 있어서 신청서에 기재한 등기권리자의 표시가 등기기록과 일치하지 아니할 경우에는 당사자의 동일성 여부를 심사하여야 한다.

2. 첨부정보와 등기기록의 대조

첨부정보와 등기기록을 대조하여 동일성이 인정되지 아니하면 등기에 필요한 첨부정보를 제공하지 아니한 경우에 해당하여 각하사유가 된다(법 제29조제9호).

(1) 등기필증에 기재된 등기의무자 등과 등기기록상의 등기의무자 등의 대조

등기의무자의 권리에 관한 등기필증을 첨부하여야 하는 경우, 이 등기필증은 인감증명서와 함께 등기의무자(또는 신청인)의 등기신청 의사의 진정을 담보하는 중요한 첨부정보이다. 따라서, 등기필증에 기재된 접수연월일 및 접수번호가 등기기록의 기록과 일치하는가의 여부, 등기필증에 표시된 부동산 및 등기권리자의 기재가 등기기록의 그것과 동일한 것인가의 여부 등을 대조하고, 등기필증에 찍힌 등기필인 및 신청인의 인영, 등기필증의 양식, 경과년수(용지의 지질 및 상태) 등을 종합적으로 판단하여 진정한 등기필증인지 여부를 신중하게 확인한다.

(2) 등기상 이해관계인의 승낙정보 등과 등기기록의 대조

등기상 이해관계 있는 제3자가 있는 경우에 그의 승낙 또는 그에게 대항할 수 있는 재판이 있음을 증명하는 정보를 첨부정보로서 등기소에 제공하여야 하는 경우, 승낙정보 등에 기재된 이해관계인의 표시가 등기기록상의 표시와 부합하는가, 승낙정보 등의 내용이 당해 등기의 신청과 동일한 것인가, 승낙의 목적이 된 부동산의 표시가 등기기록상의 표시와 부합하는가의 여부를 확인한다. 또, 승낙정보의 일부로서 인감증명서가 첨부되었는가, 승낙을 갈음하는 재판서 등본의 경우에는 그 재판이 확정된 것임을 증명하는 정보가 첨부되었는가의 여부를 조사한다. 인감증명서는 이해관계인 본인의 것이어야 하지만, 이해관계인이 무능력자이거나 회사 등 법인인 경우에는 그 법정대리인 또는 회사등의 대표자의 인감증명서를 첨부하여야 한다. 법정대리인 등의 자격을 증명하기 위하여 가족관계등록사항별증명서 또는 법인등기사항증명서를 첨부하였는지 여부도 조사한다.

(3) 대장과 등기기록의 부동산표시와 소유자표시의 대조

① 등기기록에 기록된 부동산의 표시가 토지대장, 임야대장 또는 건축물대장과 일치하지 아니하는 경우에는 그 부동산 소유권의 등기명의인은 부동산의 표시변경등기를 하지 아니하면 당해 부동산에 관하여 다른 등기를 신청할 수 없다. 또 등기기록에 기록된 등기명의인의 표시가 위 각 대장과 일치하지 아니하는 경우에는 그 등록명의인표시의 변경등록을 하지 아니하면 당해 부동산에 관하여 다른 등기를 신청할 수 없다(법 제29조제11호).

② 그러므로 신청서에 위 대장의 등본이 첨부된 경우에는 등기관은 그 부동산의 표시와 등기명의인의 표시가 등기기록과 일치하는가의 여부를 대조한다. 다만, 부동산등기법 제29조제11호의 규정은 소유권의 등기명의인이 등기를 신청할 경우에 적용할 규정이므로, 관공서가 등기를 촉탁하는 경우에는 등기기록과

대장상의 소유명의인 등의 표시가 일치하지 아니하더라도 그 등기촉탁을 수리하여야 한다.

3. 신청서와 첨부정보의 대조

등기기록과 신청서의 기재사항이 위에서 본 바와 같이 서로 부합하여야 할 뿐만 아니라 신청서와 그 첨부정보도 서로 부합하여야 한다. 따라서 대장등본, 등기원인증명정보, 대리권한증명정보, 위임장 및 인감증명, 제3자의 허가증명정보, 주소증명정보 등 첨부정보와 신청서의 각 기재사항이 부합하는지의 여부를 대조하여야 한다.

V. 조사·교합업무48)

1. 조사 · 교합업무의 원칙

(1) 등기관은 당사자가 제출한 신청서 및 첨부서면이 부동산등기법 등 제반 법령에 부합되는지의 여부를 조사한 후 접수번호의 순서대로 교합처리하여야 하며, 아래 2, 3.의 경우를 제외하고는 늦어도 오전에 제출된 사건에 대하여는 다음날 18시까지, 오후에 제출된 사건에 대하여는 다음 다음날 12시까지 등기필정보를 작성하여 교부하여야 한다.

(2) 교합은 지방법원장으로부터 발급받은 등기관카드를 사용하여 등기관의 식별부호를 등기전산시스템에 기록하는 방법으로 하되 식별부호는 지방법원장으로부터 부여받은 사용자번호로 한다.

2. 지연처리

수십 필지의 분할·합병등기, 여러 동의 아파트 분양사건과 같은 집단 사건 또는 법률적 판단이 어려운 경우와 같이 만일 접수 순서대로 처리한다면 후순위로 접수된 다른 사건의 처리가 상당히 지연될 것이 예상될 경우에는 그 사유를 등록하고 이들 신청사건보다 나중에 접수된 사건을 먼저 처리할 수 있다.

48) 예규 제1423호

3. 보정사무의 처리

(1) 등기관은 흠결사항에 대한 보정이 없으면 그 등기신청을 각하할 수밖에 없는 경우에만 그 사유를 등록한 후 보정명령을 할 수 있으며, 등기소장은 보정명령의 적정 여부에 관하여 철저히 감독을 하여야 한다.

(2) 등기관이 등기신청에 대하여 보정을 명하는 경우에는 보정할 사항을 구체적으로 적시하고 그 근거법령이나 예규, 보정기간 등을 제시하여 매건 조사 완료 후 즉시 구두 또는 전화나 모사전송의 방법에 의하여 등기신청인에게 통지하여야 한다.

(3) 보정은 반드시 등기관의 면전에서 하여야 하며 보정을 위하여 신청서 또는 그 부속서류를 신청인에게 반환할 수 없다.

(4) 보정된 사건은 처리가 지연되지 않도록 즉시 처리하여야 한다.

4. 동일 부동산에 대한 교합

동일 부동산에 대하여 여러 개의 등기신청사건이 접수된 경우 그 상호간에는 위 지연처리, 보정명령을 한 경우에도 반드시 접수순서에 따라 처리하여야 한다.

21. 【등기신청의 보정】

I. 서 설

1. 의 의
2. 보정통지의 취지

II. 보정통지

1. 보정통지의 의무 여부
2. 보정통지의 시기
3. 보정통지 대상
4. 보정통지의 방식

III. 보정의 이행

1. 보정의 이행권자
2. 보정이 허용되는 기간
3. 신청서등의 흠결 보정
4. 전자신청에 대한 보정이행

IV. 보정통지 후의 등기관의 조치

1. 보정의 이행이 있는 경우
2. 보정의 이행이 없는 경우

(1) 등기신청 각하
(2) 첨부서류 등의 환부
(3) 각하 후의 보정이행의 효과

21. 【등기신청의 보정】

I. 서 설

1. 의 의

등기신청의 보정에는 보정통지와 보정의 이행이라는 2가지 의미가 포함되어 있는바 보정통지는 등기관이 등기신청서등을 조사한 결과 흠결이 있어서 각하사유에 해당하지만 그 흠결이 당일 보정할 수 있는 것이면 우선 보정을 통지하여 그 흠결을 시정토록 하는 것이고, 보정의 이행은 통지받은 등기신청의 흠결을 정정·보충시키는 행위이다.

2. 보정통지의 취지

등기관은 등기신청에 각하사유가 있으면 각하 후 다시 신청하게 하면 될 것이나 일단 접수된 등기신청에 대하여 보정하게 되면 접수번호에 따른 등기의 순위를 확보할 수 있게 하고 신청인의 편의를 도모할 목적으로 한다.

II. 보정통지

1. 보정통지의 의무 여부

대법원 견해는 등기관이 신청서류에 흠결이 있음을 발견한 경우 신청인 또는 대리인에게 이를 보정하도록 권장함은 바람직하지만, 법률상 보정명령을 하거나 석명해야 할 의무는 없다고 본다.

2. 보정통지의 시기

(1) 법규정

보정통지의 시기와 관련해서 법 제29조 단서는 등기관이 보정을 명한 날의 다음 날까지 그 잘못된 부분을 보정하였을 때에는 각하하지 않는다고 규정하였다.

(2) 판례

최근 판례에 의하면 등기소의 인적· 물적 시설이 한정되어 있는데다가 복잡사건, 집단사건이 빈발하고 있는 등기실무의 현황에 비추어 볼때 등기신청에 대한 조사가 완료되어 보정할 사항이 명확하게 된 날로 해석한다.

3. 보정통지 대상

등기관은 흠결사항에 대한 보정이 없으면 그 등기신청을 각하할 수 밖에 없는 경우에만 보정통지를 하여야 한다. 보정통지후에는 이에 관한 보정없이 사건을 처리하여서는 안된다.

4. 보정통지의 방식

등기관이 보정통지를 하고자 할 때에는 보정할 사항을 구체적으로 적시하고 그 근거법령이나 예규등을 제시하여 보정을 통지하여야 하는데 그 방법은 구두, 전화, 모사전송의 방법으로 한다. 다만 전자신청에 대한 보정통지는 전자우편의 방식으로도 통지할 수 있게 되었다.

III. 보정의 이행

1. 보정의 이행권자

보정의 이행은 당사자나 대리인 본인이 등기소에 출석해서 하여야 한다. 규칙 제58조에 의한 변호사나 법무사등의 사무원도 이를 이행할 수 있다. 다만 전자신청에 대한 보정이행은 출석하는 것이 아니라 전산정보처리조직에 의하는 것이 원칙이다.

2. 보정이 허용되는 기간

구법에서는 당일 보정이행이 될 것을 요구하고 있지만 등기실무에서는 등기관은 등기신청서류에 흠결을 발견하였을 경우 등기신청일의 다음날 오후까지 보정하게 하여야 한다라는 실무를 반영하여 개정법에서는 신청인이 등기관이 보정을 명한 날의 다음 날까지 그 잘못된 부분을 보정하면 되는 것으로 하였다. 다만 최근 판례에 의하면 보정할 사항이 명확해진 날 보정통지하는 경우에는 그 다음날 오후까지 이행하면 될 것이다.

3. 신청서등의 흠결 보정

특별히 신청서등의 흠결보정을 위하여 신청서나 또는 그 부속서류를 반환할 수 없으며 등기관은 그의 면전에서 필요한 보정을 하게 하여야 한다.

4. 전자신청에 대한 보정이행

전자신청의 보정은 전산정보처리조직에 의하여 하여야 한다. 다만 행정정보 공동이용의 대상이 되는 첨부정보를 해당 행정기관의 시스템장애등으로 인하여 등기관이 당일 취득할 수 없어 보정을 명한 경우에는 그 정보를 담고 있는 주민등록표등·초본을 등기소에 직접 제출하거나, 신청인이 자격자 대리인인 경우에는 그 서면을 전자적 이미지 정보로 변환하여 원본과 상위없다는 취지의 부가정보와 자격자대리인의 공인인증서 정보를 덧붙여 등기소에 송신할 수 있다.

Ⅳ. 보정통지 후의 등기관의 조치

1. 보정의 이행이 있는 경우

① 등기관은 보정결과의 구체적인 내용을 신청서에 첨부하여 소장에게 보고하고 보정통지대장에 그 확인을 받아야 하고, 더 이상 각하사유가 없다면 수리하여 처리가 지연되지 않도록 등기를 실행하여야 한다.

② 다만 전자신청에 대한 보정이행을 전산정보처리조직에 의하지 않고 등기소에 직접 제출하는 방식으로 보정을 한 경우 등기를 실행한 등기관은 신청정보를 담고 있는 서면을 출력하여 그 출력물과 보정서면을 편철한 후 신청서 기타 부속서류 편철장에 편철한다.

2. 보정의 이행이 없는 경우

(1) 등기신청 각하

보정을 이행하지 않는 경우에 등기관은 이유를 기재한 결정으로 등기신청을 각하하여야 한다.

(2) 첨부서류 등의 환부

각하결정등본을 교부하거나 송달할 때에는 신청서 이외의 첨부서류(**등록면허세영수필확인서 포함**)도 함께 교부하거나 송달하여야 한다.

(3) 각하 후의 보정이행의 효과

만일 각하결정을 한 후에 보정이 이행되었다면 그 보정이행이 각하결정을 무효화시킬 수는 없기 때문에 등기관이 각하한 등기신청에 대한 등기실행을 하여야 하는 것은 아니다.

22. 【등기의 동시신청】

I. 동일부동산에 대한 동시신청
  1. 양립이 가능한 등기의 동시신청
  2. 양립이 불가능한 등기의 동시신청

II. 별개 부동산에 대한 동시신청
  1. 구분건물의 일부만에 대한 소유권보존등기
  2. 신축건물의 소유권보존등기(구분건물로 된 경우)

III. 기타 동시신청의 경우
  1. 대지사용권 이전등기와 대지권변경등기의 동시신청
  2. 처분금지가처분에 기한 소유권이전등기 신청
  3. 변론종결 후 등기의 말소신청
  4. 환지등기 촉탁

IV. 동시신청에 위반한 경우

22. 【등기의 동시신청】

I. 동일부동산에 대한 동시신청

1. 양립이 가능한 등기의 동시신청

① 동일부동산에 대해서 양립이 가능한 수개의 등기신청이 동시에 접수된 경우에는 동일한 접수번호를 부여하여야 한다(규칙 제65조제2항). 예컨대 처분금지가처분신청이 가압류신청보다 집행법원에 먼저 접수되었다 할지라도 등기관이 법원으로부터 동일한 부동산에 관한 가압류등기촉탁서와 처분금지가처분등기촉탁서를 동시에 접수하였다면 양 등기에 대하여 동일한 접수번호와 순위번호를 기록하여야 한다. 이 때 가처분 또는 가압류의 신청의 선후나 결정의 선후는 따지지 않는다. 이와 같이 동일한 부동산에 관하여 동일 순위로 등기된 가압류와 처분금지가처분의 효력은 그 당해 채권자 서로 간에서는 처분금지적 효력을 서로 주장할 수 없다는 것이 판례이다(대법원 1998. 10. 30.자 98마475결정).

② 또한 환매특약등기(법 제53조)나 신탁등기신청(법 제82조)은 소유권이전등기신청과 동시에 신청하여야 하는데 이때 접수번호는 동일번호로 한다. 그리고 관공서에 의한 우편촉탁이 동시에 도달한 경우에는 촉탁서의 촉탁일자와 상관없이 동시 접수로 처리함이 실무이다.

2. 양립이 불가능한 등기의 동시신청

수개의 등기신청이 동시 신청된 경우 그 내용에 있어서 모순되고 양립할 수 없는 경우에 접수는 거부할 수 없으므로 모두 접수하되 모두 각하하여야 한다. 예를 들어 동일한 범위에 대한 전세권설정등기신청이 동시에 접수된 경우에는 모두 접수 후 모두 각하 한다.

II. 별개 부동산에 대한 동시신청

1. 구분건물의 일부만에 대한 소유권보존등기

1동의 건물에 속하는 구분건물 중의 일부만에 관하여 소유권보존등기를 신청하는 경우에는 그 나머지 구분건물에 관하여는 표시에 관한 등기를 동시에 신청하여야 한다(법 제46조제1항).

2. 신축건물의 소유권보존등기(구분건물로 된 경우)

건물의 신축으로 인하여 구분건물이 아닌 건물이 구분건물로 된 경우에 그 신축건물의 소유권보존등기는 다른 건물의 표시에 관한 등기 또는 표시변경등기와 동시에 신청하여야 한다(법 제46조제3항).

III. 기타 동시신청의 경우

1. 대지사용권 이전등기와 대지권변경등기의 동시신청

집합건물법 제1조 또는 제1조의2에 규정된 건물을 건축한 자가 대지사용권을 가지고 있는 경우에 대지권에 관한 등기를 하지 아니하고 구분건물에 관하여서만 소유권이전등기를 마쳤을 때에는 현재의 구분소유자와 공동으로 대지사용권에 관한 이전등기를 신청하거나, 그 건물의 대지사용권을 나중에 취득하여 이전하기로 약정한 경우에 따른 등기는 대지권에 관한 등기와 동시에 신청하여야 한다(법 제60조제3항).

2. 처분금지가처분에 기한 소유권이전등기 신청

부동산의 처분금지가처분권리자가 본안사건에서 승소하여 그 확정판결의 정본을 첨부하여 소유권이전등기를 신청하는 경우, 그 가처분등기 이후에 제3자 명의의 소유권이전등기가 경료되어 있을 때에는 반드시 위 소유권이전등기신청과 함께 단독으로 그 가처분등기 이후에 경료된 제3자 명의의 소유권이전등기의 말소신청도 동시에 하여 그 가처분등기 이후의 소유권이전등기를 말소하고 가처분권리자의 소유권이전등기를 하여야 한다.

3. 변론종결 후 등기의 말소신청

갑이 을을 상대로 소유권이전등기의 말소청구의 소를 제기하여 승소확정판결을 받았으나 그 변론종결 후에 병이 을로부터 소유권이전등기를 경료받은 경우 갑이 병에 대한 승계집행문을 받는다면 병 명의의 소유권이전등기의 말소등기를 신청할 수 있을 것이나, 그 말소등기의 신청은 을 명의의 소유권이전등기의 말소등기 신청과 동시에 하여야 한다.

4. 환지등기 촉탁

농어촌정비법이나 도시개발법에 의한 환지등기 촉탁은 권리의 설정 또는 이전 등의 등기를 하여야 하는 때 기타 특별한 사유가 있는 때를 제외하고는 사업지역내의 토지 전부에 관하여 동시에 하여야 한다.

Ⅳ. 동시신청에 위반한 경우

동시신청이 등기신청의 요건인 경우에 이에 위반한 등기신청이 있으면 등기관은 원칙적으로 법 제29조 제2호의 사유인 '사건이 등기할 것이 아닌 경우'로 각하 하여야 한다. 다만 신탁등기의 동시신청 위반은 법 제29조제5호의 사유로 각하 하여야 한다.

23. 【사건이 등기할 것이 아닌 경우의 등기신청】

Ⅰ. 서 설

1. 의 의

2. 기 능

Ⅱ. 실체법상 사건이 등기할 것이 아닌 경우

Ⅲ. 절차법상 사건이 등기할 것이 아닌 경우

1. 등기할 사항이 아닌 물건

2. 등기할 사항이 아닌 권리

3. 등기할 사항이 아닌 권리변동

Ⅳ. 기타 절차법상 사건이 등기할 것이 아닌 경우

1. 근저당권설정등기 신청시 대물변제의 특약

2. 전유부분과 등기된 대지권을 분리하여 처분하는 등기신청

3. 후발적인 사유로 인한 경정등기신청

4. 등기사무 정지기간 중의 등기신청

5. 구분건물의 구조상 공용부분에 대한 소유권보존등기

6. 1부동산 1등기기록 원칙에 위반한 등기신청

7. 동시에 신청해야 할 사항을 동시에 신청하지 않은 경우

Ⅴ. 특별법상 사건이 등기할 것이 아닌 등기

1. 농어촌정비법

2. 도시개발법

3. 도시 및 주거환경정비법

Ⅵ. 법 제29조 제2호에 해당되는지 문제되는 경우

1. 신탁등기와 소유권이전등기의 동시신청 위배

2. 금지사항의 부기등기가 있는 경우

3. 명백히 위조된 서류에 의한 등기

4. 외국인이 토지취득허가서를 첨부하지 않은 경우

5. 합유지분에 대한 등기

6. 처분금지가처분권리부 가압류등기 촉탁

Ⅶ. 결 어

1. 법 제29조 제2호에 위반한 등기신청의 효력 및 간과한 등기의 효력

(1) 등기신청의 각하

(2) 간과한 등기의 효력

2. 등기신청 및 경료된 등기에 대한 이의신청

(1) 소극적 처분

(2) 적극적 처분

23. 【사건이 등기할 것이 아닌 경우의 등기신청】

I. 서 설

1. 의 의

판례는 법 제29조 제2호의 '사건이 등기할 것이 아닌 경우'를 주로 등기신청이 그 신청취지 자체에 의하여 법률상 허용할 수 없음이 명백한 경우로 해석한다.

2. 기 능

법 제29조 제2호는 제29조 제2호를 제외한 각하사유의 어디에도 해당하지 아니하는 등기절차법상의 부적법한 등기신청뿐만 아니라, 민법을 비롯한 기타 실체법·민사특별법의 규정에 반하는 부적법한 등기신청에 대하여도 등기관이 심사할 수 있도록 하는 창구 또는 통로로서의 기능을 하는 규정이다.

II. 실체법상 사건이 등기할 것이 아닌 경우

1. 소유권이전등기신청과 동시에 신청하지 않은 환매특약등기(**민법 제592조**)
2. 공유지분에 대한 지상권·전세권 설정등기
3. 요역지와 분리하여 양도하거나 다른 권리의 목적으로 한 지역권등기(**민법 제292조**)
4. 피담보채권과 분리하여 양도하거나 다른 채권의 담보로 하는 저당권등기(**민법 제361조**)
5. 공유부동산에 대하여 5년을 초과하는 공유물불분할금지특약등기(**민법 제268조**)
6. 농경지를 목적으로 한 전세권설정등기(**민법 제303조**)
7. 부동산실권리자명의등기에관한법률에 의하여 유예기간 경과 후에 한 명의신탁해지를 원인으로 한 소유권이전등기

III. 절차법상 사건이 등기할 것이 아닌 경우

1. 등기할 사항이 아닌 물건

① 터널·교량·토굴, ② 방조제의 부대시설물(**배수갑문, 양수기**), ③ 가설건축물·견본주택·비닐하우스·주유소 캐노피, 급유탱크, ④ 구분건물의 구조상 공용부분은 등기할 사항이 아니다.

2. 등기할 사항이 아닌 권리

점유권·유치권·동산질권등은 등기할 사항이 아닌 권리에 해당한다(**법 제3조 참조**). 특수지역권, 분묘기지권도 등기할 권리가 아니다.

3. 등기할 사항이 아닌 권리변동

① 가등기에 대한 본등기를 금지하는 가처분 등기 ② 소유권 일부에 대한 용익물권 설정 ③ 공유자 중 1인이 신청하는 자기 지분만에 관한 보존등기 ④ 공동상속인 중 1인이 신청하는 자기 상속분만에 관한 상속등기 ⑤ 물권적 청구권 보전을 위한 가등기

Ⅳ. 기타 절차법상 사건이 등기할 것이 아닌 경우

1. 근저당권설정등기 신청시 대물변제의 특약

특약사항의 기재는 법률에 근거가 있어야 하므로 근저당권설정등기를 함에 있어서 변제기에 채무를 변제하지 아니하면 저당목적물로 변제에 충당한다는 대물변제에 관한 특약의 등기신청은 허용되지 아니한다.

2. 전유부분과 등기된 대지권을 분리하여 처분하는 등기신청

처분의 일체성에 반하는 등기신청이므로 본호의 각하대상이다.

3. 후발적인 사유로 인한 경정등기신청

2인의 공유로 등기가 경료된 후에, 나중에 발생한 사유로 그 등기를 나머지 1인의 단독사유로 경정해 달라는 등기신청은 기재자체에 의하여 법률상 허용될 수 없는 등기임이 명백한 등기이다.

4. 등기사무 정지기간 중의 등기신청

등기사무 정지기간 동안의 등기는 허용되지 아니한다(법 제10조). 이러한 기간임에도 불구하고 등기신청이 있는 경우 그러한 등기신청은 법 제29조 제2호에 의하여 각하되어야 할 것이고, 설사 등기가 되었다 하더라도 당연무효로서 직권말소할 수 있다.

5. 구분건물의 구조상 공용부분에 대한 소유권보존등기

등기능력이 없는 계단, 복도등 집합건물의 구조상 공용부분에 대하여 소유권보존등기가 경료된 경우, 등기관은 법 제58조의 절차에 의하여 직권으로 말소할 수 있다.

6. 1부동산 1등기기록 원칙에 위반한 등기신청

동일부동산에 대한 중복 소유권보존등기신청은 사건이 등기할 것이 아니다.

7. 동시에 신청해야 할 사항을 동시에 신청하지 않은 경우

1동의 건물에 속하는 구분건물중의 일부만에 관한 소유권보존등기를 신청하면서 나머지 구분건물의 표시에 관한 등기와 동시에 신청하지 아니한 경우(법 제46조).

V. 특별법상 사건이 등기할 것이 아닌 등기

1. 농어촌정비법

동법에 따른 사업시행지역 내의 토지에 관하여 '환지계획인가고시'후 환지등기 전에 다른 등기의 신청이 있는 경우는 사건이 등기할 것이 아닌 때에 해당한다. 다만 확정일부 있는 서류에 의하여 환지계획인가고시 전에 등기원인이 발생한 사실을 증명하였을 경우에는 예외로 한다.

2. 도시개발법

동법에 따른 '환지처분공고'가 있은 날부터 환지등기가 있는 때까지는 다른 등기를 할 수 없다. 다만 확정일부 있는 서류에 의하여 환지처분 공고 전에 등기원인이 발생한 사실을 증명하였을 경우에는 그러하지 아니하다.

3. 도시 및 주거환경정비법

'이전고시'가 있은 날부터 관리처분계획에 따른 대지 및 건축물 소유권에 관한 등기가 있을 때까지는 저당권 등의 다른 등기를 할 수 없다.

Ⅵ. 법 제29조 제2호에 해당되는지 문제되는 경우

1. 신탁등기와 소유권이전등기의 동시신청 위배

신탁등기신청은 소유권이전등기를 신청함과 동시에 반드시 동일한 신청서에 의하여 하여야 한다. 만일 신탁의 등기만을 신청한 경우에는 법 제29조 제5호에 의하여 이를 각하하여야 하고, 소유권이전등기만을 신청한 경우에도 그 등기원인이 신탁임이 판명된 경우에는 이를 각하하여야 한다.

2. 금지사항의 부기등기가 있는 경우

주택법상 금지사항 부기등기가 되어 있는 부동산에 어떤사유로 그 신청이 각하되지 않고 가압류등기가 되어 있다면 법 제29조 제2호가 아닌 제9호 사유이므로 등기관이 이를 직권으로 말소할 수 없다.

3. 명백히 위조된 서류에 의한 등기

명백히 허위 또는 무효인 서류를 근거로 등기명의인 표시변경등기가 이루어졌다는 사유는 법 제29조 제9호의 첨부정보 미제공에 해당할 뿐이라는 것이 판례이다.

4. 외국인이 토지취득허가서를 첨부하지 않은 경우

허가를 받지 아니한 채 소유권취득등기가 경료되었다 하더라도 그러한 등기는 법 제29조 제9호 위반의 등기이지 제2호에 해당되는 것은 아니므로, 등기관은 직권으로 당해 등기를 말소할 수 없다.

5. 합유지분에 대한 등기

① 합유지분에 대한 상속등기

합유지분의 상속에 관한 전원의 합의가 없음에도 불구하고 합유지분에 대한 상속등기가 이미 경료된 경우라도 그 등기가 법 제29조 제2호의 규정에 위반한 등기는 아니므로 등기관이 직권으로 상속등기를 말소할 수는 없다. 따라서 당사자가 공동으로 말소신청을 하거나 소송으로써 말소를 구해야 할 것이다.

② 합유지분에 대한 가압류등기

수인의 합유자 명의인 부동산에 관하여 합유자 전원의 동의도 없이 합유자 중 1인의 지분에 대하여 가압류기입등기촉탁이 있는 경우에는, 합유지분을 합유성의 원리상 전원의 동의가 없으면 처분, 가압류 등을 할 수 없는 것이므로 법 제29조 제2호에 의하여 각하하여야 할 것인바, 만일 위 합유지분에 대하여 가압류등기가 이미 경료되어 있다면 그 등기는 등기관이 법 제58조의 규정에 의하여 직권으로 말소하여야 한다.

6. 처분금지가처분권리부 가압류등기 촉탁

부동산 처분금지가처분권리부 채권에 대하여, 가처분권자를 채무자로 한 가압류결정에 의하여 집행법원으로부터 위 가처분권리부 채권에 대한 가압류등기 촉탁이 있는 경우, 위 가압류등기는 '사건이 등기할 것이 아닌 경우'에 해당되므로 등기관은 이를 각하하여야 하는바, 위 등기촉탁에 의하여 가압류기입등기를 경료한 경우에는 등기관이 이를 직권으로 말소하여야 한다. 왜냐하면 가처분등기는 특정 금전채권 확보를 목적으로 하는 것이 아니고 계쟁부동산의 현상변경을 금지하는 보전처분등기일뿐이고 권리등기가 아니므로 가압류의 목적인 권리등기로 삼을 수 없기 때문이다.

Ⅶ. 결 어

1. 법 제29조 제2호에 위반한 등기신청의 효력 및 간과한 등기의 효력

(1) 등기신청의 각하

등기관은 법 제29조 제2호에 해당하는 등기신청이 있는 경우에는 그 등기신청을 각하하여야 한다.

(2) 간과한 등기의 효력

등기관은 법 제29조제2호에 해당하는 등기신청이 있는 경우에는 그 등기신청을 각하하여야 하나 이를 간과한 채 등기가 실행된 경우에는 그 등기는 당연무효로서 직권말소되어야 할 등기이다. 따라서 등기관은 법 제58조의 절차에 따라 직권말소할 수 있다.

2. 등기신청 및 경료된 등기에 대한 이의신청

(1) 소극적 처분

등기신청인인 등기권리자, 등기의무자에 한하여 이의신청을 할 수 있고 제3자는 이의신청을 할 수 없다. 이의사유는 각하결정이 부당하다는 사유면 족하고 특별한 제한은 없다.

(2) 적극적 처분

1) 법 제29조 제1호, 제2호의 경우

등기관이 등기를 완료한 후 그 등기가 부동산등기법 제29조 제1호 또는 제2호의 각하사유에 해당된 것임을 발견한 때에는 부동산등기법 제58조의 절차에 따라 그 등기를 직권으로 말소하여야 한다. 만약 등기관이 이를 직권으로 말소하지 않고 있다면 등기신청인과 등기상 이해관계 있는 제3자는 그 처분에 대한 이의신청을 할 수 있다.

2) 법 제29조 제3호 이하의 경우

부동산등기법 제29조 제3호 이하의 각하사유가 있음에도 등기가 경료된 경우 그 등기는 당연무효는 아니며, 실체관계에 부합하는 한 그 효력이 있다고 볼 여지가 있으므로 등기관이 직권으로 그 등기를 말소할 수는 없다. 따라서 소송으로 그 등기의 효력을 다투는 것은 별론으로 하고, 부동산등기법 제100조에 의한 이의신청의 방법으로는 그 말소를 구할 수 없다.

24. 【등기사항증명서의 발급】

I. 서 설
 1. 의 의
 2. 공시의 형태

II. 등기사항증명서의 발급 신청인
III. 등기사항증명서의 발급 대상
 1. 전산등기부 등
 2. 등기사항증명서의 종류
 (1) 등기사항전부증명서
 (2) 등기사항일부증명서
 (3) 전산폐쇄등기부
 (4) 이미지 폐쇄등기부
 (5) 수작업폐쇄등기부
 (6) 신청서 그 밖의 부속서류

IV. 등기사항증명서의 발급 방법
 1. 등기사항증명서 발급창구
 2. 도면 또는 신탁원부 등의 발급
 3. 공용무상발급의 표시
 4. 등기신청이 접수된 부동산에 관한 등기사항증명서의 발급

V. 전산등기부 등기사항증명서 발급
 1. 발급신청
 2. 등기사항증명서 발급신청 처리기준
 (1) 원 칙
 (2) 예 외
 (3) 등기사항증명서 교부 지연시의 통지
 3. 등기사항증명서 작성
 (1) 작성양식
 (2) 등기사항증명서의 위·변조 방지를 위한 조치
 4. 폐쇄등기부 등기사항증명서의 발급

24. 【등기사항증명서의 발급】 49)

I. 서 설

1. 의 의

등기사항증명서란 등기기록의 내용을 증명하기 위해 등기기록의 내용을 동일한 문자와 부호로써 전부 또는 등기기록의 일부에 관해서 옮긴 서면을 말하는데 등기사항증명서는 보조기억장치에 기록·보관하는 데이터 내용을 등기업무시스템에 의하여 전산적으로 출력하는 방법으로 발급하게 된다.

2. 공시의 형태

등기소에서 시행되고 있는 등기기록 등의 공시는 첫째 등기부·폐쇄등기부 등기사항증명서의 발급, 둘째 등기부·폐쇄등기부·등기신청서 그 밖의 부속서류의 열람의 형태로 시행되고 있다.

II. 등기사항증명서의 발급 신청인

등기사항증명서의 발급신청인은 제한이 없으므로 누구든지 수수료를 납부하고 대법원 규칙이 정하는 바에 따라 등기사항증명서의 발급을 청구할 수 있다(법제19조제1항).

III. 등기사항증명서의 발급 대상

1. 전산등기부 등

공동담보목록, 매매목록, 도면 또는 신탁원부 등은 등기사항증명서의 발급신청시 그에 관하여 신청이 있는 경우에 한하여 발급하며, 등기사항증명서에 합

---

49) 예규 제1443호

철하여 1통의 등기사항증명서로서 발급한다.

2. 등기사항증명서의 종류

(1) 등기사항전부증명서

① 말소사항포함등기사항전부증명서란 표제부·갑구·을구에 등기되었던 모든 사항을 증명하는 증명서이다. 따라서 말소된 등기사항을 포함하여 등기기록에 기록된 사항의 전부를 증명하는 증명서를 말하며, ② 현재유효사항등기사항전부증명서란 등기기록의 등기사항 중 현재 효력이 있는 등기사항과 그와 관련된 사항을 증명하는 증명서를 말한다.

(2) 등기사항일부증명서

① 특정인지분 등기사항일부증명서

현재 지분을 보유하고 있는 공유자들 중 특정 공유자의 지분 및 그 지분과 관련된 사항을 공시하기 위하여 지정된 특정인의 지분을 표시하고 해당 지분과 관련된 사항을 발췌하여 증명하는 증명서를 말한다.

② 현재소유현황 등기사항일부증명서

해당 부동산에 대하여 현재 지분을 보유하고 있는 소유자(또는 공유자)에 대한 사항을 증명하는 증명서를 말한다. 이 등기사항일부증명서의 특징은 갑구 등기사항 중 현재 유효한 지분을 가지고 있는 명의인과 해당 순위번호, 대지권 취지의 등기만을 공시하고 소유권에 관한 처분제한의 등기 등 다른 갑구와 관련한 사항 및 을구 사항은 공시하지 않는 것이다.

③ 지분취득이력 등기사항일부증명서

특정 공유지분이 어떻게 현재의 공유자에게로 이전되어 왔는지를 쉽게 확인할 수 있도록, 해당 지분의 취득경위와 관련한 지분의 이전 내력을 모두 발췌하여 증명하는 증명서를 말한다. 이 등기사항일부증명서는 지분취득이력에 관련한 사항만 공시하므로 처분제한등기 등의 갑구 및 을구 등기사항은 발췌하지 않는다. 또한 지분취득 이후의 이전등기는 발췌하지 않으므로 최종지분을 명확히 알 수 없음을 유의하여야 한다.

(3) 전산폐쇄등기부

폐쇄등기기록이라 함은 등기기록이 폐쇄된 것을 의미하는바 발급이 가능한 종류로는 말소사항포함 등기사항전부증명서만이 발급이 가능하다.

(4) 이미지 폐쇄등기부

1) 전산이기전

전산이기전에 폐쇄된 수작업등기부를 촬영한 이미지 형태의 등기부를 말하며, 등기사항증명서의 발급이 가능한 것으로는 ① 말소사항포함 등기사항전부증명서, ② 일부사항 등기사항일부증명서 등이 있다.

2) 전산이기시

등기부를 전산화함에 따라 폐쇄된 수작업등기부를 촬영한 이미지형태의 등기부를 말하며, 발급이 가능한 등기사항증명서는 말소사항 포함 등기사항전부증명서이다.

(5) 수작업폐쇄등기부

폐쇄된 종이등기부(종전의 수작업폐쇄등기부)를 말하며, 발급이 가능한 것으로는 ① 말소된 등기사항을 포함하여 수작업폐쇄등기부에 기재된 사항의 전부를 증명하는 등본인 말소사항포함 등기부등본, ② 수작업폐쇄등기부에 기재된 사항 중 신청인이 청구한 일부 면을 증명하는 초본인 일부사항증명 등기부초본 등이 있다.

(6) 신청서 그 밖의 부속서류

신청서 그 밖의 부속서류는 이해관계를 소명하는 자가 열람 신청은 할 수 있어도 발급대상은 되지 아니한다.

Ⅳ. 등기사항증명서의 발급 방법

1. 등기사항증명서 발급창구

등기과(소)장은 등기사항증명서 발급신청의 접수·발급 등 사무의 처리를 위하여 등기사항증명서 발급창구(또는 담당자)를 개설(또는 지정)하여야 하고, 11통 이상의 전산등기부나 이미지폐쇄등기부 등기사항증명서의 다량발급, 수작업폐쇄등기부의 발급 등을 위하여 등기과(소)(이하 "등기소"라 한다) 운영상황에 맞추어 특수발급창구(또는 담당자)를 개설(또는 지정)하여야 한다.

2. 도면 또는 신탁원부 등의 발급

① 신탁원부, 공동담보(전세)목록, 도면, 매매목록 또는 공장저당목록은 등기사항증명서의 발급신청시 그에 관하여 신청이 있는 경우에 한하여 발급한다.

② 등기사항증명서 발급담당자는 신탁원부, 공동담보(전세)목록, 도면, 매매목록 또는 공장저당목록과 등기사항증명서를 합철하여 1통의 등기사항증명서로 발급한다.

3. 공용무상발급의 표시

「등기사항증명서 등 수수료규칙」 제7조제1항에 의하여 수수료를 면제하는 등기사항증명서를 발급할 경우 등기사항증명서의 매 장마다 공용무상발급임을 표시하여야 한다.

4. 등기신청이 접수된 부동산에 관한 등기사항증명서의 발급

① 「부동산등기규칙」 제30조제4항단서에 의하여 등기사항증명서를 발급할 경우에는 등기사항증명서 첫 면의 상단에 신청사건에 대한 정보를 표시하고 등기사항증명서 매 장마다 음영으로 신청사건처리중임을 표시하며, 맨 뒷면의 증명문에 현재 처리 중인 신청사건의 결과에 따라 등기기록의 내용이 접수시로 소급해서 변경될 수 있다는 뜻을 표시하여 발급하여야 한다.

② 등기신청이 접수된 부동산에 관하여 등기사항증명서의 발급신청이 있는 경우 그 발급 신청인에게 신청사건이 접수되어 처리 중임을 알려 준 후 등기사항증명서를 발급한다.

③ 인터넷등기소 및 무인발급기를 이용하여 발급하는 경우에는 신청사건이 처리 중에 있음을 확인할 수 있는 화면을 제공하여야 한다.

Ⅴ. 전산등기부 등기사항증명서 발급

1. 발급신청

① 신청인은 해당 부동산의 종류, 소재지번, 신청통수, 발급받고자 하는 등기사항증명서의 종류 등을 특정하여 신청하여야 하고, 발급 통수가 11통 이상의 경우에는 발급신청서를 제출하여야 한다.

② 등기소는 다량발급신청 등을 이유로 등기사항증명서 발급의 신청을 거부하지 못한다.

2. 등기사항증명서 발급신청 처리기준

(1) 원　칙

등기사항증명서 발급담당자는 등기사항증명서 발급신청을 접수한 즉시 해당 등기사항증명서를 교부하여야 한다. 다만, 11통 이상의 다량발급의 경우에는 다음 각 호의 기준에 따르며, 접수증에 발급 예정시간을 기재하여 교부한다.

1) 11통~50통 : 신청 후 1시간 이내 작성 교부

2) 51통~100통 : 신청 후 2시간 이내 작성 교부

3) 101통~200통 : 오전에 접수된 사건은 당일까지, 오후에 접수된 사건은 익일 오전까지 작성 교부

4) 201통~300통 : 신청 후 24시간 이내 작성 교부

5) 301통 이상 : 300통당 1일의 비율로 작성 교부

(2) 예　외

등기소는 다른 다량신청사건의 유무, 신청인의 주거지, 신청부동산의 종류와 개수, 발행예상 면수 등을 고려하여 필요한 경우 합리적인 범위 내에서 위 (1)의 기준과 다르게 처리할 수 있고, 이 경우 신청인에게 그 사유를 설명하여야 한다.

(3) 등기사항증명서 교부 지연시의 통지

위 (1)의 경우 담당 직원의 유고나 질병, 기계의 고장 등의 사유로 접수증에 기재된 예정시간 시간 내에 발급이 불가능할 경우에는 신청인에게 미리 전화나 팩스 등을 통해 그 사유를 설명하고, 새로운 발급예정시간을 고지하여야 한다.

3. 등기사항증명서 작성

(1) 작성양식

등기사항증명서, 그 용지는 가로 297mm, 세로 210mm인 크기의 복사방지 처리를 한 특수용지로 한다.

(2) 등기사항증명서의 위·변조 방지를 위한 조치

① 등기사항증명서는 그 진위 여부를 등기소에서 또는 인터넷으로 확인할

수 있도록 발급확인번호 12자리를 부여하여야 한다.

② 등기사항증명서의 매 장마다 등기정보를 암호화하여 저장한 2차원 바코드가 인쇄되도록 하고, 이를 스캐너 등으로 복원할 수 있도록 하여야 한다.

③ 발급받은 등기사항증명서를 복사기 등을 이용하여 복사하는 경우에 사본임을 인식할 수 있도록 매 장마다 복사방지장치를 하여야 한다.

4. 폐쇄등기부 등기사항증명서의 발급

전산등기부가 폐쇄된 경우 폐쇄등기부 등기사항증명서의 발급에 관한 사항은 전산등기부 등기사항증명서 발급의 예에 따른다. 이 경우 등기사항증명서의 매 장마다 폐쇄등기부임을 표시하여야 한다.

Ⅵ. 수작업폐쇄등기부 등·초본 및 이미지폐쇄등기부 등기사항증명서의 발급

1. 발급신청

(1) 신청방법

신청인은 교부신청서에 해당 부동산의 종류, 소재지번, 신청통수, 발급받고자 하는 등·초본의 종류 등을 특정하고, 수작업폐쇄등기부 또는 이미지폐쇄등기부임을 표시하여 신청하여야 한다.

(2) 수작업폐쇄등기부의 일부사항증명 등기부초본의 발급신청

① 신청인은 발급받고자 하는 등기부의 면을 특정하여 그 초본을 신청하여야 한다. ② 일부사항증명 등기부초본의 신청을 위한 등기기록 열람의 경우 열람수수료는 면제된다.

(3) 이미지폐쇄등기부(전산이기전) 등기사항일부증명서(일부사항)의 발급신청

이미지폐쇄등기부(전산이기전) 등기사항일부증명서(일부사항)의 발급신청은 위 (2)의 예에 따른다.

(4) 등·초본 발급담당자는 신청 후 24시간 이내에 해당 등·초본을 작성하여 교부하여야 하며, 접수증에 발급예정시간을 기재하여 교부한다. 다만, 이미지폐쇄등기부 등기사항증명서의 경우에는 전산등기부 등기사항증명서 발급신청 처리

기준의 예에 따라 발급한다.

2. 등기부등본 또는 등기사항증명서의 발급

① 수작업폐쇄등기부 등본은 수작업폐쇄등기부 전부를 등사하는 방법으로 작성하여 발급한다. ② 이미지폐쇄등기부 등기사항증명서는 수작업폐쇄등기부를 촬영하여 생성된 이미지 전부를 출력하여 발급한다. 위의 경우 폐쇄등기부임을 표시하여야 한다.

3. 일부사항증명 수작업폐쇄등기부 초본 및 등기사항일부증명(일부사항) 이미지폐쇄등기부(전산이기전) 등기사항증명서의 발급

① 등·초본 발급담당자는 신청인이 특정한 수작업폐쇄등기부 또는 이미지폐쇄등기부(전산이기전)의 일부 면을 등사 또는 출력하는 방법으로 등기부 초본과 등기사항일부증명서를 작성한다.

② 발급담당자는 등기부초본과 등기사항일부증명서의 작성시 i) 신청인이 청구한 등기부의 일부 면에 관한 것입니다. ii) 신청인이 청구하지 않은 부분은 표시되지 않습니다. 라고 기재하여 발급한다.

4. 수작업폐쇄등기부 등·초본의 증명

① 등기부의 등·초본은 등기관이 등기부와 동일양식의 용지로써 이를 작성하고, 그 말미에 등기부의 내용과 다름이 없음을 증명하는 내용의 증명문을 기재하며, 발급연월일과 등기관이라는 표시 및 그 성명을 적은 후 직인을 찍어야 하며, 등기부 등·초본이 여러 장인 경우에는 연속성을 확인할 수 있는 조치를 하여 발급하여야 한다.

② 등본은 등사할 갑구 또는 을구의 기재가 없는 등기용지 등을 생략하여 작성할 수 있다. 이 경우에는 증명문에 그 뜻을 기재하여야 한다.

Ⅶ. 무인발급기를 이용한 등기사항증명서의 발급

1. 발급가능한 등기사항증명서의 종류

무인발급기를 이용하여 발급할 수 있는 등기사항증명서는 등기사항전부증명서(말소사항 포함)에 한하며 신청인은 직접 지번 등을 입력하여 발급받는다. 다만, 등기사항전부증명서(말소사항 포함)의 매수가 16장 이상인 경우 등과 같이 등기기록의 분량과 내용에 비추어 무인발급기로 발급하기에 적합하지 않다고 인정되는 때에는 이를 제한할 수 있다.

2. 민원안내

등기소는 해당 등기소의 실정에 맞추어 신청인을 위한 무인발급기의 사용방법을 게시하여야 하고, 신청인의 문의가 있으면 그 사용방법에 관하여 안내하여야 한다.

Ⅷ. 인터넷에 의한 등기사항증명서의 발급

1. 발급가능한 등기사항증명서의 종류

인터넷에 의하여 발급하는 등기사항증명서의 종류는 등기사항전부증명서(말소사항 포함)·등기사항전부증명서(현재 유효사항)·등기사항일부증명서(특정인 지분)·등기사항일부증명서(현재 소유현황)·등기사항일부증명서(지분취득 이력)로 한다. 다만, 등기기록상 갑구 및 을구의 명의인이 500인 이상인 경우 등과 같이 등기기록의 분량과 내용에 비추어 인터넷에 의한 열람 또는 발급이 적합하지 않다고 인정되는 때에는 이를 제한할 수 있다(규칙 제32조제2항, 예규 제1443호).

2. 등기사항증명서의 작성

① 등기사항증명서는 컬러 또는 흑백으로 출력될 수 있도록 하여야 한다.

② 등기정보중앙관리소 전산운영책임관은 인터넷에 의하여 발급된 등기사항증명서의 진위 여부를 확인할 수 있도록 조치를 취하여야 한다.

Ⅸ. 전산등기부로 미전환된 종이등기부에 대한 등기사항증명서의 발급

1. 등기관은 전산등기부로 미전환된 종이등기부에 대한 등기사항증명서의 발급신청이 있는 경우 부동산등기규칙 부칙 제2조 및 등기예규 제1331호에 따라 해당 등기부를 전산등기부로 신속히 전환한 후 전산등기부에 대한 등기사항증명서를 발급하여야 한다.

2. 등기관은 등기사항증명서 발급신청인에게 전산등기부로 전환한 후 등기사항증명서를 발급받을 수 있다는 사실과 전환에 따른 예상 소요시간 등에 대하여 상세히 설명하여야 한다.

X. 등기기록의 열람

1. 열람신청

신청인은 해당 부동산의 종류, 소재지번, 열람하고자 하는 등기부의 종류 등을 표시하여 신청하여야 한다.

2. 전산시스템을 통한 등기기록의 열람

① 신청인은 등기소에 비치된 컴퓨터의 화면을 보는 방법으로 등기기록을 열람한다.

② 전산등기부 또는 이미지폐쇄등기부의 경우에 신청인은 등기사항증명서의 양식에 준하여 등기사항을 출력한 서면을 교부받는 방법에 의하여 등기기록을 열람할 수 있다. 이 경우 매 장마다 열람용임을 표시하여야 하고, 신청사건이 접수된 경우에는 신청사건처리중임을 같이 표시하여야 한다.

3. 수작업폐쇄등기부의 열람

(1) 열람방법

① 등・초본 발급업무담당자는 신청서에 기재된 신청인의 성명, 주민등록번호 및 주소를 제출된 주민등록증 또는 운전면허증과 대조하여 그 일치 여부를 확인한 후 신청순서에 따라 열람할 수 있게 하여야 한다.

② 열람은 지정된 열람석에서만 하도록 하고 등기과(소)장은 열람시 등・초본 발급업무담당자를 동석하게 하여야 한다.

(2) 열람사무 처리시 유의사항

① 등・초본 발급업무담당자는 등기부의 열람이 이루어지고 있는 동안에는 열람대를 이석하여서는 아니 되며 불가피하게 이석할 경우에는 반드시 업무를 대신할 수 있는 사람을 배치하여야 한다.

② 등・초본 발급업무담당자는 열람 중 등기부가 훼손되지 않도록 주의를 기울여야 한다.

③ 등기부책 1권 전부를 제시하는 것이 아니라 열람 신청한 부동산의 등기부가 나타날 수 있도록 특정 부분을 제시한다.

④ 열람을 위하여 교부된 등기부는 등・초본 발급업무담당자 외에는 임의로 열람대나 열람석 밖으로 반출하여서는 아니 된다.

⑤ 열람시 필기구는 연필만 사용하도록 한다.

XI. 주민등록번호 등 공시제한50)

1. 공시 제한 대상

① 등기명의인의 주민등록번호 등이 기재되는 모든 등기(소유권보존·이전등기, 저당권설정등기, 가등기 등)중 그 등기명의인이 개인(내국인, 재외국민, 외국인)인 경우 및 등기명의인이 법인 아닌 사단·재단인 경우에 한해서 그 개인 및 대표자의 주민등록번호 등의 일부

② 위의 경우에 해당되지 않는 법인, 법인 아닌 사단이나 재단, 국가, 지방자치단체 등 단체의 등록번호는 공시를 제한하지 아니한다.

2. 공시 제한 범위

등기명의인의 표시에 관한 사항 중 주민등록번호 등의 뒷부분 6자리 숫자

3. 등기사항증명서 발급 및 열람 방법

(1) 원칙

1) 등기사항증명서는 등기명의인의 표시에 관한 사항 중 주민등록번호 등의 뒷부분 6자리 숫자를 가리고(예 : 000000 - 0＊＊＊＊＊＊) 발급하여 이를 교부한다.

2) 등기기록의 열람(인터넷열람 포함)은 등기명의인의 표시에 관한 사항 중 주민등록번호 등의 뒷부분 6자리 숫자를 가린 등기기록을 열람에 제공한다.

---

50) 예규 제1390호

(2) 예외

다음 각호의 1에 해당하는 경우에는 주민등록번호 등의 공시를 제한하지 아니한다.

1) 등기사항증명서 교부신청 또는 열람신청을 할 때 해당 등기기록의 등기명의인(**전산등기부에 등기된 후 말소된 등기명의인 포함**) 중 1인의 주민등록번호 등을 입력하고, 등기기록에 그와 일치하는 주민등록번호 등이 존재하는 경우

2) 등기명의인이 법인인 경우 그 법인의 인감카드번호와 비밀번호를 입력하거나 전자증명서 정보와 인감증명서 발급용 비밀번호를 입력하고 등기사항증명서 교부신청 또는 열람신청을 하는 경우

3) 전산화 이전에 폐쇄된 등기부

4) 등기사항을 문자입력방식으로 기록하고 있는 등기부(**애로스-텍스트 형태의 등기부**)

5) 공용목적(**수용, 토지대장정리 등**)으로 국가, 지방자치단체, 공익사업을위한토지등취득및보상에관한법률 제8조에 의한 사업시행자 등이나 재판상 목적으로 신청인이 등기소에 출석하여 등기사항증명서 교부신청 또는 열람신청을 하는 경우

4. 등기명의인의 주민등록번호 등 추가 표시변경등기

① 현재 효력 있는 소유권의 등기명의인(**내국인, 재외국민, 외국인 등 자연인에 한함**)의 주민등록번호 등이 등기기록에 기록되어 있지 않는 경우, 그 등기명의인은 주민등록번호 등을 추가로 기록하는 내용의 등기명의인표시변경등기를 신청할 수 있다.

② 위 표시변경등기를 신청할 때에는 주민등록표등(초)본 또는 부동산등기용등록번호증명서 등 추가 기재할 주민등록번호 또는 부동산등기용등록번호가 등기명의인의 것임을 증명하는 서면을 첨부하여야 하고, 등기관은 위 증명에 대한 심사를 엄격히 한 후에 그 수리여부를 결정하여야 한다.

③ 위 표시변경등기를 신청하는 경우 등기원인은 '주민등록번호 또는 부동산등기용등록번호 추가' 로, 등기의 목적은 '등기명의인표시변경' 으로, 등기원인일자는 등기신청일을 각 기재하여야 한다.

25. 【등기관의 처분에 대한 이의】

I. 서 설

1. 의 의

2. 구별개념

3. 손해배상청구권의 행

II. 이의신청의 요건

1. 등기관의 '결정 또는 처분'이 부당할 것

(1) 결정 또는 처분의 의의

(2) '부당'한 결정 또는 처분일 것

(3) 부당의 판단시점

2. 이의신청인이 등기부상 직접 이해관계를 가질 것

(1) 각하결정에 대한 이의신청인(소극적 부당처분)

(2) 등기의 실행처분에 대한 이의신청인(적극적 부당처분)

III. 이의신청 절차

1. 이의신청서 작성

2. 관할법원 및 제출기관

3. 새로운 사실에 의한 이의 금지

4. 이의신청기간

5. 집행정지의 효력

IV. 이의신청이 있는 경우 등기관의 조치

1. 등기신청의 각하결정에 대한 이의신청이 있는 경우

(1) 이의가 이유 있다고 인정한 경우

(2) 이의가 이유 없다고 인정한 경우

2. 등기신청을 수리하여 완료된 등기에 대한 이의신청이 있는 경우

(1) 이의가 이유 있다고 인정한 경우

(2) 이의가 이유 없다고 인정한 경우9

Ⅴ. 관할 지방법원의 조치
1. 재판전 가등기 명령 및 부기등기 명령
2. 이의신청에 대한 재판
(1) 재판의 형식
(2) 이의신청을 인용한 경우
(3) 이의신청을 기각(각하 포함)한 경우
(4) 이의신청이 취하된 경우

Ⅵ. 관할 지방법원의 명령에 의한 등기
1. 관할지방법원의 기록명령에 의한 등기
(1) 등기절차
(2) 등기신청 각하 후 관할지방법원의 기록명령이 있기 전에 다른 등기가 경료 된 경우(규칙 제161조, 등기예규 제1411호 참조)
(3) 등기신청 각하 후 관할지방법원의 기록명령이 있기 전에 신청서 이외의 첨부정보가 반환된 경우
2. 관할지방법원의 말소등기의 기록명령에 의한 등기
3. 이의신청이 기각된 경우의 부기등기 및 가등기의 말소(규칙 제162조)

Ⅶ. 불복의 방법
1. 이의신청을 기각(각하)한 경우
2. 이의신청을 인용한 경우
(1) 문제의 소재
(2) 각하결정에 대한 이의를 인용한 경우
(3) 등기실행처분에 대해서 이의를 인용한 경우

Ⅷ. 송달 및 이의비용

25. 【등기관의 처분에 대한 이의】

I. 서 설

1. 의 의

등기관의 처분이나 결정이 위법· 부당하다고 하는 자는 관할 지방법원에 이의신청을 할 수 있다(법 제100조). 등기관의 처분 또는 결정은 특수한 사법행정사무로서 일반행정사무와는 달리 행정심판이나 행정소송법상의 구제절차가 아닌 부동산등기법이 정하는 절차에 따라서 구제를 받아야 하는 특수성이 있다.

2. 구별개념

등기관의 처분에 대한 이의신청 절차는 법 제58조의 절차에 의한 이의신청 절차와는 구별하여야 한다. 즉 ① 이의신청은 관할 지방법원에 하여야 하고(법 제100조), 법원이 이의에 대한 최종적인 판단권이 있으나, ② 법 제29조 제1호 내지는 제2호에 위반한 등기에 대한 직권말소통지에 대한 이의신청은 등기관에게 하여야 하고(법 제58조), 그 이의에 대해서는 등기관이 최종적인 책임하에 판단하는 점에서 차이가 있다.

3. 손해배상청구권의 행사

등기관의 위법· 부당한 처분이나 결정에 대해서 등기법에 이의신청절차에 관한 규정이 있는 경우에는 선행해서 관할지방법원에 이의신청 절차를 거친 후에야 별개로 민법상 손해배상청구나 국가배상법상의 손해배상청구를 할 수 있다.

II. 이의신청의 요건

1. 등기관의 '결정 또는 처분'이 부당할 것

(1) 결정 또는 처분의 의의

등기관의 결정이란 등기신청에 대한 각하결정이 그 대표적인 예이고, 등기관의 처분이란 신청서 접수처분·수리처분 및 등기의 실행처분, 등기기록의 열람처분, 등기사항증명서의 발급처분 등 등기관이 행하는 각하결정 이외의 모든 행위가 여기에 해당된다.

(2) '부당'한 결정 또는 처분일 것

1) 등기신청에 대한 처분인 경우

① 부당한 각하나 등기실행 지연으로 나타나는 소극적 부당처분은 모두 이의대상이지만, ② 등기실행처분인 적극적 부당처분인 경우에는 법 제29조 제1호, 제2호의 경우에만 그 등기를 말소할 것을 이의신청할 수 있고, 법 제29조 제3호 이하의 사유인 경우는 이의신청 대상이 아닌 소송으로 다투어 실체관계에 부합하는지 여부를 가려야 한다.

2) 등기신청 이외의 신청인 경우

소극적 부당이든 적극적 부당이든 모두 포함된다. 따라서 직접 등기부 기록에 대한 처분이 아닌 등기기록열람 및 등기사항증명서의 발급에 대한 처분인 경우에는 소극적 부당처분이든 적극적 부당처분이든 모두 이의신청 대상이 된다.

(3) 부당의 판단시점

'부당'의 결정시기는 당해 결정 또는 처분을 한 시점의 사유를 기초로 해야 하며, 그 결정 또는 처분시에 주장되거나 제출되지 아니한 사실이나 증거방법으로써 이의사유를 삼을 수 없다(법 제102조).

2. 이의신청인이 등기부상 직접 이해관계를 가질 것

(1) 각하결정에 대한 이의신청인(소극적 부당처분)

등기상 직접 이해관계를 갖는 자라 함은 등기관의 처분으로 불이익을 받거나 이의신청이 이의신청의 이유가 인정되어 그 불이익을 제거할 수 있는 입장에 있는 자로서 그 불이익이 등기부 기록형식에 의해 직접적으로 나타나 있는 자이어야 한다. 따라서 등기신청의 각하결정에 대하여는 등기신청인에 한해서 이의신청을 할 수 있을 뿐 등기상 이해관계 있는 제3자는 이의신청을 할 수 없다.

(2) 등기의 실행처분에 대한 이의신청인(적극적 부당처분)

1) 등기권리자, 등기의무자 및 등기상 이해관계인

① 법 제29조 제1호, 제2호의 각하사유에 해당하는 부당처분인 경우에는 등기권리자, 등기의무자 및 등기상 이해관계인이 이의신청할 수 있고, ② 법 제29조 제3호 이하의 사유로는 이의신청할 수 없다. ③ 일단 경료된 등기에 대하여는 접수번호의 순서만을 내세워 이의신청을 할 수 없고, 후순위 신청에 의한 등기도 법 제29조 제2호의 당연무효의 등기가 되는 것도 아니므로 당사자는 이의신청을 할 수도 없고 등기관이 직권으로 말소할 수도 없다는 것이 판례의 입장이다.

2) 기타 부당한 실행 처분에 대한 등기상 이해관계인

① 채권자가 채무자를 대위하여 경료한 등기가 채무자의 신청에 의하여 말소된 경우에는 그 말소처분에 대하여 채권자는 등기상 이해관계인으로서 이의신청을 할 수 있다.

② 상속인이 아닌 자는 상속등기가 위법하다 하여 이의신청을 할 수는 없다.

③ 저당권설정자는 저당권의 양수인과 양도인 사이의 저당권이전의 부기등기에 대하여 이의신청을 할 수 없다.

④ 등기의 말소신청에 있어 법 제57조 소정의 이해관계 있는 제3자의 승낙서 등 서면이 첨부되어 있지 아니하였다는 사유는 제3자의 이해에 관련된 것이므로, 말소등기의무자는 말소처분에 대하여 이의신청을 할 수 있는 등기상 이해관계인에 해당되지 아니하여 이의신청을 할 수 없다.

III. 이의신청 절차

1. 이의신청서 작성

이의신청은 구술로는 할 수 없고 이의신청서를 작성해서 하는 요식행위이다 **(법 제101조)**. 이의신청서에는 이의신청인의 성명, 주소, 이의신청 대상인 등기관의 결정 또는 처분, 이의신청의 취지와 이유, 신청연월일, 관할지방법원의 표시를 하고 신청인이 기명날인 또는 서명하여야 한다.

2. 관할법원 및 제출기관

이의신청은 당해 등기소를 관할하는 지방법원 또는 지원에 해야 한다(법 제100조). 그러나 이의신청서 제출은 당해 등기소에 해야 한다(규칙 제158조).

3. 새로운 사실에 의한 이의 금지

이의신청은 등기관의 부당한 결정 또는 처분을 한 당시의 사유를 가지고 해야하는 것이므로 새로운 사실이나 새로운 증거방법을 근거로 이의신청을 할 수는 없다(법 제102조).

4. 이의신청기간

이의신청에 대한 기간은 제한이 없으므로 이의의 이익이 있는 한 언제라도 이의신청을 할 수 있다.

5. 집행정지의 효력

이의에는 집행정지의 효력이 없다(법 제104조). 따라서 이미 실행된 등기에 대하여 이의가 있다는 취지의 부기등기를 한 경우에도 다른 등기절차를 진행할 수 있다.

Ⅳ. 이의신청이 있는 경우 등기관의 조치

1. 등기신청의 각하결정에 대한 이의신청이 있는 경우

(1) 이의가 이유 있다고 인정한 경우

등기신청을 각하한 결정이 부당하다고 인정한 때에는 그 등기신청에 의한 등기를 실행한다(법 제103조제1항).

(2) 이의가 이유 없다고 인정한 경우

이의신청서가 접수된 날로부터 3일 이내에 의견서를 붙여 이의신청서를 관할 지방법원에 보내야 한다(법 제103조제2항). 다만 전자신청 사건에 관하여 이의신청이 있어 그 사건을 관할지방법원에 송부하여야 할 경우 등기관은 전자문서로 보존되어 있는 신청정보와 첨부정보를 출력하여 인증을 한 후 그 출력물을 송부하여야 한다.

2. 등기신청을 수리하여 완료된 등기에 대한 이의신청이 있는 경우

(1) 이의가 이유 있다고 인정한 경우

이미 마쳐진 등기에 대하여 법 제29조 제1호 또는 제2호에 해당하여 이의가 이유 있다고 인정한 경우에는 제58조의 절차를 거쳐 그 등기를 직권말소 한다(규칙 제159조제1항). 다만, 제3호 이하의 사유를 이의사유로 삼을 수는 없는 것이어서, 결국 그 이의가 이유가 없는 경우에 해당하므로 등기관은 이의신청서를 관할 지방법원에 보내야 한다(규칙 제159조제3항).

(2) 이의가 이유 없다고 인정한 경우

그 등기에 대하여 이의신청이 있다는 사실을 등기상 이해관계인에게 통지하고, 이의신청서가 접수된 날로부터 3일 이내에 의견서를 첨부하여 사건을 관할 지방법원에 송부하여야 한다.

V. 관할 지방법원의 조치

1. 재판전 가등기 명령 및 부기등기 명령

① 등기신청에 대한 부당한 각하라는 사유로 관할 지방법원에 이의신청서가 접수된 경우에 관할법원은 이의신청에 대한 결정을 하기 전에 등기관에게 가등기를 명할 수 있다(법 제106조). 왜냐하면 이의신청 기간내에 이의신청 대상 등기에 다른 등기가 경료된 경우에는 이의가 인용되더라도 이의신청의 실익이 없게 되는 경우가 발생하기 때문에 급히 순위보전의 필요성이 있는 경우에는 법관이 가등기를 명할 수 있고,

② 등기관의 등기실행 처분이 부당하다는 사유로 관할 지방법원에 이의신청서가 접수된 경우에 관할지방법원은 이의에 대하여 결정을 하기 전에 이유가 있는 경우에는 이의가 있다는 뜻의 부기등기를 명할 수 있다(법 제106조).

2. 이의신청에 대한 재판

(1) 재판의 형식

이의신청에 대한 재판은 변론을 거치지 않고 서면심리로 진행하는 바, 재판의 형식은 이유를 붙인 결정의 형식으로 한다(법 제105조제1항).

(2) 이의신청을 인용한 경우

관할지방법원이 이의가 이유 있다고 인정하여 등기관에게 상당한 처분을 명령하였을 때에는 그 결정등본을 등기관과 이의신청인 및 등기상 이해관계인에게 송달한다(법 제105조제1항).

(3) 이의신청을 기각(각하 포함)한 경우

관할지방법원은 이의신청을 기각하였을 때에는 그 결정등본을 등기관과 이의신청인에게 송달한다.

(4) 이의신청이 취하된 경우

이의신청이 취하된 경우에는 취하서부본을 등기관에게 송달한다.

VI. 관할 지방법원의 명령에 의한 등기

1. 관할지방법원의 기록명령에 의한 등기

(1) 등기절차

① 관할지방법원이 결정 전에 가등기 또는 부기등기를 명하거나 이의신청을 인용하여 일정한 등기를 명한 경우 등기관은 그 명령에 따른 등기를 하여야 한다. 즉 등기관은 법원의 명령에 불복할 수 없다.

② 이 경우 관할지방법원의 등기명령의 결정등본은 접수연월일과 접수번호를 부여하여 부동산등기사건접수장에 기재하고, 위 결정등본을 신청서 기타 부속서류편철장에 편철한다.

③ 관할지방법원의 (가)등기기록명령에 의한 등기를 하는 때에는 "○년○월

○일 ○○지방법원의 명에 의하여 ○년○월○일 (가)등기"라고 기록하여 명령을 한 법원, 명령의 연월일, 명령에 의하여 등기를 한다는 뜻과 등기의 연월일을 기록하여야 한다(법 제107조).

(2) 등기신청 각하 후 관할지방법원의 기록명령이 있기 전에 다른 등기가 경료 된 경우(규칙 제161조, 등기예규 제1411호 참조)

1) 기록명령에 따른 등기를 함에 장애가 되는 경우

① 소유권이전등기신청의 각하결정에 대한 이의신청에 기하여 관할지방법원의 소유권이전등기 기록명령이 있었으나 그 기록명령 전에 이미 제3자 명의의 소유권이전등기가 경료 된 때와 같이 기록명령 전에 그 명령에 따른 등기를 함에 장애가 되는 제3자 명의의 등기가 경료 된 경우에는 기록명령에 따른 등기를 할 수 없다. ② 지상권·지역권·전세권·임차권설정등기의 기록명령이 있었으나, 그 기록명령에 따른 등기전에 동일한 부분에 지상권·전세권 임차권설정등기가 되어 있는 경우에는 기록명령에 따른 등기를 할 수 없다. 이와 같이 기록명령에 따른 등기를 할 수 없을 때에는 등기관은 그 뜻을 관할지방법원과 이의신청인에게 통지하여야 한다.

2) 기록명령에 따른 등기를 함에 장애가 되지 아니하는 경우

소유권이전등기신청의 각하결정에 대한 이의신청에 기하여 관할지방법원의 소유권이전등기 기록명령이 있기 전에 제3자 명의의 근저당권설정등기가 경료된 때와 같은 경우에는 기록명령에 따른 등기를 함에 장애가 되지 아니하므로, 기록명령에 따른 등기를 하여야 한다.

(3) 등기신청 각하 후 관할지방법원의 기록명령이 있기 전에 신청서 이외의 첨부정보가 반환된 경우

등기신청의 각하에 대한 이의신청에 기하여 관할지방법원으로부터 기록명령을 받았다 하더라도 이미 등기신청서 이외의 첨부정보(등록면허세영수필확인서 등)가 환부된 경우는 그 기록명령에 의한 등기를 방해하는 사유가 발생한 것이므로, 등기관은 등기신청인에게 환부된 첨부정보의 재제공을 명하고, 이에 응하지 아니할 때에는 그 기록명령에 따른 등기를 할 수 없다. 이와같이 기록명령에 따른 등기를 할 수 없을 때에는 등기관은 그 뜻을 관할지방법원과 이의신청인에게 통지하여야 한다.

2. 관할지방법원의 말소등기의 기록명령에 의한 등기

등기신청을 수리하여 완료된 등기에 대한 이의신청에 기하여 관할법원으로부터 그 등기의 말소명령을 받았다 하더라도 위 등기완료 후 말소명령이 있기 전에 위 등기를 기초로 한 제3자 명의의 등기(소유권이전등기, 저당권설정등기)가 이미 경료된 때에는 말소명령에 따른 등기의 말소를 할 수 없다. 이와같이 기록명령에 따른 등기를 할 수 없을 때에는 등기관은 그 뜻을 관할지방법원과 이의신청인에게 통지하여야 한다.

3. 이의신청이 기각된 경우의 부기등기 및 가등기의 말소(규칙 제162조)

① 완료된 등기에 대한 이의신청이 있어 그 취지를 부기등기한 경우 그 이의신청에 대한 기각결정(각하, 취하를 포함한다. 이하 같다)의 통지를 받은 등기관은 그 통지서에 접수인을 찍고 접수연월일과 접수번호를 기재한 후 해당 부기등기를 말소하고, 등기상 이해관계인에게 그 취지를 통지하며, 그 통지서는 신청서 기타 부속서류편철장에 편철한다.

② 관할지방법원의 가등기명령에 의하여 가등기를 한 경우, 이의신청에 대한 기각결정의 통지를 받은 때에도 위 절차에 따라 그 가등기를 말소한다.

Ⅶ. 불복의 방법

1. 이의신청을 기각(각하)한 경우

관할지방법원의 이의신청에 대한 전부 또는 일부에 대한 기각(각하)하는 결정에 대하여는 불복이 있는 경우 이의신청인은 비송사건절차법에 의하여 항고할 수 있다(법 제105조제2항). 항고법원의 결정에 대하여는 법령위반이 있음을 이유로 대법원에 재항고 할 수 있다(민사소송법 제442조).

2. 이의신청을 인용한 경우

(1) 문제의 소재

이의신청을 인용한 결정에 대하여는 이의신청인은 항고할 수 없다. 다만 등기상 이해관계인도 법 제105조의 항고규정과 비송사건절차법 제29조에서 항고할 수 있다는 규정을 근거로 하여 항고할 수 있는지 여부가 문제된다.

(2) 각하결정에 대한 이의를 인용한 경우

① 등기신청을 각하한 등기관의 결정에 대한 이의에 대하여 관할법원이 이를 인용하여 등기의 기록명령을 하였다 하더라도 그 기록명령에 의하여 등기를 실행하기 전에는 등기상 이해관계인이 있을 수 없다. 또한 관할법원의 기록명령에 따라 등기관이 등기를 실행한 경우 등기신청에 대한 등기관의 각하처분은 이미 존재하지 아니하므로 등기관의 등기신청 각하처분의 당부를 판단한 법원의 결정에 대하여는 이를 다툴 항고의 이익이 없기 때문에 등기상 이해관계인은 법원의 인용결정에 대하여 항고할 수 없다. 다만 실행된 등기가 법 제29조 제1호나 제2호에 해당하는 경우에 한하여 등기상 이해관계인이 이의신청할 수 있을 것이다(대결 1996. 12. 11. 자96마1954).

② 관련판례

등기신청을 각하한 등기공무원의 처분에 대한 이의를 인용한 법원의 결정에 따라 등기부에 기입이 마쳐진 경우, 그 법원의 결정에 대한 항고의 적부(소극)

등기신청을 각하한 등기공무원의 처분에 대하여 이의신청을 한 결과 관할법원이 이의가 이유 있다고 인정하여 등기관에게 그 등기신청에 따른 처분을 명함으로써 등기관이 이에 따라 등기부에 기입을 마친 경우라면, 등기신청에 대한 등기관의 각하처분은 이미 존재하지 아니한다고 할 것이므로 등기관의 등기신청 각하처분의 당부를 판단한 법원의 결정에 대하여는 이를 다툴 항고의 이익은 없게 되었다고 할 것이다(대결 1996. 12. 11. 자96마1954).

(3) 등기실행처분에 대해서 이의를 인용한 경우

등기실행처분에 대해서 이의를 인용해서 그 등기의 말소를 명령한 경우에는 말소의 대상이 된 당해 등기의 등기권리자와 등기의무자는 그 등기의 당사자로서 항고를 할 수 있다. 다만 말소할 등기를 기초로 하여 등기를 경료한 제3자는 이 말소명령에 대하여 항고할 실익이 없기 때문에 항고할 수 없다. 왜냐하면 이 제3자의 등기는 그 자의 승낙서를 첨부하지 않고서 말소명령만으로는 말소할 수 없기 때문이다.

Ⅷ. 송달 및 이의비용

이의신청에 대한 결정등본의 송달에 있어서는 민사소송법의 규정을 준용하고 이의의 비용에 대하여는 비송사건절차법의 규정을 준용한다(법 제108조).

26. 【부기등기】

I. 서 설
  1. 의 의
  2. 구별개념
  3. 구체적인 예
II. 부기등기의 목적
  1. 주등기와 동일한 순위나 효력유지 공시 목적
  2. 기존등기(주등기)와 동일성 공시 목적
  3. 권리에 대한 부담의 공시 및 처분제한의 목적 공시
  4. 특별법에 의한 금지사항의 목적을 공시
III. 부기등기의 요건
  1. 법령에 '부기에 의하여 그 등기를 한다' 라고 규정된 경우에만 할 수 있다.
  2. 등기상 이해관계인의 승낙을 얻어야 하는지 여부
  (1) 권리변경(경정)등기의 경우
  (2) 표시변경(경정)등기의 경우
  3. 사항란의 등기여야 하는지 여부
IV. 부기등기의 종류
  1. 사항란의 부기등기
  2. 본등기인 부기등기, 예비등기인 부기등기
V. 부기등기의 순위
  1. 부기등기의 순위
  2. 주등기와 부기등기의 효력관계
VI. 부기등기의 실행
VII. 부기등기의 말소등기
  1. 부기등기의 말소등기 의무자
  2. 말소할 등기의 표시
  (1) 원 칙
  (2) 예 외
  3. 말소등기의 실행
VIII. 결 어

26. 【부기등기】

I. 서 설

1. 의 의

독립된 순위번호를 사용하지 않고 주등기의 번호를 그대로 사용하되 다만 주등기 또는 부기등기의 순위번호에 가지번호를 붙여서 행하여지는 등기를 말한다(규칙 제2조). 이는 주등기에 대응하는 개념으로 등기의 형식에 의한 분류의 일종이다.

2. 구별개념

부기등기는 이와같이 주등기의 번호를 사용하고 주등기 또는 부기등기의 순위번호에 가지번호를 붙여서 이루어지는 등기를 의미하므로, 등기기록의 내용에 일정 사항을 덧붙여 기록하는 이기나 전사와는 내용을 달리한다.

3. 구체적인 예

① 갑토지를 분할하여 그 일부를 을토지로 한 경우에 등기관이 분필등기를 할 때에는 을토지에 관하여 등기기록을 개설하고, 그 등기기록 중 표제부에 토지의 표시와 분할로 인하여 갑토지의 등기기록에서 옮겨 기록한 뜻을 기록하는 것(규칙 제75조제1항)은 부기등기가 아니지만, ② 모든 토지의 등기기록에 주택법 제40조제3항의 금지사항 부기등기가 있는 경우(규칙 제85조제3항제2호)는 부기등기에 해당한다.

II. 부기등기의 목적

1. 주등기와 동일한 순위나 효력유지 공시 목적

소유권이외의 권리의 이전등기(법 제52조제2호)처럼 이전된 등기가 종전등기와 동일한 효력이나 순위를 나타내고 있음을 공시할 목적으로 부기등기로 실행한다.

2. 기존등기(주등기)와 동일성 공시 목적

권리변경등기나 등기명의인표시변경등기(법 제52조제1호, 제5호)의 경우처럼 부기등기가 주등기와 동일성이 있음을 공시할 목적으로 한다.

3. 권리에 대한 부담의 공시 및 처분제한의 목적 공시

① 권리소멸의 약정등기(법 제54조), 환매특약등기(법 제53조)처럼 부기등기가 어떤 특정권리에 대한 부담 내지 제한을 공시하거나, ② 소유권 이외의 권리에 대한 가압류, 가처분등기처럼 처분제한 있음을 공시하는 등기가 여기에 해당한다.

4. 특별법에 의한 금지사항의 목적을 공시

주택법에 의한 금지사항의 부기등기와 같이 특별법에 의한 금지사항을 공시하기 위하여 실행한다(주택법 제40조제3항).

III. 부기등기의 요건

1. 법령에 '부기에 의하여 그 등기를 한다' 라고 규정된 경우에만 할 수 있다.

① 부동산등기법에서는 권리변경의 등기·경정등기(법 제52조), 환매특약의 등기(법 제52조제6호)및 권리소멸의 약정등기(법 제52조제7호), 소유권이외의 권리의 이전등기(법 제52조제2호), 소유권이외의 권리를 목적으로 하는 권리에 관한 등기(법 제52조제3호), 소유권이외의 권리의 처분제한등기(법 제52조제4호)등의 규정이 있고, ② 특별법에 의한 것으로는 주택법에 따른 금지사항의 부기등기(주택법 제40조제3항)등이 있다.

2. 등기상 이해관계인의 승낙을 얻어야 하는지 여부

(1) 권리변경(경정)등기의 경우

권리변경(경정)은 등기상 이해관계인의 승낙을 얻어야 이를 부기등기로 할 수 있으므로(법 제52조단서) 제3자의 승낙이 부기등기의 요건으로 보고 있다. 따라서 제3자의 승낙이 없으면 주등기로 권리변경(경정)등기를 할 수 있다.

(2) 표시변경(경정)등기의 경우

부동산표시변경등기의 경우에는 등기상 이해관계인의 존재여부를 불문하고 주등기 형식으로 실행하며, 등기명의인표시변경등기는 중성적 등기로서 등기상 이해관계인의 승낙은 문제되지 아니하므로 항상 부기등기로 할 수 있다.

3. 사항란의 등기여야 하는지 여부

부기등기라는 특수한 형식의 등기를 인정하는 주된 이유는 주등기의 목적권리와 동일한 순위 내지 효력을 가지는 등기라는 것을 등기부상 명백히 하려는 데에 있다. 따라서 권리의 순위라는 것이 문제되지 않는 표시란에 관하여는 부기등기가 있을 수 없고 모두 독립등기에 의하는 것이며 부기등기는 일반적으로 사항란의 등기에 대하여서만 인정된다.

Ⅳ. 부기등기의 종류

1. 사항란의 부기등기

권리변경등기의 경우에는 부기등기로 함을 원칙으로 하는바, 등기상 이해관계인의 승낙서 등을 제공하면 부기등기로 하고, 그렇지 못하면 주등기로 실행한다. 또한 소유권이외의 권리의 이전등기는 항상 부기등기로 실행하고, 소유권가등기를 포함한 가등기상의 권리이전등기도 부기등기로 실행한다.

2. 본등기인 부기등기, 예비등기인 부기등기

소유권이외의 권리이전등기처럼 부기등기가 물권변동의 효력요건이 본등기의 기능을 하는 경우가 있고, 근저당권이전청구권보전가등기의 부기등기처럼 물권변동을 가져오지 않는 예비등기인 부기등기가 있다.

Ⅴ. 부기등기의 순위

1. 부기등기의 순위

① 부기등기의 순위는 주등기의 순위에 의하고, 부기등기 상호간의 순위는 그 등기의 순서에 따른다(법 제5조). ② 다만 변제자대위자간의 근저당권일부이전의 부기등기 순위는 동일하다고 보아 경매에서는 각 채권자의 채권액에 비례하여 안분배당 한다는 것이 판례의 입장이다.

2. 주등기와 부기등기의 효력관계

부기등기는 주등기와 종속적 일체성을 이루므로 주등기가 어떤 사유로 무효가 되면 부기등기도 무효가 되나, 그 반대 즉 부기등기가 무효가 되는 경우라도 종속성 때문에 주등기까지 무효가 되는 것은 아니다.

Ⅵ. 부기등기의 실행

① 부기등기는 주등기의 번호를 기재하고 그 아래에 가지번호를 붙이는 방법으로 한다(규칙 제2조). 이때 주등기의 기록내용 중 부기등기와 저촉되는 내용은 말소하는 표시를 하여야 한다.

② 예컨대 저당권이전등기를 부기등기로 경료한 후에는 주등기상의 저당권자를 말소하는 표시를 하여야 한다. 다만 소유권이외의 권리에 관한 등기를 일부이전하는 부기등기의 경우에는 변경전 권리자에 대하여 말소하는 표시를 하지 아니한다.

Ⅶ. 부기등기의 말소등기

1. 부기등기의 말소등기 의무자

부기등기의 말소등기의무자는 부기등기명의인이다. 즉 저당권이전의 부기등기가 경료된 경우에 피담보채무의 변제로 인하여 저당권의 말소등기를 신청하려 할 때 저당권의 양수인이 등기의무자가 된다.

2. 말소할 등기의 표시

(1) 원 칙

저당권이전의 부기등기가 경료된 경우에 신청서상의 말소대상등기의 표시는 주등기인 근저당권 설정등기의 표시를 하여야 한다. 왜냐하면 주등기를 말소하면 부기등기는 직권으로 말소되는 것이기 때문이다. 따라서 저당권의 양수인이 말소등기에 협력하지 않으면 양수인을 상대로 주등기의 말소등기절차의 이행을 구하면 되고, 따로 부기등기의 말소판결을 받을 필요는 없다.

(2) 예 외

다만 저당권이전등기에만 등기원인의 무효사유가 있는 경우에는 부기등기된 저당권의 표시를 하여야 한다.

3. 말소등기의 실행

① 저당권이전등기 후에 저당권을 말소하는 경우에는 주등기인 저당권등기를 말소한 후 부기등기된 저당권이전등기를 등기관이 직권으로 말소한다.

② 다만 부기등기만을 말소하는 예외적인 경우에는 그 부기등기만을 말소한 후 제58조의 절차를 준용하여 주말된 종전의 등기명의인을 부기등기의 방법으로 직권으로 회복등기를 하여야 한다.

Ⅷ. 결 어

판례는 채무자변경을 원인으로 한 근저당권변경등기의 부기등기는 설정등기인 주등기에 종속되어 주등기와 일체성을 이루는 것으로서 별개의 등기는 아니라고 판시한 바 있다.

27. 【등기명의인 표시변경등기】

I. 서 설
1. 의의
2. 구별개념
3. 등기명의인 표시변경등기의 특성

II. 등기명의인 표시변경등기의 신청의무 여부
1. 직접의무의 존재여부
2. 간접의무의 존재여부

III. 등기명의인 표시변경등기의 요건
1. 현재 효력 있는 등기의 등기명의인표시에 변경이 있을 것.
(1) 의 의
(2) 변경사유
(3) 문제되는 경우
2. 등기명의인표시 변경사유가 후발적으로 발생할 것
3. 동일성이 유지 될 것
4. 등기상 이해관계인의 승낙서는 요하지 않는다.

Ⅳ. 등기신청 절차
1. 신청인
(1) 단독신청
(2) 촉탁으로 경료된 등기의 등기명의인이 신청인이 될 수 있는지 여부
(3) 대위신청(촉탁)
2. 신청정보
(1) 등기원인 및 그 연월일
(2) 등기의 목적
(3) 변경할 사항
3. 첨부정보
(1) 표시의 변경사실을 증명하는 정보(규칙 제46조)
(2) 기 타

Ⅴ. 등기의 실행
  1. 등기의 형식 및 종전표시 주말
  2. 대장소관청에의 소유권변경사실의 통지

Ⅵ. 등기명의인 표시변경등기의 생략
  1. 주소가 수차례 변경된 경우
  2. 말소등기 및 멸실등기
  3. 행정구역 또는 그 명칭이 변경된 경우
  4. 상속등기
  5. 종중대표자가 수차례 변경된 경우
  6. 간주규정이 있는 경우

Ⅶ. 관련문제
  1. 직권에 의한 등기명의인 표시변경 등기
  (1) 소유권이전등기의 경우
  (2) 행정구역이나 그 명칭이 변경된 경우
  2. 등기명의인 표시변경등기가 잘못 경료된 경우의 시정
  (1) 동일성의 범위 내인 경우
  (2) 동일성의 범위를 벗어난 경우
  3. 도로명주소법에 따른 부동산등기 절차(예규 제1436호)
  (1) 적용대상
  (2) 건물 표시 부분에의 도로명주소 표기
  (3) 등기명의인 표시 부분에의 도로명주소 표기
  (4) 직권등기
  (5) 등록면허세 등

27. 【등기명의인 표시변경등기】

I. 서 설

1. 의의

등기명의인 표시변경등기라 함은 등기명의인의 성명(명칭), 주소(사무소소재지), 주민등록번호(부동산등기용등록번호) 등이 등기 후에 변경된 경우에 이를 실체관계와 부합하도록 공시하는 등기를 말한다(법 제23조제6항).

2. 구별개념

등기명의인의 표시를 변경한다는 점에서 부동산의 표시를 변경하는 부동산 표시변경등기와 구별되고, 권리의 내용의 일부가 변경된 경우에 하는 권리변경 등기와 구별된다.

3. 등기명의인 표시변경등기의 특성

등기명의인의 표시에 변경이 있더라도 등기명의인의 동일성 및 권리에는 영향이 없고 후순위 물권자에게 손해를 주게 될 염려가 전혀 없다. 따라서 등기명의인 표시변경등기는 성질상 등기의무자 및 등기상 이해관계인이 있을 수 없는 중성적 등기이다.

II. 등기명의인 표시변경등기의 신청의무 여부

1. 직접의무의 존재여부

등기명의인 표시변경등기는 부동산 등기법상 직접적 등기신청의무 규정은 없으므로 등기신청 의무가 강제되는 것은 아니다.

2. 간접의무의 존재여부

등기명의인의 표시에 변경사유가 있다고 해서 그 변경등기를 신청하여야 할 의무가 부과되는 것은 아니다. 다만, 신청정보의 등기의무자의 표시가 등기기록과 일치하지 아니하면 신청의 각하사유(**법 제29조제7호**)에 해당하므로 간접적으로 신청의무가 있다고 할 수 있다.

III. 등기명의인 표시변경등기의 요건

1. 현재 효력 있는 등기의 등기명의인표시에 변경이 있을 것.

(1) 의 의

현재 효력 있는 등기의 등기명의인표시에 변경이 있어야 하므로 폐쇄등기기록에 있는 등기명의인의 표시에 변경이 발생한 경우에는 등기명의인표시변경등기를 할 수 없다.

(2) 변경사유

① 등기명의인이 자연인인 경우에는 성명, 주소, 주민등록번호의 변경이 있어야 하고, 법인이나 비법인 사단·재단의 경우에는 명칭, 사무소소재지, 부동산등기용등록번호의 변경이 해당된다.

② 근저당권자인 상사법인의 취급지점이 변경된 경우

③ 국유재산의 관리청이 변경

④ 종중의 명칭, 사무소소재지, 부동산등기용등록번호, 종중대표자의 교체, 대표자의 성명, 주소, 주민등록번호 등의 변경

⑤ 주식회사가 유한회사로 조직변경

⑥ 재건축조합명의로 등기된 부동산에 대하여는 정비사업조합으로 명칭을 변경

⑦ 종전 선례는 등기명의인의 주민등록번호를 추가하는 내용의 등기명의인표시변경등기를 허용하지 않았으나, 최근 변경된 예규에 의하면 현재 효력 있는 소유권의 등기명의인의 주민등록번호 등이 등기기록에 기록되어 있지 않은 경우, 그 등기명의인은 주민등록번호 등을 추가하는 내용의 등기명의인표시변경등기를 신청할 수 있다는 입장이다.

(3) 문제되는 경우

① 채무자의 주소가 변경된 경우에는 근저당권 변경등기를 신청하여야 한

다.

② 1992. 2. 1. 전에 종중명의로만 등기되어 있는 부동산에 대하여 대표자를 추가하기 위한 등기명의인표시변경등기는 신청할 수 없다고 보는 것이 등기 실무이다.

③ 대종중을 소종중으로 하는 등기명의인표시변경등기를 할 수는 없고 소종중 명의로 소유권이전등기를 하여야한다.

④ 관할구역의 변경으로 승계되는 재산에 대하여는 승계를 원인으로 승계되는 지방자치단체 명의로 소유권이전등기를 하여야 하는 바, 만일 등기명의인 표시변경등기를 촉탁했다면 법 제29조 제2호의 각하사유어 해당한다는 것이 등기 실무이다.

⑤ 행정구역의 폐치·분합이 있는 경우에는 승계를 원인으로 하여 소유권이전등기를 신청하여야 할 것이다.

2. 등기명의인표시 변경사유가 후발적으로 발생할 것

등기가 완료된 후에 주소 등이 변경된 경우에 한한다.

3. 동일성이 유지 될 것

판례에 의하면 변경 전·후에 인격의 동일성이 유지되어야 한다는 입장이다. 개명이나 법인 명칭의 변경 등으로 명의인 표시가 전혀 달라지더라도 기본증명서 또는 법인등기사항증명서에 의하여 변경 전후의 명의인이 동일인이라는 것이 증명되면 등기명의인표시변경등기를 할 수 있다.

4. 등기상 이해관계인의 승낙서는 요하지 않는다.

Ⅳ. 등기신청 절차

1. 신청인

(1) 단독신청

등기명의인 표시의 변경등기는 등기명의인 단독으로 신청한다(법 제13조제6항).

(2) 촉탁으로 경료된 등기의 등기명의인이 신청인이 될 수 있는지 여부

법원의 촉탁에 의하여 가압류, 가처분 등기 및 주택 또는 상가건물 임차권 등기가 경료된 후 등기명의인의 주소 등이 변경된 경우에는 원칙적으로 촉탁으로 변경할 사유이지만 등기명의인의 신청에 의하여 이를 할 수도 있다(예규 제1064호).

(3) 대위신청(촉탁)

체납처분으로 인한 압류등기를 촉탁하는 경우의 세무서장(법 제96조), 토지수용의 사업시행자는 피수용자를 대위해서 등기명의인 표시변경등기를 신청할 수 있다(법 제99조).

2. 신청정보

(1) 등기원인 및 그 연월일

일반적인 신청정보(규칙 제43조) 이외에 등기원인 및 그 연월일의 기재는 전거(전거연월일), 개명(법원의 개명허가 연월일), 본점이전(법인등기사항 증명서에 기재된 본점이전 연월일)등으로 표시한다.

(2) 등기의 목적

등기의 목적은 '등기명의인 표시변경'으로 표시하여 제공한다.

(3) 변경할 사항

변경할 사항은 변경전의 표시와 변경후의 표시를 기재하며, 신청인은 변경후의 현재의 등기명의인을 표시한다.

3. 첨부정보

(1) 표시의 변경사실을 증명하는 정보(규칙 제46조)

신청서에 그 표시의 변경을 증명하는 시·구·읍·면의 장의 서면 또는 이를 증명하기에 족한 서면을 제공하여야 하는데, 여기서 "시·구·읍·면의 장의 서면"은 성명이 변경된 경우의 기본증명서, 주소가 변경된 경우의 주민등록표등본 등을 말하며, 이를 증명하기에 족한 서면으로 동일인 보증서에는 그 사실을 확인하는

데 상당하다고 인정되는 자의 보증서면과 보증인의 자격을 인정할 만한 서면(공무원 재직중 등)및 그 자의 인감증명을 첨부하여야 하지만 그 보증인이 부동산 소재지 거주자일 필요는 없다.

(2) 기 타

① 등기의무자의 권리에 관한 등기필정보 및 인감증경은 성질상 등기의무자가 있을 수 없으므로 제공을 요하지 않으며, ② 성질상 등기상 이해관계인이 있을 수 없으므로 그 자의 승낙정보 등을 제공할 필요가 없다. ③ 등록면허세는 정액세를 부동산별로 납부하면 된다.

Ⅴ. 등기의 실행

1. 등기의 형식 및 종전표시 주말

등기명의인 표시변경등기는 항상 부기등기로 한다(법 제52조제1호). 부기등기를 한 경우에는 종전의 등기사항을 말소하는 표시를 하여야 한다.

2. 대장소관청에의 소유권변경사실의 통지

소유권의 보존 또는 이전, 소유권의 등기명의인 표시의 변경 또는 경정, 소유권의 변경 또는 경정, 소유권의 말소 또는 말소회복등기를 하였을 때에는 등기관은 지체없이 그 사실을 토지의 경우에는 지적소관청에 알려야 한다(법 제62조).

Ⅵ. 등기명의인 표시변경등기의 생략

1. 주소가 수차례 변경된 경우

회사의 본점 또는 종중의 사무소가 수차례 이전된 경우에는 중간의 변경사항을 생략하고 최종주소지로 등기명의인표시변경등기를 할 수 있다.

2. 말소등기 및 멸실등기

가등기말소의 경우나 소유권이외의 권리의 말소등기, 멸실등기를 신청하는 경우에는 신청서에 이를 증명하는 정보를 첨부하여 등기명의인표시등기를 생략하고 바로 말소등기나 멸실등기를 실행할 수 있다. 다만 소유권보존등기나 소유권이전등기의 경우에는 등기명의인 표시변경등기가 생략되지 않음에 주의하여야 한다.

3. 행정구역 또는 그 명칭이 변경된 경우

① 그 명칭이 당연히 변경된 것으로 볼 수 있으므로 등기명의인 표시변경등기를 생략하고 다른 등기를 할 수 있다(법 제31조).

② 다만 주의할 점은 아파트 명칭변경은 행정구역 명칭 변경과는 전혀 다르므로 변경등기 신청사유가 되기 때문에, 생략되거나 등기관이 직권으로 표시변경등기를 실행할 수는 없다.

4. 상속등기

등기기록상 피상속인의 주소와 가족관계등록부상의 주소가 일치하지 않는 경우에도 피상속인의 등기명의인 표시변경등기를 하지 않고 그 변경을 증명하는 서면을 제공하여 상속등기를 함이 실무이다.

5. 종중대표자가 수차례 변경된 경우

신대표자 또는 관리인이 정관 기타 규약등 대표자의 변경을 증명하는 정보를 제공하여 등기명의인 표시변경등기를 신청할 수 있으나 그대로 두었다가 다른 등기를 신청할 때 신대표자로 곧바로 변경등기를 신청할 수도 있다.

6. 간주규정이 있는 경우

예를 들어 종전의 농업기반공사 등의 명의로 되어 있는 등기는 한국농촌공사의 등기로 본다는 간주규정이 있는 경우에, 종전 농업기반공사명의의 등기에 대하여 어떠한 등기를 신청함에 있어서 미리 등기명의인표시변경등기 혹은 이전등기를 신청할 것이 아니다.

Ⅶ. 관련문제

1. 직권에 의한 등기명의인 표시변경 등기

(1) 소유권이전등기의 경우

등기의무자의 등기부상의 주소가 신청서상의 주소로 변경된 사실이 명백히 나타나는 때에는 등기관이 직권으로 등기명의인 표시변경등기를 하여야 한다(규칙 제122조).

(2) 행정구역이나 그 명칭이 변경된 경우

등기명의인이 변경등기를 신청할 수도 있고, 이때에는 등록면허세나 수수료는 면제된다. 또한 등기관이 직권으로 할 수도 있다(규칙 제54조).

2. 등기명의인 표시변경등기가 잘못 경료된 경우의 시정

(1) 동일성의 범위 내인 경우

등기명의인은 착오를 증명하는 서면을 제공하여 다시 변경등기를 신청할 수 있다.

(2) 동일성의 범위를 벗어난 경우

등기명의인 표시변경등기가 등기명의인의 동일성을 해치는 방법으로 행하여져서 등기가 타인을 표상하는 결과에 이르렀다면 원래의 등기명의인은 새로운 등기명의자와 공동으로 또는 의사진술을 명하는 확정판결을 받아 단독으로 말소신청을 할 수 있다. 다만 새로운 등기명의인은 단독으로 말소신청을 할 수 있으나 원래의 등기명의인은 단독으로 말소신청을 할 수 없다는 것이 판례 및 예규의 입장이다.

3. 도로명주소법에 따른 부동산등기 절차(예규 제1436호)

(1) 적용대상

건물등기기록 표제부의 건물 표시 및 부동산등기기록의 각 등기명의인의 주소를 그 적용대상으로 한다.

(2) 건물 표시 부분에의 도로명주소 표기

1) 도로명주소 표기 방법[51]

---

51) (예시 1) 일반 건물의 부동산 표시 : 서울특별시 서초구 서초동 1500-2
[도로명주소] 서울특별시 서초구 명달로 22길 24
철근콘크리트조 슬래브지붕 2층 사무실
1층 234㎡

도로명주소는 건물 표시 중 소재지번 표시 아래에 기재한다.

2) 등기신청서

① 건물등기기록 표제부에 도로명주소가 기록되지 않은 경우

ⓐ 등기신청서의 건물 표시는 등기기록에 표시된 건물의 소재지번을 기재하고, 이때 도로명주소만을 기재하여서는 아니된다.

ⓑ 등기신청서의 건물 표시에 소재지번과 도로명주소가 함께 기재된 경우에는 등기사건을 수리하되, 도로명주소가 기재된 건축물대장 정보가 함께 제공된 경우 (4) 1).에 따라 등기관은 직권으로 도로명주소를 기록하는 표시변경등기를 하여야 한다.

② 건물등기기록 표제부에 도로명주소가 기록된 경우

등기신청서의 건물 표시는 등기기록에 표시된 건물의 소재지번과 도로명주소를 함께 기재한다.

3) 등기원인증서(매매계약서, 근저당권설정계약서 등)

① 건물등기기록 표제부에 도로명주소가 기록되지 않은 경우

ⓐ 등기원인증서의 건물 표시는 등기기록에 표시된 건물의 소재지번을 기재한다.

ⓑ 등기원인증서에 건물 표시로 도로명주소만 기재된 때에도 신청인이 제공한 도로명주소 정보[건축물대장 정보, 행정안전부 "새주소 안내시스템(http://www.juso.go.kr)"의 조회 결과물 등, 이하 "도로명주소 정보"라고 함]에 의하여 해당 소재지번에 대한 도로명주소임이 인정된다면 등기사건을 수리한다.

② 건물등기기록 표제부에 도로명주소가 기록된 경우

2층 202㎡
(예시 2) 구분건물의 부동산 표시
1동의 건물 표시
서울특별시 서초구 서초동 1500-2
서초아파트 제101동
[도로명주소] 서울특별시 서초구 서초대로 46길 62
철근콘크리트조 슬래브지붕 3층 아파트
1층 554.5㎡, 2층 554.5㎡, 3층 431.5㎡(이하 생략)

ⓐ 등기원인증서의 건물 표시는 등기기록에 표시된 건물의 소재지번과 도로명주소를 함께 기재한다.

ⓑ 등기원인증서에 건물 표시로 소재지번 또는 도로경주소 중 어느 하나만 기재된 때에도 등기사건을 수리한다.

(3) 등기명의인 표시 부분에의 도로명주소 표기

1) 도로명주소 표기 방법

등기명의인의 도로명주소는 주소를 증명하는 정보이 표시된 주소(법정동, 공동주택 명칭의 참고항목 포함)와 동일하게 기재한다.

2) 등기신청서 및 등기원인증서

① 도로명주소로 변경하기 위하여 등기명의인 표시변경등기를 신청하는 경우 등기신청서의 등기원인 및 원인일자는 주소를 증명하는 정보에 표시된 주소 변동사유 및 변동일자를 기재한다.

② 등기원인증서의 명의인 주소표시를 지번방식의 주소로 기재한 때에도 신청인이 제공한 도로명주소 정보에 의하여 해당 도로명주소와 같은 주소임이 인정되면 등기사건을 수리한다.

3) 인감증명서

① 등기기록의 등기의무자 주소가 지번방식의 주소일 때 등기의무자의 인감증명에는 도로명주소만 기재된 경우 신청인이 제공한 도르명주소 정보에 의하여 해당 지번방식의 주소에 대한 도로명주소임이 인정되면 등기사건을 수리한다.

② 등기의무자의 인감증명에 기재된 주소변경이력에 의하여 해당 지번방식의 주소에 대한 도로명주소임이 인정되는 경우에도 등기사건을 수리한다.

(4) 직권등기

1) 도로명주소가 기록되지 않은 건물등기기록에 대하여 도로명주소가 기재된 건축물대장 정보가 함께 제공된 등기신청이 있는 때에는 등기관은 직권으로 건물등기기록 표제부에 도로명주소를 기록하는 표시변경등기를 하여야 한다.

2) 소유권이전등기시 「부동산등기규칙」 제122조에 따라 등기명의인의 주소를 직권으로 변경하여야 하는 경우, 등기의무자의 주소가 "전거" 등의 실질적인 주소변경이 아닌 도로명주소법에 따른 주소변경인 경우에는 주소변경의 직권등기를 하지 아니한다.

(5) 등록면허세 등

도로명주소법에 의한 건물표시변경 또는 등기명의인표시변경 등기신청에는 등록면허세 및 등기신청수수료를 납부하지 아니한다.

28. 【경정등기】

I. 서 설
1. 의 의
2. 구별개념
3. 종류
II. 경정등기의 요건(착·현·일·원·동)
1. '착오' 또는 '빠진부분(유루)'이 있을 것
2. '현재 효력이 있는 등기'에 대하여 착오 또는 유루가 있을 것
3. 등기사항의 '일부'에 대한 착오 또는 유루일 것
4. 등기와 실체관계 사이에 '원시적'인 불일치가 있을 것
5. 등기의 전후를 통하여 '등기의 동일성'이 유지될 수 있을 것
III. 등기의 동일성
1. 부동산표시경정등기
(1) 건물등기기록의 지번이 대장과 불일치 하는 경우
(2) 토지등기기록의 지적(토지의 면적)이 대장과 불일치 하는 경우
(3) 건물표시의 경정
2. 권리에 관한 경정등기
(1) 권리 자체의 경정
(2) 권리 내용의 경정
(3) 권리자의 경정
3. 등기명의인표시의 경정
(2) 실무상 경정등기 또는 변경등기가 문제되는 사안
4. 등기상 이해관계 있는 제3자의 승낙
(1) 부동산표시의 경정
(2) 등기명의인의 표시경정
(3) 권리의 경정
Ⅳ. 등기신청절차
1. 착오 또는 유루의 통지
2. 신청인
3. 신청정보
(1) 등기원인 등
(2) 등기의무자의 권리에 관한 등기필정보
4. 첨부정보
(1) 신청착오 또는 유루 사실을 증명하는 정보
(2) 등기상 이해관계인의 승낙정보 등
(3) 기 타
5. 등기의 실행
(1) 권리경정등기
(2) 등기명의인표시 경정등기
(3) 부동산표시 경정등기

28. 【경정등기】

I. 서 설

1. 의 의

경정등기는 기존등기의 일부에 등기 당시부터 착오 또는 빠진 부분이 있어 그 등기가 원시적으로 실체관계와 일치하지 아니하는 경우에 이를 시정하기 위하여 기존등기의 해당부분을 정정 또는 보충하여 실체관계에 맞도록 등기사항을 변경하는 등기이다.

2. 구별개념

경정등기는 등기사항의 일부가 실체관계와 불일치한 때에 행하여지는 등기라는 점에서 원시적 또는 후발적 이유에 의하여 기존 등기사항 전부가 부적법하여 그 전부를 소멸시키는 말소등기와 구별되며, 실체관계와 등기의 불일치 사유가 원시적이라는 점에서 후발적 사유를 원인으로 하는 변경등기와 구별된다.

3. 종류

경정등기는 원시적 착오 또는 유루의 발생원인에 따라 당사자의 신청에 기인한 경우와 신청은 제대로 되었으나 등기관의 착오로 인한 경우로 나눌 수 있고, 그 경정대상에 따라 부동산의 표시경정등기, 등기명의인의 표시경정등기, 권리경정등기로 나눌 수 있다.

II. 경정등기의 요건

1. '착오' 또는 '빠진부분(유루)'이 있을 것

등기절차에서의 "착오"란 등기상 본래 있어야 할 기록은 없고 잘못된 기록이 있는 경우를 말하고, "유루"란 등기할 사항의 기록이 누락된 경우를 말한다. 그러나 경정등기의 요건으로서의 착오란 위 정의에 한정되지 않고, 널리 등기기록의 기록사항에 원시적 오류가 있어서 실체관계에 부합하는 적법한 등기가 되지 못하는 것을 의미한다. 착오 또는 유루가 생긴 원인은 당사자의 과오에 의한 것(신청착오)이든 등기관의 과오에 의한 것이든 묻지 아니한다.

2. '현재 효력이 있는 등기'에 대하여 착오 또는 유루가 있을 것

경정등기는 "현재 효력이 있는 등기사항"에 관하여만 할 수 있다. 따라서 ① 폐쇄등기기록상의 등기명의인의 표시경정 또는 소유권이 이전된 후의 종전 소유권의 등기명의인의 표시경정 등은 허용되지 아니한다. ② 착오 또는 유루가 "등기"에 관하여 있어야 한다. 따라서 등기기록상의 기록이라 하더라도 단순한 절차적 기록등에 대하여는 자구정정의 방법에 따르면 될 것이다.

3. 등기사항의 '일부'에 대한 착오 또는 유루일 것

"등기사항의 일부"에 대하여 착오 또는 유루가 있어야 경정등기의 대상이 되며, 등기사항 전부에 착오가 있는 경우에는 경정등기가 아니라 말소등기의 대상이 된다.

4. 등기와 실체관계 사이에 '원시적'인 불일치가 있을 것

등기와 실체관계와의 불일치는 신청 당시부터 있어야 한다. 즉 원시적 불일치가 있어야 한다.

5. 등기의 전후를 통하여 '등기의 동일성'이 유지될 수 있을 것

III. 등기의 동일성

1. 부동산표시경정등기

판례는 부동산의 표시에 관한 경정등기란 "등기기록의 표제부에 등기된 부동산의 물리적 현황이 객관적 사항에 합치하지 아니하고 그 등기가 착오 또는 유루로 인하여 생긴 경우에 동일성이 인정되는 범위내에서 이를 바로잡는 것을 목적으로 하여 행하여지는 등기"라고 판시한 바 있다.

(1) 건물등기기록의 지번이 대장과 불일치 하는 경우

이와 관련하여 판례는 "동일성 또는 유사성을 인정할 수 없는 착오 또는 오류가 있는 경우라 하더라도, 같은 부동산에 대하여 따로 보존등기가 존재하지 아니하거나 등기의 형식상으로 보아 예측할 수 없는 손해를 미칠 우려가 있는 이해관계인이 없는 경우에는 당해 오류 있는 등기의 경정을 허용할 수 있다"고 판시하였다.

(2) 토지등기기록의 지적(토지의 면적)이 대장과 불일치 하는 경우

① 토지등기기록의 지번과 대장상 지번이 일치하고, 대장과 등기기록의 지적 불일치가 근소하거나 대장보다 등기기록의 지적이 큰 경우에는 대장에 따라 등기기록을 경정할 수 있다. 판례는 분할 전 토지에 대한 등기기록의 지적을 분할 후 동일 지번을 가지는 분할 후의 토지의 지적으로 경정하는 등기도 같은 부동산에 대하여 따로 보존등기가 존재하지 아니하거나 등기의 형식으로 보아 예측할 수 없는 손해를 미칠 우려가 있는 이해관계인이 없는 경우에는 유효하다고 한다.

② 그러나 대장상 면적이 등기기록보다 현저히 큰 경우에는 경정등기의 허용여부를 신중히 판단하여야 한다. 특히 등기기록과 대장이 모두 회복(복구)된 경우가 문제된다.

예컨대, 등기기록상 100평으로 멸실회복이 되고 난 후에 지적이 복구되면서 대장상 면적은 200평으로 등재된 경우, 양자의 불일치는 합필전 면적으로 등기가 회복되었거나 또는 분할 전 면적으로 대장이 복구되었다고 볼 수 있기 때문에 지적을 경정하기 어려울 것이다. 다만, 등기기록의 면적 기록이 착오에 의한 것임이 명백하다면 그러하지 아니하다.

③ 대장소관청이 대장상 면적을 정정등록한 경우에는, 대장상 면적이 등기기록상 면적보다 큰 경우에도 경정등기를 제한 없이 할 수 있다. 예컨대, 지적공부의 면적이 임야조사사업 당시부터 잘못 등록된 사실이 발견되어 토지소유자의 신청에 의하여 소관청이 대장상 면적을 정정등록한 경우 또는 지적법상 "경계정정"을 원인으로 하여 대장상 면적이 정정된 경우가 그러하다.

(3) 건물표시의 경정

건물의 경우에도 토지와 마찬가지로 건축물대장이 표창하는 건물과 등기기록상 표시된 건물이 같은 건물이라면, 건물의 소재 지번이나 구조·면적이 다소 다르다 하더라도 대장의 기재에 따라 건물의 구조·면적 등을 경정할 수 있다. 이 경우 등기관은 동일 지번 위에 다른 건물이 있는지 여부(또는 동일 지번을 포함하여 여러 필지의 지상에 다른 건물이 있는지 여부)를 주의하여야 한다.

특히 가압류(가처분)등기의 촉탁으로 인하여 보존등기가 된 등기기록상의 건물표시가 나중에 작성된 대장상 건물표시와 다른 경우에는 따로 같은 건물에 대한 보존등기가 존재하지 아니하는 한 실제의 건물표시에 부합되는 건축물대장 등본과 건물도면을 첨부하여 신청착오를 원인으로 하는 경정등기를 신청할 수 있다.

2. 권리에 관한 경정등기

권리의 경정등기를 할 때에도 경정 전후의 등기에 동일성이 인정되어야 하는지에 관하여, 견해의 대립이 있으나 등기실무상으로는 대체로 권리 자체의 경정은 인정하지 아니하고, 권리의 내용의 증감과 같이 그 등기가 표창하고 있는 권리 자체에 영향을 주지 않는 경정은 폭넓게 인정되고 있다.

(1) 권리 자체의 경정

당사자의 신청착오에 의하여 등기의 착오가 발생한 경우, 권리 자체를 경정(**소유권이전등기를 저당권설정등기로 경정하거나 저당권설정등기를 전세권설정등기로 경정하는 경우 등**)하는 신청은 등기사항 전체의 성격을 변화시키는 경정으로서 등기기록상의 권리관계에 혼란을 초래하므로 허용되지 아니한다.

(2) 권리 내용의 경정

① 등기원인증명정보와 다른 내용의 등기에 대한 경정

신청정보와 등기원인을 증명하는 정보가 일치하지 아니하는 신청(**근저당권 설정계약서상의 채권최고액은 10억원인데 신청서에는 1억원으로 잘못 기재한 경우**)은 등기관이 법 제29조제8호에 의하여 각하하여야 한다. 만약 등기관이 이를 간과하고 등기를 수리하였다면 신청인은 신청서사본이나 등기필증(원본) 등 등기의 착오를 증명하는 정보를 제공하여 "신청착오"를 원인으로 경정등기를 신청할 수 있다. 이때 단독신청으로 경료된 등기의 경정은 단독신청으로, 공동신청에 의한 등기의 경정은 공동신청으로 하여야 한다.

② 등기원인증명정보와 같은 내용의 등기에 대한 경정

등기원인을 증명하는 정보와 신청정보의 권리의 내용이 일치함에도 불구하고 당사자가 원인증서를 작성하는 과정에서 동기의 착오 또는 표시상의 착오가 있었음을 이유로 경정등기를 신청할 수 있는지가 문제된다. 예컨대, 설정계약서를 작성하면서 근저당권의 채권최고액, 전세권의 존속기간 등을 착오로 기재하였음을 이유로 경정등기를 신청하는 경우이다. 이때에는 등기원인증명정보와 신청정보가 일치하는 경우로서 적법하게 등기가 마쳐졌으므로 경정을 할 수 없고, 변경등기에 의할 수밖에 없다.

(3) 권리자의 경정

1) 원 칙

판례는 소유권의 경정등기에 의하여 소유자가 변경되는 결과로 되는 것은 허용할 수 없다고 한다.

2) 예 외

① 소유권보존등기의 경정

건물의 신축으로 인하여 소유권보존등기를 한 경우 그 등기명의를 단독소유에서 공유로, 또는 그 반대로 경정할 수 있다. 이때의 등기신청은 등기의무자(권리가 감축되는 자)의 인감증명과 대장(소유자가 정정등록된 것을 말한다)을 첨부하여 공동신청으로 하거나, 소유권일부말소를 명하는 확정판결을 첨부하여 단독신청으로 할 수 있다.

② 상속으로 인한 소유권이전등기의 경정

상속으로 인한 소유권이전등기를 경정할 수 있는 예로는, 공동상속인 중 일부를 누락한 채 법정상속분 등기가 마쳐진 경우에 누락된 자를 포함하는 경정등기, 공동상속인 전원의 명의로 상속등기가 마쳐졌으나 일부 상속인이 상속포기를 한 경우, 법정상속분에 따른 상속등기 후 협의분할을 한 경우 등이 있다. 또한, 협의분할에 의한 상속등기를 마친 후에 협의해제를 원인으로 다시 법정상속분대로 소유권경정등기를 할 수도 있다.

③ 가압류등기나 매각에 따른 소유권이전등기 등 법원의 촉탁에 의한 경우

촉탁에 의한 등기가 완료된 후 그 촉탁에 착오가 있음을 증명하는 정보를 제공하여 권리의 경정을 촉탁한 경우에는 권리자 경정이 가능하다. 예컨대, 갑과 을이 공동으로 매수한 부동산에 대하여 집행법원이 매각을 원인으로 한 소유권이전등기촉탁을 하면서 착오로 갑 단독소유로 촉탁한 경우, 촉탁착오를 원인으로 한 경정촉탁을 할 수 있다.

④ 공유지분 표시의 누락 또는 오기

소유권의 일부이전의 등기를 신청하는 경우에는 신청정보에 그 지분을 표시하여야 하는데, 신청정보에 지분표시가 누락되거나 등기원인증명정보와 다른 지분으로 기재된 채로 등기가 실행된 경우 진정한 지분으로 경정할 수 있다. 이 경우 공유자들 전원사이에 작성된 실제 지분비율을 증명하는 정보를 제공하여 공동으로 등기상의 지분표시를 경정하는 등기를 신청할 수 있다. 이 경우 경정등기에 의하여 지분이 줄어드는 자의 인감증명을 제공하여야 한다.

⑤ 소유권의 등기목적이 불분명한 경우

수인의 공유자가 공유지분으로 등기되어 있는 상태에서 소유권이전을 받았으나, 이전받은 공유자의 등기목적란에 공유자와 이전할 지분이 특정되지 아니하고 단지 '지분이전', '소유권일부이전'등으로 기록된 경우

⑥ 법정지상권이나 법정저당권의 취득 등 법률의 규정에 의한 권리의 취득을 원인으로 하여 등기가 완료된 후 등기의 착오를 증명하는 정보를 제공하여 권리자의 경정을 신청하는 경우

3. 등기명의인표시의 경정

(1) 인격의 동일성

① 등기명의인 표시의 경정등기에 있어서 동일성은 경정 전후의 명의인의 "인격의 동일성"을 의미한다. 따라서 등기명의인 표시경정등기는 경정전후의 등기가 동일인을 표창하는 경우에만 할 수 있으며, 경정 전후의 등기명의인의 표시가 외관상 유사할 필요는 없다. 예컨대, 소유권이전등기를 신청하면서 착오로 인하여 소유자를 "채○○"으로 하여야 할 것을 "김○○"으로 잘못 등기한 경우, 양자가 동일인이라면 신청착오로 인한 등기명의인 표시경정등기를 할 수 있다. 반면 을 종중 명의로 소유권이전등기를 한다는 것이 착오로 갑 종중 명의로 신

청하여 그 등기가 경료된 경우, 갑 종중과 을 종중이 동일한 종중이 아니라면, 갑 종중 명의의 부동산에 대하여 을 종중 명의로의 등기명의인표시경정등기를 할 수 없다. 이 경우 공동신청 또는 판결에 의하여 갑 종중 명의의 소유권이전등기를 말소한 다음, 을 종중 앞으로의 소유권이전등기절차를 밟아야 한다.

② 판례도 등기명의인 표시경정은 등기기록에 기록되어 있는 등기명의인의 성명, 상호나 주소, 사무소 등에 착오 또는 유루가 있는 경우에 그 명의인으로 기록되어 있는 자의 동일성을 변함이 없이 이를 정정하는 것을 말한다고 판시하여 위와 같은 입장을 취하고 있다.

(2) 실무상 경정등기 또는 변경등기가 문제되는 사안

실무상 등기명의인 표시경정등기를 해야 할지 표시변경등기를 해야할지가 문제되는 경우가 있다. 예를 들어, 소유명의인 갑의 등기기록상 주소는 주민등록법 시행 이전의 주소인 ○○동 90번지, 현 주소는 같은 동 101번지, 주민등록표상 최초의 주소는 같은 동 100번지로 되어 있는데 갑이 등기기록상 주소를 현재 주소로 변경하고자 하는 경우를 생각해 보자.

이 경우, ① 갑이 등기 당시에는 위 등기기록상 주소에 살았다가 주민등록제도 시행 당시 주민등록표상의 최초의 주소로 이전하였고, 그 후 현재의 주소로 다시 이전한 경우라면, 현재의 주소(○○동 101번지)로 바로 등기명의인 표시변경등기를 하면 된다. 반면에, ② 갑이 등기 당시부터 주민등록표상의 주소(○○동 100번지)에 거주하였고 등기기록상의 주소는 등기 당시 착오로 잘못 기록된 것이라면, 먼저 등기기록상의 주소를 올바른 주소(○○동 100번지)로 경정하는 등기를 신청한 후, 그 주소로부터 현재의 주소(○○동 101번지)로 변경하는 등기를 신청하여야 한다.

위 ①, ② 어느 경우에나 주소를 증명하는 정보인 주민등록표초본상으로는 등기기록상의 주소와 현재의 주소가 연결되지 않으므로 통상 동일인 보증서를 제공하게 된다. 이 때 그 보증서의 내용은 ①의 경우라면 그 소유명의인이 등기 당시 위 등기기록상의 주소(○○동 90번지)에 거주하였으며 그 후 주민등록제도 시행 당시 주민등록표상의 최초의 주소로 이전하였다는 것이어야 하고, ②의 경우라면 그 소유명의인이 주민등록표상 최초의 주소지(○○동 100번지)에 살고 있었고 등기기록상의 주소는 착오로 잘못 기록된 것이며 주민등록표상의 명의인과 등기기록상의 명의인은 동일인임을 보증하는 것이어야 한다.

4. 등기상 이해관계 있는 제3자의 승낙

등기상 이해관계 있는 제3자란 기존등기에 존재하는 착오 또는 유루를 바로 잡는 경정등기를 허용하는 결과 손해를 입게 될 위험이 있는 등기상의 권리자를 말한다. 손해를 입게 될 위험성은 등기의 형식에 의하여 판단하고 실질적으로 손해를 입을 염려가 있는지 여부는 고려의 대상이 되지 아니한다. 등기상 이해관계 있는 제3자가 있는 경우에는 설사 그의 승낙이 있다 할지라도 직권경정등기를 할 수 없고, 신청에 의한 경정등기를 할 수 밖에 없다는 점을 유의하여야 한다.

(1) 부동산표시의 경정

판례는 "부동산의 표시에 관한 경정등기는 그 부동산에 관한 권리에 어떤 변동을 가져오는 것도 아니며, 또한 부동산등기법 제74조에 의하여 경정등기에 준용되는 제63조는(**개정법 제52조제5호**) 권리변경의 등기에 관하여 이해관계 있는 제3자가 있는 경우에 그 승낙 또는 이에 대항할 수 있는 재판이 있음을 증명하는 정보를 제공하도록 한 것이므로, 부동산의 표시에 관한 경정등기에 있어서는 등기상 이해관계 있는 제3자의 승낙의 유무가 문제될 여지가 없다는 것이 판례이다.

(2) 등기명의인의 표시경정

등기명의인의 표시경정등기도 권리경정의 경우와는 달리 제3자의 권리에 영향을 미치는 일이 없으므로, 제3자의 승낙이 문제되지 않는다.

(3) 권리의 경정

변경등기의 경우와 마찬가지로 등기상 이해관계인이 없다면 항상 부기등기에 의할 것이지만 등기상 이해관계인이 있음에도 불구하고 그의 승낙정보 등을 제공하지 아니한 때에는 당해 신청을 각하할 것이 아니라 주등기에 의하여 경정등기를 할 수밖에 없다.

Ⅳ. 등기신청절차

1. 착오 또는 유루의 통지

등기관이 등기를 마친 후 그 등기에 착오 또는 유루 있음을 발견한 때에는 지체 없이 그 사실을 등기권리자와 등기의무자에게 알려야 하고, 등기권리자와 등기의무자가 없는 경우에는 등기명의인에게 알려야 한다(법 제32조제1항본문). 이는 등기의 착오 또는 유루가 당사자의 과오에 의한 것인 때에는 반드시 신청에 의한 경정등기를 하여야 하고 직권에 의한 경정을 할 수 없기 때문에 당사자에게 경정등기의 신청을 촉구하기 위한 규정이다.

2. 신청인

① 등기명의인표시경정등기

그 등기명의인이 단독으로 신청한다(법 제23조제6항). 등기명의인표시경정은 등기명의인의 성명, 주소, 또는 주민등록번호 등을 경정하는 것을 말하고, 등기명의인의 수를 증감하는 것은 등기명의인표시경정이 아니라 권리자 경정의 문제이다.

② 권리경정등기

권리의 경정등기는 권리의 변경등기와 마찬가지로 공동신청에 의한다. 경정등기에 의하여 등기기록상 유리한 위치에 서는 자가 등기권리자이고 반대의 경우가 등기의무자이다.

③ 부동산표시경정등기

소유권의 등기명의인(등기명의인이 여러 명인 경우에는 그 중 1인도 가능하다)이 단독으로 신청할 수 있다. 또 구분건물의 등기기록 중 1동의 건물의 표시에 관한 경정은 각 구분건물의 소유자가 단독으로 신청할 수 있다.

3. 신청정보

(1) 등기원인 등

경정등기를 신청하는 경우에는 일반적인 신청정보 외에 "경정할 사항"을 표시하여야 한다. 등기원인은 실무상 신청인이 잘못 신청하여 경정사유가 발생한 경우에는 "신청착오", 등기관의 과오로 인한 경우에는 "착오발견", 또는 "유루발견" 등으로 표시한다. 등기원인일자는 신청착오일 경우에는 착오가 생긴 등기의 신청연월일을, 착오발견 또는 유루발견인 경우에는 경정등기의 신청연월일을 각 표시한다.

(2) 등기의무자의 권리에 관한 등기필정보

등기명의인 표시경정이나 부동산 표시경정등기는 단독신청에 의하므로 등기의무자의 권리에 관한 등기필정보를 제공할 필요가 없다. 그러나 권리경정등기의 경우 공동신청에 의하므로 등기의무자의 권리에 관한 등기필정보와 인감증명(소유자가 등기의무자인 경우)을 제공하여야 하고, 등기필정보를 제공할 수 없으면 부동산등기법 제51조의 규정에 따른다.

4. 첨부정보

(1) 신청착오 또는 유루 사실을 증명하는 정보

1) 신청착오의 경우

① 신청착오를 원인으로 부동산표시의 경정등기를 신청하는 경우에는 실제 부동산의 표시에 부합하는 토지대장등본, 임야대장등본 또는 건축물대장등본을 제공하여야 한다.

② 또, 등기명의인표시경정등기를 신청하기 위해서는 등기명의인의 표시의 경정을 증명하는 시·구·읍·면의 장의 서면 또는 이를 증명함에 족한 서면을 첨부정보로 제공하여야 한다. "이를 증명함에 족한 서면"으로 동일인보증서를 첨부할 경우에는 동일인임을 보증하는 자의 인감증명 및 기타 보증인의 자격을 인정할 만한 서면을 함께 제공하여야 한다.

③ 권리경정의 경우 그 경정사유를 증명하는 정보를 제공하여야 하는데 이는 경정사유마다 다르다. 예컨대, 상속등기의 경정인 경우 가족관계등록사항별 증명서 또는 협의분할서, 신청한 권리의 등기가 유루된 경우에는 신청서사본이나 등기필증원본, 판결에 의한 경정인 경우에는 확정판결정본이 이에 해당한다.

2) 등기관의 과오에 의한 경우

신청 자체는 적법하였으나 등기관의 과오로 등기사항의 착오 또는 유루가 발생한 경우에도 당사자는 경정등기를 신청할 수 있다. 이 때 등기관의 과오로 인한 착오 등을 증명하기 위한 정보로, 신청서부본 또는 등기필증 원본 등을 제공한다.

(2) 등기상 이해관계인의 승낙정보 등

등기상 이해관계인의 승낙서 등은 부동산표시의 경정등기나 등기명의인표시의 경정등기에는 첨부할 필요가 없고, 권리의 경정등기에만 문제된다.

(3) 기 타

등록면허세는 부동산별로 납부하며, 국민주택채권은 매입할 의무가 없다. 등기관의 과오로 인해 경정사유가 발생한 때에는 등록면허세 및 등기신청수수료도 납부하지 않는다.

5. 등기의 실행

(1) 권리경정등기

등기상 이해관계 있는 제3자가 없는 경우 및 있더라도 그 제3자의 승낙 또는 이에 대항할 수 있는 재판이 있음을 증명하는 정보를 제공한 때에는 부기등기로 하고, 등기상 이해관계 있는 제3자가 있으나 승낙정보 등을 제공하지 않은 경우에는 주등기로 한다.

(2) 등기명의인표시 경정등기

항상 부기등기로 하며, 경정 전의 등기사항을 말소하는 표시를 한다.

(3) 부동산표시 경정등기

항상 주등기로 한다.

29. 【직권에 의한 경정등기】

Ⅰ 서 설

1. 의 의

2. 개정법의 내용

Ⅱ. 요 건

1. 등기관의 잘못으로 등기의 착오 또는 빠진부분이 발생하였을 것

(1) 의 의

(2) 실무상 직권경정등기를 할 수 있는 경우

2. 등기상 이해관계인의 승낙이 있을 것

3. 경정 전, 후 등기의 동일성이 요구되는지 여부

Ⅲ. 등기절차

1. 직권 또는 신청

2. 착오 또는 유루의 소명

3. 등기의 실행

Ⅳ. 등기완료후의 조치

1. 보고 및 통지

(1) 직권경정등기의 경우

(2) 당사자가 신청한 경우

2. 유루된 등기의 후순위 기입

3. 전산이기 오류로 인한 경우

(1) 등기관의 직권경정등기

(2) 소유권등기의 이기 누락

(3) 잘못 이기한 경우

29. 【직권에 의한 경정등기】

Ⅰ서　설

1. 의 의

등기관이 등기의 착오나 빠진 부분이 등기관의 잘못으로 인한 것임을 발견한 경우에는 지체 없이 그 등기를 직권으로 경정하여야 하는데(법 제32조제2항), 이를 직권경정등기라고 한다.

2. 개정법의 내용

구법에서는 등기상 이해관계 있는 제3자가 있는 경우에는 직권경정등기가 허용되지 않았으나, 개정법에서는 등기상 이해관계 있는 제3자가 있는 경우라도 그 제3자의 승낙이 있으면 가능한 것으로 입장을 바꾸었다(법 제32조제2항단서).

Ⅱ. 요 건

1. 등기관의 잘못으로 등기의 착오 또는 빠진부분이 발생하였을 것

(1) 의　의

등기의 착오 또는 유루의 의미는 신청에 의한 경정등기와 동일하다. 당사자의 신청에는 아무런 문제가 없어야 한다. 따라서 당사자의 신청착오에 의한 등기를 등기관이 직권으로 경정할 수는 없고, 반드시 당사자의 신청에 따라 경정하여야 한다. 반대로 등기관의 잘못으로 인한 경정사유가 있는 때에는 당사자가 경정등기를 신청할 수도 있다. 어느 경우이든 등록면허세 및 신청수수료가 면제된다.

(2) 실무상 직권경정등기를 할 수 있는 경우

① 등기필증에는 소유권이 일부 이전된 것으로 되어 있으나 등기기록상에는 전부 이전된 것으로 등기된 경우

② 갑의 지분에 대하여 이전등기를 신청하였는데 을의 지분에 대하여 이전

등기를 한 경우

③ 신청한 등기 전부 또는 일부에 대하여 기록을 유루한 경우

④ A토지만에 대한 소유권이전등기신청이 있었음에도 A토지와 B토지 모두에 소유권이전등기를 한 경우

⑤ 구분건물의 등기기록 표제부에 별도의 등기가 있다는 뜻의 등기가 누락된 경우

2. 등기상 이해관계인의 승낙이 있을 것

① 직권경정등기는 신청에 의한 경정과는 달리 등기상 이해관계인이 없는 경우뿐만 아니라 등기상 이해관계인이 있는 경우에도 그 자의 승낙정보 등을 제공하면 직권으로 경정할 수 있다. 예컨대, 갑이 을에게 소유권의 일부지분을 이전하는 등기를 신청하였으나 등기관의 과오로 소유권 전부가 이전되고, 그 후 을이 그 소유권 전부에 대하여 근저당권설정등기를 마친 경우, 실제의 지분을 초과하는 초과지분의 취득등기는 무효의 등기이다. 이 경우 개정법의 태도에 따른다면 등기관이 근저당권자의 승낙이 있으면 직권으로 말소(**일부말소 의미의 경정**) 등기를 할 수 있다.

② 등기상 이해관계인의 범위는 권리변경(경정)등기의 경우와 같다. 따라서 어떤 등기가 유루된 뒤에 분필등기 또는 등기명의인표시변경등기가 이루어졌다 하더라도 등기상 이해관계인이 있는 경우가 아니므로 직권으로 경정(유루기입) 등기를 할 수 있다.

3. 경정 전, 후 등기의 동일성이 요구되는지 여부

① 직권경정등기는 당사자의 신청은 적법하지만 오로지 등기관의 잘못에 의하여 잘못 등기된 것을 바로잡는 것이므로 경정 전후의 동일성은 문제되지 않는다. 예컨대, 갑으로부터 을에게로 소유권이전등기신청이 있었는데 등기관이 착오로 병 명의로 소유권이전등기를 할 경우 '착오발견'을 원인으로 소유권의 등기명의인 병을 을로 경정 할 수 있다.

② 앞에서 다세대 주택을 분양하면서 분양계약서상의 부동산표시(호수, 면적 등)를 착오로 다른 부동산과 서로 바꾸어 잘못 신청하여서 등기기록상의 소유자와 실제 소유자가 일치하지 않게 된 경우는 그 동일성이 인정되지 아니하므

로 기존등기를 경정할 경우에 해당되지 아니한다고 하였으나, 그러한 착오가 등기관의 잘못으로 발생하였고 등기상 이해관계인이 있는 경우에는 승낙을 받아 직권으로 경정등기를 할 수 있다.

Ⅲ. 등기절차

1. 직권 또는 신청

등기관이 등기를 마친 후에 착오 또는 유루를 발견하여 직권으로 경정하는 경우도 있지만, 당사자가 착오 또는 유루로 인하여 등기가 잘못 되었음을 소명하여 등기관이 직권경정을 해 줄 것을 신청(**직권 발동을 촉구하는 의미의 신청**)하는 것이 보통이다. 이 신청은 구술로 할 수 있으나, 만일 등기관이 직권경정 사유에 해당하지 않는다고 판단하여 그 신청을 각하하고자 할 경우에는 이의신청을 하기 쉽도록 신청서를 제출하게 하는 것이 적절하다. 이 경우 등기신청수수료나 등록면허세는 내지 않는다.

2. 착오 또는 유루의 소명

착오 또는 유루를 소명하는 정보로는(직권경정에 앞서 신청서의 열람을 하는 경우가 많으므로) 보통 등기신청서사본을 첨부한다. 등기신청서가 폐기된 후에 등기기록의 유루가 발견된 경우에는 당해 등기필증 등 그 사실을 증명하는 서면에 의하여 그 유루가 등기관의 과오로 인한 것임을 증명할 수 있다. 단, 등기필증의 사본으로는 직권경정을 할 수 없다. 다만 현재는 등기완료 후에 등기필증이 작성되지 아니하고 등기필정보가 작성, 교부되는 것이므로 위 등기필정보에 의하여 경정등기가 가능하다고 말 할 수는 없다. 가압류결정문도 경우에 따라 등기관의 착오를 증명하는 정보가 될 수 있다.

그러나 토지대장의 등록사항에도 등기기록과 같은 내용으로 기록되어 있다면 이는 당사자의 신청착오에 의한 것으로 추정되므로 직권경정등기절차에 의하여 그 등기를 경정할 수는 없다. 왜냐하면 지적공부상의 소유권의 득실변경은 관할등기소의 소유권변경사실의 통지에 의하여 등록사항을 정리하게 되어 있는데, 지적공부와 등기기록의 권리자가 일치한다는 것은 신청정보대로 등기가 실행되었음을 의미하기 때문이다.

3. 등기의 실행

① 등기관의 잘못으로 등기의 착오가 발생한 경우로서 등기상 이해관계 있는 제3자가 없는 경우에는, 그 착오를 발견한 등기관은 지체 없이 직권으로 경정등기를 하여야 한다. 전산정보처리조직에 의한 등기사무처리의 경우에는 따로 경정서를 접수하는 절차없이 경정등기를 기입하도록 되어있다.

② 직권경정등기의 등기원인은 '착오발견'(신청과 다른 등기의 실행) 또는 '유루발견'(신청된 등기의 누락)이 되고, 원인일자는 경정등기를 한 날을 기록한다. 접수절차를 거치지 않으므로 접수일자는 등기되지 않는다.

③ 직권경정의 유형으로는 착오로 기입한 등기를 말소하는 경우, 기입전체가 유루된 경우의 기입, 주등기로 기입할 것을 부기등기로 한 경우의 경정, 분필등기시 전사할 등기를 전부 유루한 경우 등이 있다.

Ⅳ. 등기완료후의 조치

1. 보고 및 통지

(1) 직권경정등기의 경우

직권경정등기를 마친 등기관은 경정등기를 한 취지를 지방법원장에게 보고하고, 등기권리자와 등기의무자(등기권리자 또는 등기의무자)가 여러 명인 때에는 그 중 1인에게 통지하며, 등기권리자와 등기의무자가 없는 경우에는 등기명의인에게 알려야 한다(법 제32조제3항). 채권자 대위에 의한 등기를 경정한 때에는 채권자에게도 통지하여야 한다(동조제4항). 다만, 직권경정등기 전에는 통지할 필요가 없다.

(2) 당사자가 신청한 경우

한편, 등기관이 직권으로 경정하기 전에는 등기권리자 또는 등기의무자는 단독으로 등기필증 등 그 사실을 증명하는 서면을 첨부하여 착오발견으로 인한 경정등기를 신청할 수 있는데, 이 경우에는 등기관이 경정등기를 한 취지를 지방법원장에게 보고할 필요가 없다. 이는 신청에 의한 경정이기 때문이다. 이 경우 등기권리자와 등기의무자가 공동신청할 필요가 없다는 점을 주의한다.

다만, 등기권리자 또는 등기의무자 일방의 신청에 의하여 착오발견으로 인한 등기를 마친 경우 등기관은 그 경정등기의 취지를 상대방에게 통지하여야 한다.

2. 유루된 등기의 후순위 기입

신청에 의한 등기가 유루된 경우에 그 유루된 부분도 직권경정에 의하여 다시 등기할 수 있다. 누락된 등기를 하여도 다른 등기와 양립가능한 경우에는 후순위로 누락된 등기를 할 수 있다. 예컨대, 갑이 근저당권설정등기를 신청하였으나 등기관의 과오로 그 등기기입을 유루하였고, 그 후 을이 동일 부동산에 대하여 순위 1번의 근저당권설정등기를 경료하였다면, 부동산등기법 제32조제2항의 경정등기절차에 준하여(**등기관의 과오에 의하여 등기의 착오가 발생하였음을 등기필정보 등에 의하여 증명하여야 함**) 위 유루된 근저당권설정등기를 순위 2번으로 기입할 수 있으며, 이 경우 을의 승낙정보 등은 제공할 필요가 없다.

3. 전산이기 오류로 인한 경우

(1) 등기관의 직권경정등기

등기관이 전산이기가 완료된 등기기록에 관하여 유효사항의 누락, 오타 등 오류를 발견한 경우에는 지체없이 직권으로 경정등기를 하여야 한다. 이 경우 등기관은 당사자가 전산이기 오류를 원인으로 한 직권경정등기의 발동을 촉구하는 신청시 등기신청수수료 및 등록면허세를 받지 않도록 유의한다.

(2) 소유권등기의 이기 누락

전산이기로 인한 폐쇄등기기록상 갑→을→병의 순으로 소유권이전등기가 되어 있었는데 이를 전산이기하면서 최종 소유명의인인 병의 등기가 아닌 을 명의의 소유권이전등기가 이기된 경우, 을 명의의 등기를 이기한 후 다른 등기가 없었다면, 즉 등기상 이해관계 있는 제3자가 없는 경우에는 등기관은 직권으로 병 명의의 등기를 이기한다(원인은 유루발견). 을로부터 제3자 명의의 소유권이전등기가 마쳐진 경우에는 그 등기를 말소해야만 병 명의의 등기를 이기할 수 있다.

을 명의의 등기에 터 잡아 근저당권설정등기 등이 마쳐진 경우라면, 병은 등기상 이해관계인의 승낙정보 등을 첨부하여 자기 명의 등기의 이기를 신청할 수 있다.

(3) 잘못 이기한 경우

폐쇄등기기록상 갑 소유의 부동산에 대하여 을이 그 소유권의 일부를 이전받아 등기를 경료하였으나 전산이기하면서 소유자 갑 명의의 소유권 이전등기의 이기를 누락하고 공유자 을 명의의 소유권일부이전등기를 을 단독소유 명의의 소유권이전등기로 잘못 이기한 경우, 등기기록에 전사된 이후에 경료 된 다른 등기에 의한 등기상 이해관계 있는 제3자가 없는 때에 한하여(제3자가 있는 경우 그 자의 승낙이 있으면) 등기관은 직권으로 을 명의의 소유권이전등기를 소유권일부이전등기로, 누락된 갑 명의의 소유권이전등기를 이기하는 각 경정등기를 할 수 있다.

30. 【일부말소의미의 경정등기】

I. 서　설

1. 의　의
2. 인정취지
3. 성질

II. 구체적 유형

1. 단독소유를 공유로 하는 경정등기
2. 전부이전을 일부이전으로 하는 경정등기
3. 공유지분만의 경정등기

III. 일부말소의미의 경정등기의 요건

1. 등기의 일부가 "원시적으로 무효"일 것
2. 등기의 "일부"가 무효일 것
3. 등기상 이해관계인의 승낙정보 등을 제공할 것

IV. 신청절차

1. 신청인
2. 신청정보
3. 첨부정보

(1) 착오증명정보
(2) 등기상 이해관계인의 승낙정보 등
(3) 기타 첨부정보

V. 등기의 실행

1. 등기의 형식
3. 집행법원에의 통지
4. 상속지분을 초과하는 소유권이전등기가 경료된 경우 소유권경정등기절차

(1) 일부말소판결을 받은 경우
(2) 일부 상속인의 상속지분만으로의 경정등기 신청의 경우

5. 진정명의회복을 원인으로 한 소유권이전등기를 상속재산협의분할에 의한 소유권경정등기로의 가능 여부

30. 【일부말소의미의 경정등기】

I. 서 설

1. 의 의

일부말소의미의 소유권경정등기는 등기의 일부가 원시적으로 실체관계와 부합하지 아니하여 무효인 경우 그 무효부분은 말소하고자 하는 등기를 의미한다. 그런데 현행법상 일부말소등기의 형식이 인정되지 아니하므로 등기기술상으로 경정등기의 형식을 취하고 있다.

2. 인정취지

등기의 일부라도 무효인 경우에는 원칙적으로는 전부말소등기를 한 후에 새롭게 등기를 하여야 할 것이나 전부말소 절차를 생략하고 기존등기의 경정등기를 할 수 있다면 두 번의 등기를 한번에 처리할 수 있는 등기에 있어서의 경제성 도모에 그 목적이 있다.

3. 성질

일부말소의미의 소유권경정등기는 그 실질이 말소등기(일부말소의미)에 해당하므로 그 요건도 말소등기의 요건에 따라야 한다. 통상의 경정등기가 동일성 요건이 필요하고 등기상이해관계인의 승낙정보의 제공이 부기등기의 요건이지만, 일부말소 의미의 경정등기는 말소등기의 요건에 따라야 하므로 동일성요건이 불필요하고 등기상 이해관계인의 승낙정보의 제공이 부기등기의 요건이 아닌 등기신청의 수리요건이 된다.

II. 구체적 유형

1. 단독소유를 공유로 하는 경정등기

갑, 을 공동소유인 부동산에 관하여 갑 단독 소유로 소유권보존등기가 경료된 경우에 갑 명의의 소유권보존등기는 일부가 무효이나 갑 소유지분 부분은 유효하다. 이 경우 갑과 을이 공동으로 갑 단독 소유를 갑, 을 공동소유로 경정하는 경정등기를 신청하여 경정등기를 할 수 있다. 이는 갑 명의 등기의 일부말소와 을 명의 지분의 보존등기를 기술적으로 경정등기의 형태로 처리한 것이다.

2. 전부이전을 일부이전으로 하는 경정등기

갑으로부터 을에게 소유권 2분의1의 지분이 이전되는 것으로 계약을 체결하였으나 착오로 소유권전부이전등기가 경료된 경우에, 을의 소유권이전등기를 소유권일부이전등기로 하는 소유권경정등기를 할 수 있다. 이는 을지분 일부말소등기와 소유권일부이전 등기를 경정등기의 형태로 처리한 것이다.

3. 공유지분만의 경정등기

공유자들의 지분만 잘못된 경우도 원래의 지분대로 경정등기를 할 수 있는데 이 또한 공유지분 일부말소등기와 공유지분 일부이전등기를 경정등기의 형태로 처리한 것이다.

III. 일부말소의미의 경정등기의 요건

1. 등기의 일부가 "원시적으로 무효"일 것

등기기록상 기록된 권리의 일부가 처음부터 존재하지 않았거나 성립되지 않았음에도 등기된 경우가 이에 해당한다. 예컨대 갑 단독명의로 소유권보존등기가 경료되어야 함에도 갑과 을의 공유로 보존등기가 경료된 경우에 다른 소유자의 을의 지분은 원시적으로 일부무효에 해당한다.

2. 등기의 "일부"가 무효일 것

등기의 전부가 무효이면 전부말소등기를 실행하므로 지분으로서 권리 또는 권리자가 실체관계에 부합하지 않는 무효이어야 한다. 예컨대 공유등기를 단독소유로 등기한 경우에 단독 소유자의 나머지 지분이 무효인 경우가 이에 해당한다.

3. 등기상 이해관계인의 승낙정보 등을 제공할 것

① 일부말소의미의 경정등기는 그 실질이 말소등기이기 때문에 그 대상등기에 등기상 이해관계인이 있으면 그 자의 승낙정보 등의 제공이 등기신청의 수리요건이 된다. 따라서 등기상이해관계인의 승낙정보 등을 제공할 수 없다면 일부말소의미의 경정등기는 할 수 없으며 진정명의회복등기로는 권리를 회복할 수 있을 것이다.

② 예컨대 갑, 을, 병이 공동상속한 부동산에 대하여 착오로 갑, 을만의 상속등기가 경료되고 갑지분 전부에 대한 가압류등기가 경료된 경우, 위 상속등기를 병을 포함한 상속인 전원 명의로 경정하기 위해서는 가압류권자의 승낙 또는 이에 대항할 수 있는 재판이 있음을 증명하는 정보를 제공하여야 한다.

IV. 신청절차

1. 신청인

전부말소등기에서와 같이 공동신청원칙이나 등기의무자가 협력하지 않는 경우에는 일부말소판결을 받아 단독으로 신청할 수 있다.

2. 신청정보

일반적 신청정보 이외에(규칙 제43조) 신청서에는 경정할 내용을 구체적으로 표시하며 등기원인 및 그 연월일은 공동신청의 경우에는 신청착오 및 착오등기를 신청한 날을 표시한다. 그리고 등기목적은 소유권의 경우에 소유권일부말소가 아닌 소유권경정이라고 표시한다. 즉 일부말소의미의 경정등기의 실질은 말소등기이지만 등기신청절차와 등기형식은 동일성을 요하는 경정등기 형식을 취하고 있다는 점을 주의하여야 한다.

3. 첨부정보

(1) 착오증명정보

등기의 일부가 무효임을 증명하는 착오증명정보를 제공해야 하며, 판결의 경우에는 판결정본을 제공할 수 있을 것이다.

(2) 등기상 이해관계인의 승낙정보 등

그 실질이 말소등기에 해당하기 때문에 법 제57조의 승낙정보 등을 제공하여야 등기신청이 수리된다.

(3) 기타 첨부정보

소유권경정의 경우에 일부말소 등기의무자의 등기필증 및 인감증명, 등록면허세영수필확인서 등을 제공하여야 하고 기타 필요한 첨부정보는 규칙 제46조에 의한다.

V. 등기의 실행

1. 등기의 형식

항상 부기등기로 실행한다. 따라서 등기상이해관계인이 있으면 그 자의 승낙정보를 제공하여야만 일부말소의미의 소유권경정등기를 부기등기로 할 수 있으며 그렇지 못하면 일부말소 의미의 경정등기 신청은 각하 된다.

2. 경정등기를 한 경우 이해관계인 등기의 직권말소 또는 경정

(1) 이해관계인의 등기를 말소하여야 하는 경우

갑, 을 공유부동산 중 을 지분에 대해서만 처분제한 또는 담보물권의 등기가 되어 있는 상태에서 갑 단독소유로 하는 경정등기(을 지분 말소 의미의)를 하는 경우에는 을 지분에 대한 처분제한 또는 담보물권의 등기는 직권말소 한다.

(2) 이해관계인의 등기를 경정하여야 하는 경우

갑, 을 공유 부동산 전부에 대하여 처분제한 또는 담보물권의 등기가 되어 있는 상태에서 갑 단독소유로 하는 경정등기(을 지분 말소 의미의)를 하는 경우에는 을 지분에 대한 처분제한 또는 담보물권의 등기를 일부말소하는 경정등기를 병행해야 한다.

(3) 용익물권 등기의 전부를 말소해야 하는 경우

부동산의 공유지분에 대해서는 용익물권(지상권 등)을 설정·존속시킬 수 없으므로 갑, 을 공유 부동산 전부에 대하여 용익물권이 설정된 후 갑 단독소유로 하는 경정등기를 하는 경우 용익물권의 등기는 이를 전부 말소한다.

3. 집행법원에의 통지

가압류, 가처분 등 법원의 촉탁에 의한 처분제한의 등기를 촉탁에 의해서 말소, 변경된 것이 아니라 등기관의 직권으로 말소 또는 경정(일부말소 의미의)하는 경우 등기관은 지체없이 그 뜻을 집행법원에 통지하여야 한다.

4. 상속지분을 초과하는 소유권이전등기가 경료된 경우 소유권경정등기절차

(1) 일부말소판결을 받은 경우

갑과 을을 포함한 수인의 공동상속인이 존재함에도 갑이 상속재산인 부동산을 단독으로 상속하였다는 내용의 허위의 보증서를 관할청으로부터 발급받아 부동산소유권이전등기등에관한특별조치법에 의거 위 상속부동산에 관하여 자기를 단독소유자로 하는 소유권이전등기를 경료한 후, 위 을이 갑을 상대로 하여 을의 법정상속분에 해당하는 만큼의 지분에 대해서는 소유권이전등기의 말소등기절차를 이행하라는 승소판결을 받았다면(판결 이유에서 갑이 허위의 보증서를 발급받은 사실과 갑과 을을 포함한 수인의 공동상속인이 당해 부동산을 공동상속하였다는 사실을 설시하고 있음), 을은 그 판결에 의하여 위 상속부동산의 소유자를 갑에서 갑과 을로 경정하는 지분일부말소의미의 소유권경정등기 신청을 할 수 있다.

(2) 일부 상속인의 상속지분만으로의 경정등기 신청의 경우

을이 위 판결에 의한 소유권경정등기신청을 위와 같이 하지 아니하고 갑이 피상속인으로부터 을의 법정상속분을 제외한 나머지 지분에 대해서만 소유권이전을 받았다는 취지로 경정하여 달라는 소유권경정등기신청을 하였다면, 등기관으로서는 그 등기신청을 각하하여야 하나, 만일 이를 간과하고 수리하여 현재 등기기록상 갑이 피상속인의 일부지분만을 상속을 원인으로 하여 소유권이전을 받은 것으로 등기되어 있다면, 그 등기는 부동산등기법 제58조에 의하여 등기관이 직권으로 말소하여야 한다.

5. 진정명의회복을 원인으로 한 소유권이전등기를 상속재산협의분할에 의한 소유권경정등기로의 가능 여부

명의신탁자의 상속인들이 명의수탁자 등을 상대로 진정명의 회복을 원인으로 한 소유권이전등기 청구소송을 제기하여 같은 내용의 화해권고결정이 확정되고 이에 따라 법정상속지분대로 소유권이전등기를 마친 후 다시 공동상속인 중 1인의 단독소유로 하는 상속재산협의분할을 한 경우에는, 원래의 진정명의 회복을 원인으로 한 등기신청이 등기권리자의 상속인에 의한 것이었음을 소명하는 자료(제적등본, 호적등본 등)와 협의분할서, 권리를 취득하지 아니하는 상속인의 인감증명서를 첨부하여, 진정명의 회복을 원인으로 한 소유권이전등기에 대하여 위 상속재산 협의분할에 의한 소유권경정등기를 신청할 수 있다.

31. 【말소등기】

I. 서 설

1. 의 의
2. 구별개념

(1) 변경·경정등기

(2) 말소회복등기

II. 말소등기의 요건

1. 등기의 전부가 '부적법'할 것
2. 등기의 '전부'가 부적법할 것

(1) 원 칙

(2) 예외

3. '현재 효력이 있는' 등기의 전부가 부적법할 것

(1) 말소의 대상이 될 수 있는 등기

(2) 등기연속의 원칙 유지 목적

(3) 부기등기만의 말소 가부

4. 등기상 이해관계인의 승낙 또는 이에 대항할 수 있는 재판이 있음을 증명할 것

(1) 등기상 이해관계 있는 제3자의 의미

(2) 등기상 이해관계 있는 제3자의 승낙 또는 이에 대항할 수 있는 재판이 있음을 증명하는 정보의 의미

(3) 승낙정보 등의 첨부없이 말소등기를 신청한 경우

III. 등기 절차

1. 신청인

(1) 공동신청원칙

(2) 단독신청 특칙

2. 신청정보

(1) 등기원인과 그 연월일

(2) 말소할 등기의 표시

(3) 근저당권이 이전된 후 말소하는 경우

(4) 등기필 정보

3. 첨부정보

4. 등기의 실행
(2) 소유권이외의 권리등기 말소시에 등기명의인 표시변경등기의 생략
(3) 근저당권이전등기의 생략

Ⅳ. 촉탁에 의한 말소
1. 공매처분을 한 관공서(법 제97조)의 등기의 촉탁
2. 관공서가 취득한 부동산에 관한 권리의 소멸(법 제98조)
3. 경매신청이 매각허가 없이 마쳐진 때 경매개시결정등기의 말소(민사집행법 제141조)

Ⅴ. 직권말소
1. 환매특약등기
2. 대지권의 목적인 토지의 등기기록 중 저당권등기의 직권말소
3. 가처분권리자의 승소판결에 의한 권리의 이전, 말소 또는 설정의 등기를 신청하는 경우
4. 말소등기시 말소할 등기를 목적으로 하는 등기상 이해관계 있는 제3자 명의의 등기의 말소(법 제57조제2항)
5. 수용으로 인한 등기
6. 법 제29조 제1호, 제2호에 해당된 것임을 발견한 때
7. 부칙 제2조(장기간 방치된 저당권등기 등의 직권말소)

Ⅵ. 허무인명의 등기의 말소
1. 의 의
2. 허무인의 범위
3. 가공인명의 등기의 말소방법
4. 사망자명의 등기의 말소방법
5. 실체가 없는 법인 아닌 사단· 재단명의 등기의 말소방법(예규 제1380호)
(1) 소각하판결이 확정된 경우
(2) 말소판결이 확정된 경우
6. 말소등기의 실행방법

Ⅶ. 명령에 의한 말소

31. 【말소등기】

I. 서 설

1. 의 의

말소등기라 함은 기존등기의 전부가 원시적 또는 후발적인 사유로 인하여 실체관계와 부합하지 않게 된 경우에 기존등기 전부를 소멸시킬 목적으로 하는 등기를 말한다. 말소등기도 엄연히 하나의 등기이므로 별도로 독립된 순위번호가 붙여지며 단순히 기존의 등기에 대하여 말소하는 표시를 하는 것에 그치지 않고 등기기록에 일정한 사항을 적극적으로 기록하는 것이다.

2. 구별개념

(1) 변경·경정등기

말소등기는 기존등기의 전부가 원시적 또는 후발적인 사유로 인하여 실체관계와 부합하지 않게 된 경우에 기존등기 전부를 소멸시킬 목적으로 하는 등기이므로 실체관계와 등기의 일부가 원시적 또는 후발적으로 불일치하여 등기의 일부에 대해서 시정하는 경정 또는 변경등기와 구별해야 한다.

(2) 말소회복등기

말소등기는 기존등기의 전부를 소멸시키는 것이므로 등기사항의 전부 또는 일부가 부적법하게 말소된 경우에 이를 등기기록상 회복하는 말소회복등기와는 구별된다.

II. 말소등기의 요건

1. 등기의 전부가 '부적법'할 것

말소등기는 기존의 등기사항이 부적법해야 하는바 기존등기의 부적법의 원인은 원시적으로 원인무효이든, 후발적으로 채무변제로 인한 저당권소멸이든, 실체적으로 원인무효사유나 취소사유가 있든지 또는 절차적으로 중복등기이든 가리지 않는다.

2. 등기의 '전부'가 부적법할 것

(1) 원 칙

등기사항의 전부가 부적법해야 말소등기를 할 수 있다. 따라서 등기사항중의 일부만이 부적법한 경우에는 변경등기, 경정등기, 말소회복등기의 대상이 될 뿐이다.

(2) 예외

토지의 전부에 대하여 지상권 설정등기가 경료된 후 위 토지의 일부지분에 대한 지상권 설정등기가 무효이어서 그 말소를 명하는 승소확정판결을 받은 경우에는 용익물권의 일부만을 말소하는 방법이 없으므로 일부말소의미의 지상권의 변경등기를 신청할 것이 아니라 그 등기 전부를 말소 신청하여야 한다.

3. '현재 효력이 있는' 등기의 전부가 부적법할 것

(1) 말소의 대상이 될 수 있는 등기

말소등기의 대상이 되는 등기는 등기부 기록형식상 현재 효력이 있는 등기이어야 한다. 따라서 현재 효력 있는 등기이면 본등기이든 예비등기인 가등기이든 원칙적으로 말소등기 대상이 될 수 있다. 다만 본등기인 말소등기는 그것이 부적법한 경우이면 말소회복등기 대상이므로 말소할 수 있는 등기가 아니다.

(2) 등기연속의 원칙 유지 목적

현재 유효한 등기일 것을 요건으로 하는 이유는 등기기록상 등기의 연속성을 보장할 목적 때문이다. 예컨대 갑, 을, 병으로 소유권이 전전 이전된 경우에 갑에서 을로의 소유권이전등기가 원인무효라 하여도 현재 효력이 없는 전소유자 을의 소유권이전등기만의 말소는 할 수 없으며 등기연속의 원칙을 유지할 필요성상 전소유자인 을의 소유권이전등기를 말소하기 위해서는 현 소유자인 병의 소유권이전등기를 먼저 말소해서 을등기를 현재 유효한 등기로 만든 다음에 을 소유권이전등기의 말소신청을 하여야 한다.

(3) 부기등기만의 말소 가부

부기등기는 기존의 주등기에 종속되어 주등기와 일체를 이루는 종속된 등기로서 주등기와 별개의 새로운 등기는 아니라 할 것이므로, 원칙적으로 부기등기만에 대한 말소등기는 인정되지 않는다는 것이 판례의 입장이나, 예외적으로 부기등기된 저당권이전등기 자체에만 말소원인이 있다면 브기등기간의 말소도 가능하다. 이때 등기관은 이전된 부기등기만을 말소하고 동시에 종전 주등기의 권리자 표시를 직권으로 회복하여야 한다.

4. 등기상 이해관계인의 승낙 또는 이에 대항할 수 있는 재판이 있음을 증명할 것

(1) 등기상 이해관계 있는 제3자의 의미

1) 의의

말소등기로 인하여 등기의 기록형식상 손해를 받을 염려가 있는 제3자를 의미한다는 것이 판례이다.

2) 이해관계인에 해당하는 경우

① 지상권이 말소되면 저당권의 목적인 권리가 소멸되는 것이므로 저당권등기도 직권으로 말소되기 때문에 저당권자는 등기상 이해관계인에 해당한다.

② 가처분권자가 소유권이전등기 말소를 명하는 본안소송에서 승소하여 소유권말소등기를 신청하는 경우에 가처분등기 이전에 그 말소대상인 소유권이전등기에 가압류등기를 한 가압류 채권자는 등기상 이해관계인에 해당한다.

3) 이해관계인에 해당하지 않는 경우

① 1번 저당권말소의 경우에 2번 저당권자는 유리한 위치에 있게 되므로 어떤 등기로 인하여 손해를 볼 우려가 있는 등기상 이해관계 있는 제3자에 해당하지 않는다. ② 갑, 을, 병으로 순차 소유권이 이전등기된 경우에 을명의의 소유권말소에서 후순위 소유권자인 병의 등기는 말소의 대상이 되므로 등기상 이해관계인이 아니다.

4) 사해행위로 인한 소유권이전등기 말소청구권을 피보전권리로 하는 가처분권자

① 종전선례

갑에서 을로 소유권이전등기가 경료되었으나 갑의 채권자 병이 을 명의의 등기에 사해행위취소로 인한 소유권이전등기말소청구권을 피보전권리로 하는 가처분등기를 신청하여 가처분등기가 경료된 경우라도, 갑·을간에 공동으로 을명의의 소유권이전등기말소등기가 실행되면 가처분채권자 병은 가처분의 피보전권리의 목적을 달성했다는 점을 근거로 등기상 이해관계인이 아니라고 보았다.

② 변경된 선례

위의 경우에 을등기 말소에 있어서 가처분채권자 병을 등기상이해관계인으로 보지 않게 되어 그자의 승낙정보 등을 제공할 필요가 없게 되자 갑과 을이 통모하여 병의 승낙도 없이 을 명의의 소유권이전등기를 말소하고 제3자에게 소유권이전등기를 하여 재산을 빼돌릴 수 있는 법의 흠결이 발생하여 가처분권자 병의 손해를 막을 길이 없다는 점을 고려하여 을등기를 말소함에 있어서 가처분채권자인 병 이외의 자가 말소신청을 하는 경우에는 병의 승낙 또는 이에 대항할 수 있는 재판이 있음을 증명하는 정보를 제공해야만 하도록 종전선례를 변경하였다.

5) 변론종결 후 승계인

소유권이전등기 말소소송의 변론종결 후에 피고로부터 소유권이전등기 또는 저당권설정등기를 받은 자들은 민사소송법 제218조의 기판력의 적용을 받는 승계인에 해당하기 때문에 그 자들이 승낙하지 않으면 승계집행문을 부여받아 말소등기를 신청할 수 있기 때문에 굳이 그 자들의 승낙정보 등을 제공할 필요는 없다는 것이 판례이며, 등기상이해관계인의 등기가 등기기록에 경료된 시점과 사실심 변론종결 시점을 비교하면 된다.

(2) 등기상 이해관계 있는 제3자의 승낙 또는 이에 대항할 수 있는 재판이 있음을 증명하는 정보의 의미

1) 문제점

갑에서 을로 소유권이전등기가 경료되고 을 명의의 등기에 병의 근저당권설정등기가 경료되었으나 을 명의의 소유권이전등기가 부적법하여 말소하고자 하는 경우에 병의 승낙서를 첨부하면 될 것이나 병이 승낙하지 아니하면 병을 상대로 승낙의 의사표시를 구하는 소송을 제기하여야 하는데 무엇에 대한 승낙을 구해야 하는지의 승낙 대상에 대해서 문제된다.

2) 이론상

을의 소유권이전등기가 원인의 부적법으로 말소되면 병의 근저당권 등기도 공신력이 인정되지 않는 현행 법제상 실체법상 무효이므로 당연히 말소등기될 운명에 있기 때문에 갑은 병에 대해서 을의 소유권이전등기가 말소된다는 점에 대하여 승낙의 의사표시를 구하는 소송을 제기하면 된다.

3) 실무상

① 근저당권등의 경우

실무상은 을 명의 등기말소에 대해서 승낙의 의사표시를 구하는 것이 아니라 곧바로 병 명의의 근저당권등기의 말소 절차를 이행하라는 소송을 제기하여도 되는 판례가 확고하게 정착되어 있다.

② 가압류·가처분등기의 경우

위 사안에서 병 명의 등기가 가압류(가처분)등기인 경우에는 갑은 을 명의 등기가 말소된다는 점에 대한 승낙의 의사표시를 구해야지, 병 명의의 가압류(가처분)등기의 말소를 구하는 소송을 제기해서는 안된다고 한다. 이는 재판을 통하여 법원의 촉탁에 의해서 등기되는 것이므로 을 명의의 등기가 무효가 된다 하여 가압류 재판까지 무효가 되는 것은 아니라는 것이 판례이다.

(3) 승낙정보 등의 첨부없이 말소등기를 신청한 경우

1) 상대적 무효

등기관은 법 제29조 제9호 사유로 각하할 수 있지만 이를 간과한 채 승낙정보 등의 제공 없이 경료된 말소등기는 등기상 이해관계 있는 제3자에게는 무효이다. 즉 등기권리자는 등기상 이해관계인에게 말소등기의 유효함을 주장할 수 없는 상대적 무효로 본다.

2) 승낙의무가 있는 경우

그러나 판례는 "그 제3자가 승낙의무를 부담하는 자라면 그 자의 승낙정보 등의 제공없이 경료된 말소등기라도 그 제3자는 승낙을 하여야 할 자이므로 그 제3자에게도 말소의 유효를 주장할 수 있다"라는 입장이다.

3) 승낙의무의 판단

승낙의무의 판단은 오로지 실체법상의 권리관계에 의해서 결정되는바, 그 원인이 민법 제103조(반사회질서 위반), 제104조(불공정한 법률행위), 무권대리에 의한 등기처럼 절대적 무효사유라면 말소에 대해서 승낙의무가 존재하게 된다.

III. 등기 절차

1. 신청인

(1) 공동신청원칙

말소등기도 일반적인 권리등기와 같이 등기권리자와 등기의무자의 공동신청에 의하는 것이 원칙이다(법 제23조).

(2) 단독신청 특칙

① 판결(법 제23조제4항)에 의한 말소신청

등기의무자가 말소등기의 신청에 협력하지 않는 때에는 의사표시에 갈음하는 판결(판결과 동일한 효력이 있는 화해조서, 인낙조서, 조정조서 등 포함)을 받아 등기권리자가 단독으로 말소등기를 신청할 수 있다.

② 등기한 권리가 어떤 자의 사망으로 인하여 소멸한 경우(법 제55조)

등기명의인인 사람의 사망 또는 법인의 해산으로 권리가 소멸한다는 약정이 등기되어 있는 경우에 사람의 사망 또는 법인의 해산으로 그 권리가 소멸하였을 때에는, 등기권리자는 그 사실을 증명하여 단독으로 해당 등기의 말소를 신청할 수 있다.

③ 등기의무자의 소재불명(법 제56조)

등기권리자가 등기의무자의 소재불명으로 인하여 공동으로 등기의 말소를 신청할 수 없을 때에는 민사소송법에 따라 공시최고를 신청할 수 있고 제권판결이 있으면 등기권리자가 그 사실을 증명하여 단독으로 등기의 말소를 신청할 수 있다.

④ 가등기말소(법 제93조)

가등기명의인은 단독으로 가등기의 말소를 신청할 수 있고, 가등기의무자 또는 가등기에 관하여 등기상 이해관계 있는 자는 가등기명의인의 승낙을 받아 단독으로 가등기의 가등기의 말소를 신청할 수 있다.

⑤ 가처분등기 이후에 경료된 제3자명의의 등기의 말소[52)]

ⅰ) 소유권이전등기를 신청하는 경우

처분금지가처분등기 후 경료된 각종 처분의 등기(**당해 가처분등기는 제외**)는 가처분권리자가 승소하여 그 승소에 따른 등기신청을 함에 있어 반드시 "가처분에 의한 실효"를 원인으로 이를 동시에 단독으로 말소 신청한다. 따라서 가처분등기 이후의 소유권이전등기, 가압류, 가처분, 근저당권설정등기 등도 가처분권자가 단독으로 말소 신청할 수 있다.

ⅱ) 소유권이전등기의 말소를 신청하는 경우

그 가처분등기 이후에 제3자명의의 소유권이전등기가 경료된 때에는 그 등기의 말소도 동시에 단독으로 신청할 수 있다.

⑥ 혼동에 의한 말소

저당권자가 저당목적물의 소유권을 취득한 경우에는 저당권은 혼동으로 소멸하므로 저당권을 단독으로 말소할 수 있다.

⑦ 소유권보존등기의 말소

소유권보존등기의 말소는 소유권보존등기명의인만이 단독으로 말소등기를 신청할 수 있고, 실체법상의 말소등기청구권자는 소유권보존등기명의인의 말소등기신청권을 대위하여 행사할 수 있을 뿐이다.

2. 신청정보

(1) 등기원인과 그 연월일

일반적 신청정보 이외에 계약의 해지로 인한 근저당권의 말소의 경우에는 등기원인은 "해지"로 등기원인일자는 "해지일자"를 표시한다.

(2) 말소할 등기의 표시

신청서에 접수연월일, 접수번호, 순위번호를 구체적으로 표시한다.

(3) 근저당권이 이전된 후 말소하는 경우

신청정보에는 주등기인 근저당권 설정등기를 표시하여야 한다.

(4) 등기필 정보

말소등기를 공동으로 신청하는 경우에는 등기의무자의 권리에 관한 등기필 정보를 신청정보로 제공하여야 한다.

52) 예규 제1413호

3. 첨부정보

① 등기원인을 증명하는 정보

말소등기의 등기원인증명정보는 기존의 등기가 부적법하게 된 원인을 증명하는 정보를 의미한다. 예컨대, 당사자의 약정에 의한 등기의 말소의 경우에는 해지(해제)증서를, 판결에 의한 말소의 경우에는 판결정본 및 확정증명 또는 판결과 동일한 효력이 있는 조서 등을 뜻한다.

② 등기의무자의 인감증명(규칙 제60조)

소유권의 등기명의인이 등기의무자로서 소유권등기의 말소등기를 방문신청하는 경우에는 그의 인감증명을 첨부정보로 제공하여야 한다.

④ 등기기록상 이해관계인의 승낙 또는 이에 대항할 수 있는 재판이 있음을 증명하는 정보

⑤ 등록면허세 등

4. 등기의 실행

(1) 등기의 형식

독립등기로 순위번호를 붙여 실행하고 말소의 대상인 등기에 대하여 말소하는 표시를 하면 된다. 말소할 권리를 목적으로 하는 제3자의 권리에 관한 등기가 있는 경우에는 그 자의 승낙정보 등이 제공되었으면 그 제3자의 권리의 표시를 하고 어느 권리의 등기를 말소함으로 인하여 말소한다는 뜻을 기록하여야 한다(규칙 제116조).

(2) 소유권이외의 권리등기 말소시에 등기명의인 표시변경등기의 생략

가등기말소나 근저당권등기의 말소를 신청하는 경우에는 그 등기명의인의 표시에 변경 또는 경정의 사유가 있는 때라도 신청서에 그 변경 또는 경정을 증명하는 정보를 제공함으로써 등기명의인의 표시변경 또는 경정의 등기를 생략할 수 있다.

(3) 근저당권이전등기의 생략

합병 후 존속하는 회사가 소멸회사 명의의 근저당권말소등기를 신청하는 경우에 그 말소원인이 합병등기 전에 발생한 경우에는 합병으로 인한 근저당권이전등기를 생략하고 말소등기를 실행할 수 있다.

Ⅳ. 촉탁에 의한 말소

1. 공매처분을 한 관공서(법 제97조)의 등기의 촉탁

2. 관공서가 취득한 부동산에 관한 권리의 소멸(법 제98조)

3. 경매신청이 매각허가 없이 마쳐진 때 경매개시결정등기의 말소(민사집행법 제141조)

Ⅴ. 직권말소

1. 환매특약등기

환매에 따른 권리취득의 등기를 하였을 때에는 환매특약의 등기를 말소하여야 한다(규칙 제114조제1항).

2. 대지권의 목적인 토지의 등기기록 중 저당권등기의 직권말소

대지권의 등기를 하는 경우에 건물에 관하여 소유권보존등기와 소유권이전등기 외의 소유권에 관한 등기 또는 소유권 외의 권리에 관한 등기가 있을 때에는 그 등기에 건물만에 관한 것이라는 뜻을 기록하여야 하는데, 그 등기가 저당권에 관한 등기로서 대지권에 대한 등기와 등기원인, 그 연월일과 접수번호가 같은 것일 때에는 대지권에 대한 저당권의 등기를 말소하여야 한다(규칙 제92조제2항).

3. 가처분권리자의 승소판결에 의한 권리의 이전, 말소 또는 설정의 등기를 신청하는 경우

그 가처분등기 이후의 등기를 말소할 때에는 등기관이 직권으로 그 가처분등기도 말소하여야 한다(법 제94조제2항).

4. 말소등기시 말소할 등기를 목적으로 하는 등기상 이해관계 있는 제3자명의의 등기의 말소(법 제57조제2항)

5. 수용으로 인한 등기

등기관이 국가 또는 지방자치단체의 촉탁으로 수용으로 인한 소유권이전등기를 하는 경우 그 부동산의 등기기록 중 소유권, 소유권 외의 권리, 그 밖의 처분제한에 관한 등기가 있으면 그 등기를 직권으로 말소하여야 한다(법 제99조제4항).

6. 법 제29조 제1호, 제2호에 해당된 것임을 발견한 때

등기관이 등기권리자 등에게 1개월 이내의 기간을 정하여 등기를 말소한다는 뜻을 통지하였는데 1개월 이내에 이의를 진술한 자가 없거나 이의를 각하한 경우에는 그 등기를 직권으로 말소하여야 한다(법 제58조제4항).

7. 부칙 제2조(장기간 방치된 저당권등기 등의 직권말소)

Ⅵ. 허무인명의 등기의 말소

1. 의 의

판례는 "등기명의인이 허무인인 때에는 소유자는 그와 같은 허무인 명의로 등기행위를 한 자에 대하여 소유권에 기한 방해배제로서 등기행위자를 표상하는 허무인 명의 등기의 말소를 구할 수 있는 것이다" 라고 하였다.

2. 허무인의 범위

실존하지 아니하는 가공인이거나 실존인이었지만 등기신청행위 당시 이미 사망한 자를 의미하고, 종중이나 사찰 또는 단체 등 법인 아닌 사단, 재단에 있어서는 그 종중 등의 실체가 인정되지 아니한 경우를 포함한다.

3. 가공인명의 등기의 말소방법

실제 등기행위자를 상대로 한 말소소송에서 말소절차의 이행을 명한 판결이 확정된 경우에는 위 판결에 의하여 가공인명의 등기의 말소를 신청할 수 있다.

4. 사망자명의 등기의 말소방법

상속인을 상대로 한 말소소송에서 사망자 명의의 등기가 상속인을 표상하는 등기로서 원인무효의 등기임을 이유로 말소절차의 이행을 명한 판결이 확정된 경우에는 위 판결에 의하여 사망자명의로 된 등기의 말소를 신청할 수 있다.

5. 실체가 없는 법인 아닌 사단· 재단명의 등기의 말소방법(예규 제1380호)

(1) 소각하판결이 확정된 경우

소유권이전등기 등의 말소소송에서 등기명의인인 법인 아닌 사단·재단이 그 실체가 인정되지 아니하여 당사자능력이 없음을 이유로 소각하판결이 확정되고, 위 각하판결정본 등이 등기관에게 제출된 경우 등기관은 법 제58조에 따라 당사자능력이 없는 위 종중등 명의의 등기를 직권으로 말소할 수 없으며, 이해관계인도 위 판결정본 등을 첨부하여 등기관의 처분에 대한 이의의 방법으로 위 종중 등 명의 등기의 말소를 구할 수 없다.

(2) 말소판결이 확정된 경우

실체가 없는 종중 등 법인 아닌 사단·재단 명의의 소유권이전등기 등에 대하여 실제 등기행위자(대표자나 그 구성원 등)를 상대로 한 말소소송에서 위 종중등 명의의 등기가 원인무효의 등기임을 이유로 실제 등기행위자에게 말소절차를 명한 판결이 확정된 경우에는 위 판결에 의하여 말소등기를 신청할 수 있다.

6. 말소등기의 실행방법

판결에 의하여 허무인명의 등기의 말소를 신청하는 경우, 허무인명의표시의 경정등기를 경유할 필요는 없으며, 말소등기의 등기원인은 '확정판결'로, 그 연월일은 '판결선고일'을 각 표시한다.

Ⅶ. 명령에 의한 말소

법 제29조 제1호 및 제2호를 간과하고 경료된 등기에 대하여 이의신청이 있는 경우 관할법원이 그 이의가 이유 있다고 인정할 때에는 경료된 등기의 말소를 등기관에게 명할 수 있다.

32. 【말소회복등기】

Ⅰ. 서 설

1. 말소회복등기의 의의
2. 인정근거

Ⅱ. 말소회복등기의 요건

1. 등기가 부적법하게 말소되어 있을 것
(1) 부적법 말소의 의미
(2) 당사자가 임의·자발적으로 말소한 경우
2. 말소된 등기 그 자체를 회복하려는 것일 것
(1) 말소회복의 대상
(2) 폐쇄등기기록에 있는 등기사항의 말소회복
(3) 회복등기로 인하여 제3자에게 불측의 손해를 줄 염려가 없을 것

Ⅲ. 등기상 이해관계 있는 제3자의 승낙

1. 등기상 이해관계인의 범위
(2) 판례 및 등기실무
2. 제3자의 승낙의무 및 승낙청구권자
(1) 승낙의무
(2) 승낙청구권자
3. 승낙서 또는 재판의 등본의 의미

Ⅳ. 등기의 절차

1. 말소회복등기의 당사자
(1) 공동신청의 경우
(2) 단독신청이 허용되는 경우
(3) 촉탁등기로 말소된 경우
2. 신청정보
(1) 등기목적
(2) 등기원인
3. 첨부정보
(1) 등기원인증명정보 등
(2) 등기상 이해관계인의 승낙정보 등
(3) 등록면허세 등
4. 등기의 실행
(1) 말소된 등기 전부의 회복
(2) 등기사항의 일부가 말소된 경우의 회복

Ⅴ. 직권에 의한 말소회복등기

1. 직권회복의 절차
(1) 등기관이 직권으로 말소한 경우
(2) 등기관이 말소할 수 없는 등기를 착오로 말소한 경우
(3) 촉탁에 의하여 말소된 경우
2. 등기상 이해관계인이 있는 경우
3. 직권말소회복등기의 구체적 모습
(1) 가등기에 의한 본등기를 말소하는 경우에 행하는 직권회복등기
(2) 토지수용(재결)의 실효로 인한 직권회복등기
(3) 말소한 등기가 부동산등기법 제29조 2호에 해당하는 경우의 회복등기

32. 【말소회복등기】

Ⅰ. 서 설

1. 말소회복등기의 의의

말소회복등기는 어떤 등기의 전부 또는 일부가 부적법하게 말소된 경우에 그 말소된 등기를 회복하여 처음부터 그러한 말소가 없었던 것과 같은 효력을 보유하게 할 목적으로 행하여지는 등기이다(법 제59조). 따라서 회복된 등기는 말소된 종전 등기와 동일순위를 가지게 된다.

2. 인정근거

등기는 물권변동의 효력발생요건일뿐 효력존속요건은 아니어서 어떤 등기가 원인 없이 말소된 경우에도 그 물권의 효력에는 아무런 영향이 없고, 그 회복등기가 마쳐지기 전이라도 말소된 등기의 명의인은 적법한 권리자로 추정되며(대법원 1997. 9. 30. 선고 95다39526 판결 참조), 여전히 물권자로서 물권적 청구권인 말소회복등기청구권을 갖기 때문이다.

Ⅱ. 말소회복등기의 요건

말소회복등기는 등기가 부적법하게 말소된 경우에 말소된 등기 그 자체를 회복할 목적으로 하는 등기이며, 그 회복등기로 제3자에게 불측의 손해를 줄 염려가 없어야 한다.

1. 등기가 부적법하게 말소되어 있을 것

(1) 부적법 말소의 의미

① 말소회복등기는 부적법하게 말소된 등기의 회복을 목적으로 한다. 여기서 "부적법 말소"란 실체적 이유에 기한 것이건 절차적 하자에 기한 것이건 불문하고 말소등기가 무효인 경우를 말한다. 실체적 이유에 기하여 부적법한 경우로서는 말소등기 원인의 부존재·무효·취소를 들 수 있다.

② 한편, 등기는 현실의 권리관계를 사실대로 공시하는 제도이므로 말소등

기가 부적법하게 행하여진 경우라도 그것이 실체관계에 부합하는 때에는 말소회복등기를 청구할 수 없다는 것이 판례(**대법원 1987. 5. 26. 선고, 85다카2203 판결**)이다. 예컨대, 저당권설정등기가 위조된 위임장에 의하여 말소되었으나 그것이 실체관계에 부합하는 때에는 말소회복등기를 청구할 수 없다.

(2) 당사자가 임의·자발적으로 말소한 경우

① 판례는, 말소회복등기란 실체적 이유에 기한 것이건 절차적 하자에 기한 것임에 불문하고 말소등기나 기타의 처분이 무효인 경우에 하는 등기이므로 어떤 이유이건 당사자가 자발적으로 말소등기를 한 경우에는 말소회복등기를 할 수 없다고 한다(**대법원 1990. 6. 26. 선고 89다카5673 판결**). 즉, 법률상 말소원인이 없는데도 당사자가 임의·자발적으로 말소등기를 한 경우에 그 말소는 권리자가 등기에 의하여 향유하는 실체법상의 이익을 포기하려는 의사에 기한 적법한 것이므로 말소회복등기가 허용되지 않는 것이다.

② 위 판례의 취지 역시 당사자가 임의·자발적인 공동신청에 의하여 어떤 등기를 말소한 후에는 그 등기의 말소회복을 소로써 구할 수 없다는 것이지, 다시 공동신청에 의하여 말소회복을 하는 것까지 막는 것은 아니라고 해석된다.

2. 말소된 등기 그 자체를 회복하려는 것일 것

(1) 말소회복의 대상

말소회복등기는 "말소된 등기"를 그대로 재현하여 그 효력을 회복시키는 것이다. 말소된 등기의 회복 방법으로는 말소회복등기를 하여야지 말소등기의 말소등기는 할 수 없다. 말소등기의 말소등기를 하여도 처음의 말소등기로 말소된 등기는 여전히 말소된 상태로 남아 있기 때문이다. 또 사실상 말소된 기록이더라도 그 기록이 등기라고 할 수 없는 것인 때에는 말소회복등기의 대상이 되지 않는다. 예컨대 등기번호·표시번호·순위번호가 부적법하게 말소된 경우에는 단순한 자구수정의 대상이 될 뿐이고 회복등기의 문제는 아니다.

(2) 폐쇄등기기록에 있는 등기사항의 말소회복

폐쇄등기기록에 기록된 등기사항의 말소회복도 할 수 있다. 예고등기가 되지 않은 경우에도 판결 또는 공동신청에 의하여 말소회복등기를 할 수 있다.[53]

---

53) 선례 1-476 폐쇄등기부에 기재된 소유권이전등기의 말소방법

현등기부에 기재된 소유권이전등기의 말소를 명한 확정판결에 의하여 그 피고들 명

그러나 소유명의인의 신청에 의하여 건물의 멸실등기가 이루어진 경우에는 그 폐쇄된 등기기록에 기록된 등기의 회복은 할 수 없다[54]. 등기의 대상인 부동산 자체가 소멸하였기 때문이다.

(3) 회복등기로 인하여 제3자에게 불측의 손해를 줄 염려가 없을 것

말소회복등기 역시 권리에 관한 등기의 일반원칙에 따라 등기권리자와 등기의무자의 공동신청에 의하여 이루어진다. 그런데, 말소된 등기의 회복 전에 법률관계를 맺은 제3자가 있는 경우에도 아무런 제약없이 자유롭게 말소회복등기를 신청할 수 있다고 한다면 제3자에게 불측의 손해를 주게 되고 거래의 안전을 해치게 된다. 따라서 부동산등기법 제59조는 등기상 이해관계 있는 제3자가 있는 경우에는 그 제3자의 승낙이 있어야 한다고 규정하였다.

Ⅲ. 등기상 이해관계 있는 제3자의 승낙

1. 등기상 이해관계인의 범위

말소회복등기를 신청함에 있어서 어떠한 자가 등기상 이해관계 있는 제3자인지는 말소회복등기신청의 당사자가 누구인가라는 문제와 관련되어 있다.

(1) 학 설

① 제1설은 말소된 등기의 회복등기를 하는 시점을 기준으로 회복등기에 의하여 등기의 형식상 손해를 입을 우려가 있다고 일반적으로 인정되는 자가 등기상 이해관계인이라는 견해이다.

② 제2설은 등기상 이해관계 있는 제3자인지 여부는 등기의 형식면에서 판

의의 소유권이전등기의 말소신청을 하면 등기공무원은 그 등기를 말소한 후 폐쇄한 등기용지로부터 그 직전순위의 소유권이전 등기를 현등기부에 이기하게 될 것이므로, 그 등기명의인을 상대로 다시 그 등기의 말소를 명하는 판결을 받아 이를 말소할 수 있을 것이다 (주).

주 : 다만 부동산등기법시행규칙 (84. 6.19 대법원규칙 제880호) 제113조에 의하여 현재는 폐쇄등기부에 등재된 등기사항에 관하여 예고등기의 촉탁이 있는 때에는 그 등기사항을 신등기용지에 이기한 후 예고등기를 하게 되어 있으므로, 폐쇄등기부에 등재된 등기사항에 대하여도 바로 그 말소를 구할 수 있는 길이 열려 있다.

54) 선례 1-684

단할 것이 아니라, 회복등기에 의하여 그 제3자가 권리취득의 등기를 할 당시보다 불이익하게 되는지 여부, 즉 실체관계상의 불이익 여부에 따라 결정된다는 견해이다.

③ 제3설은 제3자의 범위를 회복등기시를 기준으로 하여 등기의 형식면에서 판단하는 점은 제1설과 같으나, 회복등기에 의하여 등기상 이와 양립할 수 없는 제3자(**예 : 갑에서 을에게로의 소유권이전등기가 부적법 말소된 후 갑에서 병에게로의 소유권이전등기가 된 경우에 을의 회복등기와 병 명의의 소유권이전등기는 양립할 수 없다**)와 회복등기의 의무자로서의 지위를 승계한 것으로 인정되는 제3자(**예 : 갑이 을에게 설정해준 지상권설정등기가 말소된 후에 병에게 소유권이전등기를 경료한 경우의 병**)는 여기에서 말하는 제3자에 해당하지 않는다고 하는 견해이다.

(2) 판례 및 등기실무

1) 등기기록의 기록형식에 따른 판단

등기상 이해관계 있는 제3자는 말소회복등기가 될 경우 손해를 입을 우려가 있다는 것이 기존의 등기기록 기록에 의하여 형식적으로 인정되는 자를 의미한다.

요컨대, 말소등기 후에 마쳐진 등기의 명의인은 등기상 이해관계 있는 제3자이다. 말소등기 후에 마쳐진 권리에 관한 등기라면 본등기이든 가등기이든 이를 묻지 않고, 또 가압류, 가처분, 경매신청, 파산 등의 처분제한의 등기의 명의인도 이에 해당한다. 예를 들어, 갑 소유명의의 부동산에 설정된 을 명의의 근저당권설정등기가 부적법 말소된 후에 병 명의의 소유권이전등기가 경료된 경우, 현재 소유명의인인 병은 등기상 이해관계 있는 제3자이다(**선례 7-423**).

2) 판단의 기준시점

등기상 이해관계인 여부를 결정하는 기준시점은 회복등기 시이다(**대법원 1990. 6. 26. 선고 89다카5673 판결**). 따라서 어떤 등기가 부적법하게 말소된 경우, 위 말소등기 후에 등기부상 권리를 취득한 자는 물론 말소등기 전에 이미 등기부상 명의인이었던 자도 등기상 이해관계가 있는 제3자에 해당한다(**선례 4-599**). 예컨대, 회복할 근저당권설정등기가 말소되기 전에 경료된 후순위 근저당권의 명의인(**선례 4-597**). 가등기의 말소회복에 있어서 가등기 말소 전에 경료된 소유권이전등기의 명의인(**선례 3-751**)도 등기상 이해관계 있는 제3자에 해당한다.

3) 회복대상인 등기와 양립불가능한 등기가 마쳐진 경우

다만, 어떤 등기가 말소되고 회복되기 전에 그 등기와 양립불가능한 등기가 새로이 마쳐진 경우, 그 등기는 회복의 전제로서 말소되어야 할 것이므로 그 등기의 명의인은 등기상 이해관계인이 아니다(대법원 1982. 1. 26. 선고 81다2329, 2330 판결 등). 이는 주로 소유권이전등기가 부적법 말소된 후에 제3자 앞으로 소유권이전등기가 경료된 경우에 문제된다. 예컨대, 갑에서 을에게로의 소유권이전등기가 부적법 말소된 후 갑에서 병으로 소유권이전등기가 다쳐진 경우, 을 명의의 소유권이전등기를 말소회복함에 있어서 병은 이해관계인이 아니다. 을 명의의 등기와 병 명의의 등기는 양립할 수 없기 때문이다. 이 경우 을이 자기 명의의 소유권이전등기를 회복하기 위해서는 먼저 병 명의의 소유권이전등기를 말소하여야만 한다.

4) 제한물권 등기의 말소 후 소유권이 이전된 경우

제한물권의 등기가 불법 말소된 후에 소유권이전등기가 마쳐진 경우, 말소회복등기의 상대방(등기의무자)은 말소 당시의 소유명의인이고, 현재의 소유명의인은 등기상 이해관계인이다(대법원 1969. 3. 18. 선고 68다1617 판결 참조). 따라서 말소회복등기는 회복되는 등기의 명의인과 말소 당시의 소유권등기의 명의인이 공동으로 신청하되(판결에 의한 경우에도 말소 당시의 명의인을 피고로 하여야 한다), 현재의 소유명의인의 승낙서를 첨부하여야 한다. 가등기가 말소된 후에 소유권이 이전된 경우에도 마찬가지이다(선례 3-751).

5) 등기상 이해관계인의 승낙의 효과

등기상 이해관계인이 말소회복등기를 승낙하더라도 그 회복등기의 부담을 안을 뿐 그 등기가 말소되는 것은 아니다. 이 점이 말소등기에 있어서 제3자의 승낙이 있는 경우와 다르므로 주의하여야 한다. 예컨대, 갑에서 을에게로의 소유권이전등기가 부적법 말소된 후 갑에서 병으로 근저당권설정등기가 마쳐진 경우, 을이 갑을 상대로 위 말소된 소유권이전등기의 회복등기절차의 이행을 명하는 확정판결과 함께 그 말소회복에 대하여 이해관계인 병의 승낙을 받은 경우, 을 명의의 소유권이전등기가 회복되면서 병 명의의 근저당권등기가 직권으로 말소되는 것은 아니다(선례 7-387 참조).

2. 제3자의 승낙의무 및 승낙청구권자

(1) 승낙의무

등기상 이해관계 있는 제3자의 승낙서 등의 첨부가 없으면 회복등기를 할 수 없으므로(법 제29조9호 "등기에 필요한 신청정보를 제공하지 아니한 경우"의 각하사유에 해당한다), 이해관계 있는 제3자의 임의의 승낙을 얻든가, 그것이 불가능할 때에는 승낙에 갈음하는 판결을 얻어야 한다.

어떠한 경우에 제3자의 승낙의무가 있는지는 해석에 맡겨져 있다. 현행 판례 및 실무는, 등기는 물권변동의 효력발생요건이고 일단 발생한 물권변동의 효력은 법률이 규정하는 소멸 사유가 발생하지 않는 한 소멸하지 않으므로, 제3자는 그의 선의, 악의 여부에 관계없이 승낙의무가 있다고 한다(대법원 1997. 9. 30. 선고 95다39526 판결).

(2) 승낙청구권자

회복등기에 있어서 승낙청구권의 근거는 "등기는 원인 없이 말소되었어도 등기의 효력은 존속한다"는 데에서 찾을 수 있으므로, 효력 발생의 근원을 이루는 물권자(또는 등기된 부동산임차권자)에게만 승낙청구권이 인정된다. 따라서 말소회복등기에 있어서 승낙청구권을 갖는 자는 등기권리자에 한한다고 본다. 부적법하게 말소된 등기가 법원의 촉탁이나 등기공무원의 과오에 의하여 된 경우에도 제3자에 대하여 승낙청구권을 갖는 자는 법원이나 등기관이 아니라 등기권리자로 본다.

3. 승낙서 또는 재판의 등본의 의미

말소회복등기신청서에 첨부하여야 할 승낙서는 회복등기를 하는데 대한 승낙의 의사표시가 기재된 문서이고, 재판의 등본은 회복등기를 하는데 대하여 승낙하여야 할 뜻을 명한 이행판결의 확정된 재판의 정본 또는 동일한 효력이 있는 화해조서 등의 정본을 말한다.

그리고 이해관계 있는 제3자에게 "대항할 수 있는 재판"이라 함은 위의 제3자에게 승낙의무가 있다는 것을 가지고 그 자에게 대항할 수 있는 재판, 즉 그러한 제3자에 대하여 기판력이 미치는 재판을 말한다. 보통 제3자에게 말소회복등기에 관하여 승낙의 의사표시를 명하는 이행판결이 이에 해당한다.

Ⅳ. 등기의 절차

1. 말소회복등기의 당사자

말소등기가 당사자의 신청에 의하여 이루어진 경우에는 그 회복등기도 당사자의 신청에 의하고, 집행법원 등의 촉탁에 의한 경우에는 촉탁에 의하여야 한다. 또 등기관의 직권으로 행하여진 경우에는 그 회복등기도 직권으로 하여야 한다.

(1) 공동신청의 경우

① 말소회복등기는 말소된 등기, 즉 회복하여야 할 등기의 등기명의인이 등기권리자가 되고, 그 회복에 의하여 등기상 직접 불이익을 받는 자가 등기의무자가 되어 그 공동신청에 의하여 이루어진다. 즉, 말소회복등기의 등기권리자와 등기의무자는 말소등기의 경우와 반대라고 할 수 있다. 예컨대, 갑으로부터 을로의 소유권이전등기가 경료된 이후에 을의 등기가 부적법하게 말소된 경우, 그 말소회복등기는 을이 등기권리자, 갑이 등기의무자가 되어 공동으로 신청하여야 한다.

② 제한물권의 등기가 말소된 후에 새로운 소유권이전등기가 있는 경우에 말소 당시의 소유자와 현 소유자 중 누가 등기의무자가 되는지에 관하여, 판례는 말소 당시 소유명의인만이 등기의무자적격이 있고 현 소유명의인은 등기상 이해관계인에 불과하다고 한다(**대법원 1969. 3. 18. 선고 68다1617 판결**). 또한 소유권등기가 말소된 후에 새로운 소유권등기가 경료된 경우에는 회복등기의 의무자는 전 소유명의인이 되고, 현 소유명의인은 회복등기의 전제로서 말소되어야 할 등기의 명의인에 불과하다.

(2) 단독신청이 허용되는 경우

등기의무자가 말소회복등기의 신청에 협력하지 않으면 등기권리자는 등기의무자의 의사진술을 명하는 판결을 받아 단독으로 신청할 수 있다. 또 말소등기 자체가 단독으로 마쳐진 경우에는 말소회복도 단독으로 신청할 수 있다. 예컨대 소유권보존등기나 가등기를 그 등기명의인이 단독 신청하여 말소한 경우에는 그 자의 단독신청에 의하여 회복등기를 할 수 있다.

(3) 촉탁등기로 말소된 경우

말소등기가 압류·가압류·가처분·경매개시결정등기 등과 같이 촉탁에 의하여 경료된 때에는 그 회복등기도 당해 촉탁관서의 촉탁에 의하여야 한다. 예컨대,

(ⅰ) 경매목적물의 매각에 의하여 말소된 압류기입등기의 회복등기는 집행법원의 촉탁에 의하여야 하고(**선례 7-384**), (ⅱ) 공매절차에서 대행기관인 한국자산관리공사가 착오로 말소촉탁한 주택임차권등기의 회복은 한국자산관리공사의 촉탁으로 하여야 한다(**선례 7-385**).

2. 신청정보

말소회복등기신청서의 기재사항으로서 부동산등기규칙 제43조에 따른 일반적 신청정보 외에 특유한 점은 아래와 같다.

(1) 등기목적

등기의 목적은 "○번소유권보존등기회복" 또는 "○번근저당권설정등기회복" 등으로 표시한다. 이와 함께 회복시켜야할 등기를 특정하기 위하여 그 등기의 신청서 접수 연월일 및 접수번호를 표시하여야 한다.

(2) 등기원인

말소회복의 등기원인은 "신청착오"인 경우가 보통이고, 그 원인일자는 회복등기신청일을 표시한다. 만일 합의해제에 의하여 등기가 말소되었는데 그 말소에 대한 합의가 취소되거나, 무효인 경우에는 "합의해제취소"(**원인일자는 그 취소일**) 또는 "합의해제무효"(**원인일자는 말소등기의 신청일**)라고 표시한다.

3. 첨부정보

(1) 등기원인증명정보 등

말소회복의 등기원인을 증명하는 정보로는 말소회복합의서, 확정판결정본 등을 들 수 있다. 또 등기의무자의 권리에 관한 등기필증(**예: 근저당권등기를 회복하는 경우 소유권의 등기명의인이 가지고 있는 등기필증**)과 등기의무자가 소유권의 등기명의인인 경우에는 인감증명서를 첨부하여야 한다. 가등기의 말소회복을 단독으로 신청하는 경우에는 가등기의무자의 승낙서와 그 인감증명서를 첨부하여야 한다.

(2) 등기상 이해관계인의 승낙정보 등

이에 관하여는 전술하였다.

(3) 등록면허세 등

말소회복등기의 경우에 등록면허세(지방교육세 포함)는 부동산별로 정액 3,600원을 납부하고, 등기 신청수수료는 부동산별로 2,000원을 납부한다. 국민주택채권은 매입할 필요가 없다.

4. 등기의 실행

(1) 말소된 등기 전부의 회복

어떤 등기의 전부가 말소된 경우에 그 등기전부를 회복하는 때에는 통상의 절차에 따라서 회복등기를 하고 이어서 말소되었던 등기와 같은 등기를 한다(규칙 제118조본문). 즉 해당구의 기록에 바로 앞의 순위번호에 이어지는 순위번호를 기록하고 "말소되었던 순위번호의 어떤 권리의 회복을 한다"는 취지의 등기를 한 다음, 이 등기 바로 다음에 말소되기 전의 순위번호와 같은 순위번호를 기록하고 말소되기 전의 권리의 등기와 같은 등기를 한다.

(2) 등기사항의 일부가 말소된 경우의 회복

어떤 등기의 전부가 말소된 것이 아니고 그 중 일부의 등기사항만이 말소된 경우에 그 회복등기를 하는 때에는 부기에 의하여 말소된 등기사항만 다시 등기한다(규칙 제118조단서). 부기등기를 할 때 등기목적은 "○번등기로 인하여 ○번등기 회복"으로 하고 일부말소되었던 사항을 기록한다. 그 다음 주등기로 등기사항을 변경(경정)했던 등기를 말소한다.

Ⅴ. 직권에 의한 말소회복등기

1. 직권회복의 절차

말소회복등기의 절차는 말소등기가 어떻게 이루어졌느냐에 따라 달라진다. 즉 어떤등기가 신청(촉탁)에 의하여 말소되었다면 그 회복등기도 신청(촉탁)에 의하고, 직권으로 말소되었다면 회복등기도 직권으로 하여야 한다.

(1) 등기관이 직권으로 말소한 경우

직권회복의 절차도 직권말소와 동일하다. 즉 직권말소를 할 때 부동산등기법 제58조의 절차에 의하였다면[55] 직권회복도 그에 따라야 한다. 따라서 등기

55) 부동산등기법 제29조 1호, 2호의 각하사유가 있는 등기가 마쳐진 경우 또는 가등기이후의

관은 말소회복등기의 등기권리자·등기의무자와 등기상 이해관계 있는 제3자에 대하여 등기를 회복한다는 취지를 통지하고, 이의를 진술한 자가 없는 때 또는 이의를 각하한 때에 직권으로 말소회복등기를 하여야 한다(**선례 4-596, 6-458**).

(2) 등기관이 말소할 수 없는 등기를 착오로 말소한 경우

예를 들어, 갑 지분에 대한 가압류말소촉탁이 있었는데 등기관이 착오로 을 지분의 가압류를 말소한 경우, 그 회복등기도 등기관의 직권에 의하여 행하여져야 한다. 이 경우 이해관계인은 등기관이 직권으로 가압류등기의 말소회복등기를 하도록 직권발동을 촉구하는 의미에서 회복등기를 신청할 수 있으며, 등기관이 이에 응하지 아니하는 경우에는 부동산등기법 제100조의 이의신청을 할 수 있다(**대법원 1996. 5. 31. 선고 94다27205 판결**).

(3) 촉탁에 의하여 말소된 경우

촉탁에 의하여 말소된 등기의 회복절차 역시 촉탁에 의하여야 한다. 예를 들어, 집행법원의 촉탁으로 매수인 앞으로 소유권이전등기와 동시에 압류기입등기가 말소된 후에, 경매원인무효의 확정판결에 의하여 매각에 의한 소유권이전등기가 말소된 경우, 매각으로 인하여 말소된 압류기입등기의 회복등기는 집행법원의 촉탁에 의하여야 한다. 압류권자는 집행법원에 압류기입등기의 회복등기 촉탁신청을 할 수 있다. 다만, 말소된 압류기입등기의 회복등기를 촉탁함에 있어서 등기상 이해관계가 있는 제3자가 있는 경우에는 그 자의 승낙서 또는 이에 대항할 수 있는 재판의 등본을 첨부하여야 한다(**선례 7-384**).

2. 등기상 이해관계인이 있는 경우

등기관이 직권말소회복등기를 함에 있어서 등기상 이해관계가 있는 제3자가 있는 때에는 그 승낙서 또는 이에 대항할 수 있는 재판서 등본이 제출되지 않으면 그 회복등기를 할 수 없다(**법 제59조, 대법원 1982. 1. 26. 선고 81다2329, 2330 판결**). 등기상 이해관계 있는 제3자가 있는 경우 직권경정등기(**법 제32조제2항**), 직권말소회복등기는 그 승낙이 있으면 할 수 있다.

3. 직권말소회복등기의 구체적 모습

권리등기를 직권으로 말소한 경우가 이에 해당한다.

(1) 가등기에 의한 본등기를 말소하는 경우에 행하는 직권회복등기

등기관이 가등기에 의한 소유권이전의 본등기를 실행하면서 가등기 이후의 제3자의 권리에 관한 등기를 직권 말소하였는데 나중에 위 가등기에 기한 본등기가 원인무효로 말소되는 경우, 등기관은 직권말소한 권리등기를 직권으로 회복하여야 한다. 이 경우 등기관은 회복등기의 등기권리자, 등기의무자와 등기상 이해관계가 있는 제3자에 대하여 등기를 회복한다는 통지를 하고 이의를 진술한 자가 없을 때, 또는 이의를 각하한 때에 직권으로 회복등기를 하여야 한다(선례 4-596).

(2) 토지수용(재결)의 실효로 인한 직권회복등기

토지수용으로 인한 소유권이전등기를 하는 경우 그 부동산의 소유권등기(예 : 피수용자로부터 취득한 소유권이전등기) 및 소유권 이외의 권리에 관한 등기는 등기관이 직권으로 말소하는데, 나중에 토지수용(재결)이 실효되었다면, 수용으로 인한 소유권이전등기는 신청에 의하여 말소하여야 하고, 말소된 등기는 위 소유권이전등기를 말소할 때 등기관이 직권으로 회복하여야 한다.[56]

(3) 말소한 등기가 부동산등기법 제29조 2호에 해당하는 경우의 회복등기

사해행위취소소송에서 소유권이전등기의 말소를 명하는 확정판결을 받았으나 그 말소대상인 소유권이전등기에 터 잡아 경료된 가처분등기가 있는 경우, 그 소유권이전등기의 말소신청과 관련하여 위 가처분등기는 말소할 권리를 목적으로 하는 제3자의 권리에 관한 등기에 해당하므로, 그 소유권이전등기의 말소를 신청하기 위해서는 가처분채권자의 승낙서 또는 가처분채권자에게 대항할 수 있는 재판의 등본을 첨부하여야 한다(법 제57조). 그런데, 소유권말소등기의 신청인이 가처분채권자의 승낙서 또는 가처분채권자에게 대항할 수 있는 재판의 등본을 첨부하지 않았음에도 불구하고, 가처분등기를 말소하지 않고 그대로 둔 채 소유권이전등기만을 말소하였다면, 그러한 소유권이전등기만의 말소등기는 무효의 등기로서 부동산등기법 제29조 제2호의 “사건이 등기할 것이 아닌 때”에 해당된다고 할 것이므로, 등기관은 직권으로 말소된 소유권이전등기의 회복등기를 하여야 한다(선례 6-458).

---

56) 가등기 이후의 권리를 말소할 때에는 직권말소통지를 하여야 하므로 회복의 경우에도 직권말소회복의 통지를 거쳐야 하지만, 수용의 경우 사전에 직권말소통지를 할 필요가 없으므로 회복시에도 통지할 필요가 없다.

33. 【토지의 분필등기】

I. 서 설
1. 의 의
2. 구별개념
3. 등기신청의무

II. 등기절차
1. 신청인
(1) 토지 소유권의 등기명의인의 신청
(2) 지적공부 소관청의 촉탁
(3) 직권에 의한 분필등기
2. 신청정보 및 첨부정보
3. 등기의 실행
(1) 을 토지의 등기기록(등기기록 개설)
(2) 갑 토지의 등기기록

III. 분필전 토지의 일부에 대하여 용익권에 관한 등기가 있는 경우
1. 신청정보
2. 첨부정보
3. 등기의 실행

IV. 분필 전 토지에 대한 소유권 이외의 권리의 등기명의인이 갑지 또는 을지에 대하여 그 권리의 소멸을 승낙한 경우
1. 신청정보
2. 첨부정보
3. 등기의 실행
(1) 을 토지에 대하여 권리소멸승낙이 있는 경우
(2) 갑 토지에 대하여 권리소멸승낙이 있는 경우

V. 분필등기가 누락된 경우
1. 분필등기가 누락된 토지에 대한 등기처리 절차
2. 분필등기가 누락된 채 합필등기로 인하여 등기용지가 폐쇄된 경우 분필등기가 누락된 토지에 대한 등기처리
3. 토지의 일부에 관한 등기의 말소 또는 회복을 위한 분필등기신청을 하는 경우 신청정보

33. 【토지의 분필등기】

I. 서 설

1. 의 의

토지의 분할이란 지적공부에 등록된 1필지를 2필지 이상으로 나누어 등록하는 것을 말한다. 토지가 분할되면 "1부동산 1등기기록"원칙에 따라 등기기록도 분할되어야 하는데, 1개의 토지에 대한 등기기록을 지적법상 분할된 토지의 수만큼 나누는 등기를 분필등기라고 한다.

토지의 분할은 토지 소유자가 소유권이전, 매매 등을 위하여 필요한 경우나 토지이용상 불합리한 지상 경계를 시정하기 위한 경우에 토지의 분할을 지적소관청에 신청하게 된다.

2. 구별개념

합필등기는 지적공부에 등록된 2필지 이상의 토지를 1필지로 합하여 등기하므로써 등기기록이 폐쇄된다는 점에서, 분합필등기는 어느 토지의 일부를 다른 토지에 합병하므로써 등기기록의 폐쇄가 일어나지 않는다는 점에서, 등기기록의 개설이 발생하는 분필등기와 구별된다.

3. 등기신청의무

부동산등기법상 토지의 분할이 있는 경우에는 그 토지 소유권의 등기명의인은 그 사실이 있는 때부터 1개월 이내에 그 등기를 신청하여야 한다(법 제35조)라고 규정하여 등기신청의무를 부과하고 있다.

II. 등기절차

1. 신청인

(1) 토지 소유권의 등기명의인의 신청

토지가 대장상 분할이 된 때에는 그 토지의 소유권의 등기명의인은 1월 이내에 토지표시의 변경등기를 신청하여야 한다(법 제35조). 부동산등기법은 대장과 등기기록의 부동산표시를 일치시키기 위하여 소유권의 등기명의인에게 위와 같이 등기신청의무를 부담시키고 있다(법 제29조제11호 참조).

(2) 지적공부 소관청의 촉탁

지적공부 소관청은 토지의 표시의 변경 또는 말소로 인하여 토지표시의 변경에 관한 등기를 할 필요가 있는 때에는 지체없이 관할 등기관서에 그 등기를 촉탁하여야 한다. 이 경우 그 등기촉탁은 국가가 국가를 위하여 하는 등기로 본다(측량·수로조사및지적에관한법률 제89조제1항).

(3) 직권에 의한 분필등기

지적공부 소관청이 지적공부에 소유권변동에 관한 사항을 정리함에 있어서 등기기록에 기록된 토지의 표시가 지적공부와 일치하지 아니한 경우 토지소유자를 정리할 수 없다. 이 경우 토지의 표시와 지적공부가 일치하지 아니하다는 사실을 관할 등기소에 통지하여야 하고(측량·수로조사및지적에관한법률 제88조제3항), 이 통지를 받은 등기소는 소유권의 등기명의인으로부터 1월 이내에 등기신청이 없으면 직권으로 변경등기를 하여야 한다(법 제36조제1항). 그 밖에 등기된 토지의 일부에 관하여 별개의 등기기록이 개설되어 있는 경우에 등기관은 중복등기기록의 해소를 위하여 직권으로 분필하는 경우도 있다(규칙 제40조제1항).

2. 신청정보 및 첨부정보

① 토지의 분필등기를 신청하는 경우 신청정보에 분필된 면적과 현재의 면적을 표시하여야 한다(법 제34조). 실무상 신청정보 중 부동산의 표시란에 분할전의 표시(분할되기 전의 토지의 표시), 분할의 표시(분할되어 나가는 토지의 표시), 분할후의 표시(분할되어 나간 토지를 제외하고 남아 있는 토지의 표시)로 나누어 표시한다. ② 등기원인은 '분할', 그 연월일은 토지대장등본에 기재된 연월일을 표시하고, 등기의 목적은 '토지표시변경'으로 표시한다. ③ 분필등기를 신청할 때 첨부하여야 할 첨부정보는 일반적인 첨부정보(규칙 제46조)이외에 토지대장등본 또는 임야대장등본을 제공하여야 하며 등기신청수수료는 토지표시변경등기에는 없다.

3. 등기의 실행

(1) 을 토지의 등기기록(등기기록 개설)

1) **표제부**

갑 토지를 분할하여 그 일부를 을 토지로 한 경우에 등기관이 분필등기를 할 때에는 을 토지에 관하여 등기기록을 개설하고, 을토지의 등기기록 중 표제부에 토지의 표시와 분할로 인하여 갑 토지의 등기기록에서 옮겨 기록한 뜻을 기록하여야 한다(규칙 제75조제1항).

2) **갑구와 을구**

① 갑 토지를 분할하여 그 일부를 을 토지로 한 경우에는 을 토지의 등기기록 중 해당 구에 갑 토지의 등기기록에서 소유권과 그 밖의 권리에 관한 등기를 전사하고, 분할로 인하여 갑 토지의 등기기록에서 전사한 뜻, 신청정보의 접수연월일과 접수번호를 기록하여야 한다. 이 경우 소유권 외의 권리에 관한 등기에는 갑 토지가 함께 그 권리의 목적이라는 뜻도 기록하여야 한다(규칙 제76조제1항). 즉, 분할 전 토지에 관하여 저당권이나 전세권의 등기가 있는 경우 갑지와 을지의 을구에는 분할로 인하여 공동담보(전세)가 성립하였다는 취지를 표시하여야 한다. 이 경우 공동담보(전세)내역이 전산적으로 관리되는 경우에는 시스템에서 자동적으로 변경된다.

② 분할된 토지와 공동담보인 부동산이 다른 등기소의 관할에 속한 때에는 분필등기를 마친 후 지체없이 그 등기소에 분할된 부동산의 표시와 신청정보 접수의 연월일을 통지하여야 하고, 통지를 받은 등기소에서는 위와 같은 절차를 마쳐야 한다.

(2) **갑 토지의 등기기록**

1) **표제부**

을 토지의 등기기록을 개설하여 그 등기기록의 표제부에 분할로 인하여 갑 토지의 등기기록에서 이기한 뜻을 기록한 후 갑 토지의 등기기록 중 표제부에 남은 부분의 표시를 하고, 분할로 인하여 다른 부분을 을 토지의 등기기록에 옮겨 이기한 뜻을 기록하며, 종전의 표시에 관한 등기를 말소하는 표시를 하여야 한다(규칙 제75조제2항).

2) **갑구와 을구**

또한 갑 토지의 등기기록에서 을 토지의 등기기록에 소유권 외의 권리에 관한 등기를 전사하였을 때에는 갑 토지의 등기기록 중 그 권리에 관한 등기에 을 토지가 함께 그 권리의 목적이라는 뜻을 기록하여야 한다(규칙 제76조제2항).

III. 분필전 토지의 일부에 대하여 용익권에 관한 등기가 있는 경우

1. 신청정보

① 1필의 토지의 일부에 지상권·전세권·임차권이나 승역지의 일부에 관하여 하는 지역권의 등기가 있는 경우에 분필등기를 신청할 때에는 분필된 면적과 현재의 면적을 표시하여야 하며, 권리가 존속할 토지의 표시에 관한 정보를 신청정보의 내용으로 등기소에 제공하고, 이 경우 그 권리가 토지의 일부에 존속할 때에는 그 토지부분에 관한 정보도 신청정보의 내용으로 등기소에 제공하여야 한다(규칙 제74조). ② 등기원인은 '분할', 그 연월일은 토지대장등본에 기재된 연월일을 표시하고, 등기의 목적은 '토지표시변경'으로 표시한다.

2. 첨부정보

① 일반적인 첨부정보(규칙 제46조) 이외에 1필의 토지의 일부에 지상권·전세권·임차권이나 승역지의 일부에 관하여 하는 지역권의 등기가 있는 경우에 분필등기를 신청할 때에는 토지대장등본 또는 임야대장등본을 제공하여야 하며, 권리가 존속할 토지의 표시에 관한 권리자의 확인이 있음을 증명하는 정보를 첨부정보로서 등기소에 제공하여야 하고, 그 부분을 표시한 지적도를 첨부정보로서 등기소에 제공하여야 한다(규칙 제74조). ② 갑 토지 또는 을 토지에만 해당 권리가 존속할 때에는 갑 또는 을 토지 권리자의 권리존속을 증명하는 확인정보 등(규칙 제77조제1항)과 인감증명(규칙 제60조제5호)를 제공하여야 한다. 그리고 등기신청수수료는 토지표시변경에는 없다.

3. 등기의 실행

분할 전 토지의 일부에 대하여 지상권이 설정된 경우

① 지상권이 갑지 만에 관하여 존속할 때에는 갑지 등기기록의 을구에서 지상권의 범위를 '토지의 전부'로 변경하고, 분할한 을지에 대하여는 지상권이 부존재한다는 뜻을 기록하여야 하며(규칙 제76조제3항), 을지의 등기기록에는 그 지

상권에 관한 등기를 전사하지 아니한다.

② 지상권이 을지에만 존속할 때에는 을지의 등기기록에 지상권등기를 전사한 다음 지상권의 범위를 토지의 전부로 변경하고, 갑지 등기기록에서는 그 권리가 소멸한 뜻을 기록하고 지상권등기를 말소하는 표시를 하여야 한다(규칙 제76조제4항).

③ 지상권이 분할 후의 갑지 또는 을지의 일부에 존속할 때에는 그 권리가 존속할 부분을 기록하여야 한다(규칙 제77조제2항).

Ⅳ. 분필 전 토지에 대한 소유권 이외의 권리의 등기명의인이 갑지 또는 을지에 대하여 그 권리의 소멸을 승낙한 경우

1. 신청정보

① 분할 전 토지에 소유권 이외의 권리의 등기가 있는 경우, 분할되는 토지의 등기기록에는 분할 전 토지의 권리에 관한 등기가 전사된다. 토지의 분필등기를 신청하는 경우 신청정보에는 분필된 면적과 현재의 면적을 표시하여야 한다. ② 등기원인은 '분할', 그 연월일은 토지대장등본에 기재된 연월일을 표시하고, 등기의 목적은 '토지표시변경'으로 표시한다.

2. 첨부정보

일반적인 첨부정보 이외에 그 권리의 등기명의인이 분할되는 토지 또는 분할 후의 토지 어느 쪽에 관하여 그 권리의 소멸을 승낙한 경우, 그 승낙이 있음을 증명하는 정보 또는 이에 대항할 수 있는 재판이 있음을 증명하는 정보를 첨부정보로서 등기소에 제공하여야 하며(규칙 제76조제3항, 제4항), 만일 소멸하는 권리를 목적으로 하는 제3자의 권리에 관한 등기가 있는 때에는 그 자의 승낙정보 등도 첨부정보로서 등기소에 제공 하여야 한다(규칙 제76조제5항).

3. 등기의 실행

(1) 을 토지에 대하여 권리소멸승낙이 있는 경우

소유권 이외의 권리의 등기명의인이 을 토지에 관하여 그 권리의 소멸을 승낙한 것을 증명하는 정보 또는 이에 대항할 수 있는 재판이 있음을 증명하는 정보를 첨부정보로서 등기소에 제공한 경우에는 갑 토지의 등기기록 중 그 권리에 관한 등기에 을 토지에 대하여 그 권리가 소멸한 뜻을 기록하여야 한다(규칙 제76조제3항).

(2) 갑 토지에 대하여 권리소멸승낙이 있는 경우

소유권 이외의 권리의 등기명의인이 갑 토지에 관하여 그 권리의 소멸을 승낙한 것을 증명하는 정보 또는 이에 대항할 수 있는 재판이 있음을 증명하는 정보를 첨부정보로서 등기소에 제공한 경우에는 을 토지의 등기기록 중 해당구에 그 권리에 관한 등기를 전사하고, 갑 토지의 등기기록 중 그 권리에 관한 등기에는 갑 토지에 대하여 그 권리가 소멸한 뜻을 기록하고 그 등기를 말소하는 표시를 하여야 한다(규칙 제76조제4항). 만일 소멸하는 권리를 목적으로 하는 제3자의 권리에 관한 등기가 있는 때에는 그 자의 승낙정보 등도 첨부정보로서 등기소에 제공 하여야 한다(규칙 제76조제5항).

Ⅴ. 분필등기가 누락된 경우

1. 분필등기가 누락된 토지에 대한 등기처리 절차

토지대장상 제1차 분할 후 면적단위 환산이 이루어지고 그 후 제2차 분할이 있었으나, 등기기록상은 제1차 분할에 따른 분필등기가 누락된 채 분할 후 면적으로 면적단위환산등기가 이루어지고 이어 소유권이 이전된 후 제2차 분할에 따른 분필등기가 경료된 경우, 면적단위환산등기 당시의 등기기록상 소유명의인은 토지대장등본 등 소명자료를 첨부하여 면적단위환산등기의 착오를 원인으로 한 토지표시경정등기(이 때 경정으로 인한 모 번지 토지의 면적은 최초 분할 전의 면적에서 제2차 분할에 따른 분필등기로 분할해 나간 토지의 면적을 차감한 면적임) 및 누락된 토지에 대한 분필등기를 동시에 신청할 수 있다. 이 때 분필등기로 인하여 개설되는 분할의 토지 등기기록에 전사할 사항은 위 면적단위환산등기 당시의 모 번지 토지 등기기록에 기록된 소유권 및 소유권 이외의 권리에 관한 사항일 것이다(등기선례 8-143).

2. 분필등기가 누락된 채 합필등기로 인하여 등기기록이 폐쇄된 경우 분필등기가 누락된 토지에 대한 등기처리[57]

57) 예규 제965호

① 토지(임야)대장상 분할되었으나 등기기록상 분필등기가 경료되지 아니한 상태에서 분필전 토지에 대하여 분할 후 면적으로 면적단위환산등기가 이루어지거나 분필등기시 착오로 등기기록상 일부 토지에 대한 분필등기가 누락된 채, 분할 후의 토지가 다른 토지에 합병되어 그 토지에 대한 등기기록이 폐쇄되었을 경우, 분필등기가 누락된 토지의 소유권의 등기명의인은 토지(임야)대장등본 등 소명자료를 첨부하여 분필등기 또는 면적단위환산등기의 착오를 원인으로 한 토지표시경정등기 및 누락된 토지에 대한 분필등기를 동시에 신청할 수 있다.

② 위의 등기신청이 있는 때에는 등기관은 토지표시경정 및 분필등기를 위하여 합병으로 인하여 폐쇄된 토지의 등기기록을 부활한 후 토지표시경정등기 및 분필등기를 경료하고, 다시 종전의 합병사유를 이기함으로써 그 등기기록을 폐쇄하여야 한다. 이때 분필등기로 인하여 개설된 을지 등기기록에 전사할 사항은 분필등기 누락 당시의 갑지 등기기록에 기록된 소유권 및 소유권 이외의 권리에 관한 사항이다.

3. 토지의 일부에 관한 등기의 말소 또는 회복을 위한 분필등기신청을 하는 경우 신청정보[58)]

「부동산등기규칙」 제115조제1항의 규정에 의하여 토지의 일부에 관한 등기의 말소 또는 회복을 위한 분필등기신청을 하는 경우 그 신청정보상의 등기의 목적을 「말소(또는 회복)를 위한 분필」로 표시하여야 한다.

58) 예규 제1354호

34. 【토지의 합필등기】

I. 서 설

1. 의 의

2. 구별등기

II. 합필등기의 요건(합필등기의 제한사유)

1. 의 의

2. 일반적인 합병제한사유

(1) 합병 대상 토지의 지번부여지역, 지목이 다른 경우

(2) 합병 대상 토지의 소유자가 다른 경우

(3) 합병 대상 토지의 소유자별 공유지분이 다르거나 소유자의 주소가 서로 다른 경우

(4) 기 타

III. 합필등기절차

1. 신청인

2. 신청정보 및 첨부정보(규칙 제72조)

3. 등기의 실행

(1) 을 토지의 등기기록

(2) 갑 토지의 등기기록

IV. 토지의 일부에 성립할 수 없는 권리에 관한 등기가 있는 경우(합필이 문제되는 경우)

1. 원 칙

2. 예 외

3. 합필이 가능한지 문제되는 경우

(1) 추가적 공동저당의 경우

(2) 가등기 등

(3) 신탁등기가 경료된 경우

(4) 대지권의 목적인 토지

V. 토지합필의 특례(법 제38조)

1. 취 지

2. 합필특례의 요건

(1) 측량·수로조사 및 지적에 관한 법률에 의하여 적법하게 대장상 합병이 되었을 것

(2) 대장상 합병 후 등기기록상 합필전에 토지의 일부가 이전등기 되었거나, 토지의 일부에 대하여 합필의 제한사유에 해당하는 권리에 관한 등기가 되었을 것

3. 신청절차

(1) 신청인 및 신청정보

(2) 첨부정보

(3) 등기의 실행

VI. 합병된 토지의 일부에 대한 등기소멸·회복을 구하는 경우의 조치

1. 사실관계

2. 말소 또는 회복을 위한 조치

34. 【토지의 합필등기】

I. 서 설

1. 의 의

토지의 합필이란 수필지의 토지를 합하여 1필지로 하는 것을 의미하고 이를 공시하는 등기를 합필등기라 한다(법 제35조).

2. 구별등기

분필등기는 분할을 등기원인으로 하여 갑지를 분할하여 그 일부를 을지로 하는 경우로서 을지 등기기록을 개설한다는 점에서, 분합필등기는 분할및합병을 등기원인으로 하여 갑지를 분할하여 그 일부를 을지에 합병하는 경우로서 등기기록의 개설이나 폐쇄가 일어나지 않는다는 점에서 합필등기와 구별된다.

II. 합필등기의 요건(합필등기의 제한사유)

1. 의 의

토지 소유자가 토지의 합병을 하고자 하는 때에는 지적공부 소관청에 신청하여야 하며, 소관청은 측량·수로조사및지적에관한법률 제80조제3항 및 동법시행령 제66조에서 정한 합병제한사유의 유무를 심사하여 합병 여부를 결정하게 된다. 그런데 만약 지적법상 합병할 수 없는 토지에 대하여 대장상 합병이 이루어지고 그에 기하여 합필등기를 신청한 경우, 이러한 신청은 "사건이 등기할 것이 아닌 때"에 해당하므로 등기관은 이를 각하하고, 지체없이 그 사유를 지적공부 소관청에 통지하여야 한다(법 제37조제2항). 이는 소관청으로 하여금 잘못 합병된 대장을 원상회복하도록 하기 위한 규정이다. 지적법령에 규정된 합병제한사유 중 등기관의 심사와 관련된 것은 아래와 같다.

2. 일반적인 합병제한사유

(1) 합병 대상 토지의 지번부여지역, 지목이 다른 경우

등기관은 대장과 등기기록을 통하여 합병하고자 하는 토지의 지번부여지역(지번을 부여하는 단위지역으로 동·리 또는 이에 준하는 지역)과 지목이 같은지를 조사하여야 한다. 등기된 토지와 미등기토지에 대하여 합필등기를 할 수 없다. 이 경우에는 대장상 합병을 취소하여 대장을 원상회복하고 미등기 토지에 대하여 보존등기를 한 다음에 합병등기를 하여야 한다.

(2) 합병 대상 토지의 소유자가 다른 경우

소유자가 다른 토지에 대하여 합필을 할 수 없다. 왜냐하면 그러한 합필등기를 허용한다면 합병 전 토지의 각 소유자들은 합필 후 토지에 대하여 공유관계가 될 수 밖에 없는데, 이는 부동산표시의 변경에 불과한 합필등기에 대하여 권리이전의 효과가 생기게 하기 때문이다.

다만, 후술하는 바와 같이 법 제38조(합필의 특례)에 의하여 대장상 합병당시에는 소유자가 동일하였으나 합필등기를 하기 전에 소유권의 변동이 있는 경우에는 합필등기를 할 수 있게 되었다.

(3) 합병 대상 토지의 소유자별 공유지분이 다르거나 소유자의 주소가 서로 다른 경우

① 각 토지의 공유자별 지분비율이 상이한 경우(예컨대, A 토지는 갑이 1/3, 을이 2/3의 지분씩을, B토지는 갑이 2/3, 을이 1/3의 지분씩을 소유하고 있는 경우)에도 합병할 수 없다. 따라서 당사자간의 계약에 의하여 지분을 동일하게 정리하거나 공유물분할 등을 통하여 지적을 정리한 후에야 합필을 할 수 있다.

다만, 공유자의 지분비율이 형식상으로는 달라도 사실상 동일하면 합필등기가 가능하다. 예컨대, A토지에 대한 갑지분이 577.3분의372.01, 을지분이 577.3분의 205.29, B토지에 대한 갑지분이 88.9분의 57.29, 을지분이 88.9분의 31.61로 등기되어 있으나 A,B 각 토지에 대한 갑 지분비율이 100분의 64.44, 을지분비율이 100분의 35.56으로서 양 토지에 대한 갑, 을의 지분비율이 동일한 경우에는 합병등기를 할 수 있다. 그러나 합병된 토지 전체면적을 분모로 하여 환산한 지분(즉 갑지분 666.2분의 429.3, 을지분 666.2분의 236.9)으로 변경하는 등기는 할 수 없다.

② 소유자의 주소가 다른 경우에도 각 필지의 소유자가 동일인인지 여부를 확인할 수 없기 때문에 합필등기를 할 수 없다. 이 때에는 주소를 증명하는 정

보 등을 첨부하여 대장상 등록주소를 먼저 변경하여야 한다.

(4) 기 타

합병하려는 토지가 구획정리, 경지정리 또는 축척변경을 시행하고 있는 지역의 토지와 그 지역 밖의 토지인 경우 등에는 합병을 할 수 없다.

Ⅲ. 합필등기절차

1. 신청인

합필등기도 분필등기와 마찬가지로 토지 소유권의 명의인이 토지합병일로부터 1개월 이내에 그 등기를 신청하여야 한다(법 제35조).

2. 신청정보 및 첨부정보(규칙 제72조)

① 합필등기를 신청하는 경우에는 그 토지의 변경 전과 변경 후의 표시에 관한 정보를 신청정보의 내용으로 등기소에 제공하여야 한다. 즉 신청정보의 부동산표시란에는 합필 전 토지, 합필의 토지, 합필 후 토지를 표시하여야 한다. ② 또한 그 변경을 증명하는 토지대장 정보나 임야대장 정보를 첨부정보로서 등기소에 제공하여야 한다.

3. 등기의 실행

(1) 을 토지의 등기기록

1) 표제부

갑 토지를 을 토지에 합병한 경우에 등기관이 합필등기를 할 때에는 을 토지의 등기기록 중 표제부에 합병 후의 토지의 표시와 합병으로 인하여 갑 토지의 등기기록에서 옮겨 기록한 뜻을 기록하고 종전의 표시에 관한 등기를 말소하는 표시를 하여야 한다(규칙 제79조제1항). 합필등기는 등기기록을 새로 개설하여 할 수는 없다. 만일 등기기록을 개설하여 합필등기를 하였다면 그 등기는 무효이다(대법원 1968.2.27. 선고 67다2309, 2310판결).

2) 갑구와 을구

① 갑 토지를 을 토지에 합병한 경우 갑 토지의 등기기록에 지상권·지역권·

전세권 또는 임차권의 등기가 있을 때에는 을 토지의 등기기록 중 을구에 그 권리의 등기를 옮겨 기록하고, 합병으로 인하여 갑 토지의 등기기록에서 옮겨 기록한 뜻, 갑 토지이었던 부분만이 그 권리의 목적이라는 뜻, 신청정보의 접수연월일과 접수번호를 기록하여야 한다(규칙 제80조제2항).

② 소유권, 지상권, 지역권 또는 임차권의 등기를 전사할 경우에 등기원인과 그 연월일, 등기의 목적과 접수번호가 같을 때에는 전사를 갈음하여 을 토지의 등기기록에 갑 토지에 대하여 같은 사항의 등기가 있다는 뜻을 기록하여야 한다(규칙 제80조제3항, 제78조제4항). 이기할 경우에 등기원인과 그 연월일·등기의 목적 및 접수번호가 동일할 때에는 이기에 갈음하여 갑 토지에 대하여도 동일사항의 등기가 있다는 뜻을 기록한다.

③ 한편 갑 토지와 을 토지의 등기기록에 등기원인과 그 연월일, 등기의 목적과 접수번호가 같은 저당권이나 전세권의 등기가 있을 때에는 을 토지의 등기기록 중 그 등기에 해당 등기가 합병 후의 토지 전부에 관한 것 이라는 뜻을 기록하여야 한다(규칙 제80조제3항, 제78조제5항).

(2) 갑 토지의 등기기록

1) 표제부

갑 토지를 을 토지에 합병한 경우 갑 토지의 등기기록 중 표제부에 합병으로 인하여 을 토지의 등기기록에 옮겨 기록한 뜻을 기록하고, 갑 토지의 등기기록 중 표제부의 등기를 말소하는 표시를 한 후 그 등기기록을 폐쇄하여야 한다(규칙 제79조제2항).

2) 갑구와 을구

토지분필의 경우와 같다.

Ⅳ. 토지의 일부에 성립할 수 없는 권리에 관한 등기가 있는 경우(합필이 문제되는 경우)

1. 원 칙

저당권과 같이 토지의 일부에 대하여는 성립할 수 없는 권리가 등기되어 있는 토지에 관하여 합필등기를 허용할 경우에는 그 권리가 합필 후 토지의 일부분 위에 존속하는 것으로 공시될 수 밖에 없는데, 이는 1물1권주의의 취지에 어긋나고 공시의 혼란을 초래하는 결과가 된다. 따라서 법은 위와 같은 사태를 방지하기 위하여 소유권·지상권·지역권·전세권·임차권 및 승역지에 관하여 하는 지역권의 등기 이외의 권리에 관한 등기가 있는 토지에 대하여는 합필의 등기를 할 수 없다(**법 제37조제1항**).고 규정하고 있다. 위에서 "소유권에 관한 등기"는 소유권보존등기와 소유권이전등기만을 의미하고 소유권에 관한 가등기, 처분제한의 등기, 예고등기, 환매특약의 등기 등이 있는 토지에 대한 합필은 허용되지 아니한다.

2. 예 외

합필되는 모든 토지에 관하여 등기원인 및 그 연월일과 접수번호가 동일한 저당권에 관한 등기가 있는 경우(**창설적 공동저당의 경우:법 제37조제1항단서**)와 1992. 2. 1.현재 토지대장상 합병된 토지에 대하여는 합필등기가 허용된다(**1992.2.1.시행법부칙제2조**).

3. 합필이 가능한지 문제되는 경우

(1) 추가적 공동저당의 경우

갑 토지에 저당권설정등기를 한 후 동일한 채권에 대하여 을 토지에 추가로 저당권설정등기를 한 경우는 해당되지 않는다는 것이 등기선례(3-654)이다.

(2) 가등기 등

수필의 토지에 대하여 등기원인 및 그 연월일과 접수번호가 동일한 가등기, 예고등기, 가압류등기, 가처분등기, 경매등기, 체납처분에 의한 압류등기 등의 등기가 있는 경우, 그 토지들은 저당권에 관한 등기에만 예외를 두고자 한 법 제37조제1항 단서 규정의 취지에 비추어 합필될 수 없다는 것이 등기선례(5-518)이다.

(3) 신탁등기가 경료된 경우

합필의 등기를 할 수 없음이 원칙이다. 다만, 주택법에 의하여 주택건설사업계획승인을 얻어 공동주택을 건설하는 경우로서 신탁목적이 동일한 경우는 신탁토지 상호간의 합필등기를 할 수 있다는 것이 예규(**제1141호**)의 입장이다.

(4) 대지권의 목적인 토지

어느 한 토지만이 대지권의 목적인 토지인 경우에는 합필할 수 없지만 수필지 전부에 대지권이 존재하고 각 토지에 각 구분소유자의 대지권비율이 동일하고 합필제한 사유가 없다면 합필이 가능하다.

V. 토지합필의 특례(법 제38조)

1. 취 지

종래 등기실무는 대장상 2필의 토지가 합병되었으나 등기기록상 합필등기가 되지 않은 상태에서 각 토지에 대하여 서로 다른 제3자에게 소유권이전등기가 경료되거나, 어느 1필의 토지에 대하여 가압류등기와 같은 합필제한사유가 되는 등기가 경료된 경우에는 합필등기를 할 수 없었으나 이는 국민의 재산권행사에 제약이 되는 측면이 있어 일정한 요건하에 합필등기가 가능하게 되었다.

2. 합필특례의 요건

(1) 측량·수로조사 및 지적에 관한 법률에 의하여 적법하게 대장상 합병이 되었을 것

등기관은 합필등기신청이 특례에 따른 합필등기의 요건을 갖추었는지를 심사하기에 앞서 지적법령 등 다른 법령에 정한 일반적인 합병요건을 갖추었는지 여부도 심사하여야 한다. 이는 지적 소관청이 지적법령 등에 의하여 합병할 수 없는 사유가 있음에도 불구하고 법령을 위반하여 대장상 합병 후, 특례에 따라 합필등기를 신청하는 경우가 있을 수 있으므로 그러한 부실등기를 방지하기 위한 것이다.

(2) 대장상 합병 후 등기기록상 합필전에 토지의 일부가 이전등기 되었거나, 토지의 일부에 대하여 합필의 제한사유에 해당하는 권리에 관한 등기가 되었을 것

부동산등기법 제38조가 적용되는 전형적인 예로는, 갑 토지와 을 토지가 대장상 합병되었으나 합필등기를 하기 전에 갑 토지에 대하여 제3자에게 소유권이전등기가 마쳐지거나, 가압류등기가 마쳐진 경우를 들 수 있다.

그런데 대장상 합병이 된 후에 어느 토지에 관하여 소유권이전등기가 되는 경우는 소유자가 고의로 합병 전 대장을 첨부하여 소유권이전등기를 신청하는 경우 외에는 생각하기 어렵다. 결국 합필특례 규정이 적용되는 경우는 대장상 합병 후 어느 토지에 대하여 가압류 등의 합병제한사유가 되는 권리의 등기가 마쳐진 경우가 대부분일 것이다.

3. 신청절차

(1) 신청인 및 신청정보

1) 합필대상 토지의 소유자가 동일한 경우

① 신청인

일부 토지에 합필제한사유에 해당하는 권리에 관한 등기가 마쳐진 경우에는 소유권의 등기명의인이 단독으로 합필등기를 신청할 수 있다.

② 신청정보

ⅰ) 신청정보의 부동산 표시란에 "합필전의 표시", "합필의 표시"를 기재할 때 토지의 표시 다음에 종전 토지의 소유권이 합병 후의 토지에서 차지하는 지분을 신청정보의 내용으로 등기소에 제공하여야 한다(규칙 제81조제1항). ⅱ) 다만, 소유자가 동일하고 합필대상 토지 전부에 대하여 등기원인, 그 연월일, 등기의 목적과 접수번호가 동일한 합필제한사유에 해당하는 권리에 관한 등기가 있는 경우에는 신청정보에 합필 후의 공유지분을 제공할 필요가 없다.

2) 합필대상 토지의 소유자가 다른 경우

① 신청인

각 토지의 소유자가 공동으로 합필등기를 신청하여야 한다. 합필 후 토지에 대한 공유지분은 소유자들의 합의로 정하되 이해관계인의 승낙을 얻어야 한다.

② 신청정보

신청정보에는 합필후의 공유지분을 제공하여야 하며 그 제공방법은 합필대상 토지의 소유자가 동일한 경우와 같다.

(2) 첨부정보

1) 토지(임야)대장정보

합병사실이 등록된 대장등본과 합필되면서 폐쇄되는 대장등본을 제공하여야 한다(**규칙 제46조제1항제1호**). 다만 전자신청을 하는 경우에는 행정정보 공동이용의 대상이 되는 대장정보등 등기소에서 직접 확인할 수 있는 정보는 그 표시만 하고 제공을 생략한다.

2) 소유자의 확인정보 및 인감증명

① 합필등기의 특례규정에 의해서 합필등기를 신청하는 등기 신청인은 합필 후의 공유지분을 제공하고, 이에 관한 토지 소유자들의 확인이 있었음을 증명하는 정보와 인감증명을 첨부정보로서 등기소에 제공하여야 한다.

② 법 제38조 소정의 등기상 이해관계인이란 등기기록상 근저당권등기나 가압류등기와 같은 합필제한사유가 되는 권리등기의 명의인을 말한다. 지상권이나 전세권과 같이 1필의 토지의 일부에도 성립할 수 있는 권리에 관한 등기의 경우에는 합필제한사유가 아니므로 그 등기명의인은 여기의 이해관계인이 아니다. 다만, 소유자가 동일하고 합필 대상 토지 전부에 대하여 등기원인, 그 연월일, 등기의 목적과 접수번호가 동일한 합필제한사유에 해당하는 권리에 관한 등기가 있는 경우에는 승낙정보를 제공할 필요가 없다.

(3) 등기의 실행[59]

1) 대장상 합병 후 토지일부에 관하여 소유권이전등기가 이루어진 경우

대장상 합병 후 합필등기 전에 갑지 또는 을지의 소유권이 이전된 경우 등기관은 갑지의 소유권에 관한 등기를 을지의 갑구에 이기하고, 그 등기가 갑지이었던 부분만에 관한 것이라는 뜻과 신청서 접수의 연월일과 접수번호를 기록한 후, 이기된 갑지의 소유권에 관한 등기 및 을지의 소유권에 관한 등기를 공유지분으로 변경하는 등기를 실행하여야 한다.

2) 대장상 합병 후 합필제한사유에 해당하는 권리에 관한 등기가 이루어진 경우

① 합필제한사유에 해당하는 권리에 관한 등기의 등기원인, 그 연월일, 등기목적과 접수번호가 동일한 경우

대장상 합병 후 합필등기 전에 갑지와 을지에 동일한 가압류 등의 등기가 이루어진 경우 등기관은 갑지의 소유권에 관한 등기를 을지의 갑구에 이기하고, 그 등기가 갑지이었던 부분만에 관한 것이라는 뜻과 신청서 접수의 연월일과 접

59) 예규 제1371호

수번호를 기록한 후, 합필되는 각 토지의 소유권에 관한 등기를 공유지분으로 변경하는 등기를 하지 않고 종전과 동일하게 기록하되, 합필제한사유에 해당하는 권리에 관한 등기에는 합필 후의 토지전부에 관한 것이라는 뜻을 기록하여야 한다.

② 합필제한사유에 해당하는 권리에 관한 등기의 등기원인, 그 연월일, 등기목적과 접수번호가 동일하지 않은 경우

대장상 합병 후 합필등기 전에 갑지 또는 을지에 동일하지 않은 가압류 등의 등기가 어느 한쪽 또는 양쪽에 이루어진 경우 등기관은 갑지의 소유권에 관한 등기를 을지의 갑구에 이기하고, 그 등기가 갑지이었던 부분만에 관한 것이라는 뜻과 신청서 접수의 연월일과 접수번호를 기록한 후, 합필되는 각 토지의 소유권에 관한 등기를 합필 후의 공유지분으로 변경하는 등기를 실행하고, 합필제한사유에 해당하는 권리에 관한 등기의 목적을 합필 후의 공유지분으로 변경하는 등기를 직권으로 하여야한다.

3) 토지의 일부에 요역지의 등기가 있는 경우

① 등기방법은 다른 합필 제한 사유와는 달리 지분에 관한 등기로 변경등기할 수 없고, 토지 전체에 관한 등기로 변경하는 등기를 하여야 한다. 동시에 승역지에 관하여서는 요역지의 표시를 변경하는 등기를 하여야 한다.

② 요역지의 지역권등기가 있는 갑지와 을지를 합필하는 경우에, 갑지와 을지의 소유자가 같은 때에는 그의 단독으로, 소유자가 다른 때에는 공동으로 승역지 소유자(지역권설정자)의 승낙서를 첨부하여 합필 후의 토지 전체를 위한 지역권으로 하는 합필등기를 신청하여야 하고, 등기관은 이에 따라 요역지를 합필 후 토지의 전체로 하는 변경등기를 실행하여야 한다. 이 때 합필등기신청서에는 지역권이 합필 후의 토지 전체에 미친다는 취지의 기록을 하여야 한다.

Ⅵ. 합병된 토지의 일부에 대한 등기소멸·회복을 구하는 경우의 조치

1. 사실관계

수필지의 토지가 합병된 후 합병 전의 1필의 1토지에 대한 등기가 무효였음을 전제로(**예컨대, 갑→을→병으로 소유권이 마쳐진 토지와 A→B→병으로 소유권이 마쳐진 2토지를 병이 합병하였으나 갑이 을·병으로 마쳐진 등기가 무효임을 전제로 을·병을 상대로 1토지 부분에 대한 말소등기를 청구한 경우**) 소송을 제기하여 승소한 경우에는 1토지 부분을 분필하여 갑 명의의 등기를 되살려야 한다.

2. 말소 또는 회복을 위한 조치

① 토지 중 일부에 관한 등기의 말소 또는 회복을 위하여 분필의 등기를 할 때에는 그 등기의 말소 또는 회복에 필요한 범위에서 해당 부분에 관한 소유권과 그 밖의 권리에 관한 등기를 모두 전사하여야 한다(규칙 제115조제1항).

② 위 규정에 따라 분필된 토지의 등기기록에 해당 등기사항을 전사한 경우에는 분필 전 토지의 등기기록에 있는 그 등기사항에 대하여는 그 뜻을 기록하고 말소하여야 한다(규칙 제115조제2항).

③ 위와 같은 내용의 등기신청을 할 때에는 통상의 분필등기와 다름을 명백히 나타내기 위하여 등기의 목적을 "등기의 말소(또는 회복)을 위한 분필"이라고 신청정보에 표시하여야 하고, 등기기록에도 그와 같이 기록하여야 한다(등기예규 제1354호).

35. 【소유권보존등기】

Ⅰ. 서 설

1. 의 의

2. 소유권보존등기의 중요성

3. 소유권보존등기를 하는 경우

(1) 원시취득

(2) 미등기부동산에 대한 처분제한등기의 촉탁

(3) 규약상 공용부분의 규약폐지에 따른 등기

Ⅱ. 토지의 소유권보존등기

(1) 토지대장 또는 임야대장에 최초의 소유자로 등록되어 있는 자 또는 그 상속인, 그 밖의 포괄승계인

(2) 판결에 의하여 자기의 소유권을 증명하는 자

(3) 수용으로 인하여 소유권을 취득하였음을 증명하는 자

2. 신청정보

3. 첨부정보

(1) 소유자임을 증명하는 정보

(2) 토지의 표시를 증명하는 정보(규칙 제121조제2항)

(3) 인감증명

4. 등기의 실행

Ⅲ. 건물의 소유권보존등기

1.토지의 소유권보존등기와 다른 점

2. 신청인

(1) 건축물대장에 최초의 소유자로 등록되어 있는 자 또는 그 상속인, 그 밖의 포괄승계인

(2) 판결 또는 특별자치도지사, 시장, 군수, 또는 구청장의 확인서에 의하여 자기의 소유권을 증명하는 자

(3) 수용으로 인하여 소유권을 취득하였음을 증명하는 자

3. 신청정보

4. 첨부정보

(1) 소유자임을 증명하는 정보
(2) 건물의 표시를 증명하는 정보
(3) 도 면
5. 등기의 실행
6. 건물 보존등기시 유의할 점

Ⅳ. 구분건물의 소유권보존등기 절차에 관한 특칙
1.신청절차에 관한 특칙
(1) 구분건물의 표시등기와의 동시신청
(2) 신청정보
(3) 첨부정보에 관한 특칙
2. 등기의 실행에 관한 특칙
(1) 건물의 등기기록에 대지권의 등기를 한 때
(2) 대지권인 목적인 토지가 다른 등기소의 관할에 속하는 경우
(3) 구분소유자가 2개 이상의 전유부분을 소유한 때

Ⅴ. 직권보존등기
1. 서 설
2. 직권보존등기의 요건
(1) 법원의 처분제한등기의 촉탁이 있을 것
(2) 처분제한의 대상이 되는 미등기 부동산은 등기능력이 있을 것
(3) 처분제한등기의 촉탁은 소유권에 관한 것일 것
3. 등기절차
(1) 집행법원의 촉탁정보
(2) 첨부정보
(4) 등기의 실행
(5) 등기완료 후의 조치
(6) 직권보존등기와 관련한 기타 사항

35. 【소유권보존등기】

Ⅰ. 서 설

1. 의 의

보존등기는 소유권에만 인정되는 등기로서 미등기의 특정 부동산에 관하여 최초로 하는 등기이다. 따라서 소유권보존등기는 새로이 등기기록을 개설하여 표제부에는 '부동산의 표시에 관한 사항'을 기록하고, 갑구에는 해당 부동산의 '소유권에 관한 사항'을 기록하는 방법으로 행하여진다. 그러므로 소유권보존등기는 표시에 관한 등기와 함께 이루어진다고 할 수 있다. 다만 해당 부동산이 구분건물이고 이미 구분건물의 표시에 관한 등기가 되어 있는 특별한 경우(법 제46조제1항)에는 '소유권에 관한 사항'만을 갑구에 기록하게 된다.

2. 소유권보존등기의 중요성

부동산에 관한 소유권보존등기가 일단 마쳐지면 그 이후의 등기는 소유권보존등기를 기초로 하여 이루어지는 것이므로, 소유권보존등기는 실체관계에 부합되어야 함이 다른 어느 등기보다도 한층 더 강력하게 요청된다. 그러므로 소유권보존등기의 신청에는 토지대장, 건축물대장, 판결정본 등에 의하여 자기가 소유자임을 증명하여야 한다(법 제65조).

3. 소유권보존등기를 하는 경우

(1) 원시취득

소유권보존등기는 '공유수면관리및매립에관한법률'이 의한 매립지의 취득이나 건물의 신축으로 인한 소유권의 취득 등 원칙적으로는 부동산을 원시취득한 경우에 하는 등기다. 다만 절차상의 이유로 원시취득이 아닌 경우에도 소유권보존등기를 하거나, 원시취득임에도 소유권이전등기로 하여야 하는 경우가 있다. 예컨대 등기된 토지를 수용에 의하여 취득한 경우 원시취득이지만 소유권이전등기를 하여야 한다(법 제99조).

(2) 미등기부동산에 대한 처분제한등기의 촉탁

소유권보존등기도 다른 등기와 마찬가지로 당사자의 신청에 의하여 이루어지는 것이 원칙이지만, 미등기부동산에 대하여 법원의 재판에 기초한 처분제한의 등기촉탁이 있는 경우에는 그 등기를 하기 위하여 전제되는 소유권보존등기를 등기관이 직권으로 실행하게 된다(법 제66조).

(3) 규약상 공용부분의 규약폐지에 따른 등기

공용부분이라는 뜻을 정한 규약을 폐지한 경우에 공용부분의 취득자는 지체 없이 소유권보존등기를 신청하여야 한다(법 제47조제2항).

Ⅱ. 토지의 소유권보존등기

1. 신청인(법 제65조)

(1) 토지대장 또는 임야대장에 최초의 소유자로 등록되어 있는 자 또는 그 상속인, 그 밖의 포괄승계인[60]

미등기토지에 대한 소유권보존등기는 등기신청 당시의 소유자가 신청하여야 한다.

1) 대장에 최초의 소유자로 등록되어 있는 자

미등기 토지를 대장에 신규등록하는 경우 대장 소관청에서 토지의 소유자를 조사, 등록하기 때문에 대장상 최초의 소유자로 등록된 자는 토지의 원시취득자가 되므로 이를 진정한 소유자로 보아, 그 명의로 소유권보존등기 신청이 가능하다. 이에 반해 미등기 부동산을 매수한 자는 직접 그 명의로 소유권보존등기 신청을 할 수 없고, 먼저 대장에 최초로 등록되어 있는 소유자 명의로 소유권보존등기를 한 다음 자기 명으로 소유권이전등기신청을 하여야 한다.

2) 최초 소유자로 등록된 자의 포괄승계인

구법에서는 포괄승계 중 상속만을 예시하였으나(구법 제130조), 개정법에서는 지적공부에 소유자로 등록되어 있는 자의 포괄승계인 모두가 소유권보존등기를 신청할 수 있도록 하였다. 예를 들면, 지적공부상 소유자로 등록되어 있는 회사가 분할된 경우, 분할 후 회사는 분할계획서 등에 의하여 미등기토지를 승계하

---

60) 등기예규 제1427호

였음을 증명하여 바로 자기 명의로 소유권보존등기를 신청할 수 있다.

① 상속인에 의한 보존등기

토지대장이나 임야대장에 최초로 소유자로서 등록되어 있는 자의 상속인도 보존등기를 신청할 수 있다(법 제65조제1호). 사망을 원인으로 권리능력을 상실한 피상속인 명의의 소유권보존등기가 불가능할 뿐만 아니라 피상속인의 사망으로 소유권을 취득한 사실이 가족관계등록사항별증명서 및 제적등·초본 등 공문서에 의하여 확인되기 때문이다.

상속인이 여러 명 있다가 상속포기나 상속재산 협의분할에 의하여 어느 한 사람이 미등기토지를 상속한 경우에는 그 상속인이 보존등기를 신청할 수 있고, 보존등기 전에 상속이 여러 차례에 걸쳐 발생한 경우에는 최후의 상속인이 등기신청 당시 소유권자에 해당하므로 자기 명의로 바로 보존등기를 할 수 있다.

② 법인의 합병·분할 등의 경우 보존등기

법인의 합병·분할 등이 있은 경우 대장상 소유 명의인으로 등록되어 있는 자와 보존등기를 신청할 때 소유권자가 상이한 경우가 있다. 예컨대, (i) 대장에 소유자로 등록되어 있는 회사가 합병되어 소멸한 경우, (ii) 대장에 소유자로 등록되어 있는 회사가 분할되었으나 그 미등기토지가 분할계획서에 의하여 분할된 회사의 소유가 된 경우 등이 그 예이다.

위 (i)의 경우에는 소유권보존등기신청 당시 존속하는 회사가 소유자이고 소멸된 회사는 등기능력이 없으므로 존속하는 회사가 자기 앞으로 보존등기를 하여야 하고, (ii)와 같이 미등기토지를 회사분할을 원인으로 분할된 회사가 분할한 회사로부터 취득한 경우에는 법인등기사항증명서와 분할계획서를 첨부하여 그 분할된 회사 명의로 바로 보존등기를 할 수 있을 것이다.

③ 포괄유증의 경우

구법에서는 대장상 최초의 소유자로 등록되어 있는 자로부터 유증을 받은 수증자는 포괄수증자라고 하더라도 소유권보존등기의 신청인이 될 수 없었다. 하지만 개정법은 명문의 규정으로 대장에 최초로 등록되어 있는 자의 포괄승계인은 소유권보존등기를 신청할 수 있는 것으로 규정하고 있기 때문에 이제는 미등기부동산의 포괄수증자도 그 사실을 증명하여 소유권보존등기를 할 수 있다고 보아야 할 것이다(법원공무원교육원 2012부동산등기실무참조).

④ 성명복구

대장에 소유명의인으로 등록된 후 성명복구(**일본식 씨명이 군정법령 제122호인 조선성명복구령 또는 종전 호적 관련 법령이나 예규 등에 의하여 대한민국식 성명으로 종전 호적에 복구된 경우를 말한다**), 개명, 주소변경 등으로 등록사항에 변경이 생긴 경우에는 대장등본 외에 제적등본, 「가족관계의 등록 등에 관한 법률」 제15조 제1항 제2호의 기본증명서, 주민등록표등본 등 변경사실을 증명하는 정보를 첨부하여 소유권보존등기를 신청할 수 있다.

3) 대장상 소유권이전등록을 받은 경우

① 대장상 소유권이전등록을 받은 소유명의인 또는 그 상속인, 그 밖의 포괄승계인은 물권변동에 관하여 형식주의를 취하고 있는 현행 민법상 소유권을 취득했다고 할 수 없다. 따라서 대장상 소유권이전등록을 받은 자는 자기 앞으로 바로 보존등기를 신청 할 수는 없고, 대장상 최초의 소유명의인 앞으로 보존등기를 한 다음 이전등기를 하여야 한다.

② 다만, 등기실무는 미등기토지의 지적부상 "국"으로부터 소유권이전등록을 받은 경우에는 보존등기를 신청할 수 있는 것으로 하고 있다(**예규 제1427호**). 무주의 부동산은 국가의 소유이고, 대장을 관리하는 국가에서 소유권의 이전사실을 확인할 수 있기 때문에 절차의 번잡을 피하기 위하여 대장상 "국"으로부터 소유권이 이전된 것으로 등록되어 있는 자는 부동산등기법 제65조제1호의 신청권자에 해당한다고 보기 때문이다(**대법원 1990. 3 20.자 89마389 결정**).

4) 대장에 최초의 소유자로 복구된 경우

① 대장 멸실 후 복구된 대장에 최초의 소유자로 기재(**복구**)된 자는 그 대장등본에 의하여 소유권보존등기를 신청할 수 있다. 다만, 1950. 12. 1. 법률 제165호로 제정된 구 「지적법」(**1975. 12. 31. 법률 제2801호로 전문개정되기 전의 것**)이 시행된 시기에 복구된 대장에 법적 근거 없이 소유자로 기재(복구)된 자는 그 대장등본에 의한 소유권보존등기를 신청할 수 없다.

② 현재의 대장의 기초가 되었던 폐쇄된 구 대장의 기재내용 또는 형식으로 보아 대장 멸실 후 위 ①의 단서에 해당하는 시기에 소유자가 복구된 것으로 의심되는 경우(**구 대장상 당해 토지를 일제시대에 사정받은 것으로 되어 있으나 소유자 표시란에 일제시대의 용어인 '씨명 우ハ 명칭' 대신 '성명 우는 명칭'과 같이 우리나라식 용어인 '성명'이나 한글 '는'이 기재되어 있는 경우 등**), 등기관은 소유자 복구 여부에 대하여 신청인으로 하

여금 소명하게 하거나 대장 소관청에 사실조회를 할 수 있고, 그 소명 또는 사실조회 결과 대장상 최초의 소유자가 위 ①의 단서에 해당하는 시기에 법적 근거 없이 복구된 것으로 밝혀진 때에는, 그 대장등본에 의한 소유권보존등기를 신청할 수 없다.

③ 복구의 시기가 문제되는 것은 소유자에 관한 사항이므로 토지의 표시에 관한 사항에 관해서는 그 복구시기가 문제되지 않는다. 따라서 토지의 표시에 관한 사항은 구지적법 시행 당시에 행하여지고, 소유자 복구는 개정 지적법 시행 이후에 된 경우에는 그 복구된 대장에 의해 등기신청을 할 수 있다.

(2) 판결에 의하여 자기의 소유권을 증명하는 자

1) 판결의 의미

① 판결의 종류

여기에서 말하는 판결이란 소유권을 증명하는 서면으로서의 판결을 의미하는 것으로서 보존등기신청인의 소유임을 확정하는 내용의 것이어야 한다. 신청인에게 소유권이 있음을 증명하는 확정판결이면 족하고 반드시 확인판결이어야 할 필요는 없다(**대법원 1994. 3. 11. 선고 93다57704판결**). 따라서 형성판결이나 이행판결이라도 그 이유 중에서 보존등기신청인의 소유임을 확정하는 내용의 것이면 이에 해당하고, 조정조서, 화해조서(**제소전 화해조서도 포함한다**)등 확정판결에 준하는 것도 포함한다(**예규 제1427호**).

다만, 판결 이유에서 소송 당사자가 아닌 제3자의 소유임이 설시된 경우에는 그 제3자는 판결의 효력을 받는 자가 아니므로 그 판결에 의해 자기 명의로 소유권보존등기를 신청할 수 없다.

② 이행판결이 의제자백(민소 150조)에 의한 경우

이러한 판결도 부동산등기법 제65조제2호의 판결에 포함되느냐에 관하여, 판결 이유에 보존등기 신청인의 소유임을 확인하는 내용이 없으므로 이에 포함되지 않는다는 견해가 있다. 그러나 의제자백의 경우에도 보존등기 신청인의 소유권이 명시적으로 확인된 경우와 달리 취급할 이유가 없으므로 이에 포함된다고 볼 것이다.

2) 판결의 상대방

소유권보존등기를 신청할 수 있는 자를 상대방으로 하여 승소판결을 받아야 할 것이다.

① 보존등기의 명의인

소유권보존등기가 되어 있는 토지에 대해서는 당연히 그 등기명의인이 상대방이 된다. 이미 보존등기가 마쳐진 토지에 관하여 그 명의인을 상대로 말소판결을 얻은 경우 그 판결에 신청인의 소유임을 확인하는 내용이 들어 있다면 그 판결에 의해 보존등기를 말소한 후 자기 명의로 새로이 보존등기를 신청할 수 있다. 예컨대 갑이 등기기록상 소유자인 상속인임이 인정되었다면, 을 명의의 소유권보존등기를 신청할 수 있다.

② 대장상에 최초의 소유자로 등록되어 있는 자 또는 그 상속인, 그 밖의 포괄승계인

미등기토지에 관하여는 토지(임야)대장상 소유자로 등록되어 있는 자가 보존등기신청을 할 수 있으므로 미등기토지는 대장상 최초의 등록명의자를 상대로 하여야 하며, 대장상 이전등록된 자를 상대로 하여서는 안 된다. 물권변동에 관하여 형식주의를 취하고 있는 우리 법제 하에서 대장에 이전등록이 되어 있다고 하여도 이전등기가 되어 있지 아니한 자는 소유자가 아니기 때문이다.

다만 전술한 바와 같이, 미등기토지의 지적공부상 "국"으로부터 소유권이전등록을 받은 자는 대장상 소유권이전등록을 받았어도 직접 자기 명의로 소유권보존등기를 신청할 수 있으므로 이들을 상대방으로 할 수 있다.

③ 대장상 등록명의자가 없거나 누구인지 모르는 경우

대장상 등록명의자가 없거나 등록명의자가 누구인지 알 수 없을 때(**명의인의 성명또는 주소가 불명인 경우**)에는 국가를 상대방으로 소유권확인판결을 얻어야 한다. 다만, 대장상 또는 등기부상 명의인이 분명한 경우에도 국가가 등기 또는 등록명의자인 제3자의 소유를 부인하면서 계속 국가소유를 주장하는 등 특별한 사정이 있는 경우에는 국가를 상대방으로 하여 확인을 구할 이익이 있다.(**대법원 1994. 12. 2. 선고 93다58738판결**).

④ 구체적인 경우

소유권보존등기를 신청할 수 있는 판결의 예로는, (ⅰ) 당해 부동산이 보존등기 신청인의 소유임을 이유로 현 보존등기명의인을 상대로 한 소유권보존등기의 말소를 명한 판결, (ii) 토지대장상 공유인 미등기 토지에 대하여 다른 공유자를 상대방으로 한 공유물분할의 판결(**다만 이 경우에는 공유물분할의 판결에 따라 토지의 분필절차를 먼저 거친 후에 보존등기를 신청하여야 한다**)을 들수 있다.

반면에 매수인이 매도인을 상대로 토지의 소유권이전등기를 구하는 소송에서 매도인이 매수인에게 매매를 원인으로 한 소유권이전등기절차를 이행하고 당해 토지가 매도인의 소유임을 확인한다는 내용의 제소전 화해를 한 경우, 그 화해조서는 매도인 스스로가 자기의 소유임을 확인한 것에 지나지 아니하여 소유권보존등기를 할 수 있는 화해조서에 해당한다고 볼 수 없다(대법원 1990. 3. 20.자 89마389결정).

(3) 수용으로 인하여 소유권을 취득하였음을 증명하는 자

미등기토지에 관한 소유권보존등기는 수용으로 인하여 소유권을 취득하였음을 증명하는 자도 신청할 수 있다(법 제65조제3호). 공익사업법 기타의 법률에 따른 수용으로 미등기토지의 소유권을 원시취득한 자는 그의 소유권을 객관적으로 증명할 수 있기 때문에 스스로 소유권보존등기의 신청을 할 수 있도록 한 것이다. 등기된 부동산에 대한 토지수용의 경우에도 그 법적 성격이 원시취득임에는 변함이 없으므로 그 등기를 말소하고 새로이 소유권보존등기를 하는 것이 원칙이지만 실무상으로는 소유권이전등기로 하고 있다. 사업시행자명의의 보존등기를 하기보다는 이전등기로 하는 것이 권리변동 과정의 공시에 더 적합하다고 본 것이기 때문이다.

2. 신청정보

등기신청을 할 때에는 부동산의 소재와 지번, 지목, 면적 신청인의 성명 또는 명칭과 주소 및 주민등록번호, 대리인에 의하여 등기를 신청할 때에는 그 성명, 주소, 등기의 목적, 등기소의 표시, 등기신청연월일, 대위에 관한 사항, 등록면허세액, 국민주택채권발행번호 등에 관한 사항 일반적인 정보등을 제공하는 외에 법 제65조제 몇 호에 의하여 신청한다는 뜻을 신청정보의 내용으로 하여야 한다. 다만 등기원인과 그 연월일은 등기사항이 아니므로 신청정보의 내용으로 할 필요가 없다.(규칙 제121조제1항)

3. 첨부정보

(1) 소유자임을 증명하는 정보

1) 토지대장 또는 임야대장정보(법 제65조제1호)

① 토지대장등본 또는 임야대장등본에 의하여 자기 또는 피상속인이 토지대장 또는 임야대장에 소유자로서 등록되어 있는 것을 증명하는 자가 보존등기를 신청하는 경우에는 그 토지대장등본 또는 임야대장등본을 첨부하여야 한다. 국가도 예외는 아니어서 토지대장 또는 임야대장에 국가명의로 소유자등록을 한 후 그 대장등본을 첨부하여 보존등기신청(촉탁)을 하여야 한다.

② 토지대장, 임야대장에 최초의 소유자로 등록된 자가 사망하여 상속이 개시된 경우에는 그 상속인 명의로 소유권보존등기를 신청하고, 이때에는 상속인임을 증명하는 서면을 첨부하여야 한다. 이 경우 대장상의 소유자인 피상속인의 표시가 가족관계등록사항별증명서의 피상속인 명의와 다른 경우에는 위 양 공부상의 명의인이 동일인임을 증명하는 서면을 첨부하여야 하나, 종중의 족보는 상속인임을 증명하는 서면이 될 수 없다.

③ 회사가 합병하여 해산된 경우에 합병 후의 존속회사 또는 신설회사가 등기를 신청하는 경우에는 합병을 증명하는 서면인 회사등기사항증명서를 제공한다.

2) 판결 및 확정증명(법 제65조제2호)

판결에 의하여 자기의 소유권을 증명하는 자는 그 판결정본 및 확정증명서를 첨부한다.

3) 수용으로 인하여 소유권을 취득하였음을 증명하는 정보(법 제65조제3호)

① 수용으로 인하여 소유권을 취득하는 경우, 재결에 의한 수용의 경우에는 재결서 등본과 보상금을 증명하는 서면으로써 보상금수령증 원부 또는 공탁서 원본을 첨부한다. 협의성립 확인에 의한 수용의 경우에는 토지수용위원회의 협의성립확인서 또는 협의성립의 공정증서와 그 수리증명서를 첨부하며, 보상금을 증명하는 서면은 재결에 의한 수용의 경우와 같다.

② 주의할 점은 협의성립의 확인을 받은 경우에는 재결과 동일한 효력이 있으므로 바로 사업시행자 명의로 소유권보존등기신청을 할 수 있지만, 단순한 협의성립은 채권적효력 밖에 없으므로 피수용자 명의로 소유권보존등기를 한 후에 수용자 앞으로 이전등기를 하여야 한다는 것이다.

③ 위에서 보상금을 공탁하는 경우에 그 피공탁자는 재결 당시 토지대장상의 소유명의인이 된다. 토지대장상 소유명의인의 성명은 기재되어 있으나 주소의 기재가 없는 경우에는(동·리의 기재만 있고 번지의 기재가 없는 경우도 포함) 절대적 불

확지공탁을 한 후 그 공탁서 원본을 첨부하여야 하고, 재결 당시 토지대장에 소유명의인의 성명, 주소 등이 기재되어 있음에도 불구하고 피공탁자를 불확지로 한 공탁서원본을 첨부해서는 보존등기를 신청할 수 없다. 대장상 공유자 중 일부만 특정할 수 있고 나머지는 특정할 수 없는 경우에는 피공탁자 전부에 대하여 절대적 불확지공탁을 해서는 안 되고, 특정할 수 있는 공유자를 명시하여 불확지공탁(공탁서에 피공탁자를 갑 외 2인으로 기재함)을 한 후 그 공탁서 원본을 첨부한다.

(2) 토지의 표시를 증명하는 정보(규칙 제121조제2항)

토지의 표시를 증명하는 정보와 부동산등기법 제65조의 소유자임을 증명하는 정보는 서로 다른 것으로, 토지의 표시를 증명하는 정보로는 토지대장등본이나 임야대장등본에 한하며, 이외에 다른 서면이 토지대장등본이나 임야대장등본을 대신할 수는 없다. 여기서의 토지대장등본 등은 토지의 표시를 증명하는 역할을 하는 것이기 때문에 신청인이 대장에 소유자로 기재되어 있을 필요는 없다. 그러므로 대장상 소유자로 기재되어 있는 자를 피고로 하여 소유권확인판결을 받은 자는 자기의 소유임을 증명하는 정보로는 판결정본을, 토지의 표시를 증명하는 정보로는 대장등본을 첨부하여 보존등기신청을 할 수 있다.

(3) 인감증명

대장상 수인의 공유로 등록되어 있으나 각각의 지분비율이 기재되어 있지 않은 경우에는 지분비율이 균등한 것으로 추정되므로 신청정보에는 균등한 것으로 기재하여야 하는데, 만약 실제 공유지분이 균등하지 아니 하다면 공유자 전원 사이에 작성된 실제의 지분비율을 증명하는 정보와 실제의 지분이 균등하게 산정된 지분보다 적은 자의 인감증명을 첨부한다(예규 제724호).

4. 등기의 실행

토지에 관한 소유권보존등기의 신청이 있는 경우에는 등기기록을 새로 개설하고, 그 등기기록의 표제부에는 신청서 접수의 연월일과 토지의 소재와 지번, 지목과 면적을 기록한다. 갑구에는 신청서 접수의 연원일, 접수번호, 등기목적, 보존등기명의인의 성명 또는 명칭, 주소 또는 사무소 소재지, 주민등록번호 또는 부동산등기용등록번호를 기록한다. 등기명의인이 법인 아닌 사단 또는 재단인 경우에는 그 대표자나 관리인의 성명과 주소, 주민등록번호를 함께 기록한다(규칙 제43조제2항참조). 대위에 의한 보존등기의 경우에는 갑구의 권리자 및 기타사항란에 채권자의 성명 또는 명칭, 주소 또는 사무소와 대위원인을 기록하고(법 제28조제2항), 직권에 의한 보존등기의 경우에는 처분제한 등기의 촉탁으로 인하여 등기한다는 취지를 기록한다.

Ⅲ. 건물의 소유권보존등기

1. 토지의 소유권보존등기와 다른 점

건물의 소유권보존등기 역시 대장상 최초 소유자로 등록된 자의 신청에 따라 이루어지는 것이 원칙이다. 토지의 보존등기와 다른 점은 다음과 같다. (ⅰ) 토지의 소유권보존등기신청에 있어 토지대장상 최초의 소유자를 모르는 경우에는 국가를 상대로 소유권 확인을 받는데 반해, 건물의 소유권보존등기신청은 특별자치도지사, 시장, 군수, 구청장을 상대로 확인판결을 받아야 한다. (ⅱ) 토지의 경우 예외적으로 대장상 최초 소유자로 복구된 자나 "국"으로부터 소유권이 전등록을 받은 경우에는 소유권보존등기신청이 가능하지만 건물의 경우에는 할 수 없다. (ⅲ) 토지의 소유권보존등기신청시에는 국민주택채권을 매입하여야 하지만 건물의 경우에는 채권매입을 하지 않는다.

2. 신청인

(1) 건축물대장에 최초의 소유자로 등록되어 있는 자 또는 그 상속인, 그 밖의 포괄승계인

미등기 건물의 소유권보존등기는 건축물대장등본에 의하여 자기가 건축물대장에 소유자로 등록되어 있음을 증명하는 자가 신청할 수 있는데(법 제65조제1호), 여기서 대장에 소유자로 등록되어 있는 자란 건축물대장에 최초로 등록되어 있는 자를 말하는데 미등기건물의 양수인은 건축물대장에 자기명의로 소유권이전등록이 되어 있는 경우에도 직접 소유권보존등기를 신청할 수 없고 최초의 소유자 명의로 보존등기를 한 다음 자기 명의로 소유권이전등기를 하여야 한다(대법원 1986. 9. 27.자 86마696 결정).

또한 토지의 경우와 마찬가지로 대장상 최초 소유자로 등록된 자의 포괄승계인(상속인 또는 합병·분할 이후의 법인)은 자기 명의로 바로 소유권보존등기를 할 수 있다.

(2) 판결 또는 특별자치도지사, 시장, 군수, 또는 구청장의 확인서에 의하여 자기의 소유권을 증명하는 자

1) 판결에 의하여 소유권을 증명하는 자

① 판결에 의하여 건물의 소유권보존등기를 하는 경우 판결의 의디와 판결의 상대방 등은 전술한 토지의 소유권보존등기 부분에서 설명한 바와 대부분 동일하다. 다만, 건축물대장상의 소유자표시란에 오류가 있어 소유자를 특정할 수 없는 경우에는 건축물대장상의 소유자표시를 정정등록하여 대장상의 소유자를 특정한 후 정정된 소유명의인을 상대로 하여 신청인의 소유권임을 증명하는 판결을 얻어야 한다.

② 그러나 건축물대장의 소유자표시란이 공란이거나 소유자 표시에 일부 누락이 있어 대장상 소유자를 확정할 수 없는 경우에는 건축물관리대장의 비치·관리 업무가 지방자치단체의 고유사무이므로 국가를 상대로 미등기 건물의 소유권확인을 구하는 것은 그 확인의 이익이 없어 부적법하며, 미등기 건물에 관하여 국가를 상대로 소유권확인판결을 받는다고 하더라도 그 판결은 법 제65조제2호에 해당하는 판결이라고 볼 수 없다(**대법원 1995. 5. 12. 선고 94다20464 판결**). 따라서 건물에 대하여 국가를 상대로 한 소유권확인판결이나 건축허가명의인(**또는 건축주**)을 상대로 한 소유권확인판결은 소유권을 증명하는 판결의 범위에 포함되지 않는다.

2) 특별자치도지사, 시장, 군수 또는 구청장의 확인서에 의하여 자기의 소유권을 증명하는 자

① 건물의 경우 토지와는 달리"특별자치도지사, 시장, 군수 또는 구청장(**자치구의 구청장을 말한다**)의 확인"에 의해서도 건물의 소유권보존등기를 신청할 수 있다. 부동산등기법 제65조 제4호 특별자치도지사등의 소유권을 증명하는 확인서에 해당하기 위해서는 (i) 건물의 소재와 지번, 건물의 종류, 구조 및 면적 등 건물의 표시와, (ii) 건물의 소유자의 성명이나 명칭과 주소나 사무소의 소재지 표시가 있어야 하는 등 일정한 요건을 갖추어야 한다(**예규 제1427호**).

② 하지만 특별자치도지사·시장·군수·구청장을 상대로 한 확인판결에 의하여 건물보존등기를 할 수 있는 것은 해당건물에 대한 건축물대장이 작성된 경우에 한한다는 것이 최근 판례(**2011. 11. 10.선고 대법원2009다93428판결**)의 입장이다. 이 판례는 건축물대장이 작성되지 않은 건물에 대하여 특별자치도지사·시장·군수·구청

장을 상대로 하여 소유권의 확인을 구하는 것은 확인의 이익이 없다고 하였다.

③ 위 판례가 나오기 전의 등기선례에 의하면 구 '지방세법' 제38조의 납세증명서, '민원사무에 관한 법률'에 의하여 교부받은 세목별과세증명서나 '건축법' 제22조의 건축물 사용승인서는 법 제65조제4호의 확인에 해당하지 않는다고 보았다. 반면 특별자치도지사 등이 발급한 사실확인서로서, 건물의 소재와 지번, 건물의 종류, 구조, 면적 등 건물의 표시와 소유자의 표시 및 그 건물이 완성되어 존재한다는 사실이 기재되어 있고, 특히 집합건물의 경우에는 1동 건물의 표시 및 1동의 건물을 이루는 모든 구분건물의 표시가 구체적으로 기재되어 있다면 부동산등기법 제65조제4호의 확인에 포함된다고 보았으나, 구체적인 경우에 그 해당여부는 담당 등기관이 판단할 사항이라고 하였다.

(3) 수용으로 인하여 소유권을 취득하였음을 증명하는 자

수용으로 인하여 소유권을 취득하였음을 증명하는 자가 보존등기를 신청할 수 있는 것은 토지의 경우와 같다.

3. 신청정보

보존등기의 대상이 건물이라는 점에서 건물의 종류, 구조와 면적을 신청서에 기재하여야 하고, 국민주택채권발행번호를 기재하지 않는 점을 제외하고는 토지의 보존등기를 신청할 때의 기재사항과 거의 동일하다.

1필지 또는 여러 필지에 여러 개의 건물이 있는 때에는 건물번호를 적어야 하고 부속건물이 있는 때에는 그 종류와 구조를 적어야 한다. 건축물대장상 신축·증축·용도변경 등의 사유가 기재되어 있는 경우에는 신청서의 부동산의 표시는 그 대장상 현재의 건물표시대로(**증축 또는 용도변경 후의 표시대로**) 적어야 한다.

4. 첨부정보

(1) 소유자임을 증명하는 정보

건축물대장등본에 의하여 자기 또는 피상속인이 건축물대장에 소유자로서 등록되어 있는 것을 증명하는 자는 그 건축물대장을, 판결 또는 기타 특별자치도지사, 시장, 군수, 구청장의 서면에 의하여 자기의 소유권을 증명하는 자는 해당 서면을, 수용 등으로 인하여 소유권을 취득하였음을 증명하는 자는 재결서등본과 보상금의 지급을 증명하는 서면 등을 각 첨부정보로서 제공 하여야 함은 토지의 경우와 동일하다.

(2) 건물의 표시를 증명하는 정보

건물의 표시를 증명하는 정보로는 건축물대장정보나 그 밖의 정보를 등기소에 제공 하여야 한다. 그 밖의 정보란 특별자치도지사 등의 확인서를 말한다. 그 확인서마저도 제공할 수 없는 경우에는 건축물이 건축물대장에 등재되지 있지 않아 건축물대장 등본을 발급받을 수 없다는 사실과 등기에 필요한 건물의 표시를 하여 건축사 또는 측량기술사가 작성한 서면을 제공해서 등기를 신청할 수 있다(선례 8-82).

(3) 도 면

건물의 소유권보존등기를 신청하는 경우(구분건물의 경우 제외)에 그 건물 대지상에 수개의 건물이 있는 때에는 그 대지상 건물의 소재도를 첨부정보로서 등기소에 제공하여야 한다(규칙 제121조제3항). 다만 건물의 표시를 증명하는 정보로서 건축물대장정보를 등기소에 제공한 경우에는 소재도를 제공할 필요가 없다(동조 단서). 따라서 1개의 대지상에 1개의 건물만이 있는 경우에는 도면을 첨부할 필요가 없다.

5. 등기의 실행

건물의 소유권보존등기의 신청이 있는 경우에는 소지와 지번, 건물의 종류와 구조, 면적, 건물의 번호가 있는 때에는 그 번호, 부속건물이 있는 때에는 그 종류, 구조와 면적을 기록하며, 도면이 제출된 경우에는 표제부에 한 등기의 마지막에 도면 제0000-00호라는 기록을 하여야 한다. 구법에서는 도면편철장 제 몇 책 제 몇 면 이라고 표시하였으나 개정법에 따르면 도면편철장을 등기소에 비치하지 않으므로 위와 같이 기록한다.

다만, 구조나 용도 또는 종류가 복잡한 건물에 대하여 건물 표시의 등기를 할 때에는 그 구체적인 내역은 기록하지 않아도 된다.

6. 건물 보존등기시 유의할 점

① 동일한 건물에 대하여 2개 이상의 등기부가 존재하여서는 안되나, 동일 지번 내에 서로 다른 건물이 존재할 수도 있으므로 신청한 동일지번에 이미 등

기된 건물이 있는 경우에는 새로운 보존등기의 대상이 된 건물이 이미 등기된 건물과 중복인지 여부를 도면을 참조하여 심사하여야 한다.

동일 지번에 기존건물이 있고 그 건물과 다른 새로운 건물에 관하여 보존등기를 신청하는 경우에는 건물을 특정하기 위하여 번호를 붙여야하며, 기존건물이 등기되어 있으나 이미 멸실된 경우에는 그 건물에 대한 멸실등기신청을 먼저 한 다음 새로운 건물에 대한 보존등기신청을 하여야 한다.

② 건축물대장은 건축물 1동을 단위로 각 건축물마다 작성하여야 하고, 하나의 대지 안에 2개 이상의 건축물이 있는 경우에는 총괄표제부를 작성하여야 한다(「건축물대장의 기재 및 관리 등에 관한 규칙」 5조, 7조). 그러므로 1개의 건축물대장에 의해서는 1개의 소유권보존등기를 신청하여야 하므로, 수동의 건물이라 하더라도 1개의 건축물대장이 작성되어 있다면 1개의 건물로 보존등기를 할 수밖에 없으며, 만일 수개의 건물로 등기하고자 할 경우에는 건축물대장을 별도로 작성하여야 한다.

또한 총괄표제부 외에 별개의 건축물대장이 작성되어 있을 경우에는 수 개의 건물로 신청하여야 함에도, 총괄표제부대로 1개의 건물로 보존등기를 신청하는 오류를 범할 수 있는데, 이 때에는 수 개의 건물로 보존등기를 신청해야 함을 유의해야 한다.

③ 부속건물이라 하여도 소유자의 의사에 따라 주된 건물과 합하여 1개의 건물로 등기를 하거나 그 부속건물을 주된 건물과 별도로 1개의 독립건물로 등기를 할 수 있으므로, 주된 건물과 부속건물을 1개의 건물로 등기하려면 주된 건물과 부속건물이 1개의 건축물대장에 함께 등재된 건축물대장등본을 첨부하여야 하고, 부속건물을 독립건물로 소유권보존등기를 신청하기 위해서는 주된 건물과 부속건물의 건축물대장이 각각 별도로 작성되어 있어야 한다(예규 902호).

④ 이미 등기가 경료되어 있는 기존 건물과 동일한 지번상에 별개의 동으로 증축된 미등기건물에 대해 독립된 건물로 소유권보존등기를 할것인지 또는 기존 건물에 증축으로 인한 건물표시변경등기를 할 것인지는 앞서 본 바와 같이 건축물대장이 별개로 작성되어 있느냐의 여부에 따라 결정된다.

따라서 기존건물과 별개로 신축된 건물이 기존 건축물대장에 증축으로 함께 등재되어 있는 경우에 그 신축건물을 별개의 독립건물로 소유권보존등기를 신청하려면 먼저 기존 건축물대장에서 신축건물을 분리하여 별도로 신축건물에 대한 건축물대장을 작성한 다음 그 대장등본을 첨부하여야 하고(예규 902호), 반대로 증축된 미등기건물을 기존 건물에 증축으로 인한 건물표시변경등기신청을 하려면 우선 증축된 건물이 기존건물의 건축물대장에 증축으로 함께 등재되어 있어야 한다.

또한 이와 같은 증축으로 인한 건물표시변경등기를 신청할 경우에는 이미 등기된 건물과 증축된 건물의 소유자가 동일하여야 하므로 소유자가 다른 경우에는 증축으로 인한 표시변경등기신청을 할 수 없다.

Ⅳ. 구분건물의 소유권보존등기 절차에 관한 특칙

1. 신청절차에 관한 특칙

(1) 구분건물의 표시등기와의 동시신청

1) 1동의 건물에 속하는 구분건물 중의 일부만에 관하여 소유권보존등기를 신청할 경우

1동의 건물에 속하는 전체의 구분건물은 1등기기록에 등기되는 것이므로 구분한 건물을 단위로 하여 개별적으로 등기할 수는 없다. 따라서 1동의 건물에 속하는 구분건물 중의 일부만에 관하여 소유권보존등기를 신청할 경우에는 나머지 구분건물에 관하여는 표시에 관한 등기를 동시에 신청하여야 한다(법 제46조제2항). 이는 동시신청을 하여야만 1동의 건물과 그에 속하는 전체 구분건물간의 관계 등을 정확히 공시할 수 있고 대지권 및 공용부분에 관한 사항의 조사와 공시를 정확·편리하게 할 수 있기 때문이다.

2) 건물의 신축으로 구분건물이 아닌 건물이 구분건물로 된 경우

건물의 신축으로 인하여 구분건물이 아닌 건물이 구분건물로 된 경우에는 그 신축건물의 소유권보존등기는 기존의 비구분건물의 표시등기와 동시에 신청하여야 한다(법 제46조제3항). 여기서 표시등기라 함은 표시변경등기를 가리키는 것으로 해석하여야 할 것이다.

3) 대위등기

구분건물의 소유자는 1동의 건물에 속하는 다른 구분건물의 소유자를 대위하여 건물의 표시에 관한 등기 또는 표시변경등기를 신청할 수 있다(법 제46조제2항).

(2) 신청정보

① 등기신청을 할 때에는 일반적인 정보 외에 1동 건물의 표시와 전유부분의 표시에 관한 정보를 등기소에 제공하여야 한다. 1동 건물의 표시로서 1동 건물의 소재·지번·종류와 구조 및 면적에 관한 정보를 제공하여야 하고, 1필지 또는 수필지상에 수동의 건물이 있는 때에는 그 번호를 표시하여야 한다(**법 제40조제1항제3호**). 건물의 명칭이 있을 때에는 그 명칭을 표시하여야 한다. 전유부분의 표시로서 구조와 면적, 건물의 번호가 있을 때에는 그 번호를 표시하고, 부속건물이 있을 때에는 그 종류·구조와 면적을 표시하여야 하며, 법 제65조의 제 몇 호에 의하여 신청한다는 뜻을 표시하여야 한다.

② 구분건물에 대지사용권으로서 건물과 분리하여 처분할 수 없는 것 즉, 대지권이 있을 때에는 그 대지권을 신청정보의 내용으로 하여야 한다(**법 제40조제3항**). 대지권의 표시는 대지권의 목적인 토지의 표시, 대지권의 종류, 대지권의 비율, 등기원인과 그 연월일을 기재하여야 한다(**규칙 제88조**). 다만, 이 경우 1동 건물의 대지 중 일부 토지만이 대지권의 목적인 때에는 그 토지만을 대지권의 목적으로 표시하여야 하며, 구분소유자들이 1동의 건물의 대지 중 각각 일부의 토지에 대하여 대지사용권을 갖는 경우에는 각 구분소유자별로 소유하는 토지만을 대지권의 목적으로 표시하여 신청하여야 한다.[61]

(3) 첨부정보에 관한 특칙

1) 규약 또는 공정증서

대지권의 목적인 토지가 규약상 대지(통로·주차장·정원·부속건물의 대지)인 때, 대지권의 비율을 각 전유부분의 면적비율과 다르게 정한 때, 대지사용권을 전유부분과 분리처분할 수 있는 것으로 정한 때에는 규약 또는 공정증서를 첨부

---

61) 집합건물의 등기에 관한 업무처리지침 등기예규 제1180호

나. 일부 토지만이 대지권의 목적인 때

1동의 건물의 대지 중 일부 토지만이 대지권의 목적인 때에는 건물의 표시란에 대지권의 목적인 토지의 표시를 함에 있어서 그 토지만을 기재하여 대지권의 등기를 하여야 한다. 이 경우 대지권의 목적이 아닌 토지는 1동의 건물의 표시를 함에 있어 소재지로서 기재하여야 한다

다. 구분소유자들이 대지 중 각각 일부 토지에만 대지사용권을 갖는 경우

구분소유자들이 1동의 건물의 대지 중 각각 일부의 토지에 대하여 대지사용권을 갖는 경우에는 각 구분소유자별로 일부 토지만을 목적으로 하는 대지권의 등기를 하여야 한다. 이 경우 1동의 건물의 표제부 중 대지권의 목적인 토지의 표시란에 대지권의 목적인 토지의 표시를 함에 있어서는 토지 전부를 기재하여야 한다.

정보로서 등기소에 제공하여야 한다.

2) 신청인의 소유임을 증명하는 정보

일반적인 첨부정보 외에 신청인의 소유임을 증명하는 정보(대장등본 판결정본과 확정증명 또는 재판상의 조서정본·수용재결서 또는 수용협의성립확인서등본과 보상금의 지급 또는 공탁을 증명하는 서면이나 협의성립의 공정증서와 그 수리증서 등)를, 대지권의 목적인 토지가 다른 등기소의 관할에 속하는 경우에는 그 등기사항증명서를 추가로 제공하여야 한다.

3) 도면

① 건물의 도면은 1동의 건물의 소재도, 각층의 평면도와 각 구분건물의 평면도를 첨부하여야 한다(규칙 제121조제4항). 이는 집합건물이 보통건물과는 달리 통상 1필지상에 수동이 건립되고 또 단지를 이루는 경우가 많아 동간의 혼란 등 건물을 특정함에 어려움이 생길 소지가 있으므로 이를 방지하고 건물을 특정하기 위함이다.

② 그러므로 1동의 건물의 소재도는 건물의 위치를 명확히 하여 인근의 유사한 건물과 구별·특정할 수 있도록 건물의 번호·방위·건물의 대지(특정대지)의 경계·지번 및 인근토지의 지번 등을 표시하여 작성하고, 각층의 평면도는 각층의 형상을 표시할 수 있도록 주위의 길이·면적 및 전유부분의 배열상황이 나타나게 작성하여야 하며(단, 각층의 형상이 동일한 때에는 하나만을 작성하면 된다), 구분한 건물의 평면도는 구분할 건물을 표시할 수 있도록 주위의 길이·면적 및 구분상황이 나타나게 작성하여야 한다.[62]

2. 등기의 실행에 관한 특칙

(1) 건물의 등기기록에 대지권의 등기를 한 때

건물의 등기기록에 대지권의 등기를 한 때에는 그 권리의 목적인 토지의 등기기록 중 해당구에 대지권인 뜻을 등기하여야 하며(법 제40조제4항), 그 등기를 할 때에는 어느 권리가 대지권인 뜻과 그 대지권을 등기한 1동의 건물을 표시함에 족한 사항 및 그 연월일을 기록하여야 한다(규칙 제89조제1항).

(2) 대지권인 목적인 토지가 다른 등기소의 관할에 속하는 경우

62) 구분건물의 형상이 동일한 것인 때에는 하나만을 작성하면 되나 다른 것인 때에는 형상별로 하나씩을 작성하여야 한다.

대지권인 목적인 토지가 다른 등기소의 관할에 속하는 경우에는 대지권의 목적인 취지의 등기사항을 그 등기소에 통지하고 이 통지를 받은 등기소는 해당 구에 통지받은 사항을 등기하여야 한다(법 제89조제2항,제3항).

(3) 구분소유자가 2개 이상의 전유부분을 소유한 때

구분소유자가 2개 이상의 전유부분을 소유한 때에는 각 전유부분의 대지권의 비율은 규약 또는 공정증서로 달리 정하지 않는 한 그 소유자가 가지는 전유부분의 면적의 비율에 의하여야 하는데, 여기서 전유부분의 면적의 비율이란 전유부분의 면적의 합계에서 해당 전유부분의 면적이 차지하는 비율을 의미하며, 이 비율을 산정함에 있어 반드시 대지면적을 기준으로 하거나 그 비율의 분모가 대지면적이 되어야 하는 것은 아니다.[63]

Ⅴ. 직권보존등기

1. 서 설

미등기부동산에 관하여 법원으로부터 소유권의 처분제한의 등기촉탁이 있는 경우 토지의 경우에 등기관은 그 등기를 하기 위하여 전제되는 소유권보존등기를 직권으로 실행하여야 한다. 이를 직권보존등기라고 한다(법 제66조).

2. 직권보존등기의 요건

(1) 법원의 처분제한등기의 촉탁이 있을 것

① 등기관이 직권으로 보존등기를 하기 위해서는 법원의 처분제한등기의 촉탁이 있어야 한다. 법원의 재판에 기초한 처분제한의 등기촉탁이 아닌 다른 관공

---

63) 선례 7-516. 구분소유자가 전유부분을 소유하기 위하여 건물의 대지에 대하여 가지는 대지권의 비율

구분소유자가 2개 이상의 전유부분을 소유한 때에는 각 전유부분의 대지권의 비율은 규약 또는 공정증서로 달리 정하지 않는 한 그 소유자가 가지는 전유부분의 면적의 비율에 의하는 바(집합건물소유및관리에관한법률 제21조), 여기서 전유부분의 면적의 비율이란 전유부분의 면적의 합계에서 해당 전유부분의 면적이 차지하는 비율을 의미하며, 이 비율을 산정함에 있어 반드시 대지면적을 기준으로 하거나 그 비율의 분모가 대지면적이 되어야 하는 것은 아니다.

서에서 미등기 부동산에 관하여 처분제한등기를 촉탁한 경우 등기관은 그 촉탁을 각하하여야 한다. 그러므로 세무서장이 미등기 부동산에 관해서 압류등기를 하고자 할 때에는 대위에 의한 보존등기를 선행하여야 한다(국세징수법 제45조제3항).

② 법원의 처분제한의 등기의 예로는 (i) 경매개시결정등기, (ii) 가압류·가처분등기, (iii) 임차권등기명령에 의한 주택임차권등기 및 상가건물임차권등기(예규 제1213호)를 들 수 있다.

(2) 처분제한의 대상이 되는 미등기 부동산은 등기능력이 있을 것

처분제한의 대상 부동산은 등기능력이 있어야 한다. 등기능력이 없다면 그 부동산에 관한 보존등기를 할 수 없으므로, 당해 처분제한 등기의 촉탁은 부동산등기법 제29조제2호에 의하여 각하되어야 한다.

민사집행법 제81조 제2항 단서 규정의 대상이 되는 미등기건물은 건축허가 또는 건축신고를 마친 뒤 사용승인만을 받지 못한 채 사실상 완공된 건물만이 대상이고, 미완성된 건물은 독립한 건물로 볼 수 있는 정도라 하더라도 대상에서 제외되므로, 다른 처분제한등기 촉탁에 의한 보존등기의 경우에도 완공된 건물이라야 직권보존등기 대상이 될 것이다.

(3) 처분제한등기의 촉탁은 소유권에 관한 것일 것

① 소유권 이외의 권리에 대한 처분제한등기의 촉탁이 있는 경우에는 직권으로 소유권보존등기를 할 수 없고, 소유권의 일부에 대하여 처분제한의 등기촉탁이 있는 경우에도 소유권보존등기를 직권으로 할 수 없다.

② 등기선례(4-297)는 갑과 을의 공유인 미등기부동산에 대하여 갑 지분에 관하여만 처분제한등기의 촉탁이 있는 경우 갑 지분만에 관한 보존등기는 할 수 없으므로 결국 갑 지분에 관한 처분제한등기의 촉탁은 각하되어야 한다고 한다. 다만 이러한 경우에는 을의 소유권에 관한 정보를 제공하여 갑, 을 모두의 지분에 관하여 보존등기를 한 후 갑 지분에 관한 처분제한등기를 하는 것이 타당할 것이다.

3. 등기절차

(1) 집행법원의 촉탁정보

촉탁정보에는 등기에 필요한 사항이 모두 표시되어 있어야 한다. 특히 부동산의 표시를 함에는 그 부동산이 채무자의 소유임을 증명할 정보(부동산소유증명서)의 표시와 부합하도록 적어야 하고 "미등기 부동산"이라는 뜻을 표시하여야 하며, 그 미등기 부동산이 건축법상 사용승인을 받지 아니한 건물인 경우에는 그 사용승인을 받지 않았다는 뜻도 표시하여야 한다. 또한, 통상의 처분제한등기 촉탁의 경우에는 촉탁서에 채무자의 성명과 주소만 표시하면 족하나, 미등기 부동산에 관한 처분제한등기의 촉탁의 경우에는 그 촉탁정보에 표시된 채무자가 곧 보존등기명의인이 되므로 채무자의 성명과 주소 외에 주민등록번호(또는 부동산등기용등록번호)도 반드시 표시되어야 한다.

(2) 첨부정보

1) 채무자 명의로 등기할 수 있음을 증명하는 정보

① 경매신청과 같이 처분제한등기 신청시 채무자가 미등기 부동산의 소유자라는 사실을 증명하는 정보를 제공하여야 하므로, 건축물대장정보, 소유권확인판결 또는 특별자치도지사, 시장, 군수, 구청장의 확인서, 수용을 증명하는 정보(**법 제65조**)등을 제공하여야 한다.

② 다만 완성된 건물로서 아직 건축법상 사용승인을 받지 못한 경우에는 법 제66조제2항에 의하여 법 제65조의 적용이 배제되므로 그 규정에서 정하고 있는 건축물대장정보나 소유권확인판결 등을 첨부하지 않고서도 직권보존등기를 할 수 있다.

③ 이와 관련하여 민사집행법에서는 미등기 건물 중 적법하게 건축허가나 건축신고를 마친 건물이 사용승인을 받지 못한 경우에도 처분제한에 따른 직권보존등기를 할 수 있도록 규정하면서 처분제한의 재판을 신청한 채권자로 하여금 채무자 명의로 등기할 수 있음을 증명하는 정보로 실무에서는 건축허가서를 첨부하는 예가 많고 미흡할 경우 건축물도급계약서를 첨부하기도 한다. 등기관은 집행법원의 판단에 따라 처리한다.

2) 부동산의 표시를 증명하는 정보

① 민사집행법 제81조의 규정에도 불구하고 부동산의 표시를 증명하는 정보의 제공은 생략할 수 없다. 따라서 등기관은 직권보존등기를 실행함에 앞서 부동산의 표시를 증명하는 정보에 의하여 등기능력에 대한 심사를 하여야 하므로 촉탁정보에는 최소한 부동산의 표제부에 권리의 객체인 부동산을 특정하여 표시할 수 있는 정도의 정보는 제공되어야 한다. 따라서 미등기 부동산이 토지인 경우에는 반드시 토지대장등본 또는 임야대장등본을 첨부하여야 하고, 건물

인 경우에는 건축물대장등본 등이나 집행법원에서 인정한 건물의 소재와 지번, 구조, 면적을 증명하는 서면(또는 집행관의 조사서면)을 첨부하여야 한다. 건축허가서는 채무자명의로 등기할 수 있음을 증명하는 정보에는 해당하나 부동산의 표시를 증명하는 정보에는 해당하지 않는다. 건축허가서는 건물이 완성되기 전에 작성된 것이므로 완성된 건물을 표시하기에는 부족한 것으로 보기 때문이다.

② 미등기건물이 구분건물의 일부 건물에 대한 처분제한의 등기촉탁의 경우에는 1동 건물의 전부에 대한 구조·면적을 증명하는 서면과 1동 건물의 소재도, 각 층의 평면도와 구분한 건물의 평면도를 첨부하여야 한다. 통상 집행관의 조사서면을 첨부한다.

3) 소유자의 주소 및 주민등록번호(부동산등기용등록번호)를 증명하는 정보

촉탁정보에는 미등기 부동산의 소유자인 채무자의 주소 및 주민등록번호를 병기하고, 이를 증명하는 정보로 주소 및 주민등록번호를 증명하는 정보를 첨부정보로 제공하여야 한다. 법인이나 외국인 또는 주민등록번호가 없는 재외국민의 경우에는 부동산등기용등록번호를 증명하는 정보를 첨부정보르 제공한다.

(4) 등기의 실행

① 등기관이 직권보존등기를 할 때에는 처분제한의 등기의 촉탁으로 인하여 등기를 한다는 뜻을 기록하여야 한다. 1동의 건물의 일부 구분건물에 대하여 처분제한의 등기 촉탁이 있는 경우 등기관은 처분제한의 목적물인 구분건물의 소유권보존등기와 나머지 구분건물의 표시에 관한 등기를 하여야 한다

② 다만 미등기건물이 건축법상 사용승인을 받아야 할 건물임에도 이를 받지 아니한 때에는 표제부에 그 뜻을 기록하고, 이후 사용승인이 이루어진 경우에는 그 건물의 소유권등기의 명의인은 사용승인을 받았음을 증명하는 건축물대장등본이나 이를 증명할 수 있는 정보를 제공하여 1개월 이내에 그 기록에 대한 말소등기를 신청하여야 한다(법 제66조제2항, 제3항).

(5) 등기완료 후의 조치

등기관이 직권으로 보존등기를 마친 때에는 소정양식의 통지서에 의하여 등기완료사실을 소유권보존등기의 명의인에게 통지하고(규칙 제53조제1항제3호), 취득세징수관서에 대하여 취득세의 미납사실을 통지하여야 한다. 이 경우 보존등기에 따른 주택채권의 징구를 강제할 길은 없다.

(6) 직권보존등기와 관련한 기타 사항

1) 중복등기의 방지

사용승인을 받지 않은 건물에 대하여 직권보존등기가 이루어 진 후 동일 지상에 다른 사람 소유 명의의 보존등기신청이 있는 경우에 예를 들어 갑 명의의 직권보존등기가 이루어 진 후 동일 건물에 관하여 을이 자기가 최초의 소유자로 등록되어 있는 건축물대장등본을 첨부하여 보존등기를 신청한다면, 등기관은 건물의 소재도 등 등기된 건물과 동일성이 인정되지 아니함을 소명하는 정보의 제공이 있는 경우에 한하여 그 신청을 수리하여야 한다. 이러한 정보의 제공이 없는 경우에는 중복등기임을 이유로 각하하여야 할 것이다. 따라서 갑이 진정한 소유자라면 먼저 된 등기를 소송 등을 통하여 말소한 후 보존등기를 신청하여야 한다.

2) 직권보존등기의 효력

통상의 보존등기와 전혀 차이가 없다. 따라서 직권보존등기의 원인이 된 처분제한의 신청이 취하되거나 재판이 취소되었다 하더라도 보존등기는 말소할 것이 아니고 그대로 두어야 하므로 법원의 말소촉탁에 의하여 말소할 수 없고, 말소하기 위해서는 통상의 말소등기 절차에 따라야 한다.[64]

3) 건물표시의 불일치

등기관이 직권으로 보존등기를 한 후 대장소관청에서 작성한 건축물대장의 부동산의 표시가 등기부와 다르게 된 경우 어떻게 바로잡을 수 있을지가 문제된다.

등기예규 제399호(**예규 제1100호에 의하여 폐지됨**)에 의하면 신청착오를 원인으로 하는 경정등기를 신청할 수 있다고 하나, 등기관이 직권으로 보존등기를 한 것이므로 신청에 착오가 있다고 할 수 없으므로 착오발견을 원인으로 하는 경정등기를 신청하는 것이 타당하다.

4) 등기명의인 표시의 불일치

직권보존등기 이후 건축허가서의 명의 변경으로 인해 건축물대장상 명의인과 등기부상 명의인이 상이할 경우에는 그 일치 방법은 재판에 의해 해결할 수 밖에 없다.

이는 건축물대장의기재및관리등에관한규칙 제19조(**건출물대장의 소유자변경**)는 건축물의 소유자에 관한 사항의 변경은 건축물의 등기사항증명서(**또는 등기필증의**

---

64) 등기예규 제1353호

제시)를 첨부하여 신청하도록 규정하고 있으나, 대장소관청에서는 최초의 건축물대장의 기재가 소유자의 정당한 신청에 의해 작성된 것이므로 이를 위 규칙에서 정한 변경사항에 해당하지 않는다고 해석하여 대장의 변경을 거부하는 경우가 많기 때문이다.

36. 【상속으로 인한 소유권이전등기】

Ⅰ. 서 설
 1. 의 의
 2. 상속제도의 변천내용
Ⅱ. 상속등기 신청절차
 1. 신청인
 (1) 단독신청
 (2) 자기지분만의 신청가부
 2. 신청정보
 (1) 등기원인
 (2) 등기원인일자
 3. 첨부정보
 (1) 상속을 증명하는 정보
 (2) 주소증명정보
 (3) 상속인의 주민등록번호증명 또는 부동산등기용 등록번호 증명정보
 (4) 상속재산분할 협의서
 (5) 상속안의 인감증명
 (6) 위임장
 (7) 실종선고의 경우
 (8) 상속분이 없는 경우
 (9) 상속포기의 경우
 (10) 상속권을 상실한 경우
 (11) 판결에 의한 상속등기의 경우
Ⅲ. 상속등기 후에 상속재산을 협의분할한 경우
 1. 협의분할의 허용성
 2. 신청인
 3. 신청정보
 4. 첨부정보
 5. 등기의 실행
Ⅳ. 상속등기 후에 일부지분을 말소하는 경우
Ⅴ. 협의분할에 의한 상속등기 후 계약을 해제할 수 있는지 여부
 1. 법정해제권을 행사한 경우
 2. 합의해제가 있는 경우
Ⅵ. 법정지분에 의한 상속등기 후 경정등기가 허용되는지 문제되는 경우
 1. 상속재산의 경매분할
 2. 상속지분을 포기한 경우

36. 【상속으로 인한 소유권이전등기】

I. 서 설

1. 의 의

상속이라 함은 피상속인의 사망으로 피상속인에게 속하였던 모든 재산상의 지위를 승계하는 것을 말한다. 상속은 피상속인의 사망으로 개시되고(민법 제997조), 상속이 개시된 때로부터 피상속인의 재산에 관한 포괄적 권리의무를 승계한다(민법 제1005조).

2. 상속제도의 변천내용

상속은 상속개시시의 준거법에 따라 상속등기를 하여야 하므로(민법부칙 제12조) 그 상속순위·상속분 등과 관련하여 구민법(1959.12.31까지)고 신민법(1960.1.1시행과 1979.1.1. 및 1991.1.1시행 민법)은 많은 차이점이 있으므로 먼저 그 원인일자(피상속인의 사망일)를 가려 어느 법을 적용할 것인가를 판단한 후에 그 상속순위 내지 상속분을 파악하여야 한다.

II. 상속등기 신청절차

1. 신청인

(1) 단독신청

상속으로 인한 등기는 상속인이 단독으로 신청한다(법 제23조제3항). 이 경우에 이전등기를 신청하여야 하는 것이지 단순한 등기명의인표시변경등기를 신청할 것은 아니다.

(2) 자기지분만의 신청가부

등기권리자 중 1인이 자기 지분만에 대하여 이전등기를 신청할 수 있는 것은 아니다. 이는 법 제29조 제2호의 각하사유에 해당하기 때문이다. 따라서 상속인중 1인은 공유물보존행위에 준하여 전원을 위한 상속등기를 신청할 수 있으며 이는 법무사 등에게 등기를 위임하는 경우에도 마찬가지이므로 상속인 중 1인은 적법하게 상속인 전원을 위한 상속등기를 법무사등에게 위임할 수 있다.

2. 신청정보

(1) 등기원인

등기원인은 상속이 개시된 시기에 따라 그 용어를 달리한다. 예컨대 1959.12.31.까지는 호주상속(호주가 상속받는 경우), 1960.1.1. ~ 1990.12.31.까지는 재산상속(협의분할에 의한 재산상속), 1991.1.1.이후는 상속(협의분할에 의한 상속)이라고 표시한다. 따라서 현행 민법상 상속의 등기원인은 '상속'으로 표시한다.

(2) 등기원인일자

1) 상속제도 변천에 따른 경우

상속을 원인으로 한 소유권이전등기는 '피상속인의 사망일', 협의분할을 원인으로 한 소유권이전등기는 '피상속인의 사망일', 상속등기 후의 협의분할을 원인으로 한 경정등기는 '협의분할일'을 표시한다.

2) 실종선고에 의하여 상속이 개시된 경우

그 실종기간이 구법 시행기간중에 만료하는 때에도 그 실종이 신법시행일 이후에 선고된 때에는 그 상속순위, 상속분 기타 상속에 관하여는 신법을 적용하도록 되어 있으며(민법부칙 제12조) 실종선고의 효과는 실종기간이 만료한 때에 소급하게 되므로 등기원인은 '신법시행시(실종선고시)의 등기원인'을 표시하고 등기원인일자는 '실종기간만료일'을 표시한다. 다만 이러한 경우 등기기록상으로 보면 구법 당시에 개시된 상속에 대하여 신법을 적용한 것 같이 보이므로 공시의 명확을 기하기 위하여 '○년○월○일 실종선고'와 같이 그 실종선고일을 병기한다.

3) 등기원인이 2개 이상 있는 경우

상속이 개시된 이후 그 상속등기를 하기 전에 상속인의 한사람이 사망하여 또 다시 상속이 개시된 경우에는 순차로 상속등기를 할 것이 요구되지 아니하고 최후의 상속인 앞으로 직접 상속등기를 할 수 있다. 이 경우에는 상속개시일자를 순차로 기재하여 1건으로 상속등기를 신청할 수 있는바 '공동상속인 중 ○○○는 ○년○월○일 사망하였으므로 상속'이라고 기재하고 그 상속인을 표시한다.

3. 첨부정보

(1) 상속을 증명하는 정보

1) 기본증명서

피상속인이 2008.1.1. 이후에 사망한 경우에는 피상속인의 사망사실 및 사망일자를 증명하는 서면으로 피상속인의 기본증명서를 첨부한다. 피상속인의 사망사실은 피상속인의 가족관계증명서에도 나오지만 사망일자는 가족관계증명서에 기재가 되지 아니하므로 이와 별도로 기본증명서를 첨브하여야 한다.

2) 가족관계증명서

피상속인이 2008.1.1.이후에 사망한 경우에는 현재의 상속인의 범의를 소명하기 위하여 피상속인의 가족관계증명서를 첨부한다.

3) 제적등·초본

2007. 12. 31.이전에 사망신고된 사람은 가족관계등록부가 작성되지 아니하였을 뿐만 아니라, 피상속인의 사망시 과거에는 대부분 호주승계로 인하여 호적부를 다시 편제하였는데, 피상속인의 사망사실이 피상속인이 호주였던 제적등·초본에 기재되기 때문이다. 또한 호주승계가 된 제적등·초본에는 구 호적법상 분가나 출가에 의하여 이미 제적된 다른 상속인은 나타나지 아니하므로 상속인 전원의 범위와 그 상속인임을 소명하기 위해서 첨부한다.

4) 친양자입양관계증명서

친양자입양으로 입양전의 친족관계는 종료하는 바(민법 제908조의3), 피상속인의 사망시점과 친양자 입양시점을 비교하여 상속인의 범위를 확정할 필요가 있기 때문이다. 다만 피상속인의 사망일자가 2007.12.31. 이전인 경우에는 친양자입양관계증명서가 존재하지 아니하기 때문에 이를 제출할 필요가 없다.

5) 상속을 증명하는 정보를 제공할 필요가 없는 경우

① 상속재산 협의분할을 통하여 단독상속인이 된 갑이 소유권보존등기명의인을 상대로 진정명의회복을 원인으로 한 소유권이전등기절차이행을 명하는 승소확정판결을 받은 경우와 같이 등기권리자의 상속인이 등기기록상 최종 소유자를 상대로 하여 진정명의회복을 원인으로 하는 승소판결을 받은 경우에는 상속

을 증명하는 서면을 제출할 필요가 없다(**등기선례 7-179**).

② 이에 반해 취득시효완성을 원인으로 한 소유권이전등기 소송에서 원고들에게 일정지분대로 이행을 명한 승소확정판결을 받았고, 그 판결이유 중에 원고들의 피상속인이 부동산을 시효취득한 사실 및 원고들이 소유권이전등기청구권을 공동상속 한 사실이 기재되어 있는 경우에는 판결정본과 상속재산협의분할서(**상속인 전원의 인감증명서 첨부**) 및 호적등본, 제적등본 등 부동산등기법 제46조 소정의 상속을 증명하는 서면을 첨부하여 원고들 중 1인의 단독소유로 하는 소유권이전등기를 신청할 수 있다.(**법정상속지분대로 승소 판결을 받은 경우 협의분할 가능 여부 2005. 8. 19. 부동산등기과-1225 질의회답**)

③ 이는 판결주문에 기재된 법정상속분대로의 등기 대신 상속인간의 상속재산협의분할에 의한 등기신청이 가능하고, 그 상속재산분할협의를 증명하기 위해서 상속을 증명하는 서면이 필요하다는 것이므로 상속증명정보를 제공할 필요가 없다는 위 등기선례 7-179와 모순되지 않는다.

(2) 주소증명정보

1) 피상속인

① 피상속인의 주소증명정보는 법률에서 요구되는 첨부정보는 아니나 기본증명서와 제적등·초본만으로 등기기록상의 등기명의인과 피상속인이 동일인임이 인정된다고 볼 수 없는 경우에는 그 동일성 확인을 위하여 피상속인의 주소를 증명하는 정보를 제공할 필요가 있으며 이에 실무상 첨부하고 있다. ② 피상속인이 주민등록표상에 등록된 사실도 없는 경우에는 시·구·읍·면장의 동일인 증명이나 그 사실을 확인하는데 상당하다고 인정되는 자의 보증서면과 그 인감증명 및 기타 보증인자격을 인정할 만한 정보(**공무원재직증명, 법무사 자격증 사본등**)을 제공하여 상속등기를 신청할 수 있다(**등기선례 7-176**).

2) 상속인

① 원 칙

소유권이전등기를 신청하는 경우에는 신청인의 주소를 증명하는 정보를 제공하도록 하고 있으므로(**규칙 제46조제1항제6호**), 상속인의 주민등록표등·초본등을 제공하여야 하지만, 상속재산협의분할과정에서 상속을 받지 아니하기로 한 상속인의 주소증명정보는 제공할 필요가 없다. 상속포기자의 주소를 증명하는 정보도 제공할 필요가 없다.

② 동일성을 소명하여야 하는 경우

상속을 증명하는 정보와 상속재산분할협의서 및 인감증명서상의 상속인의 표시만으로 각 서면상의 상속인이 동일인임을 알 수 없는 경우에는 등일인임을 증명하는 정보로 실무상 주민등록표등·초본을 제공토록 하고 있다. 또한 상속재산분할협의서에 기재한 상속인의 주소와 인감증명서상의 주소가 부합하지 않는 경우에도 동일인임을 증명하는 정보를 제공하여야 한다.

③ 상속인이 행방불명된 경우

어느 상속인이 행방불명으로 주민등록이 말소된 경우에는 말소된 주민등록표등·초본을 첨부하여 그 최후 주소를 주소지로, 제적등븐상 주민등록번호가 기재되어 있지 않고 달리 주소를 확인할 수 없어 주민등록표등·초본을 발급받을 수 없는 때에는 이를 소명하여 제적등·초본상 본적지(또는 가족관계등록부상 등록기준지)를 그 주소지로 하여 상속등기를 신청할 수 있다.

④ 재외국민등록부등본을 얻을 수 없는 경우

공동상속인 중 일부인 재외국민이 협력하지 아니하여 현 주소를 알 수 없는 때에는 그 상속인의 주소를 증명하는 정보로 말소된 주민등록표등본과 재외국민의 현 주소를 알 수 없다는 소명자료를 첨부하여 말소된 주민등록표등본상 최후 주소로 상속등기를 신청할 수 있다.

(3) 상속인의 주민등록번호증명 또는 부동산등기용 등록번호 증명정보

상속등기를 신청하는 경우에는 상속인의 주민등록번호 서면 또는 부동산등기용 등록번호를 증명하는 정보를 제공하여야 한다.

(4) 상속재산분할 협의서

① 원 칙

공동상속인간에 상속재산분할협의가 성립한 때에는 상속재산분할협의서를 첨부하여야 하며, 분할협의서에 날인한 상속인 전원의 인감증명도 함께 첨부한다(규칙 제60조제1항제6호). 협의가 성립되지 않아 가정법원의 심판이 있었거나 조정이 성립된 경우에는 그 심판정본 또는 조정조서등본을 첨부하여야 한다.

② **특별대리인을 선임하여야 하는 경우**

상속인 중 미성년자가 있는 경우 공동상속인인 친권자는 민법 제921조에 저촉되므로 미성년자를 위한 특별대리인을 선임하여 협의분할 하여야 한다. 이 경우 상속재산분할협의서에는 그 미성년자를 제외한 상속인 및 특별대리인 전원이 날인하고 인감증명을 첨부하여야 하고, 특별대리인선임심판서도 첨부하여야 한다.

③ **상속등기를 하기 전에 상속인이 사망한 경우의 상속재산협의분할**

피상속인의 사망으로 상속이 개시된 후 상속등기를 경료하지 아니한 상태에서 공동상속인 중 1인이 사망한 경우, 나머지 상속인들과 사망한 공동상속인의 상속인들이 피상속인의 재산에 대한 협의분할을 할 수 있다.

(5) 상속인의 인감증명

① 공동상속인 사이에 상속재산분할협의가 성립한 때에는 그 협의가 성립하였음을 증명하는 정보와 분할협의서에 날인한 상속인 전원의 인감증명을 제공하여야 한다. ② 재외국민인 경우에는 상속재산분할협의서상의 서명 또는 날인이 본인의 것임을 증명하는 재외공관의 확인서 또는 이에 관한 공정증서로 대신할 수 있다.

(6) 위임장

법무사 등 대리인에게 위임하여 상속등기를 신청하는 경우에는 위임장을 첨부하여야 하며, 협의분할에 의한 상속등기를 함에 있어 분할협의는 대리인에게 위임하여 할 수 있으며, 이 경우 본인이 미성년자가 아닌 한 그 공동상속인 중 한 사람을 위 분할협의에 관한 대리인으로 선임하여도 무방하다.

(7) 실종선고의 경우

실종선고에 따라 호적부 등이 정리가 되어 있을 경우에는 그 실종선고에 따른 상속등기시 당해 실종선고심판정본을 첨부할 필요는 없으나, 제적등본은 첨부하여야 한다.

(8) 상속분이 없는 경우

특별수익자(민법 제1008조)의 유증 또는 증여받은 가액이 자기의 상속분과 같거나 이를 초과하는 경우에는 특별수익자를 제외한 나머지 공동상속인들이 그들 명의로 상속등기를 신청할 수 있다. 다만 특별수익자에게는 상속분이 없음을 증명함에 족한 정보(인감증명 첨부한 확인서)를 제공하여야 한다.

(9) 상속포기의 경우

① 상속지분을 포기하는 상속인들이 관할법원에 상속포기신고를 하여 그 법원으로부터 교부받은 상속포기신고를 수리하는 뜻의 심판의 정본을 제출하여야 한다.

② 공동상속인중 일부가 상속포기를 하였으나 이를 간과한 채 등기가 경료된 경우

등기권리자는 위 상속포기를 증명하는 서면을 첨부하여 등기의무자와 공동으로 또는 판결을 얻어 단독으로 경정등기를 신청할 수 있으며, 이 경우 등기의무자의 인감증명과 위 경정등기에 이해관계 있는 제3자가 있는 때에는 그 승낙서 또는 이에 대항할 수 있는 재판의 등본을 제출하여야 한다.

③ 제1순위 상속인 전원이 상속을 포기한 경우

차순위 상속인이 공동으로 상속인이 된다. 그러므로 피상속인의 자와 처가 모두 상속을 포기한 때에는 차순위 직계비속인 피상속인의 손자 및 외손자가 공동으로 상속인이 되며, 이 때 위 손자 및 외손자 등도 모두 상속을 포기하여 직계비속이 없다면 차순위 상속권자인 직계존속이 상속인이 되는바, 직계존속에는 양부모와 친부모가 모두 포함되고 이미 양부모가 사망하였다면 친부도가 상속권자가 된다.

(10) 상속권을 상실한 경우

민법 제1004조에 의하여 상속권을 상실한 자가 있는 경우에는 이를 소명하는 정보(형사판결문등)를 제공하여야 한다.

(11) 판결에 의한 상속등기의 경우

1) 등기관의 심사권 범위내인지의 여부

상속을 증명하는 시·구·읍·면의 장의 서면 또는 이를 증명함에 족한 서면의 조사에 기한 상속분의 산정은 등기관의 형식적 심사권한의 범위내라는 것이 판례이다.

2) 상속재산에 관한 소송에 있어서의 확정판결의 기판력이 미치는지 여부

기판력이 미치지 아니하므로 상속을 증명하는 시·구·읍·면의 장의 서면 또는

이를 증명함에 족한 서면과 관계법령에 의하여 인정되는 정당한 상속인의 범위 및 상속지분과 다른 내용으로 상속등기를 신청하였을 경우 등기관으로서는 신청내용이 확정된 판결의 내용과 동일하다고 하더라도 위 등기신청을 각하하여야 한다는 것이 대법원의 입장이다.

3) 다른 부동산에 대하여 상속으로 인한 소유권이전등기를 신청하는 경우

을이 국가를 상대로 소유권확인소송을 제기하여 승소확정판결을 받았고 그 판결의 이유에서 을이 갑의 상속인임이 인정되었더라도, 을이 소유권확인소송과는 별도로 갑 명의의 다른 부동산에 대하여 상속으로 인한 소유권이전등기를 신청하는 경우, 그 상속등기신청에 대한 등기관의 심사에 위 확정판결의 기판력은 미치지 아니하므로 상속을 증명하는 정보는 제공하여야 한다.

4) 소유권확인판결의 이유에서 상속재산의 협의분할을 인정한 경우

갑이 사망한 후 그 상속인들인 을과 병이 갑 소유의 부동산을 을이 상속하는 것으로 하는 내용의 상속재산 분할협의를 하였으나, 분할협의서는 작성하지 않고 있던 중 을과 병 사이에 분쟁이 발생하여 을이 병을 상대로 소유권확인의 소를 제기하여 승소의 확정판결을 받았고, 그 판결의 이유 설시에서 을과 병 사이의 분할협의의 존재가 인정된 경우에, 을은 위 판결의 정본을 첨부하여 상속으로 인한 소유권이전등기를 신청할 수 있으며 상속을 증명하는 정보는 제공할 필요가 없다.

Ⅲ. 상속등기 후에 상속재산을 협의분할한 경우

1. 협의분할의 허용성

상속재산의 협의분할은 언제든지 가능하다(민법 제1013조). 따라서 상속인들이 법정지분에 의하여 상속등기를 한 이후에도 상속인 전원이 참가하여 상속재산 분할협의서를 제출하면 이에 따른 상속등기를 신청할 수 있다.

2. 신청인

① 권리를 취득하는 자가 등기권리자, 권리를 잃는 자가 등기의무자로서 소

유권의 경정등기를 신청하여야 한다. ② 그러나 법정상속지분에 의한 등기가 경료된 후 i) 공동상속인중 어느 1인 갑이 사망하였다면 그 공동상속등기에 대해서는 상속재산분할협의서에 의한 소유권경정등기를 할 수 없고, ii) 그 상속인 중 1인 갑의 지분에 대한 가압류등기가 이루어진 경우에 그 상속인 갑을 제외한 나머지 상속인 전원이 갑의 지분을 제외한 나머지 지분에 대하여 협의분할을 하고 이에 따른 소유권경정등기를 신청할 수는 없다.

3. 신청정보

등기원인은 '협의분할로 인한 상속'으로 표시하고, 등기원인일자는 '협의분할일'을 표시한다. 재판에 의하여 상속재산을 협의분할하는 경우에는 등기원인은 '○○지방법원의 확정판결로 인한 상속'으로 표시한다. 경정할 사항으로 소유자 현황 및 지분이 어떻게 경정되는지를 표시한다.

4. 첨부정보

① 상속재산분할협의 또는 재판이 있음을 증명하는 정보

상속재산협의분할이 있었다는 사실을 증명하기 위하여 그 협의서 또는 재판서를 첨부한다.

② 등기상 이해관계인의 승낙정보

소유권경정등기로 인하여 공유지분을 상실하는 공동상속인의 지분을 목적으로 한 등기상 이해관계인이 있으면 그의 승낙서 또는 이에 대항할 수 있는 재판의 등본을 첨부하여야 한다.

③ 인감증명

권리를 취득하지 아니하는 상속인의 인감증명서를 첨부하여 소유권경정등기를 신청할 수 있다.

④ 등록면허세

상속등기를 한 후 상속재산의 협의분할로 인한 소유권경정등기를 신청할 때에는 경정등기에 대한 등록면허세만을 납부하면 된다.

⑤ 국민주택채권

상속등기후의 상속재산 협의분할로 인한 소유권경정등기는 그 실질이 상속등기이므로 그 경정등기를 신청하는 경우에는 상속인은 국민주택채권을 매입하여야 할 것이다. 다만 그 전의 상속등기를 신청할 때에 국민주택채권을 매입하였다면 상속인은 위 경정등기의 법정매입금액에서 상속등기시에 상속인들이 매입한 채권 금액만큼 공제하고 나머지 금액만 매입하면 될 것이다.

⑥ 농지취득자격증명정보

농지에 대하여 상속등기를 한 후 상속재산의 협의분할에 의하여 소유권경정등기를 신청하는 경우에는 농지취득자격증명을 첨부할 필요가 없다.

⑦ 포괄승계인에 의하여 이루어진 등기(법 제27조)를 협의분할하는 경우

원래의 등기가 포괄등계인에 의한 등기임을 증명하는 정보를 제공하여야 한다. 그러므로 부동산 매수인의 상속인들이 매도인을 상대로 매매를 원인으로 한 소유권이전등기절차이행의 승소판결을 받아 판결주문에 표시된 법정지분대로 매매를 원인으로 하는 소유권이전등기를 경료한 후에 그 부동산에 대해 상속인들 사이에 그 중 1인의 단독소유로 하는 상속재산협의분할이 이루어졌다면, 원래의 매매를 원인으로 한 등기신청이 등기권리자의 포괄승계인에 의한 것이었음을 소명하는 자료와 협의분할서, 권리를 취득하지 아니하는 상속인의 인감증명 등을 첨부하여 소유권경정등기를 신청할 수 있다.

5. 등기의 실행

이 등기의 본질은 일부말소의미의 경정등기이지만 등기형식상으로는 소유권경정등기의 모습으로 기록된다. 기존 등기의 등기원인은 이를 경정하지 아니하고 권리자에 관한 사항만 부기등기의 형식으로 경정하면 된다.

Ⅳ. 상속등기 후에 일부지분을 말소하는 경우

상속재산을 갑,을,병,정이 공동상속받았으나, 상속인 중 갑이 허위로 매매를 원인으로 하여 부동산소유권이전등기 등에 관한 특별조치법의 규정에 의하여 갑 단독명의로 소유권이전등기를 경료한 상태에서 다른 공동상속인들이 갑 명의의 소유권이전등기에 대하여 갑의 법정상속분을 제외한 나머지 공동상속인의 법정상속분에 해당하는 지분에 그 지분 일부말소 판결을 구하여 승소의 확정판결을 받은 경우에, 을,병,정은 이 판결과 호적 및 제적등본 등 상속등기에 필요한 서류를 첨부하여 등기원인인 '매매'를 '상속'으로 하는 경정등기신청과 지분일부말소의미로서 갑과 을,병,정을 공유자로 하는 경정등기신청을 할 수 있을 것이다.

Ⅴ. 협의분할에 의한 상속등기 후 계약을 해제할 수 있는지 여부

1. 법정해제권을 행사한 경우

해제사유가 있어 협의분할계약을 해제하고 다시 협의분할계약을 체결할 수 있고, 이때에는 협의분할계약해제를 원인으로 상속등기를 갈소할 수 있다.

이 경우 ① 협의분할계약만 해제한 경우에는 기존의 협의분할에 의한 상속등기를 말소하고 상속인들의 법정지분에 따라 피상속인으로부터 상속등기를 하게 되고, ② 상속인들이 협의분할계약을 법정해제하고 다시 협의분할계약을 체결한 경우에는 기존의 협의분할에 의한 상속등기를 말소하고 협의분할계약의 취지에 따라 피상속인으로부터 상속등기를 할 수 있다.

2. 합의해제가 있는 경우

협의분할에 의한 상속등기 후 합의해제를 원인으로 법정상속분대로 소유권경정등기를 신청하는 것도 가능하고, 협의분할계약을 합의해제한 후에 다시 협의분할계약을 체결한 경우에는 그 협의분할계약의 내용에 따라 기존의 등기를 말소하거나 경정하는 것도 가능하다.

Ⅵ. 법정지분에 의한 상속등기 후 경정등기가 허용되는지 문제되는 경우

1. 상속재산의 경매분할

상속인간에 상속재산협의분할이 이루어지지 않아 법원이 상속재산의 경매분할을 명한 경우, 동 심판은 상속재산의 현물분할을 명한 것이 아니므로 동 심판에 따른 협의분할 상속등기를 할 수 없고, 경매신청을 하기 위하여서는 법정상속등기가 선행되어야 하며, 법정상속등기가 이미 경료된 등기를 동 심판서의 주문에 기재된 상속비율로 경정등기신청을 할 수 없다.

2. 상속지분을 포기한 경우

상속인 갑, 을, 병, 정이 법정상속분대로 상속등기를 완료한 후 갑, 을간에 "을은 갑에게 금○○○원을 지급한다. 갑은 을에게 금원을 지급받으면 ○○군○○면○○리○○번지 답○○㎡에 대한 상속지분을 포기한다."라는 조정이 성립된 경우, 조정조서는 가정법원의 상속포기신고수리의 심판이 아니고, 또한 지분포기를 원인으로 한 공유지분이전등기절차를 이행하라는 의사의 진술을 명한 것이 아니므로, 을은 조정조서에 의하여 상속지분포기를 원인으로 한 소유권경정 또는 공유지분이전등기신청을 할 수 없다.

37.【유증으로 인한 소유권이전등기】

Ⅰ. 서 설
1. 유증의 의의
2. 유증의 종류
3. 사인증여와의 구별
4. 유증의 효력
(1) 효력발생시기
(2) 효 과
(3) 수증자의 법적 지위
Ⅱ. 등기 신청인
1. 공동신청의 원칙
2. 수증자가 유언집행자가 될 수 있는지 여부
3. 유언집행자가 수인인 경우
4. 수증자가 수인인 경우
Ⅲ. 신청정보
1. 등기원인
2. 지정 유언집행자와 특정적 유증의 수증자(상속인임)가 동일인인 경우
Ⅳ. 등기신청방법
1. 수증자 명의로 직접 신청
2. 유증의 목적 부동산이 미등기인 경우
3. 부동산 중 특정 일부만을 유증한 경우
4. 유증의 가등기
Ⅴ. 첨부정보
1. 유언집행자의 자격을 증명하는 정보
2. 유언검인조서 등
3. 기타 정보
4. 등록면허세 등
Ⅵ. 관련문제
1. 유증한 부동산 중 일부를 생전에 처분한 경우
2. 유류분과의 관계

37. 【유증으로 인한 소유권이전등기】

I. 서 설

1. 유증의 의의

유증이란 유언자가 유언에 의하여 자기의 재산을 수증자에게 사후에 무상으로 양도하는 단독행위를 말한다. 유증자는 유증의 상대방등을 자유롭게 정할 수 있다.

2. 유증의 종류

유증은 ① 유증자의 적극적·소극적 상속재산의 전부 또는 그 비율적 일부에 해당하는 부분의 유증을 의미하는 포괄적 유증과, ② 유증자의 적극적·소극적 재산을 구체적으로 특정하여 유증하는 특정적 유증이 있다.

3. 사인증여와의 구별

유증은 상대방 없는 단독행위라는 점에서 계약인 사인증여와 구별된다.

4. 유증의 효력

(1) 효력발생시기

유언은 유언자가 사망한 때로부터 그 효력을 발생하므로 유증의 효력발생시기는 유언자가 사망한 때이다(민법 제1073조 제1항). 다만 유언에 정지조건이 있는 경우에 그 조건이 유언자의 사망 후에 성취한 때에는 그 조건성취한 때로부터 유언의 효력이 생긴다(동조 제2항).

(2) 효 과

1) 포괄적 유증의 효과

포괄적 유증의 경우에는 유증에 의하여 유증자의 재산이 수증자에게 포괄적으로 이전된다. 부동산에 관하여도 이전등기 없이 소유권이 이전한다(민법 제187조). 포괄적 유증을 받은 자는 상속인과 동일한 권리의무가 있다(동법 제1078조).

2) 특정적 유증의 효과

특정적 유증에 의하여는 유증자의 사망으로 그 재산이 수증자에게 이전되는 것은 아니고, 수증자에게 재산이전청구권만 발생한다. 사망자의 재산은 모두 일단 상속인에게 포괄적으로 이전하고 그 후 상속인의 이행에 의하여 수증자에게 이전되는 것이다.

(3) 수증자의 법적 지위

수증자는 유언의 효력이 발생할 때까지는 유증자의 재산에 대하여 아무런 직접적 권리를 취득하지 않는다(민법 제1089조).

II. 등기 신청인

1. 공동신청의 원칙

① 유증으로 인한 소유권이전등기는 특정적 유증, 포괄적 유증을 불문하고 유언집행자가 등기의무자, 수증자가 등기권리자가 되어 공동으로 신청하여야 한다. 유언자가 유언으로 유언집행자를 지정하지도 아니하고 유언집행자의 지정을 제3자에게 위탁하지도 아니한 경우에는 상속인이 유언집행자가 되는바, 이러한 경우에는 상속인이 등기의무자, 수증자가 등기권리자가 되어 공동으로 신청하여야 한다. ② 공정증서에 의한 유언의 경우에도 등기의무자인 유언집행자가 유증을 등기원인으로 하는 소유권이전등기를 단독으로 신청할 수는 없다.

2. 수증자가 유언집행자가 될 수 있는지 여부

무능력자나 파산자가 아닌 한 유언집행자가 될 수 있는 것이므로(민법 제1098조) 수증자도 유언집행자가 될 수 있으며, 이러한 경우에도 등기는 공동신청 하여야 한다. 이 경우에 유언집행자와 수증자는 자격을 달리하는 것이므로 등기신청서는 '등기의무자 망○○○, 유언집행자 ○○○', '등기권리자 ○○○'라는 형식으로 작성한다.

3. 유언집행자가 수인인 경우

그 임무의 집행은 과반수의 찬성으로 결정하므로(민법 제1102조) 유언집행자의 과반수가 동의하면 수증자 앞으로의 소유권이전등기를 할 수 있다. 따라서 유증자가 유언집행자를 지정하지도 아니하고 유언집행자의 지정을 제3자에게 위탁하지도 아니하여 유증자의 상속인들이 공동 유언집행자가 된 경우에는 그 중 과반수의 상속인이 수증자 앞으로의 등기절차에 협력한다면 수증자 앞으로의 등기를 하는 데는 문제가 없다.

4. 수증자가 수인인 경우

수증자가 수인인 포괄유증의 경우에는 수증자 전원이 공동으로 신청하거나 각자가 자기 지분만에 대하여 신청할 수 있다. 그러나 포괄수증자 이외에 유언자의 다른 상속인이 있는 경우에는 유증으로 인한 소유권이전등기와 상속으로 인한 소유권이전등기를 각각 신청하여야 한다. 등기원인이 각 '유증', '상속'으로 서로 다르기 때문이다.

III. 신청정보

1. 등기원인

'○년○월○일 유증'으로 기재하되, 그 연월일은 유증자가 사망한 날을 표시한다. 다만, 유증에 조건 또는 기한이 붙은 경우에는 그 조건이 성취한 날 또는 그 기한이 도래한 날을 표시한다.

2. 지정 유언집행자와 특정적 유증의 수증자(상속인임)가 동일인인 경우

그 자격을 달리하는 것이므로 등기신청서에 등기의무자로서 지정 유언집행자를 표시하고, 등기권리자로서 수증자를 표시하는 방법으로 유증의 목적인 부동산에 대하여 유증을 원인으로 하는 소유권이전등기를 신청할 수 있다.

IV. 등기신청방법

1. 수증자 명의로 직접 신청

유증으로 인한 소유권이전등기는 포괄유증이든 특정유증이든 모두 상속등기를 거치지 않고 유증자로부터 직접 수증자 명의로 등기를 신청하여야 한다. 그러나 이미 상속등기가 경료된 경우에는 상속등기를 말소함이 없이 상속인으로부터 유증으로 인한 소유권이전등기를 신청할 수 있다.

2. 유증의 목적 부동산이 미등기인 경우

유증의 목적 부동산이 미등기인 경우에는 법 제65조제1호에 따라 포괄수증자는 직접 자기 명의로 소유권보존등기를 신청할 수 있을 것이다. 특정 유증을 받은 경우에는 직접 수증자 명의로 소유권보존등기를 신청할 수 없고 유언집행자가 상속인 명의로 소유권보존등기를 한 다음 유증으로 인한 소유권이전등기를 신청하여야 한다.

3. 부동산 중 특정 일부만을 유증한 경우

유언집행자는 유증할 부분을 특정하여 분할(또는 구분)등기를 한 다음 수증자 명의로 소유권이전등기를 신청하여야 한다. 특정적 유증의 수증자가 유증자의 사망 후에 유증의 목적 부동산 중 특정 일부에 대하여 유증의 일부포기를 한 경우에도 유언집행자는 포기한 부분에 대하여 분할(또는 구분)등기를 한 다음 포기하지 아니한 부분에 대하여 유증으로 인한 소유권이전등기를 신청하여야 한다.

4. 유증의 가등기

① 유증으로 인한 소유권이전등기청구권보전의 가등기는 유언자가 사망한 후인 경우에는 이를 수리하고, 유언자가 생존중인 경우에는 이를 수리하여서는 아니된다. ② 다만 사인증여로 인하여 발생한 소유권이전등기청구권을 보전하기 위하여 가등기를 신청할 수 있다(등기선례 6-437).

V. 첨부정보

1. 유언집행자의 자격을 증명하는 정보

① 유언집행자가 유언으로 지정된 경우에는 유언증서, 유언에 의하여 유언집행자의 지정을 제3자에게 위탁한 경우에는 유언증서 및 제3자의 지정서(그 제3자의 인감증명 첨부), 가정법원에 의해 선임된 경우에는 유언증서 및 심판서정본을 첨부정보로 제공하여야 한다. ② 유언자의 상속인이 유언집행자인 경우에는 상속인임을 증명하는 정보(가족관계등록증명서 등)를 첨부하여야 한다. ③ 유증자가 사망한 이후에 유언집행자가 사망한 경우에는 법원이 선임한 새로운 유언집행자가 등기의무자가 되며, 유증자가 사망하기 전에 유언집행자가 사망한 경우에는 상속인이 등기의무자가 된다.

2. 유언검인조서 등

① 유언증서가 자필증서, 녹음, 비밀증서에 의한 경우에는 유언검인조서등본을, 구수증서에 의한 경우에는 검인신청에 대한 심판서등본을, 유증에 정지조건등이 붙은 경우에는 그 조건성취를 증명하는 정보를 각 첨부하여야 한다. ② 요건을 구비하지 못한 자필증서(작성연월일, 주소, 성명, 날인의 누락)를 첨부하거나, 유언증서에 가정법원에 의한 검인이 되어 있는 경우에도 그 유언증서가 적법한 요건을 갖추지 아니한 경우에는 그 등기신청을 수리하여서는 아니 된다. ③ 검인기일에 출석한 상속인들이 “유언자의 자필이 아니고 날인도 유언자의 사용인이 아니라고 생각한다”는 등의 다툼있는 사실이 기재되어 있는 검인조서를 첨부한 경우에는 유언 내용에 따른 등기신청에 이의가 없다는 위 상속인들의 동의서(인감증명 첨부)를 첨부하여야 한다.[65] 유언검인조서에 “이 유언증서상 내용의 진위여부는 어떻게 아느냐”라는 상속인의 진술이 기재된 경우에도 마찬가지이다.

3. 기타 정보

① 유언자의 사망을 증명하는 정보, 등기의무자(유증자)의 등기필증(또는 등기필정보)등을 제공하여야 한다. 포괄적 유증으로 인한 농지의 소유권이전등기 신청시 농지취득자격증명을 첨부할 필요가 없으나, 상속인 이외의 자에 대한 특정적 유증의 경우에는 이를 첨부하여야 한다.

② 등기필증(등기필정보)이 멸실된 경우

등기신청을 위임받은 변호사 또는 법무사는 법 제51조에 의하여 등기의무자인 유언집행자 또는 상속인으로부터 등기신청을 위임받았음을 확인하는 정보

65) 등기예규 제1024호

를 첨부하여야 한다(등기선례 8-209).

4. 등록면허세 등

상속인에 대한 유증은 '상속'에 준하여, 상속인 이외의 자에 대한 유증은 '무상취득'에 준하여 등록면허세를 납부한다. 국민주택채권은 상속·증여·무상취득에 준하여 매입금액을 산정한다.

Ⅵ. 관련문제

1. 유증한 부동산 중 일부를 생전에 처분한 경우

수개의 부동산을 유증하기로 하는 유언증서를 작성한 후 그 부동산 중 일부를 유증자가 생전에 처분한 경우라도, 유증하기로 한 재산의 일부를 처분한 사실만으로 다른 재산에 대한 유언을 철회한 것으로 볼 수는 없으므로, 나머지 부동산에 대하여는 유증을 원인으로 수증자 앞으로 소유권이전등기를 신청할 수 있다.

2. 유류분과의 관계

유증으로 인한 소유권이전등기는 수증자와 유언집행자의 공동신청에 의하여야 하고, 그 유증이 상속인의 유류분을 침해하는 내용이라 하더라도 그 등기신청을 함에는 지장이 없다. 물론 상속인은 그의 유류분에 부족이 생긴 때에는 부족한 한도 내에서 그 재산의 반환을 청구할 수 있다. 따라서 유증으로 인한 소유권이전등기신청이 상속인의 유류분을 침해하는 내용이라 하더라도 등기관은 이를 수리하여야 한다.

38. 【합유에 관한 등기신청】

Ⅰ. 서 설
1. 의 의
Ⅱ. 합유지분의 처분과 등기의 형식
1. 합유등기
(1) 합유지분의 처분가능 여부
(2) 합유물의 처분등기
2. 등기형식
Ⅲ. 합유표시방법
Ⅳ. 합유지분을 처분하는 경우의 등기
1. 합유자 중 일부가 합유지분의 처분으로 교체되는 경우
2. 새로운 합유자의 추가 없이 합유자 중 일부가 탈퇴한 경우
(1) 잔존 합유자가 수인인 경우
(2) 잔존 합유자가 1인이 된 경우
3. 새로운 합유자가 추가만 되는 경우
4. 합유자 중 일부가 사망한 경우
(1) 합유지분의 상속등기 가능 여부
(2) 합유자가 3인 이상인 경우에 그 중 1인이 사망한 때
(3) 합유자가 2인인 경우 그 중 1인이 사망한 때9
(4) 3인중 순차로 2인이 사망한 때
(5) 합유자 전원이 사망한 때
5. 합유명의인 변경등기와 등록면허세
Ⅴ. 공유에서 합유로 또는 합유에서 공유로 변경하는 경우
1. 신청절차
2. 등기상 이해관계인의 승낙정보 등의 첨부
(1) 등기상 이해관계인의 승낙정보 등의 첨부
(2) 등기상 이해관계인의 승낙정보 등의 제공이 없는 경우
(3) 공유물 전체에 대하여 용익물권이나 담보물권이 설정된 경우
Ⅵ. 단독소유를 수인의 합유로 이전하는 경우
Ⅶ. 합유지분 처분등기의 말소 방법
1. 가압류등기의 말소
2. 상속등기의 말소

38. 【합유에 관한 등기신청】

I. 서 설

1. 의 의

합유는 계약 또는 법률의 규정에 의하여 수인이 조합체로서 물건을 소유하는 공동소유형태를 말하는데, 여기서 조합체라 함은 이른바 '합수적 조합'을 말하며 공동의 목적을 가지고 뭉친 결합체이지만 단체적 단일성은 약하고 구성원의 개별성이 강한 점에서 법인이나 권리능력이 없는 사단과 구별된다. 조합원의 출자 기타 조합재산은 조합원의 합유로 하고, 수탁자가 수인 있는 때에는 신탁재산은 그 합유로 한다.

2. 처분 또는 변경의 제한

합유물의 보존행위는 각 합유자가 단독으로 할 수 있으나 합유물을 처분 또는 변경함에는 합유자 전원의 동의가 있어야 한다(민법 제272조). 또한 합유자는 전원의 동의없이 합유물에 대한 지분을 처분하지 못하고, 합유관계가 존속하는 한 합유물의 분할을 청구하지도 못한다(민법 제273조).

II. 합유지분의 처분과 등기의 형식

1. 합유등기

(1) 합유지분의 처분가능 여부

① 합유지분은 공유지분과 달리 조합체의 목적과 단체성에 의하여 제한을 받는 것이므로 합유자는 단독으로 자신의 지분을 조합체의 구성원인 자격과 분리하여 양도할 수 없다. 따라서 합유자 전원의 동의가 없는 한 조합원 지위를 분리하여 양도할 수 없다. 이에 수인의 합유인 부동산에 관하여 합유자 중 1인의 지분에 대한 강제집행(선례 6-497), 가압류(선례 7-243), 소유권이전청구권가등기(선례 6-436), 압류 또는 공매처분에 따른 지분이전등기촉탁(선례 3-560) 등은 허용되지 않는다. ② 다만, 합유지분이 아닌 합유물 전체에 대해 설정된 근저당권실

행을 위한 경매개시결정이 있는 경우에는 그에 따른 경매신청의 기입등기는 가능하고, 조합사업으로 발생한 지방세의 체납처분에 대하여는 합유재산에 대하여 압류등기의 촉탁을 할 수 있다(선례7-441).

(2) 합유물의 처분등기

합유물의 처분 또는 변경을 위해서는 합유자 전원의 동의가 필요하므로 합유자 전원이 등기의무자가 되어(전원의 인감증명 첨부) 제3자 앞으로의 소유권이전등기를 신청해야 한다(선례 2-258). 그러나 합유로 등기해야 할 것을 공유로 잘못 신청한 경우, 합유로의 경정등기신청은 합유물에 대한 보존행위로 보아 합유라는 사실을 소명하여 합유자 중 1인이라도 그 신청을 할 수 있다(선례 4-21).

2. 등기형식

합유자는 전원의 동의를 얻으면 합유지분을 처분할 수 있으나 합유자 중 일부가 자신의 합유지분을 처분하는 경우 그 등기방법을 이전등기로 할 것인가 아니면 변경등기로 할 것인가 문제되는데 민법상 조합에 있어 조합원 중 일부의 변동이 있어도 조합의 동일성이 그대로 유지된다는 입장에서 조합원 중 일부의 변동으로 인한 등기시 그 등기방법을 “소유권변경”으로 처리하도록 하고 있다(등기예규 제911호). 따라서 주등기가 아닌 부기등기로 해야 함을 유의해야 한다.

III. 합유표시방법

등기권리자가 2인 이상인 경우에 그 권리가 합유인 때에는 신청정보에 그 뜻을 기재하여야 하고(법 제48조제2항), 등기기록상 각 합유자의 지분을 표시하지 아니하고 ‘합유자’로만 기록한다.

IV. 합유지분을 처분하는 경우의 등기

1. 합유자 중 일부가 합유지분의 처분으로 교체되는 경우

합유자 중 일부가 나머지 합유자들 전원의 동의를 얻어 그의 합유지분을 다른 사람에게 매도 등 처분을 하여 종전의 합유자 중 일부가 교체되는 경우에는 합유지분을 처분한 합유자와 합유지분을 취득한 합유자 및 잔존합유자의 공동신청으로 '○년○월○일 합유자 명의변경'을 원인으로 한 잔존합유자 및 합유지분을 취득한 합유자의 '합유'로 하는 합유명의인 변경등기신청을 하여야 하고, 이 경우 합유지분을 처분한 합유자의 인감증명을 제공하여야 한다.

2. 새로운 합유자의 추가 없이 합유자 중 일부가 탈퇴한 경우

(1) 잔존 합유자가 수인인 경우

합유자 중 일부가 그 합유지분을 잔존 합유자에게 처분하고 합유자의 지위에서 탈퇴한 경우 잔존 합유자가 수인인 때에는 탈퇴한 합유자와 잔존 합유자의 공동신청으로 '○년○월○일 합유자 ○○○탈퇴'를 원인으로 한 잔존 합유자의 '합유'로 하는 합유명의인 변경등기신청을 하여야 하고, 이 경우 탈퇴한 합유자의 인감증명을 제공하여야 한다.

(2) 잔존 합유자가 1인이 된 경우

합유자 중 일부가 탈퇴하고 잔존 합유자가 1인만 남은 경우에는 탈퇴한 합유자와 잔존 합유자의 공동신청으로 '○년○월○일 합유자○○○탈퇴'를 원인으로 한 잔존 합유자의 '단독소유'로 하는 합유명의인 변경등기신청을 하여야 하고, 이 경우 탈퇴한 합유자의 인감증명을 제공하여야 한다.

3. 새로운 합유자가 추가만 되는 경우

합유자 중 일부 또는 전부가 그 합유지분 중 일부를 제3자에게 처분하여 제3자가 합유자로 추가된 경우에는 기존의 합유자 및 새로 가입하는 합유자의 공동신청으로 '○년○월○일 합유자○○○가입'을 원인으르 한 기존 합유자와 새로 가입하는 합유자의 '합유'로 하는 합유명의인 변경등기신청을 하여야 하고, 이 경우 기존합유자의 인감증명을 제공하여야 한다.

4. 합유자 중 일부가 사망한 경우

(1) 합유지분의 상속등기 가능 여부

합유자 중 일부가 사망한 경우 합유지분은 상속되지 않고 잔존합유자에게 귀속되는 것이 원칙이다. 그러나 합유지분에 대한 상속을 인정한다는 특별한 약정이 있는 경우 또는 그러한 약정이 없는 경우라도 합유지분에 대한 상속등기가 이미 경료된 경우는 법 제29조 제2호의 규정에 위배되지 않으므로 쌍방 당사자가 공동으로 말소등기 신청을 하거나 소로써 말소를 구하여야 한다(선례 4-442). 이는 합유지분의 처분시에는 합유자 전원의 동의가 있어야 하는데 반해 합유지분의 상속은 합유자의 동의 여부와 관계없이 발생하기 때문이다.

(2) 합유자가 3인 이상인 경우에 그 중 1인이 사망한 때

해당 부동산은 잔존 합유자의 합유로 귀속되는 것이므로, 잔존 합유자는 사망한 합유자의 사망사실을 증명하는 정보를 제공하여 해당 부동산을 잔존 합유자의 합유로 하는 합유명의인 변경등기 신청을 할 수 있다.

(3) 합유자가 2인인 경우 그 중 1인이 사망한 때

해당 부동산은 잔존 합유자의 단독소유로 귀속되는 것이므로, 잔존합유자는 사망한 합유자의 사망사실을 증명하는 정보를 제공하여 해당부동산을 잔존 합유자의 '단독소유'로 하는 합유명의인 변경등기 신청을 할 수 있다. 따라서 합유관계는 해소되므로 잔존합유자는 등기기록에 "소유자"로 표시된다.

(4) 3인중 순차로 2인이 사망한 때

현재의 잔존 합유자는 해당 부동산의 소유명의인을 당초의 합유자 전원으로부터 바로 현재의 잔존 합유자의 합유로 하는 합유명의인 변경등기신청을 할 수 있고, 잔존 합유자가 1인인 경우에는 그 단독소유로 하는 합유명의인 변경등기 신청을 할 수 있다. 이 경우 그 등기 신청정보에는 등기원인으로서 사망한 합유자들의 사망일자와 사망의 취지를 모두 표시하고, 그들의 사망사실을 증명하는 정보를 제공하여야 한다.

(5) 합유자 전원이 사망한 때

잔존 합유자도 사망한 때에는 그 잔존 합유자의 상속인은 바로 자기 앞으로 '상속등기'를 신청할 수 있다. 이 경우 신청서에는 등기원인으로서 피상속인이 아닌 다른 합유자의 사망일자 및 사망의 취지와 등기신청인인 상속인의 상속일자 및 상속의 취지를 함께 표시하고, 상속을 증명하는 정보 외에 다른 합유자의 사망사실을 증명하는 정보를 제공하여야 한다.

5. 합유명의인 변경등기와 등록면허세

합유지분을 처분한 경우 합유명의인변경등기의 방식으로 이루어지나, 그 변경등기로 인하여 새로운 합유자로 등기된 자는 소유권(합유지분)을 취득한 것이 되므로 그 변경등기에 필요한 등록면허세는 정액세를 납부하는 것이 아니라 소유권취득에 준하여 등록면허세를 납부하여야 한다(선례 7-524).

V. 공유에서 합유로 또는 합유에서 공유로 변경하는 경우

1. 신청절차

공유자 전부 또는 일부가 그 소유관계를 합유로 변경하는 경우, 합유로 변경하려고 하는 공유자들의 공동신청(신청인 전원의 인감증명 첨부)으로 '○년○월○일 변경계약'을 원인으로 한 합유로의 변경등기신청을 해야 하고, 합유로의 변경등기는 부기등기의 형식으로 이루어진다. 또한 수인의 합유자 명의로 등기되어 있는 부동산도 합유자 전원의 합의에 의하여 수인의 공유지분의 소유형태로의 소유권변경등기를 할 수 있다(선례 3-562).

2. 등기상 이해관계인의 승낙정보 등의 첨부

(1) 등기상 이해관계인의 승낙정보 등의 첨부

① 권리변경등기이므로 등기상 이해관계 있는 제3자가 있는 경우에는 신청에 그 승낙 또는 이에 대항할 수 있는 재판이 있음을 증명하는 정보를 제공한 때에 한하여 허용하게 된다(법 제52조제5호, 규칙 제46조제1항제3호). 따라서 공유를 합유로 변경등기시 공유자 중 일부의 공유지분을 목적으로 한 처분금지가처분등기, 가압류등기, 가등기, 지분이전청구권가처분 및 체납처분에 의한 압류등기가 각 경료된 경우에는, 그 등기기록상 권리자 전원의 승낙 또는 이에 대항할 수 있는 재판이 있음을 증명하는 정보를 제공한 때에 한하여 변경등기를 허용할 수 있다.

② 다만, 합유지분에 대하여는 처분금지가처분, 가압류등기 등이 허용되지 않으므로 이 때의 이해관계인이 승낙한다는 의미는 이해관계인이 단순히 권리변경의 등기에 대한 승낙을 의미하는 것이 아니라 권리변경으로 인하여 자신의 권

리가 등기상 없어지거나 축소됨에도 그에 대해 동의한다는 것을 의미한다. 따라서 승낙정보 등이 제공되었다면 등기관은 이해관계인 명의의 등기에 관하여 직권으로 말소해야 한다(**선례 6-296**).

(2) 등기상 이해관계인의 승낙정보 등의 제공이 없는 경우

권리변경등기에 관한 법 제52조의 규정은 부기에 의한 변경등기를 하는때에 적용되므로, 등기상 이해관계인의 승낙 등이 없으면 독립된 주등기 형식으로서 권리변경등기를 할 수 있는 것으로 해석될 수 있으나, 만일 이를 허용하여 변경등기는 가능하되 합유자들이 가압류권자에게 대항할 수 없다고 해석한다면 등기상 혼란만 초래할 수 있고, 그 집행절차에 따라 권리관계가 복잡해지는 염려가 있으므로 이해관계인의 승낙정보 등의 제공이 없는 경우에는 합유로의 변경등기는 허용할 수 없다.

(3) 공유물 전체에 대하여 용익물권이나 담보물권이 설정된 경우

합유자 전부의 동의가 있으면 합유물에 대하여 용익물권 혹은 담보물권을 설정하는 것은 가능하므로, 공유상태에서 공유물 전체에 대한 지상권이나 근저당권을 갖는 자는 위 소유형태가 합유로 변경된다 하더라도 그 법률상 지위에 영향이 없으므로 이들은 등기상 이해관계인이라 할 수 없으므로 그 승낙 없이도 합유로의 변경등기는 허용된다. 또한, 공유자 전원의 지분 전부에 대하여 처분금지가처분등기가 경료된 경우에도 그 공유자 전부가 그 소유관계를 공유에서 합유로 변경하는 것도 허용된다(**선례 7-244**).

Ⅵ. 단독소유를 수인의 합유로 이전하는 경우

단독소유를 수인의 합유로 이전하는 경우, 단독소유자와 합유자들의 공동신청으로 소유권이전등기신청을 하여야 한다. 그 단독소유자를 포함한 합유로 되었을 경우에는 전소유자인 그 단독소유자를 합유자로 기록한다. 다만, 단독명의의 소유권 일부를 수인의 합유로 이전하는 경우에는 합유자들과 일부를 이전한 전소유자가 그 부동산을 공유하게 되고, 합유관계는 합유자들 상호간에 발생하게 되는 형태가 된다. 이 경우 합유자들의 공유지분을 “목적지분”으로 표시한다.

Ⅶ. 합유지분 처분등기의 말소 방법

1. 가압류등기의 말소

수인의 합유자 부동산에 관하여 합유자 중 1인의 지분에 대하여 가압류 기입등기 촉탁이 있는 경우에는 법 제29조 제2호에 의하여 각하하여야 할 것인바, 위 합유지분에 이미 가압류등기가 경료되어 있다면 그 등기는 등기관이 제58조의 규정에 의하여 직권으로 말소하여야 한다.

2. 상속등기의 말소

합유자 전원의 동의가 없음에도 불구하고 합유지분에 대한 상속등기가 이미 경료된 경우 그 등기는 법 제29조 제2호에 위배된 당연무효의 등기라고는 볼 수 없다는 것이 등기실무이므로 등기관이 직권으로 그 상속등기를 말소할 수가 없으며 쌍방 당사자가 공동으로 말소등기 신청을 하거나 의사진술을 명하는 판결을 받아 단독으로 말소할 수 있을 뿐이다.

39. 【환매특약에 관한 등기】

I. 서 설
1. 의 의
2. 법적성질
II. 환매특약등기
1. 신청방법
2. 신청절차
(1) 신청인
(2) 신청정보
(3) 첨부정보
(4) 환매특약등기의 실행
3. 환매특약등기의 효력
(1) 대항력
(2) 처분금지의 효력 여부
III. 환매특약의 가등기
IV. 환매권의 변동에 관한 등기절차
1. 환매권의 이전등기
(1) 의 의
(2) 신청절차
(3) 등기실행절차
2. 환매권의 변경등기
3. 환매권의 말소등기
(1) 말소등기 사유
(2) 신청절차
V. 환매권 실행등기
1. 환매권 행사로 인한 소유권이전등기
(1) 신청인
(2) 신청정보
(3) 첨부정보
(4) 등기실행
2. 환매특약등기의 직권말소
3. 환매특약등기 이후에 경료된 소유권이외의 권리에 관한 등기의 말소
(1) 공동신청 말소
(2) 촉탁에 의한 말소

39. 【환매특약에 관한 등기】

I. 서 설

1. 의 의

환매라 함은 매도인이 매매계약과 동시에 매매목적물을 환매할 권리를 보류하고, 일정기간 안에 그 환매권을 행사하여 목적물을 다시 되찾는 것을 말한다(민법 제590조 제1항). 이를 환매특약등기(환매권등기)라고 한다.

2. 법적성질

환매의 법적성질에 대하여는 견해가 대립하고 있으나, 재매매의 예약과 같이 이른바 매도담보의 일종으로서 채권담보의 기능을 하는 것으로 보는 것이 타당하다.

II. 환매특약등기

1. 신청방법

① 동시신청

환매특약의 등기는 환매특약부매매로 인한 소유권이전등기와 동시에 신청하여야 한다. 환매특약부매매로 인한 소유권이전등기신청과 환매특약등기신청은 별개의 신청정보로 작성하여 그 순서대로 제공하며, 이에는 동일한 접수번호가 부여된다. 이 경우에 동시에 신청하지 아니하면 그 신청(환매특약등기신청)은 법 제29조 제2호 '사건이 등기할 것이 아닌 경우'에 해당되어 각하대상이 된다.

② 매매계약과 환매특약과의 관계

환매특약은 매매계약에 종된 계약이므로 매매계약이 실효되면 환매특약도 그 효력을 잃게 되나, 반대로 환매특약이 실효된다고 하여 매매계약의 효력에는 영향이 없다. 따라서 소유권이전등기신청을 각하하는 경우에는 환매특약등기도 실행할 수 없으나, 환매특약등기신청을 각하하는 경우에도 소유권이전등기를 실행하는 데는 아무 지장이 없다. 다만 이러한 경우에는 추후에 그 환매특약등기를 할 수 없으므로 신청인의 편의를 고려하여 소유권이전등기신청을 취하할 것을 권고하는 것이 바람직하다고 본다.

2. 신청절차

(1) 신청인

환매특약등기는 매도인이 등기권리자, 매수인이 등기의무자가 되어 공동신청의 방법에 의하여 신청을 한다. 환매특약등기의 환매권리자는 매도인에 국한되는 것이므로 제3자를 환매권리자로 하는 환매등기는 이를 할 수 없다. 다만 환매권은 거래의 대상이 될 수 있는 독립된 재산권이므로 추후에 환매권자를 제3자로 하는 환매권의 이전등기는 가능하다.

(2) 신청정보

1) 매매대금

매매대금은 매수인이 현실적으로 매도인에게 지급한 대금을 의미한다. 이자는 특별한 약정이 없으면 합계할 것은 아니다. 이 금액이 매매로 인한 권리이전등기신청에 첨부하여 제공한 등기원인증명정보의 금액과 동일액인지의 여부를 심사할 것은 아니다.

2) 매매비용

매매계약 체결에 필요한 비용으로서 매수인이 지급한 금액을 말한다. 계약서 첩용 인지대, 공정증서작성수수료, 측량비용, 감정비용 등이 이에 해당한다. 등록면허세는 이에 해당하지 않는 것으로 보는 것이 통설이다. 매매비용은 필요적 신청정보이므로 매매비용이 없는 경우에도 신청정보에 그 비용이 없다는 취지를 표시하여야 한다.

3) 환매기간

① 환매기간은 임의적 신청정보이므로 그 약정이 없는 때에는 이를 표시하지 않는다. 환매기간은 5년을 초과할 수 없으며, 이를 정한 때에는 연장할 수 없고 또 이를 정하지 아니한 때에는 5년으로 한다(**민법 제591조**). 5년을 넘는 환매기간을 정한 경우에는 그 등기신청을 각하하여야 할 것이다. ② 환매기간은 환

매특약이 성립된 날로부터 기산하게 되므로 환매기간의 시기를 계약일 또는 등기일로부터 1개월 후로 한다는 당사자 사이의 약정은 무효이고 그러한 약정은 등기법상 등기할 사항도 아니지만 설사 착오로 등기되어 있는 경우에도 그 약정된 시기의 도래와 관계없이 소유자는 그 부동산을 제3자에게 전매하고 그에 따른 소유권이전등기를 신청할 수 있다.[66)]

(3) 첨부정보

1) 등기원인을 증명하는 정보

환매의 특약은 매매계약과 동시에 하여야 하므로 그 계약을 동일한 신청에 의하지 않고 별개의 신청에 의하여 한 경우에는 그 환매특약의 계약서를 등기원인증명정보로 제공하면 될 것이나, 두 계약을 동일서면에 의하여 한 경우에는 그 계약서는 소유권이전등기신청에 첨부정보로 제공되므로 환매특약등기 신청에서는 이를 원용하면 된다.

2) 등기의무자의 권리에 관한 등기필증(등기필정보)

환매특약의 등기는 아직 등기의무자의 등기필증(등기필정보)이라는 것이 존재하지 않으므로 제공할 필요는 없다

3) 등기의무자의 인감증명

등기의무자인 환매특약부매매의 매수인은 환매특약등기신청시에는 아직 소유권의 등기명의인의 지위에 있지 아니하므로 그의 인감증명을 요하지 않는다.

(4) 환매특약등기의 실행

① 환매특약의 등기는 매수인의 권리취득의 등기에 이를 부기하며(**법 제52조 제6호**), 환매특약부매매를 원인으로 한 소유권이전등기와 환매특약의 등기는 동시에 신청한 것이므로, 양 등기의 접수년월일 및 접수번호는 동일하게 부여한다(**민법 제592조참조**).

② 환매특약등기의 등기원인은 '특약'이라 기록하며, 기타 '환매대금', '매매비용', '환매권자'의 표시를 하고, '환매기간'의 약정이 있는 경우에는 이를 기록한다.

---

66) 선례 5-396, 대법원 1994. 10. 25. 선고 94다35527판결

③ 환매특약부매매의 등기원인은 '환매특약부매매'로 기록한다.

3. 환매특약등기의 효력

(1) 대항력

1필지 전부를 매도하면서 그 일부 지분에 대해서만 환매권을 보류하는 환매특약등기신청은 할 수 없다는 것이 등기실무이다.[67] 매매의 목적물이 부동산인 경우에 매매등기와 동시에 환매권의 보류를 등기한 때에는 제3자에 대하여 그 효력(대항력)이 있다(민법 제592조). 이는 환매특약등기 이후에 제3취득자가 환매의 목적물을 취득한 경우에는 그 제3취득자가 환매권실행등기의 등기의무자가 된다는 뜻이며, 환매특약등기 이후에 경료된 소유권 이외의 권리에 대하여는 '환매권행사로 인한 실효'를 원인으로 그 말소를 청구할 수 있다는 뜻이다. 또한 매각(경매)에 의해 취득하였다 하더라도 경매개시결정등기 또는 저당권등기에 선행하는 환매특약등기는 말소되지 아니한다[68].

(2) 처분금지의 효력 여부

환매특약등기에 부동산처분금지의 효력이 인정되어 있는 것은 아니므로 환매특약의 등기가 된 부동산의 소유자는 자유로이 그 부동산을 제3자에게 동 부동산을 전매하고 그에 따른 소유권이전등기를 신청할 수 있다.

III. 환매특약의 가등기

환매특약등기를 가등기로 보전할 수 있는지에 관하여 가등기는 법 제3조에서 규정하고 있는 권리의 보전을 위해서만 가능하기 때문에 소유권이전등기 또는 소유권이전가등기를 하면서 환매특약등기 자체를 가등기의 형식으로 경료할 수는 없다는 것이 통설이다.

IV. 환매권의 변동에 관한 등기절차

67) 2011. 11. 22. 부동산등기과-2218 질의회답
68) 선례 3-781

1. 환매권의 이전등기

(1) 의 의

환매권은 하나의 재산권으로서 양도할 수 있는 권리이다. 환매권이 등기되어 있는 경우에는 제3자에게 대항하기 위하여 환매권이전등기를 하여야 한다. 그리고 환매권의 양수인은 매도인의 지위를 승계하게 된다.

(2) 신청절차

환매권의 이전등기는 환매권자가 등기의무자이고 양수인이 등기권리자가 되어 공동신청하며, 환매권매매계약증서를 등기원인증명정보로 제공하고 등기필증(등기필정보)은 환매권자가 가지고 있는 환매권부기등기의 등기필증(등기필정보)을 제공하면 된다.

(3) 등기실행절차

환매권의 양도는 부기등기인 환매특약의 등기에 다시 부기등기의 형식으로 한다. 즉 환매권의 이전등기는 부기등기의 부기등기 형식으로 한다.

2. 환매권의 변경등기

① 변경등기로 인하여 등기기록상 이익을 받는 자가 등기권리자, 불이익을 받는 자가 등기의무자로서 공동신청하여야 한다. 환매대금을 감액하는 변경등기는 환매권자가 등기권리자이고, 환매대금을 증액하거나 환매기간을 단축하는 변경등기는 당시 소유권의 등기명의인이 등기권리자이다. ② 다만 환매기간을 연장하는 변경등기는 허용되지 않는다. 환매기간은 이를 정한 때에도 연장할 수 없다.

3. 환매권의 말소등기

(1) 말소등기 사유

1) 공동신청

환매특약을 해제하거나 특약의 무효 또는 취소등의 사유가 있는 경우에는 그 환매특약등기의 말소등기를 신청할 수 있고, 환매등기를 경료한 후 등기된 환매기간이 경과한 경우, 또는 그 기간 경과 전에 당사자간에 환매권 소결에 관한 계약을 체결하거나 환매권자가 환매권을 포기한 경우에는, 환매권자와 현재의 등기기록상 소유명의인이 공동으로 환매권등기의 말소등기를 신청할 수 있다.

2) 단독신청

환매기간이 경과하기 전에 환매권자가 다른 원인으로 당해 부동산에 대한 소유권을 취득함으로써 위 환매권이 혼동으로 소멸한 경우에는 환매권자가 단독으로 혼동을 원인으로 하는 말소등기를 신청할 수 있다.

3) 직권말소

환매권의 행사로 인하여 환매권자에게 소유권이전등기를 한 경우에는 등기관은 환매특약의 등기를 직권말소한다(규칙 제114조제1항). 다만 환매권에 가압류, 가처분, 가등기등의 부기등기가 되어 있는 경우에는 그 등기명의인의 승낙서 또는 이에 대항할 수 있는 재판의 등본을 첨부정보로 제공되어야 직권으로 환매등기를 말소할 수 있다.

(2) 신청절차

환매특약의 말소등기는 매수인이 등기권리자이고 환매권자(매도인)가 등기의무자로서 공동으로 신청하여야 한다. 매도인이 협력하지 않으면 이행판결을 받아 단독으로 말소신청을 할 수 밖에 없다.

Ⅴ. 환매권 실행등기

1. 환매권 행사로 인한 소유권이전등기

(1) 신청인

환매권부매매의 매도인이 등기권리자, 매수인이 등기의무자가 되어 환매권 행사로 인한 소유권이전등기를 공동으로 신청한다. 다만, 환매권부매매의 매도인으로부터 환매권을 양수받은 자가 있는 경우에는 그 양수인이 등기권리자가 되고, 목적부동산이 환매특약의 등기 후 양도된 경우에는 그 양수인(현재 등기기록상 소유명의인)이 등기의무자가 된다.

(2) 신청정보

일반적인 신청정보(규칙 제43조)이외에 소유권이전등기의 등기원인은 '환매'라

하고 환매의 의사표시가 상대방에게 도달한 날을 등기원인일자로 한다.

(3) 첨부정보

일반적 첨부정보(규칙 제46조)이외에 매수인의 등기필증(등기필정보) 및 인감증명, 환매권에 등기상 이해관계인이 있으면 그 자의 승낙정보 등을 제공하여야 한다.

(4) 등기실행

환매권 행사로 인한 소유권이전등기는 등기원인을 '환매'로 기록하고, 등기연월일은 '환매의 의사표시가 상대방에게 도달한 날' 을 기록하여 환대특약부매매로 인한 종전의 소유권이전등기를 말소할 것이 아니고 환매권자 명의로 소유권이전등기를 한다.[69]

2. 환매특약등기의 직권말소

환매권행사로 인한 소유권이전등기를 한 때에는 등기관은 직권으로 환매특약등기를 말소하여야 한다. 다만 환매권에 가압류, 압류, 가등기 등의 부기등기가 경료된 경우에는 그 등기명의인의 승낙서 또는 이에 갈음할 재판서 등본 등이 첨부정보로 제공된 경우에는 직권말소하고, 제공되어 있지 아니하면 환매특약의 등기를 직권으로는 말소할 수 없다. 따라서 환매특약등기를 말소할 수 없다면 환매권 행사를 원인으로 한 소유권이전등기도 실행할 수 없다. 환매특약의 말소등기는 환매로 인한 소유권이전등기로 직권말소 한다는 뜻과 등기연월일을 기록하고 주등기의 형식으로 말소한다.

3. 환매특약등기 이후에 경료된 소유권이외의 권리에 관한 등기의 말소

(1) 공동신청 말소

일반원칙에 따라 공동신청에 의하고 그 말소등기의 원인은 '환매권 행사로 인한 실효'로 기록한다.

(2) 촉탁에 의한 말소

환매특약등기 이후 당해 부동산에 있는 처분제한의 등기도 환매권행사로 인

---

69) 대법원 1990. 12. 26. 선고 90다카16914판결 참조

해 실효되므로 법원의 촉탁에 의하여 말소하여야 한다. 즉 법원의 촉탁에 의해서 말소해야지, 공동으로 말소신청하거나 또는 환매권자가 환매를 원인으로 한 소유권이전등기절차이행의 판결문을 첨부했다고 해서 환매특약등기 후에 이루어진 가압류등기 등을 등기관이 직권으로 말소하거나 당사자의 신청에 의해서 말소해서는 안 된다.[70)]

70) 선례 6-297

40. 【전세권에 관한 등기】

Ⅰ. 의의

Ⅱ. 전세권에 관한 등기
1. 전세권설정등기
(1) 신청인
(2) 신청정보
(3) 첨부정보
(4) 등기의 실행
2. 전세권이전등기
(1) 의 의
(2) 문제되는 점
(3) 신청절차
(4) 등기의 실행
3. 전세권변경등기(1) 의 의
(1) 의 의
(2) 신청절차
(3) 등기의 실행
4. 전세권말소등기
(1) 의의
(2) 신청절차
(3) 등기의 실행

Ⅲ. 전세금반환채권의 일부양도에 따른 전세권 일부이전등기
1. 의 의
2. 등기신청인
3. 신청정보
4. 첨부정보
5. 등기실행절차

40. 【전세권에 관한 등기】

Ⅰ. 의의

전세권은 전세금을 지급하고 타인의 부동산을 점유하여 그 부동산의 용도에 따라 사용·수익하며, 그 부동산 전부에 대하여 후순위 권리자 기타 채권자보다 전세금의 우선변제를 받을 수 있는 물권을 말하며, 이러한 전세권을 공시하기 위한 등기가 전세권에 관한 등기이다.

이처럼 전세권은 용익물권적 성격과 담보물권적 성격을 함께 가지며, 한편 토지와 건물은 별개의 부동산으로 건물의 일부 또는 전부에 전세권설정등기가 경료되어 있는 경우에도 그 대지인 토지의 일부 또는 전부에 전세권설정등기를 신청할 수 있다(**선례 2-368, 5-420**).

Ⅱ. 전세권에 관한 등기

1. 전세권설정등기

(1) 신청인

전세권설정등기는 전세권자가 등기권리자, 토지 또는 건물의 소유자가 등기의무자로서 공동으로 신청해야 한다. 등기의무자가 등기신청에 협력하지 아니하는 경우에는 등기절차를 명하는 판결을 받아 등기권리자가 단독으로 신청할 수 있다.

(2) 신청정보

1) 필요적 신청정보

전세권설정등기신청에는 부동산의 표시, 신청인의 성명 또는 명칭과 주소, 등기원인과 그 연월일 등과 같이 규칙 제43조에서 정한 일반적인 신청정보 이외에 전세금과 전세권의 목적인 범위를 표시하여 신청정보의 내용으로 등기소에 제공하여야 한다(**규칙 제128조제1항**).

① 전세금

전세금은 전세권자가 전세권설정자에게 교부하는 금전으로 전세권이 소멸한 때에 반환을 받게 되는 전세권의 요소이며, 등록면허세의 기준이 된다. 전세금은 전세권의 본질적 요소이므로 전세권설정등기신청정보에는 전세금을 반드시 표시하여야하고(법 제72조제1항제1호), 전세금을 지급하지 않는다는 특약은 전세권의 성질에 반하여 무효이다.

② 전세권의 목적인 범위

신청정보에는 전세권의 목적이 토지(건물)의 전부 또는 일부인지를 표시해야 한다(규칙 제128조제2항). 전세권의 목적이 부동산의 전부인 때에는 "토지전부", "건물 전부" 등으로, 부동산의 일부인 때에는 "건물 2층 전부", "건물 1층 동측 300㎡" 등으로 표시한다.

2) 임의적 신청정보

전세권설정계약서에 존속기간, 위약금이나 배상금 또는 민법 제306조 단서의 약정(양도, 임대금지의 약정)이 있는 때에는 신청정보에 표시하여야 한다(법 제72조제1항제3,4,5호).

① 존속기간

전세권의 존속기간은 10년을 넘지 못하고, 건물에 대한 전세권의 존속기간을 1년 미만으로 정한 때에는 1년으로 한다(민법 제312조제2항). 당사자의 약정기간이 10년을 넘는 때에는 10년으로 단축되고(민법 제312조제1항), 전세권의 설정을 갱신한 경우에도 그 기간은 갱신한 날부터 10년을 넘지 못한다(민법 제312조제3항).

② 위약금 또는 배상금

계약서에 위약금 또는 배상금에 관한 약정이 있는 경우에는 신청정보에 표시해야 한다(법 제72조제1항제4호). 위약금은 채무불이행의 경우에 채무자가 채권자에게 지급해야 할 약정금으로 손해배상액의 예정에 해당한다. 배상금은 일방 당사자가 타방 당사자에게 가한 손해를 전보하기 위한 금전이다.

③ 민법 제306조 단서에 의한 약정

전세권은 물권으로서 그 처분의 자유가 있으므로 전세권자는 전세권설정자의 동의 없이 전세권을 양도하거나 담보로 제공할 수 있고, 그 존속기간 내에서 그 목적물을 타인에게 전전세 또는 임대할 수 있다(민법 제306조). 그러나 당사자간의 약정으로 이를 금지할 수 있는데, 이 경우 금지약정사항을 신청정보에 표시해야 한다(법 제72조제1항제5호).

(3) 첨부정보

등기원인을 증명하는 정보, 등기의무자의 권리에 관한 등기필증(등기필정보) 등 부동산등기규칙 제46조에서 정한 일반적인 첨부정보 이외에 전세권의 범위가 토지 또는 건물의 일부인 때에는 그 부분을 표시한 지적도나 건물도면을 첨부정보로서 등기소에 제공하여야 한다(규칙 제128조제2항).

(4) 등기의 실행

등기기록 중 을구 권리자및기타사항란에 등기의 목적·접수연월일·접수번호·등기원인과 그 연월일·전세금·범위·전세권자 등을 기록하며, 신청정보에 존속기간 등의 표시가 있는 경우에는 그 사항도 기록한다.

2. 전세권이전등기

(1) 의의

전세권자는 설정행위로 금지하지 않는 한 전세권을 설정자의 동의 없이 타인에게 양도하거나 담보로 제공할 수 있고, 제3자에게 전세권의 일부(준공유지분)를 양도하는 전세권일부이전도 허용된다.[71]

(2) 문제되는 점

존속기간이 만료되고 전세금 반환시기가 지난 전세권이라도 당해 전세권설정등기는 전세금반환채권을 담보하는 범위 내에서는 유효하므로 전세권이전등기가 가능하다.[72] 또한 존속기간이 만료된 전세권의 전세금반환채권에 대하여 집행법원이 압류 및 전부명령에 기한 전세권이전등기촉탁을 한 경우에도 마찬가지로 그 전세권이전등기가 가능하다.[73]

그러나 전세권설정등기가 경료되지 않은 채 전세금반환채권에 대하여 압류 및 전부명령이 있고, 이후에 전세권설정등기가 경료된 경우, 위 전부명령을 원인으로 한 전세권이전등기를 할 수 없다.[74]

(3) 신청절차

---

71) 선례 6-320
72) 선례 5-415
73) 선례 7-265
74) 선례 5-422

① 전세권의 양수인이 등기권리자. 양도인이 등기의무자로서 공동신청해야 한다. ② 신청정보에는 부동산의 표시, 신청인의 성명 또는 명칭과 주소, 등기원인과 그 연월일과 같이 규칙 제43조에서 정인 일반적인 신청정보 이외에 이전할 전세권의 접수연월일과 접수번호를 표시하여야 한다. ③ 첨부정보로는 등기원인을 증명하는 정보, 등기필증(등기필정보) 등 규칙 제46조에서 정한 일반적인 첨부정보를 등기소에 제공하여야 한다.

(4) 등기의 실행

소유권 이외의 권리의 이전등기는 부기등기에 의하므로(법 제52조), 전세권의 이전등기는 부기등기로 한다.

3. 전세권변경등기

(1) 의의

전세권의 내용에 변경이 발생한 때에는 등기를 하여야 제3자에게 대항할 수 있다. 다만, 이러한 전세권의 변경등기는 전세권의 목적물 자체의 동일성이 인정되는 범위 내에서만 가능하다. 예컨대 건물의 일부(17층 북쪽 100㎡)로 설정된 것을 건물의 3층 동쪽 100㎡로 전세권의 범위를 변경하는 것은 동일성이 인정되지 아니하므로, 전세권변경등기에 의할 것이 아니고 별개의 전세권설정등기신청으로 해야 한다.[75]

(2) 신청절차

1) 신청인

전세권변경등기는 권리의 변경등기로서 전세권자와 전세권설정자의 공동신청에 의한다. 위 변경등기에 의하여 등기기록상 이익을 받는 자가 등기권리자, 불이익을 받는 자가 등기의무자가 된다.

2) 신청정보

부동산등기규칙 제43조에서 정한 일반적인 신청정보 이외에 변경할 사항과 변경하고자 하는 전세권을 특정하여 표시한다.

---

75) 선례 6-321

3) 첨부정보

규칙 제46조에서 정한 일반적인 첨부정보 이외에 등기상 이해관계인이 있는 경우에 그의 승낙 또는 이에 대항할 수 있는 재판이 있음을 증명하는 정보를 제공해야 한다. 등기상 이해관계인인지 여부가 문제되는 경우는 다음과 같다.

① 전세금의 증액을 원인으로 하는 전세권변경등기 신청시에는 후순위 저당권자, 가압류 채권자 등은 이해관계인이지만 감액을 원인으로 하는 경우에는 후순위 저당권자 등은 이해관계인이 아니다.[76]

② 그러나 존속기간을 연장하는 전세권변경등기를 신청하는 경우에는 전세금이 감액되더라도 후순위 저당권자는 등기상 이해관계인에 해당한다.[77]

③ 4층 근린생활시설 건물 중 1층 전부 및 2층 일부에 대하여 갑 명의의 전세권설정등기가 경료되고, 이어 4층 전부에 대하여 을 명의의 전세권설정등기가 경료된 상태에서, 갑 명의의 전세권설정등기의 존속기간 연장을 위한 변경등기를 할 경우의 을은 이해관계인에 해당한다.[78] 이는 제3자의 신청으로 경매가 진행된 경우 전세권자는 건물 전부에 대하여 후순위권리자 기타 채권자보다 전세금의 우선변제를 받을 권리가 있기 때문이다(민법 제303조 1항).[79]

(3) 등기의 실행

전세권변경등기는 부기등기에 의하나, 등기상 이해관계 있는 제3자의 승낙 또는 이에 대항할 수 있는 재판이 있음을 증명하는 정보를 첨부정보로 제공하지 못한 때에는 주등기의 방법에 의한다(법 제52조).

4. 전세권말소등기

(1) 의의

전세권이 목적부동산의 멸실, 존속기간의 만료, 혼동, 소멸시효, 전세권에 우선하는 저당권의 실행에 의한 경매, 수용, 전세권의 포기, 당사자 간의 약정소멸사유 등으로 소멸한 때에는 전세권 말소등기를 하여야 한다.

(2) 신청절차

---

76) 선례 5-421
77) 예규 551호
78) 선례 7-264
79) 대법원 2001. 7. 2. 자 2001마212결정

1) 신청인

전세권말소등기는 전세권자(전세권 이전등기가 되어 있는 때에는 그 이전등기를 받은 현재의 등기명의인)가 등기의무자, 부동산소유권자가 등기권리자가 되어 공동신청하는 것이 원칙이다.

그러나 등기의무자의 소재불명으로 인하여 전세권말소등기를 신청할 수 없을 때에는 등기권리자는 제권판결을 받아 신청에 그 등본을 첨부하거나 전세계약서와 전세금반환증서를 첨부정보로 등기소에 제공하여 단독으로 말소등기를 신청할 수 있다(법 제56조).

2) 신청정보

전세권말소등기신청에는 규칙 제43조에서 정한 일반적인 신청정보 이외에 말소할 전세권의 표시로서 신청서 접수연월일과 접수번호를 표시한다.

3) 첨부정보

규칙 제46조에서 정한 일반적인 첨부정보 이외에

① 등기상 이해관계인의 승낙정보 등

전세권을 목적으로 하는 저당권자, 전전세권자 등 이해관계 있는 제3자의 등기가 있는 경우에 그 전세권의 말소를 위해서는 이해관계 있는 제3자의 승낙 또는 이에 대항할 수 있는 재판이 있음을 증명하는 정보를 제공해야 한다(법 제57조). 이는 전세권등기를 말소하라는 판결을 받았거나, 전세권에 대한 가압류가 전세권의 존속기간만료 후에 경료된 경우에도 마찬가지이다.

② 제권판결정보

등기의무자의 소재불명 등의 사유로 등기권리자가 단독으로 전세권의 말소등기를 신청하는 경우에는 제권판결이 있음을 증명하는 정보(법 제56조제2항) 등을 첨부정보로 제공하여야 한다.

(3) 등기의 실행

말소등기의 일반원칙에 따라 주등기의 형식으로 말소등기를 한 후 전세권등기를 말소하는 표시를 한다(규칙 제116조제1항). 이 때 전세권을 목적으로 한 등기상 이해관계 있는 제3자의 승낙 또는 이에 대항할 수 있는 재판이 있음을 증명하는 정보가 첨부정보로 제공된 때에는 그 제3자의 권리에 관한 등기도 직권으로 말소한다(규칙 제116조제2항).

Ⅲ. 전세금반환채권의 일부양도에 따른 전세권 일부이전등기[80]

1. 의 의

전세금반환채권의 일부 양도가 있는 경우의 등기절차에 관하여 개정법에서 신설되었다(법 제73조, 규칙 제129조). 전세금반환채권만을 전세권과 분리하여 양도하는 것은 원칙적으로 불가능하다. 하지만 판례[81]는 존속기간의 만료 등으로 전세권이 소멸한 경우 해당 전세권은 전세금반환채권을 담보하는 범위 내에서 유효한 것이고 이때에는 전세금반환채권의 전부는 물론 일부에 대한 양도를 인정하는바 개정법은 이러한 판례의 태도를 입법화 하였다.

2. 등기신청인

전세권 일부이전등기는 전세권의 양도인이 등기의무자가 되고 양수인이 등기권리자가 되어 공동으로 신청하여야 한다.

3. 신청정보

① 전세권 일부이전등기를 신청할 때에는 규칙 제43조에서 정한 일반적인 신청정보 외에 이전할 전세권의 접수연월일과 접수번호, 양도액을 신청정보의 내용으로 등기소에 제공하여야 한다.

② 등기의 목적으로는 “전세권 일부이전”, 등기원인은 “전세금반환채권 일부양도”로 표시한다.

4. 첨부정보

① 전세권 일부이전등기를 신청할 때에는 규칙 제46조에서 정한 일반적인 첨부정보 외에 법 제73조제2항 단서에 따라 전세권의 존속기간 만료 전에 등기를 신청하는 경우에는 전세권이 소멸하였음을 증명하는 정보(전세권의 소멸청구나 소

80) 예규 제1406호

81) 대법원 2005. 3. 25. 선고 2003다35659판결

멸통고 등)를 첨부정보로서 등기소에 제공하여야 한다.

② 건물전세권의 존속기간이 만료되어 등기를 신청하는 경우에는 「민법」 제312조제4항에 따라 전세권이 소멸하였음을 증명하는 정보**(갱신거절의 통지 등)**를 첨부정보로서 등기소에 제공하여야 한다.

5. 등기실행절차

① 전세금반환채권의 일부양도에 따른 전세권 일부이전등기는 부기등기로 한다.

② 등기관이 전세금반환채권의 일부양도를 등기원인으로 하여 전세권 일부이전등기를 할 때에는 양도액을 기록하여야 한다.

41. 【임차권에 관한 등기】

Ⅰ. 서 설
1. 의 의
2. 임차권등기의 유형
Ⅱ. 당사자의 신청에 의한 임차권 설정등기
1. 민법 제621조에 의한 임차권설정등기
(1) 신청절차
(2) 등기의 실행
2. 주택임대차보호법 제3조의4 제2항에 의한 임차권설정등기
(1) 의의
(2) 신청절차
(3) 등기의 실행
Ⅲ. 임차권등기명령에 의한 임차권등기
1. 의의
2. 임차권등기명령의 촉탁
3. 등기의 실행
(1) 미등기 부동산인 경우
(2) 주택임차권등기인 경우
(3) 상가건물임차권등기인 경우
4. 등기 후의 조치
Ⅳ. 임차권의 이전 또는 임차물전대의 등기
1. 의의
2. 임차권의 이전 또는 임차물 전대등기를 할 수 없는 경우
3. 신청절차
(1) 신청인
(2) 신청정보
(3) 첨부정보
(4) 등기의 실행
Ⅴ. 임차권의 변경· 말소등기

41. 【임차권에 관한 등기】

Ⅰ. 서 설

1. 의 의

임대차는 당사자의 일방이 상대방에게 임차목적물을 사용·수익하게 할 것을 약정하고, 상대방은 이에 대하여 차임을 지급할 것을 약정함으로써 효력이 발생하는 채권계약이다(민법 618조). 임대차계약에 의하여 임차인이 임차목적물을 사용·수익할 수 있는 권리를 임차권이라 하며, 목적물이 부동산인 경우 임차권등기를 할 수 있다.

2. 임차권등기의 유형

현행법상 임차권등기는 민법 제621조에 의한 임차권설정등기, 주택임대차보호법 제3조의4 (상가건물임대차보호법 제7조)에 의한 임차권설정등기, 주택(상가건물) 임차인이 신청한 임차권등기명령에 의한 임차권등기 3가지가 있다.

이러한 임차권등기는 등기목적을 민법 제621조에 의한 임차권등기는 "임차권설정", 주택임대차보호법에 의한 임차권설정등기는 "주택임차권설정(또는 상가건물임차권설정)", 임차권등기명령에 의한 임차권등기는 "주택임차권(또는 상가건물임차권)"으로 기록하므로 각 임차권 등기의 근거법령이 무엇인지를 구분할 수 있다.

Ⅱ. 당사자의 신청에 의한 임차권 설정등기

1. 민법 제621조에 의한 임차권설정등기

(1) 신청절차

1) 신청인

임차권설정자가 등기의무자, 임차권자가 등기권리자로서 공동신청해야 한다. 임차권설정자는 일반적으로 부동산의 소유자지만, 지상권자도 그 권리의 범위와 존속기간 내에서 임차권을 설정할 수 있다(민법 282조, 645조).

2) 신청정보

규칙 제43조에서 정한 일반적인 신청정보 이외에 다음 사항(**법 제74조**)을 표시한다.

① **필요적 신청정보**

i) **차임**

임차인이 임대인에게 지급하는 차임은 임대차의 요소를 이루므로 임차권설정등기 신청정보에 표시하여야 한다. 그러나 차임을 정하지 아니하고 보증금의 지급만을 내용으로 하는 임대차, 즉 "채권적 전세"의 경우에는 차임 대신 임차보증금을 표시하여야 한다.

ii) **임차권의 범위**

임차권의 목적이 토지 또는 건물의 일부인 때에는 임차권의 범위를 특정하여 표시하여야 한다. 한편 구분지상권과 마찬가지로 구분임차권등기가 가능한지가 문제될 수 있으나 현행법상 구분임차권등기는 등기할 근거법령이 없으므로 신청할 수 없다.

② **임의적 신청정보**

i) **존속기간**

임대차계약에서 임대차의 존속기간에 관한 약정이 있는 때에는 신청정보에 표시하여야 한다. 불확정기간을 존속기간으로 하는 임대차계약도 허용되므로, 불확정 기간을 존속기간으로 하는 임차권설정등기도 가능하다.

ii) **차임의 선지급 및 지급시기**

등기원인에서 차임의 지급시기를 약정하지 않은 때에는 민법 제633조에 따라 건물이나 대지에 대하여는 매월 말에, 기타 토지에 대하여는 매년 말에 지급하는 것으로 결정되므로, 당사자가 다른 약정을 한 때에는 신청정보에 표시하여야 한다.

iii) **임차보증금**

보증금의 약정이 있으면 신청정보에 표시하여야 한다.

iv) **임차권의 양도나 임차물의 전대에 대한 임대인의 동의**

양도 또는 전대에 관한 임대인의 동의가 있는 경우에는 신청정보에 표시하여야한다. 이러한 취지의 등기가 있는 경우에는 추후 임차권이전등기나 임차물 전대의 등기신청을 할 때 임대인의 동의정보를 첨부정보로 제공할 필요가 없다.

v) **임대차를 한 자가 처분의 능력 또는 권한이 없는 자인 경우에는 그 뜻**

3) 첨부정보

규칙 제46조에서 정한 일반적인 첨부정보 이외에 임차권의 목적이 토지 또는 건물의 일부인 때에는 지적도 또는 건물도면을 첨부정보로 제공하여야 한다. 학교법인이 그 소유 명의의 부동산에 임차권의 설정등기를 신청하는 경우에는 감독관청의 허가를 증명하는 정보, 공익법인이 기본재산을 임대하는 경우에는 주무관청의 허가증명정보를 각 첨부하여야 한다.

그러나 토지거래허가구역 안에 있는 토지에 관하여 임차권을 설정하는 계약을 체결한 경우에는 토지거래허가의 대상이 아니며, 외국인이 임차권을 취득하는 것도 외국인토지법에 따른 신고 또는 허가의 대상이 아니다.

(2) 등기의 실행

부동산의 등기기록 중 을구 권리자및기타사항란에 등기의 목적, 접수연월일, 접수번호, 등기원인과 그 연월일, 차임, 등기권리자 등을 기록하며 신청정보에 존속기간, 임차보증금 등이 표시되어 있는 경우에는 그 사항도 기록한다. 또한, 부동산의 일부에 대한 임차권인 경우에는 그 범위를 기록한다.

2. 주택임대차보호법 제3조의4 제2항에 의한 임차권설정등기

(1) 의의

주택 또는 건물의 임차인이 임대인의 협력을 얻어 민법 621조의 규정에 의한 임차권등기를 한 경우에는 대항력과 우선변제권이 없는 임차인은 그 등기가 이루어진 날에 대항력과 우선변제권을 취득하고, 이미 취득한 경우에는 그대로 유지되도록 하여 임차권등기명령신청을 한 임차인과 동일한 수준의 보호를 하고 있다(주택임대차보호법 제3조의4제2항).

(2) 신청절차

1) 신청인

민법 621조에 따른 임차권설정등기의 경우와 같다.

2) 신청정보

신청정보는 민법 621조에 따른 임차권설정등기의 경우와 같다. 그러나, 대항력과 우선변제권의 취득시기를 분명하게 하기 위하여 신청정보에 주택임차권설정등기의 경우 주민등록을 마친 날, 상가건물임차권설정등기의 경우 사업자등록을 신청한 날 등을 표시하여야 한다.

3) 첨부정보

민법 621조에 의한 임차권설정등기시의 첨부정보 이외에 임차주택을 점유하기 시작한 날을 증명하는 정보(**예: 임대인이 작성한 점유사실확인서**)과 주민등록을 마친 날을 증명하는 정보(**임차인의 주민등록표등·초본**)을 제공하고, 상가건물임차권설정등기를 신청할 때에는 임차상가건물을 점유하기 시작한 날을 증명하는 정보(**예: 임대인이 작성한 점유사실확인서**)와 사업자등록을 신청한 날을 증명하는 정보를 제공해야 한다.[82]

(3) 등기의 실행

임차권등기명령에 의한 임차권등기의 기록방법과 대부분 동일하다. 등기목적은 "주택(상가건물)임차권 설정"이라고 기록하며, 주민등록일자(**사업자등록신청일자**), 점유개시일자 및 확정일자 등을 기록한다.

Ⅲ. 임차권등기명령에 의한 임차권등기

1. 의의

임대차가 종료된 후 보증금을 반환받지 못한 임차인은 임차주택 또는 임차상가건물의 소재지를 관할하는 지방법원· 지원 또는 시· 군법원에 임차권등기명령을 신청할 수 있다(**주택임대차보호법 3조의3 1항, 상가건물임대차보호법 6조 1항**).

임차권등기명령에 따른 등기는 임대차 종료 후 보증금을 반환받지 못한 임차인의 단독신청에 따라 법원의 촉탁에 의해서만 가능하다.

2. 임차권등기명령의 촉탁

임차권등기명령이 판결로 선고되거나 결정으로 고지되어 효력이 발생하면 법원사무관등은 촉탁서에 재판서 등본을 첨부하여 임차주택의 소재지를 관할하

82) 예규 제1382호

는 등기소에 임차권등기의 기입을 촉탁하여야 한다.

이 때 임차권등기명령의 결정 후 주택의 소유권이 이전되었음에도 촉탁서에 전소유자를 등기의무자로 표시하여 임차권등기의 기입을 촉탁한 때에는 촉탁서에 표시된 등기의무자의 표시가 등기기록과 일치하지 아니하므로 등기관은 그 등기촉탁을 각하하여야 한다.[83]

3. 등기의 실행

(1) 미등기 부동산인 경우

미등기 주택에 대한 임차권등기명령의 촉탁이 있는 경우에는 등기관은 부동산등기법 제66조(미등기부동산의 처분제한의 등기)의 규정을 준용하여 직권보존등기를 한 후 임차권등기를 하여야 한다.

(2) 주택임차권등기인 경우

등기관은 건물등기기록의 을구에, 등기목적은 "주택임차권"으로 기록하고, 접수연월일 및 접수번호, 등기원인과 그 연월일, 임차보증금액, 범위, 임대차계약을 체결한 날, 주민등록을 마친 날, 주택을 점유하기 시작한 날, 임대차계약서상의 확정일자를 받은 날과 임차권자를 기록한다.

(3) 상가건물임차권등기인 경우

상가건물임차권등기는 등기목적을 "상가건물임차권"으로, 주민등록을 마친 날 대신에 사업자등록을 신청한 날을 기록하는 것을 제외하고는 주택임차권등기의 기록사항과 동일하다.

위 (2), (3) 항의 경우 차임의 약정이 있는 때에는 이를 기록하여야 한다.

4. 등기 후의 조치

등기관은 임차권등기의 기입을 마친 후에는 등기필정보를 작성하여 촉탁법원에 송부하여야 한다. 법원의 촉탁으로 주택임차권등기 및 상가건물임차권등기가 경료된 후 등기명의인의 주소, 성명 및 주민등록번호 등이 변경된 때에는 등기명의인은 등기소에 등기명의인표시변경등기를 신청할 수 있다.

---

83) 선례 7-285

Ⅳ. 임차권의 이전 또는 임차물전대의 등기

1. 의의

① 임차권의 이전이란 임차권 그 자체를 양도하는 것으로 임차권의 이전이 있으면 임차인은 그 임차인으로서의 지위를 벗어나고 양수인이 임차인의 지위를 승계하여 임차인으로서의 권리의무를 취득하게 된다.

② 임차물의 전대란 임대차기간 내에 임차인 자신이 임대인이 되어서 임차물을 다시 제3자로 하여금 사용· 수익하게 하는 계약으로 임차인은 종전의 계약상의 지위인 임차인으로서의 지위를 지속하면서 동시에 제3자와의 사이에 새로운 임대차 관계가 성립한다. 이러한 것을 공시하기 위한 등기가 임차권의 이전 또는 임차물전대의 등기이다.

2. 임차권의 이전 또는 임차물 전대등기를 할 수 없는 경우

임대차의 존속기간이 만료되거나 임차권등기명령에 의한 주택임차권 및 상가건물임차권 등기가 경료된 경우에는 그 등기에 기초한 임차권이전등기나 임차물전대등기를 할 수 없다.

3. 신청절차

(1) 신청인

임차권의 양수인 또는 전차인이 등기권리자, 양도인 또는 전대인이 등기의무자로서 공동으로 신청해야 한다.

(2) 신청정보

일반적인 신청정보 이외에 이전 또는 전대할 임차권의 접수연월일과 접수번호를 표시하여 특정시켜야 한다. 특히 임차물전대의 등기를 신청하는 경우에는 임차권이전등기와 달리 차임을 표시하여야 한다. 또한 임의적 신청정보(**존속기간, 차임의 선지급 및 그 지급시기나 임차보증금의 약정이 있는 때, 단기임대차인 때 등**)가 있으면 표시하여야 한다.

(3) 첨부정보

규칙 제46조에서 정한 일반적인 첨부정보를 제공하는것 이외에 임차권의 이전 및 임차물전대는 임대인의 동의가 있어야 되므로 동의의 약정등기가 되어 있으면 임대인의 동의가 있음을 증명하는 정보는 첨부할 필요가 없으나, 약정등기가 없다면 일반적인 첨부정보 외에 임대인의 동의가 있음을 증명하는 정보를 제공하여야 한다(규칙 제130조제2항).

(4) 등기의 실행

임차권의 이전 및 임차물전대의 등기는 임차권등기에 부기등기의 형식으로 한다.

Ⅴ. 임차권의 변경· 말소등기

① 임차권의 내용에 변경이 생긴 때에는 전세권 등의 변경등기의 경우와 마찬가지로 그 변경등기를 하여야 제3자에게 대항할 수 있다. 임차권 내용의 변경으로는 변경계약으로 인한 차임의 증감, 존속기간의 변경, 임대차 범위의 확대 또는 축소 등을 들 수 있다. ② 당사자 간의 합의해제 등의 사유가 발생한 때에는 임차권등기의 말소를 공동으로 신청할 수 있으며, 임차권등기의 변경등기 또는 말소등기의 절차 또는 실행은 전세권 등의 변경 또는 말소등기의 경우와 동일하다.

42. 【 근저당권 설정등기 】

I. 서 설
1. 의 의
2. 부종성의 완화
3. 포괄근저당권설정등기의 허용여부

II. 부동산등기법상 근저당권의 목적인 권리(객체)
1. 부동산 소유권
(1) 부동산 소유권의 전부 또는 일부
(2) 부동산의 특정일부
(3) 2중의 근저당권 설정 여부
2. 지상권 · 전세권
3. 기 타

III. 신청절차
1. 신청인
(1) 공동신청 원칙
(2) 단독신청
2. 신청정보
(1) 필요적 신청정보
(2) 임의적 신청정보
3. 첨부정보
(1) 등기원인증명정보
(2) 등록면허세 영수필 확인정보 등
(3) 인감증명
(4) 등기의무자의 권리에 관한 등기필증(등기필정보)
(5) 주민등록번호, 부동산등기용등록번호 증명정보
(6) 등기원인에 대한 제3자의 허가정보 등
4. 등기의 실행
(1) 등기형식
(2) 상사회사가 근저당권자인 경우 취급지점의 표시

(3) 등기완료후의 조치
Ⅳ. 근저당권의 효력이 미치는 목적물의 범위
1. 의 의
2. 부합물 또는 종물
3. 종된 권리
4. 저당토지 위의 건물
Ⅴ. 대지권등기가 경료된 건물과 대지
1. 토지에 대한 소유권이 대지권인 경우(법 제61조 제4항)
2. 토지에 대한 지상권·전세권 또는 임차권이 대지권인 경우(법 제61조 제5항)
Ⅵ. 관련문제
1. 채권자·채무자 아닌 저당권의 당사자와 저당권의 부종성
(1) 원칙
(2) 예외
2. 공유자의 지분 일부에 대한 저당권등기 등이 있는 경우(등기예규 제1356호)
(1) 등기의 목적인 지분의 특정 표시
(2) 신청서에 등기의 목적인 지분을 특정하여 표시하지 아니한 경우
(3) 신청서에 등기의 목적인 지분을 특정 표시하지 아니한 것을 간과하고 등기한 경우
(4) 다른 등기에의 준용
3. 특정채권을 위한 근저당권 설정가부
Ⅶ. 결 어

42. 【근저당권 설정등기】

I. 서 설

1. 의 의

근저당권은 계속적 거래관계로부터 발생하는 다수의 불특정채권을 장래의 결산기에서 일정한 한도액까지 담보하는 저당권을 설정할 수 있는 것을 말하는데 이것을 공시하는 등기가 근저당권 설정등기이다(법 제75조제2항).

2. 부종성의 완화

부종성은 피담보채권과 근저당권과의 성립, 변경, 소결에 있어서 공동운명체관계에 있다는 것을 의미하며, 저당권에서는 엄격한 공동운명체가 되지만 근저당권에 있어서는 부종성이 완화되기 때문에 채권액은 결산기에 이르기까지 채권최고액 범위에서 수시로 증감, 변동하므로 중간에 일시적으로 채권이 영이 되거나 다른 권리자에게 이전되어도 근저당권은 소멸하지 않는다는 점에서 보통의 저당권과 다르다.

3. 포괄근저당권설정등기의 허용여부

어음할인, 대부, 보증, 기타의 원인에 의하여 부담되는 일체의 채무를 피담보채무로 하는 내용의 근저당권 설정계약을 원인으로 한 근저당권 설정등기도 이를 할 수 있다는 것이 실무의 입장이다.

II. 부동산등기법상 근저당권의 목적인 권리(객체)

1. 부동산 소유권

(1) 부동산 소유권의 전부 또는 일부

근저당권은 권리의 일부(지분)에 대하여서는 이를 설정할 수 있다.

(2) 부동산의 특정일부

부동산의 물리적 일부에 대하여서는 먼저 분필·분할·구분등기를 하지 않는 한 근저당권을 설정하지 못한다.

(3) 2중의 근저당권 설정 여부

농지에 대하여서도 근저당권을 설정할 수 있으며, 동일한 목적물에 순위가 같거나 다른 수개의 근저당권을 설정하는 것도 제한이 없다.

2. 지상권 · 전세권

현행법상 근저당권의 목적이 될 수 있는 것은 전술한 소유권과 지상권, 전세권에 한한다(민법 제356조, 제371조).

3. 기 타

① 주택법에 의한 금지사항의 부기등기가 경료된 대지권의 목적인 토지에 대해서는 입주자등의 동의 없이는 근저당권설정등기를 할 수 없지만, 당해 주택의 입주자에게 주택구입자금의 융자를 받는 경우에 해당한다면 입주자들의 동의 없이도 근저당권설정등기를 신청할 수 있다.

② 공장에 속하는 토지와 건물은 공장저당권설정의 목적이 되고 부동산등기기록에 공장저당권등기를 할 수 있다.

③ 유치원 건물 및 토지의 소유자와 유치원 경영자가 다른 경우에는 유치원 건물 및 토지에 대하여 근저당권설정등기를 신청할 수 있다.

III. 신청절차

1. 신청인

(1) 공동신청 원칙

근저당권은 소유권자, 지상권자, 전세권자등 근저당권설정자가 등기의무자, 근저당권자가 등기권리자가 되어 공동으로 이를 신청한다(법 제23조제1항).

(2) 단독신청

근저당권설정자가 근저당권등기절차에 협력하지 아니하는 경우에 근저당권자는 근저당권설정자를 피고로 하여 의사진술을 명하는 확정판결을 받아 단독으로 근저당권설정등기를 신청할 수 있다(법 제23조제4항).

2. 신청정보

(1) 필요적 신청정보

1) 채권최고액

① 채권최고액 단일표시 원칙

채권최고액은 반드시 단일하게 표시하여야 하고, 채권자 또는 채무자, 부동산별로 구분하여 표시할 수 없다. 또한 각 근저당권자의 지분을 등기기록에 기록할 수 없다. 근저당권은 계속적인 거래관계로부터 발생하는 다수의 불특정채권을 장래의 결산기에서 채권최고액까지 담보하는 것이기 때문이다.

② 외화채권인 경우

외화를 표시하고 과세표준액의 산정을 위하여 환산한 금액을 신청정보로 병기하여야 한다. 다만 환산가격은 등기기록에 기록하지 아니한다. 이와 관련하여 저당권(근저당권)의 채권액(채권최고액)의 표시로서 외화표시 채권액(채권최고액)외에 "외환율이 변경될 때에는 그 변경된 환율에 의한 원화 환산액으로 한다"는 특약은 등기근거규정이 없으므로 등기할 사항이 아니다라는 것이 예규의 입장이다(예규 제1341호).

③ 특정물채권이나 종류물채권인 경우

피담보채권이 금전채권이 아닌 경우에는 신청정보에 '채권의 가격'을 표시하여야 한다(법 제75조제1항제1호). 예컨대 "채권액 백미 100가마(가마당 80킬로그램) 채권액 금25,000,000원"이라 표시한다. 채권의 가격은 등기기록에도 기록하는데, 이를 기준으로 등록면허세를 계산한다. 채권자는 등기된 '채권의 가격'의 한도내에서만 근저당권의 효력을 제3자에게 주장할 수 있다는 것이 판례이다.

2) 채무자

① 신청정보에는 채무자의 성명(명칭)과 주소(사무소 소재지)를 표시한다. ② 근저당권설정자와 채무자가 동일한 경우에도 채무자의 표시는 생략할 수 없으며, 채무자는 등기권리자가 아니므로 신청정보에 주민등록번호나 부동산등기용등록

번호를 표시하지 아니 한다. 따라서 채무자의 주민등록등본이나 법인등기사항증명서는 제공하지 않아도 된다. ③ 수인의 채무자가 연대채무자의 지위에 있다 하더라도 등기신청서 및 등기기록에는 단순히 '채무자'로만 기록한다. 연대보증인은 채무자가 아니므로 신청서에 이를 표시할 이유가 없다.

3) 권리의 표시

지상권·전세권이 근저당권의 목적인 경우에는 신청정보의 부동산표시란에 부동산의 표시 외에 그 '권리의 표시'를 하여야 한다(**규칙 제131조제2항**). 이는 신청정보의 '부동산 표시란'에 부동산의 표시를 하고 '위 부동산에 설정한 1999년 11월 20일 접수 제12156호로 경료한 을구 순위 3번의 지상권(전세권)'.과 같이 표시하는 방법으로 한다. 다만 소유권을 목적으로 하는 근저당권의 경우에는 '부동산의 표시'를 함으로써 족하다.

4) 등기의 목적

① 권리의 전부가 목적인 경우에는 등기의 목적을 '근저당권설정'이라고 표시하고, 추가근저당권설정의 경우에도 '근저당권설정'이라고 표시하며, 전세권 또는 지상권이 근저당권의 목적인 경우에는 '○번 전세권(지상권) 근저당권 설정' 이라고 표시하면 된다. ② 어느 공유자의 지분일부가 근저당권의 목적인 경우에는 '○○○지분 ○분의○중 일부(○분의○) 근저당권 설정'이라고 표시한다.

(2) 임의적 신청정보

1) 부종성 배제특약

근저당권 혹은 저당권설정등기를 신청하는 경우에 등기원인에 민법 제358조 단서(**부합물, 종물에 근저당권의 효력이 미치지 아니한다는 특약**)의 약정과 존속기간이 있는 때에는 이를 신청정보로 표시하여야 한다(**법 제140조제2항**). 구법에서는 존속기간에 관해서는 따로 규정하지 않았었다.

2) 법인의 취급지점의 표시

① 법인이 저당권자 또는 근저당권자인 경우에 신청정보에 취급지점 등의 표시가 있는 때에는 등기기록에도 취급지점 등(**○○지점, △△출장소 등**)을 기록하여야 한다.[84] 취급지점 등의 표시는 법인의 다음에 줄을 바꾸어 괄호 안에 기록하

---

84) 등기예규 제1188호

고 취급지점 등의 소재지는 표시하지 않는다. 지점의 폐합·신설 등에 의한 관할변경으로 인하여 취급지점의 명칭에 변경이 있는 때에는 등기명의인 표시변경등기절차의 예에 준하여 처리한다. ② 기존의 저당권등기에 취급지점의 표시가 없는 경우에는 그 표시의 추가등기를 할 수 있다. 근저당권자인 상사법인의 취급지점이 변경된 때에는 등기명의인표시변경등기를 한 후에야 후속등기(**근저당권이전등기, 변경등기 등**)를 신청할 수 있다. 다만, 근저당권말소등기를 신청하는 경우에는 취급지점이 변경된 사실을 증명하는 정보를 첨부하여 취급지점의 변경등기 없이 근저당권말소등기를 신청할 수 있다.[85]

3) 근저당권의 존속기간

구법에서는 존속기간에 관해서는 따로 규정이 없었으나 개정법에서는 설정행위로써 존속기간을 정하였다면 그 기간도 등기할 수 있도록 존속기간을 등기사항으로 규정하였다(**법 제75조제2항제4호**).

3. 첨부정보

(1) 등기원인증명정보

약정에 의한 경우에는 근저당권설정계약서를, 판결에 의한 경우에는 판결정본과 확정증명서를 각각 첨부하여야 한다.

(2) 등록면허세 영수필 확인정보 등

채권최고액의 1,000분의 2에 해당하는 등록면허세와 그 등록면허세액의 100분의 20에 해당하는 지방교육세를 납부하고 등록면허세영수필확인서를 제공한다. 등기신청수수료는 부동산별로 14,000원에 해당하는 등기수입증지를 첩부하여야 한다. 채권최고액이 2,000만원 이상인 경우에는 채권최고액의 1,000분의 10에 해당하는 국민주택채권을 매입하여야 한다.

(3) 인감증명

등기의무자인 근저당권설정자가 소유권의 등기명의인인 경우에는 그의 인감증명을 첨부한다. 다만 등기의무자가 지상권자, 전세권자인 경우에는 첨부하지 아니한다.

---

85) 선례 4-468

(4) 등기의무자의 권리에 관한 등기필증(등기필정보)

근저당권설정자가 부동산의 소유권자인 경우에는 소유권을 취득할 때 통지받은 등기필증(등기필정보) 즉, 소유권보존 또는 소유권이전등기필증(등기필정보)을 제공하여야 하며, 지상권자가 지상권에 대한 근저당권을 설정하는 경우에는 지상권의 설정 또는 이전등기필증(등기필정보)을 제공하여야 한다.

(5) 주민등록번호, 부동산등기용등록번호 증명정보

근저당권자의 주민등록번호 또는 부동산등기용등록번호를 증명하는 정보로 주민등록표등·초본, 법인등기사항증명서 등을 제공한다.

(6) 등기원인에 대한 제3자의 허가정보 등

공익법인에 해당하는 사단법인과 재단법인 소유의 기본재산인 부동산에 관하여서 제한물권 혹은 임차권의 설정등기를 신청함에 있어서는 그 등기신청에 주무관청의 허가를 증명하는 정보를 제공하여야 하고 이는 학교법인의 경우에도 마찬가지이다. 그러나 토지거래허가서나 외국인토지법의 토지취득허가 또는 신고와는 무관하고, 농지에 대하여 근저당권을 설정함에 있어서 농지취득자격증명을 첨부정보로 제공할 것도 아니다.

4. 등기의 실행

(1) 등기형식

① 소유권을 대상으로 한 근저당권은 주등기(독립등기)로 실행하며, ② 등기원인은 '설정계약'으로, 등기의 목적은 '근저당권설정'으로 기록한다. ③ 전세권, 지상권 목적의 근저당권은 부기등기로 실행한다. ④ 다만 동시에 2개 이상의 근저당권 설정등기 신청이 있으면 동일 접수번호와 동일 순위번호를 부여한다.

(2) 상사회사가 근저당권자인 경우 취급지점의 표시

등기신청정보의 취급지점의 표시는 회사표시 다음에 줄을 바꾸어 괄호안에 기록하고 그 소재지는 표시하지 아니한다.

(3) 등기완료후의 조치

등기관은 등기권리자에게 하나의 서면으로 등기필정보 및 등기완료통지를 한다.

Ⅳ. 근저당권의 효력이 미치는 목적물의 범위

1. 의 의

근저당권의 효력은 저당부동산에 부합된 물건과 종물에 미친다(민법 제358조).

2. 부합물 또는 종물

① 근저당권의 효력은 근저당권의 설정 전후를 불문하고 이들 부합물 및 종물에 미친다는 것이 판례의 입장이다.

② 증축건물이 구조상, 이용상 기존건물과 동일성이 인정되어 기존건물에 건물표시변경등기 형식으로 증축등기를 하였다면, 그 부분은 기존건물에 부합되는 것으로 보아야 하므로 근저당권은 그 증축된 부분에도 효력이 미친다고 볼 것이나,

③ 건물의 구조나 이용상 기존건물과 별개의 독립건물을 신축한 경우에는 그 부분은 기존건물에 부합되지 않는 것이므로, 기존건물에 설정된 근저당권의 효력은 위 별개의 건물에 미치지 않으며, 또한 위 별개의 건물에 근저당권의 효력을 미치게 하는 취지의 변경등기로 신청할 수 없다는 것이 판례의 입장이다.

3. 종된 권리

① 근저당권의 효력은 근저당부동산의 종된권리에도 당연히 미친다(제100조 제2항 유추적용, 판례). ② 구분건물의 전유부분만에 관하여 설정된 근저당권의 효력은 대지사용권의 분리처분이 가능하도록 규약으로 정하는 등의 특별한 사정이 없는 한 그 전유부분의 소유자가 사후에라도 대지사용권을 취득함으로써 전유부분과 대지권이 동일 소유자의 소유에 속하게 되었다면, 그 대지사용권에 미친다는 것이 판례이다.

4. 저당토지 위의 건물

토지를 저당권의 목적으로 한 경우에 그 토지 위의 '건물'은 이를 토지의 부합물이나 종물로 볼 수는 없으므로 저당권의 효력은 그 '건물' 에 효력이 미치지 아니한다.

Ⅴ. 대지권등기가 경료된 건물과 대지

1. 토지에 대한 소유권이 대지권인 경우(법 제61조 제4항)

소유권대지권인 경우에는 처분의 일체성 때문에 대지권의 토지만 또는 구분건물의 소유권만을 목적으로 하는 근저당권설정등기를 할 수 없고, 구분건물과 대지권을 일체로 해서 근저당권설정등기를 하여야 한다. 다만 토지의 지상권·전세권을 목적으로 하는 저당권설정등기는 가능하고 소유권의 일부지분만이 대지권인 경우에는 대지권이 아닌 소유지분을 목적으로 하는 저당권은 가능하다.

2. 토지에 대한 지상권 · 전세권 또는 임차권이 대지권인 경우(법 제61조 제5항)

① 지상권·전세권대지권인 경우에도 마찬가지로 지상권·전세권만을 목적으로 한 근저당권설정등기는 이를 하지 못하나, 소유권을 목적으로 하는 저당권설정등기는 가능하다. 그러나 ② 구분건물의 소유권만을 목적으로 한 근저당권 설정등기는 하지 못한다.

Ⅵ. 관련문제

1. 채권자 · 채무자 아닌 저당권의 당사자와 저당권의 부종성[86)]

86) 【판결요지】 2001. 3. 15. 99다48948
[다수의견] 근저당권은 채권담보를 위한 것이므로 원칙적으로 채권자와 근저당권자는 동일인이 되어야 하지만, 제3자를 근저당권 명의인으로 하는 근저당권을 설정하는 경우 그 점에 대하여 채권자와 채무자 및 제3자 사이에 합의가 있고, 채권양도, 제3자를 위한 계약, 불가분적 채권관계의 형성 등 방법으로 채권이 그 제3자에게 실질적으로 귀속되었다고 볼 수 있는 특별한 사정이 있는 경우에는 제3자 명의의 근저당권설정등기도 유효하다고 보아야 할 것이고, 한편 부동산을 매수한 자가 소유권이전등기를 마치지 아니한 상태에서 매도인인 소유자의 승낙 아래 매수 부동산을 타에 담보로 제공하면서 당사자 사이의 합의로 편의상 매수인 대신 등기부상 소유자인 매도인을 채무자로 하여 마친 근저당권설정등기는 실제 채무자인 매수인의 근저당권자에 대한 채무를 담보하는 것으로서 유효하다고 볼 것인바, 위 양자의 형태가 결합된 근저당권이라 하여도 그 자체만으로는 부종성의 관점에서 근저당권이 무효라고 보아야 할 어떤 질적인 차이를 가져오는 것은 아니라 할 것이다.

(1) 원칙

채권자와 근저당권자는 동일인이어야 하므로 채권자 아닌 제3자를 등기권리자로 하여 등기를 경료하여도 그 등기는 원칙적으로 무효이다.

(2) 예외

다만 최근 판례에 의하면 제3자를 근저당권자로 함에 있어서 채권자·채무자·제3자 사이에 합의가 있고, 채권양도, 제3자를 위한 계약, 불가분적 채권관계의 형성등의 방법으로 채권이 그 제3자에게 실질적으로 귀속되었다고 볼 수 있는 특별한 사정이 있는 경우에는 제3자 명의의 근저당권설정등기도 유효하다.

2. 공유자의 지분 일부에 대한 저당권등기 등이 있는 경우(등기예규 제1356호)

(1) 등기의 목적인 지분의 특정 표시

어느 공유자의 지분 일부에 대하여 저당권(근저당권을 포함한다. 이하 같다)의 등기를 한 후 그 공유자의 지분 일부에 대하여 권리이전의 등기를 하거나 다시 저당권의 등기를 하는 경우에는, 그 등기의 목적이 이미(선순위) 저당권이 설정된 부분인가 아닌가를 명백히 하기 위하여 등기신청서와 등기기록의 '등기의 목적'을 '아무개 지분 얼마 중 일부(갑구 몇 번 지분)저당권설정' 같이 특정하여 표시하여야 한다.

(2) 신청서에 등기의 목적인 지분을 특정하여 표시하지 아니한 경우

그 흠결을 보정하지 않는 한, 「부동산등기법」 제29조제5호(신청정보의 제공이 대법원규칙으로 정한 방식에 맞지 아니한 경우)의 규정에 의하여 신청을 각하한다.

(3) 신청서에 등기의 목적인 지분을 특정 표시하지 아니한 것을 간과하고 등기한 경우

1) 흠결을 간과하고 신청을 수리하여 등기한 경우에도, 당사자가 공동으로 그 기재를 보충하는 내용의 경정등기신청을 한 때에는(등기상 이해관계 있는 제3자가 있으면 그 승낙서등을 첨부하여야 함) 이를 수리할 것이다.

2) 경정등기신청이 없더라도 그 등기를 직권말소할 것은 아니며, 그 후 다른 등기를 함에 있어서는 위 등기가 그보다 앞서 경료된 저당권등기의 목적이 아닌 지분을 그 목적으로 하는 것이라고 보고 처리할 것이다.

3) 지분을 특정하지 아니한 채 경료된 수개의 저당권등기의 목적인 지분 합

계가 저당권설정자의 전체 지분을 초과하는 경우,

① 앞서 설정된 저당권이 하나뿐인 때에는 그 초과부분은 앞서 설정된 저당권의 후순위 저당권으로 볼 여지가 있으므로 이를 그대로 두고 처리하되,

② 앞서 설정된 저당권이 2 개 이상인 때에는 그 초과부분은 앞서 설정된 저당권 중 어느 것의 후순위 저당권인지 등기부상 판별할 수 없으므로 그 초과부분의 저당권등기(**전부가 초과되는 때에는 그 등기 전부**)는 「부동산등기법」 제58조 및 제29조제2호(**사건이 등기할 것이 아닌 경우**)의 규정에 의하여 직권말소(**일부말소의 경우는 말소 의미의 경정**)하여야 할 것이다.

(4) 다른 등기에의 준용

1) 어느 공유자의 지분 일부에 대하여 저당권의 등기를 한 후 그 공유자의 지분 일부에 대하여 가등기 또는 압류·가압류·가처분등 처분제한의 등기를 하는 경우에도, 위에 준하여 처리한다.

2) 어느 공유자의 지분 일부에 대하여 가등기 또는 처분제한의 등기를 한 후 그 공유자의 지분 일부에 대하여 위에 준하여 처리한다.

3. 특정채권을 위한 근저당권 설정가부

특정채권은 근저당권의 목적으로 할 수 없고 일반 저당권의 목적으로 할 수 있다는 것이 통설의 입장이나, 하급심 판례에서 특정채권목적의 근저당권등기가 경료되었다면 그것은 일반저당권이 아니라 근저당권이라고 밝힌 바 있다.

Ⅶ. 결 어

최근에 근저당권의 채권범위를 특정한 계속적 거래계약, 그 밖의 일정한 종류의 거래로부터 발생하는 채권, 특정한 원인에 의하여 계속적으로 발생하는 채권에 한정함으로써 무제한적 포괄근저당을 방지하고자 하는 민법 개정안이 입법예고 되었다.

43. 【근저당권이전등기】

I. 서　설
　1. 의　의
　2. 수반성

II. 근저당권 이전등기 사유
　1. 일반적인 사유
　　(1) 법률행위에 의한 이전등기 사유
　　(2) 법률규정에 의한 이전등기 사유
　2. 문제가 되는 경우
　　(1) 채권자 경개계약이 있는 경우
　　(2) 회사의 조직변경이 있는 경우

III. 피담보채권액의 확정
　1. 확정의 필요성
　2. 확정 사유
　3. 확정의 효과

IV. 피담보채무 확정 전 근저당권이전등기
　1. 신청인
　2. 신청정보
　3. 첨부정보
　　(1) 등기원인증명정보
　　(2) 기타 정보
　　(3) 특별히 첨부가 요구되지 않는 정보
　4. 등기의 실행

V. 피담보채무 확정 후 근저당권이전등기
　1. 신청인
　2. 신청정보
　　(1) 등기원인과 그 원인일자

(2) 채권액의 표시
(3) 이전할 근저당권표시와 채권의 포괄적 이전의 표시
(4) 대지권의 표시
(5) 국민주택채권매입 발행번호의 표시

3. 첨부정보
(1) 등기원인증명정보
(2) 물상보증인 및 제3취득자나 채무자의 승낙정보
(3) 근저당권양도 통지, 승낙정보 등
(4) 근저당권자의 인감증명 첨부여부

VI. 상속·합병으로 인한 근저당권이전등기

1. 신청인
(1) 단독신청
(2) 재차 합병된 경우
(3) 합병회사의 상호변경

2. 신청정보

3. 첨부정보

4. 등기실행

5. 근저당권이전등기의 생략
(1) 소멸원인이 합병 전에 발생 한 경우
(2) 간주규정이 있는 경우

VII. 부실금융기관의 근저당권을 인수금융기관 명의로의 근저당권이전등기

1. 금융기관 상호간의 채권양도계약에 의한 경우

2. 금융감독위원회의 계약이전결정의 경우
(1) 의의
(2) 신청인
(3) 신청정보
(4) 첨부정보

43. 【근저당권이전등기】

I. 서 설

1. 의 의

근저당권이전등기는 근저당권이 기본계약인 계속적 거래 계약상의 지위 또는 피담보채권이 함께 이전되어 근저당권의 주체가 교체되는 것을 공시하는 등기를 의미한다. 즉 일반 저당권이전등기와는 달리 채권최고액이 확정되기 전에 하는 기본계약상 채권자 지위의 양도와 채권최고액이 확정된 후에 하는 확정채권양도로 나눌 수 있다.

2. 수반성

근저당권은 채권의 이전에 수반하는 것이므로 피담보채권과 분리하여 근저당권만을 타인에게 양도하거나 다른 채권의 담보로 하지 못한다. 또한 현행 민법과 등기법제에는 근저당권의 순위만을 양도하는 제도가 없으므로 근저당권의 순위양도와 그에 따른 등기는 할 수 없다(2000.5.31.등기3402-383).

II. 근저당권 이전등기 사유

1. 일반적인 사유

(1) 법률행위에 의한 이전등기 사유

법률행위에 의한 근저당권 이전등기 사유로는 피담보채권이 확정되기 전에는 기본계약상의 지위 이전, 계약 가입 등이 있고 피담보채권이 확정된 후에는 확정채권 양도, 확정채권의 압류 및 전부명령(대판2000.4.11.2000다5640)등이 있다.

(2) 법률규정에 의한 이전등기 사유

법률규정에 의한 근저당권이전등기 사유로는 근저당권자의 사망과 합병으로 인한 상속 및 합병, 대위변제, 금융감독위원회의 계약이전결정 등이 있다.

2. 문제가 되는 경우

(1) 채권자 경개계약이 있는 경우

채권자 경개계약은 신·구채권자 및 채무자간의 3면 계약으로 할 수 있으며(민법 제502조), 이 경우에는 비록 채권자의 교체가 있더라도 근저당권이전등기가 아니라 『채권자경개에 의한 신채무담보』를 등기원인으로 하여 근저당권변경등기를 하여야 한다(2001.3.10. 등기3402-176).

(2) 회사의 조직변경이 있는 경우

인적회사는 인적회사로, 물적회사는 물적회사로 조직변경이 가능한바, 예컨대 유한회사를 주식회사로 조직변경한 경우에는 그 동일성은 유지되는 것이므로 유한회사 명의의 근저당권에 관하여 주식회사 명의로의 근저당권이전등기를 할 것이 아니라, 조직변경을 원인으로 하여 등기명의인의 표시변경등기를 하여야 한다(2001.5.11.등기3402-327).

III. 피담보채권액의 확정

1. 확정의 필요성

근저당권이전등기나 근저당권변경등기의 경우에는 피담보채권의 확정이 등기원인을 좌우하므로 선행해서 확정여부를 판단할 필요성이 있다.

2. 확정 사유

채권최고액 범위 내에서 상하 유동적이던 채권액은 첫째, 기본계약에서 정한 결산기가 도래하거나 둘째, 근저당권의 존속기간 도래 셋째, 기본계약이 근저당권설정자의 의사표시로 해지된 경우 및 제3취득자의 의사표시로 해지된 경우 넷째, 채무자 또는 물상보증인의 파산선고시에는 거래 능력을 상실하므로 더 이상 피담보채권이 발생할 가능성이 적기 때문에 파산선고시에 확정된다. 다섯째, 경매절차에서 제3자가 경매신청한 경우에는 근저당권자가 모를 수 있으므로 근저당권의 소멸시점인 매수(경락)인이 매각(경락)대금을 완납한 때에 확정된다는 것이 통설·판례이다(대판 2001.12.11.2001다7329). 그러나 근저당권자가 경매신청한 경우에는 경매신청시에 거래가 중단된다고 보아야 하므로 그 때에 확정된다는 것이 통설·판례의 입장이다(대판1988.10.11. 87다카545).

3. 확정의 효과

통설·판례는 근저당권의 채권액 확정으로, 근저당권은 보통의 저당권으로 전환된다고 본다. 그러나 소수설은 근저당권이 확정되더라도 여전히 그것은 근저당권이라고 한다.

IV. 피담보채무 확정 전 근저당권이전등기

1. 신청인

근저당권의 기초가 되는 기본계약상의 채권자 지위의 전부 또는 일부를 양수한 사람이 등기권리자, 지위의 양도인이 등기의무자가 되어 공동신청 한다.

2. 신청정보

근저당권이전등기 신청정보의 등기원인의 표시는 근저당권의 피담보채권이 확정되기 전에 근저당권의 기초가 되는 기본계약상의 채권자의 지위가 제3자에게 전부 또는 일부 양도되는 경우이므로 '계약양도', '계약일부양도', '계약가입' 등으로 표시하고, 등기원인일자는 그 계약성립일을 표시한다.

또한 대지권까지 근저당권의 목적일 때는 대지권표시를 하여야 하며, 이전하는 근저당권의 채권최고액이 2천만원 이상인 경우에는 국민주택채권을 매입하고 그 발행번호를 표시하여야 한다.

3. 첨부정보

(1) 등기원인증명정보

일반적으로 등기원인증명정보는 근저당권이전(양도)계약서가 될 것이다.

(2) 기타 정보

등기의무자의 권리에 관한 등기필증(근저당권설정등기필증), 주민등록번호를 증명하는 주민등록표등·초본, 채권최고액의 1000분의 2에 해당하는 등록면허세를 납부하고 등록면허세영수필확인서, 등기신청수수료를 납부하여야 한다.

(3) 특별히 첨부가 요구되지 않는 정보

근저당권설정자가 물상보증인이거나 소유자가 제3취득자이더라도 그의 승낙서를 첨부할 필요가 없고, 또한 채무자는 등기상 이해관계인이 아니기 때문에 채무자의 변제동의서 또는 승낙서를 첨부할 필요도 없다.

4. 등기의 실행

근저당권이전등기는 항상 부기등기로 하며, 계약 전부양도의 경우에는 종전의 근저당권자를 말소하는 표시를 하여야 하나 계약 일부양도일 경우에는 근저당권자의 지위를 준공유하는 것이므로 말소하는 표시를 해서는 아니 된다. 등기완료 후 등기관은 등기권리자에게 하나의 서면으로 등기필정보 및 등기완료통지를 한다.

V. 피담보채무 확정 후 근저당권이전등기

1. 신청인

확정채권의 전부 또는 일부를 양수하거나 대위변제한 자가 등기권리자, 종전 근저당권자가 등기의무자가 되어 공동신청 한다. 이때 주의할 점은 근저당권의 피담보채권이 확정되기 전에 그 피담보채권이 양도 또는 대위변제 된 경우에는 이를 원인으로 하여 근저당권 이전등기를 신청할 수는 없다. 왜냐하면 불확정채권에 대해 양도나 대위변제를 할 수 없기 때문이다.

2. 신청정보

(1) 등기원인과 그 원인일자

피담보채권이 확정된 후에는 채권양도 또는 대위변제가 있는 경우에는 저당권 이전에 준하여 근저당권 이전등기를 할 수 있다. 이때 등기원인은 '확정채권(일부)양도', '확정채권(일부)대위변제' 등으로 표시한다. 그리고 등기원인일자는 '확정채권의 양도일 또는 대위변제일'을 표시하면 된다.

(2) 채권액의 표시

확정채권의 일부양도나 일부대위변제로 인한 근저당권의 이전등기를 하면 양수인 또는 대위변제자와 근저당권자가 채권액에 대해 준공유하게 되는데, 그 지분의 비율을 분명히 하기 위하여 등기신청정보에 양도 또는 대위변제의 목적인 '채권액'을 표시하여야 한다.

(3) 이전할 근저당권표시와 채권의 포괄적 이전의 표시

신청정보에는 이전할 근저당권표시를 하고, 근저당권이 채권과 같이 이전한다는 뜻을 신청정보의 내용으로 하여야 한다(규칙 제137조제1항).

(4) 대지권의 표시

대지권이 있는 구분건물에 근저당권을 설정하면 그 근저당권이 대지권에도 미치게 되고, 이 근저당권을 이전하면 대지권에도 미치던 근저당권도 처분의 일체성 때문에 함께 이전되어야 하므로 대지권표시를 하여야 한다.

(5) 국민주택채권매입 발행번호의 표시

이전하는 근저당권의 확정된 채권액이 2천만원 이상인 경우에는 국민주택채권을 매입하고 그 발행번호를 신청정보에 표시하여야 한다.

3. 첨부정보

(1) 등기원인증명정보

일반적인 첨부정보 이외에 확정채권양도(일부양도)의 경우에는 채권양도계약서를 원인서면으로 제공한다. 또한 변제할 정당한 이익이 있는 자가 채무자를 위하여 근저당권부 채권의 일부를 대위변제한 경우, 일부 대위변제자의 대위의 부기등기인 근저당권이전등기 신청시 근저당권일부이전계약서는 첨부할 필요가 없으나 대위변제를 증명하는 서면인 대위변제증서는 첨부하여야 한다.

(2) 물상보증인 및 제3취득자나 채무자의 승낙정보

위 등기를 신청함에 있어서 근저당권 설정자가 물상보증인이거나 소유자가 제3취득자인 경우에도 그의 승낙서를 첨부할 필요가 없다. 또한 채무자는 등기상이해관계인이 아니기 때문에 채무자의 변제 승낙서를 첨부할 필요는 없다.

(3) 근저당권양도 통지, 승낙정보 등

근저당권부 채권의 양도도 채권양도이므로 제3채무자에게 대항하기 위해 채권양도의 통지 또는 승낙이 필요하지만, 근저당권양도 통지서, 승낙서 등을 첨부정보로 제공할 것은 아니다.

(4) 근저당권자의 인감증명 첨부여부

근저당권자가 등기의무자로서 근저당권이전등기를 신청하는 경우에는, 그 권리에 관한 등기필증(등기필정보)이 멸실되어 부동산등기법 제51조 단서의 규정에 의한 서면을 첨부하여 등기를 신청하는 경우를 제외하고는, 근저당이전등기신청시에 등기의무자(근저당권자)의 인감증명을 첨부할 필요가 없다(**규칙 제60조 제1항제3호**).

4. 등기의 실행

근저당권의 전부 이전등기는 항상 부기등기로 하며 종전 권리자는 말소하는 표시를 하지만, 일부변제나 일부대위변제의 경우에는 종전 권리자의 표시를 말소하지 아니하며, 또한 확정채권의 일부양도나 일부대위변제로 인한 근저당권의 이전등기는 양수인 또는 대위변제자와 채권자가 채권액에 대해 준공유하게 되는데, 그 지분의 비율을 분명히 하기 위하여 등기기록에 양도 또는 대위변제의 목적인 '채권액'을 기록하여야 한다. 등기완료 후 등기관은 등기권리자에게 하나의 서면으로 등기필정보 및 등기완료통지를 한다.

VI. 상속·합병으로 인한 근저당권이전등기

1. 신청인

(1) 단독신청

근저당권자가 사망하거나 합병으로 소멸한 경우에 상속인 또는 합병회사인 신설회사나 존속회사가 단독으로 신청할 수 있다. 즉 합병으로 인하여 존속하는 법인은 합병으로 인하여 소멸한 법인의 권리의무를 포괄승계하므로, 합병으로 인하여 소멸한 법인이 합병전에 설정 받은 근저당권을 이전받기 위해서는 근저당권이전등기 절차에 의하여야 하며, 단순한 등기명의인표시변경 절차에 의해서는 할 수 없다.

(2) 재차 합병된 경우

을 회사가 갑 회사를 흡수 합병한 후 병 회사가 을 회사를 다시 합병한 경우 갑 회사 명의의 근저당권을 직접 병 회사로 이전등기할 수 있다.

(3) 합병회사의 상호변경

을 회사가 갑 회사를 흡수합병하였으나 그에 따른 근저당권이전등기를 하기 전에 상호를 병회사로 변경한 경우에, 병 회사는 갑 회사에서 을 회사로의 근저당권이전등기를 한 후 을 회사에서 병 회사로의 등기명의인표시변경등기를 하는 절차를 밟을 필요 없이 곧바로 갑 회사로부터 병 회사로의 근저당권이전등기를 할 수 있고, 이 때 등기명의인 표시변경등기는 생략되므로 등기명의인표시변경등기에 관련된 등록면허세영수필확인서를 첨부할 필요는 없다.

2. 신청정보

일반적 신청정보 이외에 등기원인은 '상속 또는 회사합병'으로 표시하고 그 원인일자는 '사망일 또는 합병등기일'을 표시하면 된다.

3. 첨부정보

일반적 첨부정보 이외에 신청서에는 상속을 증명하는 제적등·초본, 가족관계등록사항별증명정보나 회사합병을 증명하는 법인등기사항증명 정보등을 첨부한다.

4. 등기실행

근저당권 이전등기는 항상 부기등기에 의한다.

5. 근저당권이전등기의 생략

(1) 소멸원인이 합병 전에 발생 한 경우

합병전 소멸회사 명의의 근저당권 말소등기는 그 말소원인이 합병 전에 발생한 경우에는 실체법상 근저당권이 소멸해서 이전할 근저당권이 부존재하므로 존속회사가 합병을 증명하는 정보를 제공하여 근저당권 말소등기를 신청할 수 있으나, 말소등기원인이 합병 후에 생긴 때에는 민법 제187조 단서의 요건을 충족시켜야 하므로 합병을 증명하는 정보를 제공하여 우선 존속회사로 근저당권 이전등기를 한 후에 근저당권 말소등기를 신청해야 한다[87].

(2) 간주규정이 있는 경우

한국농어촌공사가 종전의 농어촌진흥공사의 명의로 된 근저당권에 관하여 말소등기를 신청하려고 하는 경우에는 '농어촌진흥공사' 등의 명의의 근저당권을 한국농어촌공사로 이전하는 근저당권이전등기를 거치지 않고도 한국농어촌공사 직접 자신의 명의로 위 근저당권의 말소등기를 신청할 수 있다.[88] 이 경우 등기명의인 표시변경등기도 필요 없다. 양자를 같은 명의로 보는 간주규정이 있기 때문이다(**한국농어촌공사및농지관리기금법 부칙제9조제2항**).

VII. 부실금융기관의 근저당권을 인수금융기관 명의로의 근저당권이전등기

1. 금융기관 상호간의 채권양도계약에 의한 경우

금융산업구조개선에관한법률에 의한 금융감독위원회의 계약이전결정에 따른 근저당권이전이 아니라, 금융기관 상호간의 채권양도계약에 의하여 부실금융기관 명의의 근저당권을 인수금융기관 명의로 근저당권이전등기를 신청하기 위하여는, 등기원인을 증명하는 정보인 인수금융기관과 부실금융기관이 작성한 채권양도계약서(이 경우 양도대상인 근저당권이 특정되어 표시되어야 할 것임)와 등기의무자의 권리에 관한 등기필증(등기필정보)을 제공하여야 하며, 이때 등기기록상 등기원인의 표시는 '확정채권양도'가 된다.

2. 금융감독위원회의 계약이전결정의 경우

87) 선례 8-261
88) 선례 6-375

(1) 의의

금융감독위원회의 계약이전결정에 따라 부실금융기관 명의의 근저당권을 인수금융기관명으로 하기 위해서는 인수금융기관과 부실금융기관(관리인이 대표함)이 공동으로 근저당권이전등기를 신청하여야 한다.

이 경우 이전의 대상이 된 근저당권의 수개의 기본계약 중에 계약이전결정에 따라 이전되는 기본계약과 부실금융기관과 인수금융기관의 계약에 의하여 이전되는 기본계약이 병존하는 경우에는, 계약이전결정을 원인으로 한 근저당권일부이전등기와 계약의 일부양도를 원인으로 한 근저당권일부이전등기를 각각 별건으로 신청하여야 한다.

(2) 신청인

인수금융기관과 부실금융기관이 등기권리자 및 등기의무자가 되어 공동신청한다.

(3) 신청정보

등기원인은 '계약이전결정', 그 연월일은 '공고된 날(**다만, 1998. 9. 14. 개정전의 법률에 의한 경우에는 계약이전결정일**)'을 표시한다. 공고된 날 인수금융기관이 부실금융기관을 승계한 것으로 보기 때문이다.

(4) 첨부정보

① 등기원인증명정보로는 금융감독위원회의 계약이전결정서 원본 또는 사본

② 이전등기의 대상이 된 근저당권이 표시된 세부명세서 초본(금융감독원장 발행)

③ 계약이전결정의 요지 및 계약이전사실의 공고를 증명하는 정보(**다만, 1998. 9. 14.개정전의 법률에 의한 경우에는 제공을 요하지 아니함**)

④ 등기의무자의 등기필증(등기필정보)과 인감증명

44. 【근저당권 변경등기】

I. 서설
1. 의의
2. 구별개념
II. 근저당권변경등기의 요건
1. 실체관계와 후발적불일치 사유가 생길 것
2. 근저당권 내용의 일부에 변경사유가 있을 것
(1) 의의
(2) 근저당권변경등기 원인
3. 동일성이 유지될 것
4. 등기상 이해관계인의 승낙정보 첨부 여부
III. 등기절차
1. 신청인
(1) 공동신청
(2) 채무자의 사망 후 상속인 중의 1인이 협의분할에 의한 상속을 원인으로 근저당권변경등기가 가능한지 여부
2. 신청정보
(1) 등기원인
(2) 등기목적 및 변경할 사항
3. 첨부정보
(1) 등기원인증명정보
(2) 등기의무자의 권리에 관한 등기필증(등기필정보) 및 인감증명
(3) 등기상이해관계인의 승낙정보 등
(4) 등록면허세 등
4. 등기의 실행
(1) 선행 변경등기가 필요한 경우
(2) 설정자겸채무자의 등기명의인 표시변경등기의 근저당권변경등기르의 허용 여부
(3) 일부구분소유자의 공유지분에 대한 근저당권이 소멸한 경우의 특칙
(4) 등기형식, 등기완료 통지
(5) 종전 채무자의 주말여부
IV. 공동근저당권 변경등기의 특칙
1. 공동근저당권의 동일성 침해 금지
2. 공동근저당의 연대성 침해 금지
V. 근저당권변경등기의 효력
I. 서설
1. 의의
2. 요건

44. 【근저당권 변경등기】

I. 서설

1. 의의

근저당권 변경등기라 함은 근저당권설정등기가 경료된 이후에 근저당권의 내용 중에 채권최고액 또는 채무자 등의 변경사유가 발생한 경우에 동일성의 범위 내에서 그에 관한 내용을 공시하기 위한 등기를 말한다.

2. 구별개념

근저당권 내용의 변경이 아닌 근저당권의 주체가 변경되는 경우에 하는 근저당권이전등기와 부동산표시 또는 등기명의인표시가 변경되어 하는 표시변경등기와는 구별하여야 한다.

II. 근저당권변경등기의 요건

1. 실체관계와 후발적불일치 사유가 생길 것

근저당권설정등기가 완료된 후에 후발적으로 채권최고액의 증감이나 채무자 교체 등 권리내용에 변경 사유가 생겼어야 한다. 따라서 등기 당초의 불일치 사유가 있으면 경정등기로 그 불일치를 시정하여야 한다.

2. 근저당권 내용의 일부에 변경사유가 있을 것

(1) 의의

근저당권의 내용 중 근저당권자의 주소변경과 같이 등기명의인표시변경 사유를 제외하고 근저당권 내용의 일부에 변경사유가 발생하여야 한다. 근저당권 전부에 불일치 사유가 생긴 경우에는 말소등기의 대상에 해당한다.

(2) 근저당권변경등기 원인

1) 채권최고액의 변경

근저당권의 채권최고액을 증액하거나 감액하는 경우에는 근저당권의 변경등기를 할 수 있다. 채권최고액을 증액하는 경우에는 후순위 물권자의 승낙정보 등을 제공하여야 부기등기로 실행 할 수 있다.

2) 채무자 변경의 경우

① 의의

채무자는 근저당권등기의 당사자가 아니다. 따라서 채무자가 변경되는 경우나, 채무자의 주소변경의 경우에는 등기명의인 표시변경등기에 의할 것이 아니라 근저당권 변경등기에 의해야 한다.

② 채무자 변경의 사유

채무자의 변경의 사유로는 첫째, 피담보채권의 확정 전에는 기본계약상의 채무자지위의 전부 또는 일부를 제3자가 인수하거나 둘째, 확정된 피담보채무를 면책적 또는 중첩적으로 인수하는 경우 셋째, 채무자 경개계약이 성립한 경우 넷째, 채무자가 사망 또는 채무자인 법인이 합병으로 소멸하여 상속 또는 합병으로 채무자가 변경되는 경우 다섯째, 채무자의 주소가 변경된 경우 등이 있다.

3) 근저당권자의 경개계약이 성립한 경우

채권자 경개계약은 신구채권자 및 채무자간의 3면 계약으로 할 수 있으며, 이 경우에는 『채권자 경개에 의한 신채무담보』를 등기원인으로 하여 근저당권 변경등기를 할 수 있으며 후순위 물권자는 채권자경개로 인한 근저당권변경으로 손해를 보지는 아니하므로 등기상이해관계인이 아니다. 주의할 점은 근저당권자가 교체되는 사유이지만 근저당권이전등기 사유가 아니라는 점이다.

4) 공유지분상에 근저당권이 있는 경우

① 공유물분할의 경우

공유지분상에 근저당권등기가 있는 부동산을 공유물 분할하는 경우에는, 근저당권자의 불이익으로 되지 않는 한 공유지분상의 근저당권을 공유물분할 후 단독소유로 된 부동산 전부에 대한 근저당권으로 변경등기 할 수 있다(규칙 제112조제1항).

② 공유물을 단독소유하는 경우

갑, 을 공유의 부동산에 대하여 갑 지분에만 근저당권을 설정하고 을 지분에는 근저당권이 설정되지 않았는데 갑이 을의 지분을 취득하여 단독소유로 된 경우에 근저당권의 효력은 본래 갑 지분에만 미치게 되는 것이므로, 새로이 취득한 지분에 대하여도 근저당권의 효력을 미치게 하기 위하여는 근저당권변경등기를 해야 한다.

③ 공유부동산의 지분일부포기의 경우

갑과 을 공유의 부동산에 근저당권설정등기를 한 후에 을 지분상의 근저당권 포기의 경우에는 근저당권말소등기를 신청할 것이 아니라, 을 지분 ○분의○ 포기를 원인으로 일부말소의미의 근저당권변경등기를 신청하여야 한다.

3. 동일성이 유지될 것

근저당권변경등기는 종전 저당권의 내용의 일부가 실체관계와 불부합하여 시정하는 등기이므로 변경전·후의 등기간에는 사회통념상 동일성이 유지되어야 한다.

4. 등기상 이해관계인의 승낙정보 첨부 여부

공유지분상에 저당권이 설정된 부동산의 공유물분할등기를 함에 있어서, 그 저당권설정자의 부동산 전부에 대하여 저당권의 효력을 미치게 하기 위하여 법 제52조에 의한 저당권변경등기를 하는 경우에는 저당권의 효력이 미치는 목적물의 범위가 확장되므로, 저당권설정등기 후 마쳐진 가압류 또는 압류 등기권자는 그 저당권변경등기에 대하여 이해관계가 있는 제3자에 해당한다. 다라서 그 가압류 또는 압류권자의 승낙정보등을 제공한 경우에는 부기등기방법으로, 위 정보등을 제공하지 아니한 때에는 후순위의 독립등기방법으로 저당권변경등기를 하게 된다.[89]

Ⅲ. 등기절차

1. 신청인

89) 선례 4-454

(1) 공동신청

채무자변경으로 인한 근저당권변경등기의 신청은 근저당권자가 등기권리자가 되고 근저당권설정자 또는 물상보증인이 등기의무자로 되어 공동신청함이 원칙이다. 주의할 점은 채무자변경으로 인한 근저당권변경등기에도 채무자는 등기권리자나 등기의무자가 될 수 없기 때문에 면책적 채무인수를 한 자라도 근저당권 변경등기의 등기권리자가 될 수 없다.

(2) 채무자의 사망 후 상속인 중의 1인이 협의분할에 의한 상속을 원인으로 근저당권변경등기가 가능한지 여부

채무자의 사망에 따라 그 채권채무가 상속인에게 포괄적으로 승계되므로 채무자의 지위도 상속인에게 귀속된다. 상속인이 수인인 경우에도 그 지분은 표시하지 않는다. 공동상속인 중 그 1인만이 채무자가 되려는 경우에는, 상속재산분할협의서를 첨부하여 "협의분할에 의한 상속"을 등기원인으로 한 채무자변경의 근저당권변경등기를 근저당권자 및 근저당권설정자 또는 소유자가 공동으로 신청할 수 있다. 이 때 상속재산분할협의서에는 당해 근저당권의 채무자가 변경된다는 취지가 포함되어야 한다.[90)]

2. 신청정보

(1) 등기원인

1) 채권최고액 변경등기의 경우

근저당권의 채권최고액의 변경등기는 피담보채권의 확정 전후에 걸쳐서 변경등기가 가능하고, 등기원인은 변경계약이 된다.

2) 채무자변경등기의 경우

① 피담보채권이 확정되기 전 채무자가 변경된 경우

근저당권의 기초가 되는 기본계약상의 채무자의 지위의 전부 또는 일부를 제3자가 계약에 의하여 인수한 경우, 근저당권설정자 및 근저당권자는 '계약인수', '계약의 일부인수', '중첩적 계약인수'를 등기원인으로 하여 채무자변경을 내용으로 한 근저당권 변경등기를 신청할 수 있다.

---

90) 예규 제880호

② 피담보채권이 확정된 후 채무자가 변경된 경우

i) 피담보채권의 확정사유

채권최고액 범위 내에서 상하 유동적이던 채권액은 첫째, 기본계약에서 정한 결산기가 도래하거나 둘째, 근저당권의 존속기간 도래 셋째, 기본계약이 근저당권설정자의 의사표시로 해지된 경우 및 제3취득자의 의사표시로 해지된 경우 넷째, 채무자 또는 물상보증인의 파산선고시에는 거래 능력을 상실하므로 더 이상 피담보채권이 발생할 가능성이 적기 때문에 파산선고시에 확정된다. 다섯째, 경매절차에서 제3자가 경매신청한 경우에는 근저당권자가 모를 수 있으므로 근저당권의 소멸시점인 매수(경락)인이 매각(경락)대금을 완납한 때에 확정된다는 것이 통설·판례이다(대판 2001.12.11.2001다7329). 그러나 근저당권자가 경매신청한 경우에는 경매신청시에 거래가 중단된다고 보아야 하므로 그 때에 확정된다는 것이 통설·판례의 입장이다(대판1988.10.11. 87다카545).

ii) 등기원인

피담보채권이 확정된 후에 채무자 변경을 원인으로 한 변경등기의 경우에는 등기원인을 '확정채무의 면책적 인수', '확정채무의 중첩적 인수'등으로 표시한다.

(2) 등기목적 및 변경할 사항

등기의 목적은 '근저당권변경'이라고 표시하고, 변경할 사항을 구체적으로 표시하여야 한다.

3. 첨부정보

(1) 등기원인증명정보

채권최고액의 변경시에는 채권액변경계약서를 원인서면으로 제공한다. 채무인수의 경우에 근저당권설정자, 신·구채무자, 근저당권자가 참여해 작성한 채무인수 계약서나 근저당권변경계약서를 등기원인서면으로 제공한다.

(2) 등기의무자의 권리에 관한 등기필증(등기필정보) 및 인감증명

채권최고액을 증액하거나 채무자 변경을 원인으로 한 근저당권변경등기 신청시에는 근저당권자의 등기필증이 아니라 근저당권설정자의 소유권등기필증(등기필정보)을 제공하여야 하고, 등기의무자가 소유자인 경우에는 인감증명도 제공하여야 한다.

(3) 등기상이해관계인의 승낙정보 등

1) 채권최고액 증감의 경우

채권최고액을 증액하는 경우에는 등기상 이해관계인의 승낙서를 첨부해야 부기등기로 할 수 있고, 첨부가 없으면 주등기로 변경등기를 실행해야 한다. 채권최고액을 감액하는 경우에는 원칙적으로 이해관계인의 승낙이 필요 없지만 그 근저당권을 목적으로 하는 다른 권리자(권리질권, 가압류등)가 있는 경우에는 그 자의 승낙서를 첨부해야 부기등기로 실행 할 수 있다.

2) 채무자변경의 경우

후순위저당권자의 동의서를 첨부할 필요 없이 부기등기로 실행할 수 있다.

3) 채권자 경개계약의 경우

후순위물권자에 손해가 될 염려가 없기 때문에 후순위저당권자 등의 승낙서 등을 첨부하지 않고 항상 부기등기로 한다.

(4) 등록면허세 등

등록면허세는 정액세인 3,000원, 지방교육세는 600원을 납부하면 된다. 채권최고액의 증액에 따른 근저당변경등기를 신청하는 경우 증액된 금액에 대해서는 증액된 채권최고액의 1000분의2에 해당하는 등록면허세를 납부하여야 한다.

4. 등기의 실행

(1) 선행 변경등기가 필요한 경우

채무자변경등기 신청시에 이미 근저당권자의 주소가 변경된 경우라면 먼저 근저당권의 등기명의인 표시변경등기를 선행한 후에 근저당권변경등기를 실행해야 한다.

(2) 설정자겸채무자의 등기명의인 표시변경등기의 근저당권변경등기로의 허용 여부

근저당권 설정자 겸 채무자의 주소가 변경되어 갑구란에 등기명의인 표시변경등기가 경료되었더라도 을구의 근저당권의 채무자 주소까지 변경된 것으로 볼 수 없으므로 별도로 채무자의 주소변경을 원인으로 근저당권변경등기를 신청하여야 한다.

(3) 일부구분소유자의 공유지분에 대한 근저당권이 소멸한 경우의 특칙

근저당권설정등기 등이 경료된 토지에 대하여 대지권의 등기가 이루어지고 그 근저당권설정등기 등의 효력이 구분소유자 전부에 미치는 것으로서 전유부분 표제부 중 대지권의 표시란에 별도의 등기가 있다는 뜻이 기록된 후, 일부 구분소유자의 대지권인 공유지분에 대하여 근저당권 등이 소멸(포기)됨에 따라 근저당권 등이 소멸되었는지 여부를 명확히 기록하여 등기하고, 그 전유부분의 표제부 중 대지권의 표시란에 기록된 별도의 등기가 있다는 뜻의 기록을 등기관이 직권으로 말소하여야 한다.

(4) 등기형식, 등기완료 통지

등기상 이해관계인이 없거나 채무자변경 및 채권자경개로 인한 근저당권변경등기는 항상 부기등기로 실행하며, 채권최고액의 변경시에는 이해관계인의 승낙정보 등이 있으면 부기등기로, 없으면 주등기로 실행하여야 한다. 등기권리자를 위한 등기필정보를 작성하지는 않고 등기완료통지를 한다.

(5) 종전 채무자의 말소표시여부

계약전부인수 및 확정채무의 면책적 인수를 원인으로 한 근저당권변경등기의 경우에는 종전의 채무자를 말소하는 표시를 하나, 계약의 일부인수, 중첩적 계약인수, 확정채무의 중첩적 인수를 원인으로 한 근저당권변경등기의 경우에는 종전 채무자를 말소하는 표시를 하지 아니한다.

Ⅳ. 공동근저당권 변경등기의 특칙

1. 공동근저당권의 동일성 침해 금지

공동근저당은 수 개의 부동산 위에 동일한 채권을 담보하기 위한 근저당권을 설정 한 경우에 성립하게 되는데, 동일한 채권을 담보한다는 의미는 채권자와 채무자, 채권의 발생원인, 채권최고액 등이 동일한 것을 의미하고, 공동근저당권이 설정된 후에 그 담보 부동산의 일부를 취득한 제3자가 그 취득한 일부 부동산에 대한 피담보채무만을 인수하고 그 채무인수를 원인으로 하여 채무자를

변경하기 위한 근저당권변경등기는 공동근저당관계가 존속되는 한 할 수 없다.[91]

2. 공동근저당의 연대성 침해 금지

공동저당을 이루는 각 부동산에 대한 복수의 근저당권은 그 불가분성에 의하여 서로 연대관계를 형성하고 있기 때문에, 공동근저당권의 채권최고액을 각 부동산별로 분할하여 각 별개의 근저당권등기가 되도록 함으로써 각 부동산 사이의 공동담보관계를 해소하는 내용의 근저당권변경등기는 현행 등기법제상 인정되지 않으므로 그러한 내용의 근저당권변경등기를 신청할 수 없다.[92]

V. 근저당권변경등기의 효력

채무자의 교체로 인한 근저당권의 변경등기를 부기등기의 방법으로 하였다면 그 등기의 순위는 주등기의 순위에 의한다. 따라서 근저당권의 피담보채권이 확정되기 전에 기본 계약상의 채무자의 지위를 중첩적으로 인수하여 근저당권변경등기가 경료되었다면 근저당권의 효력과 범위에는 영향이 없으므로 종전 채무자의 기존 채무뿐만 아니라, 신채무자와 거래함으로써 발생한 채무까지도 위 근저당권에 의해서 담보되는 것이다.

---

91) 선례 5-450
92) 선례 6-344

45. 【 근저당권말소등기 】

Ⅰ. 서　설

1. 의　의

2. 요 건

(1) 근저당권의 "전부"가 "부적법" 할 것

(2) 등기상 이해관계인의 승낙이 있을 것

Ⅱ. 등기신청절차

1. 신청인

(1) 공동신청

(2) 단독신청

2. 신청정보

3. 첨부정보

Ⅲ. 등기의 실행

45. 【 근저당권말소등기 】

Ⅰ. 서 설

1. 의 의

근저당권은 설정계약의 해제· 취소, 근저당권의 포기, 혼동 등의 사유로 소멸하며, 이 때 근저당권말소등기를 한다. 근저당권은 보통저당권과는 달리 피담보채권의 소멸만으로는 소멸하지 않고 근저당권 설정의 기초가 되는 기본계약이 해지 등의 사유로 종료되어야만 이를 원인으로 말소등기를 신청할 수 있다(선례 6-231).

근저당권의 말소와 근저당권의 이전등기의 말소를 구별하여야 한다. 전자는 주등기의 말소이고, 후자는 부기등기를 말소하고 양도인의 명의로 회복등기를 한다는 차이가 있다.

2. 요 건

(1) 근저당권의 "전부"가 "부적법" 할 것

근저당권말소등기를 하기 위해서는 근저당권의 전부가 부적법하여야 하는데, 부적법의 원인은 원시적 전부 무효이든 후발적인 경우이든 가리지 아니한다.

(2) 등기상 이해관계인의 승낙이 있을 것

근저당권말소등기를 실행함에 있어서 근저당권을 목적으로 한 등기가 있으면 그자의 승낙정보 등을 제공해야만 말소등기 신청이 수리된다(법 제57조).

Ⅱ. 등기신청절차

1. 신청인

(1) 공동신청

① 근저당권의 말소등기도 권리등기의 일반원칙과 같이 공동신청주의에 의한다. 현재의 소유권(**지상권, 전세권**)의 등기명의인이 등기권리자이고, 현재의 근저당권의 등기명의인이 등기의무자가 된다. 다만 판례에 의하면, 근저당권 설정등기 이후에 소유권이 제3자에게 이전된 경우에는 현재 소유명의인 뿐만 아니라 근저당권설정자(**설정당시의 소유자**)도 근저당권자와 공동으로 그 말소등기를 신청할 수 있다고 한다. 근저당권 양도에 의한 부기등기가 있는 경우에는 근저당권의 양수인이 등기의무자이다.

반면에 근저당권양도계약의 무효, 취소, 해제를 원인으로 근저당권이전등기를 말소하는 경우에는 근저당권 양도인이 등기권리자, 양수인이 등기의무자가 된다.

② 상속의 개시 전에 근저당권의 말소원인이 발생하였으나 그 등기를 하지 않고 있는 사이에 상속이 개시된 경우에는 상속으로 인한 근저당권이전등기를 하지 않고 상속인이 상속을 증명하는 정보를 제공하여 근저당권말소등기를 신청할 수 있다. 합병의 경우도 이와 같다.[93]

③ 그러나 근저당권의 소멸사유가 상속 개시 후에 발생한 경우에는 상속으로 인한 근저당권이전등기를 먼저 하여야만 근저당권말소등기를 할 수 있다. 다만, 목적부동산의 멸실과 같이 법률행위에 의한 처분이 아닌 사유로 근저당권을 말소할 경우에는 상속(**합병**)으로 인한 이전등기를 할 필요가 없다.

(2) 단독신청

① 혼동으로 인한 근저당권등기의 말소와 같이 성질상 공동신청을 상정할 수 없는 경우에는 등기명의인이 단독으로 신청한다. 다만, 그 근저당권이 제3자의 권리의 목적이 된 때 (**예: 권리질권의 등기 또는 압류등기가 되어 있는 경우**) 또는 선순위 근저당권이 혼동으로 소멸하게 되면 후순위 근저당권의 순위가 승진하는 경우에는 혼동으로 소멸하지 아니한다(**민법 제 191조제1항 단서**).

② 또 판결에 의한 근저당권말소등기는 승소한 등기권리자 또는 등기의무자가 단독으로 신청할 수 있음은 당연하다. 등기의무자의 소재불명으로 인하여 등기권리자가 그와 공동으로 등기의 말소를 신청할 수 없는 때에는 민사소송법의

93) 선례 2-385

규정에 의한 제권판결 등본을 첨부하여 등기권리자 단독으로 근저당권의 말소등기를 신청할 수 있다(법 제56조).

2. 신청정보

신청정보에는 일반적인 신청정보 외에 말소할 근저당권의 표시를 하여야 한다. 예를 들면, "2007년 4월 12일 접수 제4852호로 마쳐진 순위 2번의 근저당권"과 같다. 다만, 근저당권이 이전된 후에 말소등기를 신청하는 경우 말소할 등기의 표시는 주등기인 근저당권설정등기만 표시한다. 주등기가 말소되면 이전에 관한 부기등기는 효력이 없어지므로 따로 신청정보에 표시할 필요가 없는 것이다. 이 경우 등기의무자는 근저당권의 양수인을 표시한다. 근저당권의 공동담보인 부동산 중 일부 부동산에 대하여 근저당권을 포기한 경우에는 등기원인을 "일부포기"라고 표시한다.

3. 첨부정보

근저당권말소등기신청에는 등기원인을 증명하는 정보로 해지증서, 근저당권포기증서 등을 제공한다. 또 근저당권의 설정에 관한 등기필증(등기필정보)을 제공하여야 하는데, 근저당권이 이전된 후에 말소하는 경우에는 근저당권이전에 관한 등기필증(등기필정보)을 제공하면 되고 설정에 관한 것은 제공할 필요가 없다.

Ⅲ. 등기의 실행

① 말소할 근저당권설정등기에 이전, 변경의 부기등기가 되어 있는 경우에는 위 설정등기 뿐만 아니라 그 부기등기도 같이 말소하는 표시를 한다.

② 말소하는 저당권등기를 목적으로 하는 제3자의 권리에 관한 등기(저당권에 부기한 권리질권, 가압류 등기 등)가 있는 경우 그 제3자의 승낙정보가 제공되어 있으면 제3자의 등기를 직권으로 말소한다.

③ 근저당권의 이전등기만 말소하는 경우 원래의 등기명의인표시에 대하여 직권으로 회복등기를 하여야 한다.

46. 【 공동저당에 관한 등기 】

Ⅰ. 서　설
  1. 의　의
  2. 공동저당권 인정 취지
  3. 공동저당의 유형
Ⅱ. 공동저당의 법적 성질
  1. 저당권의 복수성
  2. 각 저당권의 독립성
  3. 복수저당권의 공동부종성
  4. 공동저당권의 연대성
  5. 피담보채권의 동일성
Ⅲ. 창설적 공동저당권의 설정등기
  1. 신청절차상의 특칙
  (1) 일괄신청
  (2) 공동담보의 표시
  (3) 공동담보목록의 작성
  (4) 등록면허세 등
  2. 등기실행상의 특칙
  3. 대지권에서의 저당권등기의 특칙
Ⅳ. 추가적 공동저당권의 설정등기
  1. 신청절차상의 특칙
  (1) 종전 등기의 표시
  (2) 공동담보목록의 작성
  (3) 등기의무자의 권리에 관한 등기필증(등기필정보)
  (4) 등기신청수수료
  (5) 등록면허세 등
  2. 등기실행에 관한 특칙
Ⅴ. 구분건물의 추가적 공동저당의 특칙
  1. 대지에 이미 근저당권이 설정된 경우
  (1) 구분 건물의 추가 저당권 설정
  (2) 신청정보의 특칙

46. 【 공동저당에 관한 등기 】

I. 서 설

1. 의 의

공동저당이란 동일한 채권의 담보를 위하여 수개의 부동산에 대한 권리를 목적으로 하여 저당권을 설정하는 것을 의미하고 이에 관한 권리관계를 공시하는 등기가 공동저당권 등기이다.

2. 공동저당권 인정 취지

1개의 부동산에 관한 저당권만으로는 채권을 담보하기에 부족될 것이 예상되는 경우, 또는 토지와 건물을 함께 담보목적물로 제공하지 아니하면 담보권 실행에 어려움이 있을 것으로 예상되는 경우에 보통 공동저당권을 하게 된다.

3. 공동저당의 유형

공동저당에는 처음부터 동일채권의 담보를 위해 수개의 부동산에 대한 권리에 대하여 저당권을 설정하는 창설적 공동저당(**법 제78조제1항**)과 저당권을 설정한 후에 동일채권의 담보를 위하여 다른 1개 또는 수개의 부동산에 관한 권리를 목적으로 하는 저당권을 설정하는 추가적 공동저당이 있다(**법 제78조제4항**).

II. 공동저당의 법적 성질

1. 저당권의 복수성

동일채권을 담보하기 위하여 수 개의 저당목적물에 저당권을 설정하면 각 저당목적물마다 1개씩의 저당권이 성립하고 공동저당으로 된다. 즉 공동저당은 수 개의 저당권이 동일채권을 담보하는 관계이다.

2. 각 저당권의 독립성

공동저당을 이루는 복수의 저당권은 각각 독립된 저당권으로서의 성질을 가진다. 즉 각별로 저당권성립요건을 갖추어야 하고 성립의 시기나 저당권의 순위를 달리할 수 있다. 또 어느 저당권에 관하여 생긴 설정계약의 하자나 목적물의 멸실 또는 저당권의 포기 등의 사유는 원칙적으로 공동저당관계에 있는 다른 저당권에 영향을 미치지 않는다.

3. 복수저당권의 공동부종성

① 공동근저당을 이루는 복수의 근저당권은 피담보채권을 공통으로 하고 있기 때문에 부종성과 수반성의 적용에 있어서는 공동운명의 관계에 있다. 보통저당권의 경우 피담보채권이 부존재하거나 소멸하면 복수의 저당권 모두가 함께 소멸되고, 피담보채권이 양도되거나 입질되면 그를 담보하는 복수의 저당권도 그에 수반된다.

② 그러나 공동근저당의 부종성과 수반성은 피담보채권이 확정되기 전과 확정된 후로 나누어 생각하여야 한다. 먼저 기본계약이 결산기에 이르러 피담보채권이 확정된 이후에는 구체적으로 특정된 피담보채권이 소멸하거나 이전되면 공동근저당 관계에 있는 복수의 근저당권 모두가 담보한도인 채권최고액의 범위내에서 일제히 부종·수반된다. 반면에 피담보채권이 확정되기 전에는 공동근저당관계에 있는 어느 근저당권도 구체적인 채권에 대하여는 부종·수반되지 아니하고, 단지 피담보채권의 발생원인인 기본계약이 잔존채권 없이 해지되거나 포괄승계되거나 계약인수되는 등의 사유가 있을 때에만 부종·수반될 뿐이다. 이러한 공동부종성 때문에 공동저당관계를 해소하지 않는 한, 공동근저당권 중 일부에 대하여만 이전등기를 할 수는 없다.

4. 공동저당권의 연대성

공동저당을 이루는 복수의 저당권은 각각 연대하여 피담보채권의 전부를 변제해야한다는 것을 의미한다. 따라서 공동근저당권의 채권최고액을 각 부동산별로 분할하여 별개의 근저당권 등기가 되도록 하는 변경등기는 현행법제상 인정되지 않으므로 그러한 내용의 근저당권변경등기를 신청할 수 없다는 것이 선례이다.

5. 피담보채권의 동일성

공동저당을 이루는 수개의 저당권은 수개의 저당물에 대하여 채권자, 채무자, 채권발생의 원인과 담보범위가 모두 동일해야 한다는 것을 의미한다. 따라서 공동저당 이후에 그 저당목적물의 부동산중 일부를 취득한 제3자는 그 부동산이 부담하는 비율로서의 피담보채무만 인수하고 이로 인한 채무자 변경의 저당권 변경등기는 공동저당관계가 존속하는 한 불가능하다는 것이 선례이다.

III. 창설적 공동저당권의 설정등기

1. 신청절차상의 특칙

(1) 일괄신청

창설적 공동근저당권설정등기를 신청하는 경우에는 실무상 일괄신청이 허용된다. 이는 추가적 공동근저당신청에서 수개의 부동산을 추가하는 경우도 마찬가지이다. 창설적 공동근저당의 경우 각 근저당권설정자가 다른 경우에도 일괄신청이 가능하다.

(2) 공동담보의 표시

신청정보에는 공동담보의 대상이 되는 각 부동산에 관한 권리를 표시를 신청정보의 내용으로 등기소에 제공하여야 한다(규칙 제133조제1항). 공동저당의 목적인 부동산의 일부가 관할 등기소나 소유자를 달리 하는 경우 신청정보에 표시하는 부동산 밑에 '이상 ○○지방법원 ○○등기소 관할' 또는 '이상 ○○○소유'라고 표시하여 등기실행에 착오가 없도록 함이 바람직하다.

(3) 공동담보목록의 작성

담보로 제공되는 부동산이 5개 이상인 때에는 등기관은 공동담보목록을 작성하여야 하고 그 공동담보목록에는 신청정보의 접수연월일과 접수번호를 기록하여야 하는데 모두 전산정보처리조직에 의하여 자동적으로 생성된다. 따라서 당사자가 공동담보목록을 작성하여 등기소에 제공할 필요는 없다.

(4) 등록면허세 등

수개의 등기소 관할에 걸쳐 있는 수개의 부동산에 관한 공동근저당 설정등기를 신청하는 때에는 최초의 등기를 신청함에 있어 등록면허세의 전액을 납부하고, 국민주택채권전액을 매입하여야 한다.

2. 등기실행상의 특칙

① 공동담보부동산 중의 1개의 부동산에 관하여 근저당권설정의 등기를 하는 때에는 그 등기사항의 말미에 다른 부동산에 관한 권리의 표시를 하고 그 권리가 함께 담보의 목적이라는 뜻을 기록하여야 한다(**법 제78조제1항**).

② 등기관이 공동담보목록을 작성할 때에는 등기시에 그 목록의 번호(**공동담보목록 제2012-11호**)를 기록하여야 한다.

3. 대지권에서의 저당권등기의 특칙

대지권 등기를 실행한 등기관은 건물에 관한 등기가 저당권에 관한 등기로서 대지권에 대한 등기와 등기원인과 그 연월일 및 접수번호가 동일한 창설적 공동저당권 등기인 경우에 등기관은 건물만에 관한 뜻의 부기등기를 하지 아니하며 대지권에 대한 저당권등기를 직권으로 말소하여야 한다(**규칙 제92조제2항**).

Ⅳ. 추가적 공동저당권의 설정등기

1. 신청절차상의 특칙

(1) 종전 등기의 표시

추가근저당권설정의 등기를 신청하는 경우에는 신청정보에 종전의 등기를 표시하는 사항과 종전의 등기에 각 부동산에 관한 권리가 함께 저당권의 목적으로 제공된 뜻을 기록하여야 하는데, “종전의 등기를 표시하는 사항”으로서 공동담보목록의 번호 또는 부동산의 소재지번(**건물번호가 있는 경우에는 그 번호도 포함**)외에 종전등기의 순위번호와 접수년월일 및 접수번호를 신청정보의 내용으로 등기소에 제공하여야 한다(**법 제78조제4항, 규칙 제134조**).[94]

(2) 공동담보목록의 작성

추가하는 부동산과 전에 등기한 부동산을 합하여 5개 이상이 될 때에는 창설적 공동저당과 마찬가지로 등기관은 공동담보목록을 작성하여야 한다.

---

94) 등기예규 제1429호

(3) 등기의무자의 권리에 관한 등기필증(등기필정보)

추가 근저당권설정등기를 하는 경우에 등기필증(등기필정보)을 제공하여야 하는바 토지에 대하여 근저당권설정등기가 경료되고 동일채권의 담보를 위하여 건물에 추가근저당권 설정등기를 신청하는 경우에 제공할 등기필증(등기필정보)은 건물소유자만이 등기의무자 이므로 추가될 건물의 소유권 등기필증(등기필정보)만 제공하면 된다.

(4) 등기신청수수료

동일채권을 담보하기 위하여 추가로 근저당권을 설정하는 등기는 그 부동산에 대하여는 변경, 기타의 등기가 아니라 근저당권설정등기이므로, 추가근저당권설정 등기신청수수료는 근저당권설정 등기신청수수료액에 새로이 추가가 되는 부동산 개수를 곱한 금액이 된다.

(5) 등록면허세 등

창설적 공동저당의 경우 채권최고액을 기준으로 등록면허세 및 국민주택채권을 납부하고, 추가적 공동저당의 경우 최초 설정시에는 채권최고액을 기준으로 하고, 추가 설정시에 등록면허세는 1건당 3,000원을 납부하고 국민주택채권은 매입하지 않는다.

2. 등기실행에 관한 특칙

추가설정하는 부동산에 관하여 근저당권설정등기를 하는 경우, 그 등기의 끝부분에 공동담보라는 뜻을 기록하고 종전에 등기한 부동산의 등기기록에는 해당 등기에 부기등기로 그 뜻을 기록하여야 한다(법 제135조제3항).

V. 구분건물의 추가적 공동저당의 특칙

1. 대지에 이미 근저당권이 설정된 경우

(1) 구분 건물의 추가 저당권 설정

대지에 관하여 이미 근저당권이 설정되어 있는 상태에서 대지권의 등기를 하고, 그와 아울러 또는 그 후에 구분건물에 관하여 동일채권의 담보를 위한 근저당권을 추가설정하려는 경우에는 구분건물과 대지권을 일체로 하여 그에 관한 추가근저당권설정등기의 신청을 할 수 있다.

(2) 신청정보의 특칙

신청정보에는 구분건물외에 그 대지권의 표시를 하여야 하고, 대지에 관하여 설정된 종전의 근저당권등기를 표시하여야 한다. 즉 등기신청정보는 ① "추가할 부동산의 표시: 1동의 건물의 표시, 전유부분의 건물의 표시 및 대지권의 표시", ② "전에 등기한 부동산의 표시: 토지의 소재·지번·지목·면적"와 같이 표시하는 방식으로 작성하여야 한다.

(3) 등기의 실행의 특칙

추가근저당권설정의 등기는 구분건물에 관한 등기의 일반원칙에 따라 구분건물의 등기기록 을구에만 이를 기록하고, 대지권의 목적인 토지에 관하여 설정된 종전의 근저당권등기에 근저당권담보추가의 부기등기를 할 필요는 없다. 왜냐하면 구분건물에 있는 근저당권은 종된 권리인 대지권의 목적인 토지에 당연히 미치기 때문에 위와 같은 부기등기를 할 필요가 없다.

2. 구분건물에 이미 근저당권이 설정된 경우

(1) 대지의 추가 근저당권 설정

구분건물에 관하여 이미 근저당권이 설정되어 있고 그 등기에 건물만에 관한 것이라는 부기등기가 경료된 상태라면 그 후에 대지권의 목적인 토지에 대하여 대지권과 건물을 일체로 하여 추가근저당권설정등기를 할 수 있다. 따라서 건물의 근저당권에 건물만에 관한 것이라는 취지의 부기등기가 없는 경우라면 그 근저당권은 토지에 원칙적으로 미치는 것이므로 추가근저당권 설정등기를 할 수 없는 것이다.

(2) 신청정보의 특칙

1.(2).에 준하여 처리하면 된다.

(3) 등기의 실행

대지권의 목적인 토지에 관하여 추가근저당권설정등기의 실행은 구분건물의 을구에만 이를 기록하고, 토지의 등기기록에는 별도의 등기기록을 할 필요가 없다. 다만 각 근저당권은 별개로 존재하므로 근저당권 담보추가의 부기등기는 하여야 하는 점을 주의(기존의 "건물'만에 대한 근저당권에는 대지권 부분이 새로이 추가담보로 편입되었다는 취지의 부기등기를 등기관이 직권으로 하여야 한다는 의미)하여야 한다.

Ⅵ. 공동담보의 일부의 소멸 또는 변경의 등기

1. 등기부 기록

공동담보의 목적인 수 개의 부동산 중 일부 부동산에 관하여 저당권이 소멸하거나 그 권리의 표시에 변경이 있어 그 말소·변경등기를 한 때에는 다른 부동산에 관하여 한 공동담보인 뜻의 기록에 그 소멸·변경의 뜻을 직권으로 부기하고 소멸된 사항 또는 변경 전의 사항을 말소하는 표시를 하여야 한다(규칙 제136조제1항).

2. 공동담보목록에의 기록

공동담보목록이 작성되어 있는 경우에는 그 목록에 변경·소멸된 사항을 기록하여야 한다(규칙 제136조제3항).

3. 소멸 · 변경의 통지

공동담보인 부동산의 전부 또는 일부가 다른 등기소의 관할에 속할 때에는 소정 양식의 통지에 의하여 그 소멸·변경의 취지를 통지하고 이 통지를 받은 등기소는 통지받은 사항을 기록하여야 한다(규칙 제136조제2항).

Ⅶ. 공동저당 대위등기95)

1. 서 설

(1) 의 의

민법 제368조 제2항에 따르면 공동저당이 설정되어 있는 경우에 채권자가

95) 등기예규 제1407호

그 중 일부 부동산에 관해서만 저당권을 실행하여 채권전부를 변제받은 경우, 후순위저당권자는 공동담보로 제공되어 있는 다른 부동산에 대하여 선순위자를 대위하여 저당권을 행사할 수 있다. 이를 공시하기 위한 것이 공동저당의 대위등기이다(법 제80조, 규칙 제138조).

(2) 공동저당 대위등기의 예

갑이 을에 대하여 300만원의 채권이 있는데, 그 채권을 담보하기 위하여을 소유의 X토지(시가 400만원)와 Y토지(시가 200만원)에 공동저당이 1번으로 설정되어 있다고 하고 병이 을에 대하여 200만원의 채권을 가지고 있고 X토지에 2번의 저당권을 가지고 있다고 하자. 이 경우 갑이 X, Y토지에 대하여 동시에 경매를 실행하면 갑은 X토지로부터 200만원, Y토지로부터 100만원을 배당받을 것이며 병은 X토지로부터 200만원을 배당받은 수 있을 것이다. 그런데 갑이 X 부동산에 관해서만 먼저 경매를 실행했다고 하자. 그러면 갑은 X토지로부터 300만원을 배당받고 병은 100만원을 배당받으며 갑과 병의 저당권은 모두 말소될 것이다. 이 경우 후순위 저당권자인 병은 Y토지의 갑의 저당권을 갑이 동시에 경매를 실행했을 때 배당받았을 금액의 한도(100만원)에서 민법 제368조 제2항에 의하여 대위행사할 수 있다.

(3) 개정법의 태도

구법에서는 이에 관한 등기절차가 마련되어 있지 않아 그간 민법 제368조 제2항의 저당권 대위등기를 할 수 있는지 여부에 관하여 논란이 있었다. 개정법에서는 공동저당 대위에 관한 규정을 신설하여 민법 제368조 제2항의 저당권대위가 발생한 경우 이를 등기할 수 있도록 하였다.

2. 등기신청절차

(1) 신청인

공동저당 대위등기는 선순위저당권자가 등기의무자로 되고 대위자(차순위저당권자)가 등기권리자로 되어 공동으로 신청하여야 한다.

(2) 신청정보

① 공동저당의 대위등기를 신청할 때에는 규칙 제43조에서 정한 일반적인 신청정보 외에 매각부동산, 매각대금, 선순위저당권자가 변제받은 금액 및 매각

부동산 위에 존재하는 차순위저당권자의 피담보채권에 관한 사항을 신청정보의 내용으로 등기소에 제공하여야 한다.

② 등기의 목적은 "○번 저당권 대위"로, 등기원인은 "「민법」 제368조제2항에 의한 대위"로, 그 연월일은 "선순위저당권자에 대한 경매대가의 배당기일"로 표시한다.

(3) 첨부정보

공동저당의 대위등기를 신청하는 경우에는 규칙 제46조에서 정한 일반적인 첨부정보 외에 집행법원에서 작성한 배당표 정보를 첨부정보로서 등기소에 제공하여야 한다.

(4) 등록면허세 등

① 공동저당의 대위등기를 신청할 때에는 매 1건당 3천 원에 해당하는 등록면허세를 납부하고, 매 부동산별로 3천 원에 해당하는 등기신청수수료를 납부하여야 한다.

② 공동저당의 대위등기를 신청하는 경우에는 국민주택채권을 매입하지 아니한다.

(5) 등기실행절차

① 공동저당 대위등기는 대위등기의 목적이 된 저당권등기에 부기등기로 한다.

② 등기관이 공동저당 대위등기를 할 때에는 법 제48조의 일반적인 등기사항 외에 매각부동산 위에 존재하는 차순위저당권자의 피담보채권에 관한 내용과 매각부동산, 매각대금, 선순위 저당권자가 변제받은 금액을 기록하여야 한다.

Ⅷ. 결 어

47. 【 가등기 】

I. 서 설
1. 의 의
2. 취 지
3. 종 류
II. 가등기의 요건
1. 본등기할 수 있는 권리일 것
(1) 본등기할 수 있는 권리
(2) 환매특약가등기 허부
(3) 보존등
2. 청구권보전의 필요성이 있을 것기의 가등기
(1) 채권적 청구권의 보전
(2) 사인증여 및 유증의 가등기 여부
3. 가등기의 허용여부가 문제되는 경우
(1) 중복가등기
(2) 물권적 청구권
(3) 가등기의 이전등기
(4) 가등기의 이전가등기
(5) 표시변경등기의 가등기
(6) 합유지분에 대한 가등기
III. 등기절차
1. 신청인
(1) 공동신청원칙
(2) 단독신청특칙
(3) 법원의 명령에 의한 등기
2. 신청정보
(1) 일반적인 경우
(2) 가등기권리자가 수인인 경우
3. 첨부정보
(1) 등기원인증명정보
(2) 등기의무자의 권리에 관한 등기필증(등기필정보)
(3) 가등기의무자가 소유자인 경우 그 인감증명
(4) 등기원인에 대한 제3자의 허가정보등
(5) 가등기권리자의 주민등록번호등을 증명하는 정보
(6) 등록면허세등
4. 등기의 실행
(1) 가등기의 실행
(2) 가등기의 형식

Ⅳ. 가등기의 효력
1. 청구권보전의 효력
2. 순위보전의 효력
3. 물권변동의 효력 여부
4. 추정력
5. 담보가등기의 효력
6. 실체법상의 효력
7. 가등기 자체의 효력
Ⅴ. 가등기에 의한 본등기
1. 의 의
2. 신청인
(1) 공동신청원칙
(2) 등기권리자와 등기의무자
3. 신청정보
(1) 일반적 신청정보
(2) 등기원인 및 등기원인일자
(3) 매매금액의 문제
(4) 담보가등기에 기한 본등기
4. 첨부정보
(1) 등기원인증명정보
(2) 등기의무자의 권리에 관한 등기필증(등기필정보)
(3) 인감증명
(4) 제3자의 허가정보 등
(5) 부동산거래계약신고필정보
(6) 청산금 평가 통지정보 등
5. 등기의 실행
Ⅵ. 본등기 후의 조치
1. 소유권이전등기청구권보전가등기에 기하여 소유권이전의 본등기를 한 경우
2. 제한물권 및 임차권설정등기청구권보전 가등기에 기하여 제한물권 및 임차권 설정의 본등기를 한 경우
(1) 용익권설정등기청구권보전 가등기에 의하여 용익권설정의 본등기를 한 경우
(2) 저당권설등기청구권 가등기에 의하여 본등기를 한 경우
3. 가등기 후 본등기 전에 마쳐진 등기가 체납처분으로 인한 압류등기인 경우
Ⅶ. 기 타
1. 본등기와 경매개시결정등기 등
2. 가등기의무자가 사망 후 상속등기가 이루어진 경우
3. 가등기권리자 중 일부의 자의 지분만에 말소원인이 있는 경우

47. 【 가등기 】

I. 서 설

1. 의 의

가등기는 부동산등기법 제3조에 해당하는 권리의 설정, 이전, 변경 또는 소멸의 청구권을 보전하거나 그 청구권이 시기부 또는 정지조건부일 경우나 그 밖에 장래에 확정될 것인 때에 하는 예비등기를 말한다(법 제88조).

2. 취 지

아직 본등기를 할 수 있는 실체법상의 요건을 구비하지 못했지만 가등기를 통해서 등기의 순위 및 본등기청구권을 미리 보전할 수 있고 그 사실을 제3자에게 공시함으로서 채권자 보호 및 거래의 안전을 도모하는데 그 취지가 있다.

3. 종 류

가등기는 본등기의 순위보전을 목적으로 하는 법 제88조에 따른 통상의 가등기 외에 가등기담보등에관한 법률의 적용을 받는 담보가등기가 있다.

II. 가등기의 요건

1. 본등기할 수 있는 권리일 것

(1) 본등기할 수 있는 권리

가등기는 본등기의 순위확보를 그 목적으로 하므로 본등기를 할 수 있는 권리를 대상으로만 가등기를 할 수 있다. 본등기를 할 수 있는 권리는 부동산등기법 제3조에 규정되어 있는 부동산에 관한 소유권·지상권·지역권·전세권·저당권·권리질권·채권담보권·임차권을 들 수 있다.

(2) 환매특약가등기 허부

한편, 소유권이전등기와 환매특약등기는 동시에 이루어져야 하는 것이므로 소유권이전등기 혹은 소유권이전가등기를 하면서 환매특약가등기를 하는 것은 허용되지 아니한다. 다만, 환매권은 법 제3조의 등기사항으로 규정되어 있지 않지만 환매권은 양도성을 가지고 있으므로 이미 등기기록에 경료된 환매권에 대하여 이전청구권을 보전하기 위하여 가등기를 하는 것은 허용된다.

(3) 보존등기의 가등기

소유권보존등기가 경료되지 않은 미등기부동산에 대하여 장차 경료될 소유권보존등기를 위한 가등기나 장차 그 소유권보존등기가 될 것을 전제로 그 소유권보존등기명의인에 대한 장래의 소유권이전청구권이나 제한물권설정청구권을 보전할 목적으로 가등기를 신청할 수 있는지가 문제될 수 있다. 그러나 소유권보존의 가등기를 인정하기 위해서는 법령의 근거가 있어야 하는데, 법 제3조는 권리의 설정, 이전, 변경, 소멸의 청구권을 보전하기 위한 가등기만을 인정하고 있을 뿐이므로 소유권보존의 가등기는 허용할 수 없다는 것이 일반적인 견해이다.

2. 청구권보전의 필요성이 있을 것

(1) 채권적 청구권의 보전

가등기는 장차 본등기를 경료하여 물권을 취득하는 것을 목적으로 하나 가등기 되는 권리는 물권 그 자체가 아니라 법 제3조에 규정된 물권등의 변동을 목적으로 하는 청구권이다. 그런데 여기서의 청구권은 아직 물권 등의 변동이 일어나기 전에 그 변동을 가져오기 위한 청구권 즉, 채권적청구권을 의미한다.

(2) 사인증여 및 유증의 가등기 여부

유증은 유언자의 사망시까지는 어떠한 권리도 발생하지 아니하므로 유언자의 생존시에 유증을 원인으로 한 소유권이전청구권가등기는 허용되지 아니하지만, 사인증여는 사인증여계약시에 청구권이 발생하고 그 청구권은 증여자가 사망시에 확정되므로 증여계약시에 이미 발생한 청구권에 기하여 가등기를 하는 것은 가능하다. 즉 사인증여는 증여자가 사망하기 이전에도 사인증여를 원인으로 소유권이전청구권가등기를 하는 것이 가능하다.

3. 가등기의 허용여부가 문제되는 경우

(1) 중복가등기

가등기는 양립이 불가능한 배타적인 등기가 아니므로 동일한 부동산에 대하여 내용이 충돌하는 여러개의 가등기도 가능하다.

(2) 물권적 청구권

여기서의 청구권은 아직 물권 등의 변동이 일어나기 전에 그 변동을 가져오기 위한 청구권 즉, 채권적청구권을 의미한다. 따라서 이미 물권변동이 있은 다음 그 물권에 기한 청구권 즉, 물권적청구권을 보존하기 위한 가등기 또는 소유권보존등기를 위한 가등기는 할 수 없다.[96]

(3) 가등기의 이전등기

가등기상 권리를 제3자에게 양도하는 경우에 양도인과 양수인은 공동신청으로 그 가등기상 권리의 이전등기를 신청할 수 있고, 그 이전등기는 가등기에 대한 부기등기의 형식으로 할 수 있다는 것이 판례[97]의 입장이다.

(4) 가등기의 이전가등기

가등기의 이전등기가 가능하다는 것이 판례의 입장이므로 이 이전등기청구권을 보전하기 위한 가등기의 이전청구권보전의 가등기도 가능하다.

(5) 표시변경등기의 가등기

권리변경등기의 경우에는 변경등기 청구권이 있으므로 그 청구권을 보전하기 위해서 그 가등기를 할 수 있으나, 권리변동과 무관한 부동산의 표시나 등기명의인의 표시변경등기 등은 청구권이 존재하지 아니하므로 가등기를 할 수 없다.

(6) 합유지분에 대한 가등기

합유지분은 합유성의 원리에 따라서 이전할 수 없는 것이 원칙이고, 합유등기에는 이전등기라는 등기형식이 없으므로 각 합유자의 지분에 대한 소유권이전청구권가등기도 신청할 수 없다

III. 등기절차

96) 대법원 1982. 11. 23. 선고 81다카1110판결
97) 대법원 1998. 11. 19. 선고 98다24105 전원합의체판결

1. 신청인

(1) 공동신청원칙

가등기의 신청은 등기의 일반원칙에 따라 가등기권자와 가등기의무자의 공동신청에 의하는 것이 원칙이다.

(2) 단독신청특칙

가등기가 종국등기가 아니라 예비등기이기 때문에 신청절차를 간소화하여 가등기의무자의 승낙이 있거나 가등기를 명하는 법원의 가처분명령이 있을 때에는 가등기를 단독으로 신청할 수 있다(법 제89조).

(3) 법원의 명령에 의한 등기

등기관이 등기신청을 각하한 경우에 이의신청에 대하여 관할지방법원이 이의에 대하여 결정을 하기 전에 그 등기의 순위를 미리 확보하여 둘 필요가 있을 때 등기관에게 가등기를 명할 수 있고 이에 따라서 가등기를 실행할 수 있다(법 제106조).

2. 신청정보

(1) 일반적인 경우

① 계약에 의한 경우에는 등기의 목적은 "소유권이전청구권가등기"라고 표시하며, 등기원인은 그 원인이 시기부 또는 조건부 매매인 때에는 "매매"라 표시하고, 그 연월일은 매매계약서 작성일을 표시한다. ② 소유권이전청구권이 장래에 확정될 것인 때에는 그 원인을 "매매예약"이라 표시하고 그 연월일은 매매예약서 작성일을 표시한다. ③ 담보가등기의 경우에는 "대물반환예약" 및 그 연월일을 표시한다.

(2) 가등기권리자가 수인인 경우

여러 사람이 가등기를 공유하고 있는 때에는 각자의 지분을 신청정보의 내용으로 하여야 하고 등기를 할 때에도 그 지분을 기록하여야 한다. 여러 사람 공유의 부동산에 관하여 여러 사람 이름으로 가등기를 신청할 때에는 여러 사람의 공유자가 여러 사람에게 지분의 전부 또는 일부를 이전하는 경우와 같이 등기권리자별 또는 등기의무자별로 신청을 하여야 한다.

3. 첨부정보

(1) 등기원인증명정보

계약서 또는 청구권이 장래에 있어서 확정할 것인 경으는 소유권이전의 경우에는 매매예약서 등을 제출하고, 판결에 의한 경우에는 판결정본 및 확정증명을 제출하여야 한다.

(2) 등기의무자의 권리에 관한 등기필증(등기필정보)

공동신청의 경우에는 가등기의무자의 권리에 관한 등기필증(등기필정보)을 제공할 필요가 없다는 것이 일반적인 견해이나 실무에서는 제공하고 있다.

(3) 가등기의무자가 소유자인 경우 그 인감증명

가등기의무자가 소유권의 등기명의인인 경우 및 가등기의무자의 승낙을 받아 가등기권자가 단독신청 하는 경우에는 그 가등기의무자의 인감증명(부동산매도용일 필요는 없음)을 첨부하여야 한다.

(4) 등기원인에 대한 제3자의 허가정보등

토지거래허가구역 내에서 소유권이전청구권가등기를 신청하거나 지료에 관한 약정이 있는 지상권설정청구권가등기를 신청하는 경우에는 토지거래허가서를 첨부하여야 하고, 가등기신청시에는 검인이 필요없고, 그 가등기에 기한 본등기를 할 때 원인증서에 검인을 받으면 된다.

(5) 가등기권리자의 주민등록번호등을 증명하는 정보

(6) 등록면허세등

가등기신청시에는 등기신청수수료와 등록면허세 및 교육세를 납부하여야 하나, 국민주택채권은 매입규정이 없으므로 매입하지 않아도 된다.

4. 등기의 실행

(1) 가등기의 실행

종전 수작업등기부에 있어서는 가등기를 하면서 횡선을 긋고 그 아래에 본등기를 할 수 있는 상당한 여백을 남겨 두는 방식으로 하였으나, 전산정보처리조직에 의하여 등기사무를 처리하고 있는 현재에는 본등기를 할 수 있는 여백을 남겨둘 필요가 없다.

(2) 가등기의 형식

가등기에 의해 실행되는 본등기의 형식에 의해 결정된다. 즉 소유권이전청구권가등기는 소유권이전등기가 주등기이므로 주등기 형식으로 실행하나 그 가등기의 이전등기는 부기등기로 한다. 또한 소유권을 목적으로 하는 저당권설정청구권가등기는 저당권의 본등기가 주등기이므로 주등기로 실행한다.

Ⅳ. 가등기의 효력

1. 청구권보전의 효력

가등기가 있은 후에 가등기의무자가 그의 등기부상의 권리에 관하여 한 처분은 가등기로 보전한 청구권을 침해하는 한도에서 그 효력이 없다. 따라서 갑의 승낙을 얻어서 을이 청구권을 보전하기 위하여 가등기를 한 후에, 갑이 그 부동산을 병에게 양도한 경우 병은 모든 사람에 대한 관계에서는 소유자가 되나, 을에 대하여서만은 소유자가 아니다. 을에 대한 관계에서는 갑이 여전히 소유권자로 간주되므로 을이 가등기에 기하여 본등기를 하는 경우에는 갑이 등기의무자가 된다.

2. 순위보전의 효력

가등기에 기하여 본등기를 한 경우 본등기의 순위는 가등기의 순위에 의하므로 가등기는 본등기순위보전의 효력을 가진다.

3. 물권변동의 효력 여부

가등기에 기하여 본등기를 하는 경우에 그 순위는 가등기의 순위에 의하지만, 물권변동의 효력은 가등기시로 소급하는 것은 아니고 본등기시에 발생한다.

4. 추정력

소유권이전청구권보전을 위한 가등기가 있다 하더라도 반드시 소유권이전등기를 청구할 수 있는 어떤 법률관계가 있다고 추정되지는 않는다.는 것이 판례이다.

5. 담보가등기의 효력

담보가등기의 경우에는 가등기 자체의 효력뿐만 아니라, 그 가등기자체만으로 경매청구권과 우선변제권 등이 있으므로 본등기와 같은 효력이 인정된다고 할 수 있다.

6. 실체법상의 효력

종래 가등기에 기한 본등기를 하는 경우에 가등기이후에 이루어진 중간처분의 등기는 직권말소 되지만 이와 같은 가등기의 효력에 더하여 실체법상 명문의 규정이 없었던바, 민법개정안에서는 가등기의 실체법적 효력을 명문화함으로써 법률관계를 명확히 하고자 하였다.

7. 가등기 자체의 효력

가등기 자체로서는 어떠한 실체적 권리변동이 발생하는 종국등기는 아니지만 가등기가 아무런 권리가 아닌 것은 아니라는 것이 대법원판례이다. 따라서 가등기권리도 상속에 의하여 이전하며, 가등기권리 자체의 이전등기, 가등기이전금지가처분등기, 가등기권리이전청구권가등기도 이를 할 수 있다.

Ⅴ. 가등기에 의한 본등기

1. 의 의

가등기를 한 후에 본등기를 할 수 있는 실체법적 요건이 구비된 경우에 가등기에 기해서 본등기사항을 기록하는 것을 말한다.

2. 신청인

(1) 공동신청원칙

가등기에 기한 본등기도 등기신청에 관한 일반원칙에 따라 공동신청하는 것이 원칙이며, 등기의무자의 협력이 없는 경우는 의사진술을 명하는 판결을 받아 등기권리자 단독으로 신청할 수 있다.

(2) 등기권리자와 등기의무자

1) 가등기 후 가등기권리가 제3자에게 이전된 경우

① 그 이전받은자가 본등기권리자가 된다. ② 또한 가등기 후 제3자에게 소유권이 이전된 경우에는 가등기에 의한 본등기신청의 등기의무자는 가등기를 할 때의 소유자이며 가등기의무자는 변동되지 않는다.

2) 가등기권리자가 사망한 경우

① 가등기권리자의 상속인은 상속등기를 거치지 아니하고 상속을 증명하는 정보를 첨부하여 가등기의무자와 공동으로 본등기를 신청할 수 있고, ② 가등기의무자가 사망한 경우에는 상속등기를 거치지 아니하고 상속을 증명하는 정보와 인감증명등을 첨부하여 가등기권리자와 공동으로 본등기를 신청할 수 있다.

3) 청산종결된 회사의 본등기신청 가부

그 법인등기기록이 폐쇄된 경우에도 그 회사 명의로 매매예약을 원인으로 한 가등기가 존재하는 한 그 범위내에서 청산사무는 종료되지 아니하였기 때문에 가등기에 기한 본등기를 신청할 수 있다.

4) 일부지분에 대한 본등기 신청 가부

가등기에 의한 본등기 신청은 가등기된 권리 중 일부지분에 관해서도 할 수 있다. 이 경우 본등기될 지분을 신청정보의 내용으로 하여야 하고 등기기록에도 그 지분을 기록하여야 한다.

5) 공동가등기권리자가 있는 경우

가등기권리자 모두가 공동의 이름으로 본등기를 신청하거나, 그 중 일부의 가등기권리자가 자기의 가등기지분에 관하여 본등기를 신청할 수 있지만, 일부의 가등기권리자가 공유물보존행위에 준하여 가등기 전부에 관한 본등기를 신청할 수는 없다.[98)]

6) 판결에 의한 본등기의 신청

① 등기원인일자

가등기상 권리가 매매예약에 의한 소유권이전청구권일 경우, 판결주문에 매매예약 완결일자가 있으면 그 일자를 등기원인일자로 하여야 하고, 판결주문에 매매예약 완결일자가 기록되어 있지 아니한 때에는 등기원인은 확정판결로, 등

---

98) 대법원 1984. 6. 12. 선고 83다카2282판결 참조

기원인일자는 그 확정판결의 선고연월일로 표시하여야 한다.

② 판결에 기록되어 있는 등기원인일자가 등기기록과 다른 경우

등기기록상 가등기원인일자와 본등기를 명한 판결주문의 가등기원인일자가 서로 다르다 하더라도 판결이유에 의하여 매매의 동일성이 인정된다면 그 판결에 의하여 가등기에 의한 본등기를 신청할 수 있다.

③ 판결주문에 가등기에 의한 본등기라는 취지의 기록이 없는 경우

판결의 주문에 피고에게 가등기에 의한 본등기 절차의 이행을 명하지 않고, 매매로 인한 소유권이전등기 절차의 이행을 명한 경우라도, 판결이유에 의하여 피고의 소유권이전등기 절차의 이행이 가등기에 의한 본등기 절차의 이행임이 명백한 때에는 그 판결을 원인증명정보로 하여 가등기에 의한 본등기를 신청할 수 있다. 이와 달리 판결의 주문과 이유에 그러한 취지의 표시가 모두 누락된 경우에는 그 판결로는 가등기에 의한 본등기를 신청할 수 없다.[99]

7) 가등기에 기한 본등기를 하지 않고, 별도의 소유권이전등기를 한 경우, 다시 가등기에 기한 본등기 여부

① 원 칙

그 가등기 이후에 본등기와 저촉되는 중간등기가 없다면 가등기는 혼동으로 실질적으로 소멸하였기 때문에 가등기에 의한 본등기를 할 수 없다.

② 가등기와 별도의 원인으로 이루어진 소유권이전등기 사이에 제3자 명의의 처분제한의 등기등 중간등기가 있는 경우

그 가등기는 혼동으로 소멸하지 않고 유효하게 존속하게 되므로 가등기권자는 다시 가등기에 기한 본등기를 할 수 있다는 것이 판례[100]이다. 이 경우 등기관은 제3자의 처분제한 등기등과 함께 가등기권자 앞으로 경료된 종전 소유권이전등기도 직권말소하여야 할 것이다.

③ 중복가등기시 본등기 가부

동일한 가등기권자 명의의 소유권이전담보가등기와 소유권이전청구권가등기가 선·후로 각 등기된 다음 후행 소유권이전청구권가등기에 기한 본등기가 경료된 후에도, 선행가등기에 기하여 다시 본등기신청을 할 수 있다. 형식적 심사권만 가지고 있는 등기관으로서는 양 가등기의 동일성 여부를 심사할 수 없으므로 선행가등기가 존재하고 있는 한 이에 기한 본등기를 수리할 수 밖에 없기 때문이다.

---

99) 선례 6-141

100) 대법원 1988. 9. 27. 선고 87다카1637판결 참조

3. 신청정보

(1) 일반적 신청정보

'본등기할 가등기의 표시'를 하여야 한다.

(2) 등기원인 및 등기원인일자

① 매매예약을 원인으로 한 가등기에 의한 본등기를 신청함에 있어서, 본등기의 원인일자는 '매매예약완결의 의사표시를 한 날'로 표시하여야 한다.

② 판결주문에 명시된 등기원인과 그 연월일을 등기신청정보에 표시하여야 하지만, 그 기재가 없는 경우 등기원인은 '확정판결'로, 그 연월일은 '판결선고일'을 표시하여야 한다.

③ 매매를 원인으로 한 가등기가 되어 있는 경우, 그 가등기의 원인일자와 판결주문에 나타난 원인일자가 다르다 하더라도 판결이유에 의하여 매매의 동일성이 인정된다면 그 판결에 의하여 가등기에 의한 본등기를 신청할 수 있다.

④ 확정판결의 본등기 원인과 가등기의 등기원인이 상이하고 상호관련성이 없는 경우에는 가등기 원인을 경정하여 가등기에 기한 본등기를 신청할 수 있다.

(3) 매매금액의 문제

가등기 당시의 매매예약서에 기재된 금액과 그 매매예약에 기한 본등기시의 매매계약서상의 매매금액이 다르다고 하여 본등기신청을 할 수 없는 것은 아니다.

(4) 담보가등기에 기한 본등기

일반적인 신청정보 이외에 본등기할 담보가등기의 표시, 청산금 평가통지서가 채무자 등에게 도달한 날을 표시하여야 한다(가담법 제3조).

4. 첨부정보

(1) 등기원인증명정보

매매계약서를 제출하여야 한다. 다만 매매예약 완결권을 행사할 필요없이 가등기권리자가 요구하면 언제든지 본등기를 하여 주기로 약정한 경우에는 매매예약완결권을 행사하지 않고서도 본등기를 신청할 수 있으며, 이 때에는 별도로 매매계약서를 제출할 필요가 없다.

(2) 등기의무자의 권리에 관한 등기필증(등기필정보)

가등기의 등기필증은 이를 첨부하지 아니하고 등기의무자의 권리에 관한 등기필증(등기필정보)만 제공한다.

(3) 인감증명

본등기의무자가 소유권의 등기명의인인 경우 첨부하고, 매매를 원인으로 한 소유권이전청구권가등기에 기한 본등기를 신청하는 경우에는 부동산매도용 인감증명을 제출하여야 한다.

(4) 제3자의 허가정보 등

소유권이전을 내용으로 한 예약을 원인으로 하여 가등기를 신청할 때는 검인이 요구되지 아니하나, 그 가등기에 기한 본등기를 신청할 때 제공하는 원인증서에는 검인이 되어 있어야 한다. 소유권, 지상권을 목적으로 하는 가등기를 신청하는 경우 토지거래허가정보를 첨부한 경우에는 본등기시에 다시 첨부할 필요는 없다.

(5) 부동산거래계약신고필정보

매매에 관한 거래계약서를 등기원인을 증명하는 정보로 하여 소유권이전등기를 신청하는 경우에는 부동산거래계약신고필증과 매매목록을 첨부하여야 한다.

(6) 청산금 평가 통지정보 등

담보가등기에 의하여 본등기신청을 할 경우 등기신청에는 청산금 평가통지서 또는 청산금이 없다는 통지서가 도달하였음을 증명할 서면 및 청산기간이 경과한 후에 청산금을 채무자에게 지급(공탁)하였음을 증명할 서면을 첨부하여야 한다.

5. 등기의 실행

가등기를 한 경우에 본등기의 순위는 가등기의 순위에 의하므로 순위번호는 이를 기록하지 아니한다. 또한 본등기 후 가등기를 말소하는 표시를 하지 아니한다.

Ⅵ. 본등기 후의 조치

구법에서는 가등기에 의해 보전되는 권리를 침해하는 등기의 직권말소 절차가 규정되어 있지 않았다. 다만 판례[101]는 "가등기 후의 본등기권자는 가등기권자의 본등기 취득으로 등기순위와 물권의 배타성에 의하여 실질적으로 등기의 효력을 상실할 것이므로 이와 같은 경우에는 구법 제175조제1항, 제55조제2호에 의하여 가등기 후에 한 제3자의 등기를 직권말소한다"라고 판시하여 등기실무는 이 판례에 따랐다.

개정법에서는 등기관이 가등기에 의한 본등기를 하면 가등기 이후에 된 등기로서 가등기에 의해 보전되는 권리를 침해하는 등기는 등기관이 직권으로 말소하는 것으로 규정하였다(법 제92조).

1. 소유권이전등기청구권보전가등기에 기하여 소유권이전의 본등기를 한 경우

가등기 후 본등기 전에 마쳐진 아래의 등기와 체납처분에 의한 압류등기를 제외하고는 모두 직권으로 말소한다(규칙 제147조).

① 해당 가등기상 권리를 목적으로 하는 가압류등기나 가처분등기

② 가등기 전에 마쳐진 가압류에 의한 강제경매개시결정등기

③ 가등기 전에 마쳐진 담보가등기, 전세권 및 저당권에 의한 임의경매개시결정등기

④ 가등기권자에게 대항할 수 있는 주택임차권등기, 주택임차권설정등기, 상가건물임차권등기, 상가건물임차권설정등기(이하 "주택임차권등기등"이라 한다)

2. 제한물권 및 임차권설정등기청구권보전 가등기에 기하여 제한물권 및 임차권설정의 본등기를 한 경우

(1) 용익권설정등기청구권보전 가등기에 의하여 용익권설정의 본등기를 한 경우

1) 직권말소의 대상이 되는 등기

등기관이 지상권, 전세권 또는 임차권의 설정등기청구권보전 가등기에 의하여 지상권, 전세권 또는 임차권의 설정의 본등기를 한 경우 가등기 후 본등기 전에 마쳐진 아래의 등기(동일한 부분에 마쳐진 등기로 한정한다)는 직권으로 말소한다(규칙 제148조제1항).

① 지상권설정등기

101) 대법원 1962. 12. 24. 자 4294민재항675 결정

② 지역권설정등기
③ 전세권설정등기
④ 임차권설정등기
⑤ 주택임차권등기등. 다만, 가등기권자에게 대항할 수 있는 임차인 명의의 등기는 그러하지 아니하다. 이 경우 가등기에 의한 본등기의 신청을 하려면 먼저 대항력 있는 주택임차권등기등을 말소하여야 한다.

2) 직권말소의 대상이 되지 않는 등기

지상권, 전세권 또는 임차권의 설정등기청구권보전 가등기에 의하여 지상권, 전세권 또는 임차권의 설정의 본등기를 한 경우 가등기 후 본등기 전에 마쳐진 아래의 등기는 위 본등기와 양립할 수 있으므로 직권말소 할 수 없다(규칙 제148조제2항).

① 소유권이전등기 및 소유권이전등기청구권보전 가등기
② 가압류 및 가처분 등 처분제한의 등기
③ 체납처분으로 인한 압류등기
④ 저당권설정등기
⑤ 가등기가 되어 있지 않은 부분에 대한 지상권, 지역권, 전세권 또는 임차권설정등기와 주택임차권등기등

(2) 저당권설등기청구권 가등기에 의하여 본등기를 한 경우

저당권설정등기청구권보전가등기에 기하여 저당권설정의 본등기를 한 경우에는 가등기에 후에 경료된 제3자명의의 등기는 저당권설정의 본등기와 양립할 수 있으므로 직권말소 할 수 없다.

3. 가등기 후 본등기 전에 마쳐진 등기가 체납처분으로 인한 압류등기인 경우

① 소유권이전등기청구권보전의 가등기에 기한 소유권이전의 본등기를 신청한 경우 등기관은 등기기록의 기록사항만으로는 위 가등기가 담보가등기인지 여부를 알 수 없을 뿐 아니라, 담보가등기라 하더라도 체납처분에 의한 압류등기가 말소의 대상인지 여부를 알 수 없으므로 일단 직권말소대상통지를 한 후, 이의신청이 있는 경우 제출된 소명자료에 의하여 말소 또는 인용여부를 결정한다.
② 담보가등기 또는 소유권이전등기청구권 가등기라 하더라도 사실상 담보

가등기인 경우 법정기일이 담보가등기가 경료되기 전인 국세 및 지방세 채권에 의한 압류등기, 당해재산에 부과된 국세(당해세)의 체납처분에 의한 압류등기는 직권으로 말소할 수 없다.

Ⅶ. 기 타

1. 본등기와 경매개시결정등기 등

① 가등기 이후의 강제경매개시결정등기도 직권말소 하는 것이 원칙이다. 그러나 그 가등기보다 선순위의 저당권등기가 마쳐져 있는 경우 예를 들어 저당권설정-가등기-강제경매개시결정(저당권에 기한 것이 아님)등기의 순으로 등기가 된 경우에는 가등기는 저당권에 대항할 수 없고 그 저당권이 매각으로 인하여 소멸하는 한 그보다 후순위로 가등기된 권리도 소멸한다.[102] 그러므로 이 경우 등기관은 가등기에 의한 본등기를 하기 전에 경매절차의 진행정도를 파악하여 해당 경매절차에서 매각대금이 납부된 경우에는 가등기에 의한 본등기를 하지 않아야 한다.

② 저당권설정등기 이후에 가등기가 마쳐진 부동산이 매각되어 집행법원에서 매각으로 인한 소유권이전등기 촉탁을 하면서 경매개시결정등기만을 말소 촉탁하고 가등기에 관한 말소 촉탁은 하지 않은 경우, 등기관이 그 가등기를 직권으로 말소할 수는 없고 집행법원의 추가촉탁(매수인이 인수하지 아니한 부담기입의 말소)에 의하여 말소하여야 한다. 다만, 가등기 명의인이 스스로 말소신청을 하거나 매수인이 등기권리자로서 가등기 명의인의 승낙이 있음을 증명하는 정보를 첨부하여 단독으로 말소신청을 할 수는 있다.[103]

2. 가등기의무자가 사망 후 상속등기가 이루어진 경우

가등기의무자가 가등기 후 사망하여 상속인이 그 지위를 승계한 경우, 본등기 당시에 가등기의무자에 관한 상속등기가 이미 마쳐져 있는 때에는 그 상속등기도 직권으로 말소한다.

3. 가등기권리자 중 일부의 자의 지분만에 말소원인이 있는 경우

102) 대법원 1980. 12. 30. 선고 80마491결정, 등기예규 제442호
103) 등기예규 제442호

가등기권리자 중 일부의 자의 지분 만에 말소원인이 있는 경우에는 먼저 그 가등기를 부기등기로 말소한 다음 나머지 지분에 대하여 본등기를 할 수 있다. 이 경우 가등기 후 본등기 전에 이루어진 제3취득자의 소유권이전등기 등에 대해서는 본등기범위 내에서 직권으로 일부말소의미의 경정등기를 한다.[104]

104) 등기예규 제1408호

48. 【 가압류등기 】

Ⅰ. 서 설

1. 의 의
2. 구별개념

Ⅱ. 가압류의 목적물 (대상)

1. 미등기부동산
2. 전세권

(1) 전세권의 존속기간중

(2) 전세권의 존속기간이 만료된 경우

3. 상속등기를 하지 아니한 부동산
4. 저당권부 채권
5. 등기이전청구권
6. 합유지분에 대한 가압류등기
7. 부동산 처분금지가처분권리부 채권에 대한 가압류

Ⅲ. 가압류등기의 촉탁

1. 집행법원의 가압류촉탁
2. 촉탁정보
3. 첨부정보

Ⅳ. 가압류등기의 실행

1. 일반적인 경우
2. 등기권리자가 법인인 경우
3. 채권자가 다수인 경우

(1) 가압류 · 가처분등기 또는 경매개시결정등기의 촉탁이 있는 경우

(2) 착오로 마쳐진 가압류·가처분등기 또는 경매개시결정등기를 발견한 경우

(3) 일부채권자의 해제신청에 의한 변경등기 촉탁이 있는 경우

Ⅴ. 가압류등기의 말소

48. 【 가압류등기 】

Ⅰ. 서 설

1. 의 의

가압류는 금전채권이나 금전으로 환산할 수 있는 채권에 관하여 장래에 그 집행을 보전하려는 목적으로 미리 채무자의 재산을 압류하여 그 처분권을 빼앗는 집행보전제도이다.(민사집행법 제276조).

2. 구별개념

이러한 가압류는 채무자의 일반재산의 감소를 방지하고자 하는 것으로서 금전채권이나 금전으로 환산할 수 있는 채권에 대한 보전수단이라는 점에서 계쟁물 자체에 대한 청구권보전을 위하여 그 현상변경을 금지하는 가처분과 구별된다.

Ⅱ. 가압류의 목적물 (대상)

1. 미등기부동산

등기된 부동산뿐만 아니라 미등기부동산도 가압류의 목적물이 된다. 미등기부동산에 대하여 가압류등기촉탁이 있는 경우에는 그 전제되는 소유권보존등기를 등기관이 직권으로 하여야 한다.(법 제66조)

2. 전세권

(1) 전세권의 존속기간중

① 전세권은 용익물권 외에 담보물권으로서의 성격을 가지고 있는바, 특별한 사정이 없는 한 담보물권의 부종성에 의하여 전세권과 분리하여 전세금반환청구권만을 제3자에게 양도하는 것은 허용되지 아니한다. 따라서 전세권의 존속기간중에는 전세금반환채권이 아니라 전세권에 대한 가압류를 신청하여야 한다.

② 다만 전세권에 기하여 담보되는 전세반환채권에 대하여 '전세권의 종료를 조건부 또는 기한부'로 하여 가압류를 신청한 경우에 이는 허용할 수 있을

것이라는 것이 대법원의 견해이다. 전세권을 가압류한 경우에는 법원사무관 등이 그 사유를 등기부에 기입하도록 등기관에게 촉탁하여야 한다.**(민사집행규칙 제213조 제2항; 민사집행법 제94조 제1항)**.이는 등기기록에 부기등기의 형식으로 기록된다. 전세권가압류의 효력은 전세권이 전세기간의 만료 등으로 소멸한 후 발생한 전세금반환채권에도 미친다.

(2) 전세권의 존속기간이 만료된 경우

전세권 존속기간이 만료되거나 합의해지되어 전세권이 종료된 경우에는 전세권에 대한 가압류는 허용되지 않고 전세금반환채권에 대한 가압류의 방법으로 집행하여야 한다. 이는 채권에 대한 가압류이므로 그 집행은 전세권가압류와는 달리 제3채무자(부동산소유자)에게 전세금반환청구권 가압류결정정본을 송달함으로써 한다. 전세금반환청구권가압류를 등기부에 기록할 수 있느냐에 대하여 견해의 다툼이 있을 수 있으나 법원실무제요에서는 저당권부채권에 대한 가압류절차를 준용할 수 있다고 하고 있기 때문에 등기능력을 인정하여야 한다고 해석된다. 즉 이 경우 전세권자(채무자)를 기록하고 등기원인은 법원의 가압류명령이 된다. 위 전세권부채권가압류등기 역시 부기등기에 의한다.

3. 상속등기를 하지 아니한 부동산

처분제한의 등기를 촉탁하면서 상속등기를 대위로 촉탁하는 것은 법령상 근거가 없으므로 허용되지 않는다. 그러므로 이때에는 처분제한의 등기촉탁 이전에 채권자가 먼저 대위에 의하여 상속등기를 하여야 한다. 처분제한권자의 대위에 의하여 상속등기를 할 경우 대위원인은 "○년 ○월○일 ○○지방법원의 가압류결정"이라고 기록하고 대위원인을 증명하는 정보로 가압류결정정본 또는 그 등본을 첨부한다.[105]

4. 저당권부 채권

① 저당권 있는 채권에 대한 가압류는 일반적으로 금전채권에 대한 가압류의 성질을 가지나, 저당권의 피담보채권이 가압류되면 종된 권리인 저당권에도 가압류의 효력이 미치므로 그 공시방법이 필요하다. 저당권부채권가압류명령은 채무자, 제3채무자 및 부동산소유자에게도 송달한다. 저당권 있는 채권이 가압

105) 등기예규 제1432호

류된 경우 채권자의 신청에 의하여 법원사무관 등은 채권가압류사실을 등기부에 기입하도록 촉탁하여야 한다(민사집행법 제228조).

② 다만 가압류등기는 가압류의 효력발생요건이 아니고 공시의 효력만이 있으므로, 제3채무자에게 송달이 되지 않으면 가압류등기를 마쳐도 가압류의 효력이 발생하지 아니한다. 저당권부채권가압류촉탁정보에는 등기권리자를 가압류채권자로, 등기의무자를 저당권자(채무자)로 표시하고 등기원인은 법원의 가압류명령이 된다. 위 저당권부채권가압류등기는 부기등기에 의한다.

5. 등기이전청구권

등기이전청구권에 대하여는 부동산등기법 제88조의 규정에 의하여 그 청구권이 가등기된 때에 한하여 부기등기의 방법에 의하여 가압류 등기를 할 수 있다.[106]

6. 합유지분에 대한 가압류등기

수인의 합유자 명의인 부동산에 관하여 합유자 중 1인의 지분에 대하여 가압류기입등기촉탁이 있는 경우에는, 부동산등기법 제29조 제2호에 의하여 각하하여야 할 것인바, 위 합유지분에 대하여 가압류등기가 이미 경료되어 있다면 그 등기는 등기관이 부동산등기법 제58조의 규정에 의하여 직권으로 말소하여야 한다

7. 부동산 처분금지가처분권리부 채권에 대한 가압류

부동산 처분금지가처분권리부 채권에 대하여, 가처분권자를 채무자로 한 가압류결정에 의하여 집행법원으로부터 위 가처분권리부채권에 대한 가압류등기촉탁이 있는 경우, 위 가압류등기는 '사건이 등기할 것이 아닌 때' 에 해당되므로 등기관은 부동산등기법 제29조 제2호에 의하여 이를 각하하여야 하는바, 위 등기촉탁에 의하여 가압류기입등기를 경료한 경우에는 등기관이 이를 직권으로 말소하여야 한다.

---

106) 등기예규 제1344호

Ⅲ. 가압류등기의 촉탁

1. 집행법원의 가압류촉탁

가압류등기는 가압류 집행법원의 법원사무관 등이 촉탁한다. 법원의 촉탁에 의하여 가압류등기, 가처분등기, 주택임차권등기 및 상가건물 임차권등기가 경료된 후 등기명의인의 주소, 성명 및 주민등록번호변경으로 인한 등기명의인표시변경등기는 등기명의인이 신청할 수 있다.[107]

2. 촉탁정보

촉탁정보에는 ① 부동산의 표시, ② 사건번호와 사건명, ③ 가압류청구금액, ④ 가압류채권자의 성명 또는 명칭, 주소 또는 사무소의 표시, 주민등록번호 또는 부동산등기용등록번호, ⑤ 채무자의 성명, 주소, ⑥ 등기원인 및 그 일자로 가압류결정 및 그 연월일을 표시하여야 한다.

3. 첨부정보

등기촉탁시에는 등기원인을 증명하는 정보로 가압류결정정본을 첨부정보로 제공하여야 하고, 미등기부동산에 대하여 가압류등기를 촉탁하는 경우에는 채무자의 소유임을 증명하는 정보와 부동산의 표시를 증명하는 정보를 첨부정보로서 등기소에 제공하여야 한다.

Ⅳ. 가압류등기의 실행

1. 일반적인 경우

(1) 처분제한을 한 집행법원으로부터 가압류기입등기의 촉탁이 있는 경우에 일반 원칙에 따라 해당구 사항란에 가압류결정의 기입등기를 하여야 한다(**민사집행법 제293조**). 소유권에 대한 가압류는 주등기로, 소유권 이외의 권리 및 가등기에 대한 가압류는 부기등기로 한다.

(2) 가압류사건번호와 가압류청구금액도 기록하여야 한다. 가압류 촉탁서에

---

107) 등기예규 제1064호

청구 금액과 관련한 이자 또는 다른 조건 등이 있다 하더라도 이는 기록할 사항이 아니다. 가압류 청구금액은 민원인 편의와 관련 업무의 신속한 처리를 위하여 참고적으로 기록한 사항으로서 등기실행과정의 착오로 청구금액을 잘못 기록하여 이를 경정하는 경우 가압류 후 다른 등기권리자가 있더라도 승낙서 또는 이에 대항할 수 있는 재판의 등본을 첨부할 필요는 없으며, 위 등기의 경정은 언제나 부기등기 방법에 의한다.

2. 등기권리자가 법인인 경우

법인이 등기권리자인 가압류, 가처분 또는 경매개시결정 등의 등기에 대한 집행법원의 촉탁이 있는 경우 촉탁서에 그 법인의 취급지점 등의 표시가 있는 때에는 법인의 표시 다음에 줄을 바꾸어 괄호 안에 취급지점을 기록한다. 다만 취급지점 등의 소재지는 표시하지 아니한다.

3. 채권자가 다수인 경우[108)]

채권자가 다수(1개의 촉탁사건에 채권자가 2인 이상인 경우)인 가압류·가처분등기 및 경매개시결정등기의 촉탁이 있는 경우에는 다음과 같이 처리한다.

(1) 가압류 · 가처분등기 또는 경매개시결정등기의 촉탁이 있는 경우

① 등기관은 촉탁에 의하여 위 가압류등기 등을 하는 경우 다수의 채권자 전부를 등기기록에 채권자로 기록하여야 하며, 채권자 ○○○외○○인과 같이 채권자 일부만을 기록하여서는 아니 된다.

② 채권자가 선정당사자인 경우에도 선정자 목록에 의하여 채권자 전부를 등기기록에 채권자로 기록하여야 한다.

(2) 착오로 마쳐진 가압류·가처분등기 또는 경매개시결정등기를 발견한 경우

등기관이 가압류·가처분등기 또는 경매개시결정등기에 채권자 ○○○외 ○○인으로 기록되어 있는 등기를 발견한 경우에는 법 제32조의 규정에 의한 경정등기를 하여야 한다.

(3) 일부채권자의 해제신청에 의한 변경등기 촉탁이 있는 경우

① 다수의 가압류채권자 전원이 등기기록에 기록된 경우 그 다수의 채권자 중 '일부채권자'의 해제신청에 의한 변경등기 촉탁이 있는 경우에는, '○번 ○○

---

108) 등기예규 제1358호

변경, 접수○○○○년 ○월○일 제○○○호, 원인 ○○○○년 ○월○일 일부채권자해제'로 한 변경등기를 하고, 이 경우 등기촉탁서에 가압류의 청구금액의 변경이 포함되어 있을 때에는 청구금액의 변경등기도 하여야 한다.

② 등기기록에 채권자 ○○○외 ○○인으로 기록된 경우 그 등기된 가압류·가처분등기 또는 경매개시결정등기에 대하여 '일부채권자해제'로 인한 변경등기 촉탁이 있는 경우에는 가압류등기 등을 채권자 전원명의로 하는 경정등기를 한 뒤에 촉탁에 의한 변경등기를 하여야 한다.

다만, 권리자 ○○○외 ○○인으로 되어 있는 등기에 대한 '전부말소'촉탁이 있는 경우에는 경정등기절차를 거치지 않고 촉탁에 의한 말소등기를 할 수 있다.

③ 채권자가 다수인 가압류·가처분등기 또는 경매개시결정등기에 대하여 「해제신청을 한 채권자」를 등기의무자로 하고, 등기원인 「일부해제」, 등기목적 「○○○○년 ○월 ○일 접수 제○○호로 등기된 ○○○말소」로 기재한 등기촉탁이 있는 경우, 비록 그 등기촉탁이 일부 채권자의 해제신청에 의한 채권자변경등기촉탁의 취지라 하더라도 그 촉탁서에 기재된 등기목적에 따라 이를 당해 등기촉탁서에 기재된 등기 전부의 말소를 촉탁한 것으로 보아야 할 것이므로, 등기공무원은 위 등기촉탁이 「부동산등기법」 제29조제7호 소정의 신청정보의 등기의무자의 표시가 등기기록과 일치하지 아니한 경우에 해당함을 이유로 이를 각하하여야 한다. [109]

V. 가압류등기의 말소

1. 가압류집행의 취소결정을 한 때, 가압류의 취하 또는 그 집행취소신청이 있는 때에는 법원은 그 재판서 또는 취하서 등 그 사실을 증명하는 정보를 첨부하여 처분제한의 등기의 말소촉탁을 하고 등기관은 이 촉탁에 의하여 그 등기를 말소한다. 당사자가 등기소에 직접 가압류말소등기신청을 할 수는 없다.

2. 가처분 이후에 경료된 가압류등기는 가처분권자가 승소판결에(**혹은 공동신청**)의하여 가처분에 기한 소유권이전등기를 하는 경우에는 가처분권자 단독으로 말소신청할 수 있으며, 가처분에 기하여 소유권말소등기를 하는 경우에도 마찬가지이다.

---

109) 등기예규 제1358호

3. 가압류등기, 가처분등기, 경매개시결정등기, 주택임차권등기 및 상가건물 임차권등기가 집행법원의 말소촉탁 이외의 사유(본등기, 경매절차에 따른 매각, 공매, 법 제99조제4항, 동규칙 제116조제2항의 경우 등)로 말소된 경우 등기관은 지체없이 그 뜻을 집행법원에 통지하여야 한다.

49. 【 가처분등기 】

Ⅰ. 의 의
Ⅱ. 가처분의 대상
  1. 미등기부동산
  2. 가등기에 기한 본등기금지 가처분의 가부
  3. 상속인을 등기의무자로 한 처분금지가처분등기
  4. 특정된 일부토지에 대한 소유권이전등기청구권보전의 가처분등기 가부
Ⅲ. 가처분등기절차
  1. 가처분등기의 촉탁절차
  2. 가처분등기의 실행
Ⅳ. 가처분등기의 말소
Ⅴ. 가처분에 저촉되는 등기 및 가처분등기의 말소 등
  1. 처분금지가처분채권자가 본안사건에서 승소하여 그 승소판결에 의한 소유권이전등기 를 신청하는 경우
  (1) 당해 가처분등기 이후에 경료된 제3자 명의의 소유권이전등기의 말소
  (2) 당해 가처분등기 이후에 경료된 제3자 명의의 소유권이전등기 이외의 등기의 말소
  2. 가처분채권자가 본안사건에서 승소하여 그 승소판결에 의한 소유권이전등기말소등기 (소유권보존등기말소등기를 포함한다. 이하 같다)를 신청하는 경우
  (1) 당해 가처분등기 이후에 경료된 제3자 명의의 소유권이전등기의 말소
  (2) 당해 가처분등기 이후에 경료된 제3자 명의의 소유권이전등기 이외의 등기의 말소
  3. 가처분채권자가 승소판결에 의하지 아니하고 가처분채무자와 공동으로 가처분에 기한 소유권이전등기 또는 소유권이전등기말소등기를 신청하는 경우
  4. 당해 가처분등기의 말소
  5. 가처분등기 등을 말소한 경우의 집행법원 등에의 통지
Ⅵ. 가처분에 따른 소유권이외의 권리에 대한 설정등기를 신청하는 경우
  1. 처분금지가처분에 기한 소유권 이외의 권리의 설정등기의 방법
  2. 가처분등기 이후에 경료된 제3자 명의의 등기의 처리
  (1) 가처분등기 이후에 경료된 제3자 명의의 등기를 말소하여야 하는 경우
  (2) 가처분등기 이후에 경료된 제3자 명의의 등기를 말소하지 아니하는 경우
  3. 당해 가처분등기의 말소
  4. 가처분에 의해 실효된 권리의 등기명의인에 대한 통지
Ⅶ. 채권자가 다수인 경우
  1. 가압류 · 가처분등기 또는 경매개시결정등기의 촉탁이 있는 경우
  2. 착오로 마쳐진 가압류·가처분등기 또는 경매개시결정등기를 발견한 경우
  3. 일부채권자의 해제신청에 의한 변경등기 촉탁이 있는 경우

49. 【 가처분등기 】

I. 의 의

가처분은 금전채권 이외의 권리 또는 법률관계의 확정판결의 강제집행을 보전하기 위한 집행보전제도를 말한다.

II. 가처분의 대상

1. 미등기부동산

미등기부동산도 가처분의 목적물이 된다(법 제66조).

2. 가등기에 기한 본등기금지 가처분의 가부

가등기상의 권리 자체의 처분을 금지하는 가처분은 등기할 수 있으나, 가등기의 본등기를 금지하는 가처분은 가등기상의 권리 자체의 처분의 제한에 해당하지 아니하므로 그러한 본등기를 금지하는 내용의 가처분등기는 할 수 없다.[110)]

3. 상속인을 등기의무자로 한 처분금지가처분등기

처분제한의 등기를 촉탁하면서 상속등기를 대위로 촉탁하는 것은 법령상 근거가 없으므로 허용되지 않는다. 그러므로 이때에는 처분제한의 등기촉탁 이전에 채권자가 먼저 대위에 의하여 상속등기를 하여야 한다. 처분제한권자의 대위에 의하여 상속등기를 할 경우 대위원인은 "○년 ○월○일 ○○지방법원의 가압류결정"이라고 기록하고 대위원인을 증명하는 정보로 가압류결정정본 또는 그 등본을 첨부한다. 다만, 피상속인과의 원인행위에 의한 권리의 이전·설정의 등기청구권을 보전하기 위하여 상속인들을 상대로 처분금지가처분신청을 하여 집행법원이 이를 인용하고, 피상속인 명의의 부동산에 대하여 상속관계를 표시하여

---

110) 대법원 1978. 10. 14.자 78마282결정, 등기예규 제881호

(등기의무자를 "망○○○의 상속인○○○" 등으로 표시함) 가처분기입등기의 촉탁을 한 경우에는 상속등기를 거침이 없이 가처분기입등기를 할 수 있다.[111]

4. 특정된 일부토지에 대한 소유권이전등기청구권보전의 가처분등기 가부

권리의 일부에 대하여는 처분제한의 등기를 할 수 있으나, 부동산의 특정된 일부분에 대한 처분금지가처분 등기는 할 수 없으므로 바로 분할등기가 될 수 있다는 등 특별한 사정이 없으면 그 1필지 토지 전부에 대한 처분금지가처분결정에 기한 등기촉탁에 의하여 그 1필지 토지 전부에 대한 처분금지가처분등기를 할 수 밖에 없다.[112]

III. 가처분등기절차

1. 가처분등기의 촉탁절차

가처분촉탁정보에는 가처분사건의 사건번호와 사건명 및 피보전권리와 금지사항을 표시하여야 한다. 다만 등기청구권의 원인은 표시하지 아니한다. 또한 가처분등기의 등기권리자인 가처분채권자의 성명 또는 명칭, 주소 또는 사무소를 표시하고 또한 주민등록번호 또는 부동산등기용등록번호를 표시하여야 한다.

2. 가처분등기의 실행

처분제한을 한 집행법원으로부터 가처분기입등기의 촉탁이 있는 경우에 일반원칙에 따라 해당구 사항란에 가처분결정의 기입등기를 하여야 한다. 소유권에 대한 가처분은 주등기로 소유권 이외의 권리 및 가등기에 대한 가처분은 부기등기로 한다. 가처분의 피보전권리가 소유권 외의 권리설정등기청구권으로서 소유명의인을 가처분채무자로 하는 경우에는 그 가처분등기를 등기기록 중 갑구에 한다.

---

111) 대법원 1995. 2. 28. 선고 94다23999판결, 등기예규 제881호
112) 대법원 1975. 5. 27. 선고 75다190판결, 등기예규 제881호

Ⅳ. 가처분등기의 말소

1. 가처분집행의 취소결정을 한 때, 가처분의 취하 또는 그 집행취소신청이 있는 때에는 법원은 그 재판서 또는 취하서 등을 첨부정보로 등기소에 제공하여 처분제한의 등기의 말소촉탁을 하고 등기관은 이 촉탁에 의하여 그 등기를 말소한다.

2. 가압류등기, 가처분등기, 주택임차권등기 및 상가건물임차권등기가 집행법원의 말소촉탁 이외의 사유로 말소된 경우 등기관은 지체없이 그 뜻을 집행법원에 통지하여야 한다.

Ⅴ. 가처분에 저촉되는 등기 및 가처분등기의 말소 등

구법에서는 가처분채권자가 가처분채무자를 등기의무자로 하여 가처분에 의하여 보전된 등기청구권에 의한 등기신청을 하는 경우 해당 가처분등기나 가처분에 저촉되는 후순위의 등기를 말소하는 절차에 관한 규정이 없었다. 이로 인하여 실무에서는 일반적인 말소절차에 따라 처리하고 있었는데 그 절차가 너무 복잡하였다.

개정법과 규칙에서는 이와 같은 문제점을 해결하고 피보전권리의 종류와 관계없이 통일적으로 등기업무를 처리하고자 해당 가처분등기 및 가처분에 저촉되는 등기의 말소절차에 관한 규정을 신설하였다(법 제94조).

1. 처분금지가처분채권자가 본안사건에서 승소하여 그 승소판결에 의한 소유권이전등기를 신청하는 경우113)

(1) 당해 가처분등기 이후에 경료된 제3자 명의의 소유권이전등기의 말소

1) 원 칙

부동산의 처분금지가처분채권자(이하 '가처분채권자'라 한다)가 본안사건에

113) 등기예규 제1412호

서 승소하여(**재판상 화해 또는 인낙을 포함한다. 이하 같다**) 그 확정판결의 정본을 첨부하여 소유권이전등기를 신청하는 경우, 그 가처분등기 이후에 제3자 명의의 소유권이전등기가 경료되어 있을 때에는 반드시 위 소유권이전등기신청과 함께 단독으로 그 가처분등기 이후에 경료된 제3자 명의의 소유권이전등기의 말소신청도 동시에 하여 그 가처분등기 이후의 소유권이전등기를 말소하고 가처분채권자의 소유권이전등기를 하여야 한다.

2) 예 외

위 1)의 경우, 가처분등기 이후에 경료된 제3자 명의의 소유권이전등기가 가처분등기에 우선하는 저당권 또는 압류에 기한 경매절차에 따른 매각을 원인으로 하여 이루어진 것인 때에는 가처분채권자의 말소신청이 있다 하더라도 이를 말소할 수 없는 것이므로, 그러한 말소신청이 있으면 경매개시결정의 원인이 가처분등기에 우선하는 권리에 기한 것인지 여부를 조사(**새로운 등기기록에 이기된 경우에는 폐쇄등기기록 및 수작업 폐쇄등기부까지 조사**)하여, 그 소유권이전등기가 가처분채권자에 우선하는 경우에는 가처분채권자의 등기신청(**가처분에 기한 소유권이전등기신청 포함**)을 전부 수리하여서는 아니된다.

(2) 당해 가처분등기 이후에 경료된 제3자 명의의 소유권이전등기 이외의 등기의 말소

1) 원 칙

가처분채권자가 본안사건에서 승소하여 그 확정판결의 정본을 첨부하여 소유권이전등기를 신청하는 경우, 그 가처분등기 이후에 제3자 명의의 소유권이전등기를 제외한 가등기, 소유권 이외의 권리에 관한 등기, 가압류등기, 국세체납에 의한 압류등기, 경매개시결정등기 및 처분금지가처분등기 등이 경료되어 있을 때에는 위 소유권이전등기신청과 함께 단독으로 그 가처분등기 이후에 경료된 제3자 명의의 등기말소신청도 동시에 하여 그 가처분등기 이후의 등기를 말소하고 가처분채권자의 소유권이전등기를 하여야 한다.

2) 예 외

다만, 가처분등기 전에 마쳐진 가압류에 의한 강제경매개시결정등기와 가처분등기 전에 마쳐진 담보가등기, 전세권 및 저당권에 의한 임의경매개시결정등기 및 가처분채권자에 대항할 수 있는 임차인 명의의 주택임차권등기, 주택임차권설정등기, 상가건물임차권등기 및 상가건물임차권설정등기 등이 있는 경우에는 이를 말소하지 아니하고 가처분채권자의 소유권이전등기를 하여야 한다.

3) 위 1)의 경우 가처분채권자가 그 가처분에 기한 소유권이전등기만 하고 가처분등기 이후에 경료된 제3자 명의의 소유권 이외의 등기의 말소를 동시에 신청하지 아니하였다면 그 소유권이전등기가 가처분에 기한 소유권이전등기였다는 소명자료를 첨부하여 다시 가처분등기 이후에 경료된 제3자 명의의 등기의 말소를 신청하여야 한다.

2. 가처분채권자가 본안사건에서 승소하여 그 승소판결에 의한 소유권이전등기말소등기(소유권보존등기말소등기를 포함한다. 이하 같다)를 신청하는 경우

(1) 당해 가처분등기 이후에 경료된 제3자 명의의 소유권이전등기의 말소

가처분채권자가 본안사건에서 승소하여 그 확정판결의 정본을 첨부하여 소유권이전등기말소등기를 신청하는 경우, 그 가처분등기 이후에 제3자 명의의 소유권이전등기가 경료되어 있을 때에는 위 소유권 이전등기말소등기신청과 동시에 그 가처분등기 이후에 경료된 제3자 명의의 소유권이전등기의 말소도 단독으로 신청하여 그 가처분등기 이후의 소유권이전등기를 말소하고 위 가처분에 기한 소유권 이전등기말소등기를 하여야 한다.

(2) 당해 가처분등기 이후에 경료된 제3자 명의의 소유권이전등기 이외의 등기의 말소

1) 원 칙

가처분채권자가 본안사건에서 승소하여 그 확정판결의 정본을 첨부하여 소유권이전등기말소등기를 신청하는 경우, 가처분등기 이후에 경료된 제3자 명의의 소유권이전등기를 제외한 가등기, 소유권 이외의 권리에 관한 등기, 가압류등기, 국세체납에 의한 압류등기, 경매신청등기와 처분금지가처분등기 등이 경료되어 있을 때에는 위 소유권이전등기말소등기신청과 함께 단독으로 그 가처분등기 이후에 경료된 제3자 명의의 등기말소신청도 동시에 하여 그 가처분등기 이후의 등기를 말소하고 가처분채권자의 소유권이전등기의 말소등기를 하여야 한다.

2) 예 외

다만, 가처분등기 전에 마쳐진 가압류에 의한 강제경매개시결정등기와 가처분등기 전에 마쳐진 담보가등기, 전세권 및 저당권에 의한 임의경매개시결정등기 및 가처분채권자에 대항할 수 있는 임차인 명의의 주택임차권등기, 주택임차권설정등기, 상가건물임차권등기 및 상가건물임차권설정등기 등이 가처분등기 이후에 경료된 때에는 그러하지 아니하다. 이 경우 가처분채권자가 가처분채무자의 소유권이전등기의 말소등기를 신청하기 위해서는 위 권리자의 승낙이나 이에 대항할 수 있는 재판이 있음을 증명하는 정보를 제공하여야 한다.

3. 가처분채권자가 승소판결에 의하지 아니하고 가처분채무자와 공동으로 가처분에 기한 소유권이전등기 또는 소유권이전등기말소등기를 신청하는 경우

가처분채권자가 가처분에 기한 것이라는 소명자료를 첨부하여 가처분채무자와 공동으로 소유권이전등기 또는 소유권말소등기를 신청하는 경우의 당해 가처분등기 및 그 가처분등기 이후에 경료된 제3자 명의의 등기의 말소에 관하여도 1.항 및 2.항의 절차에 의한다.

4. 당해 가처분등기의 말소

등기관이 1.항부터 3.항까지의 규정에 따라 가처분채권자의 신청에 의하여 가처분등기 이후의 등기를 말소하였을 때에는 직권으로 그 가처분등기도 말소하여야 한다(법 제94조제2항).

5. 가처분등기 등을 말소한 경우의 집행법원 등에의 통지

(1) 등기관이 1.항부터 3.항까지의 규정에 따라 가압류등기, 가처분등기, 경매개시결정등기, 주택임차권등기, 상가건물임차권등기를 말소한 경우와 4.항에 따라 당해 가처분등기를 직권으로 말소한 때에는「가압류등기 등이 말소된 경우의 집행법원에 통지」(등기예규 제1368호)에 의하여 지체없이 그 뜻을 집행법원에 통지하여야 한다.

(2) 등기관이 1.항부터 3.항까지의 규정에 따라 가처분등기 이후의 등기를 말소하였을 때에는 말소하는 이유 등을 명시하여 지체없이 말소된 권리의 등기명의인에게 통지(등기예규 제1338호 제10호 양식)하여야 한다(법 제94조제3항).

Ⅵ. 가처분에 따른 소유권이외의 권리에 대한 설정등기를 신청하는 경우[114)]

1. 처분금지가처분에 기한 소유권 이외의 권리의 설정등기의 방법

제한물권 또는 임차권의 설정등기를 할 때에 그 등기를 가처분 이후의 다른 제한물권 또는 임차권의 설정등기보다 앞서는 순위번호로서 이를 등기기록상 나타낼 수 있는 방법이 없다. 그래서 불가피하게 후순위번호로 등기할 수 밖에 없다. 이렇게 되면 등기기록상으로 뒤에 등기된 권리가 앞에 등기된 권리보다 우선하는 경우가 발생하여 그 공시에 혼란을 가져올 우려가 있어 이를 막기 위하여 소유권 이외의 권리의 설정등기청구권을 보전하기 위한 처분금지가처분에 기하여 그 보전하여야 할 소유권 이외의 권리의 설정등기를 하는 때에는 그 등기의 목적 아래에 "○년 ○월 ○일 접수 제○○○호 가처분에 기함"이라고 기록하여 당해 설정등기가 가처분에 기한 것이라는 표시를 한다(법 제95조).

2. 가처분등기 이후에 경료된 제3자 명의의 등기의 처리

(1) 가처분등기 이후에 경료된 제3자 명의의 등기를 말소하여야 하는 경우

처분금지가처분에 기하여 부동산의 사용·수익을 목적으로 하는 소유권 이외의 권리(지상권, 전세권, 임차권, 주택임차권, 상가건물임차권, 다만 지역권은 제외)의 설정등기를 신청하는 경우, 그 가처분등기 이후에 부동산의 사용·수익을 목적으로 하는 제3자 명의의 소유권 이외의 권리(지상권, 지역권, 전세권, 임차권, 주택임차권, 상가건물임차권)의 설정등기 또는 주택임차권등기나 상가건물임차권등기가 경료되어 있는 때에는, 그 가처분등기 이후에 경료된 제3자 명의의 등기의 말소신청도 동시에 하여 그 가처분등기 이후의 등기를 말소하고 가처분채권자의 등기를 하여야 한다. 다만 가처분채권자에게 대항할 수 있는 임차인 명의의 주택임차권등기, 주택임차권설정등기, 상가건물임차권등기, 상가건물임차권설정등기가 가처분등기 이후에 경료되어 있는 때에는 그러하지 아니하다. 이 경우 가처분에 의한 설정등기를 신청하기 위해서는 먼저 위 대항력 있는 임차인 명의의 주택임차권등기, 주택임차권설정등기, 상가건물임차권등기, 상가건물임차권설정등기를 말소하여야 한다.

---

114) 등기예규 제1413호

(2) 가처분등기 이후에 경료된 제3자 명의의 등기를 말소하지 아니하는 경우

1) 처분금지가처분에 기하여 부동산의 사용·수익을 목적으로 하는 소유권 이외의 권리(**지상권, 전세권, 임차권, 주택임차권, 상가건물임차권, 다만 지역권은 제외**)의 설정등기를 하는 경우, 그 설정등기와 양립할 수 있는 용익물권설정등기, 임차권설정등기, 주택임차권등기, 주택임차권설정등기, 상가건물임차권등기, 상가건물임차권설정등기와 부동산의 사용·수익을 목적으로 하는 소유권 이외의 권리(**지상권, 지역권, 전세권, 임차권**)가 아닌 제3자 명의의 등기(**소유권이전등기, 가등기, 가압류, 국세체납에 의한 압류등기, 처분금지가처분등기, 저당권 등**)는 가처분등기 이후에 경료된 것이라도 이를 말소하지 아니한다.

2) 처분금지가처분에 기하여 지역권설정등기 또는 저당권설정등기를 하는 경우, 그 가처분등기 이후에 경료된 제3자 명의의 등기는 이를 말소하지 아니한다.

3. 당해 가처분등기의 말소

등기관이 2.항에 따라 가처분채권자의 신청에 의하여 가처분등기 이후의 등기를 말소하였을 때에는 직권으로 그 가처분등기도 말소하여야 한다.

4. 가처분에 의해 실효된 권리의 등기명의인에 대한 통지

등기관이 2.항에 따라 가처분등기 이후의 등기를 말소하였을 때에는 말소하는 이유 등을 명시하여 지체없이 말소된 권리의 등기명의인에게 통지(**등기예규 제1338호 제10호 양식**)하여야 한다.

Ⅶ. 채권자가 다수인 경우115)

채권자가 다수(**1개의 촉탁사건에 채권자가 2인 이상인 경우**)인 가압류·가처분등기 및 경매개시결정등기의 촉탁이 있는 경우에는 다음과 같이 처리한다.

1. 가압류 · 가처분등기 또는 경매개시결정등기의 촉탁이 있는 경우

① 등기관은 촉탁에 의하여 위 가압류등기 등을 하는 경우 다수의 채권자 전부를 등기기록에 채권자로 기록하여야 하며, 채권자 ○○○외○○인과 같이

---

115) 등기예규 제1358호

채권자 일부만을 기록하여서는 아니 된다.

② 채권자가 선정당사자인 경우에도 선정자 목록에 의하여 채권자 전부를 등기기록에 채권자로 기록하여야 한다.

2. 착오로 마쳐진 가압류 · 가처분등기 또는 경매개시결정등기를 발견한 경우

등기관이 가압류·가처분등기 또는 경매개시결정등기에 채권자 ○○○외 ○○인으로 기록되어 있는 등기를 발견한 경우에는 법 제32조의 규정에 의한 경정등기를 하여야 한다.

3. 일부채권자의 해제신청에 의한 변경등기 촉탁이 있는 경우

① 다수의 가압류채권자 전원이 등기기록에 기록된 경우 그 다수의 채권자 중 '일부채권자'의 해제신청에 의한 변경등기 촉탁이 있는 경우에는, '○번 ○○변경, 접수○○○○년 ○월○일 제○○○호, 원인 ○○○○년 ○월○일 일부채권자해제'로 한 변경등기를 하고, 이 경우 등기촉탁서에 가압류의 청구금액의 변경이 포함되어 있을 때에는 청구금액의 변경등기도 하여야 한다.

② 등기기록에 채권자 ○○○외 ○○인으로 기록된 경우 그 등기된 가압류·가처분등기 또는 경매개시결정등기에 대하여 '일부채권자해제'로 인한 변경등기 촉탁이 있는 경우에는 가압류등기 등을 채권자 전원명의로 하는 경정등기를 한 뒤에 촉탁에 의한 변경등기를 하여야 한다. 다만, 권리자 ○○○외 ○○인으로 되어 있는 등기에 대한 '전부말소'촉탁이 있는 경우에는 경정등기절차를 거치지 않고 촉탁에 의한 말소등기를 할 수 있다.

③ 채권자가 다수인 가압류·가처분등기 또는 경매개시결정등기에 대하여 「해제신청을 한 채권자」를 등기의무자로 하고, 등기원인 「일부해제」, 등기목적 「○○○○년 ○월 ○일 접수 제○○호로 등기된 ○○○말소」로 기재한 등기촉탁이 있는 경우, 비록 그 등기촉탁이 일부 채권자의 해제신청에 의한 채권자변경등기촉탁의 취지라 하더라도 그 촉탁서에 기재된 등기목적에 따라 이를 당해 등기촉탁서에 기재된 등기 전부의 말소를 촉탁한 것으로 보아야 할 것이므로, 등기공무원은 위 등기촉탁이 「부동산등기법」 제29조제7호 소정의 신청정보의 등기의무자의 표시가 등기기록과 일치하지 아니한 경우에 해당함을 이유로 이를 각하하여야 한다.

50. 【 경매에 관한 등기 】

50. 【 경매에 관한 등기 】

Ⅰ. 서 설

부동산등기절차와 관련한 민사집행에는 강제경매와 임의경매가 있다. 이중 강제경매는 채권자가 집행권원에 기하여 채무자 소유의 부동산을 압류, 현금화하여 그 매각대금을 가지고 채권자의 금전채권의 만족을 얻음을 목적으로 하는 강제집행절차를 말한다. 이러한 강제경매에 대비되는 것으로서 그 실행에 집행권원을 요하지 아니하는 경매 즉, 담보권의 실행 등을 위한 임의경매가 있다.

Ⅱ. 경매절차의 개시와 등기

1. 법원의 촉탁

법원의 경매개시결정이 있으면 법원사무관 등은 즉시 그 사유를 등기기록에 기입하도록 등기관에게 촉탁하여야 한다. 이미 경매개시결정 및 그 등기가 경료된 부동산에 대하여 다른 채권자의 경매신청이 있을 때에도 법원은 경매개시결정 및 그 등기를 촉탁하여야 한다.

(1) 촉탁정보

1) 촉탁정보 일반

촉탁정보에는 사건번호·부동산의 표시·등기권리자·등기의무자·등기원인과 그 일자(**경매개시결정을 한 일자**) · 등기목적(**부동산 강제/임의경매개시결정등기**)등 부동산등기법 소정의 일반적인 등기사항을 표시하여야 한다.

2) 등기의무자의 표시와 관련한 문제

① 강제경매에서 등기의무자는 부동산소유자 즉, 채무자를 표시한다. 가압류등기 후에 제3자에게 소유권이 이전된 후 가압류채권자가 집행권원을 얻어 경매신청을 하여 그 기입등기의 촉탁을 하는 경우에는, 가압류 당시의 소유권의 등기명의인을 등기의무자로 표시하여도 그 등기를 수리하여야 한다.[116] 이는 가압류된 부동산을 취득한 제3자는 가압류채권자에게 대항할 수 없기 때문이다.

위와 같이 부동산이 현재 채무자의 소유가 아닌 경우에 등기관이 촉탁서 표시의 등기의무자와 등기기록상의 소유명의인이 일치되지 않는 것을 이유로 각하(**법 제29조제7호**)할 우려가 있으므로, 집행실무에서는 강제경매개시결정에 채무자 외에 현재 소유명의인도 표시하고 있다.

② 임의경매는 강제경매와 달리 근저당권설정 당시의 소유명의인과 현재의 소유명의인의 일치 여부에 상관없이 현재의 소유명의인만을 등기의무자로 하여 촉탁하여야 한다. 다만, 경매개시결정 후 그 기입등기 전에 소유권이 이전되어 현재 소유명의인과 촉탁서상의 등기의무자가 일치하지 않는 경우에도 등기관은 그 촉탁에 따른 경매개시결정등기를 하고, 이러한 경우는 등기사항증명서발급일(**촉탁서에 기재된 등기사항증명서발급 연월일**) 이후의 변동사항이 있는 것에 해당되므로(**민사집행법 제95조 참조**) 법원에 등기사항증명서를 송부하여 소유권이 변동된 사실을 알려주어야 한다.[117]

(2) 첨부정보

등기원인증명정보로서 경매개시결정의 정본을 첨부한다. 그리고 미등기부동산에 관하여 경매개시결정등기를 촉탁하는 경우에는 채무자 명의로 등기할 수 있음을 증명하는 서면과 부동산의 표시를 증명하는 서면도 첨부정보로서 등기소에 제공하여야 한다.

2. 등기의 실행

(1) 일반적인 경우

① 등기관은 등기기록의 갑구에 경매개시결정의 등기를 한다. 이 등기는 그 부동산이 압류의 목적이 되었다는 사실을 공시하는 데 목적이 있으므로, 채권자·집행법원·사건번호·채권자가 금융기관인 경우 취급지점 등을 기록하면 충분하다. 가압류등기와 같이 등기기록에 청구금액을 표시할 필요는 없다.

② 채권자가 다수인 경우에는 가압류·가처분등기와 마찬가지로 채권자 모두를 기록하여야 하고, ○○○외 ○인과 같이 기록하여서는 안 된다. 채권자가 선정당사자인 경우에도 채권자 모두를 등기기록에 기록하여야 한다.

(2) 가압류의 피보전채권자를 등기권리자로 하는 경매개시결정등기

116) 등기예규 제1352호
117) 등기예규 제1342호

강제경매개시결정의 등기촉탁서에 등기권리자가 가압류의 피보전채권자 또는 그 채권자의 승계인임이 표시된 경우(○번 가압류의 본압류로의 이행 또는 ○번 가압류 채권의 승계)에는 등기의 목적 아래에 "○번 가압류의 본압류로의 이행"(또는 "○번 가압류 채권의 승계")이라고 기록하여, 해당 경매개시결정의 등기가 가압류채권자의 경매신청에 의한 그 기입등기의 촉탁에 따른 것임을 표시하여야 한다.

3. 경매개시결정등기의 효력

경매개시결정에 의한 압류는 목적 부동산에 대한 법률상 또는 사실상 처분을 금지하는 효력이 있다. 따라서 압류 후 부동산의 양도 또는 제한물권의 설정 등은 압류채권자에게 대항할 수 없다. 예컨대 채무자로부터 압류등기 후에 부동산을 양수한 양수인은 그 선악을 불문하고 매수인에게 대항할 수 없으므로, 압류 부동산이 경매절차에서 매각되면 양수인의 소유권이전등기는 경매법원이 말소촉탁을 하게 된다.

4. 등기사항증명서의 송부[118)]

등기관은 경매개시결정등기를 한 후에 그 등기사항증명서를 경매법원에 송부하여야 한다. 이 등기사항증명서 송부는 경매절차진행에 장애될 사실의 유무를 경매법원으로 하여금 판단하도록 하는데 목적이 있는바, 경매개시결정등기 후의 사항 중 경매절차진행에 장애될 사실이 있는 경우에 송부하면 되고, 경매절차진행에 장애되지 않는 권리변동이 있는 경우까지 그 등기사항증명서를 송부할 것은 아니다.[119)]

(1) 서면촉탁의 경우

집행법원으로부터 서면에 의하여 경매개시결정의 등기를 촉탁받은 등기관은 등기 완료 후에 촉탁서에 기재된 등기사항증명서 발급 연월일 이후 변동사항이 없는 경우에는 경매개시결정서에 통지의 고무인을 찍어 등기관이 날인 송부함으로써 등기사항증명서 송부에 갈음한다.

(2) 전자촉탁의 경우

집행법원으로부터 전산정보처리조직에 의하여 경매개시결정의 등기를 촉탁받아 등기관이 그 등기를 완료한 경우에는 촉탁서에 기재된 등기사항증명서 발

118) 등기예규 제1373호
119) 등기예규 제1345호

급 연월일 이후 변동사항이 있는지 여부에 관한 정보를 전송함으로써 등기사항증명서의 송부에 갈음한다.

5. 경매개시결정등기의 말소

집행법원은 경매개시결정의 취소결정·경매신청의 취하·부동산이 경매절차에서 매각된 경우에 경매개시결정등기의 말소를 촉탁하여야 하고, 등기관은 촉탁에 따라 등기를 말소하여야 한다. 경매절차에서 매각대금이 완납된 경우 경매개시결정등기의 말소등기는 집행법원의 촉탁에 의하여 매각을 원인으로 한 소유권이전등기와 함께 이루어져야 하는 것이므로, 매각으로 인한 이전등기를 하지 않고서는 매각을 원인으로 경매개시결정등기만을 말소할 수는 없다.[120]

Ⅲ. 경매절차에 의해 매각된 경우의 등기

1. 의 의

매수인은 매각허가결정의 확정 후 매각대금을 다 낸 때에 부동산에 대한 소유권을 취득한다(**민집 제135조**). 집행법원의 법원사무관등은 위와 같이 매수인이 대금을 지급하여 소유권을 취득하면 (i) 매수인의 앞으로 소유권을 이전하는 등기, (ii) 매각에 따라 소멸한 권리 즉, 매수인이 인수하지 아니한 부동산의 부담에 관한 기입을 말소하는 등기, (iii) 경매개시결정등기를 말소하는 등기를 등기관에게 촉탁하여야 한다(**민집 제144조제1항**).

2. 촉탁할 등기

(1) 소유권이전등기

매수인이 대금을 모두 지급하면 매각부동산의 소유권을 취득하므로 법원사무관등은 매각허가결정을 원인으로 하여 매수인 앞으로 소유권을 이전하는 등기를 관할등기소 등기관에게 촉탁하여야 한다(**민집 제144조제1항제1호**).

1) 매수인이 사망 등을 이유로 변경된 경우

120) 선례 3-637

① 매수인이 사망한 경우

매각허가결정확정 후 대금지급 전에 매수인이 사망함으로써 그 상속인이 매수인의 지위를 승계하여 매각대금을 지급한 경우에는 상속인 명의로 소유권이전등기를 촉탁한다(등기촉탁서의 등기권리자로서 "매수인○○○의 상속인 ○○○"라고 표시한다). 이 경우에 등기촉탁서에는 매각허가결정등본 외에 상속을 증명하는 제적등·초본, 가족관계등록사항별증명정보 등을 첨부정보로 제공하여야 한다. 또한, 매수인이 대금지급 후에 사망한 경우에도 사망한 피상속인 앞으로의 등기는 허용되지 않으므로 상속인명의로 이전등기를 촉탁하여야 한다.

② 합병 등의 일반승계

매수인이 법인으로 합병 등에 의하여 포괄승계가 있는 경우에도 매수인이 사망한 경우와 동일하게 처리된다.

③ 매수인의 지위가 양도된 경우의 처리

매각허가결정 확정 후에 매수인이 그 매수인의 지위를 제3자에게 양도하고 그 제3자가 매각대금을 지급한 경우라 하더라도 법원은 매수인을 위하여 이전등기촉탁을 하여야 할 것이며 제3자를 등기권리자로 하여 이전등기촉탁을 하여서는 안 된다.

2) 제3취득자가 매수인이 된 경우

① 경매개시결정등기 전에 소유권이전등기를 받은 제3취득자가 매수인이 된 경우

매수인은 매각대금을 납입한 때 소유권을 취득하게 되므로 매각으로 인한 소유권이전등기는 소유권의 변동을 위한 것이 아니라, 매각으로 인한 물권변동의 내용을 공시하기 위함이다. 즉, 매각으로 소유권의 변동이 생기게 됨에 따라 등기명의인과 실소유자를 일치시키기 위함이다. 따라서 제3취득자가 매수인이 된 경우에는 등기명의인과 실소유자가 실질적으로 일치하므로, 경매개시결정등기의 말소촉탁 및 매수인이 인수하지 않는 부담기입의 말소촉탁만 하면 된다.

예컨대, 박일남을 채권자로 하는 근저당권설정등기가 경료된 부동산이 이갑돌에게 이전되고, 그 후 박일남이 자신의 근저당권에 기하여 임의경매를 신청한 경우, 이갑돌이 경매절차에서 매수인이 된 때에는 매수인이 현재 등기기록상 소유명의인이라는 취지의 표시("매수인 2번소유자 이갑돌")를 하고 소유권이전등기의 촉탁은 하지 않는다. 이 경우 매수인이 후에 등기의무자로서 등기신청을 하는 경우에는 종전 소유권이전등기시 등기소로부터 통지받은 등기필정보를 제공한다.

② 경매개시결정등기 후에 소유권이전등기를 받은 제3취득자가 매수인이 된 경우

경매개시결정등기 후에 경료된 제3취득자의 소유권이전등기는 경매개시결정의 등기에 대항할 수 없는 것으로 말소촉탁의 대상이 된다. 따라서 제3취득자 명의의 경매개시결정등기와 제3취득자 명의의 소유권등기의 말소촉탁과 동시에 매각을 원인으로 한 소유권이전등기 촉탁을 하여야 한다.

(2) 매수인이 인수하지 아니한 부동산의 부담에 관한 등기의 말소

1) 소유권이전등기·가등기

경매개시결정등기 이전에 경료된 제3자 명의의 소유권이전등기 및 가등기는 말소촉탁의 대상이 아니지만, 경매개시결정등기 이후에 경료된 제3자 명의의 소유권이전등기 및 가등기는 매수인에게 대항할 수 없으므로 말소촉탁의 대상이 된다. 다만, 경매개시결정등기 이전에 경료된 제3자 명의의 가등기의 경우에는 그보다 앞선 선순위로서 매각에 의하여 소멸되는 담보권에 관한 등기가 존재하는 경우에는 말소촉탁의 대상이 된다.

2) 저당권설정등기 등의 말소

저당권, 가등기담보권은 압류채권자보다 선순위라도 매각에 의하여 소멸되므로, 이들은 경매개시결정등기의 전·후에 경료되었는지 묻지 않고 부동산이 매각된 경우 모두 말소촉탁의 대상이 된다.

① 저당권등기에 부기된 등기의 말소방법

(ⅰ) 저당권에 권리의 전부 또는 일부 이전으로 인한 부기등기가 마쳐진 경우, 또는 (ⅱ) 저당권부 채권 가압류등기와 같이 매수인이 인수하지 아니하는 등기의 말소에 관하여 이해관계 있는 제3자 명의의 부기등기가 마쳐진 경우에, 부기등기는 주등기인 저당권설정등기에 종속되어 주등기와 일체를 이루는 것이므로 집행법원은 주등기의 말소만 촉탁하면 되고 부기등기에 관하여는 별도로 말소촉탁을 할 필요가 없다. 등록면허세도 주등기의 말소에 대한 것만 납부하게 된다.

위와 같은 주등기의 말소촉탁이 있는 경우 등기관은 위 (ⅰ)의 경우에는 주등기를 말소한 후 부기등기에 관하여 말소의 표시를 하면 되고, (ⅱ)의 경우에는 주등기를 말소한 후 부기등기를 법 제57조제2항에 따라 직권으로 말소한다.

② 담보가등기

담보가등기가 마쳐진 부동산에 대하여 경매 등이 행해진 때에는 담보가등기 권리는 그 부동산의 매각에 의하여 소멸한다. 다만, 등기형식이 일반가등기로 경료되어 담보가등기인지 일반가등기인지 알 수 없는 경우에는 일단 순위보전을 위한 가등기로 보아 그 가등기가 최선순위이면 말소하여서는 안 되고, 그 가등기보다 선순위의 담보권이나 또는 가압류가 있으면 함께 말소한다.

3) 가처분·용익물권·임차권 등기

① 경매개시결정등기 후에 경료된 가처분·용익물권·임차권의 등기는 매수인에 대항할 수 없으므로 말소촉탁의 대상이 된다. 경매개시결정등기 전에 경료된 가처분·용익물권·임차권의 등기는 말소되지 않는다. 다만, 경매개시결정등기 전에 경료된 가처분등기 등이라 할지라도 그보다 선순위로서 매각으로 소멸하는 담보물권·압류·가압류등기가 존재하는 경우에는 말소의 대상이 된다.

한편, 전세권은 담보물권 등에 대항할 수 있는 경우라도 전세권자가 배당요구를 하면 매각으로 소멸되므로 말소촉탁의 대상이 된다.

② 주택임대차보호법에 의한 임차권등기의 경우에는 그것이 매수인에 대항할 수 있는 것인지는 등기기록의 순위가 아닌 등기기록에 기록된 주민등록을 마친 날과 주택의 점유일이 기준이 됨을 유의하여야 한다.

4) 가압류등기

경매개시결정등기 후의 가압류등기는 매수인에게 대항할 수 없으므로 매각에 의하여 소멸하게 된다. 또한 경매개시결정등기 전에 경료된 가압류등기의 경우, 가압류채권자는 배당절차에 참가할 수 있으므로 말소촉탁의 대상이 된다. 즉, 가압류등기는 부동산이 매각된 경우 모두 말소된다.

예컨대 근저당권 등 다른 선순위의 부담이 없는 가압류등기(가압류채권자 갑)가 경료된 부동산의 소유권이 을에게로 이전된 후 을의 채권자인 병의 경매신청으로 해당 부동산이 매각이 된 경우, 갑의 가압류등기의 말소여부에 관하여는 종전 선례는 말소될 등기가 아니라고 보았다. 그러나 판례가 갑은 병이 신청한 경매절차에서 배당에 가입할 수 있음을 이유로 가압류등기는 말소촉탁의 대상이 되는 것으로 봄에 따라 선례도 이를 말소할 수 있는 것으로 변경되었다.

5) 국세체납처분에 의한 압류등기

조세는 원칙적으로 다른 채권에 우선적으로 변제되어야 한다. 다만, 법정기일 전에 마쳐진 전세권·저당권 등의 피담보채권에는 우선할 수 없으나 어느 경우에도 배당에는 참가하므로 압류등기는 모두 말소촉탁의 대상이 된다.

체납처분에 의한 압류등기 후 소유권이 이전되어 새로운 소유자의 채권자가 경매신청을 하여 매각이 된 경우, 체납처분에 의한 압류권자에게도 배당을 하고 그 압류등기도 말소할 수 있다.

6) 예고등기

구법에 의하여 마쳐진 예고등기는 권리에 관한 공시를 목적으로 하는 것이 아니어서 부동산의 부담으로 되지 아니하므로 말소촉탁의 대상이 되지 않는다.

(3) 경매개시결정등기

매수인이 매각대금을 지급하면 법원사무관 등은 직권으로 경매개시결정등기의 말소를 촉탁한다.

3. 등기절차

(1) 일괄촉탁

① 매수인이 매각대금을 완납한 때에는 (i) 매수인에 대한 소유권이전등기, (ii) 매수인이 인수하지 아니한 부동산에 대한 부담등기의 말소등기, (iii) 경매개시결정등기의 말소등기를 촉탁하여야 한다. 이와 같은 등기들은 그 목적이 다르나 서로 관련성이 있으므로 실무상으로 동일한 촉탁서에 의하여 촉탁하고 있다.

② 그리고 매각부동산이 여러 개라 하더라도(각 부동산별로 매각허가결정이 된 경우를 포함한다), 매수인이 동일인이면 1통의 촉탁서를 작성하여도 무방하다. 또한 1개의 부동산을 여러 사람이 공동으로 매수한 경우에도 1통의 촉탁서로 촉탁한다.

③ 그러나, 매각되는 부동산이 여러 개이고 매수인도 각 다를 경우에는 매수인 별로 별도의 촉탁서를 작성하여야 할 것이고, 부동산마다 관할 등기소가 다르면 등기소마다 촉탁서를 달리 작성하여야 한다.

(2) 촉탁정보

1) 부동산의 표시

촉탁할 등기의 목적이 되는 매각부동산은 등기기록의 표시와 일치하여야 한다. 따라서, 매각허가결정 후 매각부동산에 관하여 행정구역변경·환지·증축·합필·분필 등으로 등기기록상에 지번·지적·구조 등의 변경이 있음이 확인된 때에는 그 표시변경등기일자가 매각허가결정 전이면 매각허가결정을 경정한 다음 촉탁서에 변경된 표시를 기재하여야 한다. 그리고, 매각허가결정 후이면 촉탁서에 변경 전의 부동산의 표시를 하고 그 밑에 변경된 현재의 등기기록의 내용대로 표시하여 촉탁한다.

2) 등기권리자

등기권리자로서 매수인의 성명 등 인적사항의 표시방법은 통상의 등기와 동일하다.

3) 등기의무자

① 소유권이전등기의 등기의무자는 경매개시결정등기시의 소유명의인이다. 다만, 경매개시결정등기 당시의 등기부상 소유명의자라도 그 소유권이 매각으로 인하여 말소될 것인 경우 즉, 가압류등기 후에 제3자에게 소유권이 이전된 후 가압류채권자가 집행권원을 받아 신청한 경매절차에서 매각된 경우에는 제3자의 소유권이전등기는 말소되게 된다. 따라서 이와 같은 경우에는 등기의무자는 현재의 소유명의인이 아닌 가압류등기 당시의 소유명의인이 된다.

② 경매개시결정의 등기 후에 소유자가 사망하여 상속등기가 된 경우에는 그 상속인을 등기의무자로 표시하고 상속등기가 되어 있지 아니한 경우에는 사망한 사람을 등기의무자로 표시하면 되고, 소유권이전등기의 촉탁을 위하여 따로 상속등기를 하게 할 필요는 없다.

4) 등기원인과 그 연월일

등기원인은 "강제경매(임의경매)로 인한 매각"이고, 등기원인인 일자는 매각대금지급일을 표시한다. 예컨대 "2002.12.1.자 강제(임의)경매로 인한 매각"이라고 표시한다.

5) 등기목적

촉탁에 의하여 기입될 이전등기나 말소할 등기를 구체적으로 표시한다. 소유권이전등기의 경우에는 단순히 "소유권이전등기"라고 표시하고 부담등기 및 경매개시결정등기의 말소의 경우에는 말소할 각 등기를 특정할 수 있을 정도로 접수일자와 접수번호도 아울러 표시한다. 예컨대 저당권설정등기의 경우에는

"2000. ○. ○. 접수 제○○○호 저당권설정등기의 말소 또는 저당권설정등기 말소(199○. ○○. ○○ 접수 제○○○호)"라고 표시한다.

6) 등록면허세 및 과세표준

촉탁서에는 취득세·등록면허세액을 표시하여야 하며, 그 과세표준액은 매각대금액이다.

(3) 첨부정보

1) 매각허가결정정본

등기촉탁서에는 매각허가결정의 정본을 첨부하여야 한다.

2) 상속을 증명하는 정보

매각대금지급 전에 매수인이 사망한 경우에는 상속인을 위하여 소유권이전등기를 촉탁하여야 하므로 제적등·초본, 가족관계등록사항별증명서 등 상속을 증명하는 정보를 제공하여야 한다.

3) 토지대장정보·건축물대장정보

매각을 원인으로 한 소유권이전촉탁등기의 경우에도, 토지대장등본·건축물대장등본을 첨부정보로 제공하여야 한다. 또한 매각으로 인한 소유권이전등기를 촉탁하는 경우에는 경매 진행 중에 토지가 분할된 후 분필등기를 하지 않아 매각으로 인한 등기기록상의 토지표시가 토지대장상의 표시와 일치하지 않더라도 등기관은 그 등기촉탁을 수리하여야 한다.

4) 농지취득자격증명과 토지거래허가증명의 요부

① 민사집행법에 의한 경매절차에서 농지에 대하여는 농지취득자격증명에 관한 사항을 집행법원이 매각허부 재판시에 직권으로 조사하므로, 농지에 대하여 매각으로 인한 소유권이전등기를 촉탁할 때에는 농지취득자격증명정보를 제공할 필요가 없다.

② 민사집행법에 의한 경매의 경우에는 토지거래계약의 허가에 관한 규정이 적용되지 않으므로 토지거래허가증명정보를 제공할 필요가 없다.

(4) 등기의 실행

매각에 의한 등기는 (ⅰ) 매수인에 대한 소유권이전등기, (ⅱ) 매수인이 인수하지 아니한 부동산에 대한 부담등기의 말소등기, (ⅲ) 경매개시결정등기의 말소등기가 일괄해서 동일한 촉탁서로 하게 된다. 이러한 등기는 등기원인 및 등기목적이 동일하지 않는 별개의 등기신청이나 현재 등기실구는 동일한 접수번호를 부여하고 있다. 그리고 등기의 기록은 통상의 등기와 마찬가지로 해당구에 소유권이전등기와 말소의 등기를 하면 된다.

(5) 등기필정보통지서의 송부121)

관공서가 등기권리자를 위하여 등기를 촉탁하는 경우에는 우표를 첩부한 등기필정보통지서 송부용 우편봉투를 제출하여야 하며(「부동산등기규칙」 제107조제1항), 등기관은 촉탁에 의한 등기를 완료한 때에는 위 제출된 우편봉투에 의하여 등기필정보통지서를 촉탁관서에 우송하여야 한다.

1) 등기필정보통지서 우편송부 신청의 경우

① 집행법원으로부터 '등기필정보통지서 우편송부 신청'이 기재된 이전촉탁사건이 접수되어 교합이 완료된 때에는 등기필정보통지서 교부담당자는 즉시 등기필정보통지서 송부용 우편봉투를 이용하여(우편송달통지서가 적절히 처리될 수 있도록 주의할 것) 매수인에게 등기필정보통지서를 송부하여야 한다.

② 이 경우 부동산등기접수장의 수령인 난에 "매수인 우송"이라고 기재하고, 특수우편물수령증은 '우편물수령증철'에 첨부하여 보관하여야 한다.

③ 매수인에게 등기필정보통지서를 송부하기 이전에 매수인이 등기국·과·소(이하에서 등기소라 칭함)에 출석하여 등기필정보통지서의 교부를 신청한 경우 부동산등기접수장의 수령인 난 및 별지 양식의 영수증에 서명 또는 날인하게 한 후 이를 교부하고, 그 영수증은 이를 즉시 집행법원에 송부하여야 한다.

④ 대리인이 등기소에 출석하여 등기필정보통지서의 교부를 신청하는 경우 본인의 위임장(변호사나 법무사를 제외한 대리인인 경우에는 본인의 인감증명이 첨부된 위임장 필요)을 제출하여야 하며, 등기필정보통지서 교부담당자는 이를 즉시 집행법원에 송부하여야 한다.

2) 등기필정보통지서 우편송부 신청 이외의 경우

① 등기필정보통지서 교부담당자는 이전촉탁서 접수일로부터 5일간 등기필정보통지서를 보관하여야 한다.

---

121) 등기예규 제1440호

② 위 기간 내에 매수인이 등기소에 출석하여 등기필정보통지서의 교부를 신청한 경우 전항 1). ③ 및 ④의 절차에 의한다.

③ 위 기간이 지나도 매수인이 등기소에 출석하여 등기필정보통지서의 교부를 신청하지 아니한 경우에는 집행법원에 등기필정보통지서를 송부하여야 한다. 이 경우 부동산등기접수장의 수령인 난에 “집행법원 우송”이라고 기재하고, 특수우편물수령증은 전항 1). ②의 절차에 의한다.

3) 매수인이 여러 사람인 경우

매수인이 여러 사람인 경우 등기필정보통지서의 우편송부 또는 교부는 등기필정보통지서를 송부 또는 교부받을 자로 촉탁서에 지정되어 있는 자(이하에서 ‘지정매수인’이라 칭함)에게 하여야 한다. 다만, 다른 매수인이 등기소에 출석하여 지정매수인의 인감이 첨부된 위임장을 제출하며 교부를 청구한 경우에는 그 매수인에게 교부한다. 등기소는 위 영수증과 위임장을 집행법원에 송부하여야 한다.

Ⅳ. 구분건물의 전유부분에 설정된 근저당권의 실행으로 매각된 경우 건물대지에 대한 소유권이전등기[122]

구분건물의 전유부분에만 설정된 근저당권의 실행으로 매각된 경우 건물대지에 대한 매수인 앞으로의 소유권이전등기 등은 다음 절차에 의한다.

1. 매각허가 결정(경정결정 포함)에 대지에 대한 표시가 있는 경우

(1) 대지권 등기가 경료되지 않은 경우

1) 전유부분에 대한 등기

전유부분만에 대하여 매각을 원인으로 한 소유권이전등기 촉탁이 있는 경우에는 통상의 절차에 따른다.

2) 대지부분에 대한 등기

① 전유부분 소유자와 토지의 소유자가 일치한 경우

122) 등기예규 제1367호

ⅰ) 등기촉탁서 및 매각허가 결정의 토지의 표시가 등기기록과 동일하고, 등기의무자가 토지등기기록의 소유자와 동일한 경우에는 토지에 대하여 경매개시결정등기가 경료되지 않았다 하더라도 토지 부분에 대한 소유권이전등기촉탁은 이를 수리한다.

ⅱ) 위 ⅰ)의 경우 토지 부분에 경료된 부담기입등기 또한 경매법원의 말소등기 촉탁이 있으면 이를 수리한다.

ⅲ) 등기실행과 관련하여 등기원인은 전유부분의 등기와 동일하게 "○○년 ○○월 ○○일 매각"으로 기록한다.

② 전유부분 소유자와 토지의 소유자가 다른 경우

ⅰ) 전유부분과 토지부분에 대하여 동시에 소유권이전등기를 촉탁하였으나 등기촉탁서의 등기의무자와 토지등기기록의 소유자가 다를 경우에는 전유부분에 대하여는 등기하고 토지부분에 대한 촉탁은 이를 각하한다(「부동산등기법」 제29조제7호).

ⅱ) 토지부분에 대하여는 순차이전등기를 통하여 등기의무자가 일치된 후, 경매법원의 소유권이전등기 촉탁이 있으면 이를 수리한다.

ⅲ) 이 경우 등기실행절차는 위 ①과 같이 처리한다.

(2) 대지권등기가 경료된 경우

1) 경매절차 진행 중 또는 대금납부 후에 대지권 등기가 경료된 경우, 경매법원으로부터 대지권까지 포함한 소유권이전등기촉탁이 있으면 이를 수리한다.

2) 등기촉탁서와 매각허가결정(경정결정)의 부동산 표시는 등기기록과 일치하여야 한다. 단, 토지의 이전할 지분이 대지권 비율과 같으면 이는 동일한 것으로 본다.

3) 등기실행과 관련하여 등기원인은 "○○년 ○○월 ○○일 매각(대지권 포함)"으로 기록한다.

4) 토지 부분에 경료된 부담기입등기에 대한 경매법원의 말소등기 촉탁은 이를 수리한다.

2. 매각허가 결정에 대지에 대한 표시가 없는 경우

(1) 대지권등기가 경료되지 않은 경우

매각허가 결정에 전유부분만 기재된 경우 형식적심사권밖에 없는 등기관은 토지까지 매각되었는지 여부를 판단할 수 없으므로 전유부분에 대하여는 통상의 절차에 의하여 이를 수리하고 토지부분에 대한 등기 촉탁은 각하한다(「부동산등기법」 제29조제8호).

(2) 대지권등기가 경료된 경우

1) 대지권등기가 경료된 후에는 전유부분만에 대한 소유권이전등기 촉탁은 불가하므로 전유부분만에 대하여 매수인 앞으로 소유권이전등기를 실행하기 위하여는 대지권변경(대지권말소)등기 절차를 선행하여야 한다.

2) 따라서 위 절차가 선행되지 않은 상태에서 매수인 앞으로 소유권이전등기 촉탁이 있는 경우에는 이를 전부 각하한다(「부동산등기법」 제29조제2호, 제61조제3항)

3) 위 1)의 경우 매수인의 대위 신청에 의한 대지권변경등기(대지권말소)는 「부동산등기규칙」 제86조제2항 및 제91조부터 제94조까지 정한 절차에 따라 처리하고, 이후 전유부분만에 대하여 매각을 원인으로 한 소유권이전등기 촉탁이 있으면 이를 수리한다.

(3) 토지 소유권이전등기

1) 이후 토지 부분에 대한 소유권이전등기는 경매법원의 촉탁에 의할 수 없고 통상의 절차에 의하여야 한다. 이 경우 전유부분 취득을 원인으로 한 소유권이전등기신청(공동신청)이 있는 경우의 등기는 "○○년 ○○월 ○○일 건물○동 ○○호 전유부분 취득"으로 기록한다.

2) 토지등기 위에 등기된 부담에 관한 등기는 경매법원의 촉탁에 의할 수 없고 통상의 절차에 의하여 말소하여야 한다.

51. 【구분건물의 소유권보존등기】

I. 등기의 신청 절차
1. 신청인
(1) 구분소유자 전원의 동시신청
(2) 구분소유자 중 일부가 자기소유의 구분건물에 대하여만 보존등기를 신청하는 경우
2. 신청정보
(1) 부동산의 표시
(2) 대지권의 표시
(3) 신청 근거조항 및 대위원인
3. 첨부정보
(1) 규약 또는 공정증서
(2) 건축물대장정보
(3) 등기사항증명서
(4) 도면
II. 등기의 실행
1. 1동의 건물의 표제부
(1) 1동의 건물의 표시
(2) 대지권의 목적인 토지의 표시
(3) 일부토지만이 대지권의 목적인 경우
2. 전유부분인 건물의 표제부
(1) 전유부분의 건물의 표시
(2) 대지권의 표시
(3) 구분소유자들이 대지 중 각각 일부토지에만 대지사용권을 갖는 경우
(4) 부속건물에 대한 대지권의 표시방법
(5) 1동의 건물 중 일부 구분건물에만 대지권이 있는 경우 등
3. 대지권인 뜻의 등기
(1) 등기의 방법
(2) 다른 등기소에의 통지
4. 별도등기 및 건물만에 관한 뜻의 등기
(1) 별도의 등기가 있다는 뜻의 기록 및 말소
(2) 건물만에 관한 뜻의 등기

51. 【구분건물의 소유권보존등기】

I. 등기의 신청 절차

1. 신청인

구분건물의 소유권보존등기도 일반건물의 경우와 마찬가지로 부동산등기법 제65조 각 호의 1에 해당하는 자가 신청할 수 있다. 다만, 다음과 같은 특칙이 있다.

(1) 구분소유자 전원의 동시신청

1동의 건물을 구분한 건물은 1동의 건물에 속하는 전부에 대하여 1등기기록을 사용하기 때문에(법 제15조제1항단서), 구분건물의 소유권보존등기는 1동의 건물에 속하는 구분건물의 전부를 소유하는 자가 일괄신청하거나, 각 구분건물의 소유자가 다른 경우에는 각자 자기 소유의 구분건물에 관한 보존등기를 동시에 신청하여야 한다.

(2) 구분소유자 중 일부가 자기소유의 구분건물에 대하여만 보존등기를 신청하는 경우

1동의 건물에 속하는 구분건물의 소유자가 여러명인 경우, 각 구분소유자는 각자 소유권보존등기를 신청할 수는 있으나, 그와 함께 반드시 소유권보존등기를 신청하지 아니한 나머지 구분건물의 표시에 관한 등기를 동시에 신청하여야 한다(법 제46조제1항). 이 경우 보존등기를 신청하는 구분건물의 소유자는 1동의 건물에 속하는 다른 구분건물의 소유자에 대위하여 표시에 관한 등기를 신청할 수 있다(법 제46조제2항).

2. 신청정보

(1) 부동산의 표시

1) 1동의 건물의 표시

'1동의 건물의 표시'에는 그 구분한 건물이 속하는 1동의 건물의 소재·지번·

종류와 구조 및 면적(공유부분의 면적을 포함)을 표시하고 1필지 또는 수필지상에 수동의 건물이 있는 때에는 그 건물의 번호(제가동, 제101동 등)를 표시한다. 또한 1동의 건물에 명칭이 있으면 그 명칭을 표시한다(규칙 제43조제1항). 건물의 소재와 지번은 건물을 특정하기 위한 토지의 표시이므로 그 법정대지인 토지가 수필인 경우는 이를 모두 표시한다. 그 밖의 토지(규약상 대지 등)는 이를 표시할 필요가 없다.

2) 전유부분의 표시

'전유부분의 표시'에는 전유부분의 구조, 면적, 건물번호(제101호 등)를 표시한다. 이 때 그 건물의 소재와 지번 등은 중복하여 표시할 필요가 없다(규칙 제43조제1항).

(2) 대지권의 표시

1) 의 의

구분건물에 관한 소유권보존등기를 신청하는 경우, 구분건물에 대지사용권으로서 건물과 분리하여 처분할 수 없는 것, 즉 대지권이 있을 때에는 신청정보에 그 권리의 표시를 하여야 한다(규칙 제43조제1항).

2) 대지권등기의 요건

구분건물의 소유권보존등기를 신청하는 자가 그 신청정보에 대지권의 표시를 하기 위해서는 그 건물대지에 관하여 등기된 대지사용권이 있어야 한다.

① 토지에 대한 대지사용권이 있을 것

대지사용권은 구분건물의 소유자가 그 구분건물을 소유하기 위하여 대지를 사용할 수 있는 본권(소유권, 지상권, 임차권, 전세권)을 말한다. 이러한 대지사용권은 등기된 권리가 아니어도 무방하지만, 대지권등기를 하기 위해서는 반드시 등기된 권리이어야 한다. 이는 토지 등기기록에 대지권인 취지를 기록함으로써 토지등기기록과 건물등기기록의 공시의 일원화를 하기 위해서는 등기기록상 명의인이 동일하여야 하기 때문이다.

위 대지사용권은 권리의 전부가 아닌 일부라도 무방하다. 예컨대, 단독소유권 또는 공유지분 중 일부지분에 대하여서만 대지권등기를 할 수 있다. 이 경우에는 소유권의 일부지분을 전유부분과 분리하여 처분할 수 있도록 하는 취지의 공정증서를 첨부정보로 제공하여야 한다. 그러나 1필의 토지에 대한 권리의 일부가 아닌 물리적 일부에 대하여는 분리처분가능규약을 첨부하더라도 대지권등기를 할 수 없다. 이 경우에는 1필의 토지 중 건물이 소재하지 않는 부분에 대하여 분필등기를 먼저 하여야 한다.

② 토지의 등기명의인의 표시가 당해 전유부분의 소유자의 표시와 일치할 것

대지사용권을 가지고 있는 토지의 등기명의인의 표시가 당해 전유부분의 소유자의 표시와 일치하여야 한다. 일치하지 않는 경우에는 먼저 등기명의인표시변경 또는 경정등기절차를 밟아야 하며, 그렇지 아니하고 동일성을 증명하는 정보를 제공하여 대지권등기를 할 수는 없다.

③ 전유부분의 공유지분비율과 대지의 공유지분비율은 동일할 것

전유부분의 공유지분비율과 대지의 공유지분비율은 동일하여야 한다. 즉 '건물등기기록상의 공유지분비율 × 건물등기기록상의 대지권비율'은 '토지등기기록상의 공유지분비율'과 동일하여야 한다. 이는 규약으로 달리 정할 수 없다. 그러므로 토지는 갑의 단독소유이고 구분건물은 갑과 을의 공유일 경우에는 대지권등기를 할 수 없다. 만일 이를 허용한다면 대지권등기에 의하여 을도 토지소유지분을 갖는 것으로 공시되기 때문이다.

④ 동일인이 수개의 전유부분을 소유하는 경우에는 대지권의 비율은 전유부분의 면적비율에 의할 것. 다만 이는 규약으로 달리 정할 수 있다.

그러므로 갑 법인이 A토지(600m^2)상에 평형이 모두 같은 아파트를 10세대 신축한 경우에 각 10세대의 아파트는 대지권을 부여하여 대지권등기를 할 수 있으나, 세대별로 달리 대지권을 부여하고자 하는 경우에는 갑 법인이 작성한 규약(공정증서)을 제공하여야 한다.

3) 대지권의 비율

대지권의 비율이란 전유부분과 분리하여 처분할 수 없는 대지사용권의 지분비율을 말한다. 각 전유부분 표제부의 대지권의 표시란에 기록하는 대지권비율은 전유부분의 소유자가 대지권의 목적인 토지에 대하여 갖는 대지사용권의 지분비율을 의미한다.

4) 대지권등기의 가부가 문제되는 경우

① 1인이 단독소유하는 1필 또는 수필의 토지에 대하여 수개의 구분건물을 단독소유하는 경우에는 대지권등기를 할 수 있다.

예컨대, 갑이 단독소유하는 A토지에 10개의 구분건물을 신축한 경우, 소유권보존등기와 함께 대지권등기를 할 수 있다. 앞서 말하였듯이 각 구분건물의 대지권비율은 그 전유부분의 면적에 의하지만 이는 규약으로(이 경우에는 갑 단독소유이므로 공정증서) 전유부분의 면적과 다른 비율을 정할 수 있다. 대지가 수필지인 경우에는 각 필지마다 위와 같은 비율로 대지권등기를 한다.

② 수필의 토지를 각 단독소유하는 자들이 공동으로 구분건물을 신축하여 각 구분건물을 단독소유로 하는 경우에는 각자가 소유하는 토지에 대하여만 등기할 수 있다.

수필의 토지를 각 단독소유하는 자들이 공동으로 구분건물을 신축하여 각 구분건물을 단독소유로 하는 경우에는 각자가 소유하는 토지에 대하여만 대지권의 목적인 토지로 할 수 있다. 예컨대, A토지는 갑, B 토지는 을의 소유인 2필지의 토지위에 6세대의 전유부분으로 된 집합건물을 신축하여 갑과 을이 각 3세대씩 단독소유로 하는 소유권보존등기를 경료한 경우, 각 구분소유자는 자신의 소유 토지만을 자신이 단독으로 소유하고 있는 전유부분의 대지권으로 하는 대지권표시등기를 신청할 수 있다. 이 경우, 갑·을이 공동으로 4층에 전유부분 1세대를 증축하여 그 전유부분을 2분의 1씩 공유하기로 하였다면, 증축한 전유부분에 대하여 소유권보존등기를 신청할 수는 있으나 대지권표시등기는 할 수 없다.

③ 수필의 토지를 각 단독소유하는 자들이 공동으로 구분건물을 신축하여 각 구분건물을 공유로 하는 경우에는 대지권 등기를 할 수 없다.

④ 수인이 공유하는 1필의 토지에 대하여 공유자가 집합건물을 신축하여 각 구분건물을 단독소유하는 경우

갑·을·병이 대지를 각 5/10·3/10·2/10의 지분으로 공유하면서 그 지상에 연립주택을 신축하여 1호·2호·3호의 구분건물을 각 단독소유하는 경우에 대지권등기를 할때, 1호의 대지권비율은 토지지분비율인 5/10, 2호는 3/10, 3호는 2/10으로 하여야 한다.

위의 예시와 같은 토지공유지분을 갖는 경우에 10개의 구분건물이 신축되어 갑·을·병이 각 6개·4개·2개씩 단독소유하는 경우, 갑이 소유하는 전유부분 6개의 대지권비율의 합은 5/10가 되어야 하고, 을·병이 소유하는 전유부분의 대지권비율의 합은 각 3/10과 2/10가 되어야 한다.

⑤ 수인이 공유하는 1필의 토지상에 전체 공유자가 공동으로 집합건물을 신축하여 각 구분건물을 공유하는 경우 토지의 공유지분과 건물의 공유지분이 일치한다면 대지권등기를 할 수 있다.

5) 표시방법

① 대지권의 표시는 대지권의 목적인 토지의 표시, 대지권의 종류, 대지권의 비율, 등기원인과 그 연월일을 표시하여야 한다. 대지권의 목적인 토지의 표시는 그 토지의 일련번호와 토지의 소재·지번·지목의 면적을(규칙 제88조제1항), 대지권의 종류는 소유권·지상권·전세권·임차권 등 대지사용권이 된 권리를 표시한다.

② 대지권의 비율은 구분소유자가 대지권의 목적인 토지에 대하여 가지는 대지사용권의 지분비율을 표시한다. 비록, 1필 토지의 소유권의 일부지분만이 그 집합건물의 대지권이 된 경우에도 각 전유부분의 대지권비율의 표시는 그 집합건물의 대지권이 된 소유권의 일부지분 중에서 그 전유부분의 대지사용권이 차지하는 비율로서가 아닌 토지 소유권전부에서 그 전유부분의 대지사용권이 차지하는 비율로서 하여야 할 것이다.

(3) 신청 근거조항 및 대위원인

1) 근거조항

소유권보존등기신청정보에는 법 제65조 각 호의 어느 하나에 따라 등기를 신청한다는 뜻을 신청정보의 내용으로 등기소에 제공하여야 하는데(규칙 제121조제1항), 구분건물의 경우 다음과 같이 표시하면 된다.

① 구분건물 전부에 대하여 소유권보존등기를 신청하는 경우에는 근거규정으로 '부동산등기법 제65조제1호'라고 표시한다.

② 구분건물의 일부에 대하여 소유권보존등기를 신청하고 나머지 구분건물에 대하여는 표시에 관한 등기를 신청하는 경우, 보존등기신청정보에는 '부동산등기법 제65조제1호'로, 표시등기신청정보에는 '부동산등기법 제46조제1항'이라고 각 표시한다.

③ 건물신축으로 인하여 구분건물이 아닌 건물이 구분건물로 된 경우에 신축건물의 보존등기는 다른 건물의 표시에 관한 등기와 동시에 신청하여야 하는데, 이 경우 표시에 관한 등기신청의 근거규정으로는 '부동산등기법 제46조제3항'이라고 표시한다.

2) 대위원인

위 ②, ③의 경우와 같이 구분건물의 표시에 관한 등기를 대위신청하는 경우에는 신청정보에 대위자와 피대위자의 성명, 주소 외에 대위원인을 표시하여야 한다. 위 ②의 경우 대위원인으로는 '부동산등기법 제46조제1항 및 제2항'으로, 위 ③의 경우 '부동산등기법 제46조제3항'으로 각 표시한다.

3. 첨부정보

소유권보존등기의 일반적인 첨부정보(소유권증명서면, 부동산의 표시를 증명하는 서면, 주소증명, 부동산등기용등록번호를 증명하는 서면 등)는 일반건물과 같다.

(1) 규약 또는 공정증서

1) 대지권의 목적인 토지가 규약상 대지인 때

대지권의 목적인 토지가 규약상 대지인 때에는 신청서에 그 규약을 첨부정보로 제공하여야 한다. 전유부분의 전부를 소유하거나 또는 부속건물을 소유하는 자는 위와 같은 토지를 건물의 대지로 하기 위하여 공정증서로써 규약에 상당하는 것을 정할 수 있으므로, 이 때에는 신청서에 그 공정증서를 첨부정보로 제공하여야 한다.

2) 대지권의 비율이 전유부분의 면적의 비율에 따르지 아니한 때

구분소유자가 2개 이상의 전유부분을 소유한 때에는 각 전유부분의 처분에 따르는 대지사용권을 그가 가지는 전유부분의 면적의 비율에 의함이 원칙이나, 규약 또는 공정증서로서 이를 달리 정할 수 있다. 다만, 구분소유자가 갖는 대지사용권의 비율이 전유부분의 면적의 비율과 다소 다르다고 하더라도 그것이 단수처리에 의한 결과임이 명백한 경우에는 그 비율을 정하는 공정증서를 제공하지 않아도 무방하다.

3) 법정대지에 대한 대지사용권을 대지권으로 등기하지 않은 경우

법정대지에 대하여 대지사용권은 있으나 이에 대한 대지권의 등기를 하지 않고 구분건물의 소유권보존등기를 신청하는 경우 또는 이미 대지권등기가 되어 있는 구분건물에 대해 전유부분과 대지사용권을 분리하여 처분하고자 할 경우에는 대지사용권과 전유부분의 처분의 일체성을 제거하는 분리처분가능규약(또는 공정증서)을 설정하고 신청서에 규약 또는 공정증서를 첨부정보로 제공하여야 한다.

4) 규약상 공용부분에 관한 사항

1동의 건물 중 원래 구분소유권의 목적이 될 수 있는 건물부분과 부속건물을 규약에 의하여 공용부분으로 정할 수 있는바, 이러한 규약상 공용부분의 등기를 신청할 경우에는 규약 또는 공정증서를 첨부정보로 제공하여야 한다.

(2) 건축물대장정보

구분건물에 대한 소유권보존등기신청의 경우에도 소유권을 증명하는 정보로 집합건축물대장등본을 첨부하여야 한다.

(3) 등기사항증명서

신청서에 대지권의 표시를 하는 경우에 그 대지권의 목적인 토지가 다른 등기소의 관할에 속하는 것일 때에는 그 등기사항증명서를 첨부하여야 한다.

(4) 도면

일반 건물의 경우 그 대지위에 수동의 건물이 존재하는 경우에만 도면을 첨부정보로 제공하지만 구분건물의 보존등기신청서에는 그 대지 위에 1동의 건물만이 존재하는 경우에도 반드시 도면을 제공하여야 한다. 다만 건축물대장정보를 제공하는 경우에는 도면의 제공이 면제된다(규칙 제121조제4항단서). 그 도면은 1동의 건물의 소재도, 각층의 평면도, 각 구분한 건물의 평면도로 구성하여야 한다.

II. 등기의 실행

구분건물의 소유권보존등기는 1동의 건물의 표제부와 각 전유부분의 표제부 및 갑구를 같이 개설하여야 하고, 대지권등기를 동시에 신청한 경우에는 대지권의 목적인 토지의 등기기록 해당구 권리자및기타사항란에 직권으로 대지권인 뜻의 등기도 하여야 한다.

1. 1동의 건물의 표제부

(1) 1동의 건물의 표시

여기에는 신청서 접수연월일, 1동이 건물의 소재, 지번, 종류, 구조와 면적을 기록하고 1필지 또는 수필지상에 수개의 건물이 있는 때에는 그 번호를, 부속건물이 있는 때에는 그 종류, 구조와 면적을 각 기록하여야 한다(법 제40조).

(2) 대지권의 목적인 토지의 표시

당해 대지권의 목적인 토지의 일련번호(토지가 1필지뿐이라도 생략할 수 없다), 토지의 소재, 지번, 면적, 등기연월일을 기록한다(규칙 제88조제1항). 1동의 건물의 소재와 지번의 표시는 법정대지만을 기록하지만, 대지권의 목적인 토지의 표시란에는 법정대지뿐만 아니라 규약상 대지도 포함한다.

(3) 일부토지만이 대지권의 목적인 경우

1동의 건물의 대지 중 일부 토지만이 대지권의 목적인 때에는 건물의 표시란에 대지권의 목적인 토지의 표시를 함에 있어서 그 토지만을 기록하여 대지권의 등기를 하여야 한다. 이 경우 대지권의 목적이 아닌 토지는 1동의 건물의 표시를 함에 있어 소재지로서 기록하여야 한다.

2. 전유부분인 건물의 표제부

(1) 전유부분의 건물의 표시

신청서의 접수연월일, 건물의 구조와 면적, 건물의 번호, 부속건물이 있을 때에는 그 종류, 구조와 면적을 기록한다. 여기서 건물의 면적은 전유부분의 면적만을 의미한다. 집합건물의 경우 복도와 계단같은 공유부분은 구분소유권의 목적으로 등기할 수 없기 때문이다.

(2) 대지권의 표시

① 대지권의 종류

대지권의 목적인 토지의 일련번호와 그 토지에 대한 대지권종류를 기록한다. 건물의 대지가 수필지인 경우에 그 대지사용권의 종류가 같은 때에는 '1, 2 소유권대지권'과 같이 일괄하여 기록하고, 종류가 다를 때에는 '1, 2 소유권대지권, 3 지상권대지권, 4 임차권대지권'과 같이 각 대지마다 권리의 종류를 표시한다.

② 대지권의 비율

구분건물의 소유자가 건물의 대지에 가지는 대지사용권의 지분을 대지권의 비율로 하는 것이므로 그 지분을 기록한다.

③ 등기원인 및 기타사항

등기원인은 대지권의 발생원인을 말하며, 그 연월일은 대지권의 발생일을 말한다. 실무상 대지권의 발생원인은 따로 기록하지 않고 그 발생일자만 '○○년 ○월 ○일 대지권'과 같이 등기한다. 등기연월일은 등기신청서의 접수연월일을 기록한다.

(3) 구분소유자들이 대지 중 각각 일부토지에만 대지사용권을 갖는 경우

구분소유자들이 1동의 건물의 대지 중 각각 일부의 토지에 대하여 대지사용권을 갖는 경우에는 각 구분소유자별로 일부 토지만을 목적으로 하는 대지권의 등기를 하여야 한다. 이 경우 1동의 건물의 표제부 중 대지권의 목적인 토지의 표시란에 대지권의 목적인 토지의 표시를 함에 있어서는 토지 전부를 기록하여야 한다.

(4) 부속건물에 대한 대지권의 표시방법

전유부분에 딸린 부속건물에 대하여도 대지권이 있는 경우 그 표시는 전유부분의 표제부의 대지권 표시란에 주된 건물과 별도로 표시하되, 대지권 표시의 말미에 그 대지권이 부속건물에 대한 대지권인 뜻을 기록하여야 한다. 주된 건물은 비구분건물이나 부속건물이 구분건물인 때에는 대지권의 표시란이 없으므로 그 부속건물에 대한 대지권의 표시는 부속건물의 표시에 이어서 한다.

(5) 1동의 건물 중 일부 구분건물에만 대지권이 있는 경우 등

1동의 건물 중 일부 구분건물에만 대지권이 있는 경우, 대지권이 없는 전유부분의 표시란에는 대지권등기를 하지 않는다. 다만, 이러한 경우에는 대지권인 뜻의 등기를 함에 있어 소유권의 일부만이 대지권인 경우에는 그 내용을 명백히 하여야 한다.

3. 대지권인 뜻의 등기

건물의 등기기록에 대지권의 표시등기를 한 때에는 그 권리의 목적인 토지의 등기기록 중 해당구(**대지권이 소유권인 때에는 갑구, 대지권이 지상권, 전세권, 임차권인 때에는 을구**) 권리자 및 기타사항란에 당해 대지사용권이 어느 집합건물을 위하여 대지권이 된 뜻을 등기하여야 한다(**규칙 제89조제1항**). 대지권인 뜻의 등기는 토지 등기기록에도 그 권리가 전유부분과 분리하여 처분할 수 없다는 것을 공시하기 위한 등기로서 이러한 대지권인 뜻의 등기는 대지권의 표시등기와 동시에 등기관이 직권으로 행하여야 한다. 대지권인 뜻의 등기에 경정의 사유가 있는 때에도 그 경정등기는 등기관이 직권으로 한다.

(1) 등기의 방법

대지권인 뜻의 등기는 어느 권리가 대지권인 뜻과 그 대지권을 등기한 1동의 건물을 표시함에 족한 사항 및 그 연월일을 기록한다. 대지권인 뜻의 등기는 등기의 순위가 문제되지 않으나 등기사무의 간편을 기하기 위하여 해당구 권리자및기타사항란에 주등기의 형식으로 행한다.

(2) 다른 등기소에의 통지

대지권의 목적인 토지가 다른 등기소의 관할에 속하는 때에는 등기관은 지체 없이 다른 등기소에 대지권인 뜻의 등기를 함에 필요한 사항을 통지하여야 하고, 그 통지를 받은 등기소는 대지권의 목적인 토지의 등기기록 중 해당구 권리자및기타사항란에 통지받은 사항을 등기하여야 한다. 왜냐하면 다른 등기소의 관할에 속하는 토지라 하더라도 대지권의 목적이 된 토지인 이상 그 토지에도 대지권인 뜻이 기록되어 그 뜻이 공시되어야 할 것이기 때문이다(**규칙 제89조제2항제3항**).

4. 별도등기 및 건물만에 관한 뜻의 등기

(1) 별도의 등기가 있다는 뜻의 기록 및 말소

대지권등기를 한 이후부터는 토지의 권리에 관한 사항도 원칙적으로 건물등기기록에의 등기로서 공시하게 된다. 그러나 대지권등기 전에 토지등기기록에 경료된 등기(**예: 구분지상권, 지상권**)가 있는 경우에는 여전히 토지등기기록을 열람할 필요가 있다.

1) 별도등기를 기록하여야 하는 경우

① 대지권의 목적인 토지의 등기기록에 대지권이라는 뜻의 등기를 한 경우

로서 그 토지 등기기록에 소유권보존등기 또는 소유권이전등기 이외의 소유권에 관한 등기(갑구사항란에 가등기, 가압류, 가처분, 압류, 특별법상의 금지사항의 투기등기 등), 또는 소유권 외의 권리에 관한 등기 즉, 을구사항란에 대지사용권이 아닌 지상권, 전세권, 임차권의 등기, 저당권 등기가 있는 경우에는 등기관은 직권으로 건물의 전유부분의 표제부에 토지등기기록에 별도의 등기가 있다는 뜻의 기록을 하여야 한다(규칙 제90조제1항본문).

② 다만, 대지권등기 전에 토지와 구분건물에 대하여 공동저당이 설정되어 양 등기기록의 저당권설정등기의 등기원인, 그 연월일과 접수번호가 같은 경우에는 토지등기기록의 저당권등기를 말소하므로(규칙 제92조제2항), 별도등기가 있다는 뜻을 기록할 필요가 없다(규칙 제90조제1항단서). 이러한 직권기록은 토지에 대지권인 뜻을 기록한 후에 그 토지 등기기록만에 관한 새로운 등기를 한 경우에도 동일하게 하여야 한다(규칙 제90조제2항).

2) 기록방법

토지등기기록에 별도의 등기가 있다는 뜻의 기록은 전유부분의 표제부 중 대지권의 표시란에 한다. 이 때 그 뜻의 기입 및 말소등기는 그 내용을 특정하여 기록(갑구 또는 을구 ○번 ○○등기)하여야 한다. 종전에는 별도등기를 하여야 하는 토지등기기록상의 등기의 효력이 구분소유자 전부에 대하여 미치는 경우에는 1동의 건물의 표제부에 이를 하고, 그 등기의 효력이 일부 구분소유자에 대하여만 미치는 경우에는 해당 구분소유자가 갖는 전유부분의 표제부에만 별도등기를 하도록 하였으나, 위 등기예규를 개정하여 두 경우 모두 전유부분의 표제부에만 하도록 하였다.[123]

3) 별도등기의 말소

건물의 표제부에 토지등기기록에 별도의 등기가 있다는 뜻의 기록은, 그 별도등기의 전제가 된 등기가 말소되면 등기관이 직권으로 말소하여야 한다(규칙 제90조제3항). 특히 별도등기의 전제가 된 토지등기기록의 저당권이 말소됨에 따라 저당권변경등기를 할 때에는 누구(특정 구분건물의 소유자) 지분에 대하여 저당권이 소멸되었는지 여부를 명확히 기록하여 등기하고, 그 공유자의 전유부분의 표제부 중 대지권의 표시란에 기록된 별도의 등기가 있다는 뜻의 기록을 말소하여야 한다.

---

123) 등기예규 제1180호

(2) 건물만에 관한 뜻의 등기

1) 의 의

대지권등기를 하기 전에 건물에 대하여 마쳐진 등기가 있는 경우, 그대로 대지권등기를 실행하면 그 등기가 건물과 토지 모두에 효력이 미치는 것으로 공시될 우려가 있다. 따라서 이러한 경우 대지권등기와 동시에 직권으로 그 등기가 건물에 대하여만 효력이 있다는 뜻을 기록하여야 한다. 대지권등기 후에 건물만에 대하여 효력이 미치는 등기를 한 경우에도 마찬가지이다.

2) 건물만에 관한 뜻의 등기를 하는 경우

① 대지권의 등기를 하는 시점에 건물에 대하여만 효력이 미치는 등기, 즉, 건물의 등기기록의 갑구에 가등기, 환매특약등기, 압류등기 등이 있거나, 을구에 저당권, 임차권등기 등이 있는 때에는 등기관은 직권으로 '○번 등기는 건물만에 관한 것임'이라는 뜻을 기록한다(규칙 제92조제1항). ② 다만, 구분건물과 대지사용권이 있는 당해 토지에 공동담보로 설정되어 있는 저당권이 있는 경우에는 위 별도등기 및 건물만에 관한 등기를 하지 아니하며 이때에는 대지권등기 후 토지 등기기록에 경료된 저당권등기를 직권으로 말소하여야 한다(규칙 제92조제2항). ③ 이는 건물에 대한 저당권에 건물만에 관한 뜻을 기록하는 것보다는 대지권등기에 의하여 저당권이 토지에 대하여도 미치는 것으로 공시하는 것이 간명하기 때문이다. 이와 같이 대지권에 대한 저당권의 말소등기를 하는 경우에는 그 원인을 명백히 하기 위하여 "○번 저당권말소, 부동산등기규칙 제92조제2항의 규정에 의하여"와 같이 기록한다(규칙 제92조제3항).

52. 【 대지권의 변경등기 】

I. 서 설
1. 의 의

II. 대지권이 새로 생긴 때
1. 의 의
2. 등기의 신청절차
(1) 신청인 및 신청의무
(2) 신청정보 및 첨부정보
(3) 등기의 실행

III. 대지권의 사후취득에 따른 대지권등기의 신청
1. 의 의
2. 사후대지권등기
(1) 등기절차

IV. 대지권표시의 변경등기
1. 변경등기를 하는 경우
2. 등기의 신청
3. 등기의 실행

V. 대지권표시의 경정등기
1. 대지권이 있음에도 불구하고 대지권표시등기를 하지 않은 경우
2. 대지권이 없음에도 대지권표시등기가 마쳐진 경우
3. 기타 대지권의 표시에 착오 또는 누락이 있는 경우

VI. 대지권의 말소
1. 대지권등기를 말소하는 경우
2. 등기의 절차
(1) 신청인
(2) 신청정보
(3) 첨부정보
(4) 등기의 실행

52. 【 대지권의 변경등기 】

I. 서 설

1. 의 의

대지권의 변경등기란 대지권의 발생, 변경, 소멸한 경우와 대지권표시에 경정사유가 있는 경우에 대지권표시등기를 실체와 부합하도록 하는 등기이다. 대지권의 변경등기는 구분건물의 표시변경등기의 일종이다.

대지권표시의 변경등기를 하는 경우는 다음과 같다. ① 대지권 없는 구분건물에 관하여 새로이 대지권이 발생하거나, 대지권의 목적인 토지가 추가된 경우, ② 대지권의 목적인 토지에 분합필, 지목변경 등의 등기가 마쳐짐으로 인하여 대지권표시에 관한 사항에 관하여 변경이 생긴 경우, ③ 대지권이 대지권이 아닌 권리로 되거나 대지권 자체가 소멸한 경우에 그 대지권을 말소하는 경우, ④ 대지권이 있음에도 불구하고 착오로 대지권표시등기를 누락하거나, 반대로 대지권이 없는데도 대지권표시등기를 한 경우에 이를 시정하기 위한 경우 등이 있다.

II. 대지권이 새로 생긴 때

1. 의 의

대지권이 새로 생긴 때란, 규약상 대지를 설정하거나, 분리처분가능규약의 폐지로 대지권이 발생한 때, 비구분건물이 구분건물로 된 때, 등기되지 않은 대지사용권을 갖고 있다가 토지에 관한 등기를 취득한 때(사후대지권)와 같이 대지권이 없는 구분건물에 대지권이 생긴 경우를 말한다(법 제40조제3항). 한편 대지권이 있음에도 대지권등기를 누락하여 이를 경정하는 경우에도 그 등기절차는 대지권이 새로 생긴 때에 준한다.

2. 등기의 신청절차

(1) 신청인 및 신청의무

1) 신청인

① 대지권에 관한 등기(대지권표시등기 및 대지권표시변경등기)는 구분건물의 소유권의 등기명의인이 단독으로 신청한다(법 제41조제1항). 구분건물로서 그 표시등기만이 있는 건물에 대한 대지권등기는 당해 구분건물에 대하여 소유권보존등기를 신청할 수 있는 자가 신청하여야 하고, 구분건물의 소유권의 등기명의인은 같은 동에 속하는 다른 구분건물의 소유권의 등기명의인을 대위하여 대지권의 변경이나 소멸에 관한 등기를 신청할 수 있다(법 제41조제2항제3항).

② 대지권에 관한 등기는 당해 구분소유자 전원이 신청하거나, 일부가 다른 구분소유자를 대위하여 일괄 신청하여야 한다. 이는 구분건물 전체에 대하여 그 표시를 일치시키기 위함이다.

2) 신청의무

건물에 대한 대지권등기는 그 건물을 소유하기 위한 대지권이 발생· 변경 또는 소멸한 날로부터 1월 이내에 신청하여야 한다(법 제41조). 위 등기를 해태한 경우에는 과태료처분을 받게 된다(법 제112조). 대지권등기의 신청은 구분건물별로 하여야 하므로 등기신청에 해태에 따른 과태료처분도 구분건물별로 한다. 다만, 구분건물의 표시등기만이 있는 경우에는 신청의무가 없으므로 과태료처분의 대상이 되지 아니한다.

(2) 신청정보 및 첨부정보

규약의 설정으로 인하여 대지권을 추가하는 경우를 예시하면, 등기의 목적은 '구분건물표시변경(대지권의 표시)', 등기원인은 '규약설정'으로 표시하고, 변경할 사항으로 변경 전 대지권의 표시와 추가할 대지권의 표시를 기재한다. 위 신청서에는 규약을 첨부정보로 제공하여야 한다. 일부가 다른 구분소유자를 대위하여 일괄 신청하는 경우 대위원인을 증명하는 정보는 대위신청인의 구분건물과 피대위자의 구분건물이 동일한 1동의 건물에 속하는 것을 증명하는 정보(집합건축물대장)를 첨부정보로 제공하여야 한다.

(3) 등기의 실행

대지권이 전혀 없던 구분건물에 대지권이 새로 생긴 경우의 등기절차는 소유권보존등기와 같다(구분건물의 소유권보존등기 참조). 규약상 대지를 추가하는 대지권표시등기의 경우, 대지권의 목적인 토지란에 규약상 대지를 추가하고, 대지권의 표시란에는 대지권종류와 대지권비율을 기록한다. 그리고 토지등기기록에는 대지권인 뜻의 등기를 함으로써 토지만을 처분할 수 없도록 공시한다. 또한 대지권등기를 하기 전에 토지등기기록에 근저당권등기 등이 경료되어 있는 경우에는 등기관은 직권으로 전유부분 표제부에 별도등기가 있다는 뜻을 기록하여야 한다.

III. 대지권의 사후취득에 따른 대지권등기의 신청

1. 의 의

구분건물을 신축하여 분양한 자가 대지사용권을 갖고 있지만 지적정리의 미완결 등의 사유로 대지권등기를 하지 못한 채 전유부분에 대하여만 소유권보존등기를 한 후 수분양자에게 이전등기를 하여준 경우, 또는 위 분양자가 그 건물의 대지사용권을 나중에 취득하여 이전하기로 약정하고 우선 전유부분에 대해서만 수분양자 앞으로 이전등기를 한 후 그 구분건물이 전전 양도된 경우에는 최후의 구분건물의 소유명의인은 분양자와 공동으로 대지사용권에 관한 이전등기를 신청할 수 있다(법 제60조제2항).

2. 사후대지권등기

(1) 등기절차

1) 지분이전등기와 대지권등기의 동시신청

① 구분건물의 현 소유자는 분양자와 공동으로 대지사용권(토지 지분)에 관한 이전등기신청을 할 수 있으며, 위 신청과 동시에 단독으로 대지권표시등기를 신청할 수 있다(법 제60조제3항). 즉, 대지권등기의 일반원칙(대지사용권을 가진 자와 전유부분 소유자의 일치)에 맞게 구분건물의 소유자가 대지권등기를 하기 위해서는 먼저 자기 명의로 대지지분이전등기를 하도록 한 것이다.

② 대지권표시등기를 하기 위해서는 지분이전등기를 동시에 신청하여야 하는데, 다른 구분소유자의 지분이전등기를 대위로 신청할 수 없으므로 대지권 등기 역시 1동건물 전체에 대하여 할 필요 없이 각 전유부분별로 신청할 수 있다.

이 경우, 구분건물이 전전양도된 경우라 하더라도 전유부분의 최종 소유명의인은 중간자 명의의 등기를 할 필요 없이 분양자로부터 바로 자신에게 지분이전등기를 공동 또는 판결을 얻어 단독으로 신청할 수 있다(중간생략등기의 허용). 왜냐하면, 구분소유자의 대지사용권은 그가 가지는 전유부분에 대한 소유권이전등기를 경료함으로써(대지에 대한 지분이전등기가 되기 전에) 이미 대지사용권을 취득한 것이므로 굳이 중간자 명의의 지분이전등기를 거칠 필요가 없기 때문이다.

2) 신청정보 및 첨부정보 등

① 대지사용권 이전등기는 매매계약정보에 의한 등기가 아니기 때문에 등기원인을 매매로 할 수 없고 "○○년 ○○월 ○○일(전유부분에 관한 소유권이전등기를 마친날) 건물 ○동 ○호 전유부분 취득"이라고 한다. ② 대지사용권에 관한 이전등기를 신청할 때에 별도의 등기원인증명정보(최초 분양계약서와 매매계약서)나 통상의 소유권이전등기를 신청할 때에 필요로 하는 등기권리자의 주소를 증명하는 정보도 첨부정보로 제공할 필요가 없다. 건물에 관한 등기를 취득할 때 대지사용권도 이미 취득하였고 그에 따른 등기만 신청하는 것으로 보기 때문이다. 또한 등기신청서에 첨부할 분양자의 인감증명은 매도용 인감이 아닌 일반 인감을 첨부하여도 상관없다. ③ 등록면허세의 경우 최초 수분양자 등이 건물과 토지 모두에 관하여 이미 납부한 것을 증명하는 정보를 제공한 경우에는 표시변경등기에 관하여만 납부하면 된다. 이러한 정보가 없는 경우에는 토지 지분이전에 대한 등록면허세를 납부하여야 한다. 국민주택채권의 경우도 마찬가지이다.

Ⅳ. 대지권표시의 변경등기

1. 변경등기를 하는 경우

대지권의 목적인 토지에 분합필, 지목변경, 면적의 증감등의 변경이 생긴 경우, 구분건물의 합병 또는 재구분의 등기로 인하여 대지권의 비율에 변경이 생긴 경우, 부속건물의 신축 또는 별동의 전유부분을 부속건물로 하는 합병의 등기로 인하여 부속건물에 따른 대지권을 새로이 표시하게 되는 경우 등이 있다.

2. 등기의 신청

신청인 및 신청의무에 관한 것은 대지권이 새로 생긴 때와 같다. 신청서에는 통상 변경 전 대지권의 표시와 변경 후 대지권의 표시로 나누어 표시하며, 등기연월일은 토지 대장상의 지적변동일이 된다.

등기신청서에는 토지대장등본을 첨부정보로 제공하여야 한다. 토지 또는 건물의 등기기록상의 소유권 이외의 권리의 등기명의인(근저당권자, 가압류권자, 가등기권자 등)의 승낙정보는 첨부할 필요는 없다[124].

3. 등기의 실행

대지권의 목적인 토지의 표시란에 건물의 소재지번, 지목, 면적 등 변경된 사항에 대하여 등기하며, 전유부분 표제부의 대지권종류는 대지권의 목적인 토지가 분·합필된 경우 그 일련번호는 변경되지만, 대지권 비율에는 변경이 일어나지 않는다.

V. 대지권표시의 경정등기

대지권표시의 경정등기는 대지권표시등기를 신청할 때부터 착오 또는 누락에 있어서 그를 바로잡기 위한 것이다. 대지권표시의 경정은 다음과 같은 경우에 주로 문제된다.

1. 대지권이 있음에도 불구하고 대지권표시등기를 하지 않은 경우

예를 들면 규약대지를 정하는 규약이 있음에도 불구하고 신청서에 그 규약을 첨부하지 않아서 대지권이 없는 것으로 건물에 관한 등기가 마쳐진 경우이다.

2. 대지권이 없음에도 대지권표시등기가 마쳐진 경우

예를 들면 구분소유자에게 대지사용권이 없는데도 불구하고 대지권표시등기가 마쳐진 경우 또는 대지권으로 등기한 지상권설정등기가 원인무효로서 말소된 경우가 이에 해당한다.

---

124) 선례 2-669

3. 기타 대지권의 표시에 착오 또는 누락이 있는 경우

예를 들면 대지권의 목적인 토지의 지번, 지목과 면적의 표시착오, 대지권의 종류와 비율의 기재에 착오가 있는 경우 등이다. 위와 같은 사유가 있는 경우 신청착오 또는 착오발견(**직권경정의 경우**)을 원인으로, 1의 경우 대지권표시등기를 하고, 2의 경우 대지권표시등기의 말소에 준하여 경정등기를 하며, 3의 경우에는 등기의 착오 또는 누락을 바로 잡는 경정등기를 하면 된다.

Ⅵ. 대지권의 말소

1. 대지권등기를 말소하는 경우

대지권이 대지권이 아닌 것으로 되거나 대지권 자체가 소멸한 경우(**지상권, 임차권 등의 소멸**)에는 대지권등기를 말소하는 의미의 구분건물표시변경등기를 신청하여야 한다.

대지권이 대지권이 아닌 것으로 되는 경우로는, 규약상 대지를 정한 규약의 폐지, 분리처분가능규약의 설정, 수용재결에 의한 대지권인 소유권의 이전, 매각에 의한 대지권인 소유권의 이전 등이 있다.

2. 등기의 절차

(1) 신청인

신청인 및 신청의무에 관한 것은 대지권표시의 변경과 같다. 그 밖에 대지권등기가 경료되기 전에 전유부분이나 대지사용권의 어느 한쪽에만 가등기, 가처분등기, 저당권설정등기가 경료된 후에 대지권등기가 마쳐진 경우로서, 그 권리가 실행되어 이전등기, 말소등기 등을 신청할 때에는, 그 등기를 하기 위한 전제로서 가등기권리자·가처분권리자·매수인 등도 구분소유자를 대위하여 대지권표시변경등기를 신청할 수 있다.

(2) 신청정보

등기의 목적에는 ‘구분건물표시변경(**대지권의 말소**)’, 등기원인 및 그 연월일로는 '○○년 ○월 ○일 대지권이 아닌 것으로 됨'이라고 표시한다. 등기원인일자는 규약상 대지를 폐지한 날 또는 분리처분가능규약을 설정한 날 등이 된다. 변경할 사항으로는 변경 전 대지권의 표시와 말소할 대지권의 표시를 기재하면 된다.

(3) 첨부정보

대지권이 대지권이 아닌 권리로 된 경우 첨부정보로는, ① 규약대지를 정한 규약을 폐지한 경우 그 규약을 폐지하였음을 증명하는 정보. 다만, 구분소유자 1인이 1동의 건물에 속하는 구분건물의 전부를 소유하는 때에는 규약에 상당하는 공정증서, ② 분리처분 가능규약을 설정한 경우에는 그 규약, ③ 수용에 의하여 대지소유권이 이전되는 경우에는 재결서 또는 협의성립확인서와 보상금지급증명서(규약 불요), ④ 대지의 매각으로 인한 소유권이전의 경우 매각허가결정정본(규약 불요), ⑤ 대지권인 지상권·전세권·임차권이 해지 등으로 소멸한 경우 그 해지증서 등을 들 수 있다.

(4) 등기의 실행

① 대지권등기를 말소하는 경우, 1동 건물과 전유브분의 표제부에 기록된 대지권의 표시를 말소하고 토지등기기록에 기록된 대지권인 뜻의 등기도 직권으로 말소한다(규칙 제93조제1항). 그 다음 대지권에 대한 등기로서의 효력이 있는 등기 중 대지권의 이전등기 외의 등기는 토지 등기기록중 해당 구에 이를 전사한다(규칙 제93조제2항). 이는 건물등기기록에 된 권리자의 표시의 등기는 대지권이 소유권인 경우는 주등기에 의하여, 대지권이 지상권(전세권, 임차권)인 경우에는 각 설정등기에 부기하는 방법으로 한다.

② 전사하는 사항은 현재 유효사항만 해당되므로, 예컨대 대지권이 생긴 뒤 수차의 소유권이전등기가 있었더라도 최후의 소유권 및 권리자만 표시한다. 다만, 중간명의인의 등기를 기초로 하여 가등기, 가처분 등이 있는 경우에는 그 등기도 전사하여야 한다. 건물등기기록의 등기사항 중 토지에 대하여 효력이 없는 건물만에 관한 등기는 토지등기기록에 전사되지 않는다.

53. 【 규약상 공용부분에 관한 등기 】

Ⅰ. 서 설

Ⅱ. 규약상 공용부분인 뜻의 등기절차

1. 등기신청 절차

(1) 신청인

(2) 신청정보

(3) 첨부정보

2. 등기의 실행

(1) 공용부분인 뜻의 기록

(2) 권리에 한관 등기의 말소

Ⅲ. 단지공용부분인 뜻의 등기

Ⅳ. 공용부분인 뜻의 등기의 말소

1. 의 의

2. 등기신청

(1) 신청인

(2) 신청정보

(3) 첨부정보

(4) 등록면허세 및 국민주택채권

3. 등기의 실행

53. 【 규약상 공용부분에 관한 등기 】

I. 서 설

구분건물의 공용부분은 구분소유자 전부 또는 일부의 공유에 속하고, 공용부분에 대한 공유지분은 전유부분의 처분에 따르며, 전유부분과 분리하여 처분할 수 없다. 그러므로 공용부분에 관한 물권의 득실변경은 등기를 요하지 않는다(집합건물법 제13조).

구조상 공용부분(복도, 계단, 기계실 등)은 독립하여 등기능력이 없으므로 문제가 없으나, 규약상 공용부분은 구분소유권의 목적이 될 수 있는 전유부분과 부속건물을 규약에 의하여 공용부분으로 정한 것이므로, 구조상으로만 보아서는 공용부분인지 여부가 명백하지 않기 때문에 객관적으로 공시할 필요가 있다. 이에 따라 집합건물법은 '공용부분이라는 뜻'을 등기하도록 규정하고(집합건물법 제3조제4항), 부동산등기법에서는 그 등기절차에 관한 규정을 두고 있다(법 제47조).

II. 규약상 공용부분인 뜻의 등기절차

1. 등기신청 절차

(1) 신청인

① 규약상 공용부분인 취지의 등기는 규약에서 공용부분으로 정한 구분건물 또는 부속건물의 소유권의 등기명의인이 신청하여야 한다(법 제47조제1항). 따라서 미등기인 건물에 대하여 곧바로 공용부분인 뜻의 등기를 할 수 없고, 먼저 소유권보존등기를 하여야 한다. 구분건물의 표시에 관한 등기만이 경료되어 있는 건물부분을 공용부분으로 할 경우에는 소유권보존등기를 한 후 또는 소유권보존등기와 동시에 그 등기명의인이 신청하여야 할 것이다.

② 공용부분이 구분소유자의 공유로 된 경우 그 공유자 중의 1인은 보존행위로서 공유자들이 약정한 규약을 첨부하여 공용부분인 뜻의 등기를 신청할 수 있다. 이미 전유부분 또는 독립된 건물로서 활용되고 있는 건물을 구분소유자들

이 취득하여 규약상 공용부분으로 삼는 경우에는 소유권이전등기를 생략하고 등기의무자에 해당하는 기존 등기명의인(**매도인 등**)이 단독으로 규약상 공용부분인 뜻의 등기를 신청할 수 있다.

(2) 신청정보

1) 등기의 목적 등

등기의 목적은 '규약상 공용부분인 뜻의 등기', 등기원인은 '규약설정', 등기연월일은 '규약설정일(공정증서 작성일)'을 각 표시한다. 그리고 공용자의 범위를 표시하여야 한다.

2) 공용자의 범위

공용자의 범위를 표시하는 방법은, ① 1동의 건물 중 일부의 구분소유자의 공용부분인 경우에는 그 범위를 표시하고(**예: 서울특별시 서초구 서초동 56 무지개아파트 제가동 제1층 제101호 내지 제가동 제1층 106호의 공용부분**), ② 1동의 건물의 구분소유자 전원의 공용부분인 경우에는 1동의 건물번호만을 표시하며, ③ 공용부분을 다른 등기기록에 등기된 건물의 구분소유자의 일부 또는 전부가 공용하는 경우에도 위와 같이 그 건물의 표시와 그 범위를 표시하거나 그 1동의 건물번호만을 표시하여 신청정보의 내용으로 등기소에 제공하여야 한다.

(3) 첨부정보

1) 규약 또는 공정증서

그 건물을 공용부분으로 정한 규약 또는 공정증서를 첨부하여야 한다(**규칙 제104조제1항**). 규약을 결의한 집회의 의사록, 구분소유자 전원의 합의에 의하여 규약을 설정한 경우의 합의서 등도 규약에 해당한다. 규약을 증명하는 정보에는 공용부분이 되는 구분건물 또는 부속건물이 표시되어야 하고, 규약이 성립된 뜻과 그 성립연월일, 규약을 설정한 자의 성명과 주소 및 그가 소유한 건물부분 등이 기재되어 있어야 한다.

2) 소유권 이외의 권리의 등기명의인의 승낙정보

공용부분인 건물에 소유권의 등기외의 권리에 관한 등기가 있는 때에는 그 등기명의인의 승낙 또는 이에 대항할 수 있는 재판이 있음을 증명하는 정보를 첨부하여야 한다(**규칙 제104조제1항후단**). 이는 규약상 공용부분에 대하여는 표제부만을 두게 되므로 기존의 제한물권의 등기를 직권으로 말소하여야 하기 때문이다.

3) 등록면허세 등

전유부분이나 부속건물의 소유권의 등기명의인이 규약상 공용브분의 등기를 신청하는 경우에는 통상의 변경등기로 보아 변경등기신청에 따른 등록면허세와 신청수수료를 납부하면 된다. 그러나 타인 명의로 되어 있던 부동산을 취득하면서 그 소유권이전등기를 생략하고 바로 규약상 공용부분인 뜻의 등기를 신청하는 경우에는 실질적으로 소유권이전등기에 해당하므로 그에 해당하는 등록면허세(지방교육세 포함)를 납부하고 국민주택채권을 매입하여야 한다. 다만, 등기신청수수료는 등기목적이 소유권이전등기가 아니라 건물표시변경이므로 3,000원을 납부한다.

2. 등기의 실행

(1) 공용부분인 뜻의 기록

전유부분의 건물의 표시란에 공용부분인 뜻과 공용자의 범위를 기록하여야 한다(**규칙 제104조제3항**). 공용부분인 뜻은 표제부중 표시란에 신청서 접수연월일과 등기원인, 그 연월일을 기록하고, 공용부분인 뜻은 '공용부분'이라 기록한다. 공용자의 범위는 공유자의 성명, 주소를 기록하는 것이 아니라 그 건물의 번호를 기록하여야 한다.

(2) 권리에 한관 등기의 말소

공용부분은 전유부분과 분리하여 처분할 수 없고 전유부분의 처분에 수반하므로 공용부분에 대한 권리의 득실변경은 등기를 요하지 아니한다(**집합건물법 제13조**). 따라서 규약상 공용부분에 대한 건물의 등기기록은 표제부만을 두고, 갑구·을구의 소유권 기타 권리에 관한 등기를 말소하는 표시를 한다(**규칙 제104조제3항**).

다만, 갑구 및 을구란의 기록을 말소한 기록은 등기부로부터 제거하여서는 안된다. 이는 그 규약이 폐지된 경우에 그 기록에 다시 등기를 하기 위함이다.

III. 단지공용부분인 뜻의 등기

단지공용부분이란 수동의 집합건물이 하나의 단지를 이루고 있는 경우에 그 단지내에 있는 구분소유권의 목적인 건물 또는 부속건물을 단지 전체 구분소유자들의 규약(그 건물의 전부를 소유하는 자는 공정증서)에 의하여 구분소유자 전원의 공용부분으로 정한 것을 말한다. 단지공용부분인 뜻의 등기는, 아파트 분양자가 입주민 공동이용시설(관리사무소, 공동 체육관 등)인 전유부분이나 부속건물에 대하여 소유권보존등기와 함께 신청하는 경우가 대부분이다. 신청절차는 통상의 규약상 공용부분과 같지만, 표제부에 그 단지에 속하는 집합건물의 표시와 단지공용부분인 뜻의 등기를 한다(집합건물법 제52조, 제3조).

Ⅳ. 공용부분인 뜻의 등기의 말소

1. 의 의

규약상 공용부분은 구조상 공용부분과는 달리 구분건물 또는 일반건물로서의 실체를 갖추고 있으므로, 필요한 경우에는 언제든지 공용부분으로 정한 규약을 폐지하여 독자적인 등기능력을 가지는 건물로 되돌릴 수 있다. 따라서 이러한 규약을 폐지한 경우에는 공용부분인 뜻의 등기를 말소하여야 한다.

2. 등기신청

(1) 신청인

① 공용부분인 뜻의 말소등기는 공용부분의 취득자가 신청하여야 한다(규칙 제104조제4항). 공용부분인 뜻을 정한 규약을 폐지하여 그 건물을 다른 사람에게 처분하는 경우 일반적인 등기절차에 다르면 공유자와 취득자가 공동신청을 하여야 한다. 그런데 단지 공용부분과 같이 공유자가 매우 많은 때에는 등기절차상 복잡하게 되므로 등기권리자인 취득자가 단독으로 신청하도록 특례규정을 둔 것이다.

② 다만, 공용부분을 제3자에게 처분하지 아니하고 공용부분인 뜻만을 말소하여 이를 공유물로 하는 경우에는 그 건물의 공유자가 이를 신청한다. 이 경우 규약을 첨부하여 공유자 중 1인 또는 일부만의 신청이 가능하다.

(2) 신청정보

등기의 목적은 '공용부분인 뜻의 등기말소'라고 표시하고, 등기원인은 '규약폐지'라고 표시한다.

(3) 첨부정보

① 공용부분을 처분하기 위하여 공용부분인 뜻의 규약을 폐지하는 경우에는 규약이 바로 등기원인을 증명하는 정보가 되므로 이 규약에 취득자가 특정되어 있어야 하고, 규약의 폐지는 구분소유자 전원의 동의에 의하여 하여야 한다. 만약 규약의 폐지를 증명하는 정보에 등기신청인인 취득자가 특정되어 있지 않으면 원인정보(매매계약서 등)를 별도로 첨부하여야 한다. 공용부분을 처분하기 위하여 공용부분인 뜻의 등기를 말소하는 경우에는 당해 공용부분을 공유하였던 구분소유자 전원의 인감증명을 첨부하여야 한다. 공유자 전원의 지분전부이전등기에 해당하기 때문이다.

② 공용부분을 처분하는 경우가 아니고 단순히 공용부분인 뜻의 규약만을 폐지하는 경우에는, 다른 경우와 마찬가지로 구분소유권 및 의결권의 각 4분의 3이상의 찬성을 얻으면 된다. 위 ①, ②의 경우 모두 소유권보존등기를 하게 되므로 등기명의인의 주소를 증명하는 정보를 제공하여야 한다.

(4) 등록면허세 및 국민주택채권

공용부분의 신취득자가 공용부분인 뜻의 등기말소를 신청하는 경우에는 형식은 건물표시변경등기와 소유권보존등기를 합한 것이지만 실질은 소유권이전등기이므로 소유권이전등기신청의 등록면허세를 납부하고 그에 해당하는 국민주택채권을 매입하여야 한다. 그러나 소유자의 변동 없이 공용부분인 뜻만을 폐지하는 경우에는 말소등기신청에 해당하는 등록면허세만 납부하면 된다.

3. 등기의 실행

규약상 공용부분인 뜻의 등기를 말소하는 때에는 표제부에 있는 공용부분인 뜻 및 공용자의 범위에 관한 기록을 말소하고, 갑구에 소유권보존등기를 한다. 소유자가 신취득자이든 기존 공유자이든 불문한다(규칙 제104조제5항). 공용부분 처분을 위하여 규약을 폐지한 때에는 먼저 공유자를 기록한 후에 공유자로부터 취득자에게 소유권이전등기를 함이 원칙이나, 절차의 간략화를 위하여 소유권보존등기를 직접 하도록 특례를 인정한 것이다. 따라서 이러한 등기를 신청함에 있어서는 부동산등기법의 소유권보존등기에 관한 규정(법 제65조)은 적용될 여지가 없다.

54. 【 신탁등기 】

I. 서 설
1. 의의 및 취지
2. 신탁의 종류
(1) 임의신탁과 법정신탁
(2) 관리신탁과 처분신탁
(3) 영업신탁과 비영업신탁
(4) 사익신탁과 공익신탁
3. 신탁재산
II. 신탁등기절차
1. 신청인 및 신청정보
(1) 신탁행위에 의한 경우
(2) 신탁재산의 처분에 의한 신탁등기
(3) 신탁재산회복에 의한 신탁등기
2. 첨부정보에 관한 특칙
(1) 신탁원부
(2) 등기원인증명정보
(3) 주무관청의 허가정보
(4) 대위원인을 증명정보 및 신탁재산임을 증명하는 정보
(5) 등록면허세
(6) 기타
3. 등기의 실행
4. 수탁자가 수인인 경우
5. 신탁등기의 가등기
6. 영리회사가 수탁자인 경우
7. 등기명의인 표시방법
III. 수탁자가 변경된 경우의 등기절차
1. 수탁자의 경질로 인한 소유권이전등기
(1) 신청인
(2) 신청정보
(3) 첨부정보
(4) 등기의 실행

2. 수인의 수탁자 중 1인의 임무종료로 인한 합유명의인 변경등기
(1) 신청인
(2) 신청정보
(3) 첨부정보
(4) 등기의 실행
Ⅳ. 신탁원부의 기록사항을 변경하는 경우의 등기절차
1. 수탁자가 신청하는 경우
2. 법원 또는 주무관청의 촉탁에 의한 경우
(1) 법원의 촉탁
(2) 주무관청의 촉탁
(3) 등기부의 직권부기
3. 직권기록
Ⅴ. 신탁등기의 말소절차
1. 신탁재산의 처분으로 신탁재산에 속하지 않게 된 경우
2. 신탁의 종료로 인하여 귀속권리자에게 인계된 경우
3. 신탁재산이 수탁자의 고유재산으로 된 경우
Ⅵ. 신탁등기와 타등기와의 관계
1. 강제집행의 금지(신탁법 제21조)
2. 위탁자가 등기의무자인 경우
(1) 일반적인 등기신청
(2) 처분제한의 등기촉탁
3. 수탁자가 등기의무자인 경우
(1) 일반적인 등기신청
(2) 처분제한의 등기촉탁
4. 합필의 등기
5. 분할의 등기
Ⅶ. 신탁등기와 관련된 문제
1. 소유권이 아닌 권리도 신탁할 수 있는지 여부
2. 신탁부동산을 재신탁할 수 있는지 여부
Ⅷ. 결 어

54. 【 신탁등기 】

I. 서 설

1. 의의 및 취지

신탁법상 신탁이란 신탁설정자(신탁자)와 신탁을 인수하는 자(수탁자)와의 특별한 신임관계에 기하여 위탁자가 특정의 재산권을 수탁자에게 이전하거나 기타의 처분을 하고 수탁자로 하여금 일정한 자(수익자)의 이익을 위하여 또는 특정의 목적을 위하여 그 재산권을 관리·처분하게 하는 법률관계를 말한다(신탁법 제1조 제2항).

2. 신탁의 종류

(1) 임의신탁과 법정신탁

신탁은 신탁의 성립원인에 따라 당사자의 법률행위에 의하여 성립되는 임의신탁과 강제로 성립되는 법정신탁으로 분류할 수 있다. 임의신탁은 다시 생전신탁과 유언신탁으로 나눌 수 있다(동법 제2조).

(2) 관리신탁과 처분신탁

신탁은 수탁자의 의무내용에 따라 신탁재산의 관리만을 목적으로 하는 관리신탁과 신탁재산의 처분만을 목적으로 하는 처분신탁으로 나눌 수 있다.

(3) 영업신탁과 비영업신탁

신탁의 인수를 영업으로 하는지 여부에 따른 분류이다.

(4) 사익신탁과 공익신탁

3. 신탁재산

신탁재산이라 함은 위탁자가 수탁자에게 신탁의 목적으로 이전한 재산권 및 그 재산의 관리·처분·멸실·훼손 기타의 사유로 수탁자가 얻은 재산을 말한다(동법

제19조).

II. 신탁등기절차

신탁등기의 신청은 해당 신탁으로 인한 권리의 이전 또는 보존이나 설정등기의 신청과 동시에 하여야 한다(법 제82조제1항). 즉 1건의 신청정보로 일괄하여 하여야 한다(규칙 제139조제1항).

1. 신청인 및 신청정보

(1) 신탁행위에 의한 경우

신탁자와 수탁자가 공동으로 신탁을 원인으로 하는 소유권이전등기를 신청함과 동시에 반드시 동일한 신청정보에 의하여 신탁의 등기를 신청하여야 한다. 등기신청정보에는 등기의 목적을 '소유권이전및신탁', 등기원인과 그 연월일을 '○년○월○일 신탁'으로 표시한다. 만일 신탁의 등기만을 신청한 경우에는 법 제29조제5호에 의하여 각하하여야 하고, 소유권이전등기만을 신청한 경우에도 그 등기원인이 신탁임이 판명된 경우에는 이를 각하하여야 한다.

(2) 신탁재산의 처분에 의한 신탁등기

신탁재산에는 물상대위성이 인정된다. 따라서 신탁재산의 처분 등 기타의 사유로 수탁자가 얻은 재산은 신탁재산에 속하게 된다(신탁법 제19조). 이 경우 신탁등기는 수탁자가 단독으로 신청할 수 있다(법 제82조제3항). 수탁자는 제3자와 공동으로 매매로 인한 소유권이전등기를 신청하면서 신탁등기도 함께 신청하여야 한다. 이 경우 신청정보에는 등기의 목적을 '소유권이전및신탁재산처분에 의한 신탁'이라고 표시하여야 하며, 등기권리자란에는 '등기권리자 및 신탁등기신청인'이라고 하여야 한다. 다만, 위 제3자와 수탁자가 소유권이전등기만을 신청하여 먼저 수탁자 앞으로의 소유권이전등기가 경료되었을 경우에는 그 후에 수탁자 단독으로 신탁의 등기만을 신청할 수 있고, 수익자 또는 위탁자는 수탁자를 대위하여 신탁의 등기를 신청할 수 있다(법 제82조제4항). 이 경우에는 등기의 목적을 '신탁재산처분에 의한 신탁'이라고 표시한다.

(3) 신탁재산회복에 의한 신탁등기

수탁자가 관리를 적절히 하지 못하여 신탁재산의 멸실, 감소 기타의 손해를 발생하게 한 경우 또는 신탁의 본지에 위반하여 신탁재산을 처분한 때에는 신탁자 등은 그 수탁자에 대하여 신탁재산의 회복을 청구할 수 있는데(신탁법 제38조), 이와 같이 신탁재산이 복구된 경우에는 위(2)항에 준하여 신청하되, 소유권이전등기와 동시에 신청하는 경우에는 등기의 목적을 '소유권이전 및 신탁재산회복으로 인한 신탁', 등기원인과 그 연월일을 '○년○월○일 신탁재산회복을 위한 매매'라고 기재하며, 신탁의 등기만을 신청하는 경우에는 등기의 목적을 '신탁재산회복으로 인한 신탁'이라고 표시한다.

2. 첨부정보에 관한 특칙

(1) 신탁원부

신탁등기를 할 경우 등기관은 신탁원부를 작성하여야 한다(법 제81조제1항). 신탁원부에는 위탁자·수탁자·수익자의 인적 사항에 관한 사항, 신탁관리인이 있는 경우에는 그 관리인의 인적사항, 신탁의 목적, 신탁재산의 관리방법, 신탁종료의 사유와 그밖의 신탁의 조항에 관한 사항이 기록되어야 하는데 신청인은 이에 관한 정보를 첨부정보로 등기소에 제공하여야 한다(규칙 제139조제3항). 이 경우 그 정보는 방문신청이라 하더라도 전자문서로 작성하여 전산정보처리조직을 이용하여 등기소에 송신하는 방법으로 제공하는 것이 원칙이다(규칙 제139조제4항).

(2) 등기원인증명정보

① 신탁행위에 의한 신탁등기의 경우에는 당해부동산에 관해 신탁행위가 있었음을 증명하는 정보(신탁계약서 등)를 첨부해야 하며, 그 등기원인증명정보에는 부동산등기특별조치법 제3조에 따른 검인을 받아야 한다.

② 신탁법 제19조 및 제38조의 규정에 의하여 신탁등기를 하는 경우에도 신탁행위가 있었음을 증명하는 정보를 제공하여야 한다.

(3) 주무관청의 허가정보

신탁법 제65조에 의한 공익신탁의 경우에는 등기신청에 주무관청의 허가가 있음을 증명하는 정보를 첨부하여야 한다.

(4) 대위원인을 증명하는 정보 및 신탁재산임을 증명하는 정보

위탁자 또는 수익자가 신탁의 등기를 대위신청함에는 대위원인을 증명하는 정보 및 해당 부동산이 신탁재산임을 증명하는 정보를 첨부하여야 한다.

(5) 등록면허세

형식적인 소유권취득으로 보아 소유권이전등기의 경우에는 등록면허세를 부과하지 아니하나, 신탁등기의 등록면허세는 이를 납부하여야 한다.

(6) 기타

국민주택채권매입의무가 없으며, 등기신청수수료는 소유권이전등기의 경우에만 납부하고 신탁등기는 납부하지 아니하며, 신탁계약서는 대가성 있는 소유권이전에 관한 증서로 볼 수 없으므로 인지를 첩부할 필요가 없다[125].

3. 등기의 실행

신탁등기는 신탁의 목적이 되는 부동산(**신탁재산**)의 소유권이전등기와 동일순위의 권리자및기타사항란에 기록하고 횡선을 그어 소유권이전등기사항과 구별하게 하고 신탁원부의 번호를 기록한다(**법 제81조, 규칙 제140조**).

4. 수탁자가 수인인 경우

수탁자가 수인인 때에는 신탁재산은 그 합유로 되기 때문에 수탁자가 2인 이상인 경우에는 그 공동수탁자가 합유관계라는 표시를 신청정보의 내용으로 하여야 한다.

5. 신탁등기의 가등기

신탁의 가등기는 소유권이전등기청구권 보전을 위한 가등기의 신청과 동일한 신청에 의하여 이를 신청하여야 하며, 신탁원부 작성을 위해 필요한 정보를 등기소에 제공하여야 한다.

6. 영리회사가 수탁자인 경우

자본시장과금융투자업에관한법률 제12조에 의하면 신탁을 업으로 영위하기 위해서는 금융감독위원회의 인가를 받아야 하므로 신탁업의 인가를 받은 신탁회사 이외의 영리회사를 수탁자로 하는 신탁의 등기는 이를 수리하여서는 아니된

---

125) 선례 7-553

다.

7. 등기명의인 표시방법

① 등기기록상 소유자인 위탁자와 수탁자가 공동으로 신탁을 원인으로 하는 소유권이전등기를 신청함과 동시에 동일한 신청에 의하여 신탁등기를 신청한 경우, 소유권이전등기를 할 때에는 그 등기명의인을 '수탁자 또는 수탁자(합유)'로 표시한다.

② 신탁재산의 처분 또는 회복으로 인하여 신탁재산이 된 부동산에 대하여 수탁자가 제3자와 공동으로 매매등을 원인으로 한 소유권이전등기를 신청함과 동시에 단독으로 신탁등기를 신청한 경우에는, 그 등기명의인은 '소유자 또는 공유자'로 표시하고, 공유자인 경우에는 그 공유지분도 기록한다.

③ 수탁자가 단독으로 또는 위탁자나 수익자가 수탁자를 대위하여 별도의 신탁등기를 신청하는 경우에도 이미 경료된 소유권이전등기의 등기명의인 표시는 그대로 둔다.

III. 수탁자가 변경된 경우의 등기절차

1. 수탁자의 경질로 인한 소유권이전등기

(1) 신청인

1) 공동신청

수탁자의 임무가 종료하고 새로운 수탁자가 취임한 경우 및 수탁자가 사임, 자격상실로 임무가 종료되고 새로운 수탁자가 선임된 경우에는 새로운 수탁자와 종전 수탁자가 공동으로 소유권이전등기를 신청한다.

2) 단독신청

수탁자가 사망, 금치산, 한정치산, 파산, 수탁자인 법인해산의 사유로 임무가 종료되고 새로운 수탁자가 선임된 경우에는 새로운 수탁자가 단독으로 소유권이전등기를 신청한다(법 제83조제1항).

(2) 신청정보

새로운 수탁자가 취임 또는 선임된 일자를 등기원인일자로 하며, 등기원인은 '수탁자 경질'로 한다.

(3) 첨부정보

종전 수탁자가 등기의무자, 새로운 수탁자가 등기권리자로서 소유권이전등기를 공동신청할 때에는 종전 수탁자의 인감증명과 등기필증(등기필정보), 새로운 수탁자의 주소증명정보 및 수탁자경질을 증명하는 정보 등을 첨부하여야 한다. 이 경우 수탁자의 임무종료원인이 신탁행위에서 특별히 정한 사유가 아니라 종전의 수탁자가 위탁자 및 수익자의 승낙을 얻어 사임한 것이라면 수익자 및 위탁자의 승낙서(인감증명포함)도 첨부하여야 한다.[126] 수탁자 경질의 경우에 신수탁자의 재산권취득의 등기의 경우에는 이를 형식적인 소유권취득으로 보아 소유권이전에 대한 취득세를 부과하지 아니하나, 국민주택채권은 매입하여야 한다.

(4) 등기의 실행

수탁자경질로 인한 소유권이전등기는 주등기의 형식으로 하고 권리자란에는 수탁자로 기록한다. 한편 등기관은 소유권이전등기를 경료한 때에는 직권으로 신탁원부를 변경기록 한다(법 제83조제2항).

2. 수인의 수탁자 중 1인의 임무종료로 인한 합유명의인 변경등기

(1) 신청인

1) 공동신청

수인의 수탁자 중 1인이 신탁행위로 정한 임무종료사유, 사임, 자격상실의 사유로 임무가 종료된 경우에는 잔존 수탁자와 임무가 종료된 수탁자가 공동으로 합유명의인 변경등기를 신청한다.

2) 단독신청

수인의 수탁자 중 1인이 사망, 금치산, 한정치산, 파산, 해산의 사유로 임무가 종료된 경우에는 잔존수탁자가 단독으로 합유명의인 변경등기를 신청한다.

(2) 신청정보

수탁자의 임무종료일을 등기원인일자로 하며, 등기원인은 임무가 종료된 수

---

126) 선례 7-401

탁자의 임무종료원인을 기록한다(예:○년 ○월 ○일 수탁자 사망 등).

(3) 첨부정보

임무가 종료된 수탁자의 임무종료를 증명하는 정보를 첨부하여야 하며, 신탁행위로 정한 임무종료 사유·사임·자격상실의 사유로 임무가 종료된 경우에는 임무가 종료된 수탁자의 인감증명 및 등기필증(등기필정보)도 함께 등기소에 제공하여야 한다.

(4) 등기의 실행

수탁자 중 일부가 법원 또는 주무관청에 의하여 해임된 경우에는 등기관은 법원 또는 주무관청의 촉탁에 의하여 신탁원부를 변경기록한 후 직권으로 등기기록에 그 뜻을 기록함과 아울러 해임된 수탁자를 말소하는 표시를 한다.

Ⅳ. 신탁원부의 기록사항을 변경하는 경우의 등기절차

1. 수탁자가 신청하는 경우

신탁원부의 기록사항에 변경이 생긴 때에는 원칙적으로 수탁자가 그 변경을 증명하는 정보를 첨부하여 그 등기를 신청하여야 한다(법 제86조). 다만 신탁원부에 기록된 위탁자 표시변경은 할 수 있어도 위탁자 자체를 바꾸는 변경등기는 이를 신청할 수 없다.

2. 법원 또는 주무관청의 촉탁에 의한 경우

(1) 법원의 촉탁

법원이 수탁자를 해임한 때, 신탁관리인을 선임하거나 해임, 수탁자를 해임, 신탁재산의 관리방법을 변경한 때에는 지체없이 법원의 촉탁에 의하여 신탁원부의 기록을 변경 기록하여야 한다(법 제85조제1항).

(2) 주무관청의 촉탁

주무관청이 수탁자를 해임한 때, 신탁관리인을 선임한 때 또는 신탁의 조항을 변경한 때에는 지체 없이 신탁원부의 기록의 변경등기를 등기소에 촉탁하여야 한다(법 제85조제2항).

(3) 등기부의 직권부기

수탁자를 해임한 법원 또는 주무관청의 촉탁에 의하여 신탁원부에 그 변경기록을 한 때에는 등기관은 직권으로 등기기록에 수탁자 해임의 뜻을 부기하여야 한다(법 제85조제3항).

3. 직권기록

수탁자의 경질로 인한 소유권이전등기 또는 수탁자 중 1인의 임무종료로 인한 합유명의인 변경등기를 한 경우 등기관은 직권으로 신탁원부에 그 변경 내용을 기록하여야 한다(법 제83조제2항, 제84조제3항).

V. 신탁등기의 말소절차

1. 신탁재산의 처분으로 신탁재산에 속하지 않게 된 경우

수탁자가 신탁재산을 타인에게 처분한 경우에는 그에 따른 소유권이전등기와 신탁등기의 말소를 동시에 일괄하여 1건으로 신청하여야 한다(법 제87조, 규칙 제144조제1항). 그러므로 신탁재산인 부동산에 대하여 소유권이전등기 또는 신탁등기의 말소등기만을 신청하였을 경우 등기관은 이를 수리하여서는 안 된다. 등기의 목적은 '소유권이전 및 신탁말소', 등기원인은 '매매', 신탁말소의 원인은 '신탁재산의 처분'으로 각 기재하여야 한다. 이는 일반적인 소유권이전이므로 등록세, 국민주택채권, 등기신청수수료등 제반의무를 이행하여야 한다. 신탁말소부분에 대하여는 등록면허세를 납부하여야 한다.

2. 신탁의 종료로 인하여 귀속권리자에게 인계된 경우

신탁재산의 귀속권리자가 신탁행위에 정하여 있는 경우에는 그 자에게, 귀속권리자가 지정되지 아니한 때에는 그 신탁재산은 위탁자 또는 그 상속인에게 귀속한다. 등기원인과 그 연월일은 "○년 ○월 ○일 신탁재산귀속"으로 표시하고, 등기의 목적 등 다른 신청정보는 신탁재산을 처분한 경우와 동일하다.

3. 신탁재산이 수탁자의 고유재산으로 된 경우

법원 또는 주무관청의 허가서를 첨부하여 '수탁자의 고유재산으로 된 취지의 등기 및 신탁등기의 말소등기'를 신청할 수 있다(규칙 제143조, 제144조).

Ⅵ. 신탁등기와 타등기와의 관계

1. 강제집행의 금지(신탁법 제21조)

신탁재산에 대하여서는 강제집행 또는 경매를 할 수 없다. 단 신탁전의 원인으로 발생한 권리 또는 신탁사무의 처리상 발생한 권리에 기한 경우에는 예외로 한다.

2. 위탁자가 등기의무자인 경우

(1) 일반적인 등기신청

허용되지 아니한다. 신탁등기가 말소되고 위탁자에게 소유권이전등기가 되기 전에는 위탁자를 등기의무자로 하는 근저당권설정등기를 신청할 수 없다.

(2) 처분제한의 등기촉탁

위탁자를 등기의무자로 하는 처분제한의 등기촉탁, 강제경대기입등기촉탁등은 등기관이 이를 수리할 수 없다. 다만 신탁전의 원인으로 발생한 권리에 기한 강제집행 등은 허용할 수 있는 것이므로 신탁등기 이전에 경료된 담보물권에 기한 임의경매기입등기촉탁 혹은 신탁 전의 가압류에 기한 강제경매 기입등기촉탁은 이를 수리하여야 한다.

3. 수탁자가 등기의무자인 경우

(1) 일반적인 등기신청

신탁목적에 반하지 않는 한도내에서 허용된다.

(2) 처분제한의 등기촉탁

수탁자를 등기의무자로 하는 처분제한의 등기촉탁은 등기관이 이를 수리할 수 있다. 신탁재산에 대하여 강제집행이 허용되는지 여부는 등기관이 판단할 문제가 아니라 집행법원에서 사전에 판단할 문제이므로 수탁자를 등기의무자로 하여 집행법원에서 강제경매기입등기의 촉탁이 있으면 이는 등기관이 등기기록에 기록하여야 한다.

4. 합필의 등기

신탁등기가 경료된 토지에 대하여 합필등기를 할 수 없다. 다만 주택법에 의하여 주택건설사업계획의 승인을 얻어 공동주택을 건설하는 경우로서 신탁목적이 동일한 경우에 한하여 신탁토지 상호간의 합필등기를 할 수 있다.

5. 분할의 등기

신탁등기가 경료된 토지가 분할되어 그에 따른 등기의 신청이 있는 경우 등기관은 분할된 토지에 대하여 분할전 토지에 대한 신탁원부와 같은 내용의 신탁원부를 작성하여야 한다. 다만 분할된 토지에 대한 신탁등기의 말소등기가 동시에 신청된 경우에는 신탁원부를 따로 작성할 필요가 없다.

Ⅶ. 신탁등기와 관련된 문제

1. 소유권이 아닌 권리도 신탁할 수 있는지 여부

신탁등기의 신청은 해당 신탁으로 인한 권리의 이전 또는 보존이나 설정등기의 신청과 동시에 하여야 한다(**법제82조제1항**).라고 하여 소유권이외의 권리도 신탁할 수 있음을 규정하고 있다.

2. 신탁부동산을 재신탁할 수 있는지 여부

신탁법 및 부동산등기법에 신탁부동산의 재신탁에 관한 등기를 할 수 있다는 규정이 없으므로, 재건축조합원과 조합간의 신탁계약에서 재건축조합이 신탁받은 부동산을 신탁의 목적범위 내에서 다른 수탁자에게 신탁할 수 있다고 규정하였다 하더라도, 그에 따른 재신탁등기는 할 수 없다[127].

---

127) 선례 5-608

Ⅷ. 결 어

부동산 신탁에서 수탁자 앞으로 소유권이전등기를 마치게 되면 대·내외적으로 소유권이 수탁자에게 완전히 이전되고, 위탁자와의 내부관계에 있어서 소유권이 위탁자에게 유보되어 있는 것은 아니라는 것이 판례의 입장이고. 다만 수탁자는 신탁의 목적 범위 내에서 신탁계약에 정하여진 바에 따라 신탁재산을 관리하여야 하는 제한을 부담함에 불과하다고 본다.

55. 【 등기상 이해관계인 】

Ⅰ. 서 설
1. 의 의
2. 등기상 이해관계인의 승낙정보를 요하는 취지
3. 구별개념
4. 등기상 이해관계인의 판단
Ⅱ. 등기상 이해관계인의 지위
1. 등기신청인이 되는 경우
(1) 가등기의 말소등기
(2) 폐쇄된 중복등기기록의 부활신청
(3) 폐쇄된 건물등기기록의 부활신청
2. 등기상 이해관계인의 승낙정보 등을 제공하여야 하는 경우
(1) 말소등기
(2) 변경등기
(3) 경정등기
(4) 말소회복등기
(5) 지상권
(6) 분필등기
(7) 규약상 공용부분인 뜻의 등기
(8) 중복등기기록 정리절차
(9) 소유권포기를 원인으로 한 소유권이전등기
3. 등기상 이해관계인에게 사전에 통지를 하는 경우
(1) 멸실등기신청의 경우
(2) 건물등기기록을 직권으로 폐쇄하는 경우
(3) 법 제58조의 절차에 따라 직권말소를 하는 경우
(4) 중복등기기록을 폐쇄하려고 하는 경우
4. 등기경료 후 등기상 이해관계인에게 통지를 하는 경우
(1) 토지수용절차의 경우
(2) 중복등기기록 폐쇄의 경우
5. 기 타
(1) 직권경정등기의 경우
(2) 예고등기의 말소촉탁
Ⅲ. 승낙의 방법
1. 인감증명 첨부
3. 재판의 등본 첨부
Ⅳ. 승낙정보를 제공하지 아니하고 신청한 등기의 효력
1. 승낙정보를 첨부정보로 제공하지 아니한 경우
2. 간과한 등기의 효력
Ⅴ. 등기관의 처분에 대한 이의절차에서 이해관계인의 지위
1. 소극적 처분의 경우
2. 적극적 처분의 경우
(1) 법 제29조 제1호 및 제2호 위반의 경우
(2) 기타 이의신청인이 될 수 있는 경우
Ⅵ. 채권자 취소소송에 있어서 가처분권자가 등기상 이해관계인에 해당하는지 여부
1. 종전의 선례
2. 변경된 선례

55. 【 등기상 이해관계인 】

I. 서 설

1. 의 의

등기기록상 각종의 권리자로 기록된 자로서 원칙적으로 부동산등기법상으로는 등기권리자, 등기의무자의 지위에 서는 자는 아니나 등기절차상 여러 가지 절차가 보장되는 자를 말한다.

2. 등기상 이해관계인의 승낙정보를 요하는 취지

등기상 이해관계인은 등기신청시 등기소에 출석하는 자가 아니기 때문에 그 등기상 이해관계인의 의사를 확인하는 것은 실체관계에 부합하는 등기를 하기 위하여 매우 중요하다.

3. 구별개념

등기원인에 대한 제3자의 허가·동의·승낙을 증명하는 정보를 제공하여야 하는 경우(규칙 제 46조제1항제2호)의 제3자와는 구별된다. 판결에 의한 등기의 경우에 등기원인에 대한 제3자의 허가·동의·승낙정보는 그 제공이 면제되지만(규칙 제46조제3항), 등기상 이해관계인의 승낙정보는 그 제공이 면제되지 않는다.

4. 등기상 이해관계인의 판단

등기상 이해관계인은 등기기록 기록형식에 의하여 변경등기, 말소등기 등으로 인하여 손해를 받을 우려가 있다고 일반적으로 인정되는 후순위권리자를 의미하며 이는 등기의 형식상으로 판단하여야 하기 때문에 실질적인 손해를 받을 염려가 있는지 여부를 불문하고 등기기록상에 기록되어 있지 아니한 제3자는 등기상 이해관계인으로 판단되지 아니한다.

II. 등기상 이해관계인의 지위

1. 등기신청인이 되는 경우

(1) 가등기의 말소등기

부동산등기법상 등기신청은 공동신청이 원칙이지만 등기권리자나 등기의무자가 아닌 제3자에게 등기신청을 할 수 있는 경우를 예정하고 있는바 이에는 가등기에 관하여 등기상 이해관계 있는 자가 가등기명의인의 승낙정보를 첨부정보로 등기소에 제공하여 단독으로 신청하는 가등기의 말소등기가 있다(법 제93조).

(2) 폐쇄된 중복등기기록의 부활신청

규칙 제33조 이하의 중복등기기록정리절차에 의하여 폐쇄된 등기기록의 소유권의 등기명의인 또는 등기상의 이해관계인은 폐쇄되지 아니한 등기기록의 최종 소유권의 등기명의인과 등기상 이해관계인을 상대로 하여 그 토지가 폐쇄된 등기기록의 소유권의 등기명의인의 소유임을 확정하는 판결이 있음을 증명하는 정보를 등기소에 제공하여 폐쇄된 등기기록의 부활을 신청할 수 있다(규칙 제41조제1항).

(3) 폐쇄된 건물등기기록의 부활신청

소유권의 등기명의인 기타 등기상 이해관계인 또는 그 상속인은 언제든지 건물등의 존재를 증명하는 정보를 등기소에 제공하여 폐쇄된 건물등기기록의 부활을 신청할 수 있다(부칙 제3조).

2. 등기상 이해관계인의 승낙정보 등을 제공하여야 하는 경우

(1) 말소등기

1) 말소등기를 신청하는 경우에 그 말소에 대하여 등기상 이해관계 있는 제3자가 있는 때에는 신청에 그 승낙 또는 이에 대항할 수 있는 재판이 있음을 증명하는 정보를 제공하지 않으면 말소등기의 신청을 할 수 없다(법 제57조).

2) 말소등기를 함에 있어서 형식상 불리한 위치에 있는 자라도 후순위소유권자는 선순위 소유권의 말소에 있어서 이해관계인은 아니며, 소유권이전등기말소소송의 사실심 변론종결전에 경료된 제3자 명의의 근저당권등기가 있는 경우에는 그 제3자의 승낙 또는 그에 대항할 수 있는 재판이 있음을 증명하는 정보

를 제공하여야 한다.

3) 말소등기에 있어서 '승낙 또는 이에 대항할 수 있는 재판'의 의미

예를들어 원인무효의 소유권이 있고 이를 기초로 한 저당권이 있는 경우에 소유권을 말소함에 있어서 첨부하여야 하는 승낙정보등은 그 소유권이 말소되는 것에 대한 저당권자의 승낙정보 또는 소유권이 말소되는 것에 대하여 저당권자는 승낙의 의사표시를 하라는 취지의 재판이 될 것이다.

그러나 원고는 방해배제청구의 방법으로 저당권자는 저당권을 말소하라는 취지의 청구도 부당하다고 할 수 없고 이러한 실무례도 확고하게 정착되어 있다고 한다. 다만 위의 경우에 제3자의 등기가 가압류등기인 경우에는 법원의 촉탁에 의하여 이루어지므로 소유권이전등기가 무효라고 하여 제3자의 가압류등기가 당연히 무효가 되는 것은 아니므로 가압류권자를 상대로 소유권이 말소되는 것에 대한 승낙을 구하여야 하지 가압류 등기의 말소를 구하여서는 아니된다는 것이 판례[128]의 견해이다.

(2) 변경등기

권리변경등기에 관하여 등기상 이해관계 있는 제3자가 있는 경우에는 그 신청에 승낙 또는 이에 대항할 수 있는 재판의 등본이 있음을 증명하는 정보를 제공한 때에 한하여 부기에 의하여 그 등기를 한다(법 제52조제5호).

(3) 경정등기

권리경정등기의 경우에 등기상 이해관계인의 승낙정보 등을 제공하여야 이를 부기등기로 할 수 있다(법 제52조제5조). 등기사항의 일부가 실체관계와 부합하지 아니한 경우에는 변경등기, 경정등기를 하는바. 단독소유를 공유로 또는 그 반대, 전부이전을 일부이전으로 또는 그 반대, 공유지분만의 경정등기 등은 경정등기라는 명칭을 사용하고 있으나 그 실질은 말소등기(일부말소의미의)에 해당하므로 등기를 실행함에 있어 말소등기의 방식(법 제57조)으로 등기를 하여야 하므로 등기상 이해관계 있는 제3자가 있는 때에는 반드시 그 승낙정보등을 첨부하게 하여 부기등기의 방법으로 등기를 하여야 한다.

(4) 말소회복등기

말소된 등기의 회복을 신청하는 경우에 등기상 이해관계가 있는 제3자가

---

128) 대판 1998. 11. 27. 97다41103)

있는 때에는 그 신청에 승낙 또는 이에 대항할 수 있는 재판이 있음을 증명하는 정보를 등기소에 제공하여야 한다(법 제59조).

(5) 지상권

통상의 지상권등기를 구분지상권등기로 변경하거나, 구분지상권등기를 통상의 지상권등기로 변경하는 등기신청이 있는 경우에는 등기상의 이해관계인이 없거나, 승낙정보등을 제공한때에 한하여 부기등기에 의하여 그 변경등기를 할 수 있다.[129]

(6) 분필등기

1필의 토지의 일부에 지상권, 전세권, 임차권이나 승역지의 일부에 관하여 하는 지역권의 등기가 있는 경우에 그 토지의 분필등기를 신청하는 때에는 신청서에 권리가 존속할 토지의 표시에 관한 정보를 신청정보의 내용으로 등기소에 제공하고, 이에 관한 권리자의 확인이 있음을 증명하는 정보를 첨부정보로서 등기소에 제공하여야 한다(규칙 제74조). 또한 소유권이외의 권리가 분필등기시에 어느 한 쪽 토지에 관하여 그 권리의 소멸을 승낙하는 경우에는 그 승낙 또는 이에 대항할 수 있는 재판이 있음을 증명하는 정보를 첨부정보로서 등기소에 제공하여야 한다(규칙 제76조제3항제4항). 건물의 경우에도 마찬가지이다(규칙 제95조, 제96조).

(7) 규약상 공용부분인 뜻의 등기

공용부분인 뜻의 등기를 신청하는 경우에는 그 뜻을 정한 규약 또는 공정증서를 첨부정보로서 등기소에 제공하여야 하며, 소유권의 등기명의인이 이를 신청하여야 한다. 이 경우 그 건물에 소유권의 등기 외의 권리에 관한 등기가 있을 때에는 그 등기명의인의 승낙 또는 이에 대항할 수 있는 재판이 있음을 증명하는 정보를 첨부정보로서 등기소에 제공하여야 한다(규칙 제104조제1항).

(8) 중복등기기록 정리절차

중복등기기록 중 1등기기록의 최종소유권의 등기명의인은 자기명의의 등기기록을 폐쇄하여 중복등기를 정리하도록 신청할 수 있다. 다만, 등기상의 이해관계인이 있는 때에는 그 승낙이 있음을 증명하는 정보를 첨부정보로서 등기소에 제공하여야 한다(규칙 제39조제1항).

---

129) 등기예규 제1040호

(9) 소유권포기를 원인으로 한 소유권이전등기

국가와 공동으로 소유권 포기를 원인으로 한 소유권이전등기를 신청하여야 한다. 다만 위 등기를 신청하는 경우에 등기상 이해관계가 있는 제3자가 있는 때에는 그 자의 승낙 또는 이에 대항할 수 있는 재판이 있음을 증명하는 정보를 등기소에 제공하여야 한다. 이 경우에 등기관은 직권으로 소유권이외의 권리에 관한 등기를 말소하여야 한다.[130]

3. 등기상 이해관계인에게 사전에 통지를 하는 경우

(1) 멸실등기신청의 경우

소유권 외의 권리가 등기되어 있는 건물에 대한 건물의 멸실등기 신청이 있는 경우에 등기관은 그 권리의 등기명의인에게 1개월 이내의 기간을 정하여 그 기간내에 이의를 진술하지 아니하면 멸실등기를 한다는 뜻을 통지하여야 한다. 다만, 건축물대장에 건물멸실의 뜻이 기록되어 있거나 소유권 외의 권리의 등기명의인이 멸실등기에 동의한 경우에는 그러하지 아니하다(법 제45조제1항).

(2) 건물등기기록을 직권으로 폐쇄하는 경우

등기관은 1950년 1월 1일 이후 등기사항에 변동이 없는 건물의 등기기록을 발견한 때에는 그 소유권의 등기명의인 기타 등기상의 이해관계인에 대하여 1개월 이내의 기간을 정하여 그 기간내에 건물이 현존하고 있다는 뜻의 신고를 하지 아니하면 그 등기기록을 폐쇄한다는 뜻을 통지함과 동시에 가옥대장소관청에 당해 건물에 관한 가옥대장의 비치 여부를 사실조회하여야 한다(부칙 제3조).

(3) 법 제58조의 절차에 따라 직권말소를 하는 경우

등기관이 등기를 완료한 후 그 등기가 법 제29조 제1호 또는 제2호에 해당된 것임을 발견한 때에는 등기권리자, 등기의무자와 등기상 이해관계 있는 제3자에 대하여 1개월 이내의 기간을 정하여 그 기간내에 의의를 진술하지 아니한 때에는 등기를 말소한다는 뜻을 통지하여야 하고, 이와 같은 말소통지에 관하여 이의를 진술한 자가 있는 때에는 등기관은 그 이의에 대하여 결정을 하여야 한다. 이의를 진술한 자가 없는 때 또는 이의를 각하한 때에는 등기관은 직권으로써 등기를 말소하여야 한다(법 제58조).

---

130) 등기예규 제816호

(4) 중복등기기록을 폐쇄하려고 하는 경우

중복등기기록의 최종 소유권의 등기명의인이 다른 경우로서 규칙 제35조와 제36조에 해당하지 않는 때에는 각 등기기록의 최종소유권의 등기명의인과 등기상의 이해관계인에 대하여 1개월 이상의 기간을 정하여 그 기간내에 이의를 진술하지 아니하는 때에는 그 등기기록을 폐쇄할 수 있다는 뜻을 통지하여야 한다(규칙 제37조제1항).

4. 등기경료 후 등기상 이해관계인에게 통지를 하는 경우

(1) 토지수용절차의 경우

등기를 직권말소한 때에는(법 제99조제4항), 토지수용으로 인한 등기말소통지서에 부동산의표시, 말소한 등기의 표시, 등기명의인, 토지수용으로 인하여 말소한 뜻 등을 적어 등기명의인에게 이를 통지하여야 한다. 그 말소되는 등기가 채권자의 대위신청에 따라 이루어진 경우에는 그 채권자에게도 통지하여야 한다(규칙 제157조).

(2) 중복등기기록 폐쇄의 경우

규칙 제37조에 의한 정리를 한 경우 등기관은 그 뜻을 폐쇄된 등기기록의 최종소유권의 등기명의인과 등기상의 이해관계인에게 통지하여야 한다(규칙 제37조제4항).

5. 기 타

(1) 직권경정등기의 경우

등기관이 등기의 착오 또는 빠진 부분이 등기관의 잘못으로 인한 것임을 발견한 경우에는 지체 없이 그 등기를 직권으로 경정하여야 한다. 다만, 등기상 이해관계 있는 제3자가 있는 경우에는 제3자의 승낙이 있어야 한다(법 제32조제2항).

(2) 예고등기의 말소촉탁

예고등기가 경료된 후 원고가 승소판결에도 불구하고 등기의 말소 또는 회복의 등기를 할 수 없음이 다른 재판(청구의 인낙 또는 화해를 포함한다)에 의하여 인정되는 경우에 등기상의 이해관계인이 그 재판의 등본을 제출한 때에는 제1심법원은 지체 없이 촉탁서에 그 제출서면과 재판의 등본을 첨부하여 예고등기의 말소를 등기소에 촉탁하여야 한다(구법 제170조).

Ⅲ. 승낙의 방법

1. 인감증명 첨부

등기신청서에 제3자의 동의 또는 승낙을 증명하는 서면을 첨부하는 경우 그 제3자의 인감증명을 첨부하여야 한다(규칙 제60조제1항제7호). 법정대리인에 의하여 위의 서류를 작성한 경우에는 법정대리인의 인감증명을 제출하여야 하나(규칙 제61조제2항), 관공서가 등기상 이해관계인이어서 관공서의 승낙서 등을 첨부하는 경우이거나 그 서면이 공정증서인 경우에는 인감증명의 제출이 요구되지 아니한다(규칙 제60조제2항,제3항).

3. 재판의 등본 첨부

승낙의 의사표시에 갈음하는 재판의 등본을 첨부하는 경우에는 그 판결에 대한 확정증명을 첨부하여야 한다.

Ⅳ. 승낙정보를 제공하지 아니하고 신청한 등기의 효력

1. 승낙정보를 첨부정보로 제공하지 아니한 경우

이는 법 제29조 제9호 등기에 필요한 첨부정보를 제공하지 아니한 경우에 해당하여 각하하여야 한다.

2. 간과한 등기의 효력

① 등기관이 이를 직권으로 말소할 수는 없다. 등기관이 직권말소할 수 있는 것은 관할위반의 등기나 사건이 등기할 것이 아닌 경우에 해당하여 그 실체상 무효의 등기임을 등기관 단계에서 판단할 수 있는 것에 한하고, 그 무효사유 등이 등기기록에 공시되지 않아서 형식적 심사권밖에 없는 등기관이 그 실체법상 유효·무효를 판단할 수 없는 경우에는 이를 등기관이 직권말소할 수 없는 것

이다(법 제58조)

② 만일 승낙정보의 제공없이 등기가 되었다면 그 등기는 이해관계 있는 제3자에 대한 관계에서는 무효라 할 것이다. 다만 제3자가 등기권리자에 대한 관계에서 그 승낙을 하여야 할 실체법상의 의무가 있다고 인정되는 경우에는 그 제3자는 마땅히 권리자의 승낙요구에 응하여야 할 것인바 그러한 절차를 거치지 아니하고 경료한 흠이 있다고 하여도 결국 실체관계에 부합하게 되어 등기상 이해관계 있는 제3자에 대한 관계에 있어서도 유효하다는 것이 판례이다.

V. 등기관의 처분에 대한 이의절차에서 이해관계인의 지위

1. 소극적 처분의 경우

등기신청의 각하결정에 대하여는 등기신청인인 등기권리자 및 등기의무자에 한하여 이의신청을 할 수 있고, 제3자는 이의신청을 할 수 없다.

2. 적극적 처분의 경우

(1) 법 제29조 제1호 및 제2호 위반의 경우

등기를 실행한 처분에 대하여는 그 사유가 법 제29조 제1호 또는 제2호에 해당하는 경우에 한하여 등기상 이해관계 있는 제3자가 그 처분에 대한 이의신청을 할 수 있다.

(2) 기타 이의신청인이 될 수 있는 경우

채권자가 채무자를 대위하여 경료한 등기가 채무자의 신청에 의하여 말소된 경우에는 그 말소처분에 대하여 채권자는 등기상 이해관계인으로서 이의신청을 할 수 있다. 그러나 등기의 말소신청에 있어 말소등기의무자는 말소처분에 대하여 이의신청을 할 수 있는 등기상 이해관계인에 해당되지 아니하여 이의신청을 할 수 없다.

VI. 채권자 취소소송에 있어서 가처분권자가 등기상 이해관계인에 해

당하는지 여부

1. 종전의 선례

갑의 부동산에 대한 을명의의 소유권이전등기가 경료되어 있고 그 소유권이전등기에 대하여 사해행위취소로 인한 소유권이전등기말소청구권을 피보전권리로 하는 병의 가처분등기가 되어 있는 경우, 을명의의 소유권이전등기를 갑과을이 공동으로 말소신청을 하는 때에는 신청서에 가처분채권자의 승낙서 또는 이에 대항할 수 있는 재판의 등본을 첨부할 필요는 없다고 하였다(**선례** 199904-24).

2. 변경된 선례

병 이외의 자가 을 명의의 소유권이전등기의 말소등기를 병의 동의없이도 신청할 수 있다면 갑과 을이 통모하여 임의로 을 명의의 소유권이전등기를 말소하고 다시 제3자에게 빼돌리는 것을 막을 수 없게 될 것이다. 따라서 변경된 선례는 사해행위로 인한 소유권이전등기 말소청구권을 피보전권리로 하는 가처분을 하였을 경우, 가처분채권자가 말소판결을 받아 말소신청을 하는 것이 아니라 수익자와 채무자가 공동으로 당해 소유권이전등기의 말소신청을 하는 때에는 가처분채권자의 승낙 또는 그에 대항할 수 있는 재판이 있음을 증명하는 정보를 첨부하여야 한다고 하여 사해행위취소 가처분권자도 등기상 이해관계인으로 보았다(**선례** 6-57).

56. 【 수용으로 인한 소유권이전등기 】

Ⅰ. 서 설

Ⅱ. 토지수용의 절차
1. 사업인정
2. 토지조서· 물건조서의 작성
3. 협 의
4. 재결 · 화해

Ⅲ. 등기신청절차
1. 협의취득의 등기절차
2. 수용의 등기절차
(1) 등기신청절차
(2) 첨부정보
(3) 등기의 실행

Ⅳ. 사업인정고시 후 소유자 승계
1. 사정업인 고시 후 재결 전에 소유권의 변동이 있는 경우
2. 사업인정 고시 후 재결 전에 등기기록상 소유자가 사망한 경우
3. 재결 후 수용개시일 전에 소유권의 변동이 있는 경우
4. 수용의 개시일 이후에 소유권의 변동이 있는 경우

Ⅴ. 재결이 실효된 경우

56. 【 수용으로 인한 소유권이전등기 】

Ⅰ. 서 설

수용 또는 공용수용이라 함은 공익사업에 필요한 타인의 특정한 재산권을 그 사업을 행하는 자(사업시행자)를 위하여 권리자에게 보상을 하고 법률의 힘에 의하여 강제적으로 취득하게 하는 것을 말하는데(공익사업법 1조), 강제적으로 취득한다고 함은 사법상의 임의매수와는 달라서 권리자의 의사 여하를 불문하고 법률에 의거하여 공권력적 일방행위에 의해 재산권 자체에 대한 권리를 원시취득하는 것을 말한다.

수용으로 인한 소유권취득이 원시취득이라는 점을 고려하면 이미 등기된 부동산에 관하여도 종전 등기기록을 폐쇄하고 사업시행자를 위하여 새로이 보존등기를 하여야 할 것이나, 기존의 권리변동과정을 그대로 나타내 주는 것이 등기부의 공시기능을 더 잘 살릴 수 있다는 점 등을 고려하여, 부동산등기법은 이미 등기된 부동산에 대하여는 종전 등기기록에 이전등기의 형식으로 기업자가 단독으로 소유권이전의 등기를 신청할 수 있음을 규정하고 있다(법 제99조제1항).

Ⅱ. 토지수용의 절차

1. 사업인정

사업인정이라 함은 당해 사업이 공익사업법 4조에 열거되어 있는 공익사업에 해당함을 인정하여(동법 20조) 사업시행자를 위하여 그 후의 일정한 절차를 거칠 것을 조건으로 하여 일정한 내용의 수용권을 설정하는 행위이다.

2. 토지조서 · 물건조서의 작성

사업인정의 다음 단계는 토지조서·물건조서의 작성이다. 이 절차의 존재이유는 토지수용위원회에 있어서의 심리의 신속과 원활을 기하려는데 있다. 사업시행자는 미리 재결하여야 할 토지 등에 대하여 필요한 사항을 확인하고, 이를 토지소유자 및 관계인에게도 확인시켜 토지 및 물건에 대한 상황을 명확히 파악하여 조서를 작성하여야 한다.

3. 협 의

사업인정의 고시가 있은 후 사업시행자는 그 토지에 관하여 권리를 취득하거나 소멸시키기 위하여 토지소유자 및 관계인과 협의하여야 한다(동법26조). 이 협의는 반드시 하여야 하며, 협의절차를 거치지 않고 재결을 신청함은 위법이다.

협의성립의 확인을 받은 경우에는 원시취득이므로 소유권이전은 단독신청에 의한다. 그러나 토지수용위원회로부터 협의성립의 확인을 받지 않은 협의매수에 의한 토지취득은 원시취득이 될 수 없고, 승계취득한 것이므로 공동신청을 하여야 한다.[131)]

4. 재결 · 화해

재결은 협의가 성립되지 아니하거나 협의를 할 수 없는 때 또는 토지소유자 등의 협의의 요구가 없는 경우에 행하는 수용의 종국적인 절차로서, 재결은 수용권 자체의 행사가 아니라 사업시행자에게 부여된 수용권의 구체적인 내용을 결정하고 그 실행을 완성시키는 형성적 행위이다.

수용의 절차는 재결로써 종결되며, 일정한 조건 아래 수용의 효과를 발생시킨다. 즉 사업시행자는 보상금의 지급 또는 공탁을 조건으로 수용의 개시일에 토지에 관한 권리를 원시취득하게 되며, 수용의 개시일까지 사업시행자가 보상금을 지급하거나 공탁하지 아니하면 재결은 효력을 상실한다(동법42조).

Ⅲ. 등기신청절차

1. 협의취득의 등기절차

① 법에 의하여 미등기 토지 등의 대장상 소유명의인과 협의가 성립된 경우에는 먼저 그 대장상 소유명의인 앞으로 소유권보존등기를 한 후 사업시행자 명의로 소유권이전등기를 한다.

② 법에 의하여 등기기록상 소유명의인과 협의가 성립된 경우에는 사업시행자 명의로 소유권이전등기를 한다.

---

131) 예규 제1388호

③ 위 ①, ②.항에 의하여 사업시행자 명의로 소유권이전등기를 함에 있어서는 그 등기신청서에 「부동산등기규칙」제46조제1항제1호의 등기원인을 증명하는 정보로 공공용지의 취득협의서를 첨부하여야 한다.

2. 수용의 등기절차

(1) 등기신청절차

1) 단독신청

수용으로 인한 등기는 소유권이전의 형식을 취하게 되므로 일반원칙대로라면 공동신청에 의하여야 하나 수용으로 인한 사업시행자의 소유권취득은 등기의무자의 자유의사에 기한 것이 아니어서 그의 협력을 얻기가 어려울 뿐만 아니라 수용은 공연한데다가 토지수용위원회의 재결서정보(또는 협의성립확인서)를 등기원인증명정보로 제공하게 되면 등기의 진정을 해칠 염려가 없으므로 사업시행자의 단독신청을 인정하고 있다(법 제99조제1항).

또한 사업시행자가 국가 또는 지방자치단체인 경우에는 그 등기를 촉탁하여야 하나(법 제99조제3항), 사업시행자와 등기의무자가 공동신청을 할 경우 이를 수리하여도 무방하다.[132)]

2) 등기원인 및 그 일자

수용으로 인한 소유권이전등기신청의 신청정보도 일반적인 소유권이전등기에 있어서의 신청정보와 같으나, 다만 그 등기원인은 "토지수용"으로, 원인일자는 "수용의 개시일"을 각 표시하여야 하며 등기기록에의 기록도 마찬가지이다. 토지수용위원회의 재결에 의하여 존속이 인정된 권리가 있는 때에는 소유권이전등기신청정보에 이를 표시하여야 한다.

3) 대위등기신청

사업시행자가 소유권이전등기를 신청함에 있어 필요한 때에는 등기명의인 또는 상속인을 갈음하여 토지의 표시 또는 등기명의인의 표시변경이나 경정, 상속으로 인한 소유권이전등기를 부동산등기법 제28조에 의하여 대위신청 할 수

132) 대법원 1977.5.24 선고 77다206 판결.

있으며, 이 경우 그 대위원인은 "O년 O월O일 토지수용으로 인한 소유권이전등기청구권"으로 표시하고, 대위원인을 증명하는 정보로 재결서등본 등을 첨부한다. 다만, 소유권이전등기신청과 동시에 대위신청하는 경우에는 이를 원용하면 된다. 이는 신청정보에 표시된 부동산의 표시가 등기기록과 저촉되거나(**법 제29조제6호**), 신청정보에 표시된 등기의무자의 표시가 등기기록과 일치하지 않으면(**법 제29조제7호**) 각각 신청의 각하사유에 해당하므로 사업시행자로 하여금 대위로 표시변경 또는 소유권이전등기신청을 할 수 있도록 한 것이다.

(2) 첨부정보

신청에는 일반적인 첨부정보 외에 등기원인을 증명하는 정보로 수용을 증명하는 정보와 보상금을 지급하였음을 증명하는 정보를 첨부하여야 하는바(**규칙 제156조제2항**), 이하에서는 사업시행자와 등기명의인 간의 보상금에 관한 협의가 성립된 경우와 협의불성립으로 인하여 토지수용위원회에서 재결을 한 경우의 특유한 첨부정보를 설명한다.

1) 협의성립의 경우

협의성립에 의한 수용일 때에는 관할 토지수용위원회의 협의성립확인서 또는 협의성립의 공정증서와 그 수리증명서를 첨부한다. 만약 협의서만 첨부한 경우에는 협의성립확인서를 첨부하도록 보정을 명하고, 이를 제출하지 않는 경우에는 등기신청을 수리하여서는 아니된다. 이는 협의가 성립된 경우에도 관할 토지수용위원회의 확인을 받지 아니한 것이면 그 토지를 원시적으로 취득한 것으로는 볼 수 없고 원래의 소유자로부터 승계취득을 한 것이라고 해석할 수밖에 없기 때문이다.[133] 또한 보상금의 지급을 증명하는 서면으로서 보상금 수령증 원본을 첨부하여야 할 것이고 여기에 수령인의 인감증명은 이를 첨부할 필요가 없다.

2) 재결을 한 경우

① 재결서 등본

협의가 성립되지 아니하거나 협의를 할 수 없어서 재결에 의한 수용을 한 경우에는 토지수용위원회의 재결서등본을 첨부하여야 하고 이를 분실 또는 훼손한 경우에는 재발급받아 제출하여야 한다.[134]

---

133) 대법원 1978.11.14 선고 78다1528 판결
134) 선례 6-255

② 보상을 증명하는 정보

피수용자에게 보상금을 지급하고 그 지급을 증명하는 정보로 보상금수령증 원부(수령인의 인감증명은 첨부할 필요 없음) 또는 공탁서원본을 첨부하여야 한다. 그러나 등기의무자의 등기필정보를 제공할 필요는 없다. 만일 공탁서원본을 분실 또는 훼손하여 이를 첨부할 수 없는 경우에는 공탁번호 및 그 연월일, 공탁자 및 피공탁자의 주소, 성명, 공탁금액, 공탁원인사실 등이 기재된 공탁사실증명서(공탁사무처리규칙 52조의2 참조)를 첨부하여도 된다.[135]

피수용자가 보상금을 받기를 거절하거나 보상금을 받을 수 없는 경우 등의 사유로 사업시행자가 보상금을 공탁한 경우, 공탁서상의 피공탁자의 주소와 등기기록상의 피수용자의 주소가 일치하지 아니하면 그 동일성증명을 위한 피수용자의 주소증명정보를 첨부하여야 할 것이고,[136] 등기기록상의 소유자인 "OO박씨OO파종중"을 피수용자로 하여 재결을 한 후 피공탁자의 성명을 "OO박씨OO파종중 대표자 OOO"으로 주소를 위 대표자 개인의 주소로 기재하여 공탁하였으나 등기기록상 기록된 종중의 등록번호와 공탁서에 기재된 종중의 등록번호가 동일한 경우, 공탁자는 공탁서 정정신청을 하여 피고탁자의 주소를 종중의 주소로 정정한 후 토지수용으로 인한 소유권이전등기를 촉탁할 수 있을 것이다.[137]

3) 제3자의 허가정보 등의 첨부 요부

등기형식은 이전등기라 하더라도 원시취득이므로 행정관청의 허가 등을 요하는 경우라 하더라도 수용을 원인으로 하는 소유권이전등기시에는 원칙적으로 이러한 허가를 받을 필요는 없다. 따라서 수용으로 인한 등기신청시 농지취득자격증명정보나 토지거래허가정보 등을 첨부할 필요가 없으며 비영리종교법인 소유의 기본재산인 부동산을 수용하는 경우에도 주무관청의 허가정보는 첨부할 필요가 없다.[138]

(3) 등기의 실행

1) 직권말소의 대상인 등기

토지수용으로 인한 소유권이전등기를 하는 경우에 그 부동산의 등기기록 중

135) 선례 6-255
136) 선례 6-260
137) 선례 6-256
138) 선례 6-50

소유권 또는 소유권 이외의 권리에 관한 등기가 있는 때에는 그 등기를 말소하되, 그 부동산을 위하여 존재하는 지역권의 등기 또는 토지수용위원회의 재결로써 존속이 인정된 권리는 말소하지 않는다(**법 제99조제4항**).

① 수용 개시일 이후에 경료된 소유권이전등기

수용개시일 이전에 경료된 소유권이전등기, 수용개시일 이전의 상속을 원인으로 한 소유권이전등기는 직권말소의 대상이 아니다. 수용의 개시일 이후라면 임의경매절차에서 매각되어 매수인 명의로 경료된 소유권이전등기도 수용으로 인한 소유권이전등기를 할 때에 등기관이 직권으로 말소하게 된다.[139]

② 소유권이외의 권리, 즉 지상권, 지역권, 전세권, 저당권, 권리질권 및 임차권에 관한 등기

③ 가등기, 가압류, 가처분, 압류 및 예고등기

2) 직권말소 후의 조치

등기관이 위 등기를 말소한 때에는 말소통지서에 의하여 등기권리자에게 등기를 말소한 취지를 통지하여야 한다. 말소한 등기가 채권자대위에 의한 것인 경우에는 채권자에게도 통지하여야 한다.

Ⅳ. 사업인정고시 후 소유자 승계

사업인정의 고시와 재결 그리고 재결서에서 정한 수용의 개시일 사이에는 시간의 간격이 있기 때문에 소유자의 변동이 생길 수 있는바, 그런 경우 등기신청에 있어 문제가 생기게 된다.

1. 사업인정 고시 후 재결 전에 소유권의 변동이 있는 경우

사업인정고시 후 재결 전에 소유권의 변동이 있었음에도 사업인정 당시의 소유자를 피수용자로 하여 재결하고 그에게 보상금을 지급(**공탁**)한 후 소유권이전등기를 신청한 경우에는 그 등기신청을 수리하여서는 아니되며, 재결당시의 소유자로 재결서상의 피수용자명의를 경정재결을 하고 경정재결된 재결서상의 피수용자에게 보상금을 지급(**공탁**)한 후 소유권이전등기를 신청하여야 한다.[140]

---

139) 선례 7-218

140) 선례 2-336, 4-401

2. 사업인정 고시 후 재결 전에 등기기록상 소유자가 사망한 경우

① 사업인정고시 후 재결절차 진행 중에 등기기록상 소유자가 사망하여 상속등기가 경료되었으나 이를 간과하고 사망자를 피수용자로 하는 수용재결을 하고 그 사망자에게 보상금을 공탁하였으나 그 공탁금을 상속인들이 수령한 경우 또는 그 상속인에게 보상금을 지급(공탁)한 경우는 재결서상의 피수용자를 상속인으로 하는 경정재결을 받을 필요 없이 수용에 의한 소유권이전등기를 신청(촉탁)할 수 있다.

② 다만 상속등기가 경료되지 않은 채 피상속인의 소유명의로 등기가 되어 있는 경우에는 사업시행자는 대위에 의한 상속등기를 먼저 거친 후 소유권이전등기를 신청하여야 하며, 기업자가 관공서라 할지라도 등록면허세 및 국민주택채권은 상속인들이 직접 신청하는 경우와 동일하게 납부하여야 한다.[141]

③ 이 때 등기관은 상속등기를 하지 아니한 채 소유권이전등기신청을 한 경우에는 이를 수리하여서는 아니된다. 이 점은 등기기록상 소유자의 상속인을 피수용자로 재결하고 그에게 보상금을 지급(공탁)한 경우에도 마찬가지이다.

3. 재결 후 수용개시일 전에 소유권의 변동이 있는 경우

① 원칙적으로 수용으로 인한 등기가 보존등기의 형식이 아니라 이전등기의 형식을 취하는 현행 제도 하에서는 등기원인증명정보(재결서), 등기기록상의 등기의무자(수용의 개시일 당시 소유명의인) 및 신청정보의 등기의무자가 일치하여야 할 것이며, 종전 소유자를 상대로 한 재결서(등기원인증서)를 첨부하여서는 그 이전등기를 촉탁할 수 없다.

② 그러나 재결 후 수용의 개시일 이전에 소유권이 변경된 경우에는, 사업시행자는 보상금의 지급 또는 공탁을 조건부로 하여 수용의 개시일에 권리를 취득하지만 재결이 있게 되면 그로써 수용의 절차는 형식적으로 종결되므로 재결당시의 등기기록상 소유자를 재결서에 기재할 수밖에 없을 것이고, 따라서 재결서상의 피수용자에게 공탁을 한 후 그 공탁서와 재결서를 첨부하여 등기를 촉탁할 수 있다고 하여야 할 것이다.

③ 다만 이 경우에도 신청정보의 등기의무자는 수용의 개시일 당시의 등기기록상의 등기명의인(재결서상의 피수용자의 승계인)을 표시할 수밖에 없다고 할 것이며 따라서 등기원인증명정보의 명의인(피수용자)과는 부합되지 않게 되나 이는 어쩔 수 없는 것으로서 부동산등기법 제29조제7호의 각하사유에 해당하지 않는

141) 선례 7-219, 6-261, 6-256, 5-339

다고 해야 한다.

④ 예컨대 토지소유자인 갑을 피수용자로 하는 수용재결을 하고 갑에게 보상금을 지급(공탁)하였으나 수용의 개시일 전에 갑에서 을로의 소유권이전등기가 경료된 경우에는 사업시행자는 재결서를 경정할 필요 없이 을을 등기의무자로 하고 위 재결서의 등본과 보상금지급증명서(공탁서원본)를 첨부하여 토지수용을 원인으로 하는 소유권이전등기를 촉탁할 수 있는 것이다.[142)]

4. 수용의 개시일 이후에 소유권의 변동이 있는 경우

사업시행자는 수용의 개시일에 토지에 관한 권리를 원시취득하게 되므로, 수용의 개시일 이후에 등기기록상 소유권의 이전등기가 경료된 경우 그 취득자는 사업시행자에게 그 소유권의 이전을 대항할 수 없어 등기관이 그 소유권이전등기를 직권으로 말소하게 된다(법 제99조).

V. 재결이 실효된 경우

① 수용재결로 인한 소유권이전등기가 경료되어 있으나 그 후 토지수용의 재결이 실효된 경우에는 그 소유권이전등기는 재결의 실효를 원인으로 하여 말소하여야 하는바, 이 말소등기는 수용에 의한 단독신청과 달리 공동신청에 의하여야 한다. 피수용자는 사업시행자와 공동신청에 의하거나 그의 협력을 얻을 수 없는 경우에는 말소등기를 명하는 판결을 얻어 단독으로 말소등기를 신청하여야 할 것이고, 중앙토지수용위원회의 이의 재결을 취소하는 판결만으로는 단독으로 기업자명의의 소유권이전등기말소신청을 할 수는 없다.[143)]

② 신청에 의하여 토지수용으로 인한 소유권이전등기를 말소한 때에는 등기관은 토지수용으로 인한 소유권이전등기를 경료하면서 직권말소한 등기를 다시 직권으로 회복하여야 한다. 예컨대 소유권이전청구권 보전의 가등기가 토지수용을 원인으로 말소되고 토지수용으로 인한 소유권이전등기가 기업자 명의로 경료된 후에 토지수용(재결)이 실효되었다면, 수용으로 인한 소유권이전등기는 신청에 의하여 말소하여야 하고 말소된 가등기는 위 소유권이전등기를 말소할 때 등기관이 직권으로 회복하여야 하는 것이다.[144)]

---

142) 선례 5-343, 5-151
143) 선례 6-136, 3-499
144) 선례 2-413

57. 【 명의신탁등기-부동산실권리자명의등기에 관한 법률에 의한 등기 】

Ⅰ. 서 설
1. 의 의
2. 명의신탁의 유형

Ⅱ. 명의신탁의 금지와 예외
1. 실권리자명의 등기의 의무
2. 특례

Ⅲ. 기존의 명의신탁약정에 의한 등기의 실명등기

Ⅳ. 명의신탁해지를 원인으로 명의신탁자 명의로 하는 등기

Ⅴ. 상호명의신탁

Ⅵ. 명의신탁의 효력
1. 명의신탁의 유형
(1) 양자간 등기명의신탁
(2) 3자간 등기명의신탁
(3) 계약명의신탁
2. 명의신탁 일반의 효력
3. 유형별 효력
(1) 양자간 등기명의신탁
(2) 3자간 등기명의신탁
(3) 계약명의신탁
4. 수탁물권의 처분과 수탁자의 민사상 책임
(1) 양자간 등기명의신탁
(2) 3자간 등기명의신탁
(3) 계약명의신탁

57. 【 명의신탁등기-부동산실권리자명의등기에 관한 법률에 의한 등기 】

Ⅰ. 서 설

1. 의 의

부동산실명법상 명의신탁약정이란 부동산에 관한 소유권 기타 물권을 보유한 잔 또는 사실상 취득하거나 취득하려고 하는 자가 타인과의 사이에 대내적으로는 실권리자가 부동산에 관한 물권을 보유하거나 보유하기로 하고, 그에 관한 등기는 그 타인의 명의로 하기로 하는 것을 말하며(**동법 제2조제1호**), 이러한 명의신탁약정에 따른 등기를 명의신탁등기라고 한다.

2. 명의신탁의 유형

명의신탁은 등기명의신탁과 계약명의신탁으로 나눌 수 있고, 등기명의신탁은 다시 "2자간 등기명의신탁"과 "3자간 등기명의신탁"으로 구분할 수 있다.

Ⅱ. 명의신탁의 금지와 예외

1. 실권리자명의 등기의 의무

1995.7.1부터 시행된 부동산 실권리자명의 등기에 관한 법률(이하 '부동산실명법' 또는 '법'이라 약칭한다)에 의하면, 부동산에 관한 물권을 명의신탁약정에 의하여 명의수탁자의 명의로 등기하여서는 아니 되고(**법 제3조 제1항**), 명의신탁약정은 무효이며(**법 제4조 제1항**), 명의신탁약정에 따라 행하여진 등기에 의한 부동산물권변동은 원칙적으로 무효이다(**법 제4조 제2항**). 법에서 "부동산에 관한 물권"이라 규정하고 있으므로 소유권 이외에 지상권, 지역권, 전세권 등 용익물권과 저당권[145] 등 담보물권도 적용대상이 되는 반면, 등기·등록에 의하여 공시되는

---

145) 저당권만의 명의신탁은 부동산실명법 위반을 따지기 이전에 저당권의 부종성에 반하여 무효이고, 저당권에 의하여 담보되는 채권을 명의자에게 이전시키는 경우에도 그 이전이 명의신탁이라고 인정되면 위 법에 따라 무효라 할 것이다. 한편 이와 관련하여 대법원 2001.3.15 선고 99다 48948 전원합의체 판결의 다수의견은, "근저당권은 채권담보를 위한 것이므로 원칙적으로 채권자와 근저당권자는 동일인이 되어야 하지만, 제3자를 근저당권 명의인으로 하는 근저당권을 설정하는 경우 그 점에 대하여 채권자와 채무자 및 제3자 사이에 합의가 있고, 채권양도, 제3자를 위한 계약, 불가분적 채권관계의 형성 등 방법으로 채권이 그 제3자에게 실질적으로 귀속되었다고 볼 수 있는 특별한 사정이 있는 경우에는 제3자 명의의 근저당권설정등기도 유효하다"고 판시하였는데, 이에 대하여 반대의견은 부동산실명법이

자동차, 항공기, 선박 등은 법의 적용을 받지 않는다.

2. 특례

양도담보와 가등기담보, 구분소유적 공유관계에서의 상호명의신탁, 신탁법 또는 자본시장과 금융투자업에 관한 법률에 의한 신탁재산인 사실을 등기한 경우에는 명의신탁약정으로 보지 않고(**법 제2조 제1호**), 조세포탈, 강제집행의 면탈 또는 법령상 제한의 회피를 목적으로 하지 아니하는 한 종중 보유 부동산과 배우자 상호간에는 명의신탁약정을 무효로 보지 않는다(**법 제8조 제1호, 제2호**).[146] 따라서 후자의 경우에는 명의신탁에 관한 종전의 판례이론이 그대로 적용된다.

Ⅲ. 기존의 명의신탁약정에 의한 등기의 실명등기

법 시행 전에 명의신탁 약정에 의하여 부동산에 관한 물권을 명의수탁자 명의로 등기한 명의신탁자는 유예기간(**시행일부터 1년**) 이내에 실명등기 등을 하여야 하고(**법 제11조 제1항**), 실명등기를 하지 아니한 경우 유예기간이 경과한 날 이후부터는 위 명의신탁약정 및 이에 터잡은 물권변동은 무효가 된다(**법 제12조 제1항**).

따라서 위 유예기간이 경과한 후 명의신탁 약정의 해지를 원인으로 한 명의신탁자의 소유권이전등기 신청은 부동산등기법 제29조 제2호의 '사건이 등기할 것이 아닌 경우'에 해당한다[147].

규정한 부동산 물권에 관한 명의신탁금지를 잠탈하는 것이라고 비판한 바 있다.

146)법 제8조 제2호 소정의 '배우자'에는 사실혼 관계에 있는 배우자는 포함되지 아니한다(대법원 1999.5.14 선고 99두35 판결) 명의신탁등기가 부동산실명법에 따라 무효가 된 후 신탁자와 수탁자가 혼인하여 그 등기명의자가 배우자로 된 경우에도 법 제8조 제2호의 특례가 적용되어 그 명의신탁등기는 당사자가 혼인한 때로부터 유효하게 된다(대법원 2002.10.25 선고 2002다23840 판결 등) 반대의 경우로서 배우자 명의로 명의신탁등기를 한 후 이혼한 경우 그 때부터 특례의 적용이 배제되는 것은 아니고 기존의 명의신탁약정 및 그에 따른 부동산물권변동은 여전히 유효하다(대법원 2002.9.27 선고 2001다42592 판결)

147)대법원 1997.5.1자 97마384 결정(각주 99) 명의신탁 해지를 원인으로 하여 소유권이전등기절차이행을 명하는 판결에 의한 등기신청이 있는 경우에 그 명의신탁이 부동산 실권리자명의 등기에 관한 법률에서 정한 명의신탁 약정의 범위에서 제외되는 경우(제2조 1호 단서 나.호의 이른바 상호명의신탁) 또는 특례(제8조, 제11조 1항 단서)에 해당하지 않으면서 판결문상의 사건번호로 보아 위 법률 소정의 유예기간(1995.7.1 -1996.6.30)이 지난 후에 소를 제기하였음을 알 수 있거나(제11조 제4항 참조), 판결 주문 또는 이유 중의 판단으로 볼때 명의신탁의 약정일이 위 법률의 시행일(1995. 7. 1.) 이후인 경우에는 등기관은 이를 각하 하여야 한다(2005.2.15 부등 3402-75 질의회답). 하지만, 신청인이 확정판결에 기하여 소유권이전등기를 신청하고 있는 경우 등기관이 법 제8조 제2호의 특례에 해당하는지 여부에 관하여 다시 심사를 하여 명의신탁약정 및 그 명의신탁등기의 유·무효를 가리는 것은 등기관의 형식적 심사권의 범위를 넘어서는 것이어서 허용될 수 없다(대법원 2002.10.28 자 2001마1235 결정)

Ⅳ. 명의신탁해지를 원인으로 명의신탁자 명의로 하는 등기

원칙적으로 명의신탁해지를 원인으로 하여 명의신탁자 명의로 하기 위한 소유권이전등기 또는 말소등기의 신청을 수리하지 않는다. 다만, 부동산실명법이 명의신탁을 인정하는 경우(제8조), 위 법률 시행 전의 명의신탁 중 같은 법 제11조 제1항 단서에 해당하는 경우, 기존의 명의수탁자 명의로 등기된 부동산에 대하여 같은 법 제11조 제3, 4항이 정한 사유가 소멸 또는 발생한 때로부터 1년 이내에 위 등기를 신청하는 경우에는 예외이다.[148]

Ⅴ. 상호명의신탁

1. 부동산 1필지 중 일부를 특정하여 취득하고 다만 그 소유권이전등기만은 편의상 1필지 전체에 관하여 공유지분등기를 경료한 경우에는 상호명의신탁에 의한 수탁자의 등기로서 유효하고, 적어도 외부관계에 있어서는 그 1필지 전체에 관하여 적법한 공유관계가 성립되어 그 공유지분등기는 내부적으로 소유권을 취득한 특정부분에 한하지 않고 그 전부에 관하여 유효하게 이전될 수 있다.[149]

2. 원래 공유자는 다른 공유자의 동의 없이 공유물을 처분할 수 없으나(민법 제264조), 상호명의신탁의 경우에 있어서 각 공유자는 내부관계에 있어 각자 특정부분에 대한 단독소유자로서의 권리를 행사할 수 있으므로, 상호명의신탁자 사이에는 각자의 특정부분을 처분함에 서로 동의한 것으로 볼 수 있다.

판례도 상호명의신탁된 부동산의 처분에 있어서는, 민법 제264조의 제한에 불구하고 "공유자의 내부적 관계에 있어서 각자 단독으로 처분할 수 있는 특별사정이 있는 경우라고 못 볼 바 아니다"라고 하고 있다.[150] 나아가 판례는 상호명의신탁자가 자신의 특정부분을 매도하고 매수인에게 공유지분이전등기를 경료해 주더라도 그 지분등기는 실체상으로는 공유가 아니라 신탁행위에 기인한 것이라고 하면서 공유자들간의 상호명의신탁관계가 그대로 유지된다고 하고 있

148) 1995.11.21. 예규 제824호

149) 대법원 1979.6.26 선고 79다741 판결; 1989.4.25 선고 88다카7184 판결; 1993.3.8 선고 92다18643 판결

150) 대법원 1968.4.16 선고 67다1847 판결

다.[151] 반면 부동산에 관하여 상호명의신탁관계가 성립한 경우 공유지분등기명의자 일방이 토지의 공유자임을 전제로 공유물분할을 청구할 수는 없다.[152]

3. 명의신탁자는 명의수탁자에 대하여 신탁해지를 하고 신탁관계의 종료 그것만을 이유로 하여 소유 명의의 이전등기절차의 이행을 청구할 수 있음은 물론, 신탁해지를 원인으로 소유권에 기해서도 그와 같은 청구를 할 수 있고, 이러한 법리는 위 상호명의신탁의 지위를 승계한 자와의 관계에 있어서도 마찬가지로 적용된다.[153]

VI. 명의신탁의 효력

1. 명의신탁의 유형

(1) 양자간 등기명의신탁

부동산의 소유자 기타 물권자가 그 등기명의를 타인에게 신탁하기로 하는 명의신탁약정을 맺고 그 등기를 수탁자에게 이전하는 형식의 명의신탁을 말한다(**제1유형**). 이 때의 소유자는 부동산의 등기명의자는 물론, 건물의 신축자와 같은 원시취득자와 민법 제187조에 의하여 소유권을 취득한 자를 포함한다.

(2) 3자간 등기명의신탁

신탁자가 수탁자와 명의신탁약정을 맺고, 신탁자가 매매계약의 당사자가 되어 매도인과 매매계약을 체결하되, 다만 등기를 매도인으로부터 수탁자 앞으로 직접 이전하는 형식의 명의신탁이다(**제2유형**). 신탁자 명의의 등기가 생략된다는 점에 착안하여 '중간생략등기형 명의신탁'이라고 부르기도 한다. 법 제2조 제1호는 "부동산에 관한 물권을 사실상 취득하거나 취득하려고 하는 자"를 명의신탁의 주체에 포함시킴으로써 이러한 유형의 명의신탁이 적용대상이 됨을 분명히 하고 있다.

---

151) 대법원 1990.6.26 선고 88다카14366 판결; 1991.5.10 선고 90다20039 판결; 1992.5.26 선고91다27952 판결; 1996.10.25 선고 95다40939 판결. 따라서 특정부분이 전전 양도되고 그에 따라 공유지분등기도 전전 경료되면 상호명의신탁한 지위도 전전 승계된다.

152) 대법원 1992.12.8 선고 91다44216 판결

153) 대법원 1980.12.9 선고 79다643 전원합의체 판결(각주 326)

(3) 계약명의신탁

신탁자가 수탁자와 명의신탁약정을 맺고, 수탁자가 매매계약의 당사자가 되어 매도인과 매매계약을 체결한 후, 그 등기를 수탁자 앞으로 이전하는 형식의 명의신탁이다(**제3유형**). 기업이 임직원 명의로 부동산을 취득할 때 많이 이용하여 온 유형이다.

계약명의신탁 약정은 민법 제684조 제2항과 같이 수탁자가 부동산을 매수하여 이를 보관하고 있다가 신탁자의 의사에 따라 그에게 소유권을 이전하여 주기로 하는 내용의 일종의 위임약정과 등기명의는 수탁자 명의로 하되 내부적으로는 신탁자의 소유로 하는 명의신탁약정으로 구성된다. 종래 이러한 약정은 계약당사자의 확정에 관한 문제일 뿐 명의신탁으로 볼 수 없다는 견해가 있었으나, 법 제2조 제1호는 "위임, 위탁매매의 형식에 의한 경우를 포함한다"고 규정함으로써 이러한 유형의 명의신탁도 법의 적용대상에 포함시키고 있다.

2. 명의신탁 일반의 효력

① 명의신탁약정은 무효이므로(**법 제4조 제1항**) 명의신탁약정에 기하여 어떠한 채권채무관계도 발생할 수 없다. 따라서 명의신탁약정만 있을 뿐 이에 따른 등기가 경료되지 아니한 경우 신탁자가 수탁자에게 등기절차에 협력할 것을 요구하거나 채무불이행책임을 물을 수 없다. 나아가 수탁자 명의로 등기가 경료되었다 하더라도 명의신탁약정이 유효함을 전제로 신탁자가 해지권을 행사하거나 이를 원인으로 하여 원상회복청구를 하는 것 역시 받아들여지지 아니한다.

② 또한 명의신탁약정에 따라 행하여진 부동산물권변동도 무효이므로(**법 제4조 제2항 본문**), 수탁자 명의의 등기도 원인무효의 등기가 된다. 따라서 신탁부동산에 대한 소유권은 신탁자 혹은 원소유자(매도인)에게 남아있게 되고, 수탁자는 신탁자에 대한 관계에서는 물론이고 제3자에 대한 관계에서도 소유권을 주장할 수 없다.[154] 다만 계약명의 신탁의 경우, 매도인이 명의신탁약정사실을 알지 못한 때에는 부동산물권변동이 유효하다(**법 제4조 제3항 단서**)

③ 여기서의'제3자'라 함은, 수탁자가 물권자임을 기초로 그와의 사이에 새로운 이해관계를 맺는 자[155]를 말하고, 이와 달리 오로지 명의신탁자와 부동산

154) 이에 대하여 무효인 명의신탁이 반사회적 법률행위라는 전제 하에, 불법원인급여에 해당하여 신탁자의 반환청구가 허용되지 않는다는 의견이 있으나, 판례는 무효인 명의신탁약정에 기하여 타인 명의의 등기가 마쳐졌다는 이유만으로 불법원인급여에 해당한다고 볼 수 없다고 한다(대법원 2003.11.27 선고 2003다41722 판결)

155) 명의수탁자와 직접 이해관계를 맺은 것이 아니라 부동산실명법 제4조 제3항에 정한 제3자가 아닌

에 경료받은 것 같은 외관을 갖춘 자는 '제3자'에 해당되지 아니하며[156], '제3자'에는 수탁자로부터 소유권이나 저당권 등 물권을 취득한 자뿐만 아니라 대항력 있는 주택임차인, 가압류채권자도 포함되고, 제3자의 선의·악의는 불문한다.[157] 그 결과 제3자 명의의 소유권이전등기는 유효하게 된다. 다만 제3자가 스스로 무효라는 주장을 할 수는 있다는 것이 다수설이다.

④ 기존 명의신탁약정에 의한 등기의 실명등기를 유예기간 내에 하지 아니한 경우도 제4조를 적용한다**(법 제11조, 제12조)**

3. 유형별 효력

(1) 양자간 등기명의신탁

① 명의신탁약정은 무효이므로 신탁자는 수탁자를 상대로 위 계약이 유효임을 전제로 명의신탁해지를 원인으로 한 소유권이전등기청구 또는 이전등기말소청구를 할 수 없다.

② 그러나 한편, 수탁자 명의의 소유권이전등기는 원인무효이고 신탁자는 소유권을 회복하므로, 신탁자는 소유권에 기한 방해배제로써 수탁자에게 소유권이전등기말소 또는 진정명의회복을 위한 소유권이전등기[158]를 구할 수 있다.

(2) 3자간 등기명의신탁

① 역시 명의신탁약정은 무효이므로 제1유형과 마찬가지로 신탁자는 수탁자를 상대로 위 계약이 유효임을 전제로 명의신탁해지를 원인으로 한 소유권이전등기청구를 할 수 없다.

② 또한 수탁자 명의의 소유권이전등기는 무효이므로,[159]그 소유권은 매도인에게 귀속되고, 매도인은 그 소유권에 기한 방해배제로써 수탁자에게 소유권이전등기말소[160] 또는 진정명의회복을 위한 소유권이전등기를 구할 수 있다. 그

자와 사이에서 무효인 등기를 기초로 다시 이해관계를 맺은 데 불과한 자는 위 조항이 규정하는 제3자에 해당하지 않는다(대법원 2005.11.10. 선고 2005다34667, 34674 판결)

156) 대법원 2004.8.30 선고 2002다 48771 판결

157) 대법원 2000.3.28 선고 99다56529 판결 2004.4.16 선고 2003다58010 판결

158) 대법원 2002.9.6 선고 2002다35157 판결은 명의신탁대상 부동산에 관하여 자기명의로 소유권이전등기를 경료한 적이 있었던 명의신탁자는 명의수탁자를 상대로 원인무효를 이유로 그 등기의 말소를 구하는 것 대신에 진정명의회복을 원인으로 한 이전등기를 구할 수도 있다고 판시하였다.

159) 수탁자 명의의 등기가 무효인 이상 수탁자는 그 부동산에 대한 소유권자임을 주장할 수 없어 소유권에 기한 물권적 청구권을 행사할 수 없다(대법원 1998.12.11 선고 98다43250 판결)

160) 대법원 2002.3.15 선고 2001다61654 판결

러나 이러한 청구가 매매계약 무효로 인한 원상회복청구는 아니므로, 수탁자는 매도인이 신탁자에게 매매대금을 반환할 때까지 말소·이전등기의 이행을 거부한다는 동시이행항변을 할 수 없다.

③ 한편 법은 매도인과 신탁자 사이의 매매계약의 효력을 부정하는 규정을 두고 있지 않으므로, 매도인이 명의신탁사실을 알았는지 여부를 불문하고 매도인과 신탁자 사이의 매매계약은 여전히 유효하다[161] 그 결과 매도인은 신탁자에게 소유권이전등기의무를 부담하는 한편, 이미 매매대금을 지급한 신탁자는 그 지급이 계약상 급부로 유효한 것인 이상 매도인에게 그 반환을 청구 할 수 없다.

④ 따라서 신탁자는 매도인에 대한 소유권이전등기청구권을 보전하기 위하여 매도인을 대위하여 수탁자에 대하여 소유권이전등기말소 또는 매도인 앞으로의 이전등기를 구할 수 있고, 매도인에게는 위 매매계약을 원인으로 한 소유권이전등기를 구할 수 있다.[162] 명의수탁자가 자의로 명의신탁자 앞으로 바로 소유권이전등기를 경료해 준 경우 그 등기는 결국 실체관계에 부합하는 등기로서 유효하다.[163]

(3) 계약명의신탁

명의신탁약정은 법 제4조 제1항에 따라 무효이고, 신탁자와 수탁자 사이의 계약에 있어 명의신탁은 법률행위의 중요한 요소이므로 명의신탁약정이 무효인 이상 위임약정을 포함한 전체 계약이 민법 제137조 본문의 일부무효법리에 따라 무효가 된다.[164] 그러나 명의신탁약정에 따라 행하여진 부동산 취득의 원인계약, 예컨대 전소유자와 수탁자 사이의 매매계약의 효력에는 아무런 영향이 없다.

1) 매도인이 선의인 경우

161) 이 경우 매매계약은 그 목적이 신탁자 명의의 등기이므로, 수탁자 명의의 등기가 무효가 되더라도 뒤에서 보는 계약명의신탁의 경우와 달리 급부가 원시적 불능인 계약에 해당하지 않는다(이 경우에도 원시적 불능이라는 견해있음)

162) 대법원 1999.9.17 선고 99다21738 판결 ; 2002.3.15 선고 2001다61654 판결(각주 400)

163) 대법원 2004.6.25 선고 2004다6764 판결

164) 대법원 2004.4.27 선고 2003도6994 판결 이에 대하여 신탁자와 수탁자 사이에 하나의 위임계약만 존재하고 그 위임사무로서 수임인은 위임인에게 소유권이전등기청구권을 이전할 의무가 있으나 법이 위임형식에 의한 명의신탁을 금지하고 있으므로 위임관계로 인한 어더한 권리의무도 발생하지 않는다고 보는 견해와, 계약명의신탁을 위임과 명의신탁약정의 결합으로 보면서도 법 제2조 제1항이 '명의신탁약정에는 위임관계도 포함한다'고 규정하고 있으므로 제4조 제1항에 의하여 위임약정도 무효가 된다고 보는 견해도 있다.

수탁자 명의의 소유권이전등기는 유효한 매매계약에 기한 것으로서 확정적으로 유효하고(**법 제4조 제2항 단서**), 그 결과 수탁자는 신탁자를 포함한 모든 사람에 대하여 그 소유권을 주장할 수 있다.165) 한편 명의신탁자는 애초부터 당해 부동산의 소유권을 취득할 수 없었으므로 위 명의신탁약정의 무효로 인하여 명의신탁자가 입은 손해는 당해 부동산 자체가 아니라 명의수탁자에게 제공한 매수자금이라 할 것이라서 신탁자는 수탁자에 대하여 소유권이전등기 청구를 할 수 없음은 물론이나, 명의신탁약정이 무효이므로 신탁자가 수탁자에게 제공한 매매대금 등의 급부는 법률상 원인이 없게 되고 수탁자는 신탁자의 손해 아래 부동산의 소유권을 취득한 셈이 되므로, 신탁자는 수탁자에게 매매대금 상당의 부당이득반환을 구할 수 있다.166)

한편 신탁자는 매도인과 사이에 아무런 법률관계가 없으므로 매도인에 대하여 등기이전을 구하거나 매매계약상의 어떠한 청구도 할 수 없다.

2) 매도인이 악의인 경우

① 수탁자 앞으로 경료된 소유권이전등기는 법 제4조 제2항 본문으로 돌아가 무효가 되고, 결국 매도인과 수탁자 간의 매매계약은 원시적으로 물권변동이라는 목적을 달성할 수 없는 계약이 되어 무효가 된다. 따라서 부동산에 대한 소유권은 매도인에게 그대로 남아있게 되고, 매도인은 수탁자에게 매매계약의

165) 대법원 2000.3.24 선고 98도4347 판결 ; 2000.9.8 선고 2000도258 판결 따라서 수탁자는 횡령죄에서 말하는 '타인의 재물을 보관하는 자'라고 볼 수 없고, 신탁자가 부동산을 점유하고 있는 경우 오히려 신탁자를 상대로 부동산의 인도를 청구할 수 있는 지위에 있다. 그리고 수탁자는 '타인의 사무를 처리하는 자'에 해당하지도 않아 계약명의신탁의 약정에 따라 취득한 부동산에 대하여 신탁자의 반환요구를 거절하고 수탁자 명의로 그 소유권이전등기를 경료하였다 하더라도 배임죄가 성립하지는 아니한다(대법원 2004.4.27 선고 2003도6994 판결)

166) 대법원 2005.1.28 선고 2002다66922 판결, 부동산실명법 시행 후 계약명의신탁과 그 등기가 이루어진 대부분의 사안에서는 위 판결과 같이 매매대금 상당의 부당 이득반환만을 구할 수 있다 할 것이다. 다만, 부동산실명법 시행 전에 명의신탁 약정과 그에 기한 물권변동이 이루어진 다음 법 제11조에서 정한 유예기간 내에 실명등기 등을 하지 않고 그 기간을 경과한 사안에서, 대법원 2002.12.26 선고 2000다21123 판결은, '명의수탁자는 명의신탁 약정에 따라 명의신탁자가 제공한 비용을 매매대금으로 지급하고 당해 부동산에 관한 소유명의를 취득한 것이고, 위 유예기간이 경과하기 전까지는 명의신탁자는 언제라도 명의신탁 약정을 해지하고 당해 부동산에 관한 소유권을 취득할 수 있었던 것이므로, 명의수탁자는 부동산실명법 시행에 따라 당해 부동산을 부당이득으로 반환할 의무가 있다'고 판시하였고, 대법원 2003.12.12 선고 99다 41862 판결은, '명의수탁자가 당해 부동산 자체를 반환할 수 없는 경우에 있어서 명의수탁자가 명의신탁자에게 부당이득으로 반환하여야 할 것은 그 부동산의 가액인 시가상당액이지 명의수탁자가 명의신탁자로부터 받은 그 부동산의 매매대금 상당액으로 볼 것은 아니라고 할 것이다'라고 판시하였다. 한편, 대법원 2008.5.15 선고 2007다74690 판결은, '법 제11조에서 정한 유예기간이 경과하기까지 명의신탁자가 그 명의로 당해 부동산을 등기이전하는데 법률상 장애가 있었던 경우에는, 명의신탁자는 당해 부동산의 소유권을 취득할 수 없었으므로, 명의신탁약정의 무효로 인하여 명의신탁자가 입은 손해는 당해 부동산 자체가 아니라 명의신탁자로부터 제공받은 매수자금을 부당이득하였다고 할 것이다'라고 판시하였다.

무효로 인한 원상회복 또는 소유권에 기하여 소유권이전등기의말소 내지 진정명의회복을 위한 소유권이전등기를 구할 수 있다. 이에 대하여 수탁자는 매도인에게 이미 지급한 매매대금의 반환을 구할 수 있다.

② 반면 신탁자는 수탁자에게 소유권이전등기청구를 할 수 없음은 물론이고, 매도인과 사이에 아무런 법률관계가 없으므로 그에게도 등기이전을 청구할 수 없음이 원칙이다. 다만, 매매계약의 무효사실이 밝혀진 후에 매도인이 계약명의자인 수탁자 대신 신탁자가 그 계약의 매수인으로 되는 것에 대하여 동의내지 승낙을 함으로써 부동산을 신탁자에게 양도할 의사를 표시하였다면, 명의신탁약정이 무효로 됨으로써 매수인의 지위를 상실한 수탁자의 의사에 관계없이 매도인과 신탁자 사이에는 종전의 매매계약과 같은 내용의 양도약정이 따로 체결된 것으로 봄이 상당하고, 따라서 이 경우 신탁자는 당초의 매수인이 아니라고 하더라도 매도인에 대하여 별도의 양도약정을 원인으로 하는 소유권이전등기청구를 할 수 있다.[167)]

③ 한편, 신탁자는 수탁자에게 자신이 제공한 매매대금 상당의 부당이득반환 청구권을 가지므로, 이를 보전하기 위하여 수탁자를 대위하여 수탁자의 매도인에 대한 매매대금반환청구권을 행사 할 수 있고,[168)] 수탁자가 이미 매도인으로부터 매매대금을 반환받았다면 수탁자에게 직접 매매대금 상당 금원의 반환을 구할 수 있다.

4. 수탁물권의 처분과 수탁자의 민사상 책임[169)]

(1) 양자간 등기명의신탁

부동산의 소유권은 신탁자에게 있고 수탁자는 신탁자에게 등기말소 또는 등기이전의 의무를 지는바, 부동산을 제3자에게 처분하면 신탁자에 대하여 위법행위가 되고, 신탁자는 처분 당시 부동산 시가 상당의 손해를 입었다고 할 것이다.

(2) 3자간 등기명의신탁

부동산의 소유권은 매도인(원소유자)에게 있고, 등기명의는 수탁자에게 있으

---

167) 대법원 2003.9.5 선고 2001다32120 판결

168) 특정채권의 보전을 위한 채권자대위권 행사가 아니므로 수탁자의 무자력을 주장·입증하여야 한다. 나아가 신탁자가 매도인에게 직접 부당이득반환청구를 할 수 있는가는 부당이득과 손해 사이에 직접 인과관계가 없다는 이유로 이를 부정하는 견해가 유력하다.

169) 수탁자가 처분행위를 한 경우의 법률문제이다. 소유권을 그래도 보유하고 있는 신탁자나 원소유자(매도인)의 처분행위와 수탁자의 처분행위가 경합하는 경우라면 이중매매에 유사한 법률관계가 발생할 것이다.

므로 수탁자가 이를 제3자에게 처분하면 매도인에 대한 위법행위가 된다.170)

한편 앞서 설명한 바와 같이 매도인과 신탁자 사이의 매매계약은 유효한데, 수탁자의 처분으로 인하여 매도인의 신탁자에 대한 소유권이전등기의무가 이행불능으로 된다.

매도인의 신탁자에 대한 채무불이행에 기한 손해배상책임의 성립 여부에 관하여는, ① 매도인이 명의신탁약정 존재 사실을 알았거나 과실로 알지 못한 경우에는 신탁자에 대하여 채무불이행에 따른 손해배상책임을 지게 되고 다만 과실상계의 법리에 의하여 매도인의 책임이 경감되거나 면제될 수 있으나, 매도인이 명의신탁약정 사실을 알지 못하였을 경우에는 그의 채무불이행책임은 부정되고 위험부담의 법리에 따라 수령한 대금을 반환할 의무를 부담하지 않고 그대로 보유하게 된다는 견해, ② 매도인이 비록 명의신탁약정의 존재를 알고 있었다고 하더라도, 매수인인 신탁자의 요구에 따라 등기명의를 이전하여준 이상, 매매계약의 체결이나 그 이행에 관하여 귀책사유가 있다고 보기는 어려울 것이고, 그렇지 않다 하더라도 적어도 자신의 편의를 위하여 수탁자 앞으로의 등기이전을 요구한 신탁자가 그 사유를 내세워 매도인의 귀책사유를 주장하는 것은 신의칙에 비추어 허용되지 않는다고 새기는 것이 합당할 것이며, 따라서 매도인은 여전히 신탁자에 대하여 반대채무의 이행을 구할 수 있고, 만일 이미 그 이행을 받았다면 반환하지 않아도 된다고 해석하는 견해가 있다.

③ 매도인의 수탁자에 대한 손해배상청구의 가부에 관하여는, 위 전자의 견해에 의하면, 매도인이 명의신탁약정의 존재를 알았거나 알 수 있었던 경우에는 매도인이 신탁자에 대하여 손해배상책임을 부담하게 됨으로 인하여 입게 되는 손해는 수탁자에 대하여 그 배상을 구할 수 있다고 보고, 매도인이 명의신탁약정 사실을 알지 못하였을 경우에는 수탁자에게 배상을 구할 손해가 없다고 보며, 위 후자의 견해에 의하면 매도인은 신탁부동산의 처분으로 인하여 손해를 입은 것이 없게 되므로, 수탁자에 대한 매도인의 손해배상청구는 허용되지 아니한다고 한다.171)

---

170) 대법원 2001.11.27 선고 2000도3463 판결, 2002.2.22 선고 2001도6209 판결, 2002.8.27 선고 2002도2926 판결은 모두 3자간 등기명의신탁에 관한 사안에서 수탁자가 부동산을 임의로 처분한 경우 횡령죄의 성립을 인정하고 있는데, 다만 위 2000도3463 판결은 '신탁자'에 대한 횡령죄가 성립한다고 판시하고 있어 피해자를 매도인으로 보는 민사적 법리와는 다른 입장에 선 것인지 의문이다.

171) 부동산실명법 시행 전에 명의신탁 약정과 그에 기한 물권변동이 이루어진 다음 법 제11조에서 정한 유예기간 내에 실명등기를 하지 않고 있던중 수탁자가 제3자에게 처분한 사안에서는, 대법원2002.3.15 선고 2001다61654 판결이, "부동산실명법이 시행되기 이전에 매도인이 명의신탁자의 요구에 따라 명의 수탁자 앞으로 등기명의를 이전하여 주었다면, 매도인에게 매매계약의 체결이나 그 이행에 관하여

(3) 계약명의신탁

1) 매도인이 선의인 경우

수탁자와 매도인 간의 매매계약은 유효하고 수탁자는 부동산의 소유권을 적법하게 취득한다. 따라서 수탁자의 제3자에 대한 처분행위는 아무런 위법행위를 구성하지 않고[172] 그 처분대금은 수탁자에게 귀속하는 것으로서, 이를 신탁자에게 반환한다는 묵시적 약정이 존재한다고 볼 수도 없다. 결국 수탁자는 신탁자에 대하여 앞서 본 바와 같이 매매대금 상당의 부당이득반환의무만을 부담할 뿐이고, 이는 제3자에 대한 처분과는 관계없다.

2) 매도인이 악의인 경우

수탁자와 매도인 간의 매매계약이 무효이므로 소유권은 등기명의에 불구하고 매도인에게 귀속된다. 따라서 수탁자가 신탁부동산을 제3자에게 처분하는 행위는 매도인에 대하여 위법행위가 된다. 이러한 경우 과연 매도인에게 손해가 있다고 볼 수 있는가? 학설은 대체로 매도인이 매매계약의 무효에 따라 수탁자에게 매매대금을 반환할 의무가 있다 하더라도 이는 수탁자로부터 소유권을 회복받음과 동시이행으로 이루어져야 하는데, 수탁자의 처분행위가 유효한 이상 소유권회복이 불능이어서 동시이행의 항변이 인정될 수 없고 그 결과 소송에서 수탁자에 대한 매매대금 반환채무가 인용될 여지가 없으므로, 매도인에게 수탁자의 처분으로 인한 새로운 손해가 발생하였다고 보기 어려워 결국 매도인은 수탁자에 대하여 불법행위로 인한 손해배상청구를 할 수 없다고 설명한다.

물론 수탁자는 신탁자에 대하여 금전부당이득반환의무만 부담할 뿐 아무런 불법행위책임을 지지 않는다.

어떠한 귀책사유가 있다고 보기 어려우므로, 자신의 편의를 위하여 명의수탁자 앞으로의 등기이전을 요구한 명의신탁자가 자신의 귀책사유로 법에서 정한 유예기간이 지나도록 실명등기를 하지 아니한 사정에 기인하여 매도인에 대하여 매매대금의 반환을 구하거나, 명의신탁자 앞으로 재차 소유권이전등기를 경료할 것을 요구하는 것은 신의칙상 허용되지 아니한다. … 법 시행 이전에 이미 명의신탁자의 요구에 따라 명의수탁자 앞으로 소유명의를 이전한 매도인으로서는 명의수탁자가 부동산을 타에 처분하였다고 하더라도, 명의수탁자로부터 그 소유명의를 회복하기 전까지는 명의신탁자에 대하여 신의칙 내지 민법 제536조 제1항 본문의 규정에 의하여 이와 동시이행의 관계에 있는 매매대금 반환채무의 이행을 거절할 수 있고, 한편 명의신탁자의 소유권이전등기청구도 허용되지 아니하므로, 결국 매도인으로서는 명의수탁자의 처분행위로 인하여 손해를 입은 바가 없다"고 판시한 바 있다.

172) 대법원 2001.9.25 선고 2001도2722 판결 참조

58. 【 등기의 추정력 】

I. 서　설
　1. 의 의
　2. 인정근거
　3. 성 질
II. 추정력의 범위
　1. 물적범위
　(1) 권리의 적법 추정
　(2) 등기원인의 추정
　(3) 절차의 적법 추정
　(4) 대리권의 존재
　2. 인적 범위
　(1) 문제점
　(2) 학 설
　(4) 판　례
　(5) 검 토
III. 추정력이 인정되지 않는 등기
　1. 표제부의 등기
　2. 가등기
　3. 예고등기
　4. 이중보존등기
Ⅳ. 등기추정력의 효력
　1. 기본적 효력
　(1) 입증책임의 전환
　(2) 등기추정력의 번복
　2. 부수적 효력
Ⅴ. 등기의 추정력과 점유의 추정력(민법 제200조)과의 관계
　1. 문제점
　2. 등기된 부동산
　3. 미등기된 부동산
Ⅳ. 결　어

58. 【 등기의 추정력 】

I. 서　설

1. 의 의

어떤등기가 존재하면 그 등기의 유·무효와 관계없이 등기가 형식적으로 존재한다는 사실로부터 등기된 대로의 실체적 권리관계가 존재하리라는 추정을 일으키는 효력을 등기의 추정력이라 한다.

2. 인정근거

① 등기절차상 요구되는 공동신청주의, 각종정보의 제공등이 국가기관에 의하여 관리되기 때문에 실체적 권리관계에 부합할 개연성이 상당히 높고, ② 동산의 점유에 권리추정력이 인정된다면(민법 제200조), 그보다 더 우수한 공시방법인 부동산의 등기에도 권리추정력이 인정되어야 하기 때문이다.

3. 성 질

등기에 추정력을 인정하는 명문의 규정이 없음에도 불구하고 학설이나 판례는 일반적으로 등기의 추정력을 인정하며, 그 성질은 법률상의 권리추정이라고 한다. 이 경우 사실상 입증책임의 전환이 있게 되며, 다투는 상대방이 제출하는 증거는 반증이 아니라 본증이 된다.

II. 추정력의 범위

1. 물적범위

(1) 권리의 적법 추정

판례는 “어떤 토지에 대하여 상환완료를 원인으로 하는 소유권이전등기가 경료된 이상, 그 대상 토지가 농지가 아니었다는 등의 특별한 사정이 없는 한 그 토지는 적법하게 농지분배되었다고 추정된다"고 하였다.

(2) 등기원인의 추정

판례는 "등기명의인이 전소유자로부터 부동산을 취득함에 있어서 등기기록상 기록된 등기원인에 의하지 않고 다른 원인으로 적법하게 취득하였다고 하면서 등기원인행위의 태양이나 과정을 다소 다르게 주장한다고 하여 그 등기의 추정력이 깨어진다고 할 수 없다"고 하였다.

(3) 절차의 적법 추정

1) 등기절차의 적법추정

판례는 "전 등기의 접수일자, 접수번호 및 원인일자등이 '불명'으로 기재된 멸실회복등기라도 적법한 절차에 따라 처리된 것으로 추정된다"고 판시하였다.

2) 기타 절차등의 적법추정

대법원은 등기절차뿐만 아니라 더 나아가 실정법상 또는 이론상 등기를 함에 있어서 필요한 전제요건이나 전치절차(토지거래허가서등)를 거친 것으로 추정한다.

(4) 대리권의 존재

판례는 부동산을 매수하여 등기한 자가 전 소유자의 대리인으로부터 매수하였다고 주장하는 경우에는 그 대리권의 존재도 추정된다고 보아서 말소를 청구하는 전 소유자가 대리권을 수여한 바 없음을 입증하여야 한다고 보았다.

2. 인적 범위

(1) 문제점

추정력은 등기명의인뿐만 아니라 제3자도 추정의 효과를 원용할 수 있다. 또한 등기의 추정력이 등기명의인의 이익을 위해서만 인정되는 것이 아니라 불이익을 위해서도 인정된다. 다만 소유권이전등기의 추정력이 권리변동의 당사자간에도 미치는지 문제된다.

(2) 학 설

우리민법이 형식주의를 채택하고 있음을 들어 긍정하는 견해와, 등기원인을 실제와 달리 기재하는 등기가 적지 않은 현실에 비추어 볼때 이를 부정하는 견해가 있다.

(4) 판　례

소유권이전등기가 경료된 경우에는 그 등기명의자는 제3자에 대해서뿐만 아니라 그 전소유자에 대해서도 적법한 등기원인에 의해 소유권을 취득한 것으로 추정된다고 하였다. 다만 보존등기에 대하여는 전소유자가 양도사실을 부인하면 추정되지 않는다고 본다.

(5) 검 토

만약 추정력을 부인한다면 등기부취득시효가 완성될때까지 매매계약서등의 서류를 보관하여야 한다는 불합리한 결과가 발생하기 때문에 긍정설이 타당하다.

III. 추정력이 인정되지 않는 등기

1. 표제부의 등기

이 경우에는 토지대장이 우선하기 때문에 추정력이 인정되지 않는다.

2. 가등기

소유권이전청구권가등기가 있다 하여 소유권이전등기를 청구할 어떤 법률관계가 있다고 추정되는 것은 아니다.

3. 예고등기

구법상 예고등기가 있다 해서 소제기의 사유가 되는 등기원인의 무효나 취소의 사유가 진실로 존재한다고 추정되는 것은 아니다.

4. 이중보존등기

등기명의인이 동일인인 경우에는 후등기에는 추정력이 없고, 동일인이 아닌 경우에는 선등기가 원인무효가 아닌 한 후등기에는 추정력이 없다.

Ⅳ. 등기추정력의 효력

1. 기본적 효력

(1) 입증책임의 전환

등기추정력의 본질을 법률상 추정으로 보는 이상, 등기추정력은 입증책임의 전환을 가져온다. 즉 추정되는 주요사실의 전제사실이 증명되면 이러한 추정을 번복하기 위해 세우는 증거는 본증이지 반증이 아니다.

(2) 등기추정력의 번복

1) 소유권보존등기

소유권보존등기는 소유권이 진실하게 보존되었다는 사실이외에 권리변동이 진실하다는 점에 관하여는 추정력이 없으므로, 판례는 소유권 보존등기명의인이 원시취득자가 아니라는 것이 증명된 경우에는 그 추정력은 번복된다고 하였다.

2) 특별조치법에 의한 등기

판례는 일반적인 등기의 추정력보다 강한 추정력을 인정한다. 따라서 추정을 깨뜨리기 위하여 등기절차상 소요되는 보증서 또는 확인서가 허위라든가 위조되었다든가 그밖의 사유로 적법하게 등기된 것이 아니라는 사실이 입증되어야 한다고 하였다.

3) 소유권 이전등기

전소유명의인이 허무인인 경우, 등기의 기록 자체에 의하여 부실등기임이 명백한 경우, 사망자명의 등기신청의 경우 추정은 복멸된다. 다만 등기의무자 사망전에 등기원인이 이미 존재하는 때에는 등기의 추정력은 유지된다(**이른바 포괄승계인에 의한 등기**).

2. 부수적 효력

① 등기기록상 명의인과 매도인이 동일한 경우에는 이를 소유자로 믿고 그 부동산을 매수한자는 특별한 사정이 없는 한 과실 없는 점유자라 할 것이나, 등기기록상 명의인이 매도인이 아닌 제3자인 경우에는 매수인이 부동산을 인도받

아 선의로 점유하였다고 하여도 과실없이 점유를 개시하였다고 볼 수 없다.

② 부동산 물권을 취득하려는 자는 등기기록을 조사함이 상례이므로 등기기록의 내용을 알고 있는 것으로, 즉 악의로 추정된다.

V. 등기의 추정력과 점유의 추정력(민법 제200조)과의 관계

1. 문제점

민법 제200조는 "점유자가 점유물에 대하여 행사하는 권리는 적법하게 보유하는 것으로 추정한다"고 규정하여 그 적용대상이 동산에 한 하는지 아니면 부동산도 포함되는지가 문제된다.

2. 등기된 부동산

등기된 부동산에 대하여는 등기의 추정력이 적용되고 민법 제200조는 적용되지 않는다는 것이 통설 및 판례의 입장이다. 따라서 부동산의 점유자와 등기명의인이 다를 때에는 후자에 권리추정력이 인정된다.

3. 미등기된 부동산

판례는 미등기토지에 대하여 점유자가 있는 경우에도 토지대장등본에 토지의 소유자로 등재된 자가 소유권자로 추정된다고 한다. 즉 점유의 추정력은 인정되지 않는다.

Ⅳ. 결 어

등기의 추정력은 입증책임과 관련한 것으로 소송의 승패를 좌우하는 중요한 것이다. 따라서 부동산물권변동과 관련하여 공신력을 인정하지 않는 우리 민법의 태도에 비추어 볼때 이에 대한 보완책으로 등기의 추정력을 좀더 강하게 인정하여 부동산 물권거래의 안정을 취할 필요가 있겠다.

59. 【 폐쇄등기기록 】

Ⅰ. 서 설
1. 의 의
2. 제도적 취지
Ⅱ. 등기기록의 폐쇄사유
1. 이기절차를 수반하는 경우
(1) 기록사항 과다인 경우
(2) 토지의 합필, 건물의 합병등기의 경우
(3) 비구분건물이 구분건물로 되는 경우
(4) 등기부 손상염려가 있는 경우(제25조, 규칙 제24조, 25조)
(5) 등기부의 전환이 있는 경우
2. 이기절차를 수반하지 않는 경우
(1) 부동산 멸실의 경우
(2) 소유권보존등기가 말소된 경우
(3) 중복등기기록의 정리절차로 인한 폐쇄
(4) 군사분계선이북지역(미수복지역)의 토지 및 건물등기기록 폐쇄
(5) 환지처리에 따른 폐쇄
(6) 도시및주거환경정비법에 따른 폐
Ⅲ. 폐쇄절차
Ⅳ. 폐쇄등기기록의 효력
1. 공시기능의 상실
2. 잠정적 효력
(1) 소송상 중요한 입증자료 역할
(2) 등기사항증명서의 발급 및 등기기록 열람청구의 대상
Ⅴ. 폐쇄등기기록의 부활
1. 의 의
2. 폐쇄등기기록의 부활
(1) 부활사유
(2) 부활 신청절차
(3) 부활의 등기실행
Ⅶ. 폐쇄등기기록의 관리 및 보관
1. 관리
2. 보관
Ⅷ. 결 어

59. 【 폐쇄등기기록 】

I. 서 설

1. 의 의

등기기록의 폐쇄란, 일정한 사유에 의하여 어떤 부동산에 관한 현재 유효한 권리관계를 공시할 필요가 없게 되거나 공시할 수 없게 된 때에, 등기기록에 그 사유와 등기기록을 폐쇄한다는 문구를 기록하고 부동산에 대하여 말소하는 표시를 하는 것을 말한다.

2. 제도적 취지

현재 효력이 없는 등기는 폐쇄등기기록에 모아 별도로 관리하기 함으로써 등기사무의 간소화를 도모할 수 있고, 과거의 권리변동과정 및 등기의 연속성에 대한 공시기능을 담당하게 할 목적을 제도적 취지로 하고 있다.

II. 등기기록의 폐쇄사유

1. 이기절차를 수반하는 경우

(1) 기록사항 과다인 경우

등기기록에 기록된 사항이 많아 취급하기에 불편하게 되는 등 합리적 사유로 등기기록을 옮겨 기록할 필요가 있는 경우에 등기관은 현재 효력이 있는 등기만을 새로운 등기기록에 옮겨 기록할 수 있으며 그 경우 전등기기록은 폐쇄된다(법 제33조).

(2) 토지의 합필, 건물의 합병등기의 경우

A토지를 B토지에 합병하여 합필의 등기를 한 때에는 A토지에 관한 등기기록을 폐쇄한다(규칙 제79조). A건물을 B건물 또는 그 부속건물에 합병하거나 B건물의 부속건물로 할 때에도 A건물에 관한 등기기록을 폐쇄한다(규칙 제100조).

(3) 비구분건물이 구분건물로 되는 경우

구분건물이 아닌 A건물을 구분하여 이를 A구분건물과 B구분건물로 하는 경우에는 A건물과 B건물에 대하여 등기기록을 개설하고 종전의 A건물에 관한 등기기록을 폐쇄한다(규칙 제97조). 통상의 건물과 구분건물은 등기기록을 달리하기 때문이다. 그러나 A건물이 애당초 구분건물인 때에는 A건물에 관한 등기기록은 폐쇄하지 아니한다(규칙 제97조제5항).

(4) 등기부 손상염려가 있는 경우

종전의 종이등기부에 멸실의 위험이 있을 때 그 등기부와 같은 내용의 신등기용지를 편제하고 전등기용지를 폐쇄하는 규정이다. 그러나 전산등기부의 경우에는 등기기록을 데이터베이스 형태로 관리하므로 등기기록을 반영구적·안정적으로 보관할 수 있으므로 위 규정은 실효성이 반감되었다(법 제17조제1항, 규칙 제17조).

(5) 등기부의 전환이 있는 경우

등기부의 전환이란, 전체 등기기록의 모든 기록내용을 새로운 등기기록에 그대로 이기하는 것을 말한다. 등기부의 전환은 주로 등기부의 형태를 완전히 바꿀 때에 일어난다. 부동산등기법은 등기관이 등기기록에 등기된 사항을 새로운 등기기록에 옮겨 기록한 때에는 종전 등기기록을 폐쇄하여야 한다(법 제20조제1항).고 규정하고 있다. 이에 따라 종전의 부책식 등기부를 카드식 등기부로, 카드식 등기부를 전산등기부로 전환하는 과정에서 부책식 등기부와 카드식 등기부는 모두 폐쇄되었다.

2. 이기절차를 수반하지 않는 경우

(1) 부동산 멸실의 경우

부동산 멸실의 등기를 하는 때에는 등기기록의 표제부에 멸실의 뜻과 그 원인을 기록하고 표제부의 등기를 말소하는 표시를 한 후 그 등기기록을 폐쇄한다(규칙 제84조, 제103조).

(2) 소유권보존등기가 말소된 경우

우리나라의 부동산등기제도는 원칙적으로 표제부만을 두는 등기는 허용하지 아니하므로(예외:구분건물의 표시등기), 소유권보존등기를 말소한 경우에는 그 등기기록을 폐쇄한다.

(3) 중복등기기록의 정리절차로 인한 폐쇄

동일한 토지에 관하여 중복하여 경료된 등기가 발견된 때에는 부동산등기규칙에서 정하는 절차에 따라 중복등기가 경료되어 있는 등기기록 중 하나만 존치하고, 나머지 등기기록을 폐쇄하여야 한다(법 제21조제1항).

(4) 군사분계선이북지역(미수복지역)의 토지 및 건물등기기록 폐쇄[173)]

(5) 환지처리에 따른 폐쇄

도시개발법, 농어촌정비법 등에 따라 토지의 환지처분, 교환·분합 등이 있는 때에 종전 등기기록을 폐쇄하는 경우가 있다. 예컨대, 수필의 토지가 1필의 토지로 환지되거나, 환지가 지정되지 아니하는 경우에 1필의 토지에 대한 등기기록으로 존속하는 것을 제외한 나머지 등기기록을 폐쇄한다.

(6) 도시및주거환경정비법에 따른 폐쇄

도시및주거환경정비법상의 사업시행자가 이전고시에 따라 정비사업시행으로 축조된 건물과 조성된 대지에 관한 소유권보존등기를 신청하는 경우, 종전 토지에 관한 등기의 말소등기도 함께 신청하여야 한다. 그러면 등기관은 종전 토지의 등기기록 중 표제부에 정비사업시행으로 인하여 말소한 취지를 기록하고 부동산의 표시를 말소하는 기호를 기록하고 그 등기기록을 폐쇄하여야 한다.

III. 폐쇄절차

등기기록을 폐쇄하는 때에는 등기기록의 표제부에 폐쇄사유와 그 연월일을 기록하고 등기관의 식별부호를 기록하여야 하며, 부동산의 표시, 표시번호 등에 대하여 말소하는 표시를 하여야 한다.

IV. 폐쇄등기기록의 효력

---

173) 예규 제1116호

1. 공시기능의 상실

폐쇄등기기록에는 어떠한 등기사항도 기록할 수 없으며, 폐쇄된 때부터 그 등기기록은 부동산의 권리관계를 그대로 공시한다는 등기로서의 주된 기능을 상실한다. 따라서 ① 폐쇄등기기록의 등기명의인 표시변경등기는 신청할 수 없으며, ② 폐쇄등기기록에 기록되어 있는 등기는 현재의 등기로서 효력이 없으므로 폐쇄등기기록상의 소유자 을을 실권리자 갑으로 하는 실명등기 신청도 불가능하며, ③ 폐쇄등기기록에 기록된 현재 효력이 없는 신탁원부가 멸실된 경우에 그 회복절차에 관한 규정이 없으므로 멸실회복등기도 할 수 없다.

2. 잠정적 효력

(1) 소송상 중요한 입증자료 역할

폐쇄절차에 이기절차가 수반된 경우에는 그 이기된 등기를 매개체로 하여 신등기와 연결되어 있기 때문에 이기한 사항에 대하여 소송상 다툼이 있거나 불분명한 경우 또는 착오·유루가 있는 경우에는 폐쇄등기기록의 등기사항이 중요한 역할을 한다.

(2) 등기사항증명서의 발급 및 등기기록 열람청구의 대상

등기사항증명서의 발급 및 등기기록의 열람에 관한 규정은 모두 폐쇄등기기록에 준용되므로(법 제20조제3항) 폐쇄등기기록도 등기사항증명서의 발급 및 등기기록 열람의 청구를 할 수 있다.

V. 폐쇄등기기록의 부활

1. 의 의

폐쇄등기기록의 부활이라 함은 폐쇄된 등기기록을 일정한 절차에 따라서 다시 되살리는 것을 의미한다.

2. 폐쇄등기기록의 부활

(1) 부활사유

1) 착오로 폐쇄된 경우

① 부동산이 멸실되지 않았음에도 착오로 멸실등기 신청에 의해서 멸실등기됨으로써 폐쇄된 경우 또는 ② 합필등기의 착오로 폐쇄된 경우, ③ 착오로 소유권보존등기의 말소를 함으로써 폐쇄된 경우에 폐쇄등기기록의 부활을 할 수 있다.

2) 중복등기기록 정리에 의해서 폐쇄된 경우

규칙 제33조 이하의 규정에 의해서 중복등기기록 정리과정에서 폐쇄된 등기기록도 부활 신청할 수 있다.

3) 직권으로 건물등기기록을 폐쇄한 경우(부칙 제3조)

폐쇄된 등기기록은 소유권의 등기명의인 기타 등기상 이해관계인 또는 그 상속인이 건물의 현존을 증명하여 부활을 신청할 수 있다.

(2) 부활 신청절차

1) 착오로 폐쇄된 경우

① 직권 또는 신청 부활

등기관의 착오에 의하여 등기기록이 폐쇄된 경우에는 등기관이 직권으로 부활하고, 당사자의 신청 착오로 폐쇄된 경우에는 당사자 즉 소명자료를 첨부한 폐쇄등기기록상의 소유권의 등기명의인·말소된 소유권보존등기명의인 등의 신청에 의하여 부활한다.

② 소송상 부활청구 여부

등기관이 그 폐쇄사유와 절차 등에 관한 법률규정을 준용하여 직권으로 이를 회복할 수 있음은 별론으로 하고 소송의 방법으로 그 회복을 청구할 수 없다. 왜냐하면 폐쇄등기기록의 부활은 표제부의 말소표시된 부동산의 표시, 표시번호와 등기번호를 되살리는 절차에 의할 수밖에 없기 때문에 그 성질상 이를 권리에 관한 등기로 볼 수도 없고 등기의무자의 개념도 상정할 수 없기 때문이라는 것이 판례의 입장이다.

2) 중복등기기록 정리절차에 의해서 폐쇄된 등기기록의 부활

① 폐쇄된 등기기록의 등기명의인은 현재 등기기록상의 명의인을 상대로 한

소유권확인판결을 첨부하여 폐쇄된 등기기록의 부활을 신청할 수 있다.

② 그러나 토지의 소재, 지번 외에 지목과 지적이 상이하여 외관상 중복에 불과한 등기기록 전부를 중복등기의 정리절차에 따라 폐쇄한 경우, 등기관은 직권으로 폐쇄된 등기기록을 부활할 수 있고, 등기상의 이해관계인은 등기기록 부활의 직권발동을 촉구하는 의미의 신청을 할 수 있을 것이다.(중복등기가 아님에도 폐쇄된 등기기록의 부활)

3) 직권으로 폐쇄한 건물등기기록의 부활

소유권의 등기명의인 기타 등기상 이해관계인 또는 그 상속인이 건물의 존재를 증명하는 정보를 첨부정보로 등기소에 제공하여 폐쇄된 등기기록의 부활을 신청할 수 있다

(3) 부활의 등기실행

폐쇄된 등기기록의 회복은 신등기기록을 개설하여 그 등기기록에 표제부의 말소표시된 부동산의 표시, 표시번호를 되살리는 절차에 의한다.

Ⅶ. 폐쇄등기기록의 관리 및 보관

1. 관리

폐쇄등기기록의 관리는 등기부의 관리에 관한 규정(**법 제14조제3항**)이 준용된다. 따라서 폐쇄등기기록은 사변을 피하기 위한 경우를 제외하고는 법원의 감정명령이 있다고 하더라도 등기소 밖으로 옮길 수 없다.

2. 보관

폐쇄등기기록은 영구히 보존하여야 한다(**법 제20조제2항**). 다만 폐쇄등기부를 전자적 이미지정보로 변환하였을 때에는 그 폐쇄등기부를 30년간 법원행정처장이 지정하는 장소에 보관하여야 한다(**규칙부칙 제4조**).

Ⅷ. 결 어

60. 【 일괄신청 】

Ⅰ. 서 설
1. 의 의
2. 인정하는 이유

Ⅱ. 일괄신청의 요건
1. 등기원인의 동일
2. 등기목적의 동일

Ⅲ. 하나의 부동산에 대한 수개의 등기의 일괄신청

Ⅳ. 다수의 등기의무자로부터 다수의 등기권리자로의 지분이전등기신청의 경우

Ⅴ. 일괄신청과 일부각하

Ⅶ. 법령상 일괄신청이 요구되는 경우

60. 【 일괄신청 】

I. 서 설

1. 의 의

등기신청은 1개의 부동산에 관한 1개의 등기에 대하여 1개의 신청으로 하는 것이 원칙이나, 그 예외로서 부동산등기법 제25조에서 일괄신청을 규정하고 있는바 이는 동일한 신청정보로 수개의 부동산에 관한 등기를 신청할 수 있는 경우를 말한다.

2. 인정하는 이유

신청정보중 부동산표시 이외의 사항이 동일하므로 신청정보 작성 및 등기사무처리가 복잡하지 않아서 착오에 의한 등기가 발생할 가능성이 적그, 또 수개의 부동산에 대하여 하나의 거래행위를 원인으로 등기신청을 할 경우 그 등기도 일괄하여 되는 것이 거래관념에 부합하기 때문이다.

II. 일괄신청의 요건

1. 등기원인의 동일

① 여기서 '등기원인'이란 권리의 변동원인이 되는 법률행위와 부동산의 표시 또는 등기명의인의 표시의 변동 원인이 되는 법률사실을 아울러 말한다. 따라서 매매와 증여는 등기원인이 다르므로 당사자가 동일하여도 갑토지에 대한 매매를 원인으로 한 소유권이전등기와 을 토지에 대한 증여를 원인으로 한 소유권이전등기를 일괄하여 신청할 수 없다.

② 등기원인이 같다는 것은 하나의 법률행위 또는 법률사실에 의하여 수개의 부동산에 공통적으로 등기원인이 발생한 것을 의미한다. 예컨대 동일등기소 관할내에 있는 갑소유의 A토지와 B토지를 을이 동시에 매수한 경우에는 위 A, B토지에 대한 소유권이전등기를 일괄신청할 수 있다.

③ 등기원인이 동일하다는 것은 당사자의 동일도 포함한다. 예컨대 동일한 소유자가 수개의 부동산을 수인의 매수인에게 이전하는 소유권이전등기신청 역시 불가능하다.

2. 등기목적의 동일

등기의 목적이 동일하다는 것은 등기할 사항이 동일한 것을 말한다. 예컨대, 갑소유의 A토지는 을에게 매매계약해제를 원인으로 소유권이전등기를 신청하는 경우와 B토지는 을에게 매매계약해제를 원인으로 소유권말소등기를 신청하는 경우에는 등기목적이 다르기 때문에 일괄신청을 할 수 없다. 등기목적이 동일하여도 등기원인이 다르면 일괄신청할 수 없다.

Ⅲ. 하나의 부동산에 대한 수개의 등기의 일괄신청

1개의 부동산에 관한 수개의 등기를 동일 신청서에 의하여 신청하는 것은 원칙적으로 허용되지 아니하지만 동일 부동산에 관한 수개의 등기명의인표시변경, 동일인 명의의 수개의 저당권을 동시에 말소하는 경우 등은 편의상 일괄신청을 허용하여도 무방하다. 선례는 동일부동산에 관하여 동일인 명의로 수개의 근저당권설정등기가 되어 있는 경우 근저당권자의 주소변경을 원인으로 한 위 수개의 등기명의인표시변경등기는 1개의 신청정보로 일괄하여 신청할 수 있다고 하였다.[174]

Ⅳ. 다수의 등기의무자로부터 다수의 등기권리자로의 지분이전등기신청의 경우

수인의 공유자가 수인에게 지분의 전부 또는 일부를 이전하려고 하는 경우에는 하나의 신청서로 신청할 수 없고, 등기의무자들의 각 지분 중 각○분의○ 지분이 등기권리자 중 1인에게 이전되었는지를 표시하고 신청서는 등기권리자별로 작성하여 제공하거나 또는 등기의무자 1인의 지분이 등기권리자들에게 각 ○

---

174) 선례 2-40

분의○지분씩 이전되었는지를 표시하고 등기의무자별로 신청서를 작성하여 제공하여야 한다. 이렇게 하지 않으면, 등기의무자 중 일부의 지분에 관하여 저당권이나 가압류등기 등이 있는 경우 그 지분이 등기권리자 중 누구에게 이전되었는지를 알 수 없기 때문이다.

Ⅴ. 일괄신청과 일부각하

일괄신청을 한 경우 그 신청 중 일부에 대하여만 각하사유가 있을 경우에 당해 일괄신청 전부를 각하할 것인지 아니면 각하사유가 있는 신청부분만을 일부각하할 것인지가 문제된다. 등기관의 보정명령에 대하여 당사자가 신청 전체를 취하하지 않는 이상, 각하사유의 판단은 개개의 신청별로 하여야 하므로 일부각하를 함이 상당하다.

Ⅵ. 등록면허세 납부의무

수개의 부동산 또는 하나의 부동산에 관한 수개의 등기에 대하여 일괄신청을 하는 경우, 수개의 신청이 하나의 신청으로 되는 것이 아니라 수개의 등기신청을 1개의 신청정보에 표시한 것에 불과하다. 따라서 등록면허세, 등기신청수수료, 국민주택채권 등은 각 부동산별로 또는 각 신청서별로 계산하여야 한다.

Ⅶ. 법령상 일괄신청이 요구되는 경우

① 등기원인과 등기목적이 달라서 일괄신청을 할 수 없는 경우지만 일정한 목적을 위하여 법령에서 일괄신청을 요구하는 경우가 있다. 만약 이를 위반한 등기신청이 있는 때에는 '신청정보가 대법원규칙으로 정한 방식에 적합하지 아니한 경우'에 해당되어 각하하여야 한다(법 제29조제5호).

② 법령상 일괄신청이 요구되는 예로는 ⅰ) 신탁으로 인한 부동산의 소유권이전등기와 신탁등기신청, 신탁재산에 속하는 부동산의 취득의 등기와 신탁등기신청(규칙 제139조제1항,제2항), 신탁재산인 부동산에 관한 권리이전의 등기와 신탁등기의 말소신청, 신탁종료 후 신탁재산 인계에 의한 소유권이전등기와 신탁등

기의 말소신청(**규칙 제144조**), ii) 토지개발사업에 따른 등기신청시 소유권보존등기와 함께 신탁등기 또는 주택법 제40조제3항의 금지사항 부기등기신청(**규칙 제85조제4항**).

③ 기타 일괄신청(촉탁)할 수 있는 경우(**규칙 제47조**)

i) 같은 채권의 담보를 위하여 소유자가 다른 여러 개의 부동산에 대한 저당권설정등기를 신청하는 경우

ii) 법 제97조 각 호의 등기를 촉탁하는 경우

iii) 민사집행법 제144조제1항 각 호의 등기를 촉탁하는 경우

61. 【 부동산등기법 및 규칙의 전부개정 주요내용 】

Ⅰ. 서 설

1. 개정이유
2. 조문 수 등의 정비

Ⅱ. 부동산등기법의 개정 주요내용

1. 등기의 효력발생시기에 관한 규정 신설
2. 전산정보처리조직에 따른 등기사무처리방식의 원칙화 및 종이등기부를 전제로 한 규정 삭제
3. 조문체계의 정비
4. 전세금반환채권의 일부 양도에 따른 전세권 일부이전등기 규정 신설
5. 공동저당의 대위등기 규정 신설
6. 본등기를 한 경우 가등기 이후의 등기를 직권으로 말소하는 규정 신설
7. 가처분등기에 관한 규정 신설
8. 예고등기의 폐지
9. 구분건물의 표시에 관한 등기관의 실질적 심사권 폐지
10. 기 타

Ⅲ. 부동산등기규칙의 개정 주요내용

1. 전산정보처리조직에 의한 등기사무처리방식의 원칙화
2. 종이등기부를 전제로 한 각 용어의 변경
3. 신청정보의 내용 및 첨부정보에 관한 규정 신설
4. 구체적인 등기실행방법에 관한 규정 신설
5. 법인 아닌 사단이나 재단의 등기신청에서의 대표자 증명정보 제공 면제
6. 건물의 소유권보존등기를 신청하는 경우의 도면 제공의 면제
7. 전세금반환채권의 일부 양도에 따른 등기의 신청절차 규정 신설
8. 공동저당 대위등기의 신청절차 규정 신설
9. 본등기를 한 경우 직권으로 말소하여야 하는 가등기 이후의 등기에 관한 규정 신설
10. 가처분등기에 관한 규정 신설
11. 기록명령에 따른 등기를 할 수 없는 경우에 관한 규정 신설
12. 기 타

Ⅳ. 맺음말

61. 【 부동산등기법 및 규칙의 전부개정 주요내용 】

Ⅰ. 서 설

1. 개정이유

부동산등기부 전산화사업의 완료로 등기사무처리가 전산정보처리조직에 따라 수행되고 있고 전자신청이 전국적으로 시행되고 있으므로 종이등기부를 전제로 한 규정을 정비하고, 법률에 직접 규정하기에 적합하지 아니한 사항을 대법원규칙으로 위임하거나 삭제하여 탄력적인 등기절차를 운용하며, 악용의 소지가 있는 예고등기제도를 폐지하여 부동산에 관한 국민의 권리보전을 도모하고 거래의 안전성을 높이는데 그 이유가 있다.

2. 조문 수 등의 정비

구법은 제187조까지, 구 규칙은 146개 조문으로 구성되었으나, 개정법은 제113조까지, 개정규칙은 166개 조문으로 구성되어 있어 법과 규칙의 조문 수가 줄어들었는데 그 이유는 등기신청절차와 등기실행방법과 관련된 조문은 등기업무의 탄력성을 위하여 대법원규칙 등에서 정하도록 위임하고, 등기업무 전산화에 따라 종이등기부를 전제로 한 일부규정은 그 필요성이 없게 되어 이를 삭제하였기 때문이다.

Ⅱ. 부동산등기법의 개정 주요내용

1. 등기의 효력발생시기에 관한 규정 신설

등기의 효력발생시기를 명확하게 하기 위하여 등기관이 등기를 마치면 그 등기의 효력은 접수한 때부터 효력을 발생하는 것으로 하였다(제6조제2항).

2. 전산정보처리조직에 따른 등기사무처리방식의 원칙화 및 종이등기부를 전제로 한 규정 삭제

1994년부터 시작된 등기부 전산화 작업이 200년에 모두 완료되어 모든 등기사무가 전산정보처리조직으로 처리되므로 이를 등기사무처리방식의 원칙으로 규정하고, 종이등기부를 전제로 한 규정 또는 용어(등기용지, 기재, 날인 등)는 전산등기부와 부합하지 아니하므로 모두 삭제하였다(제11조제2항).

3. 조문체계의 정비

대법원규칙이나 예규에서 정하여도 충분한 사항을 법률에서 규정하고 있어 전산화 등 외부변화나 국민의 요구에 따른 신속하고 탄력적인 등기절차를 운용하는 데에 어려움이 있으므로 신청서 기재사항과 신청서 첨부서면으로 구성되어 있는 구법의 체계를 등기사항 위주로 개편하고, 구체적인 등기신청절차나 등기실행방법은 대법원규칙으로 위임하였다(제24조제2항, 제34조, 제40조, 제48조, 제69조부터 제72조까지 및 제74조부터 제76조까지).

4. 전세금반환채권의 일부 양도에 따른 전세권 일부이전등기 규정 신설

존속기간의 만료 등으로 전세권이 소멸한 경우 해당 전세권은 전세금반환채권을 담보하는 범위에서 유효한 것이고 이때에는 전세금반환채권의 일부양도가 가능하므로 전세금반환채권의 일부 양도에 따라 전세권일부이전등기를 할 때에는 양도액을 등기할 수 있도록 하였다(제73조).

5. 공동저당의 대위등기 규정 신설

민법 제368조제2항 후단에 따르면 공동저당이 설정되어 있는 경우에 선순위 저당권자가 그 중 일부의 부동산에 관하여만 저당권을 실행하여 채권 전부를 변제받은 경우 후순위 저당권자는 공동담보로 제공되어 있는 다른 부동산에 관하여 선순위 저당권자를 대위하여 저당권을 행사할 수 있으므로 이를 등기할 수 있도록 공동저당 대위등기 규정을 신설하였다(제80조).

6. 본등기를 한 경우 가등기 이후의 등기를 직권으로 말소하는 규정 신설

등기관이 가등기에 의한 본등기를 한 경우 가등기 이후에 된 등기로서 가등기상 권리를 침해하는 등기의 말소절차를 명확히 하기 위하여 등기관이 가등기에 의한 본등기를 한 경우 가등기상 권리를 침해하는 등기를 지체 없이 직권으로 말소하도록 하였다(제92조).

7. 가처분등기에 관한 규정 신설

가처분채권자가 그 가처분채권에 따른 등기를 할 경우 해당 가처분등기는 등기관이 직권으로 말소하고 가처분에 저촉되는 등기는 가처분채권자의 신청에 의하여 말소할 수 있도록 하였다(제94조 및 제95조).

8. 예고등기의 폐지

예고등기는 본래 등기의 공신력이 인정되지 아니하는 법제에서 거래의 안전을 보호하기 위하여 인정되는 제도이나, 예고등기로 인하여 등기명의인이 거래상 받는 불이익이 크고 집행방해의 목적으로 소를 제기하여 예고등기가 행하여지는 사례가 있는 등 그 폐해가 크므로 이를 폐지하였다.

9. 구분건물의 표시에 관한 등기관의 실질적 심사권 폐지

구분건물의 표시에 관한 등기관의 실질적 심사권은 집합건물의 소유 및 관리에 관한 법률 시행 초기 구분건물 판단기준의 혼선 문제를 해결하려고 도입한 제도인바, 집합건물의 소유 및 관리에 관한 법률이 안정적으로 시행되고 있고, 원칙적으로 구분건물인지 여부는 건축물대장 소관청에서 판단하는 것이 타당하며, 구분건물의 표시에 관한 등기관의 실질적 심사권을 그대로 유지할 경우 건축물대장에는 일반건물로 되어 있는 것이 등기부에는 구분건물로 표시될 수 있어 거래의 불안을 야기하므로 이를 폐지하였다(구법 제55조제12호, 제56조제3항, 제56조의2 삭제).

10. 기 타

① 용어정의 규정을 신설하였고(제2조), ② 등기할 수 있는 권리로 채권담보권을 추가(제3조) 하였고, ③ 신청서편철부 제도를 폐지하였다.

Ⅲ. 부동산등기규칙의 개정 주요내용

1. 전산정보처리조직에 의한 등기사무처리방식의 원칙화

종이등기부를 전제로 한 수작업사무처리방식을 원칙적인 형태로 하고 전산정보처리조직에 의한 등기사무처리방식을 특례형태로 하고 있는 구규칙을 정비하여 개정법에 따라 전산정보처리조직에 의한 등기사무처리방식을 원칙적인 형태로 하고 종이등기부를 전제로 한 각 규정은 모두 삭제하였다(구규칙 제1조부터 제3조까지, 제6조부터 제11조까지, 제74조, 제75조, 제77조부터 제79조까지 등 삭제).

2. 종이등기부를 전제로 한 각 용어의 변경

전산정보처리조직에 의한 등기사무처리방식을 원칙적인 형태로 함에 따라 종전의 종이등기부를 전제로 한 각 용어를 전산환경에 맞게 변경하였다(등기용지→등기기록, 기재→기록, 주말→말소하는 표시 등).

3. 신청정보의 내용 및 첨부정보에 관한 규정 신설

개정법이 등기사항 위주로 개편되고 신청정보의 내용 및 첨부정보에 관하여는 규칙에 위임함에 따라 모든 등기유형에 공통으로 적용되는 신청정보의 내용 및 첨부정보에 관하여 통합하여 규정하고 각 등기유형마마 특유한 사항에 관하여는 별도로 규정하였다(제43조 및 제46조 등).

4. 구체적인 등기실행방법에 관한 규정 신설

개정법에서는 종전의 법률에 존재하던 구체적인 등기실행방법에 관한 규정이 모두 삭제됨에 따라 토지분필·합필, 건물분할·구분·합병 등의 부동산 표시변경등기 및 그 밖의 등기의 구체적인 실행방법에 관한 규정을 신설하였다(제75조부터 제80조까지 및 제96조부터 제101조까지 등).

5. 법인 아닌 사단이나 재단의 등기신청에서의 대표자 증명정보 제공 면제

법인 아닌 사단이나 재단의 등기신청에서 그 대표자나 관리인이 등기되어 있는 경우에는 대표자나 관리인임을 증명하는 정보를 제공할 필요가 없도록 함으로써 대표자나 관리인을 등기하는 의의를 살리고, 등기신청인에게는 등기신청의 편의를 도모하며, 등기관에게는 등기신청에 대한 심사의 편의를 도모하고자 하였다(제48조제2호 단서 신설).

6. 건물의 소유권보존등기를 신청하는 경우의 도면 제공의 면제

건물의 소유권보존등기를 신청할 때에 그 건물대지 상에 여러 개의 건물이 있는 경우와 그 건물이 구분건물인 경우에는 소재도 등을 첨부정보로서 등기소에 제공하도록 하고 있으나, 건축물대장 소관청에서 건축물대장을 생성할 때에 도면도 함께 작성하여 보존하고 있으므로 동일한 도면을 등기소에 중복하여 보존할 필요성은 없을 것이다. 따라서 그 건물에 대한 건축물대장이 작성되어 있는 경우에는 소유권보존등기를 신청할 때에 그 소재도 등의 제공을 면제하도록 하였다(제121조제3항 단서 및 제4항 단서).

7. 전세금반환채권의 일부 양도에 따른 등기의 신청절차 규정 신설

개정법에 전세금반환채권의 일부양도에 따른 전세권 일부이전등기에 관한 규정의 신설에 따라 그 신청절차에 관한 규정을 신설하였다(제129조).

8. 공동저당 대위등기의 신청절차 규정 신설

개정법에 공동저당 대위등기에 관한 규정의 신설로 그 시행을 위하여 그 등기를 신청하는 경우에 신청정보의 내용으로 할 사항과 첨부정보에 관한 규정을 신설하였다(제138조).

9. 본등기를 한 경우 직권으로 말소하여야 하는 가등기 이후의 등기에 관한 규정 신설

개정법에서는 가등기에 의한 본등기를 한 경우 가등기 이후에 된 등기로서 가등기상 권리를 침해하는 등기는 등기관이 지체없이 직권으로 말소하도록 하고 있는바, 이에 따라 등기관이 직권으로 말소하여야 하는 등기와 그렇지 아니하는 등기에 관하여 구체적으로 규정하였다(제147조 및 제148조).

10. 가처분등기에 관한 규정 신설

개정법에서는 가처분채권자가 가처분채무자를 등기의무자로 하여 권리의 이전, 말소 또는 설정의 등기를 신청하는 경우 가처분채권자의 권리를 침해하는 등기는 가처분채권자의 단독신청에 의하여 말소하도록 하고 있는바, 이에 따라 가처분채권자가 말소신청을 할 수 있는 등기와 그렇지 아니하는 등기에 관하여 구체적으로 규정하였다(제152조 및 제153조).

11. 기록명령에 따른 등기를 할 수 없는 경우에 관한 규정 신설

이의신청에 대한 관할 지방법원의 기록명령은 등기관에 대하여 절대적 기속력을 갖지만 등기절차 상 기록명령에 따른 등기를 할 수 없는 경우가 있는바, 이에 관한 규정을 신설하였다(제161조).

12. 기 타

① 등기신청사건이 접수되어 처리중에 있는 경우라도 등기사항증명서의 발급이 가능하도록 하였고(규칙 제30조제4항), ② 토지개발사업에 따른 등기 규정을 신설(규칙 제85조)하였다.

Ⅳ. 맺음말

2011. 10. 13.부터 시행된 부동산등기법 및 규칙은 최근 모든 등기부가 전산화되고 전산정보처리조직에 의해 등기사무가 처리됨으로써 국민에 대한 등기서비스의 질이 혁신적으로 제고되었는바. 이와 같은 등기업무 환경의 변화를 반영하고 기존에 일부 미비했던 부동산등기제도를 보완하기 위하여 전부개정되었습니다. 전체적으로 법과 규칙이 유기적으로 연결되어 있어 매우 체계적으로 개정되었다고 볼 수 있다.

저자 오 경 조

- 한양대학교 법과대학 졸업
- 국군기무사령부 근무
- 현) 서울법학원 법무사 부동산등기법 2차 전임
- 현) 한국생산성본부 법률사무전문가 과정 교수
- 현) 에듀스파 위성TV박문각 부동산공시법 교수
- 현) 법무사 오경조 사무소 대표

- 저) 부동산등기법강의
- 저) 부동산등기 쟁점별 준사례 연습
- 저) 新부동산등기법 및 부동산등기규칙 해설
- 저) 한권으로보는 부동산등기종합서식

신부동산등기법 단문집(전정판)

초판 1쇄 인쇄 2012년 03월 20일
초판 1쇄 발행 2012년 04월 02일

지은이 오 경 조
발행인 양 갑 수
발행처 법률&출판

인지 저자와 협의에의하여 생략합니다.

주소 서울 서초구 서초동 1712-2 동용빌딩 104호
전화 02-521-8199 팩스 02-598-0332

등록번호 : 25100-2005-000110
ISBN 978-89-97476-01-5 93360

값 33,000 원

다음 / 네이버 검색창: **법률서점**